미국의 세기 이후
Post-American Century

BIBLIOTEKA

"하, 재, 진 그리고 그 세대의 미래를 생각하며"

개정증보판_서문

트럼프의 귀환, 무정부한 세계 anarchic world의 징표

트럼프가 돌아오지 않았다면 나는 이 글을 쓰지 않았을 것이다. 트럼프는 불확실성의 근원은 아니지만 그 촉진자이다. 그러나 트럼프 또한 이전보다 더욱 험해진 홉스적 투쟁의 세상을 마주해야 한다. 어쨌든 트럼프뿐 아니라 모든 것이 귀환하는 시대이다. 역사도, 지정학도, 강대국들도, 그리고 핵무기와 전쟁도 모두 귀환을 알리고 있다. 자유주의 국제질서론자들이 선교했던 탈냉전 30여 년의 '벨 에포크Belle Époque', 좋은 시절은 그렇게 허물어지고 있는가? 트럼프가 만든 세계는 중요하지 않다. 트럼프를 만든 세계에 비하면 그렇다는 말이다. 이 책은 트럼프를 만든 세계에 관한 글이다. 이 세계는 제2, 제3의 트럼프들을 만들어 낼 것이다. 따라서 우리는 트럼프를 연구하는 것도 중요하지만 '트럼프들을 창조하는 세계'를 알아야 한다.

노벨문학상 수상 강연에서 작가 한강이 "과거가 현재를 도울 수 있는가, 죽은 자가 산자를 구할 수 있는가"라는 질문을 던졌다. '과거는 현재를 구할 수도 있다'는 희원에서 우리는 트럼프를 창조한 세계, 그리고 분쟁과 대결로 점철된 그 역사와 사건들을 먼저 대면해야 한다. 왜냐하면 질서해체기에 있는 세계는 도처에서 트럼프와 같은 정치지도자들을 당분간 목격하게 될 것이기 때문이다. 따라서 중요한 것은 그의 정책에 앞서 그러한 정치를 가능하게 한 세계를 마주해야 한다는 것이다.

2025년 트럼프가 마주한 세계는 2017년에 비해 한결 더 위험하다.

2008년 글로벌 금융위기를 예견한 바 있는 예일대 경제학자 스티븐 로치Stephen Roach는 세계경제의 가장 큰 위험이 다가오고 있다고 경고하고 있다. 《매일경제》와의 최근 인터뷰에서 그는 약 3.2~3.5%의 연착륙을 예상하는 국제통화기금IMF의 전망과는 다르게 2026년 세계 경제성장률이 2.5%까지 하락하여 '완전한 불황'에 이를 수 있다는 암울한 전망을 하였다. 트럼프가 집권한 2017년 세계 경제성장률은 3.5%(World Bank)였다. 게다가 제2차세계대전 종전(1945) 후 유럽에서 처음으로 '국가 간 전쟁'―유럽의 최대 영토국가 간의 전쟁―이 발발(2022)하였고, 냉전 해체(1989) 이후 처음으로 중동의 화약고인 팔레스타인에서 전쟁이 재발(2023)하였다.

처음 집권했을 당시에 그는 푸틴, 시진핑, 김정은 등 권위주의 지도자들을 개별적으로 상대하면서 나름대로 소기의 성과를 거두었으나 이제 그들은 서로 결집되어 있다. 이전처럼 권위주의 지도자들을 각개 격파하기는 더 어려워졌고, 지난번에 비해 더 까다로운 권력 게임이 기다리고 있다. 《워싱턴포스트》가 신년 분석 기사("A different and more dangerous world awaits President-elect Trump")에서 논평했듯이, "글로벌 사우스Global South와 브릭스BRICS는 2017년에 비해 한층 더 연결되어 있고, 중국, 러시아, 북한 등 이른바 '저항의 축'은 더욱 견고해졌다."

트럼프가 자신의 개인기로 분리하여 통치divide and rule하듯 독재자들을 다루던 시간은 이미 지나고 있다. 그들은 이미 트럼프를 경험했고 그만큼 단련되었다. 오히려 그들은 트럼프를 마주할 시간을 기다리고 있는 듯하다. 트럼프 당선 이후 푸틴과 시진핑이 보낸바 있는 메시지가 그러한 뉘앙스이다. 이러한 의미에서 트럼프가 취임하는 순간 '불확실성에 의한 공포'는 사라질 것이다. 드러나는 것은 세력균형과 국가이익, 힘(권력)의 정치power politics가 작동하는 현실주의 세계이고 트럼프 또한 이에 규정될 것이다. 트럼프 정책의 본질적인 문제는 '불확실성'이라기 보다는 '거래의 폭력성'과 '반反시장성', 그리고 역설적으로 '반反자유주의'에 있다. 그래서 트럼프 정부는 궁극적으로 성공하기 어렵다.

트럼프의 무기는 간명하다. 무역과 관세일 것인데, 단순하지만 치명적인 정책 도구이다. 잘 알려진 대로, 트럼프는 관세가 '세상에서 가장 아름다운 단어'라고 하였다. UC 버클리 경제학자 배리 아이켄그린Barry J. Eichengreen은 트럼프 리스크를 강조하면서 관세전쟁이 인플레이션을 악화시킬 것이라 경고하였다. 《월스트리트저널WSJ》은 트럼프의 관세전쟁을 '역사상 가장 멍청한 무역전쟁(dumbest trade war)'이라 비평하였다. 《뉴욕타임즈》는 이를 도금鍍金시대Gilded Ages로 회귀하려는 조치라고 풍자하였다. 트럼프가 희구하는 19세기 말 도금시대는 경제적 호황의 이면에 배금주의와 빈부격차가 극심했던 부패와 탐욕의 시대라고 《도금시대: 오늘날의 이야기》는 기록하고 있다. 두 번째로 트럼프를 상대하는 세계는 응전을 준비하고 있다. 중국뿐 아니라 캐나다 멕시코, 그리고 유럽도 이에 맞대응할 것이다.

보호(무역)주의에 기반한 트럼프의 관세전쟁에서 안전하기 위한 피난처로, 미국의 경제학자나 경제전문가들은 미국에 대한 투자를 권고하고 있다. 아이켄그린도 미국 투자를 늘릴 것을 한국에 권고하고 있다. 관세를 피하기 위해 미국의 제조업에 더 많이 투자하라는 것은 간명하면서도 일면 폭력적이다. 무역과 투자에 '비자유주의적illiberal' 정책 수단을 강제한다는 측면에서 일종의 경제적 연성폭력soft violence일 수도 있다.

2023년에 한국은 215억 달러(약 29조)를 미국에 투자(약정)하여 미국 최대 투자국에 올랐다. 우리나라 대외투자의 50%를 상회하는 규모이다. 문제는 한국기업들이 미국에 기여하는 만큼 한국에서 일자리를 창출하지 못한다는 것이다. 오히려 전문가들 사이에서는 한국에서 양질의 일자리가 사라지는 것을 우려하는 실정이다. 미국에 진출한 한국기업이 채용한 현지 근로자 1인당 연봉은 평균 10만 4000달러(약 1억 5000만 원)로, 외국계 기업 평균 8만 7000달러에 비해 상당히 높은 편이다.

2022년 한국은 해외 기업의 직접투자FDI로 미국에서 창출된 일자리 중 약 26%를 창출하여 미국 일자리 창출에 기여한 1위 국가가 되었다. 2024년 상반기에는 해외직접투자와 리쇼어링을 합한 일자리에서도 17%로 1위를 기록하였다. 한국을 현금인출기money machine라고 부르는 트럼프가 주한 미군 주둔 분담금을 100억 달러로 인상할 것이라는 공언은 '거래'라기보다는 '위협'에 가깝다. 투자와 일자리 창출 등에서 미국에 월등하게 기여하고 있는 우리나라에 트럼프가 더 많은 것을 요구한다면 그러하다는 말이다.

모든 것이 '거래의 조건'에 해당한다는 점에서 중국과 러시아는 트럼프 정부를 역설적으로 예측 가능하다고 판단할 것이다. 트럼프에게는 전쟁조차도 '거래의 조건'이다. 이러한 연유에서 러시아는 2020년 대선에서 바이든이 아니라 트럼프의 재집권을 선호한 바 있고, 뒤늦게나마 중국은 트럼프가 가치 배제적이고 거래적이라는 데 전략적 희망을 걸고 있다.

오늘날 불확실성의 근원은 트럼프가 아니라 질서해체기에 있는 세계이다. 키신저식으로 말하면, 트럼프는 세계질서가 깨지는 시대적 징표일지언정 세계질서의 창조자일 수는 없다. 그러한 의미에서 후쿠야마Francis Fukuyama의 인식에는 동의하기 어렵다. 후쿠야마는 트럼프가 '만든(파괴한)' 세계에 주목하고 있다. 젊은 나이에 자유주의의 최종 승리와 '역사의 종말(1992)'을 선언하였으나 뒤늦게나마 성찰하여 자유주의의 쇠퇴와 신자유주의의 희생자들을 애도하면서 '존중받지 못한 자들을 위한 정치학(2018)'을 펴낸 것은 존중할 만하지만, 트럼프와 그가 속한 세계의 인과관계에는 학문적 성찰이 미치지 못하는 것 같다.

트럼프는 질서 해체를 가속화시킬 뿐이고 그 또한 이러한 세계의 산물이다. 트럼프의 세계는 정치적 거래의 세계이다. J. 미어샤이머식으로 말하면, "국제관계는 어차피 불확실한 세상에서 형성"된다. 그의 말대로 이것은 상대국들에 대한 정보와 데이터의 불완전성에 의한 것이기도 하지만, 국가간 체제의 무정부성에 근본적으로 기인한 것이다. 케네스 월츠Kenneth Waltz가 국제체제의 구조적 특성으로 정의한 무정부성을 보완하고 완화해 주는 위계질서가 해체되고 있다. 일극체제가 쇠퇴하고 자유주의 국제질서가 해체되는 과정에서 무정부성이 전면에 드러나기 시작하고 있다. 우리는 각자도생의 '무정부한 세계'를 자각해야 할 것이다. 그것은 보편적 가치가 작동하는 '자유의 왕국'이 아니라 국가이익과 세력균형의 중력이 작동하는 현실주의 세계이다.

냉전이 해체되자 부시는 미국이 앞장서 세계를 이끌 것이라 했고, 탈냉전이 끝나갈 무렵 오바마는 뒤에서 이끌겠다고 했다. 그러나 지금은 앞에서든 또는 뒤에서든 세계를 이끌 국가는 어디에도 없는 듯하다. 트럼프나 바이든은 반박하거나 대항할 수 없는 헤게모니를 장악했던 미국의 시간이 끝나가고 있는 것에 아무런 변화를 주지 못하였다. 트럼프의 최선은 이 시간을 늦추는 것뿐이다.

"세계경제가 진정한 불확실성의 시대로 진입"하고 있다고 경고한 베리 아이켄그린은 "주요 경제권의 정치적 혼란이 경제적 양극화뿐 아니라 미국 리더쉽의 쇠퇴 때문"이라고 하였다. 그는 미국이 글로벌 리더쉽에서 손을 떼면서 글로벌 정치적 불안정이 발생했다고 진단하는 것으로 보인다. 미국 리더쉽의 쇠퇴는 분명하지만, 그는 다음과 같은 질문은 잊은 듯하다. 미국이 다시 손을 댄다면 글로벌 정치 불안정이 해소될 것인가? 미국이 다시 손을 대기로 한, '미국의 귀환'을 선포한 바이든 정부의 시도는 성공했는가? 대다수 미국인들은 미국 리더쉽의 쇠퇴가 중국과 러시아의 도전 때문이라 생각하는 경향이 있다. 미국의 실패를 배제하면 그러하다. 글로벌 정치적 혼란이 '미국의 철수'로 야기된 것이 아니라, 역으로 일극적 미국 리더쉽의 부산물이라는 견해도 주류 담론 내에 있다.

누군가는 '신냉전'을 말한다. 그러나 대선에서 트럼프의 승리는 신냉전이 아니라는 정치적 징표이다. 트럼프보다는 해리스나 바이든이 냉전 전사로서 더 부합한 인물일 것이다. 트럼프는 자유주의 국제질서가 아니라 현실주의 세계에 살고 있다.

허미티지 캐피탈Hermitage Capital Management 투자펀드의 대표이자 정치행동가인 빌 브라우더Bill Browder는 "지금은 냉전시대 보다 훨씬 상황이 안 좋다"고 경계하였다. 시장경제론자인 그가 "냉전은 차가웠으나 지금은 불안정한·열전으로 엄청난 재앙으로 이어질 수 있는 상황"이라 우려한 사실은 정책커뮤니티 뿐 아니라 시장의 분위기를 반영한 것이라 할 수 있다.

누군가는 '차가운 평화cold peace'를 말한다. 컬럼비아대의 정치학자 마이클 도일Michael W Doyle은 신냉전을 피하기 위해서는 '냉화冷和', '차가운 평화'를 추구해야 한다고 새삼스레 주장하였다. 도일은 철 지난 '차가운 평화'라는 개념을 너무 늦게 알아챈 셈이다. 이 책의 본문에 서술했듯이, 일찍이 옐친이 경고했었던 탈냉전 직후 발생한 '차가운 평화'는 이미 오래전에 끝났다. 더욱이 오늘날 러시아가 벌이고 있는 모든 일들이 바로 이 '차가운 평화'로 인해 발생한 것이라는 사실을 마이클 도일은 아직도 알아채지 못하고 있는 것일까?

트럼프 승리에 '인플레이션'이 결정적인 역할을 했다고 주장하는 사람들이 있다. 미시정치적으로는 그러할 것이다. 그러나 나홀로 성장 중인 미국에서 인플레이션이 정권교체를 야기했다면, 인플레이션과 장기침체에 시달리고 있는 유럽에서는 여러 차례 봉기라도 일어났어야 하지 않을까? 바이든 정부의 경제적 퍼포먼스가 비교적 양호했던 점을 떠올리면 인플레이션은 어쩌면 막간극entr'acte일 수 있다.

일부 거시경제지표를 보면, 바이든 정부의 성장과 고용은 비교적 양호한 편이었다. 트럼프 1기 정부의 평균 GDP 성장률은 2.3%, 바이든 정부는 2.2%로 별 차이가 없고, 2023년에는 2.9%의 성장률을 기록하였다. 2023년 EU의 경제성장률이 0.9%였다는 현실은 세계적인 경제침체 와중에도 나홀로 성장 중인 미국의 어두운 그림자이다. 실질 GDP 면에서도 트럼프 정부의 2019년을 100으로 할 때 바이든 정부의 2023년은 111.1을 기록하였다. 스웨덴과 오스트리아 등을 포함하여 유럽 22개 국가의 총합과 동일한 유럽 최대의 경제(4.6조 달러)인 독일(100.4)에 비교해도 월등한 실적이다. AI에 대한 민간투자도 2023년에 전년 대비 22.1% 증가하였다.

제조업 고용과 관련하여 미국 노동통계국BLS에 따르면 2024년 7월 현재 미국 자동차 제조업 고용의 경우 1990년 냉전해체 이후 34년 만에 최고치를 기록했다는 사실과 주요 선거 경합주swing state인 미시간의 자동차 제조업 취업자 수가 2007년 대침체Great Recession 전후로 최고 수준이라는 사실 등은 바이든 정부가 자동차산업의 대량해고massive layoffs 사태를 초래했다는 트럼프의 주장이 허위임을 보여주는 대표적인 사례이다.(Washington Post, "Trump's 'crazy,' false ad claiming 'massive layoffs' among autoworkers", October 22, 2024)

실업률의 경우, 트럼프는 재직기간에 최저 3.4%에서 최고 14.3%, 2021년 퇴임 시에 약 7%를 기록한 데 비해 바이든은 최저 3.4%에서 퇴임 직전인 2024년 하반기에 4.3%였다. 인플레이션도 2022년 중반 9.1%의 최고점을 기록한 이래 2024년 대선 캠페인 기간에 2% 대로 하락하였고, 트럼프의 비판과는 달리 바이든 정부의 최고점 또한 카터 정부 말기의 10%대 고인플레이션에 비해 낮은 편이었다.

이러한 실적들을 감안하면 트럼프의 압도적인 당선은 구조적이고 거시정치적인 요인들이 작용한 것으로 보아야 한다. 일극체제의 쇠퇴와 자유주의 국제질서 해체기의 여러 요인들이 미국 국내 이슈들과 중첩되어 상승한 결과이다. '역세계화Deglobalization'와 글로벌 포퓰리즘은 자유주의질서 해체의 핵심 기표들이다.

질서해체기의 경제적 현상인 역세계화는 일반적으로 무역과 투자의 역성장을 특징으로 하는데, '세 가지 큰 재앙'이 세계화를 퇴조시키고 있다는 평론들이다. 다양한 종류의 징벌적 경제 조치가 확산되고 갑작스러운 산업정책들이 유행하며 세계 기구들이 부식되는 현상이 일반화되고 있다는 것이다. 바이든 정부든 트럼프 정부든 이와 별 차이가 없다. 세계화의 상징인 세계무역기구WTO를 예로 들면, 2024년 10월까지 미국은 80차례 이상 연속으로 WTO에서 발의안의 통과를 막았다. 회원국 간 분쟁의 최종 중재 역할을 하는 상소기구Appellate Body 위원(상소기구 재판관)의 공석을 채우려는 평범한 발의안이었다. 지난 5년 동안 미국이 상소기구 위원 선임을 거부함으로써 위원들의 임기 만료로 상소기구 구성이 불가능해져 WTO 분쟁 해결 기능은 완전히 마비되었고, WTO는 무력화되었다.

130여 개 회원국 대다수는 무역분쟁에서 WTO의 규칙을 이제 더 이상 실효성있는 구제 수단으로 여기지 않을 것이다. WTO로 상징되는 자유무역과 세계화는 명목상의 질서로 전락하고 있다. 트럼프 정부의 관세정책과 바이든 정부의 투자촉진법안 등 미국의 무역·관세와 투자 정책들, 즉 '자유무역의 여신'인 미국이 수행한 정책들이 WTO 제소 대상이 되고 있다. 예를 들어 중국은 바이든 정부의 인플레이션감축법IRA을 WTO에 제소하였다. 미국은 WTO 상소기구의 기능을 마비시킴으로써 자국이 제소된 무역분쟁들을 선도적으로 회피하고 있다. 트럼프 1기 정부에서 무역대표부USTR의 대표였던 로버트 라이트하이저Robert Lighthizer가 "WTO가 미국을 망쳤다"고 한 발언에는 WTO에 대한 미국의 부정적 인상이 함축되어 있다.

질서해체기의 대표적인 사회적 증상은 포퓰리즘populism인데, "(원하는 걸) 말하라 (내가) 주겠다"는 '위대한' 또는 '전능한' 정치적 슬로건으로 표출된다. MAGA에 집약된 트럼피즘Trumpism의 승리는 이러한 포퓰리즘의 승리이다. 공화당의 승리도 민주당의 패배도 아닌, 해리스의 패배라고 하기에는 그의 역량 차원을 넘어선 시대의 싸움이다. 단지 해리스가 시대나 역사의 상징이 아니었을 뿐이고, 불행하게도 트럼프가 시대의 징표였을 뿐이다.

이러한 점에서 오늘날은 신냉전의 시대가 아니다. 트럼프는 오히려 반反냉전적 인물에 가깝다. 의사당 점거를 충동질한 후보는 냉전시대라면 오히려 당선이 불가능했을 것이다. 냉전 패러다임의 창시자인 조지 케난이 말했듯이, 냉전은 무엇보다도 체제의 안정성과 가치의 공고함을 보여주는 싸움이다. 자유와 인권, 그리고 민주적 의사결정을 존중하는 자유민주주의 체제가 사회주의체제보다 우월하다는 것을 증명하려는 이념과 체제의 전쟁이라는 점에서 그러하다는 것이다.

트럼프의 재집권이 신냉전과 무관하다는 징후는 그의 영토 팽창주의적 경향이다. 파나마운하와 덴마크령 그린란드의 통제권 확보와 관련하여 트럼프가 경제나 군사적 옵션을 배제하지 않을 것이라 언급한 것은, 그 진위나 현실성에 상관없이, 가깝게는 전후 탈식민시대 영토주권적 합의가 깨지고 있는 것, 멀게는 근대 국제체제의 토대인 베스트팔렌질서에 대한 수정이라는 우려를 불러일으키고 있다. 냉전시대에는 유엔헌장에 따라 영토주권이 존중되었고 헬싱키선언(1975)으로 거듭 확인되었다. 트럼프가 파나마와 그린란드, 더 나아가 캐나다를 미국령으로 만들어야 한다는 발언에 대해 《워싱턴포스트》는 '돈로독트린 Donroe(Donald+Monroe) Doctrine'이라 풍자하였고, 프랑스 외무장관 장 노엘 바로Jean-Noël Barrot는—이념 경쟁의 시대가 아니라— '강자의 법칙이 통용되는 시대'로 진입하였다고 자조自嘲하였다. 《뉴욕타임즈》의 논평 기사("Trump's Territorial Ambitions Rattle a Weary World")대로 "트럼프가 낭만적으로 여기는 19세기의 보호주의나 제국주의 시대의 결과는 두 차례의 세계대전"이었다.

트럼프가 시대의 표징이라는 말은, 도널드 트럼프가 아니더라도 트럼프를 상징하는 다른 누군가가 선거에서 승리하는 것을 우리는 앞으로 종종 목격하게 될 것이고, 반복되는 정권 심판 선거와 잦은 정권교체를 보게 될 것이라는, 즉 유권자들의 지지가 매우 유동적인 전환기적 징표라는 메시지이다. 냉전시대를 포함하여 국제레짐이 비교적 안정적으로 관리되는 시대와는 다르게, 대전환기 불확실성이 높아지는 시대에는 유권자들은 오래 기다려주지 않을 것이다.

'궐위의 시대'적 징표이자 합의가 무너진 시대, 모든 것들이 쟁투하는 시대에는 잦은 지지 철회 등, 정권교체의 사이클이 짧아지는 것을 목격할 것이다. 평화는 국가들의 의식적인 행동, 즉 정치적 행동의 결과물이다. 세계는 스스로 정리하지 않는다. 전쟁의 시대에, 전쟁을 일으키듯 평화도 일으켜야 한다.

오늘날 우리는 쇼펜하우어가 말한 '눈물의 계곡'에 서 있다. 이 계곡을 어떻게든 무사히 건너가야 한다. 이 책은 그것에 관한 에세이이다.

2025년 2월 3일 백준기

목 차

개정증보판_서문   — 4

    트럼프의 귀환, 무정부한 세계anarchic world의 징표 — 4

프롤로그: 전쟁이야기   — 21

    전쟁의 시대, '어제의 세계Welt von Gestern'의 종언 — 21
    궐위闕位의 시대, 아우라aura의 몰락 — 29
    일극의 순간unipolar moment, 일극의 저주 — 33
    지정학적 미래, 보편universality에서 균형equilibrium으로 — 37
    일극 이후의 세계post-unipolar world, 모든 것들이 귀환하는 시대 — 41

1. 신냉전new cold war이라는 유령   — 49

    신냉전 신드롬, 미디어 전쟁 — 49
    신냉전 담론들, 강대국의 열망과 좌절 — 53
    냉전의 불행한 그림자, 누가 '악의 제국'인가? — 60
    신냉전도 G2도 아닌, 패권을 향한 열망 — 66
    냉전Cold War의 회고, 신냉전의 열쇠 — 73
    '탈냉전 마셜플랜'은 소련을 구할 것인가? — 78
    '현재를 지배하는 자가 모든 것을 지배한다' — 85
    신냉전 담론의 프리퀄prequel : 냉전 '승리'의 신화 — 90

2. 나토NATO의 지정학과 유럽의 미래 　　　　　— 97

　조지 케난의 '치명적 오류fateful error'　— 97
　최초의 약속들, '1인치의 동진도 없다not one inch eastward'　— 107
　차가운 평화cold peace: 1990년의 배반된 거래들　— 112
　유라시아전략, 중국과 러시아의 다극화 동맹의 기원　— 118

3. 미국이라는 헤게모니, 미국은 쇠퇴하는가? 　　— 125

　제국의 비애인가 영원한 제국인가?:
　제국적인 과도 팽창imperial overstretch　— 125
　미국의 세기는 지속되는가?:
　불가결한 국가indispensable nation, 미국　— 134
　떠오르는 강대국들, 나머지들의 부상the rise of the rest　— 143

4. 인테레그눔interregnum, 궐위의 시대 　　　　— 153

　포스트 코로나19 팬데믹　— 153
　포퓰리즘populism, 그 병적인 징후들　— 156
　트럼프와 바이든의 대선: '역사상 가장 중요한 선거'　— 164
　무극체제Nonpolarity와 강대국들의 세계　— 170
　G-Zero의 세계, 각자도생의 시대　— 179
　포스트 G제로의 세계는?　— 187

5. 일극의 순간unipolar moment: 자애로운 패권국의 탄생 — 197

일극의 마법 — 197
미국의 헤게모니는 예외적인가? — 204
자애로운 패권국benevolent hegemon의 분기점, 2030년 — 208

6. 유럽의 전쟁, 기나긴 평화long peace의 종결 — 217

우크라이나 전쟁과 다극의 순간multipolar moment — 217
예방전쟁: 교도소 담장 위를 걷는 국가들 — 222
우크라이나 전쟁: 투키디데스와 비스마르크의 교훈 — 227
시대 전환Zeitenwende과 독일의 부활 — 233
독일의 세기German Century는 오는가? — 240
일본의 재무장: 전쟁할 수 있는 일본 — 244
나토의 북진北進Nordic NATO: 나토의 완성 — 253
범유럽 대동맹과 아리스토텔레스의 교훈 — 261

7. 일극 이후의 세계post-unipolar world: 자유주의 질서의 종언? — 271

상상된 세계imagined world, 장기평화long peace의 신화 — 271
자유주의 세계질서: '자유'스럽지도,
'세계'적이지도, '질서' 있지도 않은? — 280
자유주의 국제질서에서 '모든, 국가는 자유로운가?' — 290
리바이어던Leviathan 3.0의 시대: 자유주의 질서의 부고訃告 — 306

8. 지정학의 귀환: 세력권의 부활   — 315

    지정학의 세계: 선수는 바뀌지만 경기는 이어진다 — 315
    세력권의 근대적 기원 — 320
    세력권, 경멸적인 지정학의 도구 — 325
    저주받은 학문, 지정학의 귀환 — 332
    지정학의 유령들: 지정학적 전쟁과 제국의 파편들 — 337
    미국식 지정학: 현실주의의 르네상스 — 341
    아프간 철군의 지정학 — 345
    아프간 철군과 미국 리더십의 신뢰성 — 349

9. 미국과 중국의 헤게모니: 다시 세상을 뒤흔들다   — 357

    중국위협론의 근원: 그때는 일본, 지금은 중국 — 357
    중국위협론의 상승: 백년변국百年變局의 리스크 — 363
    패권이동과 미국의 예방전략: 유용한 적들 — 366
    G2의 주술: 투키디데스 함정과 킨들버거 함정 — 374
    차이메리카Chimerica의 균열:
    일대일로 대對 아시아로의 회귀pivot to Asia — 380

10. 인도·태평양 전략의 최전선: 쿼드Quad와 타이완문제   — 391

    쿼드의 지경학geoeconomics: 항행의 자유와 문호개방Open Door — 391
    쿼드의 지정학, 아시아의 4국협상Quadruple Entente 체제 — 397
    타이완 해협, 미·중美中 전쟁의 해협 — 406
    타이완문제와 한국문제Korean Question: 연결된 전쟁 — 413
    타이완 전쟁: 중국은 무력통일을 할 것인가 — 417
    평화적 경로: 상하이 공동성명과 92공식 — 423

11. 이스라엘-하마스 전쟁과 아랍세계의 미래 — 437

팔레스타인, 백년전쟁의 땅 — 437
유대인 정착의 문명적 코드와 오리엔탈리즘 — 441
밸푸어선언(1917)과 유대민족의 집national home구상 — 445
가나안 땅, 팔레스타인: 너무 많은 약속의 땅 — 450
식민주의 최악의 유산: 분할(분단)하고 떠나기 — 453
팔레스타인, 이스라엘의 아파르트헤이트apartheid — 455
중동의 평화, 고도Godot를 기다리며 — 458
하마스 전쟁, 비극적인 희망: 다시, 두 국가론 — 465

12. 북방삼각관계: 북한과 러시아, 군사동맹의 변주곡 — 473

북한의 우크라이나 전쟁 참전: 유라시아 국제관계의 동학 — 473
북·러동맹, 탈자유주의 국제질서의 정치적 기호semiosis — 476
북·중·러 대 한미일 삼각체제의 대결Rivalry: 북한의 전략적 공간 — 486
"승리계획은 선善한 결과의 적敵" — 490
북방삼각체제의 기원: '우호협조 및 호상원조에 관한 조약(1961)' — 494
최초의 조약, 두 개의 동맹: '이중보호조약' — 502
민족들의 귀환, '두 국가론'의 회상 — 512
한반도 '두 국가론': 적대적인 혹은 평화적인 — 518

13. 보론: 미국의 세기 이후의 세계, 중강국middle power의 대전략 — 525

대전략이라는 지도, 경세치국經世治國의 비전 — 525
'강건한 나라'의 대전략, 정치가의 경세經世술statecraft — 530

에필로그: 평화이야기 ― 539
  정의로운 전쟁bellum justum이라는 것 ― 539
  여러 평화들, 그리고 전쟁을 속삭이는 자들 ― 546
  외교外交는 선교宣教가 아니다 ― 551
  아시아, 지정학적 불의 고리 ― 556
  '조선책략'이라는 흑서黑書: 전략적 묵상의 시간 ― 562
  피해야 할 상상들: 핀란드화, 발칸화, 그리고 아프간화 ― 567
  핵nuclear weapon의 귀환, 핵삼극체제: 붉은 여왕의 핵 경쟁 ― 570
  다가올 현실, 그리고 절반의 희망 ― 578

|주| ― 586
|찾아보기| ― 618

식민주의와 제국주의의 열렬한 옹호자였던
영국의 계관 시인 러디어드 키플링은
외아들을 첫 번째 세계전쟁의 전장에 내보냈다.

아들은 첫 전투 다음날 전사하였다.

가족사이면서 전쟁사이기도 한,
아들에 관한 이런 이야기를 키플링은 시
〈묘비명: 흔한 유형Epitaphs: Common Form〉에 새겨 놓았다.

"우리가 왜 죽었냐고 물으면
아버지들의 거짓말 때문이라 말하시오"라고.

프롤로그: 전쟁이야기

┃ 전쟁의 시대, '어제의 세계Welt von Gestern'의 종언

20세기가 마지막 문을 닫고 있다. 20세기 문명의 피조물들이 마침내 소멸하고 있다. '미국의 세기'가 지나고 자유주의 국제질서는 허물어졌다. 우리는 일극체제의 황혼을 바라보면서 미국 헤게모니 이후의 세계를 예감하고 있다. 이 책은 이 세기적 사건의 정치적 기원들과 그것이 초래한 거대한 전환great transformation[1]을 다룬 에세이이다. 미국의 세기 이후의 세계, 보편universality에서 균형equilibrium으로 가고 있는 세계를 말하려는 것이다. 이 글의 목적은 다가올 세계나 질서의 대안을 제시하려는 것이 아니다. 미국의 세기와 더불어 사멸하는 것들에 관해 적절히 애도하고, 새로 나올 것들에 대해 희원希願적 경외敬畏로 마주하려는 것이다.

이 에세이를《펠로폰네소스 전쟁사》의 첫 문장으로 시작하는 이유는 우리 시대가 이와 유사한 경로로 들어가고 있는 것을 경계하기 위함이다. 2,500여 년 전, 한 그리스인이 쓴《펠로폰네소스 전쟁사Ho Polemos ton Peloponnesion Kai Athenaion》는 이렇게 시작된다. "아테네인 투키디데스Thoukudídēs(Thucydides)는 아테네인들과 펠로폰네소스인들 사이의 전쟁이 과거의 어떠한 전쟁들보다 큰 전쟁이 될 것이라 믿고 기록하였다." 전쟁에 참전한 투키디데스는 그리스 세계를 양분한 스파르타와 아테네 양대 진영 동맹 간의 이 전쟁이 그리스 세계의 운명을 가름할 역사상 유례없는 전쟁이 될 것으로 직감한 것이다. 그의 이러한 믿음은 근거가 없는 것은 아니었는데, 전쟁에 임하여 "아테네와 스파르타는 모든 면에서 완벽한 최종 준비상태에 있었고, 나머지 모든 헬라인들Hellenes이 더러는 망설이다가 더러는 심사숙고하여 결국 어느 한 쪽에 가담하는 것을 그가 보았기 때문"이었다. 그 전쟁이 "헬라인들(그리스인) 뿐 아니라 변방 세계Barbarian world 대부분을 포함하는 인류 전체에게 일대 사변이고, 유사 이래로 이보다 더 큰 전쟁은 어떤 것도 없었다는 결론에 이르렀"기에 그는 기록해야만 하는 역사적 당위성을 절감하며 그 전쟁을 경각했던 것이다. 투키디데스의 예언적 통찰은 그 후 스러져 가는 그리스 세계의 황혼으로 실현되었다. 패권국 스파르타가 비록 전쟁에서는 승리하였으나 스파르타를 비롯한 헬라인들의 번영과 패권은 결국 이 전쟁으로 영원히 역사에서 사라지게 되었다.[2]

기원전 5세기 한 그리스인이 "인간의 본성에 따라 언젠가는 비슷하게 반복될 미래의 역사"를 염두에 두고 헬라인들의 전쟁, 즉 펠로폰네소스 전쟁을 기술하였듯이, 우리는 그리스 세계의 운명을 바꾼 그 전쟁이 우리 시대에 드리운 그림자를 보고 있다. 오늘날 세계는 신냉전 또는 패권전쟁이라는 전쟁의 시대로 진입하고 있는 듯하다. 우크라이나, 팔레스타인 등 지정학적 경계선 지역의 전쟁들이 이를 재촉하고 있기도 하다. 한반도와 타이완도 그 범주에 들어가 있다. 그 옛날 투키디데스가 목격했던 것처럼, 오늘날 미국과 중국, 러시아 등은 '모든 면에서 완벽한 최종 준비상태에 있고, 나머지 나라들은 더러는 망설이다가 더러는 심사숙고하여 어느 한쪽에 가담하고 있는 것'을 우리는 지금 보고 있다. 만약 이것이 세계를 양분하는 대결이나 전쟁으로 귀결된다면, 기원전 5세기 사람 투키디데스가 예감했듯이 21세기의 우리는 그 결과가 지금까지 우리가 알던 세계의 종언이라는 것을 직감적으로 통찰해야만 한다. 그 전쟁 이후의 세계는 어제의 세계와는 전혀 다를 것이다. 이러한 연유로 이 책은 평화보다는 전쟁에 관한 이야기이다. 다만, 이것이 누군가는 기록해야만 하는 대전쟁으로 실현되지 않기를 바랄 뿐이다. 우리가 투키디데스라는 거인의 어깨에 올라서야 하는 이유이다.

맨부커 국제상을 수상한 작가 한강은 뉴욕타임스와의 인터뷰에서 "미국이 전쟁을 말할 때 한국은 몸서리친다"고 말한 적이 있다. 한반도가 정전停戰 중에 있기 때문이다. "승리로 끝나는 전쟁 시나리오는 없다"고도 말했다. 문학인이 말하는 '전쟁과 인간에 대한 단상'은 때로 그 울림에서 전공자의 글을 넘어서기도 한다. 그는 전쟁과 대학살에 관하여 "세계의 역사 속에서 드러나는 보편적 인류의 얼굴", '사람에 관한 연구'에서 깨달은 점이 있다고 말하고 있다. "모든 전쟁과 대학살에는 결정적인 점이 있는데, 그것은 인간이 다른 인간을 '인간 이하subhuman'로 인식했다는 점이다. 그 이유는 그들이 다른 이념·종교·인종·국적을 가졌기 때문"이라는 것이다. 그의 바람은, "인간이 인간으로 남을 수 있는 최후의 방어선은 진정하고 완전한 시각으로 다른 사람의 고통을 바라봄으로써 이러한 편견을 극복하는 것"이다. 하지만 불행하게도 전쟁이 가능한 시대, '전쟁의 시대'에는 그의 희망이 '인간 이하의 인식'에 자리를 내어 줄 가능성이 크다.[3]

오늘날 우리는 작가 한강이 말한 '하위인간subhuman이라는 편견', '인간 이하의 인식'을 이스라엘과 하마스의 전쟁에서 본다. 최초로 군사용 잠수함을 설계한 막심 뢰베프Maxime Laubeuf조차 인정했듯이, "평화를 보장할 가장 확실한 방법은 모두가 존중받을 기회를 주는 것"인데, 팔레스타인인들도 그렇게 생각할 것이다. 전쟁이라 부르기에도 무색한 하마스 전쟁은 UN을 비롯한 국제사회가 학살genocide이라 지목하는 데 별다른 이견이 없다. 2024년 1월 26일 국제사법재판소ICJ는 "팔레스타인인들은 학살로부터 보호받을 권리가 있고, 이스라엘은 학살을 방지할 모든 조치를 강구할 것"을 촉구하였다. 3월 26일에는 유엔인권이사회UNHRC에서 유엔특별조사관 프란체스카 알바네스Francesca Albanese가 "가자지구에서 팔레스타인 집단 학살 범죄가 저질러졌다는 기준이 충족됐다고 믿을 만한 타당한 근거가 있다"고 보고하였다.[4] 2024년 9월 중순 사상자가 가자주민 약 6%를 넘어서는 14만여 명에 달하였고, 휴전이 성사된 2025년 1월에는 민간인 사망자 4만 7천여 명 중에 대다수인 3분의 2가 여성과 어린이를 비롯한 미성년들이었다. 하마스 전쟁은 팔레스타인의 고통을 비춰주는 어두운 거울이자 보편성의 종말이다. 인권과 국제법의 미래와 관련하여 그것은 규범에 입각한 질서rule based order의 종언이라는 주장도 있다.[5] 우크라이나 전쟁은 차치하고서라도 일방적인 학살에 가까운 이러한 전쟁상태를 미국을 비롯한 국제사회는 종식시키지 못하고 있다. 실제로 보편적 질서가 무너지는 징후일까?

이런 말이 있다. "우리는 전쟁 시에 뜨거운 전우애와 형제애를 느낀다, 이것이 평화의 시기에 발휘된다면 얼마나 좋겠는가?" 이런 말도 있다. "가난과 혐오, 차별보다 참호 속의 전우애가 더 낫다고 판단하는 순간 평화는 무너진다." 1755년 리스본 대지진의 한가운데 있던 철학자들은 "질서 있고 예견가능한 세상과 합리적인 신神에 대한 신념"이 동요되는 것을 겪었다. 지진은 정당한 것과 부정한 것을 똑같이 잿더미로 만들었기 때문이다. 전쟁은 지진과도 같다. 전쟁은 흔히 평화의 이름으로 행해진다. 사람들은 "폐허를 만들어 놓고 평화가 왔다"고도 말한다.

첫 번째 세계전쟁과 전간기戰間期를 살아낸 자유주의 작가 슈테판 츠바이크Stefan Zweig가 《어제의 세계Die Welt von Gestern(1942)》에서 말한 것처럼, 전쟁에서 분명한 단 한 가지 사실은 "승리가 무한한 희생 아래에서 획득된다고 하더라도 그 승리는 희생을 정당화할 수는 없다"는 것이다.[6] 오늘날 자유주의 국제질서의 시조인 윌슨 대통령도 '유럽의 전쟁'에 미국이 참전하는 것을 논하는 양원합동연설(1917년 1월)에서 '승리 없는 평화'를 주창한 사실을 역사는 기록하고 있다.[7]

이 책은 아인슈타인이 루즈벨트 대통령에 보낸 서한에서 "전쟁에서 사람을 죽이는 일은 보통 살인을 저지르는 일보다 조금도 낫지 않다"고 했던 말에는 미치지 못하지만, 영국의 제2차대전 참전 요구에 반대하며 "비폭력 저항으로 모든 전쟁에 저항하라"고 외친 간디를 '사악한 수도승'으로 비난한 처칠의 말은 지나친 것이라 본다. 전쟁과 평화에 관한 아인슈타인의 이상적 경지에는 미치지 못하지만, 비폭력 평화를 비난한 처칠의 현실적 인식은 지나치다는 의미에서다. 오늘날 우리는 '전쟁을 속삭이는 존재'가 도처에 있다는 사실을 경계해야 한다.

식민주의와 제국주의의 열렬한 옹호자이자 《정글북Jungle Book》으로도 친숙한 영국의 계관桂冠시인 러디어드 키플링Rudyard J. Kipling은 자신의 이러한 신념에 따라 외아들을 첫 번째 세계전쟁의 전장戰場으로 보냈다. 그에게는 조국의 영광을 위한 것이었으므로 숭고한 애국심의 발로에서 아들에게 참전을 설득했을 것이다. 아들은 첫 전투 다음 날 전사하였다. 가족사이면서 전쟁사이기도 한 아들에 관한 이야기를 키플링은 시 〈묘비명: 흔한 유형Epitaphs: Common Form〉에 새겨 놓았다. "우리가 왜 죽었느냐고 물으면 아버지들의 거짓말 때문이라 말하시오"라고.

키플링이 그러하였듯이 한때 유럽은 '문명'을 상징하였다. 키플링은

'문명'을 전파—유럽인들은 이를 식민지 '개척'이라고도 불렀다—해야 하는 유럽의 '사명'을 고통스럽지만 짊어져야 하는 운명적인 '백인의 짐 White Man's Burden'이라 불렀다. 식민지 백성들에게는 처참했던 유럽열강의 식민지 강점이 그에게는 '백인의 짐'이라는 신성한 사명으로 미화되었다. 서구문명의 담지자이자 여전히 그러한 '문명'적 여운을 간직한 유럽연합EU은 '평화와 번영'을 위해 창설되었다. 번영을 위해 유럽은 평화가 필요하였다. 그렇다면, 평화가 사라진다면 번영은 어떻게 될까? 또한 번영이 사라진다면 평화는 어떻게 될까? 유럽은 지금 이러한 갈림길에 서 있는 듯하다.

한 세기 전, 경제학자로서 노벨평화상을 수상(1933)한 노먼 에인절 Norman Angell은 저서 《거대한 환상The Great Illusion(1909)》에서 "유럽에서 전쟁은 불가능해졌다"고 매우 낙관적으로 주장하였다. "투자와 무역에서 유럽 국가들이 상호 의존하는 수위가 매우 높아졌기 때문에 전쟁이 야기할 경제적인 혼란만으로도 유럽은 파괴될 것"이기에 그에게 전쟁은 불가능한 것이었다.[8] 에인절의 말은 일부 적중하였다, 비극적으로. 그 전쟁으로 유럽은 거의 절멸에 가까운 파괴를 겪었기 때문이다. 31년이라는 매우 짧은 시간 동안 역사상 유례없는 두 차례의 세계전쟁을 자행한 유럽 국가들은 근세近世이래 오백 년 동안 이뤄낸 지상至上의 업적을 스스로 파괴하였다.

토마스 홉스는 인간의 '자연상태natural state'를 "만인이 만인에게 적인 전쟁상태"로 정의한 바 있다. "역겹고, 잔인하고, 짧다"고 비탄한 홉스의 자연상태보다도 그 이후 유럽과 아시아인들이 짧은 기간에 경험한 두 차례의 세계전쟁은 더욱 역겹고, 잔인하였다. 홉스가 말한 대로, 강제력이 있는 입법과 이를 집행할 중앙정부가 부재한, 구속력이 없는 자연법에 의지하는 국제관계는 각자의 이해利害와 명분에 따라 언제든지 일차적 자연 상태, 즉 전쟁상태로 복귀할 것이다.

때로는 국가이익이라는 말로 표현되기도 하고, 때로는 민족의 부흥이나 생존, 명예 등으로 치장되기도 하지만, 때로는 그로테스크하게도 '평화'를 위해서라는 말로 전쟁상태로 걸어 들어가기도 한다. 오늘날 우리는 '전쟁이 가능한 시대'에 살고 있다. 우크라이나 전쟁과 이스라엘-하마스 전쟁을 굳이 소환하지 않더라도 자유주의 국제정치학에서 주장하는 '세계전쟁 후 70년의 평화'는 이제 끝나가고 있다. 그렇다면 홉스적 자연상태가 도래하고 있는가? 강대국들은 몽유병자들처럼 전쟁으로 걸어 들어가고 있는가?

나폴레옹 전쟁에서 조국 프로이센의 해방('해방전쟁War of Liberation')을 위해 싸운 솅켄도르프Max von Schenkendorf는 "오직 쇠iron만이 우리를 구할 수 있고, 오직 피blood만이 우리를 건질 수 있다"고 독일민족을 위한 혁명적인 맹세를 노래하였다. 반세기가 지난 후, 프로이센의 재상이던 비스마르크는 막스 솅켄도르프를 인용하여 독일민족의 부흥과 통일을 호소하였다. 1862년 9월 의회연설에서 그는 "프로이센은 힘을 집중하고 그 힘을 유리한 시기까지 보전해야 하는바, 프로이센의 국경은 정상적인 국가에 어울리는 것이 아니라 건강한 정치체政治體에 부적합하게 디자인된 것으로, 이를 비롯한 오늘날의 대과제들은 연설이 아니라 오직 철과 피eisen und blut(iron and blood)에 의해서만 해결될 수 있는 것"이라 주장하였다. 프로이센 국경의 재조정(영토확장)과 게르만민족의 통합을 통해 대독일을 건설하겠다는 제국선언이었다.

솅켄도르프가 나폴레옹의 제국에 대항한 독일민족의 해방liberation을 지향했다면, 철혈鐵血재상 비스마르크는 전쟁을 통한 독일민족의 제국 Deutsches Reich을 추구하였다. '쇠와 피'로 상징되는 민족주의와 경제력(과 군사력hard power)은 독일이 또 다른 유럽의 패권, 대륙의 헤게모니로 향하는 원동력이었다. 이후 제국 독일은 '정상적인 국가에 어울리는' 국경을 요구하였고, 독일민족에 걸맞는 지위를 상징하는 '태양이 비치는 곳', '양지陽地의 땅place in the sun'을 주장하였다. 논란의 여지는 있으나 그 결과는 두 차례의 세계전쟁이었다. 독일제국이 전쟁으로 걸어 들어간 것은 비스마르크의 정책보다는 그의 사임 후 카이저 빌헬름 2세의 세계정책Weltpolitik에 직접적인 원인이 있겠으나, 비스마르크의 현실정치realpolitik적이고 사회진화론적인 인식 또한 귀책사유가 면제되기 어렵다.

오늘날 중국과 러시아에서 성행하는 민족부흥과 강대국 열망은 솅켄도르프보다는 비스마르크의 열정에 가깝거나 카이저 빌헬름의 '양지陽地정책'으로 이어질 가능성이 있다고 우려하는 사람들이 있는 것이 사실이다. 외부세계와 주변국들이 보기에 중국은 자국의 하드파워에 걸맞은 지위, '양지陽地'를 요구하고 있고, 역사적으로 이천여 년간 행사해 온 중화세계의 헤게모니와 중화질서의 복원을 지향하는 듯하다. 또한 미국과 유럽의 극우들이 주장하는 각종의 자국 자민족 '최고(우선)주의'—트럼프의 America First, 마린 르펜의 La France d'abord(France First) 등—, 그리고 변형적인 미국식 민족주의인 '미국 부흥주의Make America Great Again(MAGA)'는 초강대국 또는 제국민족의 전형적인 예외주의와 결합한 '민족부흥' 담론과 유사하다.

'미·중패권경쟁'이라는 용어로 치환되기도 하는 세계적 차원의 헤게모니 쟁투, 그리고 세계질서의 대전환은 이러한 민족부흥 담론에 접착된 강대국 열망, 제국적 열정의 표현태라 할 수 있다. 오늘날 다시 국가적 대과제들이 '철과 피'로 해결되어야 하는 시대가 도래하고 있는가? 지난 2022년 가을 유엔총회의 주제가 '분수령의 순간watershed moment(중대한 분기점)'이었고, 2023년에는 스톡홀름국제평화연구원

SIPRI이 "인류 역사상 가장 위험한 한 때로 빠져들고 있다"고 경계儆戒한 사례는 다수의 시대적 경고와 징표의 일부일 뿐이다.

| 궐위闕位의 시대, 아우라aura의 몰락

루시(러시아)민족의 부활, 중화민족의 꿈, 그리고 '미국(민족)을 위대하게' 등, 민족부흥담론은 그것이 헤게모니를 지향하는지와는 상관없이 강대국 열망의 전형이라는 점을 부인하기 어렵다. 강대국 열망들이 조정되지 않고 서로 충돌할 때마다 결과는 전쟁상태의 재현이었다는 점을 기억하면 오늘날 세계는 홉스적 자연상태가 연상되는 시대적 상징들을 목도하고 있다. 나는 여러 해 전에 쓴 정치에세이[9]에서 이러한 징후를 '옛것은 지나갔으나 새로운 것은 아직 오지 않은', 그람시가 인용한 역사용어로는 '궐위의 시대interregnum', 혹은 '대공위大空位시대'에 비유한 바 있다.

영국의 문호 찰스 디킨스Charles Dickens는 《두 도시 이야기A Tale of Two Cities(1859)》에서 첫 문장을 당대를 정의하는 데 할애하고 있다. "최고의 시절이자 최악의 시절, 지혜의 시대이자 어리석음의 시대, 빛의 계절이자 어둠의 계절이었다." 디킨스는 역사의 한 시대가 무너져 내리는 풍경을 그렇게 묘사하였다. 당시 유럽은 혁명의 시대였다. 앙시앙 레짐Ancient Regime(구체제)이 가고 새로운 것이 아직 나타나지 않은 시대를 의미하는 것일 수도 있다. 디킨스가 묘사한 시대가 그람시의 전간기inter-war period는 아니지만, 벨에포크의 마지막 잔영이 드리워진 궐위의 시대를 문학적으로 묘사하면 아마도 그러하지 않을까?

궐위의 시대, 왕의 부재가 의미하는 바는 절대적 지위의 부재일 뿐 아니라 보편질서의 부재나 소멸을 의미하는 것이기도 하다. 그람시는 제1차세계대전의 결과로 제국들이 해체되고 기존의 정통질서가 붕괴된 상태이자 여러 이념과 질서가 경합하던 전간기戰間期, 즉 두 차례의 세계전쟁 사이의 분열적인 휴지기休止期를 궐위의 시대라 명명하였다. '주인도 없고, 신도 없다Ni dieu ni maître'는 아나키즘anarchism부터 공산주의와 자본주의, 자유주의와 사회주의, 나치즘과 파시즘의 국가사회주의, 그리고 민족주의에 이르기까지 자신의 지배적 지위, 이념적 헤게모니를 요구하며 경쟁하고 갈등하던 시대였다.

궐위의 시대는 제국마저 역사의 뒤안길로 휩쓸려 사라지는 시대였다. 유럽인들이 알던 어제의 세계는 더 이상 존재하지 않았다. 전쟁의 시대 한가운데서 유럽인들은 제3의 로마라 자부하던 러시아와 유럽의 종가宗家 오스트리아, 극적으로 떠오른 양지陽地의 제국 독일과 불멸의 제국으로 호칭되던 오스만 튀르크 등, 제국의 마지막 황제들이 비극적으로 사라지거나 망명자로서 제국을 떠나는 것을 보았다. 그중에서도 신성로마제국이래로 천년을 이어온 유럽의 제국 오스트리아 합스부르크의 퇴장은 매우 인상적이었다. 슈테판 츠바이크는 이 광경을 다음과 같이 묘사하였다. "세기에서 세기에 걸쳐 왕위의 상징인 지구의地球儀와 왕관을 손에서 손으로 전해 내려간 영광스러운 합스부르크의 가계가 이 순간에 끝나는 것이다. 거기에 서 있던 주위의 모든 사람들은 이 비극적인 광경에서 세계역사를 느낄 수 있었다."[10]

궐위의 시대는 이렇듯 문자 그대로 왕들의 궐위로 시작되었다. 오늘날을 궐위의 시대에 비유할 수 있다면 기존의 제국, 그리고 기존의 지배질서는 순식간에 또는 서서히 사라질 것이다. 츠바이크의 메시지로 재구성해 보면 "우리가 알던 어제의 세계는 더 이상 없다. 자유주의 국제질서라는 이상理想, 세계화Globalization라는 마법은 모두 끝났다. 이제 모든 국가는 전쟁의 세상에 던져졌다". 궐위의 시대에 역사에서 퇴장한 것은 제국만이 아니었다. 감당할 수 없이 황폐해진 영혼들도 사라졌다.

'무한한 희생으로 얻은 승리(1차대전)' 후에 이어진 또 다른 세계전쟁으로 영혼의 고향인 유럽이 자멸한 뒤, 인생을 근본적으로 새롭게 일구기에는 이미 지쳐버린 츠바이크는 스스로 생을 마감하기로 결정하였다. 유서에서 그가 시대에 남긴 마지막 인사는 다음과 같다. "나의 모든 친구들에게 인사를 보내는 바입니다. 친구 여러분들은 이 길고 어두운 밤 뒤에 아침노을이 마침내 떠오르는 것을 보기를 빕니다. 나는, 이 성급한 사나이는 먼저 떠나가겠습니다."

궐위적 현상은 포퓰리즘populism을 징표로 세상에 등장한다. 히틀러와 무솔리니가 그러한데, 오늘날 미국과 유럽에서 그러한 징표들로 해석할 만한 일들이 출현하고 있다. 궐위적 현상으로서 글로벌 포퓰리즘의 특유성은 정치의 해체를 기도한다는 것이다. 정치철학자 한나 아렌트Hannah Arendt가 《전체주의의 기원The Origins of Totalitarianism(1951)》에서 밝히고 있듯이 "정치의 파괴가 전체주의를 낳았다". 미국의 트럼프 현상을 우려하는 것은 이러한 정치의 해체와 파괴적 경향 때문이다. 아렌트가 내린 철학적 처방은 "전체주의의 극복은 정치의 회복으로" 가능하다는 것인데, 오늘날 글로벌 위기뿐 아니라 한국의 전반적 위기 상황에 시사하는 바가 크다고 할 수 있다.

궐위의 시대는 다른 의미에서 '아우라aura의 몰락'의 시대이기도 했다. 독일의 철학자 발터 벤야민Walter Benjamin은 당시 미학적 측면에서 예술작품이 아우라를 상실하는, 처음부터 복제된 형태로 원작이 되는—복제된 원본(유사원본)을 상징하는 의미로서 '아우라의 소멸'을 말한 것이지만, 아우라를 상실하여 원본으로서 제의祭儀적ritual 가치를 상실한 것은 비단 예술작품만이 아니었다. 궐위의 시대엔 모든 것이 그 아우라를 상실하는 듯하다. 프랑스 철학자 장 보드리야르Jean Baudrillard는 아우라를 상실한 이러한 복제품을 '본체 없이 걷는 그림자'로 표현한 바 있다. 당시 시대적 풍경 중에서 독특하고 기괴한 장면은 민주주의의 전범典範이었던 독일 바이마르공화국에서 연출되었다. "권력은 거리에 뒹굴고 총을 든 사람들은 거리에서 권력을 사냥하러 다녔고", 독일 사회주의자들, 사민당은 아이러니하게도 "군부와 손잡고 혁명세력을 부수고 공화국을 세웠고", "독일이여 일어나라"는 전투적 구호를 외치는 히틀러의 등장으로 벨 에포크Belle Époque(아름다운 시절)의 잔영殘影은 최종적으로 사라졌다.

한 세기 지나 유럽에서 구현된 탈냉전 벨 에포크도 이제 마지막 잔영을 남기고 있는 것인가? 기나긴 냉전이 끝나고 평화와 번영을 구가하던 세계는 도대체 어떻게 된 것인가? 전쟁이 문 앞에 도사리고 있는 이 시대는 어디서 시작되었는가? 부시George H. W. 대통령은 1990년 9월 이라크에 전쟁(걸프전)을 경고하는 의회연설에서 "우리는 특별한 순간에 서 있다. 새로운 세계질서를 구축할 기회가 열려 있다"고 선언하였다. 냉전이후의 세계, 신세계질서의 설계자를 자임한 부시 대통령은 국가들의 새로운 파트너십이 시작되었음을 알렸다. 그가 말한 새로운 시대는 "동방East과 서방West, 남반구South와 북반구North(빈국과 부국), 세계의 모든 국가가 번영하고 조화롭게 살아갈 수 있는 시대"를 의미하였다. 그의 말대로 라면, 이 시대는 우리가 알던 세계(냉전)와 전혀 다른 세계를 보게 될 것이었다.

1991년 1월 걸프전 개시를 알리는 백악관 연설에서 부시 대통령이 인용하며 강조하였듯이, 새로운 세계로 들어가는 입구에 있던 당대는 미국독립혁명의 정신적 지주였던 토마스 페인Thomas Paine의 선지적 경구처럼 "인간의 영혼을 위해 노력할 때"이자 "인간의 정신이 시험대에 오르는 시대"였다.[11] 1987년 6월 냉전의 끝자락에서 미국의 레이건 대통령은 브란덴부르크 연설을 통해 "동과 서는 무장했기 때문에 불신한 것이 아니라 불신했기 때문에 무장한 것"이라 역설하였다. 고르바초프와 부시 대통령은 '인간의 영혼'을 위해 이러한 불신을 허물고 냉전을 종식시켰다.

| 일극의 순간unipolar moment, 일극의 저주

그러나 과거 부시 시니어가 선언했던 "모든 국가가 번영하고 조화로운 세계"는 오늘날 없다. 또는 견해차에 따라 "그러한 시대는 지나간 것"일 수도 있다. 한 가지 확인할 수 있는 불행은 찰스 크라우트해머Charles Krauthammer가 주장한 '일극(단극)의 순간unipolar moment'에서 시작된 것인지도 모른다. 미국이 주도하는 일극체제와 그러한 세계질서는 자유주의 국제질서라는 보편질서를 수립하려던 노력에도 불구하고 '일극의 저주'라는 평가를 받기도 한다. 베를린 장벽의 해체에서 시작하여 걸프전과 소련의 해체로 구현된 일극의 순간은 '인간의 영혼을 위해 노력'해야 하던 시대에 미국으로 하여금 인간정신에 대한 시험에 들게 한 것은 아닌가? 1990년 걸프전 연설에서 이미 시니어 부시 대통령은 그것이 무엇을 의미했든지 간에 "미국의 리더십을 대체할 수 있는 것은 없다"고 말하고 있었다. 미국은 '일극'이라는 시험에 든 것이다.

걸프전의 승리로 일극의 순간이 기정사실화되면서 부시가 말한 신세계질서는 보편질서의 형상을 띠어갔고 훗날 자유주의 국제질서Liberal International Order(LIO)로 정의되었다. 오늘날 이 자유주의 국제질서는 논란의 중심에 있다. 자유주의 정치학자 아이켄베리G. John Ikenberry는 자유주의 국제질서가 1945년 종전 후 '기나긴 평화long peace'를 이루어낸 성과를 찬양하면서 자유주의 국제질서의 회복력resilience을 주장하고 있고, 자유주의 국제질서를 '거대한 환상'으로 냉소하는 현실주의 정치학자 미어샤이머John J. Mearsheimer는 강대국들의 패권경쟁으로 현시대를 설명하고 있다.

일극체제의 보편질서라 주장되는 자유주의 국제질서가 현재 쇠퇴하는 중이라면 이후에는 어떠한 질서가 도래할 것인가? 역사적으로 보편질서 다음에 오는 것은 '균형equilibrium'이었다. 키신저Henry A. Kissinger의 《외교Diplomacy》에서 부각되었듯이, 근대적 국제질서는 중세 카톨릭 보편세계가 해체되고 주권국가들 간에 형성된 국제법 체제에서 작동하는 탈보편적인 균형질서를 의미한다. 요약하면 '보편'세계에서 세력'균형'의 세계로의 전환을 말한다.

근세近世 초기 신성로마제국의 카를 5세(1500-1558)는 '해가 지지 않는 제국'을 통치하며 유럽의 보편질서의 마지막 자락을 붙들고 있었다. 신성로마제국의 황제이자 독일의 왕, 이탈리아의 왕, 스페인의 왕, 예루살렘의 왕, 동과 서인도의 왕 등 17개의 왕관을 쓰고 그는 카톨릭 보편세계를 수호하고 보편제국의 이상을 추동하였다. 그러나 그의 사후 카톨릭 보편세계는 신교와 구교로 뚜렷이 분열하였고 중세 보편세계는 30년 전쟁(종교전쟁, 1618-1648)을 통해 주권국가들이 경합하는 균형의 세계로 나아갔다.

근대 국제질서의 구호인 '보편에서 균형으로'는 '신으로부터의 독립'으로 은유되기도 한다. 19세기 들어서 나폴레옹전쟁으로 제국 프랑스가 추구한 유럽의 일극적 보편질서는 유럽협조체제Concert of Europe라는 다극세계의 세력균형으로 재탄생되었다. 이렇듯 보편질서 이후의 탈일극세계post-unipolar world는 경향적으로 전국戰國시대와 같은 각자도생의 세계가 아니라 근대 다극세계와 같은 경쟁적 균형체제이거나, 희망적으로 말하면 '다원적 세계'일 가능성이 있다.

컬럼비아대의 정치학자 크리스텐슨Thomas, J. Christensen이 《유용한 적들Useful Adversaries(1996)》에서 암시하였듯이 국가 간의 역사는 이념과 상관없이 국가들이 서로 경쟁하면서 균형을 이루어 온 역사였다. "정치가 이상한 동료들strange bedfellows을 만들어 낸다면, 국제정치는 가장 이상한 동료들the strangest을 만들어 낸다." 신념보다는 이해관계에 따라 타협하며 이질적인 집단 간에도 동료가 되고 이합집산하면서 정치가 행해진다는, 즉 적들도 유용한 동료가 될 수 있다는 의미다. "국제관계학자들은 세력균형에 매우 익숙해서 이념적으로 다른 국가들이 공동의 적에 대항하여 협력하거나, 이념적으로 유사한 국가들이 국익의 차이로 서로 싸울 때에 전혀 놀라지 않는 것 같다."[12]

냉전시대에조차도 적대국 사이인 미국과 소련, 미국과 중국은 사안에 따라 상호 협력하거나 전략적으로 제휴하였고, 체제와 이념적 동맹국인 소련과 중국은 반목하고 대립하기도 하였다. 국가 간의 관계 구조에도 사회라는 용어를 적용할 수 있다면, 국제사회에는 마음과 뜻이 맞는 올바른 동료들만 있는 것이 아니라 이상한 동료들도 있는 것이다. 또한, 국제사회에서는 어울리기 어려운 불량스런 구성원들과도 때로는 서로 동료가 되어야 한다. 기나긴 시간 동안 역사적으로 국가들은 이렇게 행동해 왔다. 오늘날 이렇듯 균형의 세계를 향하여 다시 역사가 돌아오고 있다는 징후들이 드러나고 있다.

일극체제에서 미국이 꿈꾸었던 자유주의 국제질서LIO는 자유주의 또는 민주주의가 지구적으로 확산된 민주적인 평화democratic peace 세계였다. 어떤 의미에서 플라톤의 이데아와 같은 이상세계, 이상적 국제사회였을 것이다. 그러나 자유주의 국제질서의 경제적 표상인 신자유주의는 역설적으로 이러한 이데아와 충돌하였다.

신자유주의의 교조敎祖 하이에크Friedrich A. Hayek는 《노예의 길The Road to Serfdom》에서, "국가가 지상지옥이 된 것은 항상 국가를 지상의 천국으로 만들려 했기 때문"이라고 말하였다. "모두가 행복한 천국은 이승에는 없"듯이 국제사회도 마찬가지다. 민주평화론이 관철된 자유주의 국제질서는 소망스러울 수 있으나 현실 세계에서는 온전히 구현되거나 작동하기 어렵다. 하이에크가 말했듯이 '지옥으로가는 길은 선의 善意로 포장'되어 있는 것이다.[13]

신학자 라인홀드 니부어K. P. Reinhold Niebuhr도 "인간은 원죄적 존재이므로 지상에 천국을 건설할 수 없다"는 메시지를 던진 바 있다. 《도덕적 인간과 비도덕 사회Moral Man and Immoral Society(1932)》에서 니부어는, "앞으로 다가올 세기에 대한 인간집단의 관심은 강제가 없이 완전한 평화와 정의로 충만된 이상사회의 건설에 있는 것이 아니라, 충분한 정의는 있되 그들의 공동작업이 전적으로 재앙에 빠지지 않도록 강제력이 충분히 비폭력적인 그런 사회의 건설에 있다"고 함으로써, 인간에 대한 도덕적 성찰과 사회에 대한 절반의 회의懷疑를 통해 기독교적 현실주의Christian Realism에 입각한 세계를 그리고 있다.[14]

이들보다 두 세기 전에 "세상에는 어쩔 수 없이 악이 존재할 수밖에 없다"고 한 볼테르의 고백은 계몽주의적 신념의 한계일 수는 있으나, 악에 대한 체념이라기보다는 지상의 천국이 가능하지 않다는 이성적 판단이라고 할 수 있다. 당시 혁명적인 새로운 제도였던 런던 주식중개소에 대한 볼테르의 경이로운 인상기印象記는 선과 악의 이분법이 아니라 서로 이해관계에 따라 경쟁하면서도 평화롭게 공존하는, 국가들 그리고 민족들 간의 관계에 계몽적인 영감을 주고 있다. 그 계몽주의자의 심상에 새겨진 런던증권거래소는 "법원보다 존경받을 만한 곳, 모든 나라의 대표들이 인류의 이익을 위해 만나는 곳, 유대교도와 기독교도, 이슬람교도가 서로 거래하고, 어느 누구에게도 이교도라고 이름 붙이지 않는 곳이다. 그리고 모두 흡족히 여긴다". 볼테르의 인상대로 오늘날 국제사회에, 그리고 국가들에게 요구되는 것은 선과 악의 구분이나 이념과 체제의 구별이 아니라 이익을 위해 서로 공정하게 '거래'하는 것이 아닐까?[15] 지난 세기 냉전의 정점에서 공산세계를 염두에 두고 "그 국민에게 미덕이 없다고 보아야 할 만큼 악독한 정부나 사회체제란 없다"고 설파한 케네디J. F. Kennedy 대통령의 혜안도 기억해야 할 것이다.

프랑스의 신플라톤주의 학자 알랭 바디우Alain Badiou에 따르면 역사적 사건이란 기존의 지배적 질서를 뚫고 나와 새로운 보편성을 창출하는 사태, 프랑스혁명이나 68혁명 등 이를 통해 진리라는 보편성의 빛을 발하는 사건을 말한다. 그러나 오늘날 역사적 사건은 보편성의 빛이 아니라 파편화된 어둠의 그림자를 발하며 지배질서를 뚫고 나오는 듯하다. '자유주의 보편질서'—존재했다고 가정하면—를 해체하고 있는 우크라이나 전쟁과 하마스 전쟁은 역설적이게도 그러한 의미에서 역사적 사건으로 기록될 것이다. 키신저가 '미국과 중국 두 나라는 지금 냉전의 기슭에 있다'고 한 주장에는 동의하지 않으나, '그 결과는 제1차대전의 결과보다 더 참혹할 것'이라는 그의 말은 공감할 만하다.[16]

| 지정학적 미래, 보편universality에서 균형equilibrium으로

질서order는 한 번 깨지면 복원하기 어려운 것이어서 새로운 질서가 출현하기 전까지는 항상적인 불안정이 초래된다. 설사 정통적 질서가 승리를 거두더라도 그 사회 구조는 결코 예전과 같을 수는 없다. 지배질서의 해체 현상은 2008년 미국 발 세계금융위기로 미국의 헤게모니가 흔들린 것은 차치하고서라도 어림잡아 2010년 이래 중동과 북아프리카(MENA)지역을 휩쓴 아랍의 봄Arab Spring으로 시작하여 우크라이나 전쟁과 하마스 전쟁을 통해 전면적으로 발현되고 있다.

메나MENA지역의 자유화 바람은 역설적이게도 이슬람국가ISIS 등의 비교적 내구력 있는 상설적 테러집단들에 의한 테러와 내전의 일상화,

국가의 해체, 그리고 해당지역 국제질서의 와해를 초래하였다. "자유 freedom냐 안정stability이냐", "무정부상태anarchy냐 안정이냐"로 당시 독일의 교양지 《슈피겔Spiegel》에서 독일 지식인들이 논쟁하였듯이, 민주주의의 확대와 권위주의 정권의 붕괴regime change의 역설적인 결과였다.[17] 자유화와 민주화의 결과가 끝 모를 내전과 빈곤의 악순환이었다는 아랍세계의 역설은 보편적 진실이라기보다는 기성질서의 해체를 알리는 시대적 징표의 하나일 뿐일까?

미국과 세계의 문제뿐 아니라 유럽의 문제 또한 위중하다. 지정학적 미래Geopolitical Futures(GPF)의 의장 프리드먼George Freedman의 흥미로운 비유에 따르면 미국이 "만사가 인간이 내리는 결정으로 이루어지는 세계"라면, 유럽은 "역사의 산사태가 인간을 짓누르면 인간의 결정이 아무런 의미가 없는 세계"였다.[18] 이러한 역사의 운명에 속박된 유럽에서 유럽연합EU은 평화와 번영의 열망으로 창설되었고, 유럽은 예정된 평화와 번영의 궤적을 남겼다.

그러나 전후 유럽 역사상 유례없는 장기간의 평화는 흔들리고, 냉전 해체 이래 지속된 20년의 번영은 글로벌 금융위기로 쇠퇴하기 시작하여 우크라이나 전쟁으로 막을 내리고 있는 듯하다. 그렇다면 그 번영이 사라진다면 유럽의 평화는 어떻게 될까? 번영을 위해 유럽의 평화가 필요했다면, 평화가 사라졌을 때 번영은 최종적으로 어떻게 될까? 1980년대 중반에서 2008년 글로벌 금융위기 전까지 경제학자들이 말하는 대안정기Great Moderation로 상징되는 세계적 차원의 경제 안정은 탈냉전의 과도기일 뿐이었는가?

유럽연합의 근본적인 문제는 다른 곳에 있는지도 모른다. 괴테에서 유래한 '파우스트의 영혼'은 영혼을 팔더라도 소유하고 싶은 욕망을 상징한다. 그러나 유럽연합은 아무런 대가도 치르지 않고 모든 것을 소유하려 한다는 비판을 받는다. 미국의 네오콘 학자인 로버트 케이건Robert Kagan이 《미국 대 유럽: 갈등에 관한 보고서Of Pradise and Power: America and Europe in the New World Order(2003)》에서 비판적으로 비유한 것이 하나의 사례인데, 아무런 대가도 치르지 않고 모든 것을 소유하려는 욕망은 미국과 유럽의 철학적 인식의 차이에서 비롯된 것이라는 주장이다. 케이건 류의 주장과는 별개로 유럽연합은 정치와 경제에서 각자 주권을 유지하면서 항구적인 평화와 번영을 원한다는 데 근본적인 한계를 지니고 있다. 요약하면 유럽은 하나의 공동체를 바라면서도 '운명'은 공유하려 하지 않는다는 것이다. 우크라이나 전쟁은 이러한 운명을 시험하는 역사(이성)의 간계일까?

한 세기 전에도 유럽은 신세계 창조에서 무능력하였다. 세계전쟁이 끝난 직후인 1945년에 쓴 《민족주의와 이후Nationalism and After》에서 E. H. 카아는 유럽의 앞날이 암담하고 불확실하지만 '국가에 의한 독점이라는 소련의 이데올로기'와 '무제한 경쟁을 조장하는 미국의 이데올로기' 사이에서 유럽이 자신의 원칙을 세우기 위해 서로 협력할 수도 있을 것이라는 희망을 가졌었다.[19] 유럽에 대한 카아의 희망은 미국과 소련이 주도한 냉전으로 사라졌지만, 냉전이 해체된 오늘날에도 유럽은 자신의 역할을 찾지 못하고 있다.

하버마스Jürgen Habermas와 데리다Jacques Derrida를 비롯한 유럽의 지성들은 이와 관련하여 유럽의 정체성European Identity에 관한 근본적인 질문을 던진 바 있다. 미국과는 독자적인 유럽적 정치형태(정치체) European polity와 외교정책을 수립해야 한다는 호소도 이에 포함되어 있다. 유럽 지성인들의 이러한 호소는 유럽연합 구상의 아버지라 할 수 있는 장 모네Jean Monnet의 유럽적 열정에 닿아 있다. 모네의 유럽적 열정은 세계전쟁 후 새로운 유럽의 창조와 미국으로부터 독립적인 평화롭고 안전한 유럽의 건설이었다.

동아시아의 항구적인 평화를 지향하고자 하는 동아시아 공동체 담론은 유럽보다 더 본질적인 한계를 지니고 있다. 동아시아 공동체, 동아시아 집단안보공동체, 동아시아 버전 헬싱키프로세스를 말하면서도 동아시아에 산재한 영토분쟁과 역사분쟁은 지속적으로 심화되어 왔다. 학자들 사이에서 한때 유행했던 이 담론들은 동아시아 국가들의 정책커뮤니티에서 어느새 사라졌다. 유럽은 1945년 얄타에서 시작하여 1975년 헬싱키에서 동서東西 간에 당시의 국경선을 확인하고 준수(영토와 현상태 존중)함으로써 유럽의 현상유지를 완성하였다. 이에 반해 한반도를 비롯한 동아시아에서는 논의의 출발점인 현 국경선 존중과 유지, 동아시아의 현상태status quo 문제조차 실현되지 못하고 있다. 오히려 지역 내 각국의 주권적 요구나 동맹적 이해관계가 지역의 공동체적 원리를 압도하려 하고 민족주의적 열망이 분출하고 있는 실정이다. 비록 얄타체제는 소련과 사회주의진영이 와해되고 세르비아전쟁에 개입하려 나토NATO가 얄타라인을 넘으면서 1990년대 초반에 해체되었지만, 유럽이 냉전을 안정적으로 관리하고 데탕트로 표현되는 냉전 속의 평화를 누린 것은 이러한 노력의 성과라 할 수 있다.

덧붙이면 분단된 한반도는 이러한 국제관계 구조에서 더욱 취약하다. 《파이 이야기Life of Pi》로 맨부커상을 수상한 얀 마텔Yann Martel은 한반도의 비무장지대DMZ를 보고 '비극과 자본주의가 합쳐진 전쟁관광'이라고 그 충격적 경험을 토로하면서 이처럼 '국가가 극명하게 맞댄 곳은 처음'이라 말하였다. 그에게 DMZ는 치명적인 부상을 입은 국가의 상처를 상징하였다. 한반도의 평화는 남한과 북한과 더불어 미국과 중국, 그리고 일본과 러시아 모두가 함께 만드는 공동창조cocreation일 것인데, 이를 위해 이들 국가의 권력자들이 사색하고 성찰하지 않는다면 위태롭고 요원할 것이다. 마텔의 말을 빌리자면, 한반도 평화와 통일을 말할 때 "책을 읽지 않는(사색하지 않는) 권력자들이 꾸는 꿈은 악몽"에 지나지 않는다. 19세기 유럽협조체제를 설계한 오스트리아의 재상 메테르니히Klemens von Metternich가 유럽에서 이탈리아의 위상을 그렇게 지칭하였듯이, 아시아에서 '한반도'라는 단어는 단지 지리학적 용어만을 지칭하는 것이 아닌 그 이상의 의미가 있다는 사실을 권력자들은 기억해야만 한다.

| 일극 이후의 세계post-unipolar world, 모든 것들이 귀환하는 시대

첫 번째 세계전쟁을 시작하면서, 전쟁을 옹호하던 사람들은 '모든 전쟁을 끝내기 위한 전쟁'이라고 강변하였다. 그러나 두 번째 세계전쟁이 곧이어 발발하였고, 이 전쟁이 끝나자마자 '새로운 전쟁'이 또다시 시작되었다. 사람들은 그것을 '차가운 전쟁Cold War'이라 불렀다. 한 가지 덧붙이면, 핵무기의 아버지라 칭해지는 오펜하이머Robert Oppenheimer는 원자폭탄의 등장을 모든 전쟁의 종식이라고 생각하는 사람들을 향해 모든 전쟁을 끝낼 궁극의 무기는 없다는 메시지를 던진 바 있다. 세계전쟁은 모든 전쟁을 끝내기 위한 전쟁이 아니라, 당시 베네딕트 15세 교황의 암울한 예언처럼, 그 결과는 '유럽의 종언'이었다. 전쟁은 전쟁으로 끝낼 수 없었고 냉전시대에 핵무기는 대리전proxy war을 양산하였다.

일상에서, "평화를 원하면 전쟁을 준비하라Si vis pacem, para bellum"는 말을 아무런 생각 없이 하고 또 듣는다. 이 말은 로마의 베게티우스 Publius Vegetius renatus가 로마제국의 군사전략을 다룬 〈군사문제에 관하여De re militari〉라는 글을 통해 테오도시우스Theodosius the Great 황제에게 '평화를 원하거든 전쟁을 준비하라'고 한 간언諫言에서 유래하였다. 그러나 테오도시우스 황제가 이를 실천에 옮겼음에도 몇 년이 채 안 되어 로마는 일련의 유혈 충돌과 전쟁에 휩쓸렸다. 4세기 당시 평화를 이루는 데 실패한 이 조야한 독트린은 이후 이어진 1500년 동안에도 거의 더 나아진 바 없었다. 심지어 20세기의 역사 그리고 현대세계에서만 해도 두 차례의 세계전쟁과 여러 차례의 대량 유혈사태를 예방하는 데 실패하였다. 미시건대의 정치학자 싱어J. David Singer가 평가한 바와 같이, "역사적 경험으로나 논리적 적용으로 보더라도 '전쟁을 준비하라para bellum(파라 벨룸)'는 독트린은 어떠한 평화적 전망을 보여주지 못한다". 그러나 '파라 벨룸' 독트린의 생명력은 믿을 수 없을 만큼 경이로워서 홉스주의적 왕과 주권자처럼 계속해서 "무기로 상대방을 겨눈 채 스스로 검투사의 자세를 취하고" 있다.[20]

오늘날 세계는 다음 (세계)전쟁의 첫 번째 전투the first battle of the next war를 목도하거나 예견하고 있다. 우크라이나 전쟁, 하마스 전쟁, 그리고 다가오는 듯한 타이완 전쟁이 그러하다. 우리가 일상적으로 마주하는 (경제)제재로는 평화를 구현하기도, 전쟁을 방지하기도 어렵다. 30여 년 전 일극의 순간에 부시 대통령이 토로했듯이 제재는 사담 후세인의 이라크를 통제하지 못하였고 결국엔 걸프전으로 이어졌다. 북한의 핵 개발도 그러하고, 러시아에 대한 역사상 유례없는 수준의 제재, '모든 제재를 끝낼 만한 제재'도 우크라이나 전쟁을 막을 수 없었고 종식시키지도 못하였다. 동유럽 사회주의진영의 해체과정에서 시장경제로의 이행을 지휘한 바 있는 컬럼비아대 경제학자 제프리 삭스Jeffrey Sacks가 "경제제재는 수많은 인명피해를 양산한다"고 고백한 것을 기억할 필요가 있다.[21]

이 책은 평화에 관한 글이라기보다는 오히려 전쟁에 관한 이야기다. 우리의 시대가 그만큼 전쟁에 근접해 있기 때문일 것이다. 역사학자 E. H. 카아의 말대로 "역사에서 위기는 흔하다". 그러나 "1919년과 1939

년까지 20년의 위기는 특유"하다.[22] 당시 유럽과 세계는 "처음 10년은 환영幻影과도 같은 희망에 차 있다가 그다음 10년은 암울한 절망으로 급격히 추락"했기 때문이다. 그 추락의 끝은 세계전쟁이었다. 현실을 거의 고려하지 않은 유토피아를 꿈꾸다가 유토피아의 모든 요소가 철저히 배제된 현실로 떨어졌다. 다시 말하면 현실을 무시한 이상에서 이상을 잃은 현실로 급전직하했다는 것이다. 1920년대의 신기루는 지난 세기인 19세기 말 유럽의 황금시대(벨에포크)의 뒤늦은 반향이었다.[23]

오늘날 유럽과 미국이 구가한 탈냉전 번영의 30년이 끝나고 30년의 위기가 도래하고 있는가? 아니면 카아E. H. Carr식으로 말해 탈냉전 30년이 번영이 아니라 30년의 위기로 판명될 것인가? 궐위의 시대로 명명되기도 하는 전간기를 관통한 그가 《20년의 위기Twenty Year's Crisis:1919-1939》에서 보여준 통찰에 기대어 지난 탈냉전 30년을 풍유하면, 새로운 세계, 새로운 질서를 합창하며 시작한 "첫 십 년은 온갖 희망에 차 있다가 그다음 십 년은 회의懷疑에 사로잡혔고, 마지막 십 년은 엄청난 절망으로 급전직하急轉直下" 하고 있는 것일지도 모른다.

카아Carr 식의 위기 개념보다는 좀 더 포괄적인 의미의 해석이 필요하다. 오늘날의 위기는 궐위의 시대의 '20년의 위기'와 매우 유사하지만 더 복합적일 수도 있고 그러하기에 전망도 다를 수 있다. 따라서 20년의 위기의 개념적 한계를 보정하거나 다른 개념과 융합할 필요가 있다. 역사에서 위기는 흔하였으나 근대 이래 위기로 명명되는 특정 시대가 있었다. 앞서 말한 전간기 20년의 위기와 17세기 일반위기General Crisis가 대표적이다. 논쟁적 개념이기도 한 일반위기는 새로운 질서뿐 아니라 시대구분을 획정 지을 만큼 광범위한 결과를 산출하였다. 이 개념은 영국의 보수역사학자 트레버 로퍼Hugh Trevor-Roper가 진보역사학자 홉스봄Eric Hobsbawm의 개념을 차용하여 정리한 것이다.

유럽은 이 과정을 지나 중세를 최종적으로 마감하고 근대로 넘어왔다. 무엇보다도 오늘날의 주권국가 간의 체계인 국제체제의 기원—베스트팔렌체제—을 이루었다는 점은 특기할 만하다. 중세 보편세계에서 근대 균형의 세계로 유럽이 이행했을 뿐 아니라, 당시 소빙하기Little Ice Age가 정점에 이른 기후 변동이 유라시아 대륙 전체에 걸쳐 정치·경제 및 사회적 변동을 초래했다는 내용도 있다. 또한 유라시아 대륙에서 장기간 지속된 제2차 팬데믹(흑사병)의 마지막 주기가 이 시기이기도 했다. 예를 들어 영국의 마지막 흑사병인 런던 대흑사병으로 런던시민 약 25%가 사망하였고, 영어에 팬데믹이란 용어가 최초로 등장한 것도 이 시기였다.

따라서 '일반위기'는, 논란의 여지는 있지만, 한 세기에 걸쳐 진행된 시계열적으로도 장기적이고 공간적으로도 광범위한 구조적 위기였다는 점에서 20년의 위기보다 더 역사적이라는 용어에 적합하다 할 수 있다. 오늘날의 위기가 지정학적이고 경제적인 헤게모니를 향한 숙적경쟁 rivalry일 뿐 아니라 포퓰리즘의 확산, 팬데믹, 그리고 기후위기를 망라한 총체적인 글로벌 위기라는 점에서 20년의 위기보다는 '21세기 버전 일반위기', '신일반위기new general crisis'에 가깝지 않을까? 그렇다면 20년의 위기보다는 전망이 희망적일 수 있다. '20년의 위기'가 세계전쟁으로 가는 명백한 운명의 시기였다면, '일반위기'에 이어 도래한 것은 비교적 숨 쉴만한 자유로운 국가들(주권국가)의 세계와 세력균형의 질서였다.

일반위기의 시대 또한 전쟁들로 점철된 시기였던 점에서 보편적 평화의 시대는 아니었다. 30년 전쟁(종교전쟁)으로 시작하여 주기적으로 이어진 왕위계승 전쟁 등은 이 시기가 위기였음을 알리는 징표들이었으나, 유럽세계를 파멸적인 재앙으로 이끌 총체적인 무제한 전쟁으로 귀결되지는 않았다. 당시 전쟁으로 점철된 홉스적 자연상태는 비교적 예측가능한 국가 간의 체제(국제체제)로 정리되어 갔다. 대체로 이 시기는 국가 간의 균형이라는 새로운 국제질서가 창조되는 가능성의 시대였고, 이것으로 이루어진 세계는 희망과 절망 간에도 균형이 이루어진 균형의 세계이기도 했다. 요컨대 20년의 위기가 세계전쟁으로 귀결되었다면, 일반위기의 끝은 대재앙과 종말이 아니라, 절반의 회의와 절반의 희망으로 이루어진 현실주의의 세계였다.

20년의 위기든 일반위기에 유사하든, 오늘날 이러한 위기는 어디에서 비롯되었는가? 어찌하든 이 위기도 지나갈 것인데 그것으로 창조되는 세계는 보편성universality이 아니라 균형equilibrium이 지배하는 세계일 것이다. 그 세계는 우리가 몰입해 있는 미·중 G2 담론이 아니라 여러 강대국들이 주조하는 이야기들로 채워질 것이다. 미국과 중국의 비극은 미국이 일극의 저주에 걸렸다면 중국은 G2의 주술에 갇혀있다는 데 있다. 유엔안보리의 팔레스타인 휴전결의안에 유일하게 반대한 미국을 겨냥하여 "정의로운 세상은 가능하지만, 미국과 함께는 아니다"라고 항변한 어느 비서구 지역강국 외무장관의 독설은 비서구세계의 분위기를 인상적으로 대변하고 있다.

고대 아테네의 비극悲劇 작가 아이스킬로스Aeschylos는 페르시아의 대왕 크세르크세스Xerxes I the Great가 그리스와 전쟁에서 패배한 가장 큰 이유로 오만hubris을 꼽았다. 비극 〈페르시아인들Persai〉에서 아이스킬로스가 아테네인들에게 경고한 것은 "승리와 패배는 모두 우연일 뿐, 승리에 도취한 강자의 오만은 스스로를 장님으로 만들어 자신에게 복수nemesis한다"는 운명적인 메시지였다. 기원전 5세기 민주정이 정점에 올랐을 때, 아테네인들은 비극을 경험하고 되새기기 위해 매년 극장에 모였다. 그리스 세계의 패권국 아테네의 오만을 경계하고 오만의 복수,

즉 일극의 저주를 피하기 위함이었다. 지혜로운 아테네인들이 비극을 대하는 법은 그러했다.

이제 절반은 회의로 절반은 희망으로 출렁일 세계로 강대국들이 돌아오고 협조체제Concert나 세력균형과 같은 우리가 기억하는 역사의 운율이 반복될 것이다. 그러한 의미에서 우리 시대는 모든 것들이 귀환하는 시대이다. 30년 전 '역사의 종언'을 선언한 스탠퍼드의 정치학자 후쿠야마Francis Fukuyama도 얼마 전에 그런 의미가 아니었다고 변명—자신의 의도는 역사 자체가 끝난 것이라는 주장이 아니었다는 설명—하였듯이, 역사는 종언한 것이 아니라 단지 침잠했을 뿐이고, 지금 세계는 역사의 시대로 복귀하는 중이다.

인간이 배제된 지리적 서사敍事로서 위험하고 인간에 깊은 상흔을 남긴 지정학도 이미 귀환을 알리고 있고, 역사에서 활약한 강대국들도 곧 돌아올 것이다. 탈냉전시대 세계화 열기에 자리를 내주고 이후엔 기후위기 등 글로벌 위기 이슈에 밀려 한동안 세계정치의 중심에서 사라졌던 (초)강대국들의 핵 문제도 다시 역사의 전면에 등장하고 있다. 중국이 핵 증강 정책을 가동함으로써 2030년 이후 어느 시점에 중국은 러시아와 미국 수준의 핵무기를 보유할 것으로 예상하고 있다. 그 경우 핵무기 개발 이래 80여 년 동안 지속되어 온 핵 양극체제는 삼극tripolar 체제로 바뀔 것이다. 핵무기의 귀환과 이에 따른 신新핵시대new nuclear age는 기존의 핵 억제deterrence 정책이 근본에서 흔들리는 상상하기 어려운 전략적 불안정을 예고하고 있다. 이러한 의미에서 한국의 외교는 시대적 분기점에 서 있다고 할 수 있다. 왜냐하면 외교는 역사와 지정학의 포로이기 때문이다.

이 책에서 우리의 시대를 정의하고 미래를 가늠하려는 것은 미래를 정확하게 예측하려는 것이 아니라 최악의 시나리오를 피하기 위한 절박한 몸짓에서이다. 이 책을 매개로 나는 주장하기보다는 시대를 드러내 보이기만 할 것이다. 그로부터 성찰과 영감을 끌어내는 것은 독자의 역량이자 자유의 영역이다.

에필로그의 한 자락을 미리 끌어와 《참을 수 없는 존재의 가벼움》으로 잘 알려진 밀란 쿤데라Milan Kundera의 《농담The Joke》 마지막 구절을 인용하면서 이 책을 시작하도록 한다. 이 책에서 희원希願하는 일극(단극) 이후의 세계post-unipolar world는 "… 슬픔이 가볍지 않고, 웃음이 비웃음이 아니고, 사랑이 우습지 않으며, 증오심이 맥없지 않고, 사람들을 온몸과 마음으로 사랑하며, 행복은 사람들을 춤추게 만들고, 절망은 다뉴브강으로 뛰어들게 만들고, 그곳에서는 그러니까 사랑이 사랑으로, 고통이 고통으로 머물고, 아직 가치들이 유린되지 않"은 세계이다.

냉전이라는 용어를 처음 거론한 조지 오웰은 1949년 출간된 유작
《1984》에서, "과거를 지배하는 자가 미래를 지배하고,
현재를 지배하는 자가 과거를 지배한다"라고 적고 있다.
현재를 지배하는 자가 모든 것(과거와 미래)을 지배한다는 의미이다.

소련이 해체되면서 냉전에 관한 담론은
'누가 승자인가'에 초점이 맞춰졌다.
승리한 자가 냉전을 해석할 권한을 행사하였다.

미국이 탈냉전질서를 주도하고, 그 질서가
자유주의 국제질서이어야 함은 당연한 귀결이었다.
승리자가 모든 것을 지배하였다.

러시아인들에게 강대국의 지위는
미국인들처럼 국가정체성과 같은 것이다.
역사적으로 국가정체성에 상처를 받은 강대국들이
국제질서에 가한 반작용은 종종 치명적이었다.
'상처받은 야수가 가장 위험'한 것이다.

1. 신냉전 new cold war이라는 유령 [1]

| 신냉전 신드롬, 미디어 전쟁

신냉전이라는 유령이 떠돌고 있는가? 오늘도 뉴스미디어에는 신냉전 관련 기사가 업로드되고, 구글 검색에서는 약 11억 6천만여 건의 신냉전 관련 컨텐츠를 보여준다. 이는 2024년 4월 11일 기준인데, 일 년 전에는 7억 8천 5백만여 건이었다. 신냉전이 미디어와 학계에 주요 이슈로 등장하여 현실정치적인 힘으로 작용하게 된 것은 세 번의 계기를 통해서였다.

중국의 일대일로 프로젝트가 출범하고 러시아의 크림병합으로 우크라이나 위기가 발생하면서 신냉전 담론이 형성되기 시작하여, 트럼프 정부의 미·중 무역분쟁을 통해 신냉전 관련 논쟁이 본격적으로 전면화되었고, 바이든 정부의 민주주의 대 권위주의의 프레임과 푸틴의 우크라이나 침공으로 인해 신냉전 논쟁은 심화되고 있다. 과거의 냉전이 소련을 대상으로 한 미국과 소련 간의 양자 대결 구조였다면, 현재의 신냉전 담론은 중국과 러시아를 대상으로 하여 미국과 중국, 러시아 삼국의 관계 구조와 양상을 다루고 있다.

트럼프 정부 시기 무역분쟁을 필두로 한 미·중 간 전면적 대립이 헤게모니 쟁탈전의 양상으로 표출됨에 따라 신냉전에 관한 논쟁이 본격화되었다. 예를 들어 언론매체의 전문가 논쟁을 살펴보면, 유라시아 그룹 Eurasia Group의 거시전략분석가인 로버트 캐플런Robert Kaplan은 2019년 1월 7일자《포린폴리시Foreign Policy》의 칼럼에서 중국과의 신냉전이 이미 시작되었음을 확인하고 있다. 그는 일찍이 2005년 6월《애틀란틱 Atlantc》의 커버스토리에 기고한 글에서 신냉전을 예고했다는 사실을 상기시키면서, 21세기 미·중 간의 신냉전이 미국과 소련의 구舊냉전보다 더 치열하고 근본적이며 영구적일 것이라고 강조하였다.

전략국제연구센터CSIS의 겸임연구위원인 제이콥 헬버그Jacob Helberg 또한 중국과의 신냉전을 기정사실화하고, 산업과 기술의 측면에서 진행되고 있는 신냉전의 양상과 중국의 안보위협이 미국의 경제에 미치는 영향 등에 대해 경고하였다. 애틀란틱 카운슬Atlantic Council 산하 스코크로프트Scowcroft 전략안보센터의 매튜 크로닉Matthew Kroenig도 "기술탈취, 불공정무역 등을 포함한 중국의 도전은 자유세계에 대한 위협을 의미하는 이데올로기적 도전이므로, 이에 대처하기 위해 새로운 민주주의 동맹을 구축할 것"을 주장하였다.[2]

이 밖에 트럼프정부의 중국경제제재가 핵심정책 궤도에 오르는 2018년을 계기로《뉴욕타임즈New York Times》,《워싱턴포스트Washington Post》,《블룸버그Bloomberg》,《디플로매트The Diplomat》,《포춘Fortune》등 다양한 언론매체에서 신냉전을 경고하는 논쟁이 치열하게 전개되었다. 일례로 하버드대의 역사학자 니얼 퍼거슨Niall Ferguson은 2019년 12월 2일자《뉴욕타임즈》의 칼럼에서 "신냉전은 이미 시작되었고, 그 상대는

중국"이라고 확정한 바 있다.[3]

신냉전에 부정적인 견해들도 언론매체에 경쟁적으로 게재되었다. 신냉전 개념의 일상적 적용의 위험성을 지적하면서, 중국이나 러시아가 권위주의 체제라고 전제하여 이러한 국가들의 행위와 언술을 신냉전이라 연역적으로 규정하는 일종의 발생론적 오류genetic fallacy를 범하고 있다는 것이다. 경제전문가이자 칼럼리스트인 재커리 캐러벨Zachary Karabell 등은 신냉전 개념에 대해 회의적인 입장이다.

재커리 캐러벨은 과거 미국과 소련의 관계(냉전)를 현재의 미·중관계에 무리하게 적용하려 한다는 의미에서 "신냉전 담론이 20세기 냉전의 주형鑄型template을 강요하고 있다"고 표현한 바 있다. 미국과 중국 간에 경제제재와 보복은 치열하고 "말의 전쟁(war of words)은 뜨거우나 냉전은 아니"라는 것이다. 그는 "양국의 경제관계는 역사상 어느 거대국가보다 밀접한 상호연계성으로 직조되어" 있어서 완전한 분리결별decoupling은 가능하지 않으므로 디커플링과 봉쇄를 의미하는 신냉전을 주장하는 것은 종이화살paper arrows을 날리는 것"과 같다고 비판하였다.

카토연구소Cato Institute의 에마 애쉬포드Emma Ashford 연구위원도 트럼프 정부 들어 전면화된 미·중 충돌이 신냉전의 시작으로 등치되어서는 안 된다는 입장이다. 그는 "중국의 도전은 세력power에 관한 것이지 이념에 관한 것은 아니고, 중국의 도전은 자유세계에 대한 위협이 아니"라는 점에서 신냉전이라는 유추에 대해 부정적이다. 그에 따르면 마이크 폼페이오Mike Pompeo 국무장관처럼 중국을 중국공산당Chicom으로 호칭하면서 과거 냉전시대의 공산주의 대 민주주의라는 대결 담론을 다시 호출하는 행위는 신냉전을 의제擬制적으로 주조하는 효과를 겨냥한 것이다.[4]

이외에도 신냉전에 대한 여러 반론이 있다. 예를 들면 미국 국가정보국National Intelligence의 전임국장 댄 코츠Dan Coats는 "과거 미국과 소련의 냉전을 현재의 중국과 미국의 갈등에 적용하는 것은 개념적 오류이며, 중국과 냉전은 없다"는 견해를 피력하였다. 클린턴 정부에서 국방차관보를 역임한 찰스 프리만Charles Freeman도 2020년 9월 아시아-아메리카 포럼Asia America Forum에서 "중국과의 갈등은 냉전적 대응이 아니"라는 입장을 밝힌 바 있다. 또한 오하이오 주립대의 정치학자 존 뮬러John Mueller는 "전면전이나 신냉전에 대한 두려움은 정당화되지 않는다"고 주장하면서, "중국위협론이 자기충족적 예언이 될 위험성"이 있다고 우려하였다.[5]

여러 논란에도 한 가지 분명한 것은 신냉전에 관한 합의된 견해가 부재하다는 사실이다. 과거 우리가 지나온 냉전Cold War과는 다르게, 대결하는 국가rivalries 간의 신냉전이라는 시대 규정에 일치된 동의가 없다. 대체로 수사적으로는 중국의 시진핑 정부와 러시아의 푸틴 정부는 신냉전의 도래를 경고하였고, 미국의 바이든 정부는 신냉전의 출현을 부인하였다. 시진핑은 미국이 신냉전을 유발하고 있다는 것이고, 바이든은 신냉전을 원치 않는다는 주장이다. 글로벌 정치지도자들이나 정치엘리트들도 신냉전에 대해 서로 다른 견해를 표출하고 있다.

우크라이나 전쟁의 전조라 할 수 있는 2014년 우크라이나 위기—러시아의 크림반도 병합과 우크라이나 동부 돈바스 지역의 내전—가 시작되던 당시, 고르바초프 전 소련대통령은 "세계가 신新냉전의 벼랑에 있다"고 경고한 데 비해, 오바마 대통령은 "또 다른 냉전(신냉전)으로 들어가는 것은 아니다"라는 견해를 표명한 바 있다. 트럼프 행정부 시기에 폼페이오 국무장관이 중국에 대해 냉전적 언어로 비난하고 중국의 왕이 외교부장이 "미국이 중국을 신냉전의 벼랑으로 몰고 있다"고 맞대응한 데 비해, 바이든 대통령과 블링컨 국무장관은 일관되게 "신냉전을 추구하지 않는다"는 공식 입장을 표명하고 있다. 트럼프 정부 시기 국가경제위원회National Economy Council(NEC)의 부국장으로서 백악관 무역협상의 실무책임자였던 클리트 윌렘스Clete Willems가 중국과의 무역분쟁에서 신냉전의 발발이라고 자극한 것에 대해, 미국신안보센터CNAS 대표 리처드 폰테인Richard Fontaine과 바이든 행정부의 인도태평양 담당 국방차관보 일라이 래트너Ely Ratner 등은 "미·중 대립은 또 다른 냉전(신냉전)이 아니라 새로운 것"이라 반박하였다.[6]

학계와 정책커뮤니티에서도 신냉전에 관한 논란이 가열되고 있다. 미국외교협회CFR의 웹사이트에는 "신냉전이 시작되었다고 말하는 것은 이제 너무 흔한 일이다"라고 언급하면서 신냉전이 일상화되었음을 알리는 글을 게재하고 있다. 예를 들어 반덴버그연맹Vandenberg Coalition의 의장인 앨리엇 에이브람스Elliott Abrams는 2022년 2월 4일 발표된 시진핑과 푸틴의 공동성명을 '신新 브레즈네프 독트린(1968)'에 비유하면서 양국이 새로운 냉전을 야기하고 있다고 비난하였다. 양국의 공동성명을 냉전시기 소련 서기장 브레즈네프가 사회주의진영에 대한 개입과 통제의 정당성을 공표한 사회주의 세력권 선언에 비교하여 신냉전을 부각시키고 있다.[7]

신냉전 담론들, 강대국의 열망과 좌절

신냉전과 관련하여 프린스턴대 역사학 교수인 코트킨Stephen Kotkin은 통시通時적인 입장을 취하고 있다. 더 나아가 그는 "냉전Cold War 종식은 신기루"라고 비관적으로 주장하고 있는데, 기존의 냉전은 종식된 바 없고 지속되고 있다는 것이다. 과거 철학자나 문학가가 말했듯이 "역사란 그 자체로 반복되거나 비슷한 운율을 반복하는 것"이 아니라, 냉전이라는 관점에서 보면 "지난 시대에 만들어진 역사가 오늘날에도 여전히 만들어지고(지속되고) 있는 중"이다. 그는 냉전종식이라는 용어 대신에 '1989-91년의 사건들'이라 표현하면서, 이 사건들이 야기한 여러 가지 변화—독일통일, 동유럽의 EU 및 NATO 가입 등—에도 불구하고 세계는 여전히 제2차세계대전과 냉전을 통해 세워진 토대에 기반하고 있다고 주장하고 있다.

코트킨에 따르면, 유럽방면에서 핀란드를 비롯한 북유럽, 그리고 우크라이나, 폴란드, 발틱 국가를 포함한 동유럽은 여전히 러시아의 군사적 모험에 노출되어 있고, 통일된 독일과 유럽연합은 여전히 세계질서를 관장할 만한 위치에 있지 않다. 아시아방면을 보면, 중국이 과거 소련의 위상으로 격상된 변화 외에 한반도는 여전히 정전상태에 있고, 아프가니스탄과 이란에서의 상황은 여전히 대립적이며, 유럽에서의 미·소 US-Soviet 전략경쟁이 인도·태평양의 미·중경쟁으로 이동했을 뿐이다.

지정학적 입지에서 보면, 20세기 역사적 분기점은 베를린 장벽의 붕괴와 소련의 해체로 상징되는 '1989-91 사건들'보다는 오히려 1979년의 사건들에 있었다. 다시 말해 미·중수교와 중국의 개혁개방(현대화노선)의 시작, 아프간 내전과 소련의 군사개입, 이란의 이슬람혁명, 대처와 레이건의 보수주의 개혁 등을 포괄하는 1979년의 사건들이 세계를 더 심도 있게 변화시켰고, 미·중경쟁을 비롯한 세계적 차원의 전략경쟁을 발아시켰다는 것이다. 코트킨의 말처럼 "냉전종식을 소련의 해체로 환원"시키는 오류, "소련의 해체로 냉전이 종식되었다는 잘못된 믿음"이 이후 미국의 대외정책에 치명적인 선택을 조장하였다. 냉전종식과 자유주의의 승리를 확신한 미국의 정치엘리트들이 서구적 가치와 제도를 공유하지 않은 국가들까지 망라하여 자유주의 국제질서로 세계를 통합하려 한 이념적 열정은 결국 지정학적 반격에 직면하게 되었다고 코트킨은 비판하고 있다.[8]

냉전사 연구에 전념한 예일대 교수 개디스John Lewis Gaddis는 존스홉킨스의 할 브랜즈Hal Brands와 함께 발표한 글에서 "과거 냉전 후반부에 암묵적 동맹이었던 미국과 중국이 새로운 냉전new cold war에 들어가고 있다는 것은 더 이상 논쟁의 여지가 없다"고 단언하고 있다. 시진핑 주석이 냉전을 공표하고 있고, 이러한 도전에 대해 미국이 초당적 합의로 대응하고 있다는 점을 예시로 한 것이다. 다만, 대문자로 표시되는 '고유의 냉전Cold War'의 새로운 버전Cold War 2.0이 아니라, 역사적으로 일반적이고 오래된 국제적 전략대결international rivalries 중의 하나라는 관점에서 '냉전cold war'이라 할 수 있다는 해석을 덧붙였다.

개디스는 역사상 존재했던 냉전, 실재한 냉전은 전후 1945-1947년 사이에 시작되어 1989-1991년 사이에 종식된 것으로 정리하고 있다. 이에 따라 그와 할 브랜즈는 과거의 냉전과 현재의 냉전을 구분하여, "특정 적대세력(미국과 소련) 간에 특정 문제들(이념과 세력권)을 둘러싸고 특정 시기(1945-1991)에 벌어진 전쟁(Cold War)"은 이미 종식되었고, 비록 유사점이 있을지라도 현재의 것은 과거의 것과 맥락이 전혀 다르다고 부연하고 있다.[9]

냉전과 포스트 소비에트체제 분야에서 인상적인 연구성과를 거둔 컬럼비아 대학의 레그볼드Robert Legvold 교수는 "러시아와 서방West 간의 대립을 신냉전new Cold War으로 무심코 꼬리표를 붙여서는 안 된다고 경계하면서도, 2014년 러시아의 크림병합에 따른 우크라이나 위기를 비롯한 현재의 대립양상은 신냉전이라 부를 만하다"고 진단한 바 있다. 그는 탈냉전으로 새롭게 형성된 "러시아와 서구의 관계가 붕괴"된 것으로 보고, 향후 상황이 어떻게 전개되든지 간에 러시아와 서방 간의 관계는 과거의 일상으로 돌아가기 어려울 것이라 예측하였다. 다만, 현재의 위기양상이 심도와 규모 면에서 "20세기 중반에 국제체제를 지배하던

대립(냉전)에 부합하는 것은 아니"라고 부연한 점에서 개디스와 브랜즈의 견해와 유사하다.[10]

레그볼드는 대표적인 신냉전 저널리스트인 루카스Edward Lucas나 매키논Mark Mackinnon의 견해와 다르게 신냉전을 규정하고 있다. 《타임즈 the Times》의 칼럼리스트인 루카스는 2008년에 이미 신냉전을 주장하였고[11], 캐나다 저널리스트 매키논도 2007년에 출간한 책에서 미국과 러시아 간에 지속되고 있는 갈등과 경쟁을 조명하면서 2000년대 출현하고 있는 신냉전에 관해 예고한 바 있다.[12] 두 사람의 공통점은 신냉전의 근원을 푸틴의 집권으로 보고 있다는 점이다.

레그볼드는 루카스와 매키논 류의 신냉전 책임론과는 다른 견해를 취한다. 그에 따르면 신냉전은 어느 날 갑자기 발생한 것이 아니라 탈냉전기 국제체제에서 일련의 과정을 통해 발생한 정치적 결정들의 축적물이다. 그는 신냉전이 시니어 부시George H. W. Bush 대통령과 클린턴Bill Clinton 대통령의 정책들에 뿌리를 둔 것으로 보고 있다. 당시 시니어 부시가 의회 연설에서 언명한 탈냉전 신세계질서를 수립하는 과정에서 클린턴과 주니어 부시, 그리고 오바마 정부가 시행해 온 일련의 정책들이 러시아의 핵심 이익과 충돌—나토의 확장, 동유럽 MD, 일극체제 등—하면서 축적된 결과물에 주목하였다. 이러한 갈등의 축적물이 크림병합 등 우크라이나 위기를 계기로 러시아와 서방을 신냉전의 벼랑으로 몰아갔다는 것이다. 이러한 배경에서 푸틴이 선택한 크림반도의 병합은 레그볼트가 보기엔 신냉전의 순간new cold-war moment이라 할 수 있다.[13]

니얼 퍼거슨은 2022년 9월 2일 암브로세티 포럼Abrosetti Forum에서 오늘날의 글로벌 위기는 COVID-19, 전쟁, 인플레이션이 병합된 복합위기로서, 지정학적 위기와 경제위기, 그리고 팬데믹 위기라는 3대 위기가 중첩되어 피하기 어려울 뿐 아니라 예측이 불가능한 "파국적인 국면으로 몽유병자처럼 걸어 들어가고(sleepwalking) 있는 것"이라고 경고하고 있다. 그에 따르면 "역사의 분포distributions in history, 역사의 순환은 일상적이거나 평범하지 않다". 특히, 경제위기와 전쟁, 팬데믹 등이 수반되어 나타날 때 더욱 그러한데, 그의 최근작《둠, 재앙의 정치학Doom: the Politics of Catastrophe(2022)》이 말하듯이 대참사 또는 '운명의 날'과 유사하다.

퍼거슨은 신냉전의 귀책사유를 중국에 돌리는 한편, 냉전의 긍정적 측면을 말하고 있다. 그는 '중국이 냉전을 선언한 상태'라고 전제하면서, "우리는 지금 냉전의 시작점에 서 있고, 냉전이 불가피할 뿐 아니라 바람직하다"는 입장인데, "미국이 지나친 자족상태에서 벗어나 경쟁력을 회복하도록 충격을 주기 위해서라도 그러하다"는 것이다. 문제는 "중국과 냉전을 치를지 여부가 아니라 중국이 만들어 낸 암흑의 숲으로 뒤덮인 냉전을 뚫고 나갈 수 있는지 여부이며, 그 속에서 전쟁을 피할 수 있을지 여부"라는 것이다. 타이완 위기를 비롯해 미·중충돌이 신냉전을 넘어 열전으로 갈 가능성에 대해 경고한 것으로 해석할 수 있다.[14]

신냉전이 도래하고 있다는 견해에 대해 동의하지 않는 학자 중에서 예일대 국제관계 역사학자인 베스타Odd Arne Westad 교수의 입장은 단호하다. "현재 국제체제가 무엇인가로 새롭게 창조되고 있을지라도 그것이 냉전(Cold War)은 아니"라는 입장이다. 그에 따르면, "그것이 갈등을 수반한 대결적인 것일 수는 있으나, 불호不好하는 모든 것의 공통분모로 냉전(Cold War) 개념을 사용하는 것은 이치에 맞지 않다"는 것이다. 강대국 갈등양상을 비롯하여 상호 유사한 점이 있을지라도, 이미 분석과 평가가 잘 알려진 과거의 분쟁(냉전)을 현재의 분쟁과 동일시하는 것은 지적 게으름에 불과하다고 혹평하였다.

아르네 베스타는 현재의 양상을 신냉전이 아니라 강대국의 열망과 좌절이라는 관점에서 해석하고 있다. 푸틴의 러시아가 보이는 호전적이고 공세적인 대외정책은 냉전적 지향이 아니라 과거 냉전의 패배로 인해 초래된 국가적 박탈감으로부터 연유한 것이라는 관점이다. 푸틴을 비롯한 러시아인들이 보기에 냉전이 종식된 후 초래된 러시아의 혼란과 쇠퇴의 책임으로부터 미국과 서구는 자유로울 수 없다. 옐친 정부시기 미국의 공조 아래 진행된 급진적 시장경제 전환정책(신자유주의적 충격요법), 그리고 NATO와 EU의 배타적 정책—나토와 EU의 동진확장과 러시아의 배제—등이 대표적 사례로서 러시아인들의 기억에 각인되어 있다. 따라서 러시아인들은 냉전종식으로 상실한 초강대국 소련의 지위와 존중을 그리워하여 이를 회복하기 위한 강력한 리더십을 지지하게 되었다는 것이다. 러시아 국민들은 푸틴 대통령이 지향하는 강대국 러시아의 부활을 통해 체제 내적인 안정과 국가적 존중이 실현될 것으로 믿고 있다고 베스타는 해석한다.

중국의 경우도 이러한 강대국 지위의 복원으로 접근할 수 있다. 중국의 지도부는 전례 없는 경제성장으로 중국이 국제체제에서 우월적 지위를 점하게 되었다고 확신하고 있다. 미·중갈등의 양상은 냉전시기 미국과 소련의 전략경쟁에서 주니어 파트너였던 중국이 이제 국력에 부합하는 지위를 주장하게 된 것으로, '중국몽中國夢'으로 표현되는 강대국의 열망으로 설명할 수 있다. 오늘날의 세계는 결과적으로 냉전Cold War이 창조한 세계이긴 하지만, 중국에게 있어서 현재의 국제적인 상황은 이미 냉전을 넘어선 것이다.[15]

앞서 인용했듯이, 뮐러는 정치학계에서 신냉전에 대해 비판적인 입장을 개진하고 있다. 그는 무엇보다도 중국이 전형적인 통상국가이기 때문에 오히려 신냉전에 저항적일 수 있다고 해석한다. 다시 말하면, 현재 세계경제로의 중국의 통합 수준을 고려할 때, 그리고 당의 영도력과 체제통합에서 경제발전의 중요성을 감안할 때, 중국이 봉쇄·디커플링 등으로 표현되는 신냉전이 초래할 경제적 파국을 자처하거나 감내할 수 있는가 하는 문제이다. 현재와 미래 시점에 중국의 정치지도자들의 주의를 사로잡는 심각한 국내 현안들이 산적해 있는 현실은, 중국이 신냉전을 의도적으로 주도하기에 회의적인 상황임을 말해 준다는 것이다.

잘 알려진 바와 같이 시진핑 정부의 회의 테이블에는 경제성장률 둔화추세, 인구의 노령화, 노동력 감소 경향, 지방정부의 부채증가, 불평등 증가추세, 산업의 과잉생산, 신장 위구르 등 소수민족 문제, 홍콩 민주화, 대만 문제 등 긴급하거나 만성적인 현안들이 올라와 있다. 뿐만 아니라, 뮐러는 "'중국몽'이라는 21세기 중화민족의 대부흥, 중국굴기를 위한 국가총노선 수준의 '일대일로ㅡ帶ㅡ路Belt and Road Initiative(BRI)'가 국가역량의 적정한도를 넘어 제국적 과도확장imperial overstretch의 징후를 보이고 있다는 우려와 의혹이 제기되고 있는 상황에서 중국지도부가 신냉전을 추동할 수 있는가"하는 반론을 제기하였다.[16]

스탠퍼드의 정치학교수 마이클 맥폴Michael McFaul은 신냉전에 관해 전이轉移shift적 관점 혹은 표면상 절충주의eclecticism적 입장을 취하고 있다고 할 수 있다. 오바마 정부에서 러시아대사를 역임한 맥폴은 미국과 중국의 관계를 신냉전 개념으로 파악하는 것에 대해 원칙적으로 부정적인 견해를 표명한 바 있다. 그가 보기에, "중국으로부터의 도전들은 고유의 냉전과 전혀 공통점이 없고, 신냉전 옹호론자들은 과거 냉전이 초래한 심각한 오류와 막대한 비용을 과소평가"하고 있다. 또한 그에 따르면, "오늘날의 미·중관계가 고유의 냉전과 유사한 점도 있으나, 미·중 간의 강대국경쟁great-power competition을 또 다른 냉전(신냉전)으로 기계적으로 규정하는 것은 그 위협의 본질을 잘못 진단하는 것이자 정책결정자들에게 그릇된 처방을 제공하는 것"이다.

그는 현재의 미·중경쟁을 과거의 냉전과 유사한 점과 차이점을 비교하면서, 양국을 비롯한 국제사회가 강대국 간 경쟁이 신냉전으로 전이되는 것을 피할 수 있는 경로를 모색하자는 실천적인 제안을 하였다. 우크라이나 전쟁 발발 이후 맥폴은 현재의 위기가 과거 냉전과 핵심적인 부분에서 차이점이 있다는 기존의 견해를 고수하면서도 국제사회가 "신냉전으로 진입하고 있다"는, 즉 강대국경쟁이라는 양상을 띤 '신냉전으로의 전이'라는 좀 더 비관적인 입장을 취하고 있다.[17] 영국의 보리스 존슨Boris Johnson 전 총리도 '민주주의 대 권위주의의 투쟁'이라는 담론을 제기하였다. 그는 우크라이나 전쟁이 독재에 대항한 민주주의의 투쟁이며, 러시아와 우크라이나만의 사태가 아니라 자유 대 억압이라는 이념적 가치를 수반한 유럽전체의 투쟁에 관한 것이라 규정하였다.

| 냉전의 불행한 그림자, 누가 '악의 제국'인가?

학계와 정책커뮤니티에서 동의하는 역사적 냉전(Cold War)—일반적 용어로서의 '차가운 전쟁, 냉전(cold war)'이 아니라—은 1946년에서 1991년 사이에 실재했던 미국과 소련, 그리고 양 진영 간의 글로벌한 정치·이념·경제적인 숙적대결global rivalry을 의미한다.[18] 다시 말하면, 사회과학 실험실의 이념형ideal type이나 이론적 범주에 속하는 학술적 산물이 아니라 역사적 실재로서의 냉전을 의미하는 것이다. 따라서 냉전 cold war을 냉전Cold War이게 하는 것은 과거에 실재한 냉전의 속성들과의 유사성을 밝히는 작업이 선행될 필요가 있다.

냉전에 관한 당대의 연구가 냉전의 개념 정의나 이론적 함의와 같은 순수한 학술적 동기와 지적 호기심보다는, 두 차례의 세계대전과 그 여파로서 인류 초유의 지구적 차원의 대결상태를 안정적으로 관리하고 극복하려는 현실정치적 절박성에 근거하여 정책적 지향과 역사적 성찰을 추구하였다는 사실 또한 감안할 필요가 있다. 이러한 것이 냉전에 대한 이론적이고 학술적인 분석보다 중요한 것이기도 하다. 신냉전에 관한 오늘날의 연구 또한 이러한 범주에서 벗어나지 않을 필요가 있다.

제2차세계대전 이후 20세기를 냉전시대라 규정하는 것에 정치학계나 정책커뮤니티에서 이론異論이 없다. 현실주의에서든 자유주의적 접근에서든 1946년 처칠의 '철의 장막' 연설과 이듬해의 트루먼 독트린에서 1991년 소련해체에 이르는 시기의 국제질서를 냉전의 개념으로 규정하는 데 일반적으로 동의한다. 국제정치를 설명하는 데 있어서 냉전 개념은 이론상의 조작적 정의나 도구적 설명력을 지닐 뿐 아니라 현실적 적합성과 정책적 소구력을 동시에 지녔다고 할 수 있다. 그러나 현재 논쟁 중인 신냉전 담론은 이론의 적실성을 논하기 전에 정책커뮤니티는 물론이고 현실주의와 자유주의 학자들 간에 합의조차 부재한 상태이다.

하버드대 정치학자 스티븐 월트Stephen M. Walt가 개탄한 바와 같이 기존의 "국제관계IR 학파가 망가지고 있는"[19] 현시대적 상황을 고려하면 신냉전을 이론적으로 분석하는 일은 일견 허망한 작업이라고 할 수도 있다. 특히 신냉전에 관련된 논쟁들이 이론적이기보다는 정치적 담론의 수준에 머물고 있기에 더욱 그러하다. 대중들의 입맛에 맞춘 "모두가 선호하는 섣부른 역사적 유추가 재앙적인 외교정책을 초래한다"는 월트의 경고도 참고할 필요가 있을 것이다.[20] 대중들의 선호와 시류에 편승하여 현 상황을 냉전에 쉽게 비유해서는 안 된다는 경고이기도 하다. 따라서 과거 실재한 냉전의 속성들을 소환하여 현재의 양상이 신냉전이라 규정할 수 있는지 비교 유추하는 것에 일단 만족할 필요가 있을 것이다.

냉전시대 국제질서를 구성하는 요소 중에서 다른 시대 여타 국제질서와는 구별되는 특징들이 있다. 냉전cold war을 역사적 실재로서의 냉전Cold War이게 하는 요소들은 무엇보다도 이념과 이에 따른 진영대결이라 할 수 있다. 군사적 대결, 동맹체제, 무기경쟁, 세력권, 헤게모니 추구 등 역시 냉전시대의 구성요소들이기는 하나, 이러한 속성들은 이전 시대 국제질서들에서도 공통적으로 확인할 수 있는 일반적인 요소라 할 수 있다. 냉전시대에 정치, 경제, 그리고 군사적으로 세계질서는 이념적 균열선에 따라 소련과 미국이 주도하는 동과 서방진영으로 양분되었고 동시에 봉쇄되었다.

지정학적 갈등이나 세력권, 헤게모니 경쟁 등 전통적인 국제관계의 특성들은 이념적 양극체제에 내장된 채 은폐되었다. 사회주의체제에서 자유시장경제의 부재로 인해 세계시장은 서방진영에 국한되었다. 글로벌 공급망 value chain은 사회주의 봉쇄정책으로 인해 자본주의 세계의 전유 메커니즘이었다. 양 진영 간 시장의 완전한 분리로 인해 글로벌 공급망은 물론이고 세계적 차원의 경제적 상호의존 또한 냉전체제에서 유의미한 주제는 아니었다.

따라서 오늘날 떠도는 신냉전이라는 용어를 냉전으로 개념 규정하기 위해서는 이러한 요소와 특성들을 감안하여 무엇보다도 일반적으로 공인된 이념과 진영, 그리고 두 개의 초강대국을 정점으로 분리 봉쇄된 세계적 차원의 정치·경제·군사적 대결상태 rivalry[21]임을 해명해야 한다. 과거 냉전시대 양극체제 하의 두 강대국과 각 진영은 체제적 양립불가능성을 본질로 하는 이념적으로 영속적인 공존이 불가능한 궁극적인 타도의 대상이자 상호확증파괴의 대상이었다.

신냉전론자들이 주장하는 현 상태의 냉전적 요소들은 다음과 같이 대별할 수 있다. 먼저, 냉전의 레토릭이라는 측면이다. 갈등하고 있는 국가들의 정책결정자들이 상대방을 겨냥하여 쏟아내는 수사적 표현이 과거 냉전적 언사들과 유사하다는 점이다. 레그볼드는 과거 냉전이 태동하던 시기에 소련과 서구의 정치지도자들이 상호 용인할 수 없는 어

조로 비난하던 상황과 현재의 대치상태가 유사하다는 점에서 새로운 냉전이 시작했다고 판단하고 있다.[22]

세계대전에서 연합국이 최종적으로 승리한 지 몇 달 지나지 않아 전승국 간에 정치적 균열이 발생하기 시작하였다. 예를 들어, 1946년 2월 소련의 최고소비에트 선거 관련 연설에서 스탈린은 자본주의 국가들에 대해 신랄한 비판을 하였고, 3월에 미국을 방문한 처칠은 소련을 겨냥하여 '유럽대륙을 가로지르는 철의 장막iron curtain이 드리워지고 있다'는 냉전을 상징하는 역사적 연설을 한 바 있다.

러시아의 크림병합 직후인 2014년 3월 푸틴은 "미국과 유럽동맹들이 자국 예외주의exceptionalism에 경도되어 국제법보다는 무력의 원칙rule of the gun에 이끌리고 있다"고 비난하였다. 이는 대서양 세계의 집단군사기구인 나토가 팽창하고 중동·북아프리카 분쟁에 무력개입한 것을 염두에 둔 발언이었다. 이에 맞서 같은 해 5월 나토의 사무차장은 "지금 러시아는 파트너라기보다는 적대세력으로 간주되어야 한다"고 비난하였다.

2017년 트럼프 정부의 국가안보전략National Security Strategy에서 중국과 러시아는 "미국의 가치와 이익에 반하는 세계를 수립하려는 수정주의 세력revisionist power"으로 규정되었다. 바이든 정부의 국가안보전략(2022)또한 중국은 도전세력으로, 러시아는 최대위협으로 적시(摘示)하고 있다. 트럼프 정부의 국가안보보좌관 오브라이언Robert O'Brien은 시진핑을 스탈린의 계승자로 묘사하였고, 폼페이오 국무장관은 시진핑 주석을 냉전시대가 연상되는 공산당 직책(총서기)으로 호칭하면서 "시진핑은 파산한 전체주의(공산주의) 이데올로기의 진정한 신봉자이고 그의 이념은 중국 공산주의의 글로벌 헤게모니를 향한 오랜 열망"이라고 폄하하였다.[23]

2021년 1월 세계경제포럼World Economic Forum(다보스포럼)에서 시진핑 주석은 "바이든 정부가 보호무역주의를 고수할 경우 신냉전의 위험을 감수해야 할 것"이라 경고한 데서 더 나아가, 7월 공산당 창당 100주년 기념사에서는 "외세가 괴롭히면 머리가 깨지고 피가 흐르게 할 것外勢欺負, 頭破血流"이라 표현 수위를 높였고, 2022년 8월 바이든 대통령과의 통화에서 미국 하원의장 낸시 펠로시의 타이완 방문을 거론하며 "불장난하면 타죽을 것"이라는 격한 반응을 보였다.

중국의 왕이王毅 외무장관은 2021년 12월 미국 바이든 정부가 중국과 러시아를 겨냥해 소집한 민주주의정상회의Summit for Democracy를 비난하면서 "미국은 민주주의가 아니라 헤게모니를 목표로 하고 있고, 중국은 미국의 냉전적 사고에 대항하여 진정한 민주주의를 수호할 것"이라 표명하였다.[24] 이러한 중국의 외교 레토릭에 대해 미국이나 유럽 외교가에서는 전랑戰狼wolf warrior외교라고 비난하고 있다.

다음으로, 오늘날 과거 냉전체제처럼 양극체제bipolarity가 재현되고 있다는 주장이다. 냉전해체 이후 유럽이 통합(유럽연합EU)되면서 독립적인 하나의 세력으로 성장하고 러시아가 강대국의 지위를 회복한 것, 그리고 인도 등이 상승하고 있는 상황을 감안하더라도 중국이 상승하는 속도와 범위 면에서 여타 강대국을 압도하고 있으므로 미국과 함께 글로벌 차원에서 양극을 형성하게 될 것이라는 관점이다.

비록 미국이 군사력, 경제규모, 과학기술 수준 등에서 여전히 압도적으로 글로벌 수위를 차지하고 있으나, 군사력 현대화, 첨단기술의 발전, 경제성장률 등 중국의 상승 추세로 볼 때 2030년경 중국이 미국의 GDP를 추월하면서 글로벌 양극체제로 진입하게 될 것이라는 예측이 우세하였다. 코로나19 팬데믹이 종료되면서 중국의 경제회복세가 예상을 밑돌고, 글로벌 공급망재편의 후과가 중국경제의 성장률 하락과 정체로 이어지면서 중국은 미국을 추월하기 어려울 것이라는 중국하강론이 새롭게 대두되고 있지만, 중국의 막대한 경제력은 여전히 신냉전 담론의 주요 동인이라 할 수 있다. 중국이 남중국해와 아태지역을 넘어 글로벌 차원에서 전략적 열망을 추진함으로써 미국과 소련의 냉전체제의 정점과 유사하게 글로벌 열망을 향한 역량과 의도를 겸비한 중국이 글로벌한 차원에서 미국과 대립경쟁하는 양극체제가 출현할 것이라는 입장이다.[25]

실체적 분석과는 별개로, 시사적 수준에서 신냉전의 출현이라는 담론이 일반적 경향으로 수용되고 있는 배경에는 무엇보다도 현재의 강대국 대결을 민주주의와 권위주의라는 이데올로기의 대립으로 파악하는 정치적 동기가 자리하고 있다. 과거 냉전체제가 공산주의 대 자본주의, 전체주의 대 민주주의라는 이념과 진영의 이원적 대립구조에 기반한 것이라는 점에서, 현재의 권위주의 대 민주주의의 대결구도는 전통적인 냉전구조를 연상하게 한다. 실제로 과거 냉전체제를 규정했던 결정적인 요인이자 여타의 강대국 대결과 냉전을 구별하는 본질적인 요소가 이념이라는 점에 주목하면, 현재의 강대국 대결이 권위주의와 민주주의 간의 대결이므로 신냉전이라 정의할 수 있다는 주장이다.

민주주의 정상회의(2021)에서 바이든 대통령은 "세계는 민주주의 대 독재autocracy의 변곡점에 있다"고 강조하면서 권위주의에 대항한 민주주의의 수호를 선언하였다. 그 근거로 그가 연설에 인용했던 미국 프리덤하우스Freedom House의 조사 결과—《2022년 자유세계: 권위주의의 지구적 팽창Freedom World 2022: The Global Expansion of Authoritarian Rule》에 따르면, 2022년 현재 "지난 16년 동안 세계의 자유가 지속적으로 후퇴했다"는 것이다.[26] 영국의 보리스 존슨Boris Johnson 전 총리도 민주주의 대 권위주의의 투쟁이라는 담론을 제기하면서, 우크라이나 전쟁에 직면하여 '민주주의 구하기'로 대응한 바이든에 동의하였다.

바이든 정부 출범 이래로 민주주의 대 권위주의라는 주제는 바이든 대통령의 외교 독트린, '바이든 독트린'이 되었다.[27] 앞서 언급한 바와 같이, 바이든 정부는 정작 신냉전이라는 개념을 부인함에도 언론매체나 대중적으로는 민주주의 대 권위주의 구도가 대체로 신냉전으로 해석되고 있다.

| 신냉전도 G2도 아닌, 패권을 향한 열망

현재의 글로벌 위기를 신냉전 개념으로 접근하는 것에 부정적인 견해들은 냉전의 고유한 특성을 강조하고 있다. 역사적 실체로서 존재한 20세기 냉전은 공산주의와 자본주의의 화해할 수 없는 대립이라는 상호 존재론적 부정을 이념적 토대로 하여 미국과 소련을 정점으로 한 양극질서가 전 세계적으로 관철되는 글로벌 대결 시스템을 의미한다. 냉전에서 최종적으로 승리하기 위한 대전략grand strategy으로 공산진영은 세계혁명, 자유진영은 봉쇄containment 전략을 수립하였다. 과연 현 상황과 국제체제, 그리고 세계질서가 이러한 정의에 부합하는가?

미국과 중국의 국가역량을 비교해 보면, 신냉전 담론이 전면화되던 2020-21년에 글로벌 GDP에서 미국의 비중은 약 23-25%, 중국은 약 18%, 국방비는 2022년 예산 기준으로 미국은 8,010억 달러로 글로벌 군사비 지출의 약 38%를 차지하고, 중국과 러시아는 각각 2,930억 달러(14%), 659억 달러(3%)를 차지하였다. 국제전략연구원IISS의 연례보고서에 따르면 2023년 세계군사비 지출은 전년대비 9% 상승했는데, 주로 미국이 상승세를 주도하였다. 미국의 비중은 글로벌 군사비 지출의 40.5%로 상승하였고, 나토국가들의 군사비 총지출은 글로벌 군사비 지출의 57.8%에 달하였다. 이에 비해 중국과 러시아의 군사비지출 합계는 14.8%로 하락하였다.

미국과 중국의 핵탄두 보유고의 압도적인 격차(5044:500, 2024 SIPRI)나 해군과 공군력의 질적 차이는 논외로 하더라도, 경제규모면에서도 미국이 현저히 앞서 있고, 군사비지출면에서도 중국과 러시아의 국방비를 총합해도 미국의 절반에도 미치지 못하는 실정이다. 동맹국 규모만 하더라도 미국은 나토NATO—2023년 스웨덴 가입으로 32개 회원국—를 제외해도 4개 대륙에 걸쳐 19개의 공식 군사 동맹국을 보유하고 있는 데 비해 중국의 공식적인 동맹국은 북한이 유일하다. 더욱이 냉전해체 이후 미국의 동맹 네트워크가 현저히 확장된 사실에 주목할 필요가 있다. 예를 들어, 나토와 더불어 과거 냉전시대 양극체제의 군사적 토대를 이루던 공산진영의 바르샤바조약기구Warsaw Treaty Organization의 회원국 대부분이 현재 나토에 가입한 상태이다. 언급한 여러 지표들을 감안하면 현재의 강대국 대결구조를 양극체제라 규정하기 어렵다.

이와 관련하여 19세기 서구 열강 간의 세력구조를 지적할 필요가 있다. 당시 대영제국은 세계제국으로서 식민지 영토나 경제규모, 그리고 해군력 등에서 세계 수위首位를 차지하고 있었다. 1870-80년대 영국은 세계총생산량의 약 21%를 점유하였고 제국의 정점기에 세계 육지면적의 1/4, 인구의 1/6를 지배하였다.[28] 당시 경제력으로 차상위국이던 미국은 총생산량에서 영국을 근접 추격하기 시작하여 1900년대 초반에 양적 질적으로 세계의 수위에 올랐고, 육군을 비롯한 군사력의 상승도 두드러졌다.

그러나 역사는 경제력만으로는 초강대국의 지위를 부여하지 않는다. 역사는 이 시기를 양극체제로 기록하지도 않는다. 일초다강—超多强이나 양초다강兩超多强 체제로는 더욱 그러하다. 한때 헌팅턴이 거론하면서 일시 유행했던 일초다강(—超多强)이나 단-다극uni-multipolar체제라는 용어[29], 또는 양초다강(兩超多强)체제라는 용어는 근대 국제체제의 성립 이래 역사적으로 더욱 근본이 없다. 이론적으로나 역사적으로 그러한 돌연변이형 극체제polarity가 개념 정의될 공간은 없다. G2라는 용어가 양극체제로 대체될 수 없는 것과 마찬가지이다.

이 시기는 부분적으로 양대 동맹세력, 풀어쓰면 삼국동맹Triple Dreibund과 삼국협상Triple Entente이 경합한 전형적인 다극체제였다. 같은 논리로, 미국이 역사상 유례없는 글로벌 총생산량global output의 약 50%를 점했던 1950년대도 일극체제가 아니라 양극체제로 정의된다는 사실은 극체제polarity가 경제적 요인을 중심으로 정의될 때 발생할 수 있는 오류를 확인해 준다.

역사적으로 존재해 온 강대국들의 헤게모니 쟁탈전에서 냉전을 독특하고 예외적인 전쟁으로 기록할 수 있다면, 그 이유는 무엇보다도 이념전쟁이라는 차별성 때문이다. 1946년 2월, 스탈린이 최고소비에트(사회주의체제의 의회) 선거 연설에서 두 차례의 세계대전을 '자본주의의 모순이 폭발한 사례'라고 규정하면서 "세계자본주의 체제는 본질적으로 보편적인 위기(일반위기general crisis) 요소를 내포하고 있기 때문에, 자본주의세계 내의 불평등이 심화되어 궁극적으로 파국적인 전쟁을 통해서만 위기를 해결할 수 있다"고 전망한 바 있다. 소련의 역대 지도부는 자본주의체제의 모순이 심화되어 자본주의 세계가 붕괴되고 공산주의가 최종적으로 승리할 것으로 확신하면서 미국에 대항하여 국제혁명을 지원하였다.

미국 또한 공산주의체제의 붕괴를 전망하였다. 1946년 2월, 모스크바 주재 미국대사관에 근무하던 조지 케난George Kennan은 국무부에 보낸 장문의 전문Long Telegram과 1947년 7월 《포린어페어즈Foreign Affairs》에 실린 〈The Source of Soviet Conduct(소련 행동의 원천)〉라는 제목의 무명의 기고문X article에서 러시아의 팽창주의적 성향을 경각해야 할 절박성에 대해 강조하며, 이에 대한 대응책으로 봉쇄정책Containment을 제안하였다. 향후 냉전의 설계자이자 봉쇄정책의 상징으로 역사에 기록된 케난은 "공산주의 체제의 내적 모순으로 인해 궁극적으로 소련은 붕괴할 것"으로 전망하면서 장기적인 봉쇄를 제안하였고, 1950년 4월 7일 국가안보회의의 문서〈NSC-68〉을 통해 봉쇄정책은 공식화되었다.

요약하면 미국과 소련 모두 현실적으로는 정치적인 공존을 인정하지만, 본질적으로는 체제공존이 불가능한, 궁극적으로는 타도의 대상이었다. 미국에게 소련은 악의 제국이었고, 소련에게 미국은 제국주의의 화신이라는 서로에게 선과 악의 상징이자 반명제antithesis였으므로, 양 진영에 속한 국가들에는 선택의 자율성이 없었다.

오늘날 미국과 중국, 그리고 미국과 러시아 간의 갈등과 대립은 이념과 체제의 대결이라기보다는 지정학적 대립과 세력권sphere of influence 충돌을 본질로 한 비非이념적 전략 갈등, 또는 헤게모니 경쟁이라 할 수 있다. 아르네 베스타가 주장했듯이, "이념은 더 이상 결정요인이 아니다". 미국과 중국, 러시아 그리고 유럽연합EU과 일본, 인도 등 여러 주요국들 간에는 "많은 이견들이 존재하지만 자본주의와 시장에 대해서는 그렇지 않다". 중국은 중국특색의 사회주의를 주장하지만 자본주의 시장경제를 부정하지 않는다. 예를 들어, 다보스포럼을 비롯하여 여러 제도적 통로를 통해 시진핑 주석은 자유무역을 비롯한 자유시장경제에 대한 존중을 표명한 바 있고, 국제혁명을 지원하거나 민주주의를 타도의 대상으로 설정하지 않는다.

러시아의 정치과정에서 권위주의적이고 비민주적인 속성들이 표출되는 것은 사실이지만, 헌정체제가 제도적으로 유지되고 있고 자본주의 시장경제가 작동하고 있다는 점에서, 그리고 미국과 유럽을 비롯한 민주주의 국가들을 혁명의 대상이 아니라 협력과 경쟁의 대상으로 상정하고 있다는 점에서 냉전시기와 같은 이념적 대립관계가 성립되었다고 볼 수 없다.

다만, 지적할 수 있는 이념적 경향은 중국과 러시아에서 부상하고 있는 민족주의의 추세라 할 수 있다. 특히 중국의 경우, 중국몽中國夢으로 대표되는 중화민족의 부흥national rejuvenation이 민족주의의 발흥의 대표적인 표현태인데, 떠오르는 강대국의 헤게모니적 열망일 수는 있으나 냉전적 이념은 아니다.

이외에도, 신냉전 담론에 대한 문제제기는 여러 유형과 요소들이 있으나 간략하게 언급하면, 주지하고 있는 바와 같이 글로벌라이제이션이 쇠퇴하고 있기는 하나 미국과 중국, 그리고 중국과 세계경제의 상호연관관계가 냉전시기와 같이 양 진영으로 분리되거나 봉쇄될 수 있는 수준을 넘어섰다는 점이다. 현재 미국의 주도로 진행되는 글로벌 공급망 global supply chain의 재편 또는 디커플링decoupling이 냉전시대의 봉쇄처럼 양 진영의 완벽한 분리로 귀결될 가능성은 희박하다. 2023년 초, EU에서 시작된 디커플링에 대한 반발 움직임, 그리고 EU가 요구한 디리스킹derisking이라는 모호한 용어를 바이든 정부가 결국 수용한 사실을 감안하면 더욱 그러하다.

중국 영향력의 한계 또한 지적할 필요가 있다. 오늘날 강대국 중국의 도전이 미국이 우려하는 대로 글로벌하지는 않다는 점이다. 다시 말하면 미국과 중국의 경쟁이 글로벌 차원에서 관철되고 있지는 않다. 더욱이 냉전체제를 규정하는 가장 중요한 요소인 이념 차원에서도, 중국 특색의 사회주의나 중국식 발전모델인 베이징 컨센서스가 민주주의나 미국의 이념에 도전할 만한 위협 요인이 아니다. 중국의 이러한 체제이념이나 발전모델이 시장경제와 함께 작동하고 있다는 점에서도 그러하지만, 그 영향력 면에서도 냉전시대의 이념에 비교열위에 있다.

냉전시대의 사회주의와 소련 공산당의 이념은 하나의 패러다임이자 세계관이었고, 대안적 문명이었다. 이에 비해, 중국의 이념은 패러다임은 차치하고서라도 소프트파워 수준에서 글로벌한 영향력의 요건을 충족하고 있다고 보기 어렵다. 이러한 사유들로 인해 신냉전이라는 용어가 현재로서는 개념적으로 적용되기 어렵다고 할 수 있다.

지금까지 신냉전 담론과 반론을 비교한 이유는 연구와 교육적인 목적뿐 아니라, 신냉전 담론이 기정사실화되어 글로벌한 차원에서 관철될 경우 발생할 수 있는 치명적인 리스크를 피하고자 함이다. 무엇보다도 신냉전이라는 담론이 실체적 진실과는 별개로 일상에서 관철되어 기정사실화 될 경우 자기실현적 예언의 결과가 창출할 수 있는 정책 리스크를 피해야 한다. 질병이나 재난처럼 어떤 현상이나 증세가 특정되면 그에 따르는 처방전이나 위기대응 매뉴얼이 작동하게 되듯이, 전략이나 정책결정도 유사한 과정을 거친다. 만약 진단이나 재난예측이 오류일 경우 그에 따른 처방전이나 응급매뉴얼은 작동하지 않거나 부작용이 발생할 것이다.

자기예언으로서 신냉전이 실현되면 그에 따른 대응 매뉴얼이 작동할 것이다. 신냉전이라 진단이 되면 과거 냉전이 축적한 전통적인 처방전이 따라 올 것이다. 신냉전의 처방전에는 전통요법에 따라 봉쇄라는 성분이 주요 약재가 될 것이고, 글로벌한 차원에서 대항진영의 결집이라는 매뉴얼이 작동할 것이다. 이러할 경우, 현재 진행 중인 미국과 중국의 무역전쟁과 디커플링, 그리고 글로벌공급망재편 등은 글로벌 차원의 봉쇄로 상승될 것이고 여러 유형의 경제제재는 이를 가속화시킬 것이다.

요원하긴 하지만 민주주의 대 권위주의라는 이원적 가치에 기반한 대항진영이 수립되어 정치 군사적 블록화가 현실화되면 신냉전은 본궤도에 진입하게 되고, 이에 더하여 핵전쟁의 위협이 글로벌 어젠다의 최상위에 복귀하게 되면 신냉전은 완성의 단계에 이르게 될 것이다. 신냉전의 실현이 위험하고 불길한 것은 무엇보다도 진영의 하위 카테고리에 있는 국가들이 과거 냉전체제에서처럼 이 처방전이나 매뉴얼을 충실히 따르고 이행해야 한다는 점이다.

트럼프에 이어 바이든 정부가 중국을 경제적으로는 디리스킹하고 안보적으로는 디커플링하고 있는 가운데 강행하고 있는 한·미·일 삼각안보체제가 가시화되면서, 남과 북이 신냉전 매뉴얼에 따를 준비를 하고 있는 상황은 매우 위험하다고 할 수 있다. 북·중·러 삼각안보체제는 현실적으로 가능한 레짐은 아니지만, 한·미·일 삼각협력이 전략적 삼각체제strategic triangle로 진화할 경우, 북한과 중국, 그리고 러시아로 하여금 대항삼각체제로의 이행을 강제하여 한반도와 동북아는 신냉전의 함정new-cold war trap에 빠질 위험성이 증대할 것이다.

양극체제 하의 두 강대국과 각 진영이 체제적 양립불가능성을 본질로 하여 이념적으로 공존이 불가능한 궁극적인 타도의 대상이자 상호확증파괴의 대상이었듯이, 동북아와 한반도에서 신냉전이 자기 예언적으로 충족될 경우 이러한 상황이 재현될 것이다. 대중들 사이에서 냉전 매뉴얼이 작동하면 냉전적 확증편향성에 따라 남과 북은 상호 화해할 수 없는 적敵으로, 중국과 러시아는 자유 민주주의의 공적公敵으로 환원될 것이다.

정치·경제·군사 등 모든 면에서 진영 간 상호 격리되어 있어서 봉쇄의 영향이 자유진영 내에서는 미미했던 과거의 냉전체제와는 전혀 다르게, 현재 글로벌 상호의존관계의 범위나 심도는 매우 넓고 깊으므로 신냉전 매뉴얼이 작동할 경우 글로벌 차원의 충격은 심대할 것으로 추정된다. 앞서 언급한 로버트 레그볼드나, 존 루이 개디스 등 신냉전 담론을 주장하는 학자들도 과거의 냉전에 대한 재고찰을 통해 역사로부터의 통찰에 기댈 것을 권고하고 있는바, 인류에게 냉전의 불행한 그림자가 다시 드리워지지 않기를 바라는 이유에서 그러한 것이다. 따라서 신냉전 담론에 대한 학문적인 동의와 반박을 넘어서 현실적인 리스크에 주목하여 현재의 글로벌 위기에 대한 냉철하고 성찰적인 분석과 진단이 어느 때보다도 절실한 시대에 우리는 살고 있는 것이다.

| 냉전Cold War의 회고, 신냉전의 열쇠

무언가를 되돌아보는 행위는 과거에서 교훈을 찾기 위한 것만은 아니다. 진정한 동기는 "과거를 지배하는 자가 미래를 지배"할 수 있기 때문이다. 1989년이 저물던 겨울, 네오콘Neocon의 지적知的 리더이자 유엔대사를 역임한 정치학자 진 커크패트릭Jeane J. Kirkpatrick은 "전후시대postwar era가 끝났다"고 단언하였다.[30] 1989년 12월 고르바초프와 부시 대통령이 지중해의 몰타Malta에서 냉전이 끝났음을 선언함으로써 세계대전 이후의 질서—이른바 전후질서가 종식되었다는 의미였다.

1991년 봄, 냉전사학자인 존 루이 개디스는 "반세기 넘어 처음으로 미국의 안보에 현존하는 명백한 위협이 될 만한 어떤 단일 강대국도 없게 되었다"고 경탄하였다. 그의 말대로 "냉전의 종식은 미국인들을 비할 데 없는 행운의 위치에 남겨 놓았다."[31] 두 학자 모두 이 역사적 사건을 시대적 분기점이자 세계질서의 대전환으로 판정하였다.

케난George F. Kennan이 예언하고 트루먼Harry S. Truman이 시작한 냉전이 끝났다. 케난의 〈긴 전문Long Telegram〉이 촉발하고 국가안보회의 문서 〈NSC-68〉로 본격화된 냉전은 소련의 해체로 종식되었다고 알려져 있다. 1946년 2월 22일 모스크바 주재 미국대사관의 차석대사 케난은 국무장관 조지 마샬Geoge Marshall에게 '롱 텔레그램'이라 불리게 된

장문의 전문을 보냈다. 이 전문에서 케난은 전후 소련의 전략적 전망과 미국의 대응 전략에 대해 권고하면서, 러시아의 체제적이고 역사 문화적인 전통의 독특성을 근거로 길고 인내심 있는 대응과 장기전략을 제안하였다.

그에 따르면, "소련은 영구적 평화공존이 불가능한 적대적인 자본주의 세력의 포위 속에 있다고 확신하면서 전 세계적 차원에서 영향력 확장에 집중하고 있다". 이렇듯 소련의 이념적이고 체제적인 특성으로 볼 때, 미국은 "미국과 영원히 공존할 수 없고 미국 사회가 파괴되는 것이 바람직하다는 믿음에 집착하는 정치세력(소련)에 직면하고 있으므로, 소련의 권력이 안정된다면 미국의 국제적 권위는 무너질 것"이라 케난은 경고하면서 "전면적 무력충돌 방식이 아닌" 새로운 유형의 전쟁을 예감하였다.[32] 그것은 군사적 열전hot war이 아닌 장기적인 체제전쟁이었다. 그가 이 전쟁에서 외교적 승리, 체제적 승리를 확신한 바는 결과적으로 이루어졌으나, 냉전Cold War 해체를 주도한 것은 소련이었다.

1985년 3월 소련 공산당 서기장에 취임한 미하일 고르바초프가 사회주의 개혁운동인 페레스트로이카(재건)와 글라스노스트(개방)를 추진하면서 시작된 냉전의 해체는 몰타선언(1989)으로 공식화되었다. 소련의 고르바초프 정부는 냉전적 제도는 해체하고 탈냉전적 제도는 새롭게 구상하는 과정을 설계하였다. 대외적으로 탈냉전적 제도를 구축하려는 시도는 핵전력 분야에서 시작되었는데, 이는 냉전해체의 시그널이기도 하였다. 고르바초프에 의해 제기된 핵무기통제 구상은 중거리핵전력조약Intermediate Nuclear Forces Treaty(INF, 1987)과 전략무기감축조약Strategic Arms Reduction Treaty(START I, 1991)으로 귀결되어 NPT체제와 더불어 탈냉전기 핵통제 레짐의 글로벌 표준이 되었다.

냉전적 제도의 해체과정에서 소련정부는 과거 "사회주의 공동체 구성국가의 정치체제가 위태로울 경우 사회주의공동체 전체의 이익을 위한 관점에서 사회주의 국가들에 의한 무력개입을 정당화"할 수 있는 브레즈네프 독트린(주권과 사회주의국가들의 국제적 의무)의 폐기를 선언—1988년의 신新베오그라드선언—하였다. 동유럽 민주화의 상징이라 할 수 있는 베를린 장벽의 해체(1989)와 동서독 통합(1990)을 사실상 승인한 데 이어, 1991년 소련은 사회주의진영을 지탱하던 양대 기둥인 바르샤바조약기구Warsaw Treaty Organization(1955)와 코메콘Council for Mutual Economic Assistance(1949)을 해체함으로써 냉전의 구조적 토대를 허물었다.

브레즈네프 독트린이 소련의 세력권sphere of influence에 대한 정치적 규준을 표명한 것이라면, 북대서양조약기구Noth Atlantic Treaty Organization(NATO, 1949)에 대항한 사회주의 집단안보기구인 바르샤바조약기구Warsaw Pact(WP), 그리고 미국의 전후 유럽부흥계획Eropean Recovery Plan(ERP)인 마셜플랜Marshall Plan(1947)에 대항하기 위해 결성된 사회주의 진영의 코메콘CMEA(경제상호원조회의)은 각각 군사와 경제의 규범에 관한 것이었다.

진 커크패트릭의 주장에 따르면 "세계를 변화시키고 있는 사람은 고르바초프"였다. 그는 미국의 실용주의 철학자 시드니 훅Sidney Hook의 개념을 인용하여 고르바초프를 "대세를 주도하는 인간형event-making man"으로 표현하였다. 그의 행동이 역사적인 맥락을 완전히 바꾸어 놓는 '역사를 전변시키는 인간형'이라는 것이다.[33] 시드니 훅은 가장 미국적인 철학자로 기억되는 존 듀이John Dewey의 제자이자 계보를 잇는 철학자이기도 하다.

고르바초프의 개혁으로 시작되었다는 사실을 상기할 때, 사회주의 진영의 핵심 근간이던 레짐들이 해체되는 과정, 냉전의 폐기과정은 이후에 소련의 국제법적 계승자인 러시아로서는 냉전의 자발적인 해체로 해석할 만하였다. 냉전의 해체가 '차가운 전쟁'에서 소련이 패배한 것이 아니라 스스로 해체한 것으로 기억되었으므로 러시아인들은 러시아를 패전국 취급하는 것에 반발하였다. 러시아인들에게 탈냉전으로 도래한 세계는 따뜻한 평화가 아니었다. 이에 옐친대통령이 차가운 전쟁Cold War은 끝났으나 차가운 평화Cold Peace가 도래했다고 냉소한 것은 유명한 일화이다. 서구에 대한 러시아의 비극은 이로부터 시작되었다.

이러한 예정된 비극을 당시에 경계한 학자가 있다. 그는 "혁명적 격변에 직면한 소련(러시아)이 국제문제에서 하찮은 존재로 취급될 수 없음"을 지적하면서, 당시 대외정책에서 거둔 "서방의 성취가 서방의 힘과 전략의 결과일 뿐 아니라 고르바초프의 특별한 결정과 선택의 결과"임을 강조하였다. 《예정된 전쟁Destined for War: Can America and China Escape Thucydides's Trap?(2018)》으로 우리에게 잘 알려진 그레이엄 앨리슨Graham Allison은 1991년 여름 《포린어페어즈》에 기고한 글[34]에서 "미국인들은 지금 소련의 신사고New Thinking와 이에 따른 대외정책의 변화를 당연한 일로 대수롭지 않게 여긴다"고 일침을 가한 바 있다.

그에 따르면 페레스트로이카Perestroika(перестройка)와 글라스노스트Glasnost(гласность)는 "소련에서는 이전에 상상할 수 없는 변화를 촉발"시켰다. 이것은 "제2의 러시아혁명이고, 1917년의 러시아혁명(볼셰비키혁명)보다 더 심대한 결과를 초래할 것"으로 예견되었다. 결과적으로 그의 예견보다 더 나아가 소련의 개혁과 신사고는 소련체제의 대전환을 넘어서 새로운 세계질서의 수립―글로벌 자유주의 국제질서와 일극체제―으로 귀결되었다.

냉전의 해체에서 고르바초프의 소련이 주도한 역할은 그레이엄 앨리슨의 당시 평가에서 두드러진다. 예를 들어, 일극체제로 가는 이정표였던 걸프전Gulf War(1990)에서 "소련의 협력은 미국이 주도한 다국적군의 승리에 핵심적" 요인이었다. 더 나아가 "1989-1990년 동유럽 민주화에 대한 고르바초프의 결단은 미국과 글로벌 이해관계에 최대의 지정학적 임팩트"를 선사하였다. "동유럽의 자유화가 고르바초프 정부가 거부할 수 있는 능력을 넘어섰기 때문에 소련이 인정할 수밖에 없었다"는 일부의 견해에 대하여 앨리슨은 브레즈네프 독트린을 적용한 과거의 사례에서처럼 "소련은 동유럽의 자유화를 진압할 수 있는 군사력과 정보기구를 현지에 보유(50만 동유럽주둔군)하였으나 고르바초프는 평화적인 경로를 선택"하였다고 반박하였다.

앨리슨은 소련의 아프간 철군이나 중국과의 관계정상화 등은 논외로 하더라도, 앞서 언급한 대로 핵무기와 재래식무기 협정, 그리고 동서독 통합 승인과 바르샤바조약기구의 해체 등은 경이로운 결정이었고, 지난 냉전시기 어느 정치 지도자보다 국제안보와 평화에 기여한 사실에 주목하였다. 그 결과는 "동유럽뿐 아니라 세계의 대전환"이었다. 그의 평가대로 유럽의 미래세대는 과거 고르바초프의 결정의 수혜자였다.

이렇듯 냉전은 끝이 났고 전후시대도 마감하였다. 애초에 고르바초프의 구상에는 없었던 소비에트 연방 재구성안이 전면에 부각되어 냉전해체의 청사진은 소련해체로 변형되었다. 소련의 해체로 냉전이 종식된 것이 아니라 냉전의 종식으로 소련이 해체되었다는 사실은 역사적 기획으로서의 냉전해체의 역설이라 할 수 있다. 다만, 그레이엄 앨리슨이 제기한 한 가지 예고는 절반의 평가로 남아있다. 그는 "소비에트 연방의 폭력적인 해체는 미국의 사활적인 이익에 일차적인 위협"이라고 경계하면서 소련의 미래에 대해 미국이 적극적으로 지원할 필요성을 역설하였다.

결과적으로 소련의 해체는, 그의 우려와는 다르게, 미국에 초유의 일극체제를 선사하였다. 소련이 '폭력적'으로 해체된 것이 아니라서 최선의 결과가 초래된 것인가? 소련의 해체는 이로부터 독립한 국가들에게는 평화적으로 이룬 것이었지만, 연방주의자들에게는 폭력적인 결과로 해석되었다. 푸틴 류의 정치가들과 지지자들에게는 폭력적인 해체를 되돌릴 계기가 필요하였고, 소비에트연방의 복원까지는 아니지만 러시아민족(루시인Русь)의 통합으로 귀결될 국가과제였다.

차가운 평화로부터 유래한 러시아민족(루시인Русь)의 통합이라는 내재된 국수주의적 열망은 실지회복주의irredentism로 전환되어 우크라이나 전쟁으로 표출되었다. 우크라이나 전쟁이라는 비극은 유럽의 비극이자 미국의 미래와 결부된 것이다. 그레이엄 앨리슨의 또 다른 절반의 평가가 남아있는 대목이다. 냉전이 해체되던 시절, 학자나 정치가들은 이를 어떻게 보았는가? 그리고 어떠한 세계를 바랐는가? 대표적인 학자 몇몇의 견해를 통해 당시 학계나 정책커뮤니티의 분위기를 유추해 볼 수 있을 것이다.

| '탈냉전 마셜플랜'은 소련을 구할 것인가?

몰타선언을 정점으로 한 1989년을 지나 1991년에 들어서면서 학계의 주류는 냉전이 종식되었음을 공식화하였다. 이제 탈냉전 세계에 대한 전망과 제안들이 나오기 시작하였는데, 가장 본원적인 질문은 "소련을 어떻게 할 것인가?" 하는 탈냉전 질서의 수립과 관련된 문제였다. 여전히 소련은 존재하고 있었고, 또한 쇠퇴하고 있었다. 논쟁은 "쇠퇴하고 있지만 여전히 세계질서의 한 축인 소련에 대한 대규모의 경제지원, 즉 '탈냉전 마셜플랜Marshall Plan'을 시행할 것인가, 그리고 탈냉전 신질서를 소련과 함께 수립할 것인가"하는 대전략grand strategy을 겨냥하였다.

제기된 전망과 제안들은 향후 탈냉전 질서와 일극체제, 그리고 현재의 헤게모니 경쟁 등 세계질서와 국제체제의 거시정치적 현상에 대한 단초를 제공하고 있다. 예를 들면, 우크라이나 전쟁의 탈냉전적 기원, 상술하면 우크라이나 전쟁이 냉전해체로부터 연유하였고 탈냉전 행위자들 간의 관계(역할과 지위) 설정을 다룬 당시의 탈냉전 담론에 이 사건의 맹아가 내재되어 있었다는 해석이 가능하다.

'소련을 어떻게 할 것인가'라는 문제는 '냉전이 어떻게 종식되었는가'라는 질문에 결부되어 있었다. 후자에 대한 판단이 전자의 방식을 결정할 가능성이 컸다. 만약 미국과 자유진영이 냉전을 끝낸 것이라면 소련과의 관계 설정에서 압도적 우위에 설 것이다. 더욱이 냉전종식을 미국의 승리이자 소련의 패배라는 승자와 패자의 논리로 본다면, 미국은 소련을 쇠퇴하는 주니어 파트너로 취급할 것이다. 반면에 고르바초프의 소련이 냉전해체에서 주도적인 역할을 한 사실에 주목한다면, 서방은 소련이 개혁을 완수하도록 지원해야 할 것이다. 돌이켜 보면, 당시의 화두는 소련의 '고르바초프를 도와야 하는가'가 아니라 '고르바초프를 돕기 위해 무엇을 해야 하는가'였다. 이를 위해 기존의 국제적 지위에 합당한 파트너로서 포용하는 것, 그리고 개혁체제의 안정화를 위해 경제적 지원을 하는 것 등이 논의되었고, 그 과정에서 '탈냉전 마셜플랜'이 제기되었다.

'소련판 마셜플랜'을 지지했던 학자와 전문가들 중에 존 L. 개디스와 그레이엄 앨리슨을 주목할 만하다. 페레스트로이카가 막바지에 이르던 1991년 봄, 존 개디스는 "체제전환의 주요 부담을 오롯이 지고 있는 소련과 동유럽의 인민들이 좌절과 사기저하를 겪고 있으므로, 그들의 절망을 치유하기 위해서는 서방의 원조가 결정적"임을 강조하였다. 과거 전후의 마셜플랜은 비교적 "작은 규모의 경제적 지원을 투입하여 광범위한 심리적 효과(자기확신의 회복), 모든 것이 나아질 거라는 확신을 창출"해 낸 성공적인 프로젝트였다.

체제전환 중인 공산주의 국가들에 대한 다국적 마셜플랜이 원조국가들의 국내적 우선순위나 체제 전환국들의 국내적 조건 미비 등의 문제들을 감안하여 비현실적이라는 견해들도 있었으나, "과거 세계대전 종전 직후, 유럽의 부흥과 전후질서의 안정적 구축을 위해 추진된 전후 마셜플랜이 대단히 성공적인 사업이었다는 사실"을 상기하면 탈냉전 마셜플랜 또한 탈냉전 유럽질서의 안정과 유럽의 번영을 위해 높은 레버리지를 발휘할 수 있을 것이라는 의미였다.

제1차세계대전 이후 독일에서 벌어진 일(나치 히틀러의 집권)은 "승전국들이 패배한 국가의 이익을 무시했을 때 어떤 일이 일어나는지, 그 후과들에 대한 명확한 경고"라고 존 개디스는 경계하였다. "승리하지 못한 국가의 이익 무시는 결국 승리한 국가 자신의 이익을 무시하는 결과"로 돌아온다는 것이다.[35] 소련이 냉전에서 승리하지 못했을지라도 그들의 이해관계를 살펴야 하며, 그것이 탈냉전 유럽의 평화와 번영을 담보할 수 있다는 취지였다.

소련의 개혁을 지원하기 위한 방식 중의 하나로 마셜플랜이 거론되기 시작한 것은 1989년을 지나면서지만, 소련이 서방의 경제 선진국에 대규모 경제지원을 요청한 것은 1991년에 들어서면서다. 예를 들어, 당시《뉴욕타임즈》등의 기사에 '고르바초프의 원조 요청'이라는 제하의 글들이 게재되기 시작하였다.

소련의 파블로프Valentin S. Pavlov 총리는 1991년 5월 12일《인테르팍스Interfax》와의 인터뷰에서 대소련 마셜플랜과 유사한 원조프로그램의 제안서를 준비 중임을 밝히면서, '해외원조와 외국투자를 유치하기 위한 장기계획'이라는 점을 부각시켰다.[36] 당시 소련의 정치·경제적 상황은 연방 재구성 문제(신연방조약체결)와 통제경제적 대공황 증세로 대개혁과 체제전환의 결정적인 국면에 있었으므로 마셜플랜과 같은 대규모 경제지원이 절실한 시대적 분수령과도 같은 정국이었다.

1990년을 지나면서 이미 소련경제가 악화되고 있다는 경고와 함께 대규모 지원이 필요하다는 제안이 미국의 정책커뮤니티 내에서 제기되었다. 그레이엄 앨리슨은 그해 11월 소련경제의 심각한 상황을 경고하면서 소련의 경제전문가인 야블린스키Grigory Yavlinsky와 공동작업으로 '기회의 창'으로 알려진 그랜드 바겐Grand Bargain(대협상) 프로그램을 입안하였다. 야블린스키는 1990년 8월 모스크바대 경제학자 샤탈린Stanislav Shatalin 등과 함께 소련의 시장경제로의 전환을 위한 500일 계획500 Days Program(программа "500 дней")을 입안('샤탈린계획안')한 바 있는 소련 각료회의의 멤버이자, 러시아연방 소속 국가경제개혁회의의 부의장이었다. 이듬해 6월, 앨리슨과 야블린스키 그리고 서방의 경제전문가들은 '경제재생을 위한 공동계획'이라는 '탈냉전 마셜플랜'을 부시 대통령과 베이커 국무장관에게 제출하였다.

그랜드바겐이 상기시키려 한 점은 "제1차세계대전 이후 독일경제의 참상이 독일 바이마르공화국의 위기를 초래"하여 궁극적으로 히틀러 정권의 수립으로 이어졌다는 사실이다. 제2차세계대전 종전 직후 이러한 역사적 과오를 반복하지 않기 위해 미국의 트루먼 대통령과 마셜 국무장관이 대규모 유럽부흥계획(1947)을 실행하였듯이 소련을 위한 마셜플랜의 실행이 절실하다는 주장이었다.

만약 소련의 경제악화가 심화되면 위기상황이 "굶주린 소련시민들을 혼돈으로 몰아서 페레스트로이카(체제개혁)을 거부하고 앙시앙 레짐ancien regime(구체제)을 복원하려는 강경파 리더들을 복귀시킬 수 있으므로, 서구는 이러한 가능성에 경각심을 가져야 한다"는 경고의 취지였다. 그들은 "민주주의로의 이행은 안정적인 경제적 이행이 이루어질 때 실현될 것이고, 서구의 지원에 의한 경제개혁이 정치개혁 과정을 이끌게 될 것이므로, 서구의 지원이 없다면 정치개혁은 위기에 처할 것"이라 우려하였다.

그레이엄 엘리슨은 백악관과 의회에 적극적인 로비활동을 벌였으나, 마지막 '기회의 창'은 결과적으로 닫혀버렸고 소련은 해체의 길로 들어섰다. 당시 세간의 의문도 그랬듯이, 냉전 연구의 대표적인 싱크탱크인 우드로윌슨센터Woodrow Wilson International Center for Scholas에서 발행하는 《윌슨 쿼털리Wilson Quarterly》에 실린 한 에세이는 "왜 소련의 통제경제command economy를 시장경제로 전환하려 고군분투하던 고르바초프의 페레스트로이카를 미국은 선도적으로 지원하지 않았는가?"하고 오늘날 묻고 있다.[37]

예를 들어, 1989-91년간 폴란드와 체코, 헝가리 등 동유럽 3국만 해도 3억 달러에 이르는 대외원조가 집행된 바 있으나, 소련의 경우에는 경제지원이 절박했던 1990-1991년간에 미국으로부터 어떠한 형태의 정부차관이나 상업융자도 실행되지 않았다. 베이커 국무장관은 소련경제를 쥐구멍에 비유하면서 밑 빠진 독에 물 붓기 식으로 해석하여 소련의 지원요청에 응답하지 않았다.

부시대통령은 같은 해 7월에 예정된 G7회의에 고르바초프를 초청하는 것도 거절하였다. 존 메이저 영국 총리 등 유럽의 정상들은 고르바초프 대통령을 G7회의에 초청하길 원했었다. 당시 헬무트 콜Helmut Kohl 독일 총리나 프랑스의 프랑수아 미테랑François Mitterrand 대통령은 "제2차세계대전 이후 마셜플랜과 유럽의 경제부흥을 견인한 미국의 리더십은 어디로 갔는가"라고 반문하면서 부시 정부의 완고함을 지적하였다.

1990년 겨울에 소련 외무장관 셰바르드나제Eduard A. Schevardnaze는 서구에 200억 달러 지원을 요청했을 때 영국, 프랑스, 이탈리아 등은 긍정적이었으나 미국은 대규모 경제지원에 부정적이었다. 1991년 7

월 런던에서 개최된 G7정상회의에서 존 메이저와 헬무트 콜, 프랑수아 미테랑 등은 미국의 지원을 요구하며 부시 대통령을 압박하였으나, 부시 정부는 베이커 국무장관을 통해 사우디아라비아, 쿠웨이트와 걸프국가들에게 60억 달러의 차관을 소련에 제공하도록 부담을 떠넘겼다. 그 외에 미국의 대응은 독일에는 동독주둔 소련군 철군비용으로 120억 마르크를 증액 지원해도 좋다는 제안을 했고, 미래 시점의 쿠릴열도 협상용으로 26억 달러 경제지원을 책정한 일본정부안에 찬성하는 수준 정도였다. 냉전해체의 입안자이자 동반자였던 소련에 대한 미국의 경제지원 부담은 동맹국들이 떠안았다. 비유하자면 냉전해체로 들어설 미국주식회사(일극체제)의 자본금을 미국이 아닌 동맹국들이 댄 셈이다.

미국이 유럽의 주요 국가들의 의사와는 다르게 소련에 대한 경제지원에 소극적이었던 이유는 부시 정부가 "민주주의와 시장경제로의 이행 성과로 지원을 판단할 것"이라는 '선 개혁 후 지원' 원칙을 고수했기 때문이었다. 이에 반해 고르바초프 정부는 "경제지원을 병행해야 강경파의 반발을 누르고 인민들을 설득하여 개혁을 완수할 수 있다"는 '지원과 개혁의 병행' 원칙을 주장하면서 부시 정부를 설득하였다. 대표적인 자유주의 경제학자들 사이에도 이러한 병행원칙에 동조하는 분위기가 있었다.

세계은행World Bank의 수석 이코노미스트였던 하버드대의 래리 서머스Larry Summers(클린턴 정부의 재무장관) 그리고 MIT대의 스탠리 피셔Stanley Fischer(IMF 부총재와 연방준비제도Fed 부의장 역임)는 "러시아와 소련구성 공화국들에 매년 300억 달러의 재정지원을 몇 년 동안 시행할 필요"가 있음을 역설하였다. 그들에 따르면 냉전시기 소련의 위협에 대항하여 미국과 유럽이 군사방어에 투여한 수조 달러의 비용에 비하면 이러한 규모의 원조는 하나의 타협이 될 수 있을 것이었다.

그레이엄 앨리슨의 보고서에서 우려한 바와 같이 1991년 8월 소련에서 보수 강경파의 쿠데타가 발생하였고 그 후과로 12월에는 소련의 해체가 결정되었다. 소련이 해체될 때까지 미국으로부터 어떠한 재정지원도 이루어지지 않았다. 고르바초프가 사임하고 소련의 해체가 결정된 1991년 12월에야 부시 대통령은 대소련 경제지원 패키지를 의회에 제출하였다. 이후 소련을 국제법적으로 계승한 러시아연방과 독립 공화국들에게도 마셜플랜이라 할 만한 의미 있는 대규모 재정지원은 없었다.

러시아의 옐친 정부는 친서구주의 노선을 지향하며 IMF의 권고를 수용하여 급속한 시장경제로의 이행(충격요법shock therapy)과 민주주의적 개혁을 시행하였으나, 1992-93년 2,500%를 상회하는 하이퍼 인플레이션과 경제파탄으로 귀결되어 공산당을 비롯한 극우민족주의 세력이 의회 내 제2, 제3당의 지위를 차지하게 되었다. 미국 민주당 하원의원이던 리처드 게파트Richard Gephardt 의원의 지적대로, 포스트 소비에트 공간에 새로 들어선 "독립국가연합CIS에 대한 미국의 지원은 하찮은 것"이었다. 1992년 부시 정부가 입안한 〈자유지원법Freedom Support Act〉에 제시된 재정지원도 41억 달러에 불과했고 그마저도 대부분(35억 달러)이 IMF가 제공하는 루블화 안정자금이나 국제수지 적자를 메우는 데 사용되도록 지정되었다.[38]

이렇듯 부시 정부의 미국이 냉전해체를 주도하고 시장경제로의 체제전환에 고군분투하던 소련에 대한 마셜플랜에 소극적이었던 이유에는 선개혁 원칙 외에 다른 요인이 있었을 것이다. 당시 미국은 무역적자와 재정적자라는 쌍둥이 적자에 시달리고 있었으므로 소련에 대한 대규모 지원을 실행할 능력이 부족했다고 판단할 수 있다. 더욱이 당시 제2위 경제대국이던 일본의 경제규모가 미국의 70%를 육박함으로써 일본의 추월론과 위협론이 대두되어 플라자 합의Plaza Accord로 회자되는 대

일본 경제 압박과 견제가 본격화되던 때였다.

네오콘의 대모代母 진 커크패트릭의 경우, 일찍이 마셜플랜을 반대하면서 냉전해체를 계기로 유럽으로부터 철수해야 한다는 주장을 한 바 있다. 그에 따르면 "소련의 위협이 사라졌고 소련이나 미국 모두 경제적으로 쇠퇴하고 있으므로, 미국은 유럽방위에 대한 초강대국의 책임을 내려놓고 일반강대국이 되는 법을 배울 필요가 있다". 다시 말하면, 미국은 "보통국가의 지위로 복귀하기 위해 심리적으로나 경제적으로 준비해야 한다"는 주장이었다.[39]

따라서 부시 정부의 미국은 전후 유럽의 경제부흥을 위해 대규모의 경제지원책인 마셜플랜을 주도하던 그런 미국이 아니었다. 그러나 소련의 해체는 미국이 유일 초강대국으로 상승하는 예상외의 결과를 가져왔다. 사회주의의 시장경제로의 전환을 기폭제로 하여 지구적 차원의 시장통합과 유례없는 경제호황 등 글로벌라이제이션 효과를 통해 쇠퇴하던 미국은 일극체제의 정점에 올랐고 소련은 몰락하였다.

│ '현재를 지배하는 자가 모든 것을 지배한다'

냉전 및 소련의 해체과정을 이렇듯 길게 서술한 이유는 이러한 과정이 러시아인들의 탈냉전 세계관 형성에 영향을 주었기 때문이다. 러시아인들은 냉전 해체과정에서 미국으로부터 정당하지 않은 대우를 받았을 뿐 아니라 합당한 지위를 박탈당했다는 인식을 지니고 있다. 푸틴 정부는 이러한 인식을 대표하는 상징이 되었고, "소련의 해체는 전후 최대의 지정학적 재앙"이라는 레토릭을 '빈곤한 철학'의 기반으로 삼아 우크라이나 전쟁을 위한 명분, 우크라이나 전쟁의 탈냉전적 서사로 활용하고 있다. 그러나 이러한 인식론적 경향은 푸틴 정부에만 국한된 것이 아니다.

우크라이나 전쟁을 보면서 외교관의 삶을 포기하고 푸틴 정부에 대한 저항의 길을 선택한 한 외교관의 이에 대한 평가는 매우 흥미롭다. 소련의 상층 엘리트 집안에서 태어나 20여 년간 러시아 외교관으로 복무했던 보리스 본다레프Boris Bondarev는 페레스트로이카 시절을 회상하면서 당시 러시아인들이 미국과 서구에 대한 기대가 어떠했는지 서술하고 있다. 그에 따르면 "소련 시민들은 소련사회가 시장경제로 전환함에 따라 서구가 자신들을 도울 것이라고 믿었으나 그러한 희망은 순진한 것으로 판명되었다. 서방은 저명한 미국 경제학자들이 러시아의 엄청난 경제적 도전을 해결하는 데 필요하다고 제안한, 그리고 소련시민들이 기대한 원조를 러시아에 제공하지 않았다. 대신에 서방은 신속하게 통제경제를 해체하고 국가 자원을 신속하게 민영화하도록 크렘린을 재촉하였다". 미국의 경제학자들의 자문대로 진행된 급격한 사유화(민영화)로 러시아의 국부國富는 헐값에 서방으로 유출되었고 물가는 폭등하였다. "이후 과두재벌(올리가르히oligarchy)이 된 소수의 사람들은 이 과정에서 공공 자산을 끌어들임으로써 매우 부유해졌으나, 대부분의 러시아인들에게 소위 '충격요법'에 의한 자유시장 경제로의 이행은 절대 빈곤으로 이어졌다. 민주주의와 시장경제를 경험했지만, 대중의 대부분은 새로운 자유를 빈곤과 동일시했고 그 결과 러시아에서 서방의 지위는 심각하게 실추되었다."[40]

이러한 결과로 미국과 서구는 러시아인의 박탈감의 원천이자 국가적 자부심 복원의 표적이 되었다. 본다레프는 냉전해체와 소련의 붕괴 당시 서구의 태도를 연상시키면서, "만약 우크라이나가 승리하고 푸틴이 몰락하더라도 서구는 러시아에 모욕을 가하지 말 것"을 당부하였다. 대신에 러시아를 진정으로 지원하는 것이 이후의 정치개혁(민주화)을 위해서도 최선책일 것인데, 이를 통해 1990년대 미국과 서구가 범한 오류

—당시 소련(러시아)인들은 미국에 의해 사기당했다고 느끼고 있었다—를 반복하지 않을 수 있고, 더 나아가 이러한 기억을 지니고 있는 러시아인들이 '제국의 상실'을 받아들일 수 있을 것이라고 강조하였다.

첨언하면, 앞서 살펴본 바와 같이 탈냉전 마셜플랜은 유럽의 평화와 번영의 투자금이자 유럽의 공동의 목표라는 명분이 있었는데, 이를 위해서는 소련을 유럽의 일원으로 수용하는 것이 관건이었다. 존 개디스가 예측한 바대로 탈냉전의 세기에 세계정치의 불안정의 가장 심각한 원천은 공산주의가 붕괴한 곳에서 발전하고 있는 정치·경제·사회적 파편화였다. 어떠한 형태이든 "승리라는 것에 따르는 문제는 그것이 힘의 불균형을 낳는다"는 역사적 사실이다. 따라서 승리의 시점에 이러한 위험을 피할 수 있으려면 승리한 행위자는 냉철함을 유지하면서 포용적인 전략을 수립해야 한다.

근대 이후로 승전국들이 평화조성자peacemakers로서 이러한 전례를 구축한 것에 주목할 필요가 있다. 1815년과 1945년이 대표적인 두 사례이다. 전자는 나폴레옹전쟁의 종전과 유럽의 백년평화를 이루어 낸 비엔나평화회의Congress of Vienna를 말한다. 비엔나회의는 전범국이자 패전국인 프랑스를 전후 유럽질서의 주요 행위자이자 구성원으로 기꺼이 수용하였다. 이를 통해 구축된 유럽협조체제Concert of Europe는 전형적인 다극적 세력균형의 시대인 19세기 내내 백년의 평화—키신저식으로 말하면—를 이루었다. 1945년 종전 이후 유럽과 특히 미국은 양대 전범국인 독일과 일본을 전후 세계질서의 주요 행위자로서 합당한 지위와 대서양 세계의 일원으로 인정하였다.

하버드대 정치학자 조지프 나이Joseph Nye Jr. 등 미국의 국제정치학자들이 주장하는 바와 같이 미국은 패전국들에 대해 유례없는 관용을 적용하여 20세기 자유주의 국제질서의 포용성과 확장성을 실현하였다.

인용한 역사적 전례 모두 "승리한 직후에 승전국들이 패배한 적국들을 재건하고 국제체제로 복귀(통합)할 수 있도록 신속하게 관여전략을 실시"한 것이다.

존 개디스의 해석대로 소련이 군사적으로 패배한 것이 아니라서 미국이 재건과 통합의 문제에 역사적 전례처럼 사려 깊게 관심을 기울이지 않은 것일지도 모르지만, 그 후과로 초래될 혼란은 유럽의 안정을 흔들어 놓을 것이었다. 탈냉전으로 발생한 동유럽의 보스니아 내전, 구소련지역의 색깔혁명들color revolutions이 그러했고, 그루지아 전쟁Georgian War, 우크라이나 전쟁이 그러한 것이다.

냉전해체와 관련한 또 다른 담론은 미국과 소련의 역할에 관한 것이다. 냉전해체를 계기로 하여 양 초강대국super powers은 이제 보통국가normal state 또는 일반 강대국a power으로 돌아가야 한다는 당위적 전망이었다. 냉전종식을 유럽 분단의 해소, 동유럽의 해방으로 해석한 커크패트릭은 1989년을 회고하고 1990년으로 넘어가던 즈음에 "전후시대postwar era가 완전히 끝났으므로 1947년 이후의 미국의 대외정책(냉전정책)이 전면적인 재설정되어야 하는 상황에 직면"하였다고 주장하였다. "미국은 상대적인 쇠퇴(쌍둥이 적자)를 겪고 있고, 소련의 군사적 위협은 명백한 쇠퇴 국면에 있으므로 유럽방위에 대한 미국의 초강대국으로서의 책임성은 예전만큼 필수적이지 않다"는 것이다.

유럽방위에 대한 미국의 책임은 재정적으로나 정당성으로나 성립하기 어렵게 되었다. "냉전이 끝나가고 또 전후질서가 완전히 종식"되었기 때문이다. 커크패트릭의 주장을 인용하면, "만약 냉전이 종식되면 미국은 관련한 경제적 부담뿐 아니라 초강대국의 지위 또한 내려놓게 될 것이다. 이것은 많은 미국인들이 그동안 익숙하고 애착했던 유럽과 아시아에서의 영향력의 상당 부분을 상실하게" 됨을 의미할 것이다.

"냉전의 종식은 유럽에서 미국의 역할의 중요성을 불가피하게 축소시킬 것"이다. 더욱이 "소련의 위협이 부재한 상태에서 영속적인 미국의 유럽방위와 미군의 상시주둔을 미국 납세자들에게 설득하기는 어려울 것이므로, 미국은 오래된 부담을 버리고 유럽이 새로운 부담을 맡아야" 할 것이다. 다시 말하면, "초강대국이 아니라 강대국 중의 하나a power가 되는 법을 배워야" 한다는 당위론적 전망이 형성되었다.

당시 동서관계의 재설정으로 요약되는 세계질서의 변화는 1989년을 경과하면서 다음과 같은 네 가지 주요 과정을 수반하였다. 소비에트연방(소련)의 개혁과 동유럽의 민주화, 그리고 서유럽으로의 경제통합과 동서독 통합의 추진 등, 이후 이러한 변화 과정들은 결과적으로 모두 그 과정을 완결하였으나 소련의 변화과정은 예상한 경로를 벗어났고, 미국 또한 예상과는 다르게 유일한 글로벌 초강대국의 길로 나아갔다. 이는 체제 이행이 예상치 못한 경로로 진입한 결과이기도 한데, 미국이 글로벌 초강대국의 길로 진입하게 된 것은 소련의 경로이탈의 역설적 결과라 할 수 있을 것이다.[41]

'어떻게 냉전이 종식되었는가?' 또는 '누가 냉전을 끝냈는가?', 그리고 '누가 냉전에서 승리했는가'의 문제는 각각 서로 다른 결론을 도출할 수 있는 질문들이다. 냉전의 종식에 결부된 이러한 각각의 질문들은 어떤 질문을 중심에 놓느냐에 따라 정치적 의미와 역사성이 달라지며, 그 결과로 경우에 따라선 예상치 못한 역사적 경로로 빠져들게 된다. 소련이 해체되면서 냉전종식에 관한 평가의 중심에는 '누가 전쟁에서 승리했는가'라는 승자와 패자의 이분법, 그리고 승리자적 관점이 우세하게 되었다. 1991년 12월 25일 소련의 국가가 마지막으로 연주되고 소비에트 붉은 기赤旗가 내려진 크레믈린궁 위로 러시아의 삼색기가 올라갔다. 다음날 최고소비에트(의회)는 "소비에트연방이 더 이상 존재하지 않음"

을 의결함으로써 소련의 해체가 법적인 효력을 발생하게 되었다. 이후 서술된 냉전에 관한 서사는 오늘날까지 주류담론으로 작동하고 있다.

냉전Cold War이 발현되기 몇 해 전인 1945년 가을, 영국의 일간지 《트리뷴Tribune》에 실린 에세이(10월 19일자)에서 냉전cold war이라는 용어를 처음 사용한 조지 오웰은 1949년 출간된 유작 《1984》에서 "과거를 지배하는 자가 미래를 지배하고, 현재를 지배하는 자가 과거를 지배한다"고 적고 있다. 세계를 전일적으로 감시 통제하는 빅브라더big brother의 출현과 세계지배를 예언한 것으로 잘 알려진 이 책에서 비교적 덜 알려진 '현재를 지배하는 자가 모든 것(과거와 미래)을 지배한다'는 의미의 대목에 주목할 필요가 있다.

냉전을 대하는 방식도 그러했다. 소련이 해체되면서 냉전에 관한 담론은 '냉전이라는 전쟁에서 누가 승자인가'에 초점이 맞춰졌다. 냉전에서 승리한 측이 지난 냉전을 해석할 권한을 행사하였고, 이러한 냉전서사는 다가올 탈냉전 질서의 초안이 되었다. 냉전을 승리로 이끈 미국이 미래의 탈냉전 질서를 주도하는 것, 그리고 그 질서가 자유주의 국제질서liberal international order(LIO)여야 함은 승전론의 당연한 귀결이었다.

| 신냉전 담론의 프리퀄prequel : 냉전 '승리'의 신화

신냉전 담론의 위험성은 전쟁의 관점으로 국제관계를 규정한다는 것에 있다. 이에 따라 신냉전의 결과는 승전국과 패전국이 존재할 수밖에 없는 제로섬게임의 성격을 띠게 된다. 20세기 냉전의 종식 방식에 따라 21세기 신냉전의 승전국은 패전국에게 자신의 이념과 국제질서를 다시 한 번 강제할 것이다. 이의 결과는 과거 탈냉전기의 전례에 따르면, 좌절한 패전국은 또다시 국제질서의 불안정의 근원으로 작용할 것이다. 현 세계정치의 전략적 경쟁과 대결 양상을 신냉전이라 규정할 경우 결과적으로 도출될 가능성이 높은 승리주의triumphalism 담론은 20세기 냉전 종식의 방식에 연원하고 있으므로 신냉전 담론의 적실성에 관한 비판에서 선행적으로 검토할 필요가 있다.

탈냉전 세계질서라는 대전략grand strategy에서 미국의 현실정치 realpolitik에 지대한 지정학적 영감을 불어넣은 브레진스키Zbigniew Brzezinski는 소련해체 직후《포린어페어즈》에 게재한 글[42]에서 '냉전은 다른 수단에 의한 전쟁'이라고 개념정의 하였다. 프로이센의 군사이론가이자 장군인 클라우제비츠Carl von Clausewitz의 전쟁철학인《전쟁론 Vom Kriege》에서 차용한 말이다. 브레진스키가 강조하고 싶었던 것은 비록 다른 수단에 의한 것이었을지라도 냉전은 전쟁이었다는 것이다. 그리고 이전까지의 평가와는 다르게 냉전이 페레스트로이카로 인한 몰타선언 등의 일련의 조치가 아니라 소련의 해체를 통해 최종적으로 종식된 것으로 그는 해석하였다.

브레진스키에 따르면 "냉전을 전쟁이라 지칭할 수 있다면, 전쟁의 일반적인 결과물로부터 도출되는 용어법에 따른 평가로 냉전처리를 시작하는 것이 적절"하다는 것이다. 다시 말하면, "승리와 패배, 그리고 항복과 전후처리"라는 용어로 냉전과 탈냉전을 다루는 것이 논리적으로 합당하다는 견해였다. 그는 "냉전은 한쪽의 승리로 그리고 다른 측의 패배로 끝났고, 이러한 현실은 거부될 수 없다"고 확언하였다. 더 나아가, 브레진스키에 있어서 냉전 승리는 역사적으로 전례 없는 승리로 해석되었다. "1815년의 나폴레옹전쟁에서의 승리보다, 독일제국에 대한 1918년의 승리보다 더한, 그리고 1945년 나치 독일과 군국주의 일본에 대한 승리보다 더 결정적이고 일방적인 승리"였다.

브레진스키는 자신의 사전事典에서 냉전의 종식의 범례에 '30년 전쟁(1618-1648)'의 종전 방식은 제외될 것이라 주장하였다. 냉전은 소련의 일방적인 패전이기에 타협은 없다는 의미이다. 17세기 유럽은 30년에 걸친 종교전쟁의 결과, 종교적 대타협의 방식으로 해결하여 근대적 주권국가 체제라는 새로운 시대를 열었다. 종전조약의 명칭에 따라 베스트팔렌 평화체제Peace of Westphalia라 불리는 새로운 국제질서의 작동원리는 "군주는 자기 영토의 종교를 결정한다cuius regio, eius religio"는 국가주권의 원리이자, 대타협의 정신이었다. 이 체제는 승자와 패자가 구분되지 않는, 승자가 패자를 배제하지 않는, 키신저식으로 말하면 국가 간 균형equilibrium의 메커니즘이 작동하는 세계를 의미하였다. 브레진스키는 베스트팔렌의 평화는 냉전의 종식에 적용되지 않는다고 해석하여 "쿠이우스 레기오, 에이우스 렐리기오(누군가의 지역은 그의 종교)"의 원칙(주권적 대타협의 원칙)을 냉전의 종전처리 방식에서 배제하였다.

브레진스키가 "교의적 관점으로 보면 패전국의 이념이 거부되었다는 점에서 냉전해체의 소산이 베스트팔렌의 평화가 아니라 1815년(나폴레옹전쟁 종전)이나 1945년(제2차대전 종전)에 더 가깝고, 패배한 제국이 해체 과정에 진입했다는 점에서 1918년(제1차대전 종전)과 유사하다"고 비유한 것은 냉전 종식이 소련의 패전이었음을 역사적 전거로 삼기 위함이었는데, 후술하겠지만 이는 역사에 대한 잘못된 독해誤讀이자 왜곡曲學에 가깝다. 이전의 전쟁들의 종식에서처럼 냉전의 종식은 브레진스키에게 항복의 순간moment of capitulation이었던 것이다. 그가 판정한 냉전의 승리는 그가 몸담았던 카터 정부의 인권정책과 후임 레이건 정부의 군비경쟁(전략방위구상SDI)의 결과물이어야 했다.

브레진스키 류의 승전의 담론은 이후 국제정치학계의 정설이 되었다. 그러나 그 자신도 인정한 바와 같이, 폴 케네디의 제국의 과도팽창imperial overstretch 개념을 적용하여 소련의 과도팽창Soviet overstretch이

사회주의 진영의 해체와 냉전의 최종 단계로 진입하게 된 원인이었다는 견해들이 오히려 현실 정합성이 높다고 할 수 있다. 냉전의 시작을 알렸던 〈긴 전문Long Telegram〉에서 주목하였듯이, "소련은 체제 내적인 문제로 무너질 것이므로 서구는 체제의 내구성과 매력을 높이면서 장기전에 대비"할 필요성을 제시한 조지 케난의 혜안이 결과적으로 돋보이는 대목이다.

이러한 냉전승리의 신화는 이후의 탈냉전 질서의 성격을 규정하였다. 냉전해체 이후 미국과 공동 파트너로서 새로운 세계질서와 글로벌 콘도미니엄(지구 공동의 집)을 함께 건설할 것으로 기대한 러시아는 주니어 파트너로 전락한 것에 좌절하였고, 전범국이자 패전국으로 판정된 것에 반발하였다.[43] 냉전종식으로 "이제, '어떤 평화인가'가 역사 어젠다의 핵심 질문이 되었다"고 단언한 브레진스키의 희망을 넘어서, 불행히도 도래한 평화는 러시아에게 차가운 평화cold peace였다.

냉전의 해체의 결과물은 애초 냉전해체 기획자의 설계대로였다면, 17세기 구시대를 해체하고 새로운 국제체제를 축조한 맥락에서 베스트팔렌적 평화여야 했을 것이다. 첨언하면, 브레진스키는 냉전종식과 유사한 전례로 1815년의 비엔나회의를 거론하면서도 실제로는 비엔나회의와는 상반되는 담론과 처리방식을 제시하였다. 냉전 종결 후 미국의 신질서에는 러시아를 유럽EU과 나토의 일원으로 인정하는 계획이 포함되지 않았다. 앞서 언급하였듯이, 비엔나회의를 지배한 원칙은 전범국이자 패전국인 프랑스를 전후 유럽의 신질서에 동반자로 인정한다는 것이었다. 제정 러시아군대를 이끌고 파리에 입성하여 나폴레옹전쟁을 최종적으로 종결시킨 알센산드르1세는 비엔나회의의 결과를 준수하였다. 이에 따라 프랑스가 나폴레옹전쟁 종전 후 유럽의 국제질서인 유럽협조체제Concert of Europe의 동등한 주요 행위자로 참여할 수 있었다는 점에서 '1815년의 평화'는 브레진스키의 탈냉전 처리원칙과는 상반되는 것이다.

또 다른 전례로 그가 예시한 1918년의 종전과 파리평화회의(베르사유회의)도 탈냉전 처리방식과 탈냉전 평화를 위한 역사적 전거典據로는 적절치 않다. 파리평화회의는 전후처리에서 독일에 과도한 배상금을 부과하여 패전국의 상실감을 부각시킨 실패한 전후처리 방식의 대표적인 사례이다. 파리평화회의에 영국대표로 참석한 경제학자 케인즈John Maynard Keynes는 회의의 후과後果에 대해 쓴《평화의 경제적 결과The Economic Consequences of the Peace》에서 전후처리에 있어서 파리평화회의의 잘못된 결정이 유럽의 경제와 평화에 끼친 파국적 결과에 대해 비관하고 있다. 따라서 탈냉전 평화는 베르사유의 평화보다는 베스트팔렌의 평화나 비엔나의 평화가 더 적절한 역사적 전거였을 것이다.

브레진스키가 이토록 승리주의 담론과 냉전의 승리 담론에 집착했던 것은 아마도 개인사적인 다른 이유도 있을 것이다. 그것은 역사적으로 러시아와 숙명관계에 있는 폴란드의 이민세대로서, 그리고 키신저를 학문적이고 정책적으로 필생의 라이벌로 삼았던 학자이자 전략가로서, 키신저의 이론과 데탕트détente 정책이 아니라 자신의 이론과 정책이 냉전 승리로 이끌었다는, 즉 자신의 승리라는 자부심을 표출하고자 한 것인지도 모른다. 또한, 이에 더하여 탈냉전 질서는 자신의 구상대로 수립되어야 한다는 열망이 중첩된 것일 수도 있다.

냉전해체의 기획자였던 고르바초프는 오늘날 승리적 관점의 후과에 대한 비판적 평가를 유훈처럼 남겼다. 냉전종식을 선언한 몰타선언 30주년이던 2019년, 독일의 언론매체 벨트 암존탁Welt am Sonntag과의 인터뷰(10월 29일)에서[44] 고르바초프는 당시를 회고하며 냉전종식이 동서 양 진영의 공동의 승리였음을 강조하였다.

고르바초프는 "냉전의 종식은 모두의 승리였으나, 서방의 정치인들,

무엇보다도 미국이 스스로 승자임을 선언하고 자화자찬"하였다고 비판하였다. 이러한 행위가 "냉전종식에 많은 기여를 했다고 자부하는 러시아인들에게 어떻게 받아들여질지, 그리고 러시아와 서방 간의 관계와 정치에 어떠한 후과를 남길지 전혀 고려하지 않은 행동"이었다.

그에 따르면, 승전담론에 따라 "서방(미국)은 모든 것이 허용된 것처럼 일방주의적으로 행동하기 시작"하였다. 이라크 전쟁에서 "유엔의 승인 없이 군사력을 발동하였고 국제조약을 위반하였으며, 자신의 조건들을 부과"하였다. 새로운 세계에 부합하는 신질서에 조응하려면 "유럽에서 새로운 탈냉전 안보협력체를 구축해야 했으나, 구질서의 상징인 나토를 확장하는 과거 경로의존성을 선택"했다는 것이다.

그는 "서방의 정치인들은 새로운 시대의 통과의례Les Rites de Passa에 성공하지 못하였는바, 이것이 오늘날 겪고 있는 문제의 근본적 원인"이라 진단하였다. 1999년 세르비아에 대한 나토의 폭격(코소보 공습)을 회고하며 고르바초프는 "러시아에게 이 폭격은 알바니아계의 소수민족을 보호하기 위한 작전이라기보다는 작은 희생제물에 대한 강대국의 침략처럼 보였다"고도 술회하였다.

고르바초프가 목도한 탈냉전 세계는 케인즈가 목격한 '1918년의 파리의 평화'에 가까웠다. 러시아인들이 보기에 당시의 해체된 독일제국처럼 러시아는 배제되었고 강대국의 지위는 손상되었다. 그레이엄 앨리슨, 그리고 부시 정부의 주인도대사를 지낸 로버트 블랙윌Robert Blackwill이 적시하였듯이, "러시아인들에게 강대국의 지위는 미국인들처럼 국가정체성과 같은" 것이다.[45] 주목해야 할 것은 국가정체성 존중의 타당성 여부가 아니라, 국가정체성에 상처를 받은 강대국이 국제질서에 가할 반작용의 결과물이다. 프랑스의 어느 정치사회학자가 은유적으로 표현했듯이 "상처받은 야수가 가장 위험"[46]한 것이다.

니콜로 마키아벨리는 《군주론》에서
'네체시타necessita'를 말하였다.
그는 "아무런 필연적 불가피성(네체시타)도 없는 일을
작위적으로 만들었을 때, 그 일의 결과는 명분에 관계없이
비난받아 마땅하다"고 경고하였다.

조지 케난에게 나토의 확장은
치명적 오류이자 '네체시타'의 부재였다.

자크 아탈리가 한탄했듯이,
"이 모든 일은 30여 년 전 우리가 러시아를
유럽의 일원으로 간주하고, 유럽 공동의 집을
함께 건설할 수 있는 파트너로 받아들였더라면
일어나지 않았을 것"이다.

2. 나토NATO의 지정학과 유럽의 미래

| 조지 케난의 '치명적 오류fateful error'

2022년 2월 24일에 발발한 우크라이나 전쟁은 유례없던 30년 유럽의 평화의 종결이자 걸프전(1990)에서 부시가 선언한 신세계질서의 종언을 의미한다. 우크라이나를 침공하면서 푸틴의 러시아가 나토의 동진東進을 그 명분으로 이용하였다는 사실에서 이 전쟁은 과거로부터 소환된 전쟁이며, 이러한 점에서 나토의 동진(확장)은 우크라이나 전쟁의 프리퀄(속편)prequel에 비유할 수 있다. 나토의 확장이 합당하였는지 여부는 이 책의 주제가 아니다. 나토의 가입 원칙이 말하듯이 가입가능성은 모든 국가에 열려 있고open door policy, 또한 가입신청의 결정은 주권국가의 정당한 권리이다. 다만, 나토의 확장이 유럽의 질서와 지정학적 환경에 어떠한 결과를 초래하였는지 되짚어 보는 것은 당대의 불확실성을 관리하고 미래의 신질서를 모색하는 데 반면의 교훈으로 삼을 수 있을 것이라는 전략적 성찰에서이다.

1996년 말 나토의 확장이 기정사실화 되던 즈음에, 대對소련 봉쇄정책이라는 전후 미국의 대전략의 설계자였던 조지 케난은 러시아국경으로의 나토의 확장이 오류임을 지적하는 글을 《뉴욕타임즈》에 게재하였다.[1] 이 글에서 그는 나토의 확장이 탈냉전시대 전반에 걸쳐 "미국 정책의 가장 치명적인 오류"가 될 것이라 경고하였다. 그에 따르면 나토의 동진은 "러시아인들의 반서구적이고 민족주의적인 정서를 점화시켜 발아하고 있는 민주주의의 발전을 저해하고, 궁극적으로는 서구의 이해관계에 반하는 대외정책을 충동하게 할 것"으로 예측되었다. 케난이 예견한 '미국의 치명적인 오류'는 이후 푸틴 정부에 의해 실현되었고, 우크라이나 전쟁은 그 오류가 야기한 사건들의 연쇄 고리 중 결정적인 하나였다.

당시 시장경제와 민주주의로의 이행이라는 친서구주의 노선을 지향하고 있던 러시아의 개혁정부가 체제이행기의 고도의 불확실성에 처해 있었던 상황에서 "그러한 외부의 지정학적 도전에 직면해야만 하는 것은 불행한 일"이었다. 더욱이 나토의 확장과 같은 "이러한 조치의 필요성이 전혀 없다는 점을 고려하면 더욱 불행한 일"이라는 것이 케난의 판단이었다. 니콜로 마키아벨리가 《군주론Il Principe》에서 말한 '네체시타necessita(필연성)'라는 용어를 떠올리게 하는 대목이다. 마키아벨리는 "아무런 필연성도 없는 일을 작위적으로 만들었을 때, 그 일의 결과는 명분에 관계 없이 비난받아 마땅하다"고 주장한 바 있다.

케난은 더 나아가 "냉전해체로 생성된 온갖 희망의 가능성에도 불구하고, 왜, 어쩌면 공상적이고 가장 일어날 성싶지 않은 미래의 군사적 충돌을 가상하여 누군가에 대항하는 군사적 동맹의 문제를 동서관계(유럽문제)의 중심에 놓아야 하는가?"하고 이 글에서 반문하고 있다. 조지 케난의 예상대로 러시아인들은 자신들의 냉전해체의 호의好意가 서구에 의해 나토의 확장이란 응답으로 악의적으로 묵살rebuff당했다고 느

껶고, 이는 후에 국가적 모멸감으로 발전하였다. 이에 대해 당시 옐친 대통령은 '차가운 평화'라는 말로 답하였고, 후에 푸틴 대통령은 소련의 해체라는 지정학적 대재앙의 후과라고 반발하였다. 나토의 확장에 따른 국가적 모멸감은 오늘날까지 러시아인들의 반미反美정서의 근원이자 푸틴 대통령의 장기 집권의 주요 원동력이 되고 있다.

1999년에 있었던 두 정치적 사건의 대조는 역사의 아이러니와 정치적 메타포를 상징적으로 드러내 준다. 그해 3월 12일 미국의 트루먼 대통령 기념관에서 개최된 체코·폴란드·헝가리 등 동유럽 삼국의 나토가입을 환영하는 회의석상에서 올브라이트Madeleine Albright 국무장관은 '할렐루야'를 외쳤다. 히틀러와 스탈린 체제를 피해 미국으로 망명한 체코 이민자 집안 출신이기도 한 올브라이트의 이력을 감안하면 나토 확장의 시작을 공식적으로 선포하는 자리에 걸맞는 찬사였을 것이다. 올브라이트의 환호 두 달 후인 5월 12일, 러시아 두마Duma(하원)는 옐친 대통령 탄핵안을 상정하였다.

공산당을 비롯한 야당이 제기한 공식적인 탄핵사유는 소련해체와 경제위기, 풀어 말하면 "옐친 대통령이 국민의 동의 없이 자의적으로 소비에트연방(소련)을 해체했다는 것, 그리고 급진적인 시장경제 이행이 총체적인 국가적 위기를 초래했다는 것"이었지만, 이면에는 나토의 동진을 비롯하여 체제이행기 옐친 정부의 친서구주의 노선의 총체적 파탄에 대한 전반적인 책임문제가 자리하였다. 탄핵안은 예상 밖으로 부결되었으나 친서구주의 개혁노선에 대한 부정적인 여론이 70%에 달하는 등, 이후 계승한 푸틴 정부의 정책 경로에 결정적인 영향을 미쳤다.[2]

냉전종식과 함께 미국과 서유럽, 대서양 동맹진영 앞에 놓인 나토의 미래에 관한 전망은 어떠하였는가? 냉전종식이라는 사건이 서유럽과 미국에게 일시적인 딜레마에 놓이게 할 것이라는 전망과 예견들이 분분하였다. 냉전종식으로 미국은 유럽에 대한 군사적 부담뿐 아니라 초강대국의 지위 또한 내려놓게 될 것이라는 예상이었다. 나토는 미국이 냉전시대에 유럽을 방어하기 위한 군사적 기제였을 뿐 아니라, 유럽정치·경제에 대한 영향력을 행사하는 안보적 담보물이었다는 것인데, 냉전종식과 더불어 나토의 역할이 종식되면 미국의 유럽에 대한 영향력도 축소될 것이라는 주장이었다.

1980년대 말 미국의 경제적 악조건을 감안하면 냉전종식과 함께 미국의 유럽에서의 철수는 어쩌면 자연스러운 예측일 수 있었다. 이러한 예측의 정치적 결과물이 "바보, 문제는 경제야It's the economy, stupid"라는 캐치프레이즈로 1992년 대선에서 집권한 클린턴 정부였다. 여기에 당시 유럽에서 일어나고 있던 유럽주의적 열망은 대서양세계라는 서방의 정체성보다는 유럽세계의 정체성을 부각시킬 가능성이 농후했고, 이에 따라 미국이 유럽국가가 아니라는 점이 새삼스레 강조될 것이었다. 문제는 유럽주의적 열망에서 서구의 전략적 딜레마가 발생할 것이라는 점이었다. 미국이 철수한 유럽에서 소련(러시아)이 가장 강력한 국가로 남아있게 될 것이라는 불안감, 미국이 없는 유럽에서 러시아의 힘이 세력균형을 불안정하게 할 것이라는 힘의 불균형 위험성이 존재한다는 것이다.

이러한 상황에서 부시 행정부는 나토의 다른 역할을 모색하는 것으로 나토의 해체를 대신하였다. 나토의 확장보다는 새로운 기능을 추구하는 나토 버전 뉴룩정책new look policy이라고 할 수 있으나 유럽의 동의가 문제였다. 1989년 12월 베이커 국무장관은 베를린 프레스클럽에서 '냉전 이후 유럽에서의 미국America in Europe After the Cold War'이란 주제로 한 연설을 통해 나토의 새로운 전망을 밝혔고, 부시 대통령은 "미국은 유럽 국가European power로 여전히 남아있을 것"이라 공식 선언하였다. 베이커가 제시한 나토의 새로운 비전은 '새로운 대서양주의에 기초한 새로운 유럽'이었다.

'새로운'이라는 수식어 이외에 새로운 내용이 없는 '신新나토'의 네 가지 기능은 동맹파트너들 사이에서 별다른 열정을 끌어내지 못하였다. 그가 제안한 새로운 대서양주의에 기반한 새로운 유럽을 창조하자는 선언은 오히려 유럽주의적 열정에 묻혀버렸다. 냉전 종식에 따라 프랑스를 필두로 하여 유럽에서 신세계질서를 수립하는 꿈에 부풀어 있던 유럽주의자들은 유럽공동체EC에 기초하여 새로운 유럽을 건설하는 데 열중하고 있었고, 존 L. 개디스의 설명대로, 유럽인들은 새로운 유럽 건설 과정에서 미국을 파트너로 보지는 않았다는 과도적 상황 또한 지적할 필요가 있을 것이다.[3]

나토의 확장(東進)으로 나토의 비전을 전환한 것은 클린턴 정부의 결정이다. 1993년 10월, 클린턴 행정부와 나토 회원국이 발표한 나토의 새로운 구상은 동유럽 국가들과 동반자관계를 수립하는 것이었다. 평화를 위한 동반자관계Partnership for Peace(PfP)로 명명된 이 구상은 나토가 사회주의로부터 체제이행 중인 동유럽 국가들과 개별적으로 전략 파트너십을 수립한다는 구상으로, 러시아 또한 이 구상에 참여하기로 예정되었다. 미국 국방부 펜타곤의 판단으로도 PfP구상은 러시아와의 대립을 피하면서도 동유럽 국가들의 안보 수요를 충족하기에 충분한 군사적 장치였다. 그러나 1994년에 들어서면서 상황은 평화 파트너십PfP에서 나토의 확대(동진)로 초점이 이동하기 시작하였다.

1994년 1월 11일 체코 프라하를 방문한 클린턴은 "이제 문제는 나토에 새로운 회원을 받아들일 것인지 여부가 아니라 언제 그리고 어떻게 받아들이느냐 하는 것"이라고 나토의 확장을 기정사실화하였다. 나토확장에 대한 대외적 동기는 동유럽의 군사 안보적 수요였다. 일 년전인 1993년 4월에 이미 미국을 방문했던 체코의 하벨 대통령과 폴란드의 바웬사 대통령이 클린턴에게 소련이 설정한 유럽의 분단선을 제거해 줄 것을 호소한 바 있었다. 유럽을 관통하는 선이란 유럽을 동과 서로 분리하는 분단선으로, 냉전의 해체로 공식적인 분단선은 제거되었으나, 동유럽과 서유럽이 여전히 이질적으로 분리되어 하나의 공동체로 통합되지는 않았다는 것을 의미하였다. 1994년 7월 바르샤바에서 클린턴은 "우리가 지금 해야 하는 일은 나토의 파트너들을 하나로 모으는 것, 그리고 다음 행보를 어떻게 할 것인지를 논의하는 것"이라고 말하면서 나토의 확장으로 나아갔다.

소련해체 일 년 후 출범한 지 얼마 안 된 클린턴 정부는 동유럽 국가들의 탈냉전 프로그램과 시장경제와 민주주의로의 이행에 관한 계획을 수립 중이었는데, 나토가 동유럽의 체제이행에 군사적 지지대가 될 수 있을 것이라는 국가안보보좌관 앤서니 레이크Anthony Lake의 제안에 따라 클린턴 대통령은 나토의 확장을 공식적으로 채택하였다. 제임스 골드가이어는 "프라하와 바르샤바에서 한 클린턴의 연설이 나토확장에 대추진력을 제공하였다"고 평가하였다.

조지워싱턴대의 정치학자 골드가이어James M. Goldgeier는 클린턴 정부에서 나토확장을 둘러싼 정책경쟁을 전투로 묘사하였다. 그에 따르면 클린턴 정부 내에서 확장을 주도한 국무부와 국가안보회의, 그리고 이에 부정적이었던 국방부 간에 정책 갈등이 있었으나, 1994년 9월 말 신임 국가안보좌관 리처드 홀브룩Richard Holbrook이 "대통령이 나토의 확장을 지지"하였다고 펜타곤에 통보하면서 행정부의 전투는 정리되었다.

나토확장의 국내적 동기는 유럽의 시장민주주의market democracy의 확대라는 정책적 수요와 다가올 미국의 중간선거(총선)를 위한 정치적 수요였다. 후자의 경우 비록 나토 확장의 핵심적 동기는 아니었지만, 당시 보수 공화당과 동유럽 이민공동체들의 정치적 압박—나토의 확장과 러시아 견제—에 호응하여 중간선거를 유리하게 돌파할 수 있을 것이라는 기대가 작용하였다. 일부 공화당 의원들을 중심으로 나토확장에 관한 법안과 결의안이 채택되었다.

1994년 9월, 체코·폴란드·헝가리 등 동유럽 삼국의 나토회원국 가입에 군사적으로 지원할 권한을 대통령에 부여하는 나토가입법안NATO Participation Act이 의회에서 통과되었고, 11월 중간선거를 겨냥하여 뉴트 깅그리치Newt Gingrich의 주도로 발표한 미국과 공화당의 계약Republican Contract with America에 나토의 확장이 포함되었다. 공화당의 계약은 이듬해 의회에서 법안들로 실현되었는데, 나토의 확장과 관련하여 국가안보회복법안National Security Restoration Act에 관련내용이 명시되어 2월 16일에 통과되었다. 클린턴 정부와 공화당의 궁극적인 목표는 냉전의 승리를 확고히 하고 미래의 러시아 위협에 대비한다는 것이었다.[4]

나토확장의 명분이던 러시아의 '미래의 위협'은 실재하였는가, 또는 나토확장의 자기실현적 예언이었는가? 제2차대전에서 히틀러의 독일에 대항했던 유고슬라비아의 건국자 티토Josip B. Tito의 빨치산Yugoslav Partisan 동지이자 유고연방인민회의 의장이던 밀로반 질라스Milovan Djilas는 과거 스탈린과의 면담을 근거로 제2차세계대전 종전 이전부터 스탈린이 세계혁명을 지향하는 '냉전'을 구상하였다고 회고한 바 있다. 그러나 스탈린주의에 반대했던 밀로반 질라스의 이러한 해석은 공산당의 강령에 비추어 볼 때는 그럴듯하지만, 제2차대전 이전에 스탈린이 현실정치에서 유럽과 세계를 분할하는 세계적 차원의 냉전이 실현가능하다고 판단했다는 근거는 없다.

오히려 부단한 국제혁명을 통해 세계적 차원에서 사회주의혁명을 실현한다는 전략은 스탈린의 최대 숙적이던 레온 트로츠키Leon Trotsky의 이론—마르크스가 말한 영구혁명permanent revolution의 개념을 세계혁명으로 이론화—이었다. 스탈린은 세계공산주의world communism의 실현보다는 소비에트체제에서 사회주의를 공고화하자는 일국사회주의론 socialism in one country으로 이에 대항하였다. 자본주의 세계와의 공존이 불가능하므로 세계혁명을 달성할 때까지 부단한 혁명의 수출(국제혁명)이 필연적이라는 영구혁명론에 비해, 일국사회주의론은 소련의 체제적 역량이 세계혁명을 추진하기에 열세이므로 소련 내부의 체제역량을 우선적으로 강화하자는 현실정치론이었다.

제2차세계대전의 승전국이자 양대 초강대국으로 발돋움하던 냉전 초기뿐 아니라 전성기에도 소련은 미국과의 군사적 정면대결을 회피하는 전략을 실행하였다. 예를 들어, 소련은 한국전쟁과 베트남전쟁에서 참전이 아니라 안보리에서 기권(표결불참)하거나 군수물자지원 등 간접지원 방식을 취하는 등의 대리전proxy war 방식을 선호하였다.

현대 러시아가 최전성기에 있던 냉전시대에 비해 소련이 해체되어 영토규모가 300여 년 전 표트르대제 이전으로 후퇴한 탈냉전기 러시아가 미래에 미국과 유럽에게 어떠한 위협이 될 수 있을까? 동유럽국가들이 우려하는 러시아의 위협은 과거 전례로 보면 브레즈네프 독트린이나 스탈린적 통치체제일 것인데, 이 두 통치방식은 냉전해체로 1991년 이후 러시아 본국에서도 소멸된 앙시앙 레짐ancien régime(구체제)이었다.

역사적으로 새로운 세계질서 수립기에 러시아가 한 역할에 관한 또 다른 전례는 나폴레옹 전쟁 종전 후 수립된 유럽질서인 19세기 유럽협조체제다. 영국과 더불어 나폴레옹 전쟁을 승리로 이끈 러시아는 유럽협조체제에서 유럽질서를 변형하려는 수정주의국가revisionist state가 아니라 당시 유럽세계의 질서인 유럽협조체제의 수호자이자 조정자 역할을 수행하였다. 당시 영국이 역외균형자offshore balancer였다면 러시아는 대륙의 균형자였다. 러시아는 이슬람 제국인 오스만튀르크에 대항하는 동유럽 발칸민족의 독립운동을 지원하였고, 유럽의 혁명(1830년, 1848년 혁명 등)을 진압하여 제국들의 현상유지를 보존하였다.

전형적인 다극체제였던 19세기에 러시아는 강대국 협조체제를 지향하여 다자동맹인 신성동맹Holy Alliance(1815)과 삼제동맹Dreikaiserbund (1873-1887)을 주도하였고 영국·프랑스와 함께 삼국협상Triple Entente을 결성하였다. 근대 러시아의 최전성기였던 19세기 제정러시아에 비해 국력이 현저히 위축된 탈냉전기 러시아는 어떤 면에서 위협적인가? 이러한 질문들이 탈냉전기 나토의 확장에 직면한 러시아인들이 미국과 유럽에 보내는 항의였다. 역사적으로 총결하면, 근대 이래로 유럽의 세 차례의 세계 전쟁(나폴레옹 전쟁과 양차 세계대전)에서 러시아(소련)가 모두 연합국 편에 참전하였다는 사실은 종종 잊혀지곤 한다.

이러한 역사적 전례와는 별개로 나토의 확장은 동유럽국가들의 요청과 미국의 탈냉전기 대전략grand strategy에 따라 단계적으로 진행되었다. 클린턴 정부는 러시아와 동유럽 정책 사이에서 딜레마로 고민하였다. 나토의 동진이 러시아에서 반발을 야기하여 진행 중인 옐친 정부의 개혁정책이 좌절되는 것, 그리고 반대로 러시아의 개혁정책을 배려하여 나토의 확장을 유예하거나 지체하면 동유럽의 반발이나 개혁 부진에 직면할 수 있다는 우려가 병존하였다.

실제로 옐친 대통령은 앞서 언급한 바와 같이 나토의 확장 움직임에 대해 차가운 평화라고 비난한 바 있다. 대선을 앞둔 당시 옐친의 지지율은 5%까지 급전직하急轉直下했다. 1996년 7월 옐친 대통령의 재선이 확정된 직후, 클린턴은 1996년 10월 자신의 재선이 확실시되던 시점에 디트로이트Detroit에서 개최된 동유럽계 유권자들의 집회에서 1999년 동유럽 삼국이 나토에 가입하는 것을 지지한다며 나토확장이 시작됨을 공식 선언하였다.

흥미로운 사실은 나토의 확장을 주도했다고 스스로 자부한 세력은 상원의 공화당 세력이었다는 점이다. 1998년 4월 상원의 표결에서 80 대 19의 압도적인 표차로 동유럽 삼국의 나토가입을 의결―1995년 나토 확장 관련 하원표결에서는 241 대 181로 가결―한 배경에는 나토 확장의 비용이 저렴할 것이라는 희망과 러시아가 반발하지 않을 것이라는 자신감이 자리하고 있었다. 1997년에 제정된 나토-러시아 정초법定礎法 NATO-Russia Founding Act에 따라 러시아와 나토 간에 제도적 통로가 설정되어 양자 간에 상호작용의 가능성이 열려 있다는 낙관론 아래 나토 확장에 대한 비판은 사그라졌다.

나토의 확장은 클린턴정부가 공표했듯이 "민주적이고 평화로운 통합된 유럽"이라는 민주주의 확산 전략, 또는 민주평화론democratic peace에 입각한 유럽정책의 결과물이었다. 따라서 이 정책이 완성되려면 클린턴 정부가 약속한 바와 같이 회원가입이 유럽의 모든 국가에 열려 있다는 문호개방의 원칙이 준수되어야 하며, 지속적인 확장, 즉 확장의 미래가 보장되어야 했다.[5] 문제는 확장의 미래가 어디에서 멈출 것인지, 그리고 이에 대한 러시아의 (인내의) 한계는 어디까지인지였다. 러시아에서는 "문호개방을 주장하는 나토가 왜 러시아는 배제하는지" 하는 반발이 일었다. 1998년 미국의 상원에서도 이러한 논쟁이 이루어졌고, 확장정책의 대가가 크지 않다는 결론에 따라 논쟁은 봉합되었다. 그러나, 결과적으로 나토 확장의 대가는 예상을 넘어설 만큼 컸다. 후술하겠지만, 우크라이나 전쟁은 그 하나의 후과였다. 확장의 대가는 유럽이 치뤄야 했다. 탈냉전으로 번영하던 유럽의 평화는 깨어졌다.

푸틴 정부가 주장하는 우크라이나 전쟁의 원인이자 러시아의 지정학적 이해관계의 출발점이기도 한 나토의 동진은 미국(대서양동맹)과 러시아의 미래질서뿐 아니라 새로운 유럽의 창세기를 알리는 정초定礎구상이었다. 이는 제2차세계대전 종전 후 세계질서를 재구성해 가던 미국의 대전략 행보와 유사하였다. 전후질서의 근원이자 오늘날 세계질서의 반석을 마련한 브레튼우즈Bretton Woods회의(1944)에서 미국을 대표하였고, 전후 냉전의 기획자라는 평을 받기도 하는 애치슨Dean Acheson 전 국무장관이 회고록 《창조에의 참여Present at The Creation》에서 상징적으로 표현했듯이, 당시 세계의 상황은 미국에 의한 '창세기'였다.

나토의 동진은 완결되지 않았고 여전히 미국과 러시아 간에 이에 대해 논쟁 중이라는 점에서 현재 진행형인 현안이다. 이와 더불어, 나토의 동진이 중앙아시아를 비롯한 구소련국가들로 이어질 경우, 그리고 소小부시Bush the Younger 대통령 이래로 논의되는 아태지역으로의 확장 가능성, 일본이 주장하는 아시아판 나토 창설 주장 등, 축약해서 '글로벌 나토'의 가능성을 염두에 두면, 나토의 동진은 과거의 어젠다가 아니라 현안이자 글로벌 어젠다라 할 수 있다.

이미 나토 문제는 러시아만의 일국적인 지정학적 이슈가 아니라 중국에게도 전략적으로 민감한 유라시아대륙의 전략이슈로서, 러시아와 중국이 1990년대 후반 이래로 다극체제로의 전환을 위한 전략동반자 관계를 수립하고 20여 년 동안 실질적인 동맹 관계를 유지해 온 주요한 동기를 부여하고 있다. 따라서 나토의 미래—확장 또는 유지—와 관련하여 결정적 시기였던 1990년부터 1995년 사이에 양국 간에 발생했던 그 쟁점과 과정이 어떠했는지 정리하여 다시 한번 확인해 볼 필요가 있다.

| 최초의 약속들, '1인치의 동진도 없다not one inch eastward'

나토 문제는 독일통일과 러시아(소련)의 안전보장 문제로 시작되었다. "통일된 독일이 나토와 어떠한 관계를 맺을 것인가"라는 나토에서 독일의 지위문제였다. 당시 동독은 대유럽방어의 최전방이자 소련군 최대의 해외주둔기지(약 38만 명)였고, 독일이 통일되면 소련군의 철수가 예상되었으므로, 나토의 회원국인 서독의 지위가 통일독일로 이어지면 나토가 동쪽으로 확장되는 효과를 초래한다는 것이 소련지도부의 판단이었다. 더 나아가 이러한 전례가 동유럽 사회주의국가들로 확대 적용되면 소련의 국가안보에 치명적일 것이므로 이에 대한 안전보장이 필요하다는 논리였다.

이 문제와 관련하여 문제의 당사자인 서독정부가 나토회원국 중 처음으로 언급하였다. 당시 서독 외무장관이던 디트리히 겐셔Hans-Dietrich Genscher는 1990년 1월 31일 바바리아Bavaria주 투칭Tutzing에서 한 대중연설에서 "독일통일은 소련의 안보이익을 손상해서는 안 되며, 나토는 통일독일의 동쪽지역에 주둔하지 않고 소련국경으로 동진을 하지 않을 것"이라 공개적으로 표명하였다.[6]

투칭공식Tutzing formula으로 알려진 겐셔 장관이 표명한 나토 관련 사항 중에서 "동독지역에 주둔하지 않을 것"이라는 동독의 특별한 지위 부분은 그해 9월 12일에 성사된 Two+Four 외무장관회담—동서독+연합국(미·영·프·소련)—에서 조인된 독일통일최종조약에 포함되었다. 나토의 동진에 직결된 다른 부분, '소련의 국경으로 전진하지 않을 것'이라는 내용은 이 조약에 조항으로 명시되지는 않았으나 이러한 취지의 구상이 이후 소련(러시아)과 서방의 정치지도자들의 회담과 메모랜덤을 통해 반영이 되었다. 특히, "1인치의 동진도 안 할 것not one inch eastward"이라고 알려진 나토동진 불가공식을 비롯하여, "소련의 안보이익을 보호하며, 새로운 유럽의 안보체제에 소련(러시아)을 포함시킬 것"이라는 보장이 1990년과 1991년 사이에 서방지도자들에 의해 연쇄적으로 확인되었다.

투칭공식은 그해 2월 10일 헬무트 콜Helmut Kohl 서독총리가 고르바초프 소련대통령으로부터 통일독일의 나토지위에 대한 동의를 얻는 과정에서 관건으로 작용하였다. "나토가 동쪽으로 확장(동진東進)하지 않는다는 조건으로 통일독일이 나토의 회원국 지위를 유지한다"는 것을 의미하였다. 고르바초프-콜의 모스크바회담 직전(2월 8일)에도, 겐셔 장관은 영국 외무장관 더글라스 허드Douglas Hurd를 면담한 자리에서 "러시아인들은 어떤 보장을 원하는데, 예를 들면 폴란드가 바르샤바조약기구를 탈퇴하면 나토에 가입하지 않는다는 것" 등을 보장할 필요가 있다는 취지의 발언을 한 바 있다.[7]

2월 9일 모스크바에서 세바르드나제Eduard Shevardnadze 소련 외무장관과의 면담에서 베이커James Baker 미 국무장관은 겐셔 장관의 투칭공식을 반복 확인해 주었다. 베이커 장관은 당일 고르바초프 대통령과의 면담에서 "나토의 확장은 수용할 수 없다는 고르바초프의 발언에 동의"하였다. 이 자리에서 그는 "부시 대통령과 자신은 독일 통일과정에서 어떠한 일방적인 이점利點도 얻어내지 않을 것"이며, "나토는 1인치도 동쪽으로 팽창하지 않을 것"이라는 'not one inch eastward'라는 지금까지 여전히 뜨거운 나토동진 관련 핵심쟁점을 세 차례나 언급하였다.[8]

베이커 장관은 다음날 고르바초프와 면담이 예정돼 있던 콜 총리에게 이러한 사실을 전달하면서 소련지도부는 "나토의 현재 영역을 수용(선호)하려 함", 즉 나토의 현상유지를 의미하는 취지의 내용을 첨언하였다. 이로써 독일통일과 나토와 관련한 소련의 최저선에 대해 확인한 콜 총리는 고르바초프와의 면담에서 "나토는 활동영역을 확장해서는 안 된다"는 점을 확신시켜 주었다.[9] 또한 영국의 허드 외무장관도 4월 11일 고르바초프와의 면담에서 "콜 총리와 겐셔, 그리고 베이커 장관의 메시지를 보강"하여 "영국은 소련의 이익과 영예에 대해 편견을 주는 어떠한 것도 하지 않을 것"이라 발언함으로써 독일문제German question

의 주요 이해당사국이자 나토 주도국들의 방침은 소련의 안전보장 문제에 대한 합의로 수렴되었다.

더 나아가, 5월 25일 모스크바에서 열린 고르바초프와의 정상회담에서 프랑스의 미테랑François Mitterrand 대통령은 "나토의 점진적인 해체를 선호"한다는 점을 전제하면서, "유럽전체의 안보뿐 아니라 소련을 위한 안보조건을 서방이 조성할 필요"가 있음을 강조하였다.[10] 5월 31일 워싱턴 회담에서 부시 대통령Bush the Elder은 고르바초프 대통령에게 베이커 장관의 메시지를 확인해 주었고, 영국의 대처Margaret Thatcher 수상은 이에 더하여 유럽의 미래에 관한 소련의 역할을 논의하였다. 런던에서 열린 고르바초프와의 정상회담에서 대처 수상은 "미국과 함께 나토를 군사적으로 덜 위협적이고 더 정치적인 동맹으로 변환"할 것이라 예상하면서, "소련의 안보를 확실하게 보장하는 방안을 강구할 것이며 유럽안보회의CSCE가 우산역할을 할 수 있을 것"이라 발언하였다.[11]

7월 17일 모스크바회담에서 콜과 고르바초프는 독일통일과 나토 문제에 관해 최종적인 합의안을 마련하였고 부시는 이를 보강해 주었다. 부시 대통령은 고르바초프와의 통화(7월 19일)에서 러시아가 선호하는 '유럽안보협력회의CSCE를 확대 강화하는 아이디어'를 언급하면서, "확장된 CSCE—1995년 확대 승격된 유럽안보협력기구OSCE를 의미함—를 통해 러시아가 새로운 유럽의 구성원이 될 수 있을 것"이라 전달하였다.[12]

유럽에서 소련과 서방 간의 합의가 진전되는 상황에 비하여 부시 행정부 내에서는 국무부와 국방부 간에 의견 차이가 노정되었다. 국방부의 의견은 동유럽국가들을 위해 나토의 문을 "약간 열어둘 필요"가 있다는 것인데 비해, 국무부는 "소련의 국경으로 확장하여 반反소비에트 동맹을 조직하는 것이 미국의 이익이 아니므로 나토의 확장은 어젠다가 아니"라는 견해를 고수하였다. 국무부의 판단은 나토의 확장이 당시 소련의 긍정적인 트렌드(개혁개방)를 반전시킬 수 있다는 우려였고, 부시 대통령은 국무부의 안을 채택하였다.[13] 이러한 논쟁은 이후 클린턴 정부에 들어와 국무부와 국방부의 견해가 상호 역전되었다.

1991년 3월 모스크바를 방문한 영국의 신임총리 존 메이저John Major는 고르바초프에게 "나토를 강화하는 것에 대해 논의하고 있지 않다"는 사실을 확인시켜 주었고, 동유럽국가들의 나토 가입 가능성에 관련된 야조프Dmitri Yazov 국방장관의 질문에 대해 메이저 총리는 "그런 일은 일어나지 않을 것"이라 답변하였다.[14] 이 외에도, 서방의 정치지도자들은 안전보장과 관련하여 소련의 확신을 증진시킬 만한 발언을 시도하였다. 1991년 8월 부시 대통령의 키예프 연설은 그 대표적인 사례이다.

고르바초프 대통령은 "소련에 대한 안전보장과 독일의 나토지위 문제를 연계하여 독일통일에 동의"한 것으로 보인다. 고르바초프는 소련의 미래는 유럽과의 통합에 달려있고, 독일은 이를 위해 결정적인 행위자가 될 것이라 판단하였다. 이러한 과정을 통해서 그는 '유럽공동의집'이란 구상이 "나토의 변환과 더불어 보다 통합적이고 포용적인 유럽의 공간으로 발전할 것이고, 탈냉전 합의에는 소련의 안보이익이 고려될 것"이라는 믿음을 확인해 왔다.

소련해체 이후 이어진 나토문제와 관련하여 참고할 만한 사실은, 소련해체 직전인 1991년 7월 러시아연방의 최고소비에트 대표단이 브뤼셀의 나토본부를 방문하여 사무총장을 면담한 자리에서 확인한 발언이다. 만프레드 뵈르너Manfred Wörner 사무총장은 러시아 대표단에게 "나토는 소련을 유럽공동체로부터 고립시키지 않을 것이며, 회원국들은 나토의 확장에 반대"한다는 점을 강조하였다는 사실이다.[15]

지금까지 살펴본 과정들을 종합 검토해 보면, 소련이 해체의 길로 들어서던 1991년 당시에 소연방의 대통령이던 고르바초프와 소련의 구성공화국 러시아의 대통령이던 옐친 모두 "나토는 확장(나토의 동진)하지 않을 것"이라 확신했을 것이라 유추할 수 있다. 고르바초프가 소련의 해체에 직면했을 때, 그리고 옐친이 소련의 해체를 결정하였을 때, 나토가 확장하지 않을 것이라는 확신을 가지고 있었다는 의미이다. 옐친 뿐 아니라 소비에트연방의 주요 구성 공화국 수장들도 그러하였으므로 소련해체에 동의하고 결정한 것은 아닌가? '만약 당시에 나토의 확장이 기정사실화되었더라면, 이들이 소련의 해체를 쉽게 결행할 수 있었을까?' 하는 질문은 흥미로운 주제이기도 하지만 또 다른 연구 과제로 남겨져있다.

| 차가운 평화cold peace: 1990년의 배반된 거래들

존스홉킨스대 석좌교수인 메리 서로티Mary E. Sarotte는 위에서 살펴본 1990년의 거래들이 이러저러한 서구의 보장과 지원을 구실로 하여 결과적으로 "뇌물로 소련을 퇴출하고 나토를 밀어 넣은" 셈이라 지적하였다. 뿐만 아니라, 이를 통해 이후 미국의 영속적인 우월적 지위(헤게모니)가 확보되었고, 더불어 나토의 조립식 해법perfab solution이 이후 "장기간에 걸친 러시아의 분노"를 만들어 냈다고 비판한 바 있다.[16] M. 서로티가 언급한 조립식 해법은 "1인치도 확장하지 않는다"는 나토 현상유지안부터, 평화를 위한 동반자 관계PfP, 유럽안보협력회의CSCE 강화, 그리고 나토확장(나토동진) 안案들에 이르기까지 다양한 제안과 보장들이 서로 얽혀 조립되어 있는 탈냉전 나토에 관한 해법을 말한다.

1990년의 거래들이 'not one inch' 류의 현상유지와 나토의 정치기구화를 강조한 CSCE의 강화와 소련의 안전보장에 중점을 둔 것이라면, 소련해체 직후 클린턴의 미국이 옐친의 러시아와 진행한 협상과 거래에는 평화를 위한 동반자계획이 새로운 구상으로 추가가 되었고, 상황에 따라 나토의 동유럽확장이 유력한 주제로 떠올랐다. 정리하면, 클린턴 정부의 입장에서 볼 때, 나토 해법의 최대강령maximum programme은 동유럽국가들과 구소련국가들을 신규 회원국으로 수용하는 나토의 동진이고 최소강령minimum programme은 현상유지안 이었다.

다만, 부시-고르바초프의 거래안과 다른 점은 나토 확장의 절충안이자 새로운 버전으로 평화를 위한 동반자PfP 구상이 제시되었고, 옐친 정부도 PfP구상을 나토확장의 대안으로서 긍정적으로 평가한 것으로 보인다. 결과적으로 고르바초프 정부와 옐친 정부, 그리고 부시 정부에서 클린턴 정부로 이어진 나토 관련 담론과 협상들은 M. 서로티가 표현대로 얼기설기 조립식이 되었다가 결국엔 나토의 확장으로 정리되었다.

소련을 국제법적으로 계승한 러시아가 나토 해법과 관련하여 소련의 정책을 계승한 것은 자연스러운 일일 것이다. 앞서 살펴보았듯이, 1991년 나토본부를 방문한 러시아대표단이 확인하고자 했던 최고 관심사안도 그러했다. 옐친 정부의 협상기준은 두 가지였다. 평화동반자구상PfP이 나토확장의 대안일 수 있다는 것, 그리고 새로운 유럽안보체제(기구)에 러시아가 들어가야 한다는 것. 러시아인들이 우려한 것은 러시아에 대한 새로운 봉쇄나 고립을 강제하는 상황이었다. 만약 유럽에 새롭게 수립될 안보구조물security architecture에 러시아의 가입이 거절된다면, 러시아의 배제이자 신봉쇄new containment로 해석될 것으로 예상되었다. 따라서 나토의 동진으로 나토해법이 기울어지는 단계에서 미국과 러시아 간에 진행된 1993년의 협상국면은 매우 중요했다.

1993년 10월 22일 모스크바 방문에서 워런 크리스토퍼Warren Christopher 국무장관은 옐친 대통령에게 "나토의 평화동반자구상은 모든 유럽국가들과 함께 러시아를 포함한 것으로, 일부 유럽국가들만의 신규회원명단을 만들려는 것이 아니"라는 점을 확인시켜 주었다. 즉, 평화동반자PfP

라는 나토의 새로운 유럽구상에 러시아가 포함될 것이고, 과거 바르샤바조약기구 소속 국가였던 동유럽국가들이나 구소련 국가들만을 별도로 나토의 신규회원국으로 받아들일 계획이 없고, 러시아를 배제하지 않는다고 보장한 것으로 옐친은 받아들였다.

크리스토퍼는 후에 자신의 회고록에서 자신의 발언 취지를 "옐친이 잘못 이해했다"고 적고 있으나,[17] 당시 관련 문서에 따르면 그렇지 않은 것 같다. 옐친 대통령과의 면담이 예정된 당일 코지레프Andrey Kozyrev 러시아 외무장관과의 사전 면담에서 크리스토퍼는 나토 문제와 관련하여 평화를 위한 동반자관계PfP라는 새로운 제안을 개진하였다.

크리스토퍼는 미국이 러시아의 입장을 민감하게 고려하고 있다고 부연하면서, 나토에 "어떠한 신규 회원이나 준회원의 영입도 없을 것이고, 어떠한 국가를 배제하지도 않을 것"이라고 평화동반자관계PfP 구상을 해명하였다. 코지레프가 "두 세 국가를 새로 가입시킬 것은 아닌지"하고 날카롭게 질문하자 크리스토퍼는 아니라고 확답함으로써 러시아 정부의 우려를 불식시키려 하였다. 이에 부연 설명하면서 크리스토퍼는 평화동반자관계는 "모든 국가에 열려 있고(NACC: North Atlantic Cooperation Council), 안보영역에서 상호운용 능력과 협력을 증진하기 위한 것으로, 미리 결정된 어떤 신규회원국도 없다"고 재차 확인하였다.[18]

나토 문제가 평화동반자관계로 발전하면서 미국과 러시아의 관계는 첫 번째 분기점에 접어들게 되었다. 옐친 정부는 평화동반자관계를 나토 확장의 대안으로 해석하였고, 클린턴 정부는 나토 확장의 새로운 버전으로 상정한 것으로 보인다. 옐친과 코지레프와의 면담에 동석했던 스트로브 탤봇Strobe Talbott 주러 미국대사는 이와 관련하여, 크리스토퍼가 옐친에게 전달하려 한 메시지는 "미국이 회원가입 문제를 장기적인 만일의 사태로 살펴볼 것"이라는 취지였다고 후일 설명함으로써 평화동반자관계에 나토 확장의 여지를 남겨두었다.

탤봇의 표현에 따르면 클린턴정부의 입장은 "오늘은 PfP, 내일은 확장"이었던 것이다.[19] 크리스토퍼는 회고록에서 "평화동반자관계 구상이 점진적인 나토의 확장으로 이어질 것이라는 점이 면담에서 전달하려 한 자신의 메시지였고, 코지레프가 옐친에게 나토 확장의 불가피성에 대해 주의를 기울이게 하는 데 실패한 것"[20]이라 해명한 바 있으나, 살펴본 바와 같이 문서기록상으로는 크리스토퍼가 회고록과는 달리 자신의 메시지를 명확하게 전달한 것 같지는 않다.

러시아 측의 관련 문서들을 종합하면,[21] 진보와 보수의 정치적 스펙트럼을 막론하고 러시아 정치엘리트들은 대체로 나토의 확장에 거부감과 불안감을 지니고 있었음을 확인할 수 있다. 대표적인 사례가 위에서 언급한 러시아 최고소비에트 대표단의 나토 사무총장 면담(1991)이다. 당시 소련과는 다른 체제적 전망(체제전환)을 구상 중이던 러시아 옐친정부는, 소련이 주도한 바르샤바조약기구가 해체된 후에 미국이 주도하는 나토의 진화進化에 대해 불안감을 지니고 있었으므로, 이를 확인하기 위하여 브뤼셀의 나토 본부를 방문하여 나토 사무총장으로 부터 "나토 확장은 없을 것"이라는 보장을 확인한 것이다.

러시아의 불안감은 미국 대리대사 콜린스James Collins에 의해서도 확인되었다. 그는 모스크바를 방문 예정이던 크리스토퍼 장관에게 나토 문제와 관련하여 러시아의 우려 분위기를 전달하였다. 크리스토퍼에게 한 브리핑에서 콜린스는 "나토문제가 러시아인들에게는 가장 예민한 신경을 건드리는 이슈"라고 요약하였다. 그는 "나토문제와 관련하여 어떤 결정이 급하게 내려진다면 유럽의 새로운 분단이라는 잘못된 처지에 자신들이 놓이게 될 것"이라고 러시아인들이 우려하고 있다고 평가하였다.

콜린스에 따르면 나토 확장의 미묘한 표현상의 차이점은 중요한 것이 아니며, "만약 나토가 러시아에 문호개방하지 않은 채 동유럽으로의 확장을 가시화하는 정책을 채택하면 러시아에 대한 '새로운 봉쇄'로서 러시아인들은 해석할 것"이라 경계하면서, 옐친과 코지레프의 민감한 상태를 감안하여 "미국이 러시아를 서방국가의 일원으로 완전히 재통합하는 것을 적극적으로 촉진하고 있음을 확인 시켜줘야" 한다고 자문하였다.[22]

같은 해 9월 15일자 클린턴에게 보내는 친서에서 이미 옐친은 나토의 양적 팽창 논의에 대한 불안감과 나토를 대신한 유럽안보체제를 강하게 옹호하였다. 그는 이러한 논의를 통해, 나토의 확장이 "강경파와 온건파를 막론하고 러시아인들로 하여금 유로-대서양 공간에 포함되는 러시아의 자연스런 권리를 박탈하는 '신고립정책'으로 인식하게 할 것"이라 경고하였다. 또한 "독일통일조약의 정신은 나토의 동쪽으로의 확장을 제외시킨 것"이라 상기시키면서 강한 불쾌감을 표명하였다.

옐친의 친서는 클린턴 정부의 나토 관련 논쟁을 가열시키는 계기가 되었다. 당시 클린턴 정부에서 나토 확장을 적극 지지하는 관료는 소수였으나, 지지파는 대체로 고위직이었으므로 대통령의 재가를 획득하기 유리한 위치에 있었다. 대표적으로 클린턴 정부의 민주주의 확대democratic enlargement 전략을 수립한 것으로 알려진 앤서니 레이크 국가안보회의NSC 보좌관은 나토 확장과 관련하여 이듬해 나토 정상회의에서 공개적인 지지를 표명할 것을 개진하였고, 국무부의 린 데이비스Lynn E. Davis 차관은 정책기획실의 스티븐 플래니건Stephen Flanagan과 함께 나토 확장의 구체적 일정에 대한 신속승인fast track을 주장하면서 나토의 전환과 확장전략을 제시하였다.[23]

나토 확장에 대한 공개적인 표명을 비롯하여 '전환과 확장' 전략으로 국무부의 지지파가 급전한 것은 옐친이 1993년 8월에 폴란드 바르샤바에서 한 언급을 나토 확장에 대한 청신호green light로 해석했기 때문일 것이다. 폴란드 바웬사Lech Walesa 대통령과의 정상회담 성명에 동맹을 선택할 수 있는 권리를 헬싱키 최종의정서(헬싱키협정)Helsinki Final Act 상의 권리로 인정하는 내용이 포함된 것이다.[24] 후에 바웬사는 클린턴과의 회담(1994년 1월)에서 이 성명을 "옐친이 폴란드의 나토가입을 인정하는 문서"라고 주장하였다.

당시 옐친의 동맹선택권에 관한 언명은 해석하기에 따라 다를 수 있다. 뒤이은 옐친의 '9월 친서'에서 강조된 새로운 범유럽안보체제pan-European security system라는 제안에 주목할 필요가 있다. 나토의 범유럽안보체제로의 통합과 전환을 의미하는 새로운 유럽안보체제의 건설이 유럽안보협력회의CSCE의 확대를 염두에 둔 것이었다면, CSCE 회원국들의 동맹선택권리는 나토가입권리가 아니라 범유럽안보체제를 선택할 권리로 해석할 수도 있을 것이다.

아메리칸대 정치학자 골드가이어James Goldgeier가 '클린턴 정부 내의 전투'라고 묘사한 국무부와 국방부 간의 이견 양상은 크리스토퍼의 옐친 면담 시에 국방부의 견해, 즉 평화동반자 구상과 회원가입의 일반적 연계를 반영한 듯했으나, 결과적으로는 국무부의 안(나토의 확장)이 채택되는 것으로 귀결되었다. 1994년 1월 프라하 방문 중 클린턴 대통령은 폴란드·헝가리·체코의 대통령들과의 면담에서 "평화동반자 관계는 나토 회원가입으로 이어지는 트랙"이라 설명함으로써 나토의 확장이 "할지 말지가 아니라 언제 하느냐not whether but when"의 문제로 공식화되었다. 프라하 발언으로 알려진 나토확장의 기정사실화not whether but when 발언은 클린턴 행정부 내에서 확장지지파(국무부)의 승리로 해석되었다.

클린턴 정부는 다시 한번 옐친 정부를 설득하는 데 집중하기 시작하였다. 1994년 1월 모스크바에 이어 9월의 정상회담에서 클린턴은 옐친에게 평화동반자관계의 진정한 동기를 강조하면서 동시에 나토의 확장을 기정사실화하였다. 그는 나토확장이 러시아를 배제하거나 반러시아적인 구상이 아니라 "유럽의 안보와 통합이라는 더 높고 넓은 목표"를 위한 것이자 "옐친과도 공유하는 목표"라고 설득하였다.[25]

그러나 1994년 가을 경, 홀브룩 차관보의 주도하에 미 국무부가 나토 확장에 대한 구체적인 일정작업에 들어감에 따라 러시아는 이에 반발하여 클린턴에 보내는 친서(11월 29일)에서 유럽안보협력회의CSCE를 전면적인 전유럽기구화하는 회의를 개최할 필요성을 제기하였다.[26] 옐친 정부는 나토의 확장보다는 CSCE를 확대 강화(나토를 포함)하여 유럽안보의 구조물European security architecture로 전환하는 방안을 선호한 바 있다. 12월 1일 코지레프 외무장관이 돌연 평화동반자관계PfP 구상에 서명하기를 거부한 데 이어, 같은 달 5일 구소련 구성국들(우크라이나·벨라루시·카자흐스탄)의 핵무기처리를 다루기 위해 부다페스트에서 개최된 정상회담에서 옐친은 클린턴의 면전에서 "왜 불신의 씨앗을 뿌리는가, 유럽은 '차가운 평화cold peace'에 위험스레 빠지고 있고, 유럽과 세계의 운명이 단 하나의 수도(워싱턴)에 의해 관리될 수 있다고 생각하는 것은 위험한 환상"이라고 강하게 비난하였다.[27]

| 유라시아전략, 중국과 러시아의 다극화 동맹의 기원

1994년 12월과 1995년 3월, 앨 고어Al Gore 부통령의 두 차례에 걸친 모스크바 방문에서 나토의 확장은 재차 기정사실화되었다. 다만, "점진적으로, 그리고 러시아와의 가능한 밀접한 양해"를 구하며 추진한다는 설명이었다. 승전 50주년 기념 직전인 4월 25일 열린 비공개 하원청문회에서 러시아 두마Duma(하원)의원들은 "미국과의 전략동반자 관계에 대한 높은 기대가 환상이었음"이 드러나고 있다는 분위기를 확인하였다. 주미 러시아대사를 역임한 블라디미르 루킨Vladimir Lukin 하원 외교위원장은 청문결과 보고서에서 "미국의 나토 확장 행동은 유럽의 안정과 안보의 강화에도 도움이 되지 않을 뿐 아니라 러시아를 고립시켜 유럽으로의 통합을 방해하고 유럽의 세력균형을 변경하려는 의도"라고 강조하였다.[28]

1995년 5월에 개최된 제2차대전 승전 50주년 기념식 참석차 모스크바를 방문한 클린턴과의 회담에서 옐친은 강한 반대의사를 거듭 표명하였다. 그는 클린턴에게 만약 나토확장을 이대로 추진한다면 "러시아에게 굴욕감을 주는 것이며, 러시아는 낡은 것(나토)이 아니라 범유럽안보를 위한 새로운 구조물을 원한다는 것, 그리고 러시아국경으로의 나토의 팽창(나토의 동진)에 자신이 동의한다면 러시아 국민을 배반하는 행위"라고 거부의사를 분명히하였다.

이에 클린턴은 동일한 설득을 반복하였다. 나토의 확장은 "점진적이고 신중하게 이루어질 것이고, 러시아의 안보를 해치거나 유럽을 재분단시키는 어떠한 변화도 지지하지 않을 것"이라 설득하면서 평화동반자관계에 서명할 것을 촉구하였다. 결국 두 사람은 미국과 러시아에서 대선이 예정된 1996년까지 나토의 확장문제를 미루기로 결정하였다.[29] 그리고 1995년 6월 캐나다 핼리팩스Halifax에서 양국 정부는 나토와의 평화를 위한 동반자관계PfP 구상에 서명하였다.

PfP에 대한 서명으로 옐친 정부가 나토 확장에 관한 기존의 입장을 전환한 것은 아니었다. 6월 핼리팩스에서 옐친은 클린턴에게 나토 문제에 관해 재차 러시아의 입장, 즉 새로운 유럽안보체제를 건설하는 아이디어를 강조하였다. 러시아가 제안한 신유럽안보체제는 유럽안보협력회의CSCE가 확대 강화되어 상설기구로 승격된 유럽안보협력기구

OSCE(1995)를 염두에 둔 것으로 보인다.

OSCE는 포괄적 안보개념에 입각하여 유럽뿐 아니라 중앙아시아 국가들까지 망라되어, 구 소비에트 공간(구소련 구성국가들)을 포괄한 세계에서 가장 규모가 큰 안보협력기구이다. 옐친 정부의 판단으로는 OSCE 안보영역의 개념적, 그리고 공간적 포괄성이 나토 확장을 대체할 수 있다는 것이다. 옐친은 클린턴에게 다음과 같은 입장을 확고히 공유할 것을 요구하였다. 상술하면, "나토의 신속한 확장은 불가하고, 나토는 점차 정치조직으로 전환할 것이며, OSCE가 유럽의 새로운 안보질서 구축을 위한 주요 메커니즘이 될 것"이라는 입장이었다.[30]

1997년 5월 27일 파리에서 러시아와 나토 회원국 정상들이 나토-러시아 정초定礎법NATO-Russia Founding Act에 서명한 데 이어, 7월에 개최된 나토 정상회의에서 동유럽 삼국의 나토가입이 공표됨으로써 '나토의 정치조직으로의 진화'와 'OSCE의 범유럽안보기구화'로 요약되는 옐친 정부의 계획은 무산되었다. 나토-러시아 정초定礎법이 조인됨으로써 나토 문제는 새로운 분기점에 들어섰다. 정초법은 조인되었으나 나토 문제는 오늘날까지 러시아의 대외정책의 핵심 사안이 되었고, 미국 뿐 아니라 유럽의 안보문제에 있어서도 가장 첨예한 이슈로 작용하고 있다.

지금까지 살펴본 나토 문제에 관한 초기의 보장방안과 논의과정은 탈냉전 유럽의 신질서 수립뿐 아니라 현재의 유럽의 분쟁(우크라이나 전쟁 등), 그리고 다극체제 수립과 헤게모니 경쟁과 관련된 세계적 차원의 전략경쟁의 기원을 이루고 있다는 점에서 결정적인 의미를 지닌다. 나토-러시아 기본관계법(정초법)의 조인에도 불구하고, 나토 문제에 관한 러시아의 전략적 이해와 기본원칙은 골간이 유지되어 프리마코프 Yevgeny Primakov 외무장관이 정리한 보고서에 요약되었다.

1996년 1월 서구주의자 코지레프 외무장관의 경질은 옐친 정부의 친서구주의 대서양노선의 종식을 의미하였다. 나토의 확장에 직면한 신임 외무장관 프리마코프가 러시아의 전략적 이해과 기본원칙을 정리하여 셀레즈뇨프Gennady Seleznev 하원의장에게 보고한 메모[31]에는 이러한 전략적 이해와 원칙이 다음과 같이 정리되어 있다:

> "나토 팽창에 대한 입장은 변함없는 반대이다 … 특히, 나토의 군사기지의 동쪽으로의 이동 가능성(나토동진)에 반대한다 … 부정주의의 주요 이유는 이 계획의 실현이 유럽의 새로운 분단선의 획정에 이르고, 세계적으로 전반적인 지정학적 상황을 악화시킬 것이기 때문이다 … 나토의 팽창은 러시아를 고립시키고 … 서구국가들과의 새로운 대립으로 끌려들어가게 할 것이다 … 1990-1991년에 서방의 지도자들은 '동쪽으로 1인치도 이동하지 않을 것'이라며 중·동유럽국가들을 새로운 회원국으로 수용하는 것을 완전히 배제한다고 보장하였다."

프리마코프의 메모를 직접 인용한 이유는 이 내용이 푸틴 정부의 나토 문제에 대한 이해의 기초를 이루고 있기 때문이다. 메모에서 프리마코프는 '오늘날의 러시아가 과거 소련보다 과연 더 위협적인가?'하고 묻고 있다. 이에 따른 결과들이 수십 년 동안 미래유럽을 결정할 것이라 예고하면서, 말미에 그는 '오늘날 중책을 맡고 있는 정치가들이 이에 대해 역사적 책임을 져야 할 것'이라는 역사적 경고를 하였다.

이후 프리마코프는 대서양주의 노선에서 전환하여 중국·인도와 전략적으로 협력하는 유라시아전략으로 선회하였다. 이로부터 러시아는 나토의 동진으로 인한 유럽에서의 전략적 열세를 중국과의 전략공조를 통해 상쇄하고, 미국주도의 일극(단극)체제를 견제하여 다극체제로 전환하는 것으로 국가전략을 수정하였다. 30여 년에 걸쳐 지금까지 공고화된 중국과 러시아의 전략적 공조관계—강화되는 추세의 '동맹적 협력'관계—는 이렇게 시작되었다.

대외정책의 기본개념에 있어서 푸틴의 귀감이 된 프리마코프의 전략적 원칙은 푸틴 정부의 대외정책의 기초를 이루고 있다. 냉전해체 이후, 현대러시아 외교사에서 러시아가 최초로 공세적 행동을 시작한 것, 즉 공세전략으로의 전환으로 기록될 만한 푸틴의 뮌헨연설(2007)은 나토 확장에 관한 프리마코프의 이해와 원칙의 연장선에 있다. 제2차세계대전 종전 이후 유럽의 최대 비극이자 재앙으로 평가되는 우크라이나 전쟁의 개전 명분 또한 나토의 동진의 후과後果라고 푸틴 정부는 주장하고 있다. 이렇듯 나토 확장은 오늘날 분기점에 선 세계에서 글로벌 위기를 여전히 규정하고 있다.

2022년 8월 30일 고르바초프 전 대통령이 세상을 떠났다. 탈 냉전기의 최종적인 종식과 한 시대의 마감이 운위되는 시점에서 그의 서거는 더욱 상징적이다. 그는 냉전의 종식과 더불어 새로운 유럽을 디자인하려 했다. '리스본에서 우랄'에 이르는 통합유럽의 비전인 '드골의 꿈'에 조응하여 러시아를 유럽에 통합하는 구상—'리스본에서 블라디보스톡까지'—다시 말해 '유럽 공동의 집'이라는, 유럽을 하나의 공동체로 구성하는 유럽 지성인들의 오랜 열망이자 유럽의 역사적 이상을 실현하려 하였다.

그러나 결과적으로 러시아인들은 서구가 러시아를 고립시켰다고 분노하고 있다. 19세기 이래로 러시아는 여러 차례 전략적 고립을 고통스럽게 경험한 바 있으므로 유럽으로부터의 고립, 유럽의 배제를 매우 두려워한다. 이러한 의미에서 프랑스의 지성 자크 아탈리Jacques Attali의 다음과 같은 언명은 인상적이다.

"이 모든 일은 20여 년 전 우리가 러시아를 유럽의 일원으로 간주하고, 유럽에서 공동의 집을 함께 건설할 수 있는 상대로 받아들였더라면 일어나지 않았을 것이다."[32]

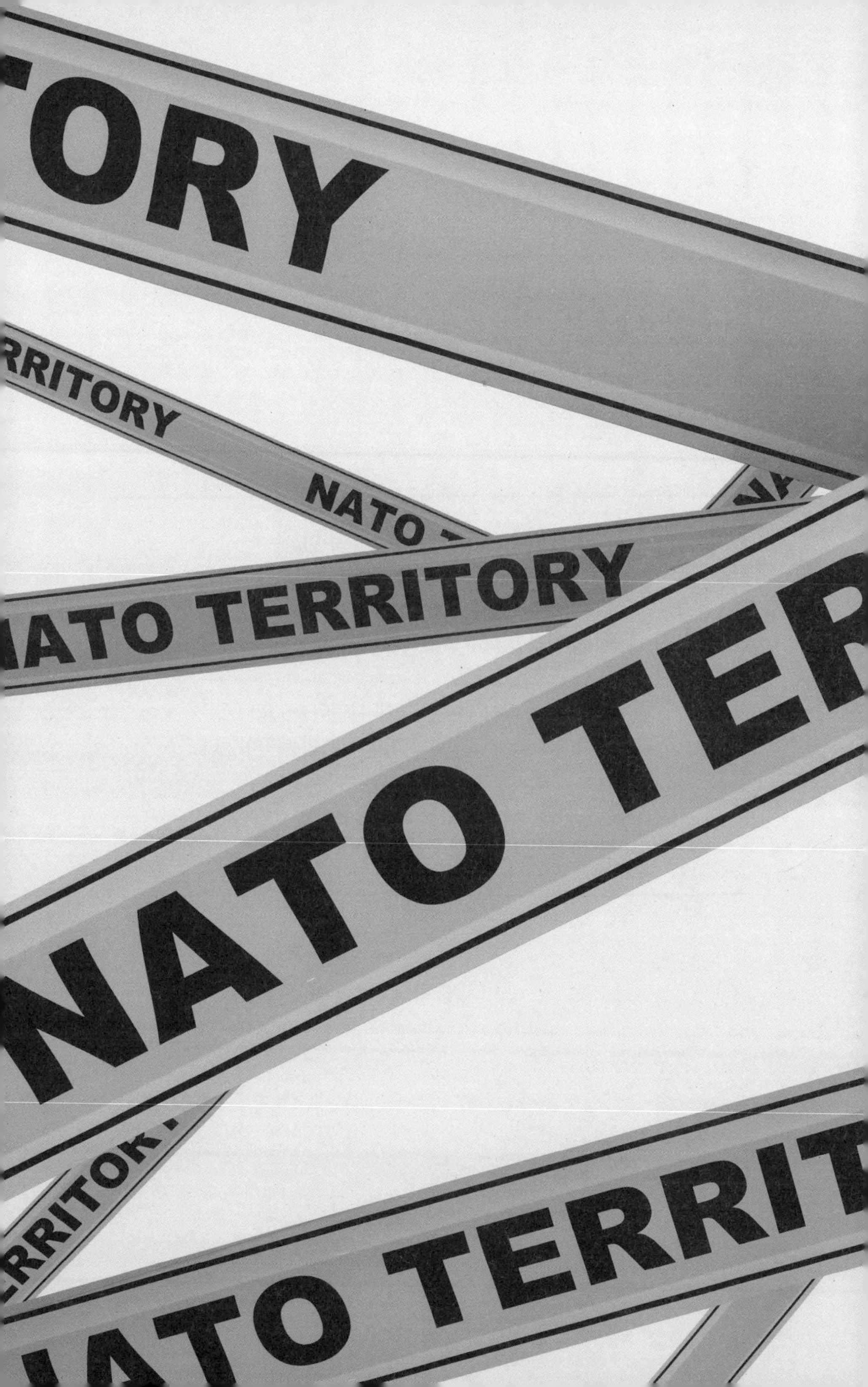
NATO
TERRITORY
NATO

일극의 순간unipolar moment이라는
시대적 용어를 만든 찰스 크라우트해머는
"어느 나라도 세계사에서 이렇듯
지배적인 적이 없었다"고 선언하였다.

미국은 더 이상 단순한 국제 시민이 아니다.
세계의 지배적 국가이자 로마 이후 최고의 제국이었다.

그러나 정치학자 찰머스 존슨은
이를 '미국이라는 공화국의 종언'이라 애도하였다.

3. 미국이라는 헤게모니, 미국은 쇠퇴하는가?

| 제국의 비애인가 영원한 제국인가?:
제국적인 과도 팽창 imperial overstretch

미국은 쇠퇴하는 게 아니라 동등해지는 중이다. 초강대국을 제국에 비유한다면 미국만큼 제국의 지위에 관한 논쟁에 진심인 국가는 드물다. 물론 역사상 모든 제국이 자신의 위세에 관해 정당화하고 제국의 만세萬歲와 제국적 평화에 관심을 기울였지만, 특히 제국의 쇠퇴와 떠오르는 경쟁자에 대한 억제 deterrence 문제에 미국만큼 전적으로 집착한 나라는 유사 이래로 드물다. 미국이 헤게모니의 유지와 쇠퇴에 이토록 전념하는 배경에는 미국식 예외주의 exceptionalism와 제국의 신성한 사명, 또는 명백한 운명 manifest destiny 의식이 자리하고 있는 듯하다.

18세기 후반 건국 당시부터 미국의 건국 아버지들은 로마의 역사를 강조하며 신생 아메리카 공화국의 쇠퇴를 염려하였다. 19세기에는 영국의 문호 찰스 디킨스 Charle Dickens가 "미국인들을 보면 항상 의기소침해 있고, 언제나 크나큰 위기에 처해 있다. 그렇지 않은 적이 한 번도 없었다"고 풍자하였다.[1] 중요한 것은 미국의 쇠퇴 여부가 아니다. 미국이 쇠퇴하는 것이 아니라면, 제국적 지위의 정당성은 로마제국을 비롯한 제국들의 역사가 보여주듯이 미국이 무엇을 제공할 수 있는가, 혹은 미국에 의한 평화Pax Americana가 무엇을 보장해 주는 가에 달려있다. 만약 미국의 일극unipolar적 지위가 유지되는 것이 국제사회의 평화와 번영에 장애가 된다면, 세계는 새로운 양식의 규범과 질서를 요구하게 될 것이다.

미국의 쇠퇴론에 대하여 미국의 재생에 희망을 표명한 대표적인 정치학자는 사무엘 헌팅턴Samuel P. Huntington이다. 그는 "미국은 이 나라 사람들이 이제 쇠퇴할 것이라고 주기적으로 확신하는 한 쇠퇴하지 않을 듯하다"고 역설적으로 말하였다. 《문명의 충돌The Clash of Civilization and the Remaking of World Order(1996)》로 대중에게 잘 알려진 헌팅턴은 전후 미국의 쇠퇴에 관한 담론을 1988년까지 다섯 차례로 정리한 바 있다.[2] 즉, 제2차세계대전 이후 미국에 대해 다섯 차례 쇠퇴론이 부상하였고 21세기 현재의 쇠퇴론은 여섯 번째에 해당한다.

지난 세기, 전후 첫 번째 쇠퇴론은 1950년대 후반에 발생하였다. 1957년 소련이 스푸트니크 위성 발사에 세계 최초로 성공하자 미국과 서방은 이른바 스푸트니크 충격Sputnik crisis에 휩싸였다. 소련의 스푸트니크 위성발사 성공은 우주경쟁과 과학기술분야에서 소련이 미국을 추월하였다는 것뿐 아니라 장거리 대륙간탄도미사일ICBM 기술을 최초로 보유했다는 것을 의미하였다. 즉, 우주와 군사분야 등 첨단과학기술 분야에서 미국에 앞서고 있다는 징표로 보였다. 스푸트니크 충격으로 미국은 우주개발과 군비확장 등 과학기술분야뿐 아니라 교육분야에서 전반적인 개혁을 단행하였다. 대통령직속기구로 창설된 항공우주국NASA의 역사는 이렇게 시작되었다.

1960년 9월 대선후보 시절 존 F. 케네디는 우주개발을 선도하고 있는 소련의 상승의 충격 등으로 전후 처음으로 직면한 미국 쇠퇴론을 거부하며 미국의 힘에 대한 강한 확신을 피력한 바 있다. 그는 극복해야 할 것은 "미국이 전성기를 지나 길고 느린 오후로 들어서고 있다는 심리적인 느낌"이라고 강조하면서, 자신과 국민은 이러한 '세상의 심리적 분위기'를 전혀 받아들이지 않는다고 반박하였다.[3]

이후 케네디 정부를 계승한 린든 존슨Lyndon B. Johnson 정부는 위대한 사회Great Society라는 사회부흥프로그램을 통해 미국과 국제사회에 만연하고 있던 미국 쇠퇴론을 진화하려 하였다. 위대한 사회 프로그램은 루즈벨트Franklin D. Roosevelt의 뉴딜New Deal정책 이래 빈곤과의 전쟁, 인종차별의 폐지 등을 목표로 한 대규모 국가 프로젝트로서, 교육·민권·빈곤·의료보장 등의 분야에서 뚜렷한 성과도 있었으나 베트남전쟁의 격화로 인한 재정상의 문제 등으로 인해 일부 프로그램이 축소되거나 폐지되었다.

두 번째 쇠퇴론은 1960년대 말 닉슨 행정부의 등장으로 시작되었다. 닉슨 대통령과 안보보좌관 키신저는 양극체제가 이완되고 유럽과 일본, 그리고 중국 등이 상승하면서 힘의 오각형pentagon of power이라는 다극체제가 형성될 것이라 예측하였다. 당시 키신저는 "미국은 이전의 문명들처럼 이미 역사의 정점을 지났다"고 판단하였다. "아테네 미국에게는 스파르타 소련에 대항할 힘이 부족하다"는 키신저의 판단은 소련을 설득해 최선의 거래를 하는 데땅트détente, 풀어쓰면 긴장완화를 통한 '냉전적 평화', 곧 냉전의 평화적 관리를 시도하였다.[4]

1970년대 베트남전의 패배와 금과 달러교환중지(금태환중지), 금본위제 폐지, 오일쇼크와 인플레이션, 워터게이트 사건, 제3세계에 대한 소련의 영향력 확장 등을 거쳐, 1980년대 레이건 정부 시기 쌍둥이적자

(무역과 재정적자)와 일본경제의 부상 등으로 인해 미국의 쇠퇴론은 파도처럼 밀려왔다 잦아들기를 반복하였다. 사족蛇足이지만 1971년 8월 닉슨 정부는 일방적인 금태환정지(닉슨쇼크)를 결정하면서 달러본위제를 결의한 브레튼우즈회의 참여국가들에게 사전협의한 바 없었다. 일종의 협정위반, 국제법 위반으로 해석될 수도 있었다. 어떤 나라의 화폐가 기축통화가 된다는 것은 그 나라 경제의 결정적인 이익을 의미한다. 미국은 브레튼우즈 체제에서 기축통화국가가 얻는 경제적 이익을 과도한 특권exorbitant privilege이라 혹평받곤 하였다. UC 버클리의 경제학자 아이켄그린Barry Eichengreen은 "100달러를 얻기 위해 여타 국가들은 100달러 가치의 상품이나 서비스를 제공해야 하지만 미국 조폐국은 몇 십 센트의 재료비만 있으면 된다"고 급진적으로 비판한 바 있다.

이제 금태환중단을 선언함으로써 미국은 기축통화의 지위는 유지하면서 브레튼우즈체제의 합의를 허물려 한 것이다. 금태환정지와 관련하여 미국 재무장관 코널리John Connally가 유럽의 재무장관들에게 했던 "달러는 우리 것이지만, 문제는 여러분의 것"이라는 말은 매우 상징적인 표현이라 할 수 있다. 1944년 7월 미국 뉴햄프셔주의 작은 마을 브레튼우즈Bretton Woods에서 열린 역사적인 회의에서 미국 대표 헨리 모겐소Henry Morgenthau Jr.는 달러를 기축통화로 결정한 것에 대해 "평화의 경제적 기반을 마련하기 위한 것"이라 발표한 바 있다. 미국은 그 노력을 다했는가? 오늘날 세계 여러 곳에서는 과연 '달러가 평화를 가져오는가?'라는 질문들이 등장하고 있다. 그 선두에 중국이 있다.

다시 쇠퇴론으로 돌아가서, 헌팅턴에 따르면 다섯 번째 쇠퇴론의 대표적인 사례는 폴 케네디Paul Kennedy의 주장이다. 예일대 역사학자이자 제국과 강대국 연구의 권위자인 케네디는 우리에게도 잘 알려진 《강대국의 흥망The Rise and Fall of the Great Powers: Economic Change and

Military Conflict from 1500 to 2000(1987)》이란 책에서 미국과 소련이 쇠퇴하고 중국과 일본, 유럽(EEC)이 떠오르는 다극세계를 예측하였다. 케네디에 따르면 역사적으로 "세계정세에 있어서 주도적인 국가들의 상대적인 힘은 불변인 채로 있지 않다"[5]. 강대국들의 힘의 상대적인 관계는 유동적이고 어느 (초)강대국이나 쇠퇴한다는 의미이다.

당시 그가 주목한 쇠퇴의 징후는 빠른 속도로 증가하는 국가부채와 무역적자였다. 미국은 1960년대를 지나면서 세계 무역과 생산에서 상대적인 비중이 하락하는데, 농산물과 공산품의 수출이 감소하고 최대의 대부국에서 최대의 채무국으로 전락하였다. 이것이 쇠퇴하는 헤게모니 국가의 전형적인 모습이라는 해석이다.[6] 미국은 '총과 버터의 균형'이라는 강대국의 전형적인 문제를 안고 있었다. 군사적 지출이 증가할수록 민간수요나 경제성장에 대한 투자는 줄어들 것이었다.[7]

'총과 버터 모델gun versus butter model'은 거시경제학에서 말하는 생산가능곡선production possibilities frontiers(PPF)을 단순화한 모형이다. 생산가능곡선은 "주어진 자원과 기술 수준에서 최대로 생산가능한 산출물(재화와 서비스)의 조합"을 나타낸다. 유한한 자원을 활용하여 최대의 효과를 얻는 경제개념(효율성efficiency)에 입각하여 효율적인 생산 결과를 의도할 경우, 한 재화의 생산량의 증가를 위해서는 다른 재화의 생산량의 감소를 감수해야 한다는 것이다.

총과 버터(총 대 버터) 모델의 경우, 한 국가가 군비와 민간을 위한 투자 간에 어떻게 균형을 맞출 것인가 하는 것이다. 이 모델에 따르면 군사적 수요는 복지를 포함한 민간의 수요에 일반적으로 대립되는 관계로 설명하여, 군사적 지출과 민간의 소비지출 사이에 한쪽의 선택이 다른 쪽의 희생을 초래하는 일종의 대립적 균형trade-off에 있다. 이러한 점에서 모든 대륙에 걸친 군사적 관여를 지속하고 그에 따른 비용이 증가하는 한 미국의 다른 선택은 제한될 것이다.

폴 케네디는 특히 점증하는 미국의 해외 군사적 관여 양태가 제1차세계대전 이전 영국의 해외주둔기지의 상황과 유사함을 지적하면서 제국적인 과도한 팽창imperial overstretch에 따른 미국의 쇠퇴 가능성을 각별히 경계하였다. 이러한 폴 케네디의 주장에 대해 헌팅턴은 이러한 쇠퇴론이 미국의 자체 재생능력을 일으켜 "쇠퇴론자들의 예언을 방지하는 역설적인 역할"을 한 것으로 해석하였다.

이처럼 폴 케네디의 '제국의 과도팽창론'은 불과 1년 뒤 베를린 장벽의 붕괴와 뒤이은 소련의 해체로 인해 빗나간 예언으로 용도 폐기되는 듯하였다. 특히, 21세기 벽두에 미국의 일극체제가 공고화되고 테러와의 전쟁으로 세계가 이를 확인함에 따라 과도팽창론은 조롱의 대상이 되었다. 테러와의 전쟁 직후인 2002년은 이러한 분위기가 언론이나 학계에서 압도적이었다. 당시 "좌파에서 우파에 이르기까지 미美제국 American empire이라는 용어는 생생한 토론의 대상"이 되었고, 논란의 여지가 없는 개념이 되었다. 미국이 특별한 제국의 탄생을 알리고 새로운 시대의 서막을 열었던 '일극의 순간unipolar moment'이라는 역사적 용어를 제시한바 있는 크라우트해머Charles Krauthammer는 "사람들이 그동안 터부시되던 제국이라는 용어의 벽장에서 이제 걸어 나오고 있다. 어느 나라도 세계사에서—미국이라는 제국처럼—이렇듯 지배적인 적이 없었다"고 확언하였다.[8] 더 나아가, 그는 "미국은 더 이상 단순한 국제 시민이 아니다. 다만 세계의 지배적 국가dominant power, 로마 이래로 어떤 국가보다 더 지배적인 국가"[9]라고 강조하여 미국을 로마 이후 최고의 제국으로 규정하였다. 이에 대해 UC 샌디에이고의 정치학자 찰머스 존슨Chalmers Johnson은 《제국의 비애The Sorrows of Empire(2004)》에서 "미국이라는 공화국의 종언"으로 애도하였다.[10]

21세기 벽두, 일극체제의 정점에서 이렇듯 미국은 종종 로마와 동일시되었다. 그러나 미국을 21세기의 로마로 찬미할 준비가 돼 있는 사람들조차도 간혹 미국을 제국에 비유하기를 망설이게 되는 이유가 있다. 무엇보다도 미국은 건국의 정신이 제국으로부터의 독립에 기초한, 제국에 대항하여 혁명을 이룬 '자유의 왕국'이기 때문이다. 미 공화당 정치인 패트릭 뷰캐넌Patrick Buchanan이 "미국은 제국이 아니라 공화국이어야 한다"고 주장한 이유이다. 더욱 흥미로운 이유는 역사적으로 모든 제국은 쇠퇴했다는 진실 때문이다. 로마제국도 예외는 아니었다. 따라서 미국은 '제3의 로마'가 되어서는 안 되며, 로마와는 다른 명백한 운명manifest destiny을 부여받은 국가, 비제국주의적 제국이어야 했다.

2002년 6월 29일자 〈제국의 과도팽창?Imperial Overstretch?〉이라는 제목의 《이코노미스트The Economist》 특별 리포트에는 "진정한 문제는 미국이 글로벌 차원의 부담을 질 여유가 있는가의 여부가 아니라 그러한 부담을 지기를 원하는가 하는 것"이라는 논평이 실렸다. 다시 말하면, 미국의 능력에는 의문의 여지가 없고 오히려 미국의 선택의 문제일 뿐이라는 것이다.[11] 〈모든 길은 워싱턴 D.C.로 통한다All Roads lead to D.C.〉라는 《뉴욕타임즈》의 한 칼럼제목이 시사하듯이 세계 유일의 제국은 하나의 진실이었다. 이 칼럼에 따르면 "미국은 더 이상 수퍼파워나 패권국hegemon이 아니라 하나의 완전한 제국"이었다.

미국의 쇠퇴를 예고한 폴 케네디조차도 테러와의 전쟁으로 미국의 압도적인 힘을 목도하면서 "역사상 이러한 힘의 불균형disparity of power은 없었다. 대영제국뿐 아니라 로마 또한 이에 비할 수 없다"고 인정하였다. 저널리스트 캐플런Robert D. Kaplan도 "미래의 역사가들은 21세기 미국을 로마를 비롯한 역사상 모든 제국들과 다르게 볼 것"이라며 예외적 제국으로서의 미국을 부각시켰다.[12]

아프간 전쟁 개시 직후 《월스트리트 저널Wall Street Journal》의 편집장 맥스 부트Max Boot는 팻 뷰캐넌의 주장—'미국은 제국이 아니라 공화국'—에 대해 "후진적인 생각"이라고 일축하면서, "9·11 테러는 미국의 개입과 야망이 오히려 불충분했기 때문에 발생한 결과"라고 주장하였다.[13] 그에 따르면 이에 대한 해결책은 "목표를 더 확장하고 더 공세적으로 실행하는 것", 폴 케네디 식으로 말하면 제국적 팽창을 의미하였다.

아프간 전쟁과 이라크 전쟁을 비롯한 테러와의 전쟁은 제국적인 과도한 팽창이라는 역사주기적인 강대국의 흥망에 관한 담론을 다시 한번 호출하였다. 2008년 미국 발 글로벌 금융위기와 이어진 글로벌 경제침체, 그리고 코로나19 팬데믹 등 글로벌 위기는 중국의 전반적인 상승과 결합하여 미국의 쇠퇴론이 다시 등장하게 되었다.

텍사스대학 오스틴의 정치학자 마이클 린드Michael Lind는 "미국의 세기American century는 1914년에 시작하여 2014년에 끝났다"고 주장하였다. 미국이 고립주의에서 탈피하고 제1차세계대전을 승리로 이끌면서 세계정치에 개입한 이래로 글로벌 금융위기, 중국과 러시아의 도전 등이 본격화되면서 미국이 주도하던 시대가 끝나가고 있다는 것이다. 미국의 국내외적 상황이 악화됨에 따라 세계가 미국을 "자본주의 시장경제와 자유민주주의의 전형이자, 사려 깊은 대외정책의 성공적인 모델"로 추종하던 시절은 지나갔다는 것이다. 그에 따르면 미국은 경제·민주주의·대외정책에 있어서 삼중의 위기triple crisis에 직면하였다.[14]

헌팅턴의 분류대로라면 전후 여섯 번째의 쇠퇴론인데, 학계와 언론뿐 아니라 정책커뮤니티의 판단으로는 이번의 경우는 이전에 비해 가장 격렬한 대가가 따를 것이다. 이 여섯 번째 쇠퇴가 마지막 쇠퇴론이 될 것인지, 아니면 다시 시리즈를 이어갈 것인지는 불가예측하지만, 세계는 지금과는 다른 양식의 질서를 기다리고 있는 듯하다.

장 자크 루소Jean Jacques Rousseau가 은유했듯이 "로마나 스파르타가 쇠망했는데 과연 어떤 나라가 영원하길 바라겠는가"? 어떠한 제국도 영원할 수 없다는 말이다. 헌팅턴의 말대로 "미국 또한 불멸하지 않을 것이고 우월함도 필연적이지 않을 것"이다. 다만 어떤 국가는 좀 더 오래 지속될 뿐이다. 미국의 경우 그 지속성은 미국정치가 포퓰리즘과 정체성 정치identity politics로 극렬화되고 있는 미국 사회를 어떻게 재생시킬 것인가 하는 것에 우선적으로 달려있다.

30여 년 전, 헌팅턴은 미국의 쇠퇴론에 대해 '미국정치의 천재성', '자기 재생의 천재성'에 희망을 걸었고, 그의 후학들은 일극체제하 미국의 헤게모니와 번영을 미국정치의 자기 재생의 천재성을 입증하는 근거로 삼았다. 그러나 30여 년 전, 미국이 쇠퇴론에서 벗어나 국가 재생에 성공한 것은 미국정치의 천재성이라기보다 미국사회의 혁신, 즉 시민사회의 다원민주주의와 민간의 기술혁신과 더불어 소련의 해체와 탈냉전이라는 외적 요인이 결정적으로 작용한 것이기도 하다.

현재 미국이 처한 사회적 조건과 국제상황은 당시와 근본적으로 다르다. 30여 년 전 세계는 미국의 최대 라이벌이자 초강대국인 소련이 해체되고, 지구적 차원의 시장경제가 작동하는 글로벌라이제이션, 자유주의 국제질서라는 미국 주도의 일극의 세계로 진입하였다. 오늘날에는 다극세계에 관한 담론이 학계나 정책 커뮤니티, 그리고 정책 지도자들을 자연스럽게 유인하고 있다. 미국의 정책커뮤니티의 판단으로도 중국이 소련을 능가하는 숙적으로 떠오르고 글로벌라이제이션은 쇠퇴하고 있으며 자유주의 국제질서는 흔들리고 있다.

국내적으로도 경제적 퍼포먼스의 호조에도 불구하고 미국의 자유주의적 가치와 다원민주주의가 동요하고 있다는 것이 학계의 중론이다. 2021년 1월 6일 극우 포퓰리스트들의 의회의사당 난입이라는 미국 역사상 초유의 사태는 미국의 헌정주의constitutionalism와 자유민주주의의 위기를 극적으로 반영한다. 따라서 지난 시기에 재발하던 미국의 쇠퇴론에 비교할 때 구조와 심도 면에서 현재의 쇠퇴론의 심각성은 미국정치의 재생의 천재성에만 기댈 수 없게 한다. 언젠가 다시 한번 미국은 헌팅턴 류의 희망대로 이러한 위기를 극복할 것이지만, 이후의 세계는 이전의 세계와는 확연히 다를 것이다.

케임브리지대의 역사고전학자 크리스토퍼 켈리Christopher Kelly의 말대로 "미국은 장래에 비영토제국(비식민제국)으로서 최적의 크기가 무엇인지, 영토 밖에서 얼마만큼의 개입을 할 것인지, 얼마만큼의 해외통제력을 행사하길 원하는지를 고려할 필요"가 있을 것이라는 조언은 여전히 유효하다. 왜냐하면 이러한 문제들은 과거 로마제국을 짓누르던 문제들이기 때문이다. 이러한 문제들에 대한 잘못된 판단은 폴 케네디가 경계한 '제국의 과도팽창'으로 이어졌고 로마제국은 쇠망하였다.

쇠퇴론자들은 아프간과 이라크 전쟁을 과거 로마제국을 갉아먹었던 과도팽창overstretch의 미국적 전형으로 믿고 싶어 한다. 그러나 분명한 것은, 당시 《가디언The Guardian》의 칼럼니스트 프리드랜드Jonathan Freedland가 논평했듯이, 이를 통해 미국이 제국의 다른 단계에 진입하고 있다는 사실이다. 이 단계가 미국의 "제국 여정의 종착지, 혹은 가장 야심찬 항해의 벼랑 끝" 중 어떤 것을 의미하는가? 오늘날 미국은 이러한 질문에 처해 있다.[15]

| 미국의 세기는 지속되는가?: 불가결한 국가indispensable nation, 미국

미국의 쇠퇴론이 부상할 때마다 이에 대한 반론 또한 필적할 만했다. 쇠퇴론에 대한 최근의 반론은 주로 자유주의 국제질서Liberal International Order(LIO) 옹호론에 기반하는데, 학계에서는 조지프 나이와 존 아이켄베리G. John Ikenberry의 입론이 대표적이다. 정책전문가들도 이러한 학계의 입론에 따라 미국 쇠퇴론에 대해 적극적인 반론을 제기하고 있다. 예를 들어, 바이든 정부의 국가안보회의NSC 인도태평양 조정관으로서 미국의 아시아 정책의 차르Asia Czar라 호칭된 커트 캠벨Kurt Campbell은 《포린 어페어즈》의 한 기고문[16]에서 "중국의 도전이 오히려 미국이 쇠퇴를 피할 수 있게 도울 것"이라 주장하였다.

그는 30여 년 전의 헌팅턴의 글을 오마주하여 "미국은 자신을 교정할 수 있는 비상한 역량을 지니고 있고, 쇠퇴론자들은 역설적으로 그들이 예측한 것을 방지하는 데에 불가결한 역할을 하고 있다"고 강조하면서, 미국에게 쇠퇴는 "조건이라기보다 선택"의 문제라고 역설하였다. 캠벨의 요점은 미국이 중산층의 몰락, 사회의 극단적 분열과 정치의 양극화 등으로 인해 내리막길로 가고 있으나, 쇠퇴를 막기 위한 미국의 선택은 민주와 공화 양당의 합의에 달려 있다. "중국의 점증하는 글로벌 야망은 지정학적 현실이긴 하지만, 과거 냉전시절 소련과의 경쟁이 군사적이고 실존적인 투쟁이었던 데 비해 중국과의 경쟁은 주로 경제적이고 기술적인 경쟁이라는 점에서 양극화된 교착상태를 타개하고 정치적 합의를 이루면 극복할 수 있다"는 것이다. 국내적 합의를 통해 미국의 "경쟁력과 혁신에 재투자"하고, 과거 냉전 시기에 대외문제에 있어서 초당적 대처를 했듯이 정치적 차이를 미뤄두고("at the water's edge") 중국을 비롯한 외부의 도전에 공동으로 대처해야 한다는 처방이다.

조지프 나이 하버드대 석좌교수는 미국의 세기의 출발점을 제2차세계대전의 참전으로 보며, 세계는 아직 "미국 이후의 질서에 들어서지는 않았다"고 미국 쇠퇴론에 반론을 제기하고 있다. '미국의 세기'라는 말을 처음 사용한 사람은 헨리 루스Henry R. Luce였다. 《타임Time》, 《포춘Fortune》, 《라이프Life》 등을 창간한 미국의 저명한 출판인 헨리 루스는

1941년 2월 《라이프》의 사설에서 고립주의를 탈피하여 '위대한 미국의 세기'를 창조하기 위해 제2차세계대전에 참전할 것을 주장한 바 있다.

중국 위협론과 미국 쇠퇴론이 미·중패권경쟁론으로 확대되던 즈음, 조지프 나이는 《미국의 세기는 끝났는가Is the American Century Over?(2015)》라는 책을 통해 "미국의 세기는 아직 끝나지 않았다"는 메시지를 던지고 있다. J. 나이는 "미국의 세기라는 말의 의미가 군사적·경제적·소프트파워 면에서 미국이 확보하고 있는 자원이 압도적으로 우월한 특별한 시기를 가리킨다면, 그렇다"고 확신한다. NATO를 비롯한 세계 최대의 동맹 네트워크를 보유하고, IMF 등의 국제기구를 통해 세계 정치경제를 주도하는 미국의 국제 제도와 규범에 대한 지배력은 논외로 하더라도, 여러 통계수치 상으로만 보더라도 미국의 세기가 유지되고 있음을 알 수 있다는 것이 조지프 나이의 논점이다.

예를 들어, 세계 군사비 총지출에서 미국은 약 38%(2021)를 차지하고(중국은 약 14%), 130여 개 국가에 해외주둔군을 파견하고 있다. 경제적으로는 여전히 세계 GDP의 약 1/4를 차지하고 있고, 미국의 달러화의 국제결제 비중은 유로화 37%, 위안화 2.7%에 비해 약 41%(2021년 SWIFT통계)에 달한다. 경제력을 뒷받침하는 인구도 미국은 증가추세에 있으며, 2010년에서 2050년 사이에 42% 증가하여 4억 3,900만 명에 달할 것으로 추산되고 있다. 연구개발 분야에서도 미국은 세계 총 연구개발비의 약 30%를 투자하여 중국(약 17-19%)을 상회하여 세계 1위를 차지하고 있다.

조지프 나이가 창안한 '소프트파워' 면에서도, 중국과는 달리 미국에서 소프트파워는 대학과 연구소에서 시작하여 할리우드와 대중문화에 이르기까지 대부분 시민사회에서 만들어진다. 세계 100대 대학 목록에 미국 대학이 절반 이상 랭크되어 있고, 유네스코UNESCO의 한 조사

(2012)에 따르면, 장편영화 세계 상위 20편 가운데 14편이 미국영화이며, 유럽만 하더라도 미국영화가 박스오피스 전체수입의 약 73%에 달했다.

조지프 나이는 소프트파워의 주요 요소 중의 하나로 이민자들의 파워에 주목하고 있다. 유럽과 일본 등 선진국을 비롯하여 중국도 인구 노령화 문제에 직면하고 있으나, 미국은 이민으로 인해 인구 증가 추세에 있을 뿐 아니라, 리콴유 전 싱가포르 총리가 평가했듯이 "미국은 전 세계의 가장 뛰어난 인재들을 끌어모아 다양한 창조적인 문화를 만들어 내고 있다. 첨단기술 분야 창업자의 1/4이 이민자들이고, 《포춘》 선정 500대 기업의 40%가 이민자나 이민자의 후손이 창업"한 기업들이다.

글로벌 톱 브랜드 순위에 있어서도, 2013년 조사에는 브랜드 상위 25개 목록 중에 19개가 미국제품이었고, 2022년 브랜드 파이낸스Brand Finance가 발표한 세계 브랜드 가치순위 톱 10 중 1위에서 7위를 포함하여 총 8개 브랜드가 미국제품이었다. 이 외에도, 노벨상 수상자, 나노 소재와 바이오 공학Bionics, 정보기술IT과 인공지능AI 등 첨단 미래 기술 분야에서 미국은 선두적인 위치를 고수하고 있다. 조지프 나이에 따르면 "미국은 이러한 압도적으로 우월한 자원을 통해 세계적 차원의 힘의 균형을 추구하고, 글로벌 공공재를 제공하는 데 있어서 중심적인 역할"을 여전히 담당하게 될 것이다.[17]

이러한 낙관적인 평가에도 불구하고 미국의 국내 상황은 우울하다. 앞의 책에서 조지프 나이도 인정하였듯이, 미국은 사회적 지표와 이슈들에 있어서 암울한 실적을 보이고 있다. 인종·젠더·종교 등의 균열 라인에 따른 정체성 정치의 폭발과 더불어, 포퓰리즘의 확산으로 인한 사회 정치적 양극화뿐 아니라, "영아사망률·평균수명·아동 빈곤·강력범죄·총기사고·약물중독 등 사회적 지표 또한 다른 선진국에 비해 열악한 상태이다. 소득분배의 불평등지수인 지니계수의 경우, 0.39에서 0.42 사이(2013-2021)로 세계 수준에 비해 비교적 높은 수준—독일은 0.29, 스웨덴 0.28—이며, 지난 수십 년에 걸쳐 지속적으로 증가"하였다. "지난 세대 동안 상위 1%가 차지하는 개인소득의 비중은 10% 포인트 상승한 반면, 하위 90%의 몫은 10% 정도 감소"되었다.[18]

중산층의 몰락은 두드러졌다. 2015년 12월 퓨 리서치Pew Research의 조사에 따르면, "지난 40여 년간 미국경제에서 절반을 차지하던 중산층은 이제 경제 계층에서 상층과 하층을 합한 것과 비슷한 절반 수준"으로 떨어졌다.[19] "1970년대 중산층가구가 미국 전체 소득 중 62%를 차지하였으나 2014년에는 43%로 축소되었고, 중산층가구의 순재산 중앙값은 2001년에서 2013년 사이 28%나 감소"하였다. 2017년 7월 입소스Ipsos Public affairs의 여론조사에서, "중국인의 87%와 인도인의 74%가 자신들의 나라가 올바른 방향으로 나아가고 있다고 답한 반면, 미국인은 43%에 그쳤다"는 사실은 미국 사회의 우울한 전망을 드러내고 있다.[20]

하버드대 역사학자 니얼 퍼거슨Niall Ferguson은 연방 부채의 심각성에 주목하였다. 그는 글로벌 금융위기 직후인 2009년에 "제국의 쇠퇴는 이렇게 시작된다. 부채 문제가 폭발하면서 제국이 붕괴되는 것이다 … 미국을 안전처라고 믿는 것은 넌센스다. 미국을 안전처라고 말하는 것은 1941년에 진주만이 안전하다고 말하는 것과 같다 … 연방정부의 부채는 2년이면 GDP의 100%를 넘어설 수 있다"고 경고하였다.[21] 연방 부채는 2009년 10조 6천억 달러(약 1경 5,000조 원)에서 2022년 10월 31조 1,000억 달러(4경 4,200조 원)로 증가하였고, 2023년 12월에는 34조 달러(약 4경 5,000조 원)를 경신하였다. 연방 부채는 2020년 GDP 대비 최고 161%에 달하는 등, 최근 5년간(2017-2021) 135%에서 161% 사이의 암울한 재정적 이정표를 기록하고 있다. 이로써 미 연방 부채는 반세기 만에 약 10배 증가하였고, 미 의회예산국CBO이나 전문기관들은 2029년경 부채 이자만으로도 국방예산을 넘어설 것이라 예측한 바 있는데, 2024년에 이미 이를 넘어섰다. 2025년에는 연방부채의 이자비용이 1조 2천억 달러(1,753조 원)을 상회할 것으로 예상되었다.

글로벌 금융위기에 따른 유로존 위기와 세계 경제위기 상황에서 미국 국가정보위원회National Intelligence Council가 발표한 2030년 예측인 글로벌 트렌드 2030: 대안적 세계Global Trends 2030: Alternative World(2012)에는, '앞으로도 미국은 최강대국의 지위를 지킬 것이지만, 향후 패권국가로 불릴 만한 나라는 없을 것이고, 단일 초강대국의 시대는 끝났다'는 일극체제의 종언이 예고되었다.[22]

노벨 경제학상을 수상(1993)하고 전全미경제학회장을 지낸 로버트 포겔Robert W. Fogel은 2040년이 되면 중국이 글로벌 GDP의 약 40%를 차지하게 될 것이라는 다소 과장된 예측(2015)을 내놓기도 하였다. 《파이낸셜 타임즈Financial Times》의 칼럼니스트 기디언 라흐만Gideon Rachman은 미국이 중국의 도전을 이솝우화의 '양치기와 늑대' 이야기로 들어서는 안 된다고 경계하면서, "사람들은 이솝 우화에서 양치기 소년의 말이 사실로 밝혀지는 때가 온다는 사실을 간과"하고 있다고 경고하였다. 당시 그가 지적하고 싶었던 것은, "늑대가 실제로 나타났고, 중국이 바로 그 늑대"라는 것이다. 조지프 나이는 이에 대해 '중국의 세기는 오는가?'라고 반문하면서 "중국이 미국의 세기를 종식시킬 만한 힘을 기르려면 아직 멀었다"고 충고하였다.[23] 그러나 당시 미국 엘리트 사회의 분위기는 대체로 그러하였고, 양치기 소년의 이야기는 투키디데스의 함정처럼 두려움이 두려움을 낳고 있었다.

대표적인 자유주의 국제정치학자인 프린스턴대 아이켄베리 교수는 〈왜 미국의 힘은 지속되는가Why American Power Endures?(2022)〉[24]라는 글에서 "미국이 주도하는 질서는 쇠퇴하지 않는다"고 확언하고 있다. 그는 "세상 사람들은 한 세기 동안 미국의 시대에 살았다"고 전제하면서 "세계정치의 조직자로서 미국의 영향력은 21세기에도 지속될 것"이라 주장하였다. 그의 논지는 미국의 쇠퇴를 예언하는 사람들이 미국을 역사에서 명멸한, 그리고 쇠퇴하는 또 다른 제국으로 보는 실수를 범했다는 것이다. 즉, 미국은 역사 속에서 흥망성쇠한 여러 제국들과는 다른 예외적인 국가라는 것이다. 더욱이 미국과 자유주의 질서liberal order를 제국으로 보는 오류를 범했다고 지적한다.

아이켄베리에 따르면, 미국의 힘은 제국적 행동보다는 이상과 제도, 그리고 가치에 주로 의존한다. 미국이 세운 세계질서는 제국이라기보다는 하나의 세계체제world system이자 전 세계인들을 위한 기회를 창출한 하나의 다면적인 정치구성체multifaceted formation이다. 현재 첨예해지고 있는 미국과 그 숙적인 중국, 러시아와의 경쟁은 "세계질서에 대한 두 대안논리 간의 경쟁"을 의미한다. 주지하는 바와 같이, 두 개의 대안논리는 자유주의 질서와 비자유주의 질서를 의미한다.

아이켄베리는 현시대의 자유주의와 비자유주의 간의 투쟁을 20세기 대투쟁의 반향反響, 풀어쓰면 두 차례의 세계대전과 냉전이라는 20세기 대투쟁의 메아리로 규정하였다. 지난 20세기에 이어 이번 세기도 자유주의 대 비자유주의의 투쟁이 이어지고 있다는 의미이다. 이것이 그가 쇠퇴론을 반박하면서 미국이 여전히 세계체제의 중심에 남아있을 것이라 확신하는 이유다. 미국이 가진 군사력·경제력 등 물질적인 능력과 글로벌 세력균형에서의 독보적인 역할 뿐 아니라, 미국식 제도와 신념의 소구력, 그리고 동맹구축 능력 등은 앞으로도 미국을 불가결한 국가indispensable nation로 만들 것이고, 이것이 미국의 힘의 비결이라는 것이다.

이러한 역량보다도 그가 강조하고 싶어 하는 본질적인 이유는 앞서 언급한 자유주의 질서의 수호라는 문명사적 역할 때문이다. 미국이 쇠퇴하지 않는 이유는 "현존 세계질서(자유주의 질서)의 광범위한 구성단위들(국가·초국적기업·국제기구 등)이 그 질서를 유지하는 데 있어서 미국의 역할에 의존"하고 있기 때문이라는 것이다. 나아가 "설사 미국의 물질적 능력이 상대적으로 감소하더라도 미국이 구축한 질서가 미국의 힘과 리더십을 지속적으로 강화해 줄 것"이라는 논지다. 다시 말하면, "힘은 질서를 창조할 수 있지만, 미국이 주재하는 질서는 미국의 힘을 지탱해 줄 것"이라는 낙관론적 입장을 취하고 있다.

그는 미국이 창조한 자유주의적 국제주의 질서가 양파처럼 몇 개의 층으로 구성되었다고 주장하고 있다. 표피층을 이루는 자유주의적 국제주의의 신념과 기획들은 경쟁적 국제체제의 무정부상태anarchy와 제국적 체제의 특징인 위계적 질서hierachy 사이에 제3의 길을 제시하고 있다. 중간층은 미국의 지리적 이점으로부터 연유한 글로벌 세력균형자라는 특유의 역할이다. 미국의 국제정치학자들이 공통적으로 강조하듯이, 미국의 지정학적 천혜天惠는 두 대양(대서양과 태평양)에 의해 여타 강대국들과 격리되어 있다는 것으로, 지정학적 천혜의 방벽을 의미한다. 그 아래의 겹은 민주주의적 동맹을 통해 글로벌 규칙과 제도를 만들고 유지하는 힘, 그리고 미국을 전 세계와 네트워크로 연결하는 미국 시민사회의 힘 등이다.

마지막으로 가장 핵심에는, 그가 주장하는 미국의 가장 위대한 힘 중의 하나인 '실패할 수 있는 능력'이 존재한다. 자유주의 사회로서 미국은 스스로 취약하고 오류를 범할 수 있다는 사실을 인정하고 그것을 개선할 수 있는 능력이 있다는 것이다. 이러한 자유주의 질서의 중층적 특성은 중국이나 러시아가 가질 수 없는 미국만의 역량을 발현하고 지탱해 주는 것이다. 어떠한 국가도 여타 국가들을 다루는 데 있어서 미국만큼 이러한 포괄적인 이점을 향유하지 못하였으며, 이것이 반복적인 실패에도 불구하고 미국이 오랫동안 권력을 유지하고 있는 이유이고, 앞으로도 그러할 것이라는 견해다.

아이켄베리가 미국적 세계를 양파에 비유하여 중층적 구조로 파악한 이유는, 요약하면 미국이 역사상 명멸했던 일반적인 제국이 아니라 특유의 보편질서 그 자체라는 점을 부각시키기 위해서다. 이로 인해 과거의 제국들이 피할 수 없었던 패권이동이나 흥망성쇠와 같은 역사적 순환주기로부터 미국은 어느 정도 자유로울 수 있을 것이다. 더 나아가 그는 미국이 설사 제국으로서 쇠퇴하더라도 그 질서, 즉 자유주의 질서는 여전히 지속될 것이라 전망하고 있다. 미국이 구축한 세계질서는 식민주의적 제국주의 질서라는 과거의 세계질서를 극복한 탈식민적 자유주의 질서로서, 세계에 평화와 번영을 제공함으로써 인류의 진보에 기여하였기 때문이라는 계몽주의적 관점을 견지하고 있다.

역사적으로 존재했던 제국들과는 달리 미국은 강제력 등 제국적인 행위imperial behaviors보다는 가치와 규범을 통해 자신의 의도를 관철하고 세계를 유지한다는 점에서 지속가능한 보편질서라는 것이다. 아이켄베리의 사유방식에서 미국은 제국이라기보다는 하나의 질서다. 쇠퇴론에서 벗어나기 위해서는 흥망성쇠의 역사적 주기에 구속되는 제국보다는 보편성을 담보한 질서라는 개념을 선호했을 수 있다. 하지만 그는 제국과 질서의 연속성과 불가분성을 간과하고 있는 듯하다.

초강대국을 제국에 비유하면, 제국이 만든 질서는 제국의 운명과 생애주기를 대체로 같이한다. 로마제국의 질서인 팍스 로마나Pax Romana, 중국제국의 중화질서, 유럽 열강의 제국주의 식민질서 등은 기성제국(들)이 쇠퇴하거나 새로운 대안제국(초강대국)이 압도함으로써 대체되거나 소멸하였다. 또한 역사적으로 팍스pax라는 명명에 걸맞은 보편제국들은 대부분 스스로를 문명과 동일시하여 강제력보다는 가치와 규범, 제도를 통한 통치를 선호하였다. 미국뿐 아니라 과거 로마와 중국 그리고 영국 또한 그러하였고, 그로부터 연유한 보편질서는 제국의 운명에 연동되었다.

아이켄베리가 강조한 바대로, 세계 여러 나라들이 지난 세기에 이어 오랫동안 미국을 추종하는 이유는 미국이 '제국적'이지 않아서가 아니라 자유주의 질서와 가치를 통해 평화와 번영을 제공하고 있다고 믿고 있기 때문이다. 노르웨이 역사가이자 노벨위원회 사무총장을 역임한 예이르 루네스타Geir Lundestad가 표현하였듯이, 미국이 강압에 의한 제국empire by coercion이 아니라 초청에 의한 제국empire by invitation이라 칭해지는 이유이기도 하다. 제국과 제국이 세운 질서는 불가분의 동체同體다. 아이켄베리의 희망대로 제국이 쇠퇴해도 질서는 존재할 수도 있겠으나, 아마도 그것은 제국의 그림자일 뿐이다.

| 떠오르는 강대국들, 나머지들의 부상the rise of the rest

제국의 쇠퇴는 불가피하게 그 질서의 쇠퇴를 수반한다. 질서 구축자로서의 미국의 장점이나 역량을 부정하는 것이 아니라 다른 세력이 부상할 가능성, 일정한 과도기를 거쳐 기존 질서를 대체할 가능성을 말하는 것이다. 문제는 미국은 다르다는 예외주의로부터 발생할 수 있다. 유사 이래 어떤 세계질서보다 우월한 질서(자유주의 질서)이자 특별한 제국(자유주의 제국)이라는 함의의 미국식 예외주의는 그 특유성uniqueness으로 인해 여타 국가들에 의해 일방주의로 비판받을 수 있다.

미국은 예외적인 제국, 예외적인 사회, 글로벌 공화국global republic, 반反제국적 제국anti-imperial empire 등, 스스로 예외적이라 강조하기 때문에, 그 역사의 DNA에 내장된 예외주의embedded exceptionalism는 미국을 세계와 격리시켜 스스로 소외시킬 수도 있고 특정국가들을 배제할 수도 있다. 예외주의라는 그 특유성과 특별함은 자유주의 질서를 지탱하는 세계 구성원들의 일상적 이해관계와 일반적인 우려를 이해하는 데 방해가 될 수도 있다.

'미국이 제국인가'라는 것보다 중요한 것은 자유주의 질서의 추이와 상태이다. 20세기 냉전시대 세계질서는 자유주의 질서와 사회주의 질서로 양분된 이원적 지배질서였다. 21세기 당대의 자유주의 국제질서 LIO는 냉전 해체 이후 지배적인 세계질서로서 일극체제의 산물이다. 그리고 일극적 질서로서 LIO가 현재 흔들리고 있는가가 당대 세기의 쟁점이다. 당대의 논쟁은 역설적이기도 하다. 주류적 관점으로는 중국과 러시아에 의해 자유주의 국제질서가 흔들리고 있다는 것이고, 다른 한편에서는 오히려 미국이 자유주의 질서를 위태롭게 하고 있다는 주장이 제기되고 있다.

트럼프 정부가 야기한 관세전쟁 등 보호무역주의, 바이든 정부의 글로벌공급망 재편—반도체 과학법Chip and Science Act, 인플레이션감축법 IRA—등은 자유주의 경제질서에 위배되는 행위라는 것이다. 미국과 중국의 쟁탈전이 자유주의 국제질서의 수호 문제로 시작된 것이 아니라 떠오르는 중국을 저지하기 위한 헤게모니적인 동기가 강한 것으로 해석되기도 한다. 자유주의 대 권위주의의 투쟁이라는 슬로건은 이러한 동기에 뒤따른 후속 부가물이다. 보다 본질적인 문제는 대안 헤게모니를 추구한다면 중국과 러시아 모두 더 나은 패러다임이나 새로운 질서를 제시해야 한다는 점이다. 하지만 아직까지 대안세력들은 자유주의 질서를 대체할 만한 대안 패러다임을 제시하지 못하고 있다.

역사적으로 기성제국은 질서를 수정하여 쇄신함으로써 제국의 생명을 연장하기도 하고, 신흥제국이 기성제국의 질서를 계승하거나 대체하기도 한다. 쇠퇴하던 로마제국은 기독교를 채택하여 보편제국의 명맥을 이어갔고, 서유럽의 기독교는 세속권력과의 타협을 통해 로마제국에 이어 중세 보편세계를 구현하였다. 미국은 자유무역 제국으로 자처한 영국의 자유주의적 전통을 계승하는 한편, 탈식민주의적 가치를 제시하여 탈식민 자유주의 질서를 구축하였다.

그렇다면 중국은 어떤 질서를 말하는가? 미국은 자유주의 질서의 진화를 이루어 낼 수 있을 것인가? 지난 20여 년 동안 중국과 러시아는 다극질서를 주장하고 있다. 중국이나 러시아가 비판하고 대항하는 것은 자유주의 질서가 아니라 미국 주도의 일극질서다. 따라서 강대국 중심의 다극질서가 아니라 다원적 자유주의 질서로 자유주의 국제질서가 진화해야 한다는 것에 미국과 중국, 러시아를 포함한 세계적 합의가 필요하다.

그레이엄 앨리슨이 주장한 투키디데스의 함정은 반드시 필연적인 것은 아니다. 떠오르는 국가가 위험하다는 것은 역사법칙에 의한 것도 아니며, 새로운 질서가 반드시 위협적인 것도 아니다. 새로운 질서 그 자체보다는 질서의 전환이 위험하고 힘겨운 것이다. 힘의 분포상태의 변동이나 강대국의 권력 이동, 세력전이로 인한 세계질서의 재편이 재현되는 역사적 상황이라면, 전쟁의 경로로 가는 투키디데스의 함정을 피해 평화적인 이행으로 가는 경로를 선택하는 것이 관건이다.

미국도 20세기 초에는 대영제국을 추월하는 떠오르는 국가였으나 세계질서를 파탄내지 않았다. 미국이 창출한 새로운 질서는 자유주의 질서라는 인류 진보에 기여한 국제질서였다. 영국은 떠오르는 미국에 대해 공포심을 지니지 않았다. 영국의 두려움의 근원은 유럽의 세력균형이 깨질 수 있다는 것과 이로 인한 전쟁가능성에 있었다. 영국의 그러한 두려움의 대상은 독일이었다. 독일은 그러한 의도와 힘을 가진 국가로 보였기 때문이다. 현재 중국이 미국의 헤게모니를 탈취하기 위해 전쟁을 불사할 만한 힘과 의도를 가졌다고 증명하기 어렵다. 다만 역사의 전례에 따라 중국이 지금과 같은 양적 성장의 추이를 지속한다면 결과적으로 미국을 추월할 뿐이다. 그마저도 팬데믹을 거치면서 중국의 성장률이 둔화되자 중국(의 미국)추월론은 회의적으로 바뀌고 있는 실정이다.

예외적인 국가가 역사의 법칙에서도 예외적인 것은 아니다. 20세기 미국은 두 차례의 세계대전과 냉전이라는 세 번의 역사적 순간historic moments을 통해 미국의 시대로 진입하였다. 지난 세기에 미국은 구질서—세력균형체제, 식민주의와 제국주의 질서—의 쇠퇴에 직면하여, 구질서의 복원이 아니라 새로운 질서를 제시함으로써 미국의 세기, 새로운 세계질서를 창조하였다. 현재 미국과 세계가 직면하고 있는 기후위기와 팬데믹, 불평등을 비롯한 글로벌라이제이젼의 부작용, 주권과 민족주의적 요구, 정체성 정치identity politics의 폭발, 포퓰리즘 등, 전반적인 글로벌 위기를 감안하면 자유주의 국제질서의 복원만으로는 이 위기를 극복하기 어렵다는 것이 중론이다.

앞서 살펴본 바와 같이, 미국의 힘은 시민사회 그룹의 역량—글로벌 네트워크와 이슈 장악력—을 비롯한 견고한 겹겹의 중층적 구조에 기반하고 있다. 그러나 역사적으로 국제체제의 힘의 배분은 소프트파워보다는 하드파워에 주로 의존한다. 강대국은 하드파워에서 시작된다는 사실을 간과해서는 안 된다. 소프트파워는 하드파워를 빛나고 풍요롭게 하는 기능을 하지만 강대국의 근원은 하드파워로부터 연유하는 것이다. 경우에 따라서는 군사력의 압도적인 우위만으로도 극체제polarity의 한 축을 담당할 수 있다는 것이 역사적인 선례다.

자유주의 질서는 미국을 헤게모니의 지위에 오르게 한 동시에 그 지위를 흔들어 놓기도 했다. 냉전해체 이후 자유주의 무역질서의 가장 큰 수혜자가 중국이고 미국은 보호주의적 기제를 통해 자유주의를 재구축하려는 역설적 현상이 표출되고 있다. 세계인들은 자유주의 질서를 폐기하길 원하지 않으나, 미국 스스로 자유주의 질서를 개선할 능력을 보여주지 못한다면 그것이 쇠퇴하는 징후로 여기고 누군가는 이를 대체하려 할 것이다.

미국의 쇠퇴 또는 미국의 시대의 종언이라는 담론을 다루면서 아이켄베리는 "누군가는 기뻐하고, 누군가는 슬퍼한다"고 평하였다. 유감스럽게도 아이켄베리의 견해는 우리의 관심에서 벗어나 있다. 미국인들에게 미국의 시대, 또는 미국의 쇠퇴는 기뻐하거나 슬퍼해야 하는 감성적 선호의 문제일 수 있으나, 그 외의 국가들에게는 생존에 직결된 이성적 판단의 문제다. 즉, 미국의 쇠퇴 여부는 기뻐하거나 슬퍼할 문제가 아니라 그것이 자국에 초래할 총체적 결과나 국가의 생존문제에 결부될 때 현실적 의미를 지닌다. 다시 말하면, 미국과 자유주의 국제질서가 세계와 자기 나라에 평화와 번영을 제공해 줄 수 있는가의 문제이다.

글머리에서 말한 것처럼 요지는 미국의 쇠퇴 여부가 아니다. 현재 점증하고 있는 글로벌 차원의 위기와 강대국 간의 쟁탈과 관련하여 다시 반추해야 할 사실은 '다른 것들'이 떠올랐다는 현실이다. 《포린어페어즈》와 《뉴스위크》 편집장을 역임한 저널리스트 자카리아Fareed Zakaria가 오래전에 예견한 바 있는 '떠오르는 강대국들', '나머지들의 부상'이라는 용어를 새삼스레 다시 불러내는 이유는 오늘날 미국의 쇠퇴를 진단하는 데 유용한 시사점을 제공해 주고 있기 때문이다.

《뉴스위크》에 게재된 〈나머지들의 부상The Rise of the Rest(2008)〉[25] 이라는 칼럼에서 자카리아는 미국 이외의 다른 국가들, 세계의 나머지들이 떠오르고 있다고 주장하였다. 그는 지난 500여 년간 세계는 두 번의 강대국 권력의 이동, 세력전이轉移를 경험하였고, 지금 세 번째 세력전이가 시작되었다는 것이다. 첫 번째는 서구세계의 문명적 상승, 두 번째는 신대륙 미국의 부상, 그리고 지난 20여 년간 지속된 미국의 일극적 초강대국 지위, 즉 팍스 아메리카나pax Americana가 도전받고 있다는 것이다. 팍스 아메리카나의 시기에 이루어진 글로벌 경제의 유례없는 극적인 성장이 세력전이를 촉진하는 추동력이 되었다는 점에서 '나머지들'의 도전은 매우 역설적이다. 다시 말하면, 미국 주도의 일극체제에서 지난 20여 년의 평화와 번영이 팍스 아메리카나를 마감하는 일련의 흐름을 창조해 낸 것이다.

2008년 이래 미국이 직면한 상황은 자카리아의 표현대로 여전히 '소용돌이'와도 같다. 바이든 대통령이 여러 차례 경고한 대로, '민주주의의 위기'로 압축적으로 표현되는 위기를 상징하는 과거의 모든 패턴이 앞다투어 엉켜있는 형국이다. 2,500여 년 전, 아리스토파네스Aristophanes가 "소용돌이가 왕이다, 제우스를 몰아냈으므로Whirl is king, having driven out Zeus"라고 은유했듯이, 자카리아는 오늘날 글로벌 위기, 미국이 직면한 위기라는 소용돌이가 미국을 몰아낼 수도 있다는 미국인들의 불안감을 대변한 것이다. 미국인들이 보기에, 새로운 세계가 다가오고 있는데 불안해하는 이유는 새로운 세계가 미국 땅이 아니라 먼 곳에서 이방인들에 의해 창조되고 있다는 두려움 때문이기도 하다. 미국이 아닌 "다른 것들, 나머지들에 의해 세계가 창조되고 있다"는 불안감이다.

"미국은 명령할 능력을 잃었을지는 몰라도 리드할 능력을 잃은 것은 아니다"라는 자카리아의 표현은 여전히 유효할 수 있다. 팍스 아메리카나의 시대가 지나간 미국 이후의 세계post-american world는 전도가 매우 불확실하지만, 이 세계는 미국의 쇠퇴로 정의되기보다는 다른 누군가의 상승으로 규정되는 세계일 것이다. 새삼스레 자카리아식으로 질문해 보면, "누가 누구를 두려워해야 하는가?" 예를 들어, 전 세계 GDP의 약 4분의 1, 세계 군사비 지출의 약 37.9%(2위에서 10위까지 총합 36.8%), 60여 개의 동맹국, 핵탄두 5,700여개 등의 하드파워를 보유한 미국인가? 아니면 글로벌 GDP의 약 18.5%, 세계 군사비 지출 약 13.9%, 약 500여 개의 핵탄두 등, 하드파워 면에서 미국에 비교열세인 중국인가?

중국과 러시아 등 다시 떠오르는 나머지 국가들을 지난 세기에 세계전쟁을 일으킨 제국 독일과 일본에 비유하거나 동일시하는 것 또한 합리적인 판단이라 하기 어렵다. 제국 독일이 추구한 새로운 양지陽地place in the sun, 독일민족의 생활공간lebensraum(게르만의 제국), 그리고 군국주의 일본이 추구한 대동아공영 등, 식민지 영토정복을 근간으로 한 제국주의와 인종주의 정책을 중국의 일대일로와 러시아의 유라시아구상과 동일선상에 놓기는 어렵다. 실패한 제국인 독일과 일본이 시도한 것처럼 전쟁에 의한 세력전이, 혹은 군사력을 통한 세계질서의 재편을 오늘날 중국이나 러시아가 기획하고 있다고 판단하는 것은 일면 역사 결정론의 함정에 빠질 위험이 있다.

우리는 투키디데스의 함정을 피해야 하며, 다른 경로를 선택할 수 있다. 결정론적 판단을 하기에 앞서 오늘날과 같은 시대적 대전환기에는 알렉산더 해밀턴Alexander Hamilton의 권고를 반추할 필요가 있다. 미국 건국의 아버지 중의 한 명인 해밀턴은 건국 시기 미국이라는 신세계를 건설하면서 근본적인 통찰을 제시하였다. 새로운 헌정질서를 수립하는 것을 우연과 힘accident and force에 맡겨둘 것이 아니라 성찰reflection과 선택choice으로 결정해야 한다는 권고이다. 자유주의 국제질서나 미국 이후의 세계 등과 결부하여 대전략이나 새로운 질서를 수립하는 역사적 기획은 우연이나 힘accident and force이 아니라 성찰과 선택reflection and choice을 통해 이루어져야 한다.

지금까지 살펴본 바와 같이, 주목해야 할 것은 미국의 쇠퇴여부가 아니라 다른 국가들이 상승하고 있다는 사실이다. 반복하자면, 미국이 쇠퇴하는 것이 아니라 다른 나라들이 떠오르고 있는 것이다. 떠오르는 나라들이 미국의 지도력, 즉 리드할 능력을 수용할지는 매우 불확실하다. 미국이 여러 번의 쇠퇴를 극복한 것은, 헌팅턴의 희망대로 미국의 천재성이라는 비르투Virtu가 발휘되었기 때문이기도 하지만 포르투나Fortuna(운명의 여신)의 배려 때문이기도 하다.

포르투나의 예측불가능한 운명의 수레바퀴가 미국에 행운을 주는 방향으로 굴러갔던 역사적 현실도 고려할 필요가 있다. 소련의 해체가 그러하다. 미국은 여전히 이러한 포르투나의 행운을 누릴 수 있을 것인가? 소련처럼 중국도 미국에 앞서 쇠퇴할 것인가? 명령하지는 못하더라도 여전히 세계를 리드하겠지만 미국은 장기적으로 동등해지는 중이다. 폴 케네디의 주장대로 세계 정세에 있어서 주도적인 국가들의 상대적인 힘은 불변인 채로 있지 않다. 제국(초강대국)은 과도한 팽창imperial overstretch으로 쇠퇴하거나, 떠오르는 강대국들에 의해 동등해지기도 한다. 지금이 그러한 시대이다. 이런 시대에는 네오콘 학자인 로버트 케이건Robert Kagan이 주장한 자애로운 제국benevolent empire[26]은 더 이상 존재하지 않을 것이다.

안토니오 그람시에 따르면,
궐위의 시대는 권위의 붕괴를 시대적 징표로 한다.
만일 지배계급이 합의를 상실하면,
즉, 더 이상 통솔leading하지 못하고 지배만 한다면,
그리고 순전히 강제력만 보유하고 있다면
절대 다수의 대중들은 전통적인 이념에서 떨어져 나갈 것이다.

이러한 위기는 옛 것은 사멸해 가고
새로운 것은 아직 탄생하지 못하고 있는 사실에 있다.

지그문트 바우만의 말대로,
궐위의 시대는 규범과 질서가 정지justitium된,
그리고 전쟁을 부르는 예외적 시대이다.

4. 인테레그눔interregnum, 궐위의 시대

| 포스트 코로나19 팬데믹

2020년 3월 11일, 세계는 미증유의 시대로 접어들었다. 세계보건기구WHO의 팬데믹 선언으로 세계 석학들은 암울한 인류세人類世Anthropocene의 도래를 경고하였다. 코로나19COVID-19 이후 세계는 코로나 이전(BC: Before Corona)과 이후(AC: After Corona)로 시대 구분될 것이라는 주장이 팬데믹처럼 퍼져나갔다. 최근 몇 년 동안, 세계질서의 대변동 또는 문명적 대전환이라는 주제가 학계나 정책커뮤니티 뿐 아니라 경제계에서 광범위하게 논의되고 있었다는 점을 감안하면, 코로나19 팬데믹은 세계질서의 세기적 대전환 담론을 확정지은 것이라 할 수 있다.

유발 하라리는 "인류는 글로벌 위기, 아마도 우리 세대의 최대의 위기에 직면"하였고, 한 번도 경험하지 못한 다른 시공간으로 향하는 역사적 웜홀wormhole을 통과하고 있다고 경고하였다.[1] 헨리 키신저는 《월스트리트저널WSJ》 기고문(2020년 4월 4일)에서 "코로나 팬데믹이 세계질서를 영구히 바꿔 놓을 것"이라 예견하였다. 팬데믹 선언 직후, 미국 외교전문지 《포린 폴리시Foreign Policy》가 마련한 팬데믹 이후 세계에 대한 세계 석학들의 자문은 "세계 정치경제 권력의 영구적 이동"을 전망하고 있다는 점에서 매우 예언적이다.

현실주의 국제정치학자 스티븐 월트Stephen Walt는 팬데믹으로 국가의 귀환, 즉 국가권력의 강화가 이루어질 것이고, 강대국 패권경쟁과 민족주의가 격화될 것이라고 예측하였다. 영국의 씽크탱크 채텀하우스Chatham House의 소장인 로빈 니블렛Robin Niblett은 코로나19 이후, 세계화라는 글로벌 경제 거버넌스의 급격한 위축―월트는 초세계화hyperglobalization의 철수라고 표현―에 대해 말하고 있다.

자유주의 국제정치학자인 아이켄베리G. John Ikenberry 또한 코로나19 팬데믹 이후 민족주의와 강대국 패권경쟁 등이 강화될 것이라는 견해에 공감하면서도, 민족주의적 격류가 지나간 후에 장기적으로는 민주주의에 기반한 새로운 형태의 국제주의가 출현할 것이라고 다소 낙관적인 전망을 하였다. 브루킹스Brookings 연구원의 존 앨런John Allen 원장은 코로나19 팬데믹으로 국제 세력 구조의 재편이 이루어지고, 국제체제는 광범위한 분쟁과 불안정에 처하게 될 것이라고 비관하였다.

리처드 하아스Richard Haass 미국외교협회CFR 회장에 따르면, 코로나19 팬데믹 이후 세계는 국가들이 세계 문제로부터 국내문제로 서둘러 철수하는 것을 목격하게 될 것이다. 팬데믹으로 드러난 글로벌 공급망의 취약성으로 인해 해외진출 기업의 본국 회귀, 즉 리쇼어링reshoring이 가속화되고 유럽 등의 선진국에서 이민에 대한 거부감이 현저해질 것이다. 코로나19 위기는 미·중관계의 악화와 유럽통합의 약화라는 기존 세계질서의 해체 경향을 가속화할 것이다.[2]

몇 해 전의 글에서 나는 "옛 것은 지나갔으나 새로운 것은 도래하지 않았다"라고 말한 바 있다. 그 글에서 탈냉전 30년을 첫 번째와 두 번째 세계전쟁 사이를 의미하는 '전간기inter-war period'에 비교하기도 하였다.³ 이탈리아 정치사상가인 그람시Antonio Gramsci가 《옥중수고Prison Notebooks》에서 비유적 언어로 표현하고 있는 "궐위의 시대Interregnum"를 연상하는 글이었다. 그람시는 왕이 없는 시대, 궐위의 시대를 다음과 같이 은유하였다. "옛 군주는 죽었으나 새로운 군주는 출현하지 않았다." 기존의 자유주의 세계질서가 해체되고 있는 세계질서의 궐위시대에는 필연적으로 위기를 수반한다. 현재 진행 중인 자유주의 세계질서의 위기를 궐위의 시대라는 개념으로 분석하려는 입장에서 보면, 코로나 팬데믹은 이러한 위기의 주요 부분을 구성한다.⁴

이제 새로운 것이 도래하고 있는가? 그 새로운 것은 통상적으로 새로운이라는 용어가 주는 희망의 메시지가 아니라 두려운 것이라는 점에서 비극적 전조를 드러내고 있다. 아침에 깨어 보니 갑자기 세상이 바뀌어 있었는가? 코로나19 팬데믹 이전의 세계는 안정적이었는가? 도래할 새로운 세계질서는 어떠할 것인가라는 질문에 직접 답하기란 쉽지 않지만, 새로운 질서를 야기한 원인과 배경은 무엇인지, 그리고 과거의 질서와 새로운 질서는 어떻게 다를 것인지를 헤아려 보는 것이 필요하다.

'새로운 질서'는 새삼스러운 담론이 아니다. 새로운 질서는 20세기 말 냉전 해체기에 인류가 소망했고 초강대국의 지도자들이 약속했던 신세계 담론이었다. 베를린 장벽이 붕괴된 직후인 1989년 12월 3일, 소련의 고르바초프 서기장과 미국의 부시 대통령은 지중해의 몰타에서 냉전을 해체하고 새로운 평화의 세기를 선언하였다. 이듬해 9월, 부시 대통령은 미 의회 상원연설에서 신세계 질서를 전망하였다. 미국과 소련의 최고지도자는 "보다 자유롭고, 정의를 추구하며 평화를 추구하는 새로운 시대", 그리고 "국가들이 강자와 약자의 권리를 존중하고 평화와 정의에 대해 공동의 책임을 지는 새로운 세계"라는 비전을 공유하였다.

그러나 이른바 탈냉전기로 명명되었던 과거의 새로운 세계, 새로운 질서는 그 이상과 비전을 실현하지 못한 채 역사의 박물관으로 슬그머니 퇴장하였다. 그동안 무슨 일이 일어난 것일까? 20세기 두 차례의 미증유의 전쟁과 연이은 냉전을 경험한 암울했던 세계에 희망을 준 신세계 질서는 어떤 것이었는가?

| 포퓰리즘populism, 그 병적인 징후들

역사적으로 궐위의 시대는 왕이 서거했으나 새로운 군주는 아직 정해지지 않은 왕위의 공백기를 의미한다. 신성로마제국의 대공위(궐위의) 시대Great Interregnum(1250-1273)의 혼란기가 대표적인 역사적 사례이다. 20세기 현대에 궐위의 시대는 두 차례의 세계대전 사이의 시기, 즉 전간기interwar period(1919-1939)를 의미한다. 좌파 사상가 안토니오 그람시는 전간기의 혼돈에서 궐위의 시대를 발견하였다. 19세기 말에 시작된 서구사회의 아름다운 시대, 즉 벨 에포크belle epoque, 그리고 자유주의의 시대는 사라예보의 총성(1914)으로 사라졌다.

제1차세계대전 종결 후 전간기戰間期에 그람시가 직면한 세계는 헤게모니가 사라진 세계였다. 기존의 주류 질서인 자유주의가 헤게모니적 지위를 상실하고 여러 대항 이념들이 사활을 건 경쟁을 벌이고, 세계를 지도하던 대영제국이 미국에 그 지위를 추월당하는 세계적 차원의 세력 전이가 확인되고 있었다. 윌슨Woodrow Wilson의 미국은 '14개조 평화의 원칙'을 제시하여 파리강화회의를 주도하면서 전후 세계질서의 설계자이자 궐위의 시대의 유력한 헤게모니 경쟁자로 부상하였다. 오늘날 자유주의 세계질서와 세계화의 종언, 미국 헤게모니의 쇠퇴, 그리고 중국의 부상 등은 과거 전간기의 데자뷰로서 논의되고 있다.

그람시의 언어로 표현하면, 궐위의 시대는 권위의 붕괴를 시대적 징표로 한다. "만일 지배계급ruling class이 합의consensus를 상실하면, 즉 더 이상 통솔leading하지 못하고 지배ruling만 한다면, 그리고 순전히 강제력만 보유하고 있다면, 대중의 절대 다수가 전통적인 이념에서 떨어져 나갈 것"이다. 이러한 위기(권위의 위기)는 "옛 것은 사멸해 가고 새로운 것은 아직 탄생하지 못하고 있는" 사실에 있다. 궐위의 시대라는 개념은 1990년대 초중반, 냉전해체 이후 세계화와 신자유주의의 전일화全一化에 대한 정치경제적 분석을 목적으로 정치학자 스티븐 길Stephen Gill이 차용[5]한 이래로, 2008년 이후 현재까지 글로벌 금융위기와 자유주의 국제질서의 쇠퇴를 분석하는 개념으로 주로 진보학계에서 논의되고 있다.

21세기 궐위의 시대라는 개념은 2008년 글로벌 금융위기로 가시화되었다. 기존의 헤게모니 이념이자 주류질서인 자유민주주의의 정당성 위기가 표면화되었다. 헤게모니가 안정적일 때, 다시 말하면 헤게모니의 균형시기hegemonic equilibrium에는 대안이념이나 대항세력을 포섭하거나 배제시킬 수 있는 헤게모니적 정당성이 파워 엘리트들에게 있으나, 궐위의 시대에는 이러한 정당성이 상실된다. 그리고 무역과 GDP 성장, 그리고 자본이동이 지속적으로 감소 추세를 유지하는 등 자유주의적 세계화가 정점을 지나 하향하는 경향을 보이고 있다.

한편, 세계경제포럼World Economy Forum(다보스포럼)에서는 자본주의의 위기를 논하였고, 2016년 IMF의 보고서에서는 '과잉판매된 신자유주의 Neoliberalism: Oversold?'라는 진단을 내린 바 있다. 특히, 2012년 다보스포럼에서는 포럼의 주제인 '대전환, 새로운 모델의 형성'에 걸맞게 세계적 석학들과 정치인, 그리고 경제인들이 '자본주의를 버렸다'는 평가가 회자될 만큼 기존의 신자유주의와 세계화 모델에 대한 근본적 회의와 폐기를 표명하면서 새로운 이념과 전략 모색의 필요성을 역설하였다. 학자들은 이러한 역사적 현실에서 과거 자본주의의 대전환을 설파한 폴라니Karl Polanyi의 유령을 떠올렸을 것이다. 그러나 옛 것은 이미 지나가고 있으나 새로운 것은 아직 나타나지 않고 있다.

그람시의 《옥중수고Quaderni del carcere(1922)》에 표현된 궐위의 시대는 유기적 위기organic crisis, 그리고 헤게모니의 위기와 연관되어 있다. 그람시적 개념으로 헤게모니란 동의에 의한 지배를 획득하는 통치엘리트의 능력을 의미한다. "유기적 위기란 통치계층(지배엘리트)이 이념적이고 정치적인 정당성을 상실하여, 통치의 헤게모니를 확보할 수 있는 도덕적이고 이념적인 리더십을 발휘할 수 없는 상태"를 의미한다. 유기적 위기는 경제적 위기뿐 아니라 광범위한 정치적 이념적 정당성의 위기를 내포하고 있다.[6]

코펜하겐대의 정치경제학자 루네 스탈Rune M. Stahl은 궐위의 시대를 "유기적 위기의 정치적 형태"로 해석한다. 궐위의 시대는 "질서의 부재인 전반적인 혼란상태가 아니라 불안정하게 질서가 유지되는 상태semi-ordered system"를 의미하며, "다양한 전략과 이념들이 헤게모니를 위해 치열하게 경쟁하는 시기"라는 것이다. 예를 들어 양차대전 사이의 전간기는 파시즘Fascism, 마르크스주의Maxism, 케인즈주의Keynesianism 등이 고전적 자유주의classical liberalism의 헤게모니 상실에 대응하여 새로운 헤게모니의 지위를 획득하기 위해 사활적으로 경쟁했던 대표적인 궐위의 시대 사례다.

오늘날에는 국제적으로 워싱턴 컨센서스로 상징되는 자유민주주의의 헤게모니 지위에 대항하여 베이징 컨센서스 류의 국가자본주의나 주권민주주의가 헤게모니 경쟁 양상을 보이고 있다. 국내적으로도 엘리트들 사이에 존재하던 이념적 합의가 부재하게 되어 대안적인 이념이나 전략들이 치열하게 경쟁함으로써 기존의 헤게모니적인 주류 제도들이 효과적으로 작동하지 않게 되고, 정치적 투쟁이 사회 내에 만연하여 궁극적으로 사회세력의 재편성을 야기하게 된다. 예를 들어, 기존의 민주주의에 대한 합의에 대항하여 인종주의·반이민주의 등 정체성 정치 identity politics가 극단화되어 좌우파 포퓰리즘이 심화되는 상황이 그 일상적인 사례다.

유럽의 사상思想적 봉우리의 하나로 일컬어지는 사회학자 바우만 Zygmunt Bauman에 따르면,[7] 궐위의 시대는 "지속되어 온 통치와 법 그리고 사회질서의 파열을 경험하게 되는 특정 시기"로서, 기존의 규범과 질서가 중지되거나 유예되는 "비상사태나 예외적 상태justitium의 선포"를 수반한다. 궐위의 시대에는 "현존하는 사회질서의 법적 프레임이 장악력을 상실하고 새로운 프레임은 기존의 것을 대체할 만큼 충분히 강력하지 않은 이례적인 상황"이 초래되어 여러 규범과 질서 그리고 전략이 헤게모니를 향해 치열하게 경쟁한다.

웨스트민스터대 정치철학자 샹탈 무페Chantal Mouffe는 궐위의 시대를 좌파 포퓰리즘이 상승하는 시기로 설명한다. 그에 따르면,[8] 인류는 현재 "신자유주의적 헤게모니 구성체의 위기를 목도하고 있으며, 이러한 위기는 한층 민주적인 질서를 수립할 가능성을 열어준다". 그는 2008년 이래 글로벌 경제위기가 신자유주의 모델의 모순을 전면에 부각시켰고, 오늘날 신자유주의 헤게모니 구성체는 대안좌파와 극우세력으로부터의 저항에 직면하게 되었다고 진단하였다. 나아가 무페는 "우리는 현재 포퓰리즘의 순간을 살고 있다"고 선언하고 있다. 포퓰리즘의 순간populist moment은 좌파와 우파 양측으로부터 기존질서에 대한 저항운동에 처하게 된 새로운 위기국면을 의미한다.

이렇듯 궐위의 시대, 즉 자유주의 질서의 위기에 대한 근본적인 해결책이 아직 나타나지 않는 상태를 특징짓는 것을 무페는 '포퓰리즘의 순간'이라 표현하였다. 냉전해체 이후 30여 년 동안 지속된 (신)자유주의의 헤게모니가 초래한 양극화와 불평등의 심화, 중산층의 몰락 등 탈민주주의post-democracy 상태에 대한 저항을 의미한다. "현재 (신)자유주의 헤게모니는 위기의 국면에 진입하였고, 이로 인해 새로운 헤게모니가 들어설 수 있는 기회가 창출되고 있지만, 새로 탄생할 헤게모니 구성체가 보다 더 권위주의적일지 더 민주적일지는 단정하기 어렵다."

새로운 헤게모니의 성격은 국내적으로는 좌우세력 간의 헤게모니 경쟁에 의해 결정될 것이고, 국제적으로는 미국의 자유민주주의(워싱턴컨센서스)와 중국의 주권민주주의(베이징컨센서스) 간의 헤게모니 경쟁의 결과에 의해 결정될 것이다. 다만, 무페는 대서양문화권에서 포퓰리즘이라는 용어의 부정적인 연상을 해명하면서 그가 지지하는 "좌파 포퓰리즘 전략의 목적이 포퓰리즘 정권을 수립하는 것이 아니라 자유민주주의의 틀 내에서 새로운 헤게모니를 수립하기에 용이한 집단적 주체를 구축하는 것", 즉 민주주의를 강화하는 것임을 강조하였다.

이러한 궐위의 시대에는 다양한 유형의 가장 병적인 징후들이 발생한다. 에이드리언 팝스트Adrian Pabst는, 《자유주의 세계와 그 비판들Liberal World Order and Its Critics: Civilisational States and Cultural Commonwealths(2018)》에서 자유주의세계질서의 좌파에서 우파에 이르기까지 포퓰리즘과 민족주의 형태로 이러한 병적인 징후들이 이미 광범위하게 산재되어 있음을 보여주고 있다. 유럽의 경우 그리스의 대안좌파정당 시리자Syriza와 스페인의 포데모스Podemos에서 프랑스와 독일의 극우정당인 국민전선FN과 독일을 위한 대안AfD에 이르기까지 극단적 포퓰리즘은 제2차대전 이후 처음으로 의회에 진출함으로써 정치적 주류에 합류하는 듯한 병적인 현상을 표출하였다. 2023년 극우 포퓰리즘 정당들은 집권—이탈리아 조르자 멜로니Giorgia Meloni의 이탈리아형제당Fratelli d'Italia(FdI)—하거나, 의회진출은 물론이고 제2당의 지위—프랑스 극우정당 국민연합Rassemblement National—에 오르고 있다. 국민연합의 마린 르 펜Marine Le Pen은 2017년과 2022년 연속으로 대통령 선거 결선 투표에서 E. 마크롱과 대결하였다. 2024년 9월 오스트리아 총선에서는 나치계열의 극우정당인 자유당이 득표율 29.2%로 1위를 차지하였다.

2024년 6월 9일에 EU 전역에서 치러진 유럽의회 선거에서 극우주의정당의 진출이 두드러졌다. 유럽의회 선거결과 중도우파성향의 유럽인민당EPP이 720석 중 제1당(185석, 25.69%)을 차지하였으나, 전반적으로 극우 정당의 진출(131석)이 두드러졌다. 독일은 극우 대안당AfD이 집권 여당인 사민당SPD을 앞서 보수 야당인 기민당CDU에 이어 2위를 차지하였고, 프랑스에서는 극우정당인 마린 르펜의 국민연합당RN이 약 32%의 득표율로 마크롱이 이끄는 집권당 '르네상스'에 압도적인 승리를 거두었다. 선거의 충격으로 마크롱대통령은 의회해산을 선언하고 조기총선을 결정하였다. 마크롱은 극우세력의 상승을 '유럽의 위험'으로 경고하였다. 벨기에 총리 알렉산더르 더크로Alexander De Croo도 집권당이 참패하고 극우와 우익정당이 승리함에 따라 사임하였다. 이탈리아에서 조르자 멜로니 총리가 이끄는 극우성향의 이탈리아형제당FdI이 1위(28.8%)를 차지하였고, 헝가리, 오스트리아, 그리스, 네덜란드 등에서도 극우 또는 민족주의계열의 정당이 약진하였다.

유럽의회에서 친유럽연합 중도대연정이 과반수 의석을 유지할 것이지만, 극우 성향의 정당들이 약 156석(약 22%)를 차지할 것으로 예측되었다. 극우화 경향의 최대 피해자는 녹색당the Greens이었다. 녹색당은 5년 전 선거보다 의석수가 4분의 1(53석)로 축소되었다. 유럽에서 큰 전쟁major war의 가능성을 배제할 수 없는 불안감이 상존하는 가운데, 우크라이나 전쟁의 피로감, 이스라엘-하마스 전쟁에 대한 불만, 이민문제, 미국 보호무역주의의 악영향, 엄격한 기후정책에 대한 반발climate backlash 등이 혼합되어 이러한 선거 결과로 이어진 것으로 평가되었다. 온건 진보와 합리적 보수가 공존하는 정치와 관용적인 사회문화가 보편화된 유럽에 포퓰리즘의 시대가 도래하는가? 유럽의 포퓰리즘은 미국의 포퓰리즘과 서로 공명하고 동조화하고 있다. 그러한 의미에서 세계는 포퓰리즘의 위험 속으로 걸어 들어가는 듯하다.

애초에 반反신자유주의 포퓰리즘 운동은 우파로부터 시작되었다. 1990년대 오스트리아자유당FPÖ과 프랑스의 국민전선FN—이후 국민연합RN으로 재창당—등 유럽의 극우 정치세력들이 기성 정치엘리트들에 대항하여 포퓰리즘적 강령을 전면에 내세우면서 포퓰리즘 운동이 주목받기 시작하였다. 좌파 포퓰리즘 운동이 본격화된 것은 2008년 미국발 글로벌 금융위기의 여파였다. 글로벌 경제위기로 인해 주로 남부유럽 국가들은 급진적 긴축재정과 극도의 경제적 내핍을 감내하면서 이에 대한 사회적 저항에 직면하게 되었다. 이러한 사회·정치적 저항은 2011년 그리스와 스페인 등에서 분노한 시민들의 운동Aganaktismemoi/Indignados(M15 Movement)이라는 형태로, 미국에서는 점령운동the Occupy Movement으로 표출되어, 2016년 프랑스의 철야운동Nuit Debout 등 유럽의 여러 도시에서 광장의 정치, 광장운동으로 이어졌다.

궐위의 시대의 권위의 위기, 즉 자유주의 세계질서의 위기는 몇 가지 도전을 수반하였다. 자유주의 질서를 유지하는 데 드는 비용이 미국의 이익을 능가함으로써 높은 비용이 발생하고, 트럼프 정부의 의도대로 자유무역이나 민주주의 증진과 같은 근본적 가치에 대한 미국의 공약이 실종되는 등의 문제가 현실화되고 있다. 또한, 오바마 정부가 의도했듯이 미국이 전략적 인내strategic patience나 뒤에서 통솔leading from behind

하는 전략 등을 통해 세계 문제로부터 전략적으로 철수함으로써 결과적으로 중국이나 러시아, 인도 등 신흥강대국들로 세력의 전이global power shift를 야기하여 미국의 리더십과 서구의 가치에 대한 헤게모니 경쟁과 도전이 일어나고 있다.

이와 더불어 세계화의 부작용으로 인한 국내적 불안정, 즉 고용·이주민·복지 문제 등과 기성질서에 대한 사회적 반발 등으로 보호주의적 경향이 강화되고 국가주권에 대한 강조가 두드러지고 있다. 영국의 브렉시트Brexit와 트럼프 류의 자국 최우선주의, 즉 미국우선주의America First, 마린 르 펜의 프랑스우선주의La France d'abord 등이 대표적인 증상이다.[9]

궐위의 시대라는 개념에 동의하지 않는 학자들은 자유주의 국제질서의 위기를 일시적인 것으로 판단한다. 자유주의 국제정치학자인 존 아이켄베리는 자유주의 국제질서의 재생과 재조직화renewal and reorganization의 가능성을 말하고 있다.[10] 그에 따르면 자유주의 국제질서는 경제적 개방성, 규칙기반 국제관계, 협력적 안보, 개혁지향성, 자유민주주의적 연대성 등 제도적 신념들을 기반으로 하며, 이를 통해 안정적이고 협력적인 질서가 유지된다.

아이켄베리는 미국의 리더십이 쇠락하고 서구의 가치가 위기에 처해 있다는 사실은 인정하지만, 자유주의 세계질서가 다시 부흥할 수 있다는 희망을 피력하였다. 무엇보다도 강대국들간 전쟁 가능성이 낮고, 중국 등 신흥강대국들이 자유주의 세계질서에 순응·포섭될 수 있다는 것이다. 또한, 자유주의 세계질서에 대한 체계적인 대안이 부재하고, 자유무역 등 공유가치에 대한 주요국 간의 일반적인 합의가 존재하는 것 등이 낙관론의 배경에 자리하고 있다. 다시 말하면, 자유주의 국제질서가 지니는 독특한 특성, 즉 통합성과 확장성, 아이켄베리가 말한 대로 "참여하기는 쉬우나 뒤집기는 어려운" 특성이 중요하게 작용한다는 것이다.

▎트럼프와 바이든의 대선: '역사상 가장 중요한 선거'

　코로나19 팬데믹 와중에 치러진 2020년 미국 대통령 선거는 '역사상 가장 중요한 선거'로 기억되고 있다. 4년마다 치러지는 미국의 대선에 2020년처럼 세계인의 주목이 집중된 사례는 찾기 어렵다. 당시 일상의 유럽인들은 미국 대선의 전문가가 되었고, 더 나아가 우리 한국인들은 미국 북동부 쇠락한 공장지대인 러스트rust 벨트와 남부의 선sun 벨트, 복음주의 기독교 벨트가 선거의 승패를 가름하는 경합지역이라는 사실도 알게 되었다. 미 대선이 세계 각국의 정치 엘리트와 일상인들의 이목을 이렇듯 집중시킨 것은 현재 세계가 대전환의 순간에 있다는 것을 방증하는 것이기도 하다.

　미국의 선거에서 후보나 언론매체에 의해 역사상 가장 중요한 선거로 주장된 사례는 여럿 있다. 그 효시는 1805년에 치러진 펜실베이니아 주지사 선거로 알려져 있다. 당시 주지사였던 맥킨Thomas McKean의 재선을 막기 위해 한 언론사가 벌였던 낙선 캠페인의 구호가 '역사상 가장 중요한 선거에 동참하라'는 것이었다. 역사적 운명을 타고난 이 구절은 200여 년 동안 미국의 선거에서 되풀이되었다.

　1813년에 실시된 지방선거조차 '헌법제정 이래 가장 중요한 선거'로 홍보되었고, 1936년에는 미시건 주지사의 재선 캠페인에도 '생애 가장 중요한 선거'라는 구호가 활용되었다. 대선에서도 이러한 문구가 반복하여 등장하였다. 1840년 대선은 '건국의 아버지들의 시대 이래로 가장 중요한 선거', 1864년 남북전쟁의 막바지에 치러진 대통령 선거는 링컨의 재선으로 귀결된 '역사상 가장 중요한 선거 중의 하나'로 언론매체에 소개되었다. 1868년과 1888년의 대선 등에서도 언론매체들은 역사상 가장 중요한 선거라는 문구로 선거를 규정하였다.

　냉전시대에도 이러한 선거 관행은 반복되었다. 1952년 대선에서 트루먼 대통령은 민주당 후보인 스티븐슨Adlai Stevenson에 대한 지지를 호소하면서 '남북전쟁 이래 가장 중요한 선거'에 투표할 것을 독려하였다. 1960년 대선에서는 존 F. 케네디 후보가 리처드 닉슨 후보와의 대결에서 '100년 전 링컨의 당선 이래로 가장 중요한 선거'임을 강조하였다. 냉전해체 이후 2000년대 들어서도, 2004년 대선에서 조지 W. 부시가 자신의 재선을 '역사상 가장 중요한 선거'라고 호소하였고, 2016년 대선에서는 트럼프가 이러한 주장을 한 바 있다.

이러한 사례들이 있음에도 2020년 대선이 트럼프나 바이든 후보캠프뿐 아니라 학계와 언론매체에서 '역사상 가장 중요한 선거'로 상정되는 이유는 대전환의 순간에 처한 미국의 위상과 관련이 있다. 2020년 9월에 실시된 미국의 한 여론조사(YouGov poll) 결과에 따르면, 성인의 69%, 민주당과 공화당 지지자들의 76%, 55세 이상 성인의 82% 등, 미국 국민의 절대다수 또한 2020년 대선을 생애 가장 중요한 선거로 판단하고 있다.

앞에서 열거한 역사상 가장 중요한 선거들 중에서 남북전쟁을 앞둔 1860년 링컨의 대선과 대공황 와중에 치러진 루즈벨트의 1932년 대선이 명실상부하게 미국의 가장 중요한 선거라고 학자와 전문가들은 대체로 동의하고 있다. 그러나 역사적으로 중요한 결과를 초래를 이러한 선거들조차도 2020년 대선의 중요성을 넘어서지 않을 것이라는 견해들이 우세하다.

미국의 외교전문지 《포린폴리시》는 2020년 9월 25일자 "역사상 가장 중요한 선거The Most Important Election. Ever"라는 분석기사에서 여러 저명한 학자들을 인용하여 2020년 미국 대선이 미국뿐 아니라 세계적으로 얼마나 중요한 의미를 지니는 선거가 될 것인가를 역설하였다. 이에 따르면, 오늘날 미국이 세계에서 차지하는 비중이 1860년이나 1932

년 대선 당시와는 비교할 수 없을 정도로 현저함을 감안할 때, 2020년 대선은 244년의 미국의 헌정질서뿐 아니라 자유주의 세계질서에도 회복하기 어려운 결과를 초래할 수 있다는 것이다.

UC 샌디에이고 역사학 교수인 에드워드 와츠Edward J. Watts는 2020년 대선을 '축軸의 순간fulcrum moment'이라 표현하면서, 미국 민주주의의 대변동이 초래될 '지레축'이 작동하는 선거로 규정하였다. 트럼프가 재선될 경우 "미국 민주주의 규범은 완전히 사라질 것이고 바이든이 승리하더라도 미국이 회복하기까지 오랜 세월이 걸릴 것"이라 비관하였다. 찰스 쿱찬Charles Kupchan 조지타운대 정치학 교수 또한 2020년 대선을 '미국 역사상 가장 중요한 선거'로 규정하였다. 선거사상 결정적인 의미를 지니는 것으로 평가되는 토마스 제퍼슨의 1800년 대선과 1860년의 링컨의 대선보다 2020년 대선이 더 중대한 결과를 초래할 것이라는 예견이었다.

쿱찬에 따르면, 트럼프가 재선되면 "세계는 이제 유권자의 실수가 아니라 미국이 트럼프의 길을 선택한 것"으로 판단할 것이다. 현재 "세계는 세력균형이 전환되고 있고 역사는 가차 없이 지독한 시대로 진입"하고 있다. 쿱찬은 서구의 물질적 우세가 아시아로 전이되고 세력균형도 흔들리는 현시대를 "역사적 비례균형에 대한 이중의 재액災厄double whammy of historic proportion"으로 경계하였다. 이러한 역사적 국면에서 미국은 글로벌 시스템을 안정화시킬 수 있는 중심적인 위치에 있으므로, 2020년 대선은 강대국들의 운명을 바꾸고 국제질서를 재편했던 기존의 세계적 차원의 구조적 변동 과정에 비교될 수 있을 것이다.

존 아이켄베리는 2020년 대선에서 미국이 '세계적이고 역사적인 순간'을 맞이하고 있다고 말한 바 있다. 그는 "세계에서의 미국의 역할과 글로벌 시스템의 운명이 대선 투표에 달려있다"고 보았다. 트럼프 대통령이 재선되면 자유주의 질서가 해체의 길로 들어서고 미국이 자유주의 국제질서의 주도자로 복귀하는 것을 기대하던 국가들은 다른 길을 모색하게 될 것이라고 우려하였다.

유럽의 반응도 미국의 분위기 못지 않았다. '소프트파워'라는 개념으로 잘 알려진 조지프 나이 하버드대 교수는 "4년은 참을 수 있었으나 8년은 너무 길다"는 유럽 동맹국의 고위 외교관의 말을 인용하여 미국 대선에 대한 유럽의 절망적인 희망을 전하였다. 나토 주재 미국대사를 역임한 아이보 달더Ivo Daalder 또한 트럼프가 재선될 경우 "유럽은 미국과 결별"의 길로 들어설 것이라 비관하였다. 나토 분담금의 인상강요, 독일 주둔 미군의 일방적 축소 결정, 보복 관세 압박 등, 유럽에 대한 트럼프의 거래적 접근으로 2차대전 이후 형성된 미국과 유럽의 자유주의 동맹의 가치가 훼손되었다는 것이다. 특히, 트럼프 정부가 팬데믹에 대해 당파적 대응을 함으로써 초래된 재앙적 결과로 인해 1945년 이래로 미국에 의지해 오던 유럽인들은 처음으로 미국에 대해 당혹스러운 동정심을 표출하게 되었다.

찰스 쿱찬이 미국의 고립주의 외교의 역사에 관한 그의 저서 《고립주의Isolationism: A History of America's Efforts to Shield Itself from the World(2020)》에서 토로하고 있듯이, 현재 미국은 세계에서 자신의 역할이 무엇인가에 관한 고통스런 논쟁bruising debate 중에 있다. 트럼프가 표방한 미국 우선주의는 고립주의라는 미국 외교의 역사성에 착근하고 있음으로써 미국의 대외정책에 대한 대논쟁을 한층 근본적인 것으로 확대하였고, 다수 유권자들의 정서적 동의를 획득할 수 있었다.

1945년 종전 이래로 미국은 공화당과 민주당을 막론하고 대외정책에서 공히 국제주의internationalism를 지향하였다. "냉전시대의 베트남 전쟁에서 탈냉전시대의 이라크 전쟁, 그리고 냉전시대 관세와 무역에 관한 일반협정GATT에서 탈냉전시대 세계무역기구WTO에 이르기까지" 공화당 정부와 민주당 정부는 자유주의의 확산과 인도주의적 개입을 실행하면서 세계질서의 수호이자 세계 이익의 공여자 역할을 충실히 수행하였다. 그럼에도 미국 국민들에게 미국의 세계적 역할은 중동전쟁 개입으로 인한 인명손실과 재정파탄, 세계화로 인한 중산층 몰락, 중국의 부상에 따른 일자리 상실, 이민자와 난민 유입으로 인한 사회 불안정 증가 등으로 각인되었다.

이러한 불안감에 포획된 미국의 불특정 국민들이 유권자적 정체성을 획득하면서 트럼프의 신고립주의는 역사적 순간을 맞이하게 되었다. "세계질서의 수호자, 세계 이익의 공여자는 자국에 도대체 어떤 질서를 수호하고 어떤 이익을 주었는가?"라고 묻는 유권자들에게 트럼프는 미국 우선주의라는 신고립주의로 답하였다. 트럼프는 종전 이래 지속되어 온 자유주의 국제질서라는 미국 외교의 대표 브랜드와 국제주의의 플레이북을 폐기처분하였다.

반反이민 인종주의, 일방적 보호주의 등을 포괄하는 트럼프의 신고립주의가 미국뿐 아니라 세계적으로 충격적인 파급효과를 초래한 것은 주지의 사실이다. 국내적으로 조지 플로이드 사건으로 상징되는 일련의 대규모 시위(Black Lives Matter, 흑인의 생명도 중요하다)를 촉발한 반反이민 인종주의는 기존의 정체성의 위기에 처한 미국 사회를 폭발시켰다. 대외적으로 트럼프의 미국은 중국과의 벌거벗은 패권경쟁 뿐 아니라 유럽과 아시아 동맹국들과 낯선 이익분쟁을 초래함으로써 동맹국들로 하여금 미국이 강대국 패권 쇠퇴의 역사적 순환에 접어든 징후를 포착하게 하였다.

자유주의 국제질서에 동의하는 국가들은 미국이 국제주의로 복귀하는 것을 대체로 희망하고 있다. 자유주의적 가치에 대한 존경을 표하는 미국 국민 또한 자유와 인권, 환경 등 인류 가치와 세계 이익global common의 실현에서 미국의 역할을 여전히 기대하고 있다. 2020년 민주당 대선후보 조 바이든은 이에 부응하여 미국의 글로벌 리더십 회복 Make America Lead Again이라는 슬로건을 통해 이란핵합의JCPOA와 파리기후협정에의 복귀 등, 국제주의 노선으로의 복귀와 규범에 의해 작동하는 국제질서의 회복을 표방하였다.

미국의 대다수 유권자들은 2020년 대선은 고립주의든 국제주의든지 간에 세계질서와 미국의 미래에 직결되는 역사적 담론과 국가와 사회의 발전경로를 가름하는 중대선거critical election 이상의 의미가 있는, 미국뿐 아니라 세계사의 대순환 주기의 시작을 알리는 역사적 선거historic election로 기록될 것으로 본다. 물론 당시 바이든 대통령이 후보시절 구상한 대로 미국이 세계를 다시 주도하는 역할을 수행할 수 있을지 예단하기는 어려웠다. 이러한 미국의 역할에 대한 세계인과 미국인의 합의, 다시 말하면 "미국의 세계적 역할을 세계가 얼마나 원하는가, 그리고 미국인들은 이를 감내할 수 있는가?"라는 질문에 대한 동의와 합의가 관건이었다. 세계가 원할지라도 미국 국민이 동의하지 않을 수 있고, 반대의 경우도 있을 수 있었다.

20세기 초 전간기에 윌슨 대통령의 민주당 정부가 미국의 세계적 역할에 주목하여 국제연맹National League 가입을 추진하였으나 공화당이 다수였던 상원에서 부결된 것이 대표적 사례다. 그렇다면 2020년 대선의 제2라운드라 할 수 있는 2024년 대선 이후에 트럼프화trumpication 경향을 보이고 있는 공화당의 향후 정책지향은 어떠할 것인가? 중국과의 디커플링decoupling을 지향하며 글로벌 공급망 재편과 미국 투자를 강권하는 인플레이션감축법IRA, 반도체과학법Chip & Science Act 등 바이든식 미국 우선주의라 할 수 있는 미국산 장려운동Buy American과 자유주의 국제질서에 입각한 민주당의 글로벌 리더십은 바이든 정부 이후에도 조화롭게 결합coupling될 수 있을까?

| 무극체제Nonpolarity와 강대국들의 세계

글로벌 금융위기가 기정사실화되던 2008년 4월, 온라인 글로벌 평론지 《프로젝트 신디케이트Project Syndicate》에 흥미로운 칼럼이 게재되었다. 미국외교협의회Council on Foreign Relations 회장인 리처드 하아스 Richard N. Haass가 〈무극세계에서 살기Living in a Non-Polar World〉[11] 라는 글에서 일극체제의 종언과 무극체제의 출현을 예고하였다. 그에 따르면, "20세기 초반은 몇몇 국가들이 지배하였고(다극체제), 냉전시대에는 두 국가가(양극체제), 탈냉전기에는 미국이 그러하였는데(일극체제), 21세기 현재에는 아무도 지배하지 못하는" 세계, 즉 '무극체제'가 도래하고 있다는 것이다.

그는 이러한 현실을 세 가지 요인으로 설명하였다. "몇몇 국가들이 급상승한 경제력을 기반으로 하드파워를 기르게 되었고, 글로벌라이제이션이 비국가 행위자들을 강화시킴으로써 국가의 힘을 약화시켰다. 또한, 절제력 없는 대외정책으로 인해 미국이 상대적으로 쇠퇴한 결과, 세계의 힘의 분포가 일극의 순간에 비해 현저히 분산되었다"는 것이다. 그리고 무극체제의 출현으로 세계는 점증하게 위험해지리라는 것인데, 지역이나 세계적 수준의 도전 과제들에 협력적으로 대응하기 어려워지기 때문이다.

하아스가 무극체제의 출현을 감지한 것은 글로벌 금융위기가 결정적 계기였을 것이다. 미국 헤게모니와 일극체제의 제도적 기반인 자유주의 질서가 흔들리는 가운데 이러한 글로벌 위기를 미국이 단독으로 해결할 수 없다는 안타까운 깨달음의 순간에 일극체제를 넘어 무극의 순간 non-polar moment이 도래하고 있었다. 글로벌 경제위기를 해결하기 위해

2008년 11월에 예정된 제1차 G20 정상회의에서 역설적이게도 하아스는 다극세계가 아니라 무극세계를 떠올렸다.

그는 다극체제와 비교함으로써 무극체제를 정의하였다. 알려진 바와 같이 다극체제가 힘의 집중이 뚜렷한 소수의 국가들이 각자 극pole을 형성하고 있는 국제체제라면, 무극체제는 의미 있는 힘으로 분산된 다수의 중심들이 존재하는 국제체제를 말한다. 얼핏 보면 미국·중국·러시아·EU·일본·인도 등 다극체제로 보이지만, 무극체제는 전통적인 유형의 다극체제보다 힘의 중심이 다수이고 더 분산적이며, 이 중에서 비국가행위자들이 의미 있는 비중을 차지하고 있다는 설명이다.

무극체제에 대한 개념적 정의나 모델이 엄밀하게 수립된 것은 아니지만 다극체제나 일극체제와 경험적 비교를 통해 이미지를 유추할 수 있다. 일극체제의 쇠퇴는 앞서 설명한 것으로 갈음하고, 다만 일극체제가 다트머스대 정치학자 윌리엄 월포스William Wohlforth의 정의대로 "대항균형counterbalancing이 불가능한 체제"인데 비해, 무극체제에서는 일극적 헤게모니가 해체되고 대항균형의 움직임이 가시화되는 체제라 할 수 있다. 일반적으로 대항균형은 일극 헤게모니 국가에 대한 대항균형을 의미하는데, 역으로 헤게모니를 향해 떠오르는 국가에 대한 대항균형도 이에 포함된다.

역사적으로 대항균형은 다극체제에 일반화된 균형 유형이지만 무극체제에서도 이러한 행동이 시도될 수 있다. 오바마 정부의 재균형 Rebalance (Pivot to Asia), 그리고 트럼프 정부에 이어 바이든 정부의 대표적 동맹전략인 쿼드Quad는 인도태평양전략의 핵심으로 인·태 앙탕트 Indo-Pacific Entente를 지향하는 대항균형, 즉 중국을 겨냥한 대항동맹인 4국협상Quadruple Entente으로 진화할 가능성이 있다. 다극체제와 비교해 보면, 다극체제가 역사적으로 대여섯 개의 헤게모니 국가들에 힘이 집중된 체제인 데 비해, 무극체제는 힘의 분포가 분산적이며 기존의 일극적 헤게모니 국가 이외의 국가들이 아직 의미 있는 극pole을 형성하지 못한 상태를 말한다. 무극체제는 체제 전반을 관장하고 경쟁할 수 있는 헤게모니 국가들의 부재 상태를 의미한다.

역사 속에서 무극체제는 어떻게 나타났을까? 이와 관련하여 흥미로운 연구결과가 있다.[12] 역사상 존재했던 극체제polarity에 대한 코팔리안Nerses Kopalyan의 경험적 연구이다. 그에 따르면, 고대 지중해 세계에서 무극체제는 일반적으로 국제체제의 힘의 배열의 한 형태였고 일극체제가 이행한 결과였다. 이 연구는 고대 지중해 세계를 두고 기원전 2000년경 고대 그리스 세계에서 로마제국의 분열시기인 AD 395년까지 약 2,400여 년의 시간을 15개의 극체제 시기로 구분하여 일극체제·양극체제·다극체제·무극체제 등으로 분할하였다. 그 중에서 일극체제가 5개 시기(33%)로 가장 빈번했고, 다극체제는 4개 시기(27%), 무극체제와 양극체제는 각각 3개 시기(20%)로 동일했다. 역사 공간으로 보면 무극체제는 해당 역사기간의 약 18%(415년)라는 적지 않은 시간을 차지하였다.

일극체제 이후 어떤 체제가 도래했는지를 보여주는 일극체제의 구조적 이행 결과 또한 매우 흥미롭다. 고대 국제체제에서 일극체제가 쇠퇴 또는 해체되고 도래한 체제는 대부분 무극체제(약 60%)였다. 일극체제 하에서 제국(헤게모니 국가)의 힘의 집중도가 국제체제 전반에 광범위하게 지배적으로 관철되고 있던 경우일수록, 헤게모니가 쇠퇴한 이후에 힘이 분산되는 경향이 뚜렷하여 무극체제로 이행되는 결과를 초래한다는 해석이다.

풀어 말하면, 제국의 힘이 초강력한 일극체제일수록 대안 헤게모니가 생성될 가능성이 상대적으로 희박하기 때문에, 그 제국이 해체될 경우(일극체제 해체)에 이를 계승 또는 대체할 만한 국가들이 부재하여 힘의 공백상태가 초래된다는 것이다. 마케도니아의 알렉산드로스 제국의 일극체제(BC 345-BC 320)와 로마제국의 일극체제(BC 170-AD 395)가 대표적인 사례이다. 이들 제국의 쇠퇴는 무극체제로 이어졌는데, 당시 지중해 세계를 지배한 이 제국들의 헤게모니의 압도적인 수준으로 인해 제국 해체가 힘의 진공상태인 고대 국제체제로 귀결된 것이다. 이는 현재 미국 중심의 일극체제의 이행에 비견할 만하다.

이 연구에 따르면 지난 500여 년간의 근대 이후 국제체제에서는 무극체제가 출현하지 않았다. 총 12개의 극체제 시기 중 일극체제·양극체제·다극체제는 각각 네 개의 시기로 동일하다. 일극체제의 이행 결과를 비교해 보면, 근대 국제체제(베스트팔렌 체제)가 성립된 이래 네 번의 일극체제 중 양극체제로의 이행(50%)이 두 차례, 다극체제로의 이행이 한 차례(25%), 그리고 현재 이행 중인 일극체제(1990-현재)가 한 번이다.

각 극체제의 지속기간은 평균 약 30-50년이었다. 근대 역사적 경험으로 볼 때, 고대세계와는 달리 일극체제에서 무극체제로 이행한 전례가 없는 이유는 나폴레옹의 프랑스와 대영제국 등 근대 국제체제에서 일극적 헤게모니 국가들의 힘의 집중도와 범위가 극도의 수준이 아니었기 때문이다. 반면, 21세기 초 현재 진행 중인 미국 일극체제로부터의 이행이 무극체제적 경향을 띠는 이유는 근대체제와는 반대로 미국의 헤게모니의 집중도와 범위가 극도의 수준에 도달한 초강대국이기 때문이다. 이에 따라 현재 진행 중인 일극체제의 이행은 근대 국제체제보다는 앞서 분석한 고대 국제체제의 무극체제로의 이행에 더 친화성이 있다고 할 수 있다.

일극의 순간을 정의한 크라우트해머는 일극체제 또한 지나갈 것이라 예측하였다. 일극체제 이후에는 다극체제가 도래할 것이라 내다보았는데, "제1차세계대전 이전의 국제체제와 유사하게 미국과 동등한 강대국들이 경쟁하는 비교적 전통적인 다극체제"를 상정하였다. 월트에 따르면[13] 외형상 다극체제로 보일 수도 있지만, 무극체제는 다극체제의 전형적인 양상인 강대국 간 숙적경쟁great power rivalries이 결핍되어 있다. "설사 반미주의가 광범위하게 퍼져 있다 하더라도 미국에 도전하는 여러 강대국이 등장한 것은 아니며, 미국과 잠재적 라이벌들 간에 힘의 불균형이 여전한 상태"이다.

하드파워(군사+경제부문)의 규모를 비교하면 이러한 불균형이 선명히 드러난다. 스톡홀름국제평화연구원SIPRI의 자료로 보면, 2008년 당시 미국의 군사비 지출은 세계 총액의 약 42%(약 6,070억 달러)에 달하여 2위에서 15위까지 14개국의 총액을 상회하였고, 2위인 중국(849억 달러)의 약 7배가 넘었다. 2019년에는 미국과 여타 강대국들 간의 격차가 현격히 축소되었다. 2019년 세계 군사비 지출은 지난 10년 만에 최고치를 기록하여 2010년에 비해 7.2% 증가하였다. SIPRI 선임연구원 베젠만Pieter D. Wezenman이 지적했듯이, 2019년 미국의 군사비 지출의 특징은 강대국 간 군비경쟁으로의 의식적인 복귀 경향인데, 전년대비 5.3% 증가율을 기록하며 독일의 1년 국방예산만큼 증액되었다. 그럼에도 미국의 세계 군사비 비중은 38%(7,320억 달러)로 축소되고 2위 중국(2610억 달러)과의 격차도 약 2.8배로 줄었다. 미국의 군사비 수준도 차상위 8개 국가의 군사비 총액으로 하향 조정되어 미국과 차상위 강대국들 간의 군사비 격차는 점점 줄어드는 추세에 있다. 각국의 물가 수준을 반영한 구매력평가(PPP)대비 군사비로 환산하면 이러한 격차는 더욱 축소될 것이다.

하드파워의 또 다른 주요 구성 부분인 경제력을 기준으로 보면, 미국과 차상위 강대국들 간에 격차 조정 추세가 매우 뚜렷해진다. 2008년 미국 GDP는 세계 GDP의 25%(13.8조 달러, 차상위 4개의 총액)인데 비해, EU의 GDP 비중은 31%(16.8조 달러)에 달하며 미국을 현저히 추월하고 있다. 2019년에는 미국의 비중은 24.5%(21.4조 달러)로, 중국(14.1조/2008년 4.4조), 일본(5.2조/2008년 4.9조), 독일(약 3.9조 달러) 등 차상위 3개국의 GDP 합계(23.2조)에도 못 미치면서 차상위 강대국들과의 격차가 현저히 축소되는 추세에 있다.

미국과 여타 강대국 간의 힘의 격차가 축소되는 추세에 있으나, 근대 국제관계사에서 다극체제의 전형적인 특징인 강대국 간의 숙적경쟁 rivalry이 일반화되지 않은 것이 무극체제의 특징이기도 하다. 일극체제가 쇠퇴하고 무극체제가 출현하게 된 데는, 앞서 하아스의 글을 인용했듯이 여러 요인이 작용하였다. 일반적으로 말하면 새로운 강대국의 출현은 필연적이라는 패권이동의 역사적 요인은 차치하고서라도, 무엇보다도 미국의 대외정책의 실패가 가장 중요한 동인이라 할 수 있다.

대표적인 사례가 일극의 순간의 정점에서 실행한 테러와의 전쟁인 두 개의 전쟁(아프간+이라크 전쟁)이다. 이것은 폴 케네디가 경고했던 제국의 과도확장이라는 담론에 적합한 대외정책이었다. 두 개의 전쟁이 초래한 경제적 후과는 미국의 재정 상황에 지울 수 없는 궤적을 남겼다. 과도한 전쟁 비용과 감세정책으로 부시 행정부는 약 1,000억 달러의 흑자재정(2001년)을 클린턴 정부로부터 물려받았으나 집권 말기인 2007년에는 2,500억 달러의 재정적자를 기록하였다. 테러와의 전쟁은 경제적 역효과뿐 아니라 알카에다Al Qaeda, 이슬람국가ISIS(DAIISH), 보코하람Boko Haram 등의 비국가 군사집단militia(테러집단)을 양산하여 지역 내 국가들의 약화를 초래하기도 하였다.

또 다른 주요 요인은 글로벌라이제이션(세계화) 효과이다. 글로벌라이제이션은 미국 헤게모니의 제도적·규범적 기반인 자유주의 질서의 경제적 표현태라고 할 수 있다. 미국은 글로벌라이제이션과 함께 유일한 패권국이 되었고 일극적 헤게모니에 의해 글로벌라이제이션은 정점에 이르렀으나, 역설적으로 미국은 글로벌라이제이션의 효과로 세력전이의 기로에 서게 되었다. 초국적기업들의 출현과 국제NGO의 증대, 자본과 노동의 초국경적 이동의 급증 등을 통해 비국가 행위자들의 영향력이 증가함으로써 과거 양극체제나 다극체제에 비해 국가행위자의 통제력이 상대적으로 약화되었다. 중국 등 신흥강대국들의 부상과 중산층의 몰락 등은 미국의 헤게모니 지위에 위협요인으로 작용하였다. 글로벌 금융위기와 함께 글로벌라이제이션은 쇠퇴하기 시작하였고 미국의 헤게모니 또한 그러하였다.

무극체제의 도전 중에 대량살상무기의 확산 문제는 미국에 여전히 중요한 위협요인이다. 이란의 핵개발 시도가 무극체제의 산물이라면, 북한의 핵무장은 무극체제의 명백한 징후로 거론되기도 한다. 이러한 대량살상무기 능력을 제거하기 위한 수단으로 군사적 조치를 취하는 문제가 진지하게 논의되곤 한다. 명백히 임박한 적의 공격에 대응하는 선제공격 preemptive strikes은 정당한 자기방어이고 적의 능력을 미리 타격하는 예방적 공격preventative strikes은 국제법 위반으로 정당성이 분별되지만, 이러한 군사적 공격 방식의 가능성은 모두 핵개발을 시도하려는 국가들에 의해 역으로 핵무장을 위한 변명(정권안정)으로 활용되기도 한다.

이에 대한 실용적인 대안은 제재sanctions인데, 무극체제에서 제재의 작동방식은 일극체제와 달라지고 있다. 일극체제에서는 정당성 획득의 차원에서 강대국들의 협조라는 국제적 협조의 외형을 취했지만, 미국이 독자적이고 일방적으로 제재를 관철하는 것이 가능하였다. 그러나 무극체제에서는 정당성 획득의 차원뿐 아니라 제재레짐이 실질적으로 작동하기 위해서는 여타 주요국들의 협조가 필수적 요건이 된다. 이란 핵문제 해결과정에서 이란과 P5(유엔안보리상임이사 5개국)+1(독일) 간에 포괄적공동행동계획JCPOA(2015)이 타결된 것은 미국이 주도한 제재에 참여국들이 적극적으로 협조한 결과이다. 향후 북핵 협상과 제재 과정도 유사하게 진행될 것이다. 과거 부시 정부가 북핵 문제의 부담을 분산 또는 회피하기 위해 6자회담을 활용한 측면이 없지 않다면, 이제는 제재를 실행하기 위해 중국과 러시아의 협조가 필수적인 요건이 되었다.

헤게모니가 이완되고 국익이 부각되는 무극체제에서는 일극체제에 비해 중국과 러시아 등의 강대국으로부터 제재 협조를 획득하기란 쉽지 않을 것이다. 미·중 간의 패권경쟁이 치열해지는 상황에서는 더욱 그러하다. 애초에 일극의 순간이 시작되는 상징적 사건인 걸프전(1990-1991), 그리고 경우에 따라선 일극의 순간의 재림으로 독해되던 아프간전쟁(2001)은 강대국뿐 아니라 전 세계 국가들의 자발적 의지가 집결된 전쟁이었고 미국이 선두에서 이끌었다. 미국은 이들의 협조가 없었더라도 이를 완수했을 것인데, 정당성과 선의의 관점에서 협조가 필요했을 뿐이다.

그러나 앞으로는 이러한 협조가 점점 더 어려울 것이고 미국이 단독으로 의지를 관철하기도 쉽지 않을 것이다. 예를 들어, 2022년 이래 북한의 미사일 발사 실험과 군사무기 불법이전 등에 대해 유엔 안보리에서 미국의 추가 제재 시도들이 잇달아 무산되었고, 2024년 3월 유엔안보리에서 북핵제재위원회 전문가패널의 연장에 중국과 러시아가 협조하지 않음으로써 대북제재 레짐에 균열이 일어났다. 또한 우크라이나 전쟁과 하마스 전쟁에 대해 유엔 총회와 안보리에서 미국의 의도가 관철되지 못한 것이 대표적인 사례들이다.

따라서 미국이 헤게모니를 유지하기 위해서는 동맹들의 협조와 연대가 필수적인 세계가 도래하였다. 염두에 둬야 할 것은 동맹의 미래가 일극체제에 비해 밝은 것은 아니라는 점이다. "동맹은 예측가능한 위협과 전망, 그리고 공약 등이 확고해야 지속가능"한데, 점점 이들 간의 경계가 불투명해지고 있고, 동맹관계 또한 상황적이고 조건적으로 변하고 있다. 그리고 전 세계적으로 동맹의 변환transformation이 시작되고 있다. 바이든 정부가 표방하는 대서양 동맹의 재강화, 한·미·일 관계의 재확인 등은 이러한 변환의 역설적인 표현이라는 평가가 있다. 현실주의 국제정치학자들에 따르면 미국이 "우리의 편에 서거나 반대하거나"하는 선택을 압박하는 전략적 사치를 이제는 더 이상 누리지 못할 것이라는 것이다.

무극체제는 불안정하고 위험한 세계일 것이다. 무극체제가 무질서를 낳게 하지 않으려면, 그리고 무극체제가 현대의 중세암흑기modern Dark Ages가 되게 하지 않으려면, 무극체제적 질서를 만들어야 한다. 영국학파British School를 이끈 옥스퍼드대 정치학자 헤들리 불Hedley Bull의 국제관계에 대한 통찰에 의지해 볼 필요도 있다. 국제체제의 구조적 특성이 무정부 상태인 것은 사실이지만, 세계정치는 무정부적 특성과 사회적 특성이 혼합되어 있다. 다시 말하면 세계정치는 홉스적 자연상태에서 이루어지는 것이 아니라 국제사회에서 이루어진다.

그러나 국제사회와 그 질서는 자연적으로 도출되는 것이 아니라 인위적으로 수립되어야 하는 것이다. 다시 말하면, 무극체제적 질서non-polar order 혹은 무극세계non-polar world를 수립해야 하는 것이다. 이를 위해서 다자주의가 핵심적인 대안으로 제시될 수 있고, 이를 준수하는 국가들의 핵심그룹을 수립하여 협조적 무극체제concerted nonpolarity를 수립하는 것이 R. 하아스적 무극체제 질서의 이미지이다.

이러한 예측들은 다자주의와 민주주의 정상회의 등 바이든 정부의 대외정책의 이미지와 유사하다. 이러한 상관성 여부와는 별도로, 다자주의에 입각한 협조적 무극체제concerted nonpolarity는 이후 다극체제로의 이행가능성을 배태하고 있는 것으로 해석될 수 있다. 역사적으로 다극체제는 협조체제concert system이기 때문이다. 다극체제의 전형으로 평가되는 19세기 유럽협조체제Concert of Europe가 일례다. 이 체제는 전형적인 강대국 간의 협조체제이다. 그렇다면 무극체제 이후의 세계는 강대국들의 세계가 될 것이다.

| G-Zero의 세계, 각자도생의 시대

무극체제와 유사하지만 좀 더 비관적인 담론이 있다. 정치학자이자 전략 컨설턴트인 브레머Ian Bremmer와 경제학자 루비니Nouriel Roubini가 주장하는 'G-Zero' 담론이다. 냉전이 해체된 지 20여 년이 지나고 글로벌라이제이션 효과에 대한 회의적 평가가 점증하던 2011년, 《포린어페어즈》에 시사적인 논문이 게재되었다. 〈G-제로의 세계A G-Zero World: The New Economic Club Will Produce Conflict, Not Cooperation〉[14]라는 글에서, "G20이 아니고 G2도 아니고 G7은 더욱 아닌" G-제로의 세계가 비관적으로 묘사되고 있다.

G7 국가들은 글로벌 금융위기의 주요 진앙지였고, 글로벌 금융위기를 해결하기 위한 국가 간 거버넌스로 기대된 G20은 "경쟁적인 불협화음의 장"으로 드러났다. 세계경제의 리더십 공유라는 오바마 정부의 정치적 선의善意에 기댄 G2는 세계경제 리더십에 따른 경제적 부담보다는 정치적 리더십에 더 관심이 있던 중국의 의도가 확인되자 미국내에서 전략적 효용성이 상실되었다.

당시 미국은 "글로벌 공공재의 핵심공여자 역할을 지속할 수 있는 자원이 결핍된 상태"에 있었고, 유럽은 "유로존 살리기에 몰두"하고 있었다. 글로벌 경제위기라는 "초국가적인 도전에 대응하기 위해서는 중국·인도 등 신흥 강대국들의 직접적인 관여"가 필수적이지만 이들 국가 또한 글로벌 공공재 공여를 위한 자원이 결핍되어 있거나 충분한 관심을 결여하고 있다는 것이다. "어떠한 국가나 연합체도 국제적 과제들을 해결하려는 정치·경제적 의지나 해결수단이 없고, 이에 따라 국제문제들에 대한 국제사회의 갈등도 심화될 것"이다. 세계의 기업들은 "막대한 현금 더미 위에서 이러한 불확실한 시대가 지나가기만을 기다릴 것"이다. 이렇듯 "글로벌 리더가 사라진 세계", 'G0(제로)'의 세계에 우리는 살고 있다는 것이다.

자유주의 국제질서를 위한 세계적 합의인 워싱턴 컨센서스가 약화되고, 대서양세계 내의 정책불일치가 표면화되었으며, 선진국과 신흥시장국들 간에, 무엇보다도 미국과 중국 간의 정책 갈등이 첨예해지면서 "그 어느 때보다 절실한 순간에 국제 리더십의 공백이 발생"하였다. 글로벌 금융위기 전 20여 년의 시기가 "경제적 공동이익과 세계적 협력"을 특징으로 하였다면, 위기 후 20여 년은 "자국 보호주의적 압력과 무역갈등"이라는 적자생존의 경쟁이 대기하고 있다는 경고가 우세해졌다.

자유주의 국제질서의 주요 규범이자 핵심기구인 세계무역기구WTO와 국제통화기금IMF은 독점적 지위와 대표적 권위를 상실하게 되었다. 세계 도처에서 정책적 갈등과 불일치가 표출되었다. 예를 들어, 구제금융만 하더라도 "독일 유권자들은 더 가난한 유럽 내 국가들을 구제하는 데 불만을 토로하였고, 형편이 좋지 않은 남유럽 시민들은 EU나 정부의 소극적인 구제책을 공격"하였다. "미국은 중국의 통화정책을 환율조작으로 비난하였고, 브라질과 독일은 미국의 양적완화를 대책 없는 것으로 불평"하였다. 보호주의적 경향은 무역 분야뿐 아니라 금융투자와 핵심적 인프라 등의 자산취득 분야에서도 애국주의적 경향과 결합하여 두드러지고 있다.

브레머에 따르면 G제로의 세계에서는 NATO 등 기존의 정치·군사적 집단안보collective security도 약화되겠지만, 유로존 위기가 보여주듯이 집단경제안보는 더욱 비관적이게 될 것이다. G7이나 G20, G2 등 어느 국가들도 세계경제나 지역경제 차원의 집단경제안보에 대한 관심보다는 자국의 경제성장이나 일자리 등 국내안보domestic security에 우선순위를 두고 있다. 세계경제를 부양하는 문제는 부차적인 것으로 밀려나고 있다. "자유주의 시장경제 발전모델이라는 워싱턴 컨센서스의 보편적 합의는 더 이상 없고, 중국식 사회주의 발전 모델인 베이징 컨센서스도 그러할 것"이다.

제2차세계대전을 종결하면서 전쟁을 야기했던 보호주의와 통화금융체계의 불확실성을 극복하고 브레튼우즈체제에 기반한 자유주의 국제질서라는 새로운 국제질서를 수립했던 것처럼, G제로의 시대에도 그러한 새로운 국제질서를 수립할 수 있을까? 글로벌 금융위기 당시 영국 총리 고든 브라운Gorden Brown이 제안하고 유럽연합이 관심 있게 논의한 바 있는 초국가적 금융감독기구의 창설을 골자로 한 신新브레튼 우즈 체제는 대안이 될 수 있는가? EU의 이러한 구상은 달러를 기축으로 한 세계금융주도권의 약화를 우려하는 미국과의 이해관계 불일치에 따라 합의에 이르지 못하고 있다. 이로 인해 G제로 시대의 질서는 기존의 브레튼우즈Bretton Woods 체제(IMF+World Bank)의 새로운 버전, 즉 브레튼우즈 2.0이기보다는 갈등과 경쟁의 체제가 될 것이라는 예측이 우세하다.

G제로의 시대에는 지금까지 우리가 알고 있던 정치는 잊어야 한다. 그렇다면 2011년 11월에 발간된 스탠다드차타드 은행Standard Chartered Bank의 한 보고서가 낙관적으로 예측한 것처럼 글로벌 수퍼 사이클이 도래할 것인가? 이에 따르면, 중국과 인도를 비롯한 신흥경제대국들이 세계 경제를 다시금 떠받쳐 주고, 쇠퇴하는 미국과 유럽의 시장을 대신하여 신흥시장의 막대한 잠재력이 현실화 되면 세계경기가 다시 부양될

수 있다는 것이다. 그러나 현실은 세계경기의 대순환을 의미하는 수퍼 사이클의 시대가 아니라 세계의 파편화global fragmentation로 귀결된 지정학적 사이클의 종언, 또는 하강이었다.

이러한 지정학적 사이클의 하강과 관련하여 2017년 6월 16일 《타임지Time》에 흥미로운 기사가 실렸다. 〈세계 리더십이 부재한 G제로 시대의 다섯 가지 징표〉라는 글인데, 여기 두 가지를 추가해 일곱 가지 징표를 꼽을 수 있다. 우리가 G제로 시대에 살고 있다는 징표로 영국이 유럽연합을 탈퇴한 브렉시트Brexit, 트럼프 대통령이 나토 동맹국들에게 GDP의 2% 이상의 분담금 인상을 압박하면서 발생한 나토동맹의 균열, 트럼프 정부의 탈퇴로 야기된 파리기후협약의 균열, 그리고 국가를 참칭하는 이슬람국가ISIS를 비롯한 반국가 무장단체의 상승과 장기화되고 있는 시리아 내전 등, 북아프리카 및 중동 세계MENA의 혼돈이 열거되어 있다.

이러한 다섯 가지 징표와 더불어, 코로나19 팬데믹과 두 개의 전쟁, 즉 우크라이나 전쟁과 하마스 전쟁을 포함한 사건들을 G제로의 징표에 추가할 수 있을 것이다. 이 중에서 우리에게 비교적 생소한 우크라이나 위기(2014)에 대해 부연하면, 우크라이나 위기(2014)와 우크라이나 전쟁(2022)은 조지아(그루지아) 전쟁(2008)의 연속선에 있는 국제분쟁으로, 탈냉전 합의인 유럽 국제질서의 현상태status quo를 근간에서 뒤흔든 지정학적 사건이었다. 2014년 초에 발생한 우크라이나 위기는 러시아가 우크라이나의 크림반도를 병합하고 우크라이나 내전에 개입한 사건인데, 미국과 유럽의 제재와 중재에도 불구하고 국제적 리더십은 작동하지 않았고, 미국의 헤게모니가 한계에 봉착한 것이 드러나기 시작한 결정적인 지정학적 계기였다.

코로나19 팬데믹은 리더가 사라진 세계인 G제로 시대를 명징하게 실시간으로 보여주고 있었다. 세계보건기구WHO를 비롯한 유엔기구들이 상황 주도력을 상실하고 글로벌 공공재를 공급하던 미국이 자국생존에 몰두하면서 세계적 전염병에 대처하는 글로벌 거버넌스가 사실상 무너졌던 경험이 있다. 미국에 준하는 역할을 하던 유럽 또한 백신 확보에 몰입하면서 세계는 백신 전쟁에 돌입했고, 이에 소외된 제3세계 나머지 국가들, 특히 최빈국들은 구제받을 길이 요원해졌다. 바야흐로 각자도생의 시대였다.

G제로 시대와 관련하여 대표적인 연구는 브레머의 《각자도생의 국가들Every Nation For Itself: Winners and Losers in a G Zero World(2012)》이다.[15] 이 책에서 브레머는 G-제로의 세계가 직면한 도전과제들, 무엇보다도 기후변화·빈곤·전염병·내전 등의 글로벌 공공재를 다루는 문제에 있어서 "타협안을 강제할 능력과 의지를 지닌 리더가 필요"하지만, 어떤 국가에게도 "현재의 상황을 개선해 나갈 정치·경제적 힘과 의지가 결여"되어 있다고 지적한다. 그러면서 "그 누구도 운전대를 잡으려 하지 않는다"고 경고하였다.

그에 따르면, G제로의 세계에서 미국은 국내적으로 고립주의적 요구가 증대되어 세계적 리더십에 대한 대중의 이해가 급락하고 있다. 무역수지 악화와 일자리 상실의 주범으로 인식된 자유무역 또한 인기 있는 주제가 아니었다. 이라크와 아프간 전쟁, 그리고 글로벌 공공재 제공 등 막대한 국가채무를 한층 악화시킨 대외정책에 대한 국내적 반발이 점증하고 국내문제로의 집중을 요구하는 여론이 상승함으로써 글로벌 공공재, 공유자산global common을 보장하는 미국의 세계적 리더십은 국내적 지지를 상실하고 있다.

미국 다음의 자원과 부를 보유한 유럽과 일본은 글로벌 어젠다에 있어서 책임을 떠안으려 하지 않는다. 브레머는 미국이라는 리더가 사라진 세계에서 유럽연합과 일본 등이 점증하는 "진공상태를 채우기 위해 신뢰와 자원을 확보하는 데는 시간이 필요"할 것이라 보고 있다. 일본은 경제침체의 장기화와 후쿠시마 원전사고라는 국가적 재난을 극복하기 위한 국가 재건 비즈니스로 기획한 도쿄올림픽이 연기된 데 이어 무관중 경기로 치러짐으로써 글로벌 리더십으로부터 한층 멀어졌다고 평가된다.

글로벌 어젠다에 대한 신뢰와 정책자원 확보라는 측면에서 유럽 또한 아직 취약하다. 글로벌 금융위기와 코로나19 팬데믹을 겪으면서 EU는 내부적으로 분열되어 있고 브렉시트로 인해 통합의 동력이 매우 약화된 상태이다. 근대 국제체제가 형성된 이래로 그러하였듯이, 냉전 해체 이후에도 "선진국가들은 글로벌라이제이션을 서구 국가들의 게임으로만 인식"하였다. 과거와 같이 그들은 세계화라는 게임의 규칙을 만들었다. 그러나 세계화 과정에서 새로 참가한 국가들은 그들도 게임의 룰을 정하길 원하였다. 이러한 글로벌라이제이션을 통해 신흥강국들이 떠올랐다.

중국과 인도 등 신흥 강국들은 글로벌 리더로서 아직 준비되어 있지 않은 상태다. 특히 중국은 중국몽을 주창하며 글로벌 리더로서의 꿈을 드러내고 있으나, 글로벌 공공재를 보장할 여력은 불확실하고 글로벌 어젠다를 주도하는 책임 있는 글로벌 리더로서의 자리는 아직 피하고 있는 듯하다. 차세대 패권국으로 떠오르는 중국은 MIT 경제학자 찰스 킨들버거Charles P. Kindleberger가 말한 킨들버거 함정Kindleburger Trap에 빠진 것인가?

킨들버거 함정은 새롭게 부상한 국가가 기존의 패권국을 대신하여 글로벌 공공재 공급을 방기할 때 발생한다. 킨들버거는 《대공황의 세계 1929-1930The World in Depression 1929-1930》에서 기성 패권국인 영국을 대신하여 미국이 떠오르는 세계 리더로서의 역할을 방기한 결과 대공황이 발생하였다고 진단하였다. 이러한 연구의 결과로 킨들버거는 단일한 국가가 지배적인 세계강국(헤게모니 국가)으로 존재하는 국제체제가 안정적이라는 패권안정론hegemonic stability theory의 발전에 기여하였다.

그렇다면 국제기구들이 리더십 공백을 메울 수 있을까? 유감스럽게도 유엔, 세계무역기구WTO 등의 국제기구들은 한목소리로 협력하지 못하고 있다. 더 나아가 우크라이나 전쟁과 하마스 전쟁을 겪으면서 유엔 안보리는 기능이 마비된 듯하고, WTO는 트럼프와 바이든 정부의 보호무역정책 강행으로 존재의 이유마저 상실한 듯하다. 게다가 2024년 4월 말 현재, 미국은 75차례 연속으로 WTO에서 발의안 통과를 저지했다. 회원국 간 분쟁의 최종적 중재 역할을 하는 패널의 공석을 채우는 일반적인 발의안이었다. 미국의 거부권 행사로 WTO는 거의 5년 동안 무력화되었다. WTO의 분쟁 해결 메커니즘이 마비된 것이다.[16] 또한 개발도상국들이 경제나 사회발전을 위해 필수적인 자금조달과 안정적인 자본접근 또한 국제기구보다는 신흥국에 의존하고 있는 실정이다. 예를 들어, 2009-2010년 2년간 개발도상국들이 중국으로부터 제공받은 장기차관은 1,100억 달러에 이르는데, 이 액수는 당해 연도 IMF나 세계은행의 대출을 상회하는 규모이다.

이 밖에 국제분쟁·내전·사이버전 등 국경을 초월한 문제들은 앞으로 벌어질 혼란을 예고하고 있다. 브레머는 "미국이 더 이상 보안관 노릇을 할 여력이 없다"고 진단하였다. 신흥국들의 지역 패권경쟁이나 지역분쟁을 미국은 지켜볼 뿐이고, 긴축재정에 빠져있는 유럽국가들 또한 그러할 것이다. 신흥국들은 지역문제에서 자기 관할권을 주장하는 빈도가 많아질 것이고, 외부세력은 점점 외교적 제스처를 취하는 쪽으로 대응하게 될 것이다. "해외에서 일어나는 문제에 개입하기 위해서 정부들은 이제 예전보다 더 높은 여론의 지지를 얻어야 할 것"이다. 이처럼 브레머는 "그동안 알고 있던 세상으로부터 아직 상상하기 힘든 세상으로 이동"하고 있으며, "G20은 작동하지 않고 G7은 시대에 뒤처졌으며 G2는 요원"하다고 비판하였다.

브레머가 지적한 바대로 G제로는 "새로운 세계질서가 아니라 과도기"를 의미한다. 인류사에서 과도기가 대체로 그러하듯 G제로 또한 불안정과 불확실성의 시대이고 재앙의 인큐베이터일 가능성이 높다. G제로 시대에 재앙이 발생했을 때 과거처럼 주요 국가들이 신속하게 협력할 수 없기 때문이다. 10여 년 전 그가 예측한 '알 수 없는 재앙' 중에는 현재 진행 중인 세계적 위기가 있다. 그는 "아시아에서 인플루엔자 독감이 재발하면 전 세계로 급속히 확산될 우려"를 열거하면서 "해당 국가 지도자들이 투명한 방식과 국제적인 해결책보다는 은밀한 해결책을 찾으려 하기 때문"이라고 진단하였다. 코로나19 팬데믹의 G제로적 현상을 예측한 것이다.

한반도의 생존과 직접 관련된 재앙도 있다. 브레머는 "만약 북한이 붕괴된다면 어떤 일이 벌어질까" 라고 가정한 뒤, "국경 너머로의 난민 행렬, 이웃한 적대국들 간의 긴장고조, 새로운 정권수립 과정에서의 여러 세력의 각축, 핵물질 처리를 둘러싼 경쟁 갈등" 등을 재앙으로 묘사하였다. 북한 붕괴에 대한 그의 예측 어디에도 한반도 통일이나 평화는 없고 재앙일 뿐이다. 참고로 브레머는 G제로의 세계에서 제재sanction의 효과에 대해서도 비관적인 해석을 하고 있다. 그에 따르면 "제재 협조 대상국들은 자국의 이익에 저해가 되는 제재를 수용하려 하지 않으며, 힘센 친구들의 비호를 받을 수 있는 국가들은 제재를 우회할 수 있다"는 것이다. 오늘날 유엔안보리 상임이사국인 중국과 러시아의 비호를 받는 북한의 모습이 연상되는 설명이다. 그의 논리는 "핵무기 실험의 성공으로 북한은 감옥에서 탈출할 수 있는 카드를 부여받음으로써 미국·한국과 협상할 때마다 그 카드를 꺼내들 수" 있다는 것이다. 이에 따라 북한은 "국제제재로 인하여 극심한 타격을 받았음에도 힘센 친구들의 비호가 있으면 국제원칙을 따르지 않아도 된다는 확신을 얻고 있다"고 그는 해석하였다. 요약하면, "제재를 강제할 만한 현실적인 방안을 갖고 있지 않다는 사실이 드러나면서 제재는 현실적 위력을 잃어가고 있다"는 것이 브레머의 주장이다.[17]

| 포스트 G제로의 세계는?

G제로 이후의 세계, 즉 포스트 G제로의 세계는 어떠한 모습일까? 이에 대한 전망은 새로운 글로벌 리더십과 힘의 분포와 관련된 문제이다. 브레머는 향후 "세계 경제질서를 변화시킬 다섯 가지 시나리오"를 통해 포스트 G제로의 세계를 전망하고 있다. 미국과 중국이 공조하는 G2 체제, G20이 제대로 작동하는 국가 간의 협조체제, 미국과 중국이 충돌하는 냉전 2.0, 지역으로 분열된 세계, 국가 내부의 권력이 분열하는 G서브제로 체제 등 다섯 가지의 시나리오를 말한다.

브레머는 시나리오들의 한계 또한 지적하고 있다. 미국과 중국의 G2 공조체제가 가능하려면, 무엇보다도 "중국이 스스로 선진국임을 자각하고, 책임 있는 G2로서 글로벌 공공재를 기꺼이 공급하고자 하며, 미국과의 공조를 자국에 이익이 되는 글로벌 시스템을 구축하는 비용효율적인 방안으로 인정해야" 한다. 미국의 조건은 "납세자들이 확장적인 외교정책에 다시 투여할 여력을 용인할 정도로 미국경제의 활력이 되살아나고 중국에 대한 적대적인 정치문화가 약화되어야" 한다는 것이다. 브레머가 이 시나리오를 가능성이 높지 않은 것으로 보는 이유는 무엇보다도 "중국이 G2로서의 책무를 원치 않고, 국제정치에서 자신의 책무를 미국이 정의하도록 허용하지 않을 것"이기 때문이다. 더욱이 이질적인 정치·경제적 시스템을 기반으로 전략적으로 경쟁하고 있는 "가장 강력한 두 강대국 간에 다차원적 협력이 형성된 관계(G2)는 세계사에서 유례없는 것"이기 때문이다.

미국과 중국만으로 세계질서를 유지할 수 없는 세계라면 광범위한 국제협력을 떠올릴 수 있을 것이다. G20이 제대로 작동하는 다수의 국가 간의 협조체제인데, 브레머는 역사적 모델로서 19세기의 조화로운 유럽, 유럽협조체제Concert of Europe를 연상하고 있다. 헨리 키신저가 집필한 《외교Diplomacy(1994)》에서 설명하듯이, 19세기 유럽의 백 년의 평화는 유럽협조체제에 근거하고 있다. 그러나 21세기 G제로의 세계는 19세기의 유럽과는 비교할 수 없을 정도로 상이한 가치와 이익, 다기한 위협들로 중첩되어 있어 협력보다 갈등 가능성이 높을 것이다. 또한, 19세기의 유럽협조체제나 20세기의 브레튼우즈체제의 지속가능성에서도 세계질서를 이끌어가는 리더십이 주효했는데, G20 시스템에서는 이러한 리더십이 결핍되어 있다는 점에서 이 시나리오는 G2보다도 현실성이 적다고 평가할 수 있다.

2024년을 기준으로 보면, G20은 국제 레짐으로서의 영향력과 효력을 상실하였으므로 글로벌 사우스Global South와 이를 리드하는 BRICS에 주목할 필요가 있다. 현 국제질서는 보기에 따라 미국과 일본, 영국, 그리고 EU 등이 글로벌 사우스를 주도하는 BRICS와 갈등 또는 경합하는 양상을 띠고 있다. 만약 다수 국가들 간의 협조체제Concert를 상정한다면, 이들 간의 협조체제가 될 것이다. 19세기의 유럽협조체제는 영국, 러시아, 독일(프로이센), 오스트리아, 프랑스 등 5개국이 주도했다면, 21세기 협조체제는 누가 주도할 것인가? 일반적으로 거론되는 국가들은 미국, 중국, 러시아, 인도, 일본, 영국 그리고 EU(독일과 프랑스) 등이다.

 GDP 등 명확히 수치화할 수 있는 특정지표를 제외하면 국가들의 종합국력을 측정하고 순위를 정하는 일은 지난한 일이고 학문적으로도 논란의 여지가 많다. 다만 참고할 만한 정도의 측정들은 있다. 예를 들어, 미국의 《뉴스 앤 월드리포트U.S. News & World Report》가 매년 발표하는 〈세계최강국가world's most powerful countries 순위(2024)〉는 참고할 만하다. 이 국력 순위는 지도자(리더쉽), 경제적 영향력, 정치적 영향력, 강고한 동맹, 군사력 강도 등 다섯 개 속성들을 '균등 가중 평균 점수equally weighted average of scores'을 기반으로 산정되었다. 이 프로젝트는 펜실베니아대 와튼Warton스쿨 리서치팀과 미디어 커뮤니케이션 그룹 WPP가 공동으로 조사한 것이다. 이에 따르면, 미국, 중국, 러시아, 독일, 영국, 한국, 프랑스, 일본, 사우디아라비아, 아랍에미레이트UAE 등이 1위에서 10위의 순위에 자리하고 있고, 인도는 12위에 랭크되어 있다. 2024년도 Top 10은 사우디와 이스라엘간의 순위 교체 외에는 2023년도와 동일하다.[18]

 《경영자세계CEO World Magazine》에는, 미국, 중국, 러시아, 인도, 영국, 일본, 한국, 프랑스, 이탈리아, 튀르키예 등의 순서로 〈세계 최강국가 world's most powerful countries(2024)〉 Top 10이 정리되어 있고, 브라질이 그 뒤를 잇고 있다.[19] 독일 본Bonn대학의 《글로벌연구센터CGS》가 발표한 2016년부터 2020년까지의 국력 평가 추이에 따르면, 이 기간 동안 가장 강력한 국가 순위에는 미국, 중국, 영국, 일본, 프랑스, 독일, 인도, 러시아, 이탈리아, 한국 등이 순서대로 10위권에 배치되어 있고, 그 뒤에 사우디아라비아, 호주, 캐나다, 브라질, 튀르키예(15위) 등이 줄을 이었다.[20]

 세계 경제와 시장 전략 컨설팅 그룹인 ISA(International Strategy Analysis)가 발표한 2022년 국가 랭킹도 흥미롭다. 25개국을 선정한 ISA 국력 순위는 경제력, 인구, 군사력, 환경과 자원, 정치, 문화, 기술력 등 7개 속성에 초점을 맞추어 전반적인 국력 수준을 평가한 것이다. ISA가 선정한 최강국 Top 10에는, 미국, 중국, 인도, 러시아, 일본, 프랑스, 영국, 브라질, 독일, 캐나다 등이 순서대로 정렬되어 있다. 그 뒤를 사우디아라비아(11), 호주(12), 한국(13), 튀르키예(14). 이탈리아(15) 등이 따르고 있다.[21] 다른 기관들의 평가순위도 대체로 이와 유사하다.

이러한 측정들을 정리하면, 미국, 중국, 러시아, 독일, 영국, 프랑스, 일본 등이 공통적으로 항상 Top 10에 랭크되어 있고, 인도가 평가기관에 따라 이에 포함되거나 브라질이 유력한 후보이다. 인구와 영토, 그리고 경제 규모 뿐 아니라 각 대륙의 대표국가인 인도와 브라질의 국제적 위상을 고려하여 재산정하면, 인도와 브라질을 포함한 가장 강력한 9개 국가가 추려진다. Top 10에 들어갈 나머지 한 개 국가는 이탈리아, 호주, 사우디아라비아, 캐나다, 튀르키예, 그리고 한국 중에서 선정될 가능성이 크다. 소망스럽거나 당위적인 것은 아니지만, 우리나라가 '가장 강력한 국가' T10 그룹에 들어가길 원한다면 무엇보다도 한반도 통합성(사회통합과 남북통합)과 국제적인 정치적 영향력을 제고하는 것이 관건이다. 만약 G2가 아니라 다수 국가에 의한 '협조체제'가 형성된다면, 이들 10개국이 주도할 개연성이 높다.

본대학의 〈세력전이 모니터Bonn Power Shift Monitor (BPSM) 2022〉[22]에 따르면, 지난 5-10년 동안 글로벌 힘의 분포power distribution가 눈에 띠게 변화하고 있다. 미국은 상대적인 힘이 하강하고 있고, 중국과 미국의 격차는 느리지만 꾸준히 좁혀지고 있다. 중국과 인도는 세력이동률Power Shift Rate(PSR)의 상승에서 2016-2020년 기간 동안 최고 승자로 평가되었다. 미국은 해당 기간에 국력지수power score가 17.65에서 17.19로 감소한 데 비해 중국은 12.56에서 13.32로 증가하였다. 중국은

PSR 성장률이 0.76으로 2016-2020년 기간 동안 최상위 국가였다. 인도는 0.22의 성장으로 2위를 차지했고, 미국과 영국은 PSR 손실이 각각 -0.46과 -0.30으로 조사대상 국가 중 PSR 성장률 최하위 국가에 랭크되었다. 2016년부터 2020년까지의 국력 점수를 기준으로 인도는 가장 큰 비율(+6.62%)을 얻어 아시아 지역의 세력 점유율을 더욱 증가시켰으며, 중국이 6.04% 증가하여 그 뒤를 이었다. BPSM 분석은 세계적 수준에서 기존의 리더 국가들과 신흥 리더들 간의 격차가 줄어들고 있는 것을 보여 준다. 지난 몇 년 동안 미국, 일본, 영국, 프랑스 등 전통 강국들의 국력 점수(power score)가 꾸준히 하락하고 중국, 인도 등 신흥 강국들로의 힘의 이동이 증가하고 있다. 요약하면, 글로벌 세력 균형이 새로운 세력 수준에 접근하고 있고, 글로벌 세력 분포(배분)가 일극체제의 전성기에 비해 분산적으로 되고 있는 것으로 해석할 수 있다.

G2나 G20 체제보다 가능성이 높은 시나리오로 냉전 2.0이 거론되기도 한다. 실제로 지난 10여 년간 미국과 중국 간의 전략경쟁을 패권경쟁이나 신냉전 차원에서 분석하는 문헌들이 현저하게 증가하고 있는 추세다. 브레머에 따르면 "냉전 2.0 시나리오는 미국과 중국을 제외한 다수의 강대국들이 상대적으로 힘의 열세에 처해 있는 상태"를 전제로 한다. 오늘날 냉전 2.0 혹은 신냉전에 관한 시사적 관심이 증폭되고 있음에도 브레머는 "아시아는 너무 방대해서 중국이 독자적으로 지배하기 어렵고, 냉전시기의 소련의 역할을 감당하기 쉽지 않다"고 평가하고 있다. "국내 문제가 산적한 상황에서 소련 규모의 군사력을 확충하는 것은 지나친 부담이고, 개발도상국들이 소련에 느꼈던 이념적이고 문화적인 매력을 중국이 갖추고 있지 않기 때문"이라는 것이다. 무엇보다도 미국에 대한 반감을 감안하더라도, 피후견 국가들client states이 미국식 민주주의에 대한 대안으로 자유나 인권보다는 국가주권을 강조하는 중

국식 주권 민주주의를 선호할 만한 이념적 매력을 중국이 제공해야 할 것이다.

네 번째 시나리오는 "글로벌 리더가 사라진 상황에서 국가들이 자국문제나 지역문제에만 몰두하는 세계"를 말하며, 브레머는 이를 포스트 G제로 세계에서 가장 현실성 높은 시나리오로 상정하고 있다. 지역으로 쪼개진 세상에서는 "국제적인 협력 없이는 생존하기 어렵고 선진국과 신흥국들이 상호 이해관계에 따라 작은 그룹으로 이합집산할 것"이다. 이렇게 갈라진 "세계질서는 글로벌 공공재를 제공하는 리더십이 부재한 상황에서 표류할 것"이다. 그 경우에 키신저가 《세계질서World Order(2014)》에서 예측한 것과는 다르게 아시아는 가장 위험한 지역으로 남아있을 것이다.

키신저는 냉전 해체 이후의 세계질서를 조망하면서 세계 지역 중에서 아시아를 베스트팔렌적 국제질서를 안정적으로 구현하고 있는 지역으로 평가한 바 있다. "강력한 글로벌 리더십이 사라진 상태에서 지역별로 중심축 국가들pivot states의 성공 가능성은 한층 높아질 것"인데, 중심축 형성에서 밀려난 주변국가들은 전략적으로 불운할 수 있다. 브레머의 예시 중에 주목할 만한 것은 "북한이 붕괴할 경우, 중국은 중국식 노선을 지향하는 친중 정권을 수립하고자 할 것"이므로 한국, 그리고 미국과 충돌할 가능성이 있다는 것이다. 그러나 글로벌 리더십이 부재하고 지역별로 쪼개진 세계에서 외부세력이나 역내국가가 해당 지역 패권국의 전략적 행동에 대항하기란 쉽지 않을 것이다. 그 밖의 G서브제로 시나리오는 실현 가능성이 가장 희박하므로 생략하고자 한다.

글로벌 경제와 지정학적 리스크를 종합적으로 컨설팅하는 싱크탱크 유라시아 그룹Eurasia Group의 2016년 보고서[23]에 따르면 G제로가 글로벌 거버넌스에 미친 영향은 두 가지인데, 국내문제로의 몰입과 국제사회의 신뢰의 부재이다. 미국과 유럽 모두 난민·일자리·정체성을 둘러싼 다양한 사회갈등identity politics 등이 증폭되어 상호 상승작용함으로써 국내문제의 구심력이 월등하게 높아졌다. 이로 인해 각국의 지도자들이 글로벌 병리 현상을 치유하고 국제질서를 재생하기 위해 국제적 노력을 기울일 수 있는 정책 자원과 공간이 현저하게 축소되었다. 또한 국가 간에 불신이 조장됨으로써 국제적 상호 협력의 가능성과 공조 분위기가 위축되는 등, 세계질서의 제로섬zero-sum적 파편화가 진행 중이라는 평가이다.

국가 간의 정책 불일치는 국내적 요인에 의해 추동되었다. 국내문제와 국제문제 간의 상충·상쇄되는 현상이 일반화되고 있다. 예를 들어, 독일의 경우 메르켈 정부가 그리스 재정지원 등 유럽 경제위기나 난민문제 해결 등에 몰두할수록 메르켈에 대한 국정지지도는 반비례하여 추락하였다. 유럽연합 통계국Eurostat의 자료에 따르면, 유럽의 난민위기가 발생한 2015년 4월 기준으로 메르켈의 지지도는 약 75%에 육박하였으나, 난민 신청이 급증한 2016년 8월경 메르켈의 지지도는 10%대로 추락하였다. 당시 독일의 메르켈 정부는 유럽연합에서 가장 많은 난민을 수용하였다.

지난 반세기 동안 서구사회는 글로벌 거버넌스의 추동력이었다. 이러한 서구의 추동력이 약화되자 브릭스BRICS 등 비서구사회는 대안적인 거버넌스를 구축하려는 시도를 하고 있다. 대표적으로, 브레튼우즈 체제의 근간인 국제통화기구IMF와 세계은행World Bank에 도전하기 위해 중국 주도로 설립한 아시아인프라투자은행AIIB과 브릭스 국가들이 공동 설립한 긴급외환보유협정Contingent Reserve AgreementCRA 등이 대안적 국제금융체제이다. 이러한 대안적 거버넌스는 국제사회의 신뢰를 받기엔 여전히 불확실성이 높다. "신뢰의 축소는 협력의 축소"를 낳고 "대안들alternatives의 등장은 파편화된 세계"를 낳았다.

G제로의 시대는 일종의 과도기이므로 새로운 것과 기존의 것이 불가피하게 공존함을 인정해야 한다. G제로론에 따르면 현재 세계는 지정학적 사이클의 바닥을 향해가고 있다. 그 사이클이 최저점을 지나면 새로운 질서로 향할 것이다. 세계적 리더십의 공백은 끝없이 오래가지는 않을 것이다. 아리스토텔레스는 "자연은 진공(상태)를 싫어한다Nature abhors vacuum"고 했다. 무극체제나 G제로 세계와 같이 국가들의 세계, 국제체제에 힘의 공백이 발생하면 새로운 세력이 이를 채울 것이다. 그것은 하나이거나 복수의 국가일 수도 있다.

헤게모니 국가가 우리의 이익을 존중하도록 하기 위해서는 레버리지를 만들 필요가 있다. 미래의 불특정 시점에서 패권국의 변덕이나 국가 자율성의 침해 등과 같이 우리의 실존적 위험에 대비한 보험이 필요하다. 이것은 패권국에 대한 실존적 대항(대항균형)이 아니라 패권국에 대해 스스로를 완충할 수 있는 최저선의 행동을 의미한다. 이러한 과정에 성공한다면 떠오르는 국가나 수정주의국가revisionist state에 대해서도 우려할 필요가 없을 것이다. 궁극적으로는 미국의 헤게모니가 쇠퇴하여 다극화된 세계로 이행할 경우를 대비하여 우리가 하나의 중심축pivot이 될 수 있는 대전략grand strategy을 준비할 필요도 있다. 사회적으로 몰입하여 집중정책recueillement을 통해 포스트 G제로 시대의 리더십을 준비할 필요가 있다는 의미다. 중견국이 아니라 지역중추국가의 개념으로 상상력을 전환하는 것인데, 한반도 통합이 그 관건이다.

1992년 1월 조지 H. W. 부시는 신년 국정연설에서
"세계는 미국이 유일한 초강대국임을 인정하고 있고
두려움 없이 미국에게 힘을 맡겼다"고 선언하였다.

2004년 조지 W. 부시 대통령도 신년 국정연설에서
"미국은 지배욕망이나 제국적 야망이 없다"고 강조하였다.

크리스토퍼 레인의 말대로,
국제정치에서 자애로운 패권국이란 없다.

어떠한 강대국도 미덕을 독점하지는 못한다.
설사 온전히 미덕을 지닌 강대국이 있을지라도
그것이 다른 국가들에게 부과되면 당사국들에게는
더 이상 미덕으로 여겨지지 않을 것이다.

5. 일극의 순간unipolar moment: 자애로운 패권국의 탄생

│ 일극의 마법

 2021년 2월 19일, 취임 후 첫 국제무대인 뮌헨안보회의MSC에서 바이든 대통령은 유럽의 대서양동맹들에게 "미국이 돌아왔다"고 선언하였다. 일극(단극)의 순간의 재도래이자 패권국hegemon의 귀환인가? 2008년 글로벌 금융위기 이후로 일극체제의 종언과 패권의 쇠퇴, 더 나아가 무극체제가 논의되고 있는 상황에서 바이든의 미국은 일극의 패권으로 복귀한 것인가?
 21세기 미국 헤게모니(패권)의 이야기는 냉전해체와 더불어 시작된다. 퓰리처상을 받은 정치 칼럼니스트 크라우트해머Charles Krauthammer는 앞서 언급한 바와 같이 미국이 세계 유일의 초강대국 지위에 오른 국제정치적 사건을 '일극의 순간'[1]이라 표현하였다. 1990년 12월 《포린어페어즈》에 실린 그의 글은 탈냉전기 한 시대를 규정하였다는 점에서 냉전시대를 예언한 조지 캐넌 George Kennan의 보고전문 〈소련행동의 원천들The Sources of Soviet Conduct(X Article, Long Telegram)〉에 비교되기도 한다.

소련이 아직 해체되기 전인 1990년 9월에 열린 한 추모강연에서 크라우트해머는 냉전해체 이후의 세계는 "다극세계가 아니라 일극의 세계"라고 예언하였다. 냉전이 해체되면서 세계는 미국에게 새로운 역할을 요청하였고, 그것은 서구 동맹국들이 보좌하는 세계권력의 중심인 초강대국의 지위였다. 냉전시기 양극체제의 기나긴 긴장과 속박에서 벗어나려는 해방심리가 만연하던 당시, 다극세계의 도래에 대한 낙관적 희망에 반하여 크라우트해머는 "대적할 자 없이 오직 하나의 일등국가만이 존재하는 세계"가 도래하는 일극의 순간을 확신하였다. 당시 세계경제 2위 국가인 일본이나, 군사력 세계 2위인 소련(러시아) 그리고 부강한 유럽국가들 모두 2등 국가로 남을 운명이었다.

크라우트해머에 따르면 "서구 산업문명의 정점에 있는 미국과 뒤따르는 서구로 이루어진 일극의 세계"를 알리는 일극의 순간은 "20세기 세 개의 전쟁, 즉 두 차례의 세계대전과 냉전의 종결로 세계는 안보와 질서를 미국의 외교정책에 맡긴 것"을 의미한다. 미국 없이 유엔은 어떠한 보장도 못할 것이며 집단안보는 작동하지 않을 것이다. 집단안보 개념이 적용되는 경우라면, 동맹의 조력이 절실해서가 아니라 단지 미국의 일방적인 행동의 정당성에 대한 의혹을 상쇄하기 위해 다자주의적 아우라aura가 필요한 때일 것이다. 제1차 이라크전인 걸프 전쟁(1990-1991)은 이러한 의미에서 일극의 순간의 정치적 상징이었다.

일극의 순간을 기정사실화 할 때, 문제는 "미국의 일극적 우월성은 얼마나 지속될 것인가?" 하는 것이다. 1980년대 유행하던 미국쇠퇴론이나 제국적 과도팽창론의 주장처럼 일극체제는 지속되기 어려운 것인가? 크라우트해머는 "일극적 우월성이 종결되는 순간"은 무리한 대외정책이나 군사행동과 같은 제국적 과도확장imperial overstretch이 아니라 경제적 쇠퇴를 포함한 국내적 요인으로 발생할 것이라 예측하였다. 일극파워로서 미국이 외교 군사적으로 해외에 관여하는 일은 미국 경제의 핵심적인 기둥인데, 이는 과거 영국이 해양제국으로서 수행한 안전한 세계를 만드는 일이다. 그가 예측했던 바대로 일극의 순간의 종언은 국내적 요인으로 야기되었다. 미국의 경제가 기저에서 흔들린 2008년 글로벌 금융위기는 용어 그대로 세계경제로 전이되어 미국 중심의 일극체제에 결정타가 되었다. 그러나 다른 한편으로는, 미국 경제의 위기가 막대한 비용이 초래된 아프간과 이라크 전쟁 등 제국적 과잉팽창에 기인한 것이기도 하다는 점을 지적할 필요가 있다.

한편, 일극의 순간에 피해야 할 것이 있다면 무엇보다도 고립주의isolationism의 유혹이었다. 1796년 대통령 고별인사Farewell Address에서 유래되어 조지 워싱턴의 유훈처럼 내려온 미국의 고립주의 전통은 2차대전과 냉전을 계기로 동면하였다가 탈냉전과 더불어 깨어나기 시작하였다. 조지 워싱턴이 추구한 미국의 진정한 외교정책은 "외부세계의 어떤 국가들과도 상설적인 동맹을 맺지 않는 것"이었다. 대표적인 지지론자인 찰스 쿱찬의 표현대로 하면, 미국의 고립주의의 역사는 "세계로부터 자신을 방어하기 위한 미국의 노력의 역사"로 해석될 수 있다.

고립주의에 따르면 미국은 핵심이익을 방어하기 위해서 세계문제에 관여하는 것을 자제하고 국내문제에 집중해야 한다. 냉전해체 당시 커크패트릭Jeane Kirkpatrick과 같은 일부 신보수주의자들은 양극체제에서의 초강대국의 비상한 부담을 버리고 일상(정상)으로 복귀할 것을 제안하였다.[2] 이에 대해 크라우트해머는 고립주의자들이 말하는 정상적 시기normal time라는 것은 존재하지 않는다—"세계는 스스로 정리하지 않는다"고 주장하였다. 국제안정은 강대국들에 의한 의식적인 행동의 결과물이므로 미국이 안정을 바란다면 그것을 만들어 내야 하는 것이다.

냉전시대 최대의 위협인 공산주의의 위험이 사라지고 미국이 유일한 초강대국의 지위에 오른 일극의 순간에도 중대한 위협은 존재하는가? 탈냉전시대에 세계는 새로운 위협에 직면할 것인데, 세계가 직면하게 될 "가장 결정적인 제3의 요인"이자 새로운 전략적 환경은 대량살상무기의 확산이라고 크라우트해머는 주장하였다. 1990년 11월에 개최된 보수리더십 회의Conservative Leadership Conference에서 딕 체니Dick Cheney 국방장관은 "2000년경에는 열다섯 정도의 개발도상국가들이 탄도미사일 기술을 보유하고 그 중 일곱에서 여덟 개 국가가 핵능력과 핵기술을, 그리고 십에서 삼십여 개 국가들은 생화학무기를 보유하거나 배치하게 될 것"이라 예측하였다.

이러한 국가들은 상대적으로 중소규모의 주변부 국가였으나 전략무기(대륙간탄도탄)를 보유할 가능성이 있다는 이유로, 즉 '전략적 위협의 원형'이라는 이유로 (대량살상)무기국가weapon state로 규정되었고 테러와의 전쟁을 계기로 불량국가rogue state로 특정되었다. '무기국가'들은 미국을 비롯한 서구가 부여한 국제질서에 도전하는 현상파괴 세력이자 수정주의 세력이었다. 일극의 순간에 무기국가들은 "국제체제의 비정상적인 피조물"이었다. 일극체제론자들은 탈냉전의 시대를 대량살상무기의 시대로 정의하였다. 대량살상무기의 확산은 세계안보에 대한 최대의 위협이므로 이를 억제하고 통제할 새로운 국제레짐이 요구되었고, 이를 수행할 지도력은 유일 초강대국인 미국으로부터 나와야 했다.

새로운 국제레짐은 이후 경제제재와 미사일방어체제MD에 반영되었다. 냉전해체와 일극의 순간에서 일극체제에 대한 대안으로 연상되는 것은 불안정한 다극세계가 아니었다. 일극체제 아니면 혼돈의 세계였다. 이러한 혼돈의 세계를 야기하는 무기국가로 지목된 것이 이라크와 시리아, 북한이었고 후에 이란이 추가되었다. 21세기 한반도의 운명을 가름할 북한문제는 이렇듯 일극의 순간과 함께 출현하였다. 일극의 순간에 북핵문제와 한반도의 운명은 이미 결정된 것인가? 북한문제는 탈냉전 모델이 아니라 봉쇄와 압박론으로 기울어졌다.

일극의 순간의 종언은 그 정점의 순간에 찾아왔다. 그것은 애초에 일극론자들이 예측한 대로 무기국가들로 인해 초래된 것이 아니었다. 민주평화론democratic peace을 대표하는 콜럼비아대의 정치학자 도일 Michael W. Doyle의 표현대로 '현명하지 못한 자유주의 열정'에 빠졌거나, 폴 케네디식으로 말하면 미국의 과도확장 때문이기도 하다. 일극의 순간은 9·11테러로 비극적으로 재확인되었다. 크라우트해머는 9·11테러를 계기로 일극의 순간이 재도래하였고, 이제는 일극의 '순간'을 넘어 장기 지속될 일극의 '시대'라고 단언하였다.³ 미국이 국익과 글로벌 이익의 균형을 추구하는 자애로운 패권국benevolent hegemon으로서 역할을 한다면, 일극체제는 미국의 국내문제화 될 것이다. 미국 국민이 글로벌 이슈에 적극 관여하는 등의 자국의 패권적 임무 수행을 거부하지 않는 한 일극체제의 내구력은 지속될 것이라는 전망이었다.

세계질서를 관장하는 미국은 추종하거나 아니면 증오해야 할 유일한 상징제국이었다. 온전히 자신의 의지대로 아프간 전쟁을 수행하면서 미국은 일극세계를 구현해 냈다. 유럽은 동맹군 나토의 이름으로 파병하였고 러시아는 자신의 과거영토를 미국군대에 열어주었다. 미국의 일극적 열망에 대해 제국적 과도확장이라 비관적으로 전망하여 미국쇠퇴론자로 분류되던 폴 케네디조차 미국을 9세기 샤를마뉴Charlemagne 대제의 서로마제국에 비유하면서 "미국이 일극의 세계에 안착the Eagle has landed"한 것을 찬양하였다. 그가 보기에 강대국 간의 힘의 격차가 이렇듯 심했던 적은 없었다.

여전히 러시아와 중국을 비롯한 차상위 국가들이 다극세계를 소망하고 있었으나 현실세계는 일극의 세계였다. 헌팅턴Samuel P. Huntington이 세계를 '단-다극체제uni-multipolarity'[4]로, 다시 말하면 미국이 초강대국이지만 국제문제를 단독으로 해결하기에는 아직은 불충분한 지위에 있다고 혼동하고 있을 무렵에 이미 세계는 일극체제의 정점에 도달하고 있었다. 당시 "미국의 초강대국 지위를 일극체제라 할 수 없다면 앞으로 일극체제는 없을 것"이라는 일극론자들의 주장은 이미 학술적 의미를 넘어섰다.

9·11 테러는 일극체제에 있어서 이중적인 의미였다. 9·11 사태가 없었더라면 잠재력으로만 추정되었을 초강대국 미국의 힘이 현실세계에서 확인되었다는 것이다. 가능태dynamis, potentia로서의 초강대국 지위가 두 개의 전쟁(아프간과 이라크 전쟁)을 통해 현실성을 획득하여 일극체제라는 현실태entelecheia, actuality로 실현되었다. 이와 동시에, 9·11사태는 미국 헤게모니의 위기를 초래했다는 역설적 의미이기도 했다. 역사적으로 유례없는 미국의 힘을 확인한 일부 강대국들은 미국 중심의 일극체제에 대항하여 대항동맹과 다극체제를 모색하기 시작하였다. 크라우트해머가 인용한 것처럼 "자연이 진공상태를 내버려 두지 않듯이 역사는 헤게모니를 그냥 두지 않는다".

비록 당시에 강대국들이 테러와의 전쟁에 협력하면서 미국의 전략적 범위 내에서 행동하였지만, 궁극적으로 미국 헤게모니의 위기는 9·11 이후 미국의 일방주의unilateralism로부터 기인한 것이다. 일방주의는 일극체제에 조응하는 미국의 정책반응 방식이었다. 미 국방장관 럼스펠드 Donald Rumsfeld가 말했던 "사명mission이 동맹을 결정한다"는 것인데, 사명을 달성하는 데 조력할 동맹을 "미국이 필요로 하는 곳에서 미국이 선택한다"는 것이다. 여기에서 우선적인 것은 동맹들의 의도나 의지가 아니라 미국의 사명이었다.

일방주의로 비판받았던 미국 부시 정부의 독트린에는 '선제공격', '정권붕괴regime change'와 같은 용어들이 핵심을 이루었다. "우리(미국)와 함께 하든지, 아니면 우리에 맞서든지"하는 식의 외교적 최후통첩이 국제사회의 분위기를 압도하였다. 이러한 독트린은 이라크 전쟁으로 현실화되었다. 선제공격으로 이라크 사담 후세인 정권은 붕괴하였고, 북한·시리아·이란 등으로 지목된 불량국가들은 정권붕괴 독트린의 주요 표적 국가들이었다. 정권붕괴론은 키신저 등의 국제정치학자들에 의해 베스트팔렌체제(주권국가 체제)를 위협하는 것으로 비판받은 바 있는데, 이라크 전쟁에 대해 국제법 위반이라 비판한 것이 대표적 사례이다.

유럽에서도 부시 정부의 일방주의에 대한 비판이 현실화되었다. 예를 들어, 2002년 9월 영국에서 실시된 한 여론조사에서 조지 W. 부시 대통령은 사담 후세인보다 세계평화에 더 위협적인 인물로 조사되었다. 또한 2003년 이라크 전쟁 당시에는 미국의 동맹국인 독일과 프랑스가 러시아와 함께 부시 정부의 이라크전 수행에 비판적이었다. 이러한 정치적 국제연대는 20세기 초 유럽의 다극체제에서 독일·오스트리아·이탈리아의 삼국동맹에 대항하여 영국·프랑스·러시아 간에 체결한 삼국협상Triple Entente(Entente Cordial)에 비견되기도 하였다.

이렇듯 일극체제의 정점에서 미국의 헤게모니에 대한 우려와 위기가 조성되었다. 100여 년 전 다극체제의 혼란과 그 비극적 결과(두 차례의 세계대전)에 비교할 때, 탈냉전 일극체제는 세계질서와 평화에 상대적으로 더 안정적으로 기여했다고 할 수 있다. "한 국가가 헤게모니를 획득했을 때, 국제체제가 무정부적이라기보다 위계적으로 되는 경향이 있기 때문"이기도 하다. 그럼에도 크라우트해머가 일극의 시대로 명명했던 그 정점에서 일극체제가 쇠퇴하고 있다는 사실 또한 분명해졌다.

미국의 헤게모니는 예외적인가?

1990년대 초 냉전이 해체될 당시, 케네스 왈츠Kenneth Waltz와 같은 전통적인 세력균형론자들은 국제적 힘의 분포체계가 단기간의 일극체제를 거쳐 다극체제로 이행할 것이라 전망하였다. 다시 말하면, K. 왈츠류의 세력균형론은 미국 중심의 일극체제를 미국과 소련의 양극체제와 냉전해체 후 미래의 다극체제 사이에 일시적으로 존재하는 과도기로 전망하였다. 전통적 현실주의론의 이러한 평가는 특정 국가에 압도적인 힘이 집중될 때 여타 국가들이 이를 상쇄하여 힘의 균형을 달성하려는 국제정치의 동학이 작동해 왔다는 역사적 경험에 근거하고 있다.

비록 현재 일극체제가 쇠퇴 중이라는 평가가 일반적이고 탈냉전기를 전간기戰間期에 비유하기도 하지만, 미국의 초강대국적 지위가 30여 년간 유지되고 있는 사실을 40여 년 지속된 냉전시대에 비교해봤을 때, 일극체제는 단기간의 과도기라기보다는 역사적 시대구분에 위치시킬 수도 있을 것이다. 전통적 현실주의론의 예측과는 다르게 일극체제가 비교적 장기간 지속된 이유는 무엇인가? 미국의 초강대국적 지위는 얼마나 더 지속될 수 있을 것인가?

냉전 해체 후 수립된 미국 외교정책의 현저한 특징은 그 핵심적 질문과 목표, 미션 등이 모두 거대담론과 관련된 것이라는 점이다. 베스트팔렌체제(근대국제체제) 성립 이후 지난 500여 년간 반복된 (초)강대국의 운명, 즉 제국의 흥망성쇠라는 역사적 순환주기에서 미국은 벗어날 수 있을 것인가? 다시 말하면, '미국의 일극적 지위를 유지하기 위해서 무엇을 할 것인가?'하는 역사적 질문에 당면하여, 미 외교전략가들은 미국 중심 일극체제의 지속성을 위한 새로운 대전략grand strategy을 수립하는 것이 미국이 (초)강대국의 역사 순환주기의 운명에서 벗어날 수 있는 최선의 선택이라고 판단했을 것이다.

1992년 3월에 발표된 조지 H. W. 부시 정부의 국방계획지침Defense Planning Guidance에는 "새로운 경쟁 강대국의 출현을 저지함으로써 미국의 헤게모니를 유지"하기 위한 거대전략의 목표가 명시되었고 클린턴 정부 또한 이러한 일극체제 유지의 관점을 견지하였다. 조지 W. 부시 정부의 대전략은 이러한 관점의 정점을 보여준다. 2002년 9월에 수립된 국가안보전략National Security Strategy에 따르면, 미국은 "다른 국가들이 미국의 힘을 추월하거나 동등하게 되려는 희망을 갖지 못하도록 각인시키기 위해 자신의 헤게모니를 행사할 것"임을 분명히 하였다.

미국의 헤게모니적 지위가 비교적 오랫동안 지속된 이유가 대전략의 효능성 때문인가? 이러한 자유주의 헤게모니 전략은 미국의 일극체제를 장기간 지속시킬 수 있는가? 이에 대한 학자들의 평가는 분열적이다. 거칠게 대별하면, 자유주의자들은 이에 긍정적인 해석과 일정한 확신을 지니고 있고, 현실주의자들은 자유주의 패권전략의 전망에 대해 대체로 회의적이다. 자유주의 패권전략과 관련된 핵심 질문은 미국의 헤게모니는 예외적인지, 다시 말하면 "미국의 헤게모니는 자애로운가? 자유주의적 패권은 위협적이지 않은 것인가?"하는 것이다.

소련 해체 직후인 1992년 1월 조지 H. W. 부시는 신년 국정연설에서 "세계는 미국이 유일한 초강대국임을 인정하고 있고 두려움 없이 미국에게 힘을 맡겼다"고 선언한 바 있다. 2004년 주니어 부시 대통령 또한 신년 국정연설에서 "미국은 지배 욕망이나 제국적 야망이 없다"고 강조하였다. 부시 정부의 국가안보전략(2002)에는 "미국이 인류의 자유증진을 위해 힘을 추구하기 때문에 세계는 미국의 헤게모니를 수용할 것"이라 명시되었다.

미국의 헤게모니가 제국적 과도확장이 아니라 안정적이라 주장하는 연구자들은 대략 세 가지 측면에서 그 예외적 특징을 말한다. 먼저, 군사력과 경제력 등 미국의 하드파워가 역사상 유례없이 압도적이라는 점에 주목한다. 앞서 살펴보았듯이, 일극체제의 안정성을 주장하는 다트머스대의 W. 월포스에 따르면,[5] 가장 강력한 국가의 힘의 집중도는 여타 국가들이 이에 대항하여 세력균형을 추구(대항균형counterbalancing)하는 데 극도의 비용을 들게 한다. 미국의 하드파워는 이미 이러한 힘의 집중도의 한계와 대항균형이 불가능한 문턱을 넘어선 상태로서, 차상위 경쟁국가들이 미국에 집단행동할 가능성은 희박하다는 것이다.

미국 헤게모니의 또다른 예외적 특징은 "미국의 힘은 위협적인가"와 연관된 것이다. 강대국 간의 균형 동기를 위협에 대한 균형balance of threat에서 찾는 스티븐 월트Stephen Walt는 "미국은 초강대국이지만 여타 강대국의 핵심 이익에 군사적으로 위협적이지 않기 때문에 주요 강대국들이 미국에 대항하여 세력균형을 추구할 이유가 없다"고 주장한다.[6] 국제질서에 가장 위협적인 국가는 가장 강력한 국가나 초강대국이라기보다는 오히려 국제질서를 변경하려는 수정주의 국가나 떠오르는 국가rising power일 수가 있다는 논리이다.

월트가 위협요인 중의 하나로 지적하는 지리적 근접성geographic proximity 면에서 보면, 미국은 유럽이나 아시아 국가에게 상대적으로 위협이 되지 않는다. 미국이 두 개의 대양으로 인해 구대륙으로부터 이격되어 있기 때문에 유럽과 아시아의 국가들은 미국에 대한 대항균형보다는 오히려 지역 내 인접한 국가 간의 세력균형에 전략적 관심을 집중하는 경향이 있다는 것이다. 미어샤이머의 용어로 말하면 '바다의 차단력 stopping power of water'인데, 미국은 이러한 지리적 이점을 활용하여 역외균형 전략off-shore balancing이나 분할통치 전략으로 활용할 수 있다.

캐나다 맥길대 국제관계학 교수인 타즈하 폴Thazha V. Paul은 차상위 국가들이 미국에 군사적으로 대항균형을 추구하지 않는 이유는 미국의 헤게모니가 이들 국가의 주권을 위협하지 않는 점으로 설명하고 있다. 다시 말하면, 차상위 국가들은 대부분 핵보유 국가로서 국가안보적 억지력을 보유하고 있고, 근대 국제관계사에서 전통적인 헤게모니 국가들의 행동과는 다르게 미국이 영토병합의 의도가 없는 영토적 현상유지의 수호자라는 점에서 미국에 대항해 군사적 균형hard balancing을 취할 전략적 동기가 없다고 본다.[7]

마지막으로, 미국의 헤게모니가 예외적인 이유는 미국이 자애로운 패권국benevolent hegemon이기 때문이라는 주장이다. 자유주의 국제정치학자들이나 미국의 대외정책결정자들, 관련 싱크탱크의 전문가들, 그리고 이들 중 일부로 구성된 이른바 블롭blob이라 별칭되는 대외정책 이해 관련 집단이 제시하는 담론이 이에 해당한다. 이들은 미국의 압도적인 하드파워가 대항균형을 예방한다는 관점과는 다르게 미국의 헤게모니에 차상위 국가들이 우려할 수 있다고 보지만, 관건은 미국의 패권적 정책에 대해 이들 국가가 어떻게 인식하는가에 달려 있다고 본다.

미국의 정책이 국제사회의 이해관계에 유익하고 글로벌 공공재를 제공하면서도 자제력 있는 성향을 지닌다면 미국의 헤게모니에 대한 자발적 수용을 기대할 수 있을 것이다. 아이켄베리가 대표적인 논자인데,[8] 그는 "미국의 이익은 여타 국가들이 미국과의 협력을 포기하고 대항균형으로 추동하지 않는 것에 있으므로, 미국의 헤게모니는 '자제하고 공개적이고 제도화된' 자유주의적 헤게모니여야 한다"고 주장하였다.

이렇듯 동의에 의한 헤게모니를 행사한다면 미국의 헤게모니는 여타 국가에게 두려움이 아니라 자유롭고 민주적인 것, 즉 자애로운 것으로 인식될 것이다. 이에 더하여, 미국의 자유민주적인 체제 특성이 여타 국가로 하여금 미국의 선의를 확신시키고 미국의 헤게모니를 정당화하는 데 기여할 것이다.

이 외에도 길핀Robert Gilpin 류의 헤게모니 안정이론(패권안정론) 또한 헤게모니가 군사 및 경제적으로 국제체제의 안정화에 기여한다고 평가한다. 미국의 압도적인 군사력이 세계경제의 안정화를 위한 지정학적 전제조건인 글로벌 공유자산global common의 안전을 담보해 주는 것이 헤게모니의 대표적인 기여라 할 수 있다. 이상에서 살펴본 예외적 특징으로 인해 미국의 헤게모니는 장기적으로 지속가능한 것이라 주장하고 있다.

| 자애로운 패권국benevolent hegemon의 분기점, 2030년

미국의 일극체제의 장기적인 지속가능성에 회의적이고 자애로운 패권국이라는 개념을 반박하는 주장이 테러와의 전쟁과 글로벌 금융위기를 계기로 힘을 얻어 가고 있었다. 일극체제 회의론자들은 베스트팔렌체제(근대국제체제)가 형성된 이래 국제질서의 핵심 구성요소인 세력균형이 일극체제에서도 여전히 작동하여 미국의 헤게모니에 대항한 힘의 균형이 이루어질 것이라 전망한다. 이러한 회의론에 따르면, 패권국에 대한 대항균형은 1648년 베스트팔렌 질서가 수립된 이래 지속적으로 반복되어 작동해 왔다.

나폴레옹의 유럽패권(나폴레옹 전쟁, 1803-1815)에 대항하기 위해 영국과 러시아가 수립한 대항동맹, 그리고 빌헬름의 독일제국의 패권 추구를 견제하기 위해 영국·프랑스·러시아 간에 체결한 삼국협상Triple Entente 등은 대항동맹의 대표적인 사례들이다. 이러한 대항동맹의 동기는 패권(추구)국의 의도가 위협적인지(또는 패권국이 자애로운가)보다는 특정 국가에 힘이 과도하게 집중되는 것, 힘의 집중도 자체가 위협적인 것으로 인식되었기 때문에 균형력이 작용한 것이다. 그러나 패권을 향해 떠오르는 국가에 대한 균형보다 일극체제의 헤게모니에 대한 균형이 가능성은 한층 낮고 난이도는 높다는 점 또한 지적될 필요가 있다.

다자주의적으로 행동하여 자애로운 패권국으로서의 신뢰를 쌓아간다면 미국의 헤게모니가 장기지속될 가능성이 있다는 주장에 대해 현실주의 학자들은 부정적인 견해를 피력하고 있다. 공세적 현실주의 정치학자인 시카고대 미어샤이머John J. Mearsheimer를 인용하면,[9] "국가들은 자조自助적인 세계self-help world에서 활동하므로 항상 자신들의 이익에 따라 행동"할 수밖에 없다. 다만, 여타 강대국들이 미국의 헤게모니에 군사적으로 대항하지 않는 것은 다자주의적 행동을 신뢰해서라기보다는 미국에 대항할 만한 군사적 능력이 결핍되고 그 비용을 감당하기도 어렵기 때문이라는 것이다.

미국은 스스로 위협적이지 않은 존재, 자애로운 패권국이라고 생각할 수 있겠으나 상대국가는 위협을 느낄 수 있다는 데 문제가 있다. 월트가 지적했듯이[10] 미국의 딜레마는 "유일한 초강대국 지위를 지닌 미국이 양극체제나 다극체제였을 때 보다 일극체제에서 여타 강대국으로부터 더 많은 의심과 분노에 직면"할 수 있다는 점이다. 텍사스 A&M대의 정치학자 크리스토퍼 레인Christopher Layne에 따르면,[11] 세력균형의 역사나 현실 국제정치에서 볼 때, "예방적 조치로서의 다자주의가 미국에 대한 대항균형을 예방할 수 없고, 미국의 헤게모니는 나이스하게 얻어진 것이 아니라는 것"이다.

미국의 다자주의적 접근은 여타 강대국에게 일방주의적 행동보다 안전하고 공정한 정책으로 인식될 가능성이 크다. 문제는 일극체제의 헤게모니 국가는 다자주의적 행동의 필요성을 인식하더라도 일방주의적으로 행동하려는 유혹에서 벗어나기 어려울 수 있다는 점이다. 일극체제에서 초강대국이 다자주의적 자제력을 발휘하기란 쉬운 일이 아니다. "자제력은 헤게모니라는 중력을 거스르기 어렵기" 때문이다. 국제질서를 구축하고 국제 규범을 제정하는 국제정치의 주도적 행위자가 헤게모니 국가라는 점을 감안하면, 이 과정에서 자신의 가치와 제도를 국제사회에 부과하려는 행동들은 일방주의적으로 비쳐질 수 있다.

민주주의 국가를 세운다는 명분으로 단행한 미국의 이라크 전쟁(2003)은 미국이 다자주의적 접근을 선호하는 현상유지 국가라는 이미지를 손상시켰다. 미국의 이러한 행동은 국제규범을 준수하지 않은 패권적 일방주의로 해석되었고, 독일과 프랑스, 러시아 삼국의 공동행농을 초래하였다. 당시 부시 대통령은 "미국의 행동을 지지하든지 아니면 반대편에 서든지 양단의 선택만이 있을 뿐"이라 선언함으로써 다자주의에 역행하는 입장을 취하였다. 한국의 경우에도, 2013년 바이든 부통령이 방한하여 "미국의 반대편에 거는 것은 좋지 않은 베팅"이라고 말한 바 있다. 이러한 논리는 과거 냉전시대 "미·소 간의 전략경쟁에서 중립에 서는 것은 동맹으로서 비도덕적인 것"이라 주장했던 덜레스John F. Dulles 전前국무장관의 냉전적 시각의 연장선에 있는 것으로 해석되기도 한다.[12]

미국의 자애로운 헤게모니(자애로운 패권국)를 주장하는 자유주의 국제정치학자들은 특정 강대국의 위협도를 측정할 때 대상국가의 의도 intentions에 주목한다. 상대국의 경성국력hard power의 크기 보다는 전략 의도가 위협적일 경우이다. 현실정치의 세계에서는 상대국의 의도를 정확하게 파악하는 것이 쉽지 않다. 상대국의 위협 행위가 허풍bluffing이나 협박blackmail인지, 아니면 실제로 군사적 행동으로 귀결되는 필연적 인과관계에 있는지 정확히 판단하거나 예측하기 어렵다. 군사적 공격징후가 임박한 시점에 결정하는 선제공격preemptive strike은 국제법적으로 용인될 수 있으나, 불특정 미래시점의 공격 의도를 판단하여 위협을 미리 차단하는 예방전쟁preventative war이 국제법상 불법으로 간주되는 것은 이러한 연유에서다.

이러한 딜레마를 피하기 위해 숙적관계 또는 경쟁상대국의 의도를 파악하는 데 있어서 자유주의자들이 선호하는 방법은 해당국가의 체제와 이념의 성향을 대외정책을 예측하는 데 활용하는 것이다. 경쟁상대국의 체제나 이념이 권위주의적이거나 전체주의적이면 대외정책도 호전적이고 침략적일 것이라는 가정이다. 즉, "오랑캐는 호전적이다"라는 종래의 관념을 말한다. 환언하면, "민주주의 국가가 평화를 선호한다"는 것으로 칸트 류의 민주평화론이 이에 해당한다.

대표적인 사례로는 히틀러의 나치 정권에 대한 영국 체임벌린A. Neville Chamberlain 정부의 정책결정이 있다. 당시 체임벌린 내각은 "히틀러가 독일의 전통적인 정치인인지, 아니면 과대망상증의 전쟁광인지"를 판단하는 문제에 직면하여 히틀러의 독일의 의도를 파악하는 데 집중하였다. 히틀러의 오스트리아 병합Anschluss에 이어 체코 주데텐란트Sudetenland 점령 등을 다룬 뮌헨회담(1938)에서 체임벌린은 독일의 지정학적 위협 정도와 전략적 의도를 파악하는 데 결과적으로 실패하였다. 회담 타결 한 달여 후에 유태인에 대한 나치당원들의 약탈 방화사건, 즉 수정의 밤Kristallnacht 사건이 발생하자 영국 정부는 "포악한 정권은 대외정책도 악의적일 것"이라는 판단을 비로소 내렸다.

뮌헨회담의 교훈은 히틀러의 위장평화에 체임벌린이 속았다는 것이라기보다는, 경쟁국의 의도는 파악하기 쉽지 않으므로 의도의 진위를 파악하는 데에서 발생할 수 있는 리스크를 피하기 위해서는—국가가 합리적인 행위자라는 전제에서—의도보다는 상대방의 힘의 크기가 결정적이라는 점을 강조할 필요가 있다. 현실주의 국제정치학자 저비스Robert Jervis가 지적한 바와 같이[13], "헤게모니 국가에서 정부가 교체되거나 정책결정자의 마음은 바뀔 수 있으므로 상대국들에게는 의도보다는 헤게모니 국가의 역량의 크기가 현실적으로 더 중요"할 수 있다. 빌헬름의 독일제국과 히틀러의 나치독일 모두 의도의 진위와는 상관없이 객관적인 힘의 집중도 면에서 기존 국제질서를 위협할 수 있는 떠오르는 국가rising power이자 수정주의 국가revisionist state였다는 사실이 중요하다.

현대 국제정치에서는 민주주의 국가가 더 평화를 선호한다는 주장이 우세하다. 그러나 헤게모니 국가가 민주주의적이라는 사실이 그 헤게모니가 위협적이지 않다는 것과 동의어는 아니다. 중국·러시아·이란 등 권위주의 국가가 반드시 무력분쟁을 선호한다거나 위협적이라고 단정하는 것 또한 리스크가 있을 수 있다. 현실정치realpolitik적 세계에서 권위주의 국가들이 대체로 위기적 쟁점의 중심에 있는 것이 사실이지만, 비민주주의 국가가 문제해결 방식으로 반드시 전쟁을 선택하는 것은 아니다.

현실정치를 선과 악의 이분법적 대결로 보는 근본주의적 접근이 오히려 문제다. 문명국의 입장에서 볼 때 '오랑캐는 호전적'일 것이다. C. 레인의 말을 인용하면,[14] "국제정치에서 자애로운 패권국이란 없다". 더 나아가 "어떠한 강대국도 미덕을 독점하지는 못하며, 설사 온전히 미덕을 지닌 강대국이 있을지라도 그것이 다른 국가에게 부과되면 당사국에게는 더 이상 미덕으로 여겨지지 않을 것"이다.[15]

미어샤이머와 레인 등이 제기하는 헤게모니 쇠퇴론을 요약하면,[16] "미국 헤게모니의 토대는 일극체제이므로 일극체제가 약화하면 미국의 헤게모니 또한 쇠퇴한다"는 것이다. 헤게모니 쇠퇴론에 따르면, 미국의 헤게모니가 예외적인 현상이라는 것이 미국의 일극체제가 예외적으로 안정적이거나 장기 지속가능성이 있다고 확인해 주는 것은 아니다. 근대 국제체제의 형성 이래로 헤게모니에 대항하여 강대국들이 추구하는 세력균형은 필연적이어서 미국의 일극체제에서도 예외적일 수 없다는 것이다.

레인이 주장했듯이 미국의 헤게모니는 무한정 지속될 수 없고, 국제체제의 힘의 분포distribution of power는 양극체제나 다극체제에 가깝게 변화하고 있다. 중국의 군사적 부상에 대한 미국의 우려, 그리고 미국에 대한 연성균형soft balancing—외교와 국제제도 등을 활용한 균형—움직임 등이 이에 대한 방증이라는 것이다.

일극체제의 미국 헤게모니가 정점을 향하던 2004년에 발표된 미국 국가정보위원회National Intelligence Council(NIC)의 보고서[17]에는, 19세기에는 독일이 떠오르고 20세기에는 미국이 부상하였듯이, 21세기에는 중국과 인도가 글로벌 행위자로 등장할 것으로 예측하였다. 비슷한 시기에 발표된 랜드연구소의 한 보고서[18]에서도 중국과 EU가 2020년경에 미국에 버금가는 최상위 군사강국으로 발돋움할 것으로 글로벌 세력 분포를 전망하였다.

2020년 현재, 인도나 EU가 미국에 대항할 만한 힘의 축(극pole)으로 부상하지는 않았으나 중국은 새로운 힘의 극으로 떠오르고 있다. 미국이 일본·호주·인도를 아우르는 쿼드Quad를 통해 중국을 군사적으로 견제하려는 인도-태평양 전략은 중국이 미국의 헤게모니에 대항세력으로 떠올랐음을 반증하는 것이다. 미국 주도의 쿼드는 19세기 말에서 20세기 초 빌헬름의 독일제국을 견제하기 위해 헤게모니를 쥔 영국이 영광의 고립splendid isolation을 버리고 프랑스·러시아와 균형동맹(삼국협상)을 형성한 역사적 사례에 비견될 수 있다.

C. 레인은 "미국 헤게모니의 미래, 그 지속가능성은 시간과 비용의 문제"에 달려 있다고 진단하였다. 미국이 "얼마나 일극적 지위를 유지할 수 있는가, 그리고 일극체제의 지속이 비용을 감당할 수 있는가, 일극적 지위가 미국에 이익이 되는가" 등에 관련된 문제이다. 쇠퇴론자인 레인은 일극의 순간이 도래한 지 얼마 안 된 시점에 "2010년경 다극체제가 도래할 것"[19]이라 예측한 바 있다.

미국 주도 일극체제의 지지론자인 W. 월포스는 1999년에 전망하기를,[20] "미국의 헤게모니가 양극체제만큼 지속될 수 있을 것인데, 추정해 보면 2030년경"이라 하였다. 레인 식으로 말하면 이미 일극체제는 쇠퇴하고 있고, 월포스의 추정대로라면 미국의 헤게모니는 향후 약 10여 년 남짓 지속될 것이다. NIC와 랜드연구소, 일극체제 쇠퇴론자와 지지론자 등이 예측한 미국 헤게모니의 지속기간의 한계는 대략 2010년에서 2030년 사이일 것이다.

현실주의 국제정치학자 월트Stephen Walt가 주장한대로,[21] 미국이 현실적으로 취할 수 있는 거대전략의 목표는 "지혜와 자제력을 가지고 가능한 한 현재의 입지를 유지하면서 헤게모니가 부여하는 이점利點들을 포기하지 않는 것"일지도 모른다. 2000년 대선 캠페인에서 조지 부시 후보가 주장했던 선거담론을 상기해 볼 필요가 있다. 당시 부시 후보는 "만일 미국이 강하면서도 겸손하다면 세계는 미국에 매혹될 것이지만, 미국이 오만하게 힘을 행사한다면 이에 반발할 것"이라 올바르게 경고하였다. 그러나 당선 이후 부시 정부는 이를 실천하는 데 성공하지 못하였다. 앞서 언급했듯이, 미국은 일극체제의 정점에서 세계의 신뢰를 얻는 데 실패하였다. 미국이 자제력을 통해 헤게모니의 정당성을 재회복하지 않으면 세계는 미국이 가져올 이익에 편승하기보다 미국을 길들이려 할 것이다.

현실주의자들의 지적에 따르면, 미국의 헤게모니에 대한 다른 국가들의 두려움과 우려를 불식시키기 위해서 미국은 자제력을 발휘하는 동시에 역외균형offshore balancing이나 다극화 경향에 적응할 필요가 있을 것이다. 미어샤이머 등이 주장하는 역외균형 전략을 채택한다면 역내균형onshore balancing(미군 주둔 전략)을 우려하는 중국이나 러시아, 이슬람 국가들에게 전략적 위안을 제공하고 대외개입의 비용을 축소하려는 국내 정책에도 상당 부분 부합할 수 있을 것이다. 그럼에도 동맹국들의 전략적 이해관계나 미국의 헤게모니 유지라는 측면에서 역외균형 전략 채택은 쉽지 않을 것이다.

역사학자 A. J. P. 테일러는
1848년 유럽을 휩쓴 혁명전쟁에서
1918년 제1차세계대전의 종전에 이르기까지
"유럽 강대국들의 모든 전쟁은
정복전쟁이 아니라 예방전쟁이었고, 모두 전쟁을 개시한 국가에
재난적 결과를 초래하였다"고 평하였다.

역사학자 프리츠 스턴은
첫 번째 세계전쟁이 20세기의 첫 대참사이자
다른 모든 대참사를 야기한 대참사라고도 하였다.

이 전쟁은 불가피한 것이었다기보다는
일어날 것 같지 않은 전쟁이거나
선택한 전쟁war of choice이었다.

크리스토퍼 클라크의 말처럼,
당시 유럽은 몽유병자들처럼 전쟁으로 걸어 들어갔다.

오늘날 유럽인들은 우크라이나 전쟁에서
이러한 악몽을 예감하고 있다.

6. 유럽의 전쟁,
기나긴 평화long peace의 종결

| 우크라이나 전쟁과 다극의 순간multipolar moment

역사사회학자 찰스 틸리Charles Tilly는 근대 유럽의 500년을 다룬 《유럽혁명 1492-1992European Revolution 1492-1992》에서 "유럽은 어떻게 만들어졌는가"하는 물음에 "유럽에서 국가nation state는 역사적으로 전쟁을 통해 건설되었다"고 답하고 있다. 역사적으로 유럽은 전쟁으로 국가를 만들었고, 전쟁을 통해 질서를 재편하였다. 2022년 2월 24일, 러시아가 우크라이나를 침공했다. 평론가들은 유럽의 9·11이라고도 했고, 서구 문명이 제2차세계대전 이후 최대의 시험에 빠졌다고도 했다. 유럽연합EU과 나토NATO로 상징되는 유로대서양세계가 집단적인 대응에 나섰다는 사실, 그리고 전쟁의 이해당사국들이 유럽국가들인 점 등을 감안하면 우크라이나 전쟁은 유럽의 전쟁이기도 하다.

종전 후 80여 년에 걸친 유럽의 기나긴 평화는 끝을 향해 가고 있는 것인가? 만약에 그러하다면 우리는 유럽에서 다른 질서가 출현하고 있는 것을 목격하고 있는 셈이다. 지금까지 당연시되었던 유럽의 평화가 의문시되고 유럽에서 전쟁이 가능해진 시대가 도래하고 있다. 근대 이래로 인류의 전쟁이 유럽에서 기인한 사실, 유럽의 전쟁은 곧 세계의 전쟁이었던 역사적 사실을 기억할 필요가 있다. 국가들은 전쟁의 역사적 기억을 불러낼 것이고, 그로 인해 유럽은 다시 군비를 증강해야만 할 것인데, 독일의 재무장이 그 상징적 신호가 될 것이다.

전쟁에 국한하여 말하면, 불량국가를 논외로 했을 때 전쟁의 시작과 종결을 스스로 결정할 수 있는 국가가 강대국이고 극체제polarity를 구성한다. 과거 일극체제에서는 미국만이 전쟁을 스스로 결정지을 수 있었다. 걸프 전쟁Gulf War(1990), 나토의 코소보전쟁(1999), 아프간전쟁(2001), 이라크 전쟁(2003) 등이 그러하였다. 러시아가 유럽에서 전쟁을 일으켰다는 사실은 미국의 일극체제에 대한 부정을 의미한다. 분쟁지역을 제외하고 탈냉전 이래 처음으로 미국 이외의 국가가 전쟁을 시작했다.

러시아가 우크라이나 전쟁을 일으킴으로써 제2차세계대전 이후 처음으로 유럽에서 국가 간 전면전이 발생하였다. 독일이 군비증강을 선언하면서 전후 새로운 독일의 출현을 예고하고 있다. 러시아의 대유럽 개전開戰, 독일의 재무장 등은 제2차대전 이후의 세계질서가 최종적으로 종결되고 있음을 알리는 사건이자 다극의 순간이라 부를 수 있는 특유한 역사적 상징들을 표시한다.

앞의 장에서 설명한 바와 같이, 냉전 해체의 순간은 극체제의 관점에서 일극의 순간으로도 정의되며, 미국 주도의 일극체제의 창조의 순간이기도 하다. 한 시대를 정의하게 될 이 용어를 탄생시킨 크라우트해머 Charles Krauthammer에 따르면, 일극의 순간은 독일의 국가 지위 변경을 통해서 비롯되었다.

1990년 7월 16일 소련의 대통령 고르바초프와 서독의 총리 헬무트 콜Helmut Kohl은 코카서스 정상회담에서 세기적인 거래를 타결하였다. 독일통합에 관한 양자 간의 합의는 크라우트해머에게 소련이 동독을 서방진영에 넘겨준 것이자 냉전에서 패배한 것을 의미하였다. 이에 의해 소련의 항복으로 규정된 이 상황은 특별한 역사적 현상으로서 일극의 순간으로 기억되었다. 진정한 권력이 오직 워싱턴과 모스크바로부터 발산되던 양극체제는 이로써 사멸하였다는 해석이었다.

독일의 한 철학자는 "역사는 되풀이된다"고 했다. 또 다른 철학자는 "한 번은 비극으로, 다른 한 번은 희극으로"라는 구절을 덧붙였고, 미국의 어떤 문학가는 "역사는 그대로는 아니라도 그 운율은 반복된다"고도 했다. 일극의 순간처럼 다극의 순간도 러시아와 독일 간의 변주곡 속에서 도래하고 있다.

소련 해체를 두고 20세기 지정학적 대재앙이라고 분노한 러시아의 푸틴은 제국 러시아를 지향하는 듯하고, 숄츠Olaf Scholz의 독일은 재무장을 통해 새로운 독일을 향해 가는 듯하다. 과거와 다르다면 당시는 냉전 해체와 독일통합이라는 아름다운 시절belle epoque이었고, 지금은 너무나 암울한 전쟁의 시절epoch belli이다. 나름대로 각색해 보면 '역사의 운율은 반복된다, 한번은 희망으로 한번은 절망으로'.

세계적 수준에서 일극체제로부터의 이행transition from unipolarity이 시작되었으나 다극체제가 확립되었다고 규정하기엔 아직 이른, 질서의 이행기에 있다. 이행은 시작되었으나 어디로 향하는지 종착지점은 아무도 모른다. 미국의 정치·경제·군사적 영향력이 여전히 우월하나 다극의 순간에 접어들었고 불확실성이 고조되는 시기이다. 우크라이나 전쟁은 예방전쟁preventive war의 합리화라는 점에서 이러한 이행기의 불행한 출구가 될 수도 있다. 푸틴 정부의 주장대로라면, 러시아의 개전 사유casus belli는 젤렌스키 정부의 나치화, 나토가입과 핵무장 가능성 등 러시아 핵심이익의 근본적인 침해가 확연하므로 이를 방지하기 위해 특별군사작전을 실시했다는 것인데, 예방전쟁을 정당화하는 논리이다.

예방전쟁이란 임박한 군사적 공격imminent armed attack에 대한 선제적 대응preemptive strike이 아니라, 미래에 예상되는 군사적 위협을 방지하기 위한 군사적 침공을 의미한다. 예방전쟁은 상대국의 군사적 공격이 임박했다는 명백한 징후가 없음에도 군사적 수단을 자의적으로 사용할 가능성이 있다는 점에서 국제법 위반으로 간주된다. 하지만 예방전쟁을 정당한 것으로 주장하던 시대가 있었다. 19세기 세력균형에 기반한 다극체제, 강대국 세력권sphere of influence 경쟁에 입각한 제국의 시대에 예방전쟁은 침략국의 오명을 감수하고라도 개전국에 의해 합리화될 수 있었다. 19세기 중반 제국통합 이후 1차대전 직전까지 독일의 분위기도 이러하였다.

우크라이나를 침공한 푸틴의 예방전쟁처럼 독일제국의 몰트케Helmuth Karl Bernhard von Moltke도 예방전쟁을 계획하였다. 독일제국의 참모총장이던 몰트케와 육군원수 발더제Alfred Heinrich Karl Ludwig von Waldersee는 독일의 동쪽(러시아)과 서쪽(프랑스)으로부터 위협적인 양면전쟁을 회피하기 위해 프랑스와 러시아에 대한 예방전쟁을 여러 차례 요구하였다. 프랑스와의 전쟁(1870-1871)으로 프로이센이 게르만을 통합하고 독일제국을 수립한 직후인 1875년, 그리고 러시아와 프랑스 간의 동맹의 가능성이 회자되던 1887년에서 1890년 사이에 독일의 총참모부는 예방전쟁을 집요하게 요구하였으나 제국의 재상이던 비스마르크가 이를 완강히 거부하였다.

비스마르크는 독일의 전략적 외부 환경이 제국의 존망을 위협하는 상황이 아니라고 판단했기 때문이다.[1] 현대 국제법의 문법으로 말하면,

상대방의 공격이 임박한 상황이 아니라는 것이다. 몰트케 원수의 조카인 소小몰트케Helmuth Johann Ludwig von Moltke 역시 제1차세계대전 직전 예방전쟁을 주장하였다. 참모총장으로서 그는 숙부와 마찬가지로 "동서양면으로부터 닥쳐오는 위험을 두려워했고, 독일이 유리한 조건에서 이에 대처하기 위해서는 예방전쟁이 필요하다"는 논리였다.[2]

몰트케와 독일의 총참모부가 간과했던 것은 두 가지 사실이다. 무엇보다도 당시 러시아와 프랑스는 독일을 침공할 계획이 없었고, 군사적으로도 독일을 압도할 만한 위협이 아니었다는 점이 지적될 필요가 있다. 오히려 러시아의 경우, 독일에서 예방전쟁이 제기되던 1887년에서 1890년 사이 러시아 군부는 독일과 오스트리아로부터의 군사적 위협이 임박한 것으로 판단하고 유럽에서의 전쟁 가능성을 예의주시하고 있었다.

독일제국의 총참모부가 간과한 또 다른 점은 예방전쟁이 기동전으로 단기간에 끝날 수 있을 것이라는 오판으로, 일종의 전략적 나르시시즘이었다. 프랑스와의 전쟁(보불전쟁)으로 확인된 바와 같이, 총력전total warfare 형태인 "국민전쟁은 속전속결을 지향하는 작전적 수준의 전쟁 수행의 한계를 보여주었다. 애국심으로 동원된 국민이 전쟁의 행위자인 국민전쟁은 속전속결을 보장할 수 없다"는 사실이 무시되었고, 그 결과는 참혹한 재앙과 패배였다.[3]

푸틴의 러시아 또한 독일제국의 오류를 되풀이하였다. 속전속결의 전격전이 예상됐던 우크라이나 전쟁은 국민전쟁의 늪으로 빠져드는 양상이었다. 설상가상으로 전쟁 초기 미국과 유럽의 비군사적 전면봉쇄에 직면하여 러시아는 고립과 협상의 기로에 놓이게 되었다. 2023년을 지나면서 2024년 상반기까지 우크라이나 전쟁은 교착국면에 있었는데, 이스라엘-하마스 전쟁으로 세계의 관심이 분산되면서 장기전 양상을 보이고 있었다. 3년이 넘어가는 전쟁의 피로감을 감안하면 휴전이 불가피하다는 기대들도 무망한 것은 아니었다. 그러나 군사력을 비롯한 국력뿐 아니라 역사적 경험으로도 전쟁이 장기화 될수록 러시아의 승리 가능성이 뚜렷해질 것이었다. 근대 이래 역사적으로 여러 차례의 후속 전쟁을 포함하여 장기전에서 러시아가 패전한 경우는 거의 없었다.

| 예방전쟁: 교도소 담장 위를 걷는 국가들

예방전쟁인 러시아의 우크라이나 침공이 명백한 국제법 위반이라는 점에 논란의 여지가 없다. 모든 전쟁은 인도주의적 참사를 수반하지만, 불가피한 전쟁의 정당성은 국제법적 준거에 부합할 때 합리화될 수도 있다. 그러나 예방전쟁은 개전과 동시에 국제법적 준거는 물론이고 정치적 정당성 또한 상실한다고 할 수 있다. 유엔헌장(2조)에 따르면, "유엔 회원국들은 특정 국가의 정치적 독립과 영토적 통합성에 반하는 무력의 사용이 금지"되어 있다. 전쟁을 포함한 무력행사가 정당화될 수 있는 조건은 일반적으로 "무력공격armed attack을 받았을 때의 자위권self-defense"에 국한된다(51조). 유엔헌장 2조는 51조의 촉발조항trigger이라 해석하고 있다.

두 조항을 연결하여 요약하면, "영토적 통합성과 독립성을 심대하게 위협하는 군사적 공격에 직면한 국가는 이에 맞서 군사적 방어전을 수행할 권리"가 있다는 것이다. 주권국가의 영토적 통합성과 정치적 독립성은 국제법 질서의 강행규범jus cogens으로 무조건 준수되어야 하는 기본원리이다. 여타의 경우, 평화에 대한 위협threat to the peace이나 침해breach to the peace, 그리고 공격의 행동act of aggression 등이 존재하는지를 유엔안보리Security Council가 판단하여 국제평화와 안보를 유지하기 위한 상응한 조치를 취할 수 있다(유엔헌장 7장). 이러한 경우, 유엔 안보리의 승인을 받지 않은 군사적 공격은 국제법적으로 정당화되기 어렵다. 선제공격의 정당성 논란 또한 이러한 국제규범의 범주에서 자유롭다고 하긴 어렵다.

이러한 국제법적 기본원리는 이미 100여 년 전에 제기된 스팀슨 선언 Stimson Doctrin(1932)에 의해 확인된 것으로, "법(권리)은 부정의injustice로부터 성립되지 않는다ex injuria jus non oritur"는 원칙, 즉 불법적인 행동은 법을 만들지 못한다는 의미이다. 스팀슨 독트린은 "침략전쟁의 결과물에 대한 불인정", 다시 말하면 영토적 통합성을 침해한 침공으로 획득한 영토나 국가를 인정하지 않는다는 불승인의 원칙이다.

만주사변(1931) 당시, 미국의 국무장관이던 스팀슨Henry L. Stimson은 제국주의 일본이 중국의 동북지역을 일방적으로 침공하여 획득한 영토(만주국)를 미국이 인정할 수 없다는 각서(1932년 1월 7일자)를 중국과 일본에 전달하였다. 이에 국제연맹이 1932년 3월 11일 개최된 총회에서 스팀슨의 불승인 정책non-recognition policy의 취지를 준용하여 반反일본 결의안을 만장일치로 채택함으로써 스팀슨 독트린은 국제법적 기준으로 확인되었다.

탈냉전 이후 예방전쟁에 대한 논쟁이 재현된 계기는 이라크 전쟁(2003)이었다. 2002년 발표한 국가안보전략National Security Strategy[4]에서 부시 행정부는 핵무기 등 대량살상무기를 수단으로 한 불량국가들rogue states이나 테러리스트의 공격 위협이 증대됨에 따라 이에 대한 새로운 선제적 접근이 필요하다고 강조하였다. 군사행동에 관한 새로운 접근은 임박한 공격뿐 아니라 '임박하지 않은 위협에도 선제적인 군사조치를 취할 수 있는' 길(예방전쟁의 길)을 열었다.

예방전쟁론에 입각한 부시 정부의 신군사독트린(2002)은 이라크 전쟁(2003)으로 귀결되었고, 정치학과 국제법 학계를 비롯하여 언론 등 공적영역에서, '예방전쟁으로서의 이라크 전쟁은 과연 정당화될 수 있는가'하는 예방전쟁의 정당성 여부에 관한 논쟁으로 비화되었다. 학계나 외교가에서 이라크전의 정당성 논란이 공론화됐을 뿐 아니라 유엔 사무총장이던 코피 아난Kofi Anan도 이라크 전쟁을 국제법 위반으로 규정하였다. 특히, 유럽의 강국인 프랑스와 독일, 그리고 러시아 삼국이 이라크 전쟁에 대한 반대의 입장을 표명한 것은 주목할 만하다.

당시 부시 정부의 국가안보전략에 따르면, 세계는 전례 없는 '새로운 위협'에 직면하여 '안보 환경의 심대한 변형'을 겪고 있으므로 이러한 위협이 완전히 성숙되기 전에 행동을 취할 필요가 있다는 것이다. 부시 행정부는 국제법 전문가들이 '임박한 위협'이 존재할 경우 선제적 조치의 정당성을 인정하고 있다고 전제하면서, '임박한 위협'의 개념을 상대방이 군사력을 동원하거나 군사적 공격이 임박했을 때에 엄밀하게 제한하는 것을 넘어 '적대집단의 목표와 능력'에 확대 적용해야 한다는 예방전쟁의 논리를 확정하였다.

부연하면, 공격이 임박하지 않더라도 적대집단의 목표와 능력이 '충분히 위협적'이면 선제공격을 할 수 있다는 해석이 가능하다는 것인데, 이는 지나친 확대해석으로 경계할 필요가 있다. 부시 행정부의 국가안보전략은 "위협이 커질수록 부작위의 위험은 더욱 커진다The greater the threat, the greater is the risk of inaction"고 명시하고 있다. 늦기 전에 지금 행동을 취하는 것이 더 낫다는 예방적 선제공격의 옵션을 지지하는 것이다. 과거와는 전혀 다른 새로운 안보환경에는 과거의 전통적인 방식(전략적 억제deterrence 개념)이 더 이상 작동하지 않으므로, 새로운 방식, 즉 선제적인 군사적 행동을 선택할 수 있다는 논리이다. 부시 정부의 예방전쟁의 논리는 고대 그리스 세계의 펠로폰네소스 전쟁에서 스파르타가 주장한 예방전쟁의 논리와 같은 맥락에 있다고 할 수 있다. 국제법 학자들은 우크라이나 침공이 국제법 위반이라는 데 견해를 모으고 있다. 다만, 이에 대한 국제사회의 대응에 있어서는 다양한 견해들이 있다.

정치학자 잭 레비Jack S. Levy에 따르면, 예방전쟁은 "세력균형의 부정적인 전이를 방지하기 위해 고안된 전략"이다. 떠오르는 강대국이나 잠재적인 적대국에 직면할 경우, 아무런 조치도 취하지 않아서 발생하는 부작위의 위험한 결과보다는 지금 싸우는 것이 낫다는 논리better-now-than-later logic이다. 시간이 지날수록 상대적 국력이 쇠퇴하고 협상의 지렛대가 약화되어 전쟁에 더욱 불리한 환경이 조성될 수 있다는 것이다.

그러나 정의로운 전쟁bellum justum, just war 이론을 현대적으로 정리한 정치학자 왈저Michael Walzer의 시각으로 보면, 균형(balance)을 위한 전쟁, 즉 세력균형 전쟁은 부정의unjust하다. 정의의 전쟁은 세력균형을 유지하기 위한 것이 아니라, 깨어진 이전의 상태를 복원status quo ante하기 위한 것, 곧 현상유지의 복구를 의미한다. 다시 말하면, 방어를 위한 전쟁이 정당하다는 것이고 유엔헌장의 조항에 부합하는 견해이다. 주로 세력균형을 개전 사유로 제기하는 예방전쟁은 정의의 전쟁 이론에서도 정당화되기 어렵다. 왈저는 베트남 전쟁에 반대한 반전 활동가였음에도 정의로운 전쟁에 관한 명저 《정의로운 전쟁과 부정의한 전쟁Just and Unjust War(1977)》을 남겼다.[5] 그는 이를 통해 전쟁에 관한 비도덕적 현실주의뿐 아니라 평화주의pacifism 또한 비판하였다.

이러한 예방전략은 떠오르는 강대국에 대한 위험회피 전략으로 활용되기도 하고, 인접 국가와의 안보 딜레마 상황에서 적용되기도 한다. 예방전략은 대체로 강대국이 미래의 위협에 대처하기 위해 전쟁이라는 수단을 선택하는, 불가피하지 않은 선택의 전쟁war of choice으로 귀결되며, 도덕적이고 법적인 측면에서 중대한 결함을 초래한다. 예방전쟁의 개념은 고대 그리스의 펠로폰네소스 전쟁에서 현대 이라크 전쟁에 이르기까지 수많은 전쟁과 선제공격의 명분과 원인을 규정하는 데 활용되었다.[6]

도덕적·법적 지위의 결함에도 예방전쟁은 국제질서의 변동에 따라, 그리고 국가이익이나 정책적 필요성에 따라 변형되어 활용되었다. 그러한 전쟁은 역사적으로 대부분 불필요하거나 재앙으로 끝난 경우가 많다. 국제법학자들은 "공격을 당했거나, 공격이 임박한 경우, 그리고 군사력 외에 평화를 유지할 수단이 없다고 유엔안보리가 판단하는 경우" 등을 제외하고는 전쟁을 선택해서는 안 된다는 데 동의한다. 예방전쟁은 대체로 이러한 범주를 넘어선다.

예방전쟁의 위험성은 개념적 모호성뿐 아니라 적용의 엄밀성이 취약하다는 점에도 있다. 예방전쟁을 규정하는 데 있어서 선제적 조치 preemption와 예방적 조치 prevention를 구별할 필요가 있다. 이론적으로 선제적 조치는 공격이 임박했을 경우에 취하는 군사공격이고, 예방적 조치는 임박하지 않은 미래의 위험에 대한 군사적 조치이다. 그러나 현실적으로는 두 용어가 혼용되는 경향이 있고 예방조치가 선제적 조치로 위장되는 경우도 있다. 예방전쟁을 시도하려는 국가가 상대국으로 하여금 전쟁을 개시하도록 유도하여 자신의 침공을 임박한 위협 imminent threat에 대한 선제적 조치로 정당화할 수도 있다.

적용의 엄밀성에 있어서도 예방적 조치라는 개념은 정책적 유용성에 따라 지나치게 광범위하고 추상적으로 해석될 위험성이 있다. 예를 들어, 예방적 조치를 "중대한 국가안보의 위협을 방지하기 위한 군사적 행동"으로 정의하고, 이러한 위협의 범주에 '상대적 군사력의 쇠퇴', '국가 지위나 위신의 손실' 등 주관적이고 추상적인 척도를 적용할 경우[7], 전쟁을 합리화할 가능성은 매우 높아질 것이다. 후술하겠지만 역사적으로도 예방적 조치로 해석될 수 있는 전쟁이 선제적 조치로 인한 전쟁보다 훨씬 일반적이고 흔하다.

│ 우크라이나 전쟁: 투키디데스와 비스마르크의 교훈

예방전쟁의 역사는 문명의 역사만큼 길다. 국제법학자 로벨Jules Lobel의 표현대로, "서양문명사는 예방적 논리로 시작된 전쟁으로 채워져 있다". 스파르타의 아테네에 대한 전쟁 선언(펠로폰네소스 전쟁, BC 431-404), 로마에 대한 카르타고의 선제공격(한니발전쟁, BC 218-202), 제1차세계대전으로 귀결된 독일의 러시아에 대한 선전포고, 일본의 하와이 진주만 기습공습(1941) 등이 예방전쟁의 대표적인 사례들이다.

이러한 전쟁들은 미래의 위협에 대한 정치지도자들의 예방적 인식으로 인해 발생하였다. 그들은 "자국이 직면하고 있는 전략 환경이 과거와는 다른 새로운 것이고, 이러한 새로운 전략 환경은 모여드는 위협이 불가피하게 일어나기 전에 행동을 취할 것을 요구한다"고 인식함으로써 예방전쟁을 시작하였다.[8]

투키디데스의 《펠로폰네소스 전쟁사》에 따르면,[9] "스파르타가 전쟁이 불가피하다고 판단한 것은 아테네의 힘의 성장"이었다. 상승하는 아테네의 국력(군사력)이 스파르타에게는 다가오는 위험이었다. 스파르타는 미래의 위험에 대한 두려움에서 선제공격을 통한 예방전쟁을 결정하였다. 스파르타의 동맹국이자 아테네의 숙적인 코린토스가 "아테네의 힘이 배가되는 것을 기다려서는 안 되고, 아테네의 세력 확장을 막기 위해 초기 단계에서 예방하기 위한 조치를 취할 필요가 있다"고 스파르타에게 주장한 대목 또한 주목할 만하다.

코린토스의 주장에서 현대의 예방전쟁 논리의 시사점을 발견할 수 있다. 코린토스는 스파르타가 맹주인 펠로폰네소스 동맹에 불리한 새로운 전략적 환경이 조성되고 있다고 주장하였다. 스파르타가 이전에 처한 것과는 완전히 다른 전략 상황에 직면하였으므로 평화 시기에 적용했던 기존의 방식을 버리고 독창적인 새로운 방식, 즉 예방전쟁을 선택할 필요가 있다는 의미이다.

'지적이고 사려 깊은' 스파르타의 왕 아르키다무스Archidamus II는 "전쟁이란 그 경로를 예측하기 불가능하고, 조기에 종식하기도 어려우며, 선제공격은 불법적인 것이기 때문에 외교적 경로를 선택해야 한다"는 입장을 취하였다. 그러나 스파르타인들은 아테네의 힘이 더 강해지기 전에 조치를 취해야 한다는 집정관ephor 스테넬라이다스Sthenelaidas의 주장을 추종하여 예방전쟁의 길로 들어섰다. 당시 아테네가 가까운 장래에 스파르타에 대항하여 선제공격이나 군사적 위협을 계획했다는 직접적인 증거는 없었다. 스파르타의 전략적 공포, 즉 떠오르는 아테네에 대한 두려움이 전쟁의 길로 내몰았다는 것이 투키디데스의 평가이다. 그레이엄 앨리슨은 잘 알려진 바와 같이 《예정된 전쟁Destined War》에서 이를 투키디데스 함정Thucydides trap이라 명명한 바 있다. 예방전쟁의 결과는 역사에 기록된 것처럼 이 두 국가의 쇠퇴는 물론이고 그리스 세계의 붕괴를 초래하였다.

예방전쟁으로 인해 막대한 전쟁배상금이 부과되거나 전범국으로 처벌받고, 때로는 국가가 해체되는 등 전쟁을 개시한 패전국에게는 파국적 결과가 초래된다. 예방전쟁을 개시한 국가는 교도소 담장 위를 걷는 셈이다. 두 차례의 세계대전이라는 인류 역사상 가장 재앙적인 예방전쟁을 경험하면서 국제사회가 "군사적 공격 발생 시의 자위적 조치self-defense"에만 군사적 수단의 사용을 허용(UN헌장)함으로써 예방전쟁은 국제법적으로 금지되었다. 이렇듯 예방전쟁의 독트린이 인류문명에 끼친 치명적인 결과들로 인해 냉전시대에도 예방전쟁에 대한 혐오가 국제사회에서 보편적 인식으로 정착되었다는 것[10]이 정치학계의 중론이었다.

세계대전 이전까지만 해도 예방전쟁의 논리가 전략적으로나 이념적으로 강대국들에 의해 광범위하게 수용되는 경향이 있었다.[11] 역사학자 테일러A. J. P. Taylor는 1848년 유럽을 휩쓴 혁명전쟁에서 1918년 제1차 세계대전의 종전에 이르기까지 "유럽 강대국들의 모든 전쟁은 정복전쟁이 아니라 예방전쟁이었고, 모두 전쟁을 개시한 국가에 재난적 결과를 초래하였다"고 평하였다. 보수주의 사상의 원류인 버크Edmund Burke도 "세력균형에 예상되는 위협을 예방"한다는 명분의 "군사정책은 유럽에서 셀 수 없는 무익한 전쟁들의 원천"이었다고 비판하였다.[12]

근대 유럽의 예방전쟁의 대표적인 사례가 독일의 예방전쟁 패러다임이다. 19세기 후반 게르만 민족의 통합과 독일제국의 수립(1871)으로 유럽의 세력균형이 재편되는 과정에서 신흥강대국으로 부상한 독일의 군사지도자들은 예방전쟁 독트린을 적극적으로 고려하였다. 독일제국군 참모총장 발더제Alfred von Waldersee 원수와 몰트케의 예방전쟁 구상은 러시아를 공격 대상으로 한 것이다. 당시 러시아는 크림전쟁Crimean War 패배의 여파로 군사행동을 자제하면서 국내개혁에 집중하고 있었다. 러시아는 농노해방(1861) 등 국가 전반에 걸친 구조적 대개혁(알렉산드르 2세의 대개혁)을 성공적으로 진행하여 근대화와 산업혁명을 완수하였다. 발더제를 비롯한 독일군부는 산업화의 성공으로 러시아의 군사력 회복이 두드러져 시간이 지남에 따라 힘의 균형이 독일에 불리해질 것이라는 판단 아래 군사적으로 "늦기 전에 조치를 취하는 것이 낫다"는 예방전쟁의 논리를 주장하였다. 레비가 말한 "지금이 적기適期 better-now-than-later"의 논리다.

군부의 예방전쟁 독트린에 대항하여 러시아와의 친선유지라는 외교적 해법을 제시한 재상 비스마르크Otto von Bismark는 카이저 빌헬름 1세에게 예방전쟁은 "죽음의 공포에서 전쟁을 저지르는 것"이라 진언하였다. 죽음이 두려워서 전쟁을 저지르는 모순적인 무모함을 훈계한 것이었다. 그는 "단순히 다가올 미래에 상대방이 적대행위를 시작할 것으로 보인다는 것만으로 즉시 전쟁을 선포하도록 결코 진언하지는 않을 것"이라 하면서 예방전쟁에 반대하였다. 비스마르크가 강조하였듯이 "군사지휘부와는 다르게 어디서 멈추어야 하는지 아는 것"이 현실정치 realpolitik의 요체였다.

빌헬름 2세가 즉위하여 선대의 대외정책 노선을 수정함에 따라 비스마르크가 사임(1890)함으로써 예방전쟁 전략은 독일의 군사독트린으로 고착화되어 제1차세계대전으로 이어졌다. 비스마르크가 주도한 러시아와의 상호안보 조약인 재보장조약Reassurance은 실효失效되었다. 빌헬름 2세가 채택한 신경로new course 노선은 유럽의 세력균형을 유지한 비스마르크의 외교정책을 전면수정한 것으로 러시아와 외교관계를 악화시키는 결과를 초래하였다. 이로 인해 러시아는 전략적 고립감과 군사적 위기감이 심화되어 프랑스(1894) 및 영국(1907)과 전략적 제휴를 모색하게 되었다.

제1차세계대전(1914-1918) 발발 2년여 전인 1912년 말경, 독일의 군사지휘부 뿐 아니라 카이저와 대신들 또한 이미 러시아와의 전쟁이 불가피한 것으로 판단하였다. 1914년 봄, 독일군 최고사령관 몰트케를 비롯한 독일 군부는 "독일의 군사력이 러시아와 프랑스의 동맹을 제압할 수 있는 시간이 불과 2-3년 남았다"는 계산 아래 이에 대항한 예방전쟁을 개시할 적기라고 결정하였다. "러시아의 군사력이 급상승하고 있고, 독일 동부로의 러시아의 전략적 확장으로 인해 감내하기 어려운 상황"이라는 것, 러시아의 군사력 상승이 '무거운 악몽의 유령'이라는 것이 독일정부의 전반적인 분위기였다. 1890년대 슐리펜이 수립한 전쟁계획대로 선제공격이 대안이라는 기류가 우세하였다.

전쟁 발발 두 달여 전, 독일 외무장관 침메르만Arthur Zimmerman은 "2-3년 내에 적들의 군사력은 다루기 어려울 정도로 매우 강력해질 것이므로, 몰트케조차도 예방전쟁 이외에는 다른 대안이 없을 것"이라 우려하였다. 세상에 제1차세계대전의 발발 원인casus belli으로 알려져 있는 1914년 6월 28일의 사건, 즉, 오스트리아 황태자 살해 사건은 몰트케의 말대로 이미 계획된 예방전쟁의 효과적인 선동 구호로 활용될 수 있었다. 독일은 카이저 빌헬름 1세 시기에 "오스트리아가 어떠한 이유로든 군대를 동원할 경우 독일도 함께 동원할 것"을 확약한 바 있었다.

러시아와 프랑스가 독일을 선제공격할 계획을 가지고 있었다는 어떠한 근거도 없었다. 영국·프랑스·러시아 간에 체결된 삼국협상Triple Entente은 독일의 공세적 군사동맹(삼국동맹Triple Alliance)에 대한 방어동맹의 성격이 강했고, 침메르만 조차도 삼국협상이 전쟁을 일으키기에는 평화에 너무 헌신적이라 표현할 정도로 방어적인 동맹이었다. 예방전쟁 독트린은 "독일의 재상 베트만 홀베크Theobald von Bethmann Hollweg이 '계산된 위험' 혹은 '어둠 속으로의 도약'으로 표현한 자살행위로 독일을 이끌었다. 그 결과는 독일뿐 아니라 유럽의 재앙이었다. 19세기 후반과 20세기 초반에 독일에서 팽배했던 예방전쟁의 논리는 세력균형의 부정적인 전이를 방지하기 위해 고안된 전략이었다. 발더제와 몰트케가 전쟁을 불가피하게 판단한 반면에, "어디서 멈추어야 할지"를 알았던 비스마르크가 선택한 정책, 곧 균형외교는 유럽의 전쟁을 예방할 수도 있었을 것이다.

푸틴 정부의 주장대로라면, 러시아의 우크라이나 전쟁도 세력균형의 불리한 이동과 미래시점의 위협이라는 측면에서 독일의 사례와 비교할 수 있는 예방전쟁이라 할 수 있다. 푸틴은 다가오는 위험에 대한 군사적 공포로 인해 위험한 전쟁과 불안한 평화 중에 전자를 선택하였다. 러시아에게 이러한 위협과 공포는 나토의 팽창이었고, 우크라이나의 나토가입은 레드라인이었다. 우크라이나의 젤렌스키 정부가 헌법에 나토가입을 명시한 것은 물론이고 나토의 세력권과 군사력이 제정러시아의 영토와 구소련지역으로 전진배치되고 있다고 판단한 푸틴 정부는 과거 독일처럼 시간이 지나면 전략적으로 돌이킬 수 없으므로 지금이 적기better-now-than-later라고 결정하였다.

독일의 사례처럼 우크라이나 전쟁의 사례에서도 미국과 나토가 러시아를 선제타격할 계획을 수립했다는 어떠한 근거도 없다. 다만 러시아는 러시아 국경을 향해 다가오는 나토의 군사력 확장에 현실적인 두려움을 느꼈을 뿐이다. 베트만 홀베크식으로 비유하면, 나토는 러시아에 전쟁을 일으키기엔 지나치게 평화에 헌신적인 군사동맹이지만 러시아는 나토의 동유럽확장을 유럽의 세력균형의 불리한 이동이자 러시아에 대한 군사적 봉쇄로 받아들였다. 안보 딜레마security dilemma 개념을 고안한 국제정치학자 저비스Robert Jervis가 한 표현인 "국가는 상대방의 적의敵意hostility를 과소평가하기보다는 과대평가할 가능성이 더 높다"[13]는 구절이 시사하는 바가 적지 않다.

나토의 확장에서 비롯된 안보 딜레마의 비극적 결과가 우크라이나 전쟁이기도 하지만, 독일의 전쟁처럼 러시아의 개전명분 또한 정당화되기 어렵다. 제1차대전의 발발에 직면하여 러시아 외무장관 사조노프 Sergei D. Sazonov가 오스트리아의 대 세르비아 선전포고를 '유럽의 전쟁'이라 분노하였듯이, 지금의 EU 또한 러시아의 우크라이나 침공을 유럽의 전쟁으로 보고 있다. 전쟁선포에 준하는 유례없는 경제제재가 진행 중인 것도 우크라이나 전쟁이 명백한 국제법 위반임은 물론이고 유럽의 전쟁이라는 국제적 인식에서 그러하다.

우크라이나 전쟁 역시 비스마르크가 한 것처럼 예방하거나 최소한 지연시킬 수는 있었을 것이다. 러시아로서는 위험한 전쟁보다는 불안한 평화를 유지할 수도 있었을 것이다. 클라우제비츠를 인용하여 전쟁을

"정치의 연장, 다른 수단에 의한 정치"로 정당화하기도 하지만, "정치는 전쟁 앞에서 멈춘다는 것"이 역사의 교훈이다. 의전이나 프로토콜 등이 압도하는 외교공학이 아니라 정치의 연장으로서의 외교, 국가 간의 정치가 발휘되었다면 우크라이나 전쟁도 예방할 가능성이 높아졌을 것이다. 전쟁의 원인으로 푸틴의 편집증paranoia을 논하기에 앞서, 메르켈Angela Merkel 총리의 독일식 외교가 유럽의 균형추 역할을 했더라면, 마크롱Emmanuel Macron 대통령의 핀란드화 방식을 젤렌스키의 우크라이나가 수용했더라면, 푸틴 대통령의 전략적 강박증을 안보 딜레마로 해석했더라면, 우크라이나 침공을 예방할 수 있었을지도 모른다는 해석도 가능하다.

| 시대 전환Zeitenwende과 독일의 부활

강대국 독일이 부활하고 있다. 일본 또한 재무장의 길로 향할 것이다. 러시아의 우크라이나 침공 직후, 독일 숄츠Olaf Scholz 총리는 연방의회 연설[14]에서 우크라이나 전쟁을 유럽이 역사상 중대 기로에 선 유럽역사의 분수령이라 규정하면서 유럽에서 독일의 크기와 중요성에 걸맞은 군사력을 갖추겠다는 의지를 표명하였다. 숄츠의 의회연설에 따르면, "전후세대에게 유럽에서 전쟁은 생각할 수 없는 일이었으나 푸틴은 시계를 19세기 강대국의 시대로 되돌리려" 하고 있다는 것이다. 숄츠 총리는 오늘날 독일은 시대적 전환Zeitenwende에 처해 있다고 경고하였고, 연방대통령 슈타인마이어Frank-Walter Steinmeier는 시대적 단절Epochenbruch이라는 말로 유럽의 위기를 비관하였다.

숄츠의 연방의회 연설과 시대전환에 담긴 내용에 따르면, 푸틴의 러시아는 "냉전 이래 1975년 동서 양 진영이 최초로 유럽의 안보원칙에 합의한 헬싱키 최종합의Helsinki Final Act 이후로 반세기 동안 유지된 유럽 안보질서를 무너뜨리고 유럽을 과거의 세력권으로 분할하기"를 원한다. 유럽의 장기적인 안보는 러시아 없이는 가능하지 않지만, 푸틴은 근래에 이 안보를 위협하고 있다는 것이다. 우크라이나 침공으로 "유럽은 새로운 시대로 진입하였고 이후의 시대는 더 이상 이전의 시대와 같지 않을 것"이다. 푸틴은 "우크라이나 침공을 역사전쟁화하고 유럽의 현상태status quo를 수정하여 제국 러시아를 부활하려 한다는 것"이다. 따라서 유럽 최대의 인구와 경제 대국에 걸맞은 무장을 통해 강력한 군대를 육성할 목적으로 "2022년도 연방예산에 1,000억 유로(약 125조 원)의 특별방위기금을 한차례 증액편성하고, 당해 연도부터 매년 GDP의 2% 이상을 방위비로 지출"할 것을 표명하였다. 이에 따라 독일은 향후 재무장의 길로 들어 설 것으로 전망되었다.

지난 세기에 두 차례의 전범국이자 분단을 경험한 독일은 유럽에서 차지하는 최고의 경제적 영향력 등의 국력에도 불구하고 하드파워의 행사는 자제하고 온건한 외교정책을 수행하면서 자유와 인권 등 소프트파워의 증진을 통한 유럽의 선도국 역할에 중점을 두어왔다. 독일은 나토와 유럽연합에 공헌하고, 독일마셜기금German Marshall Fund이나 뮌헨안보회의Munich Security Conference 등의 제도적 인프라를 활용하여 대서양 정책네트워크에 기여함으로써 통일독일이 과거의 전례와 같이 공세적인 수정주의 세력으로 전변할지 모른다는 유럽의 우려를 불식시킬 수 있었다. 더 나아가, 냉전 해체 이후 국제정치 지형의 균열에도 불구하고 미국·중국·러시아와 원활한 관계를 유지하여 정책커뮤니티에서 독일이 대외정책의 성공모델로 회자되기에 이르렀다.

그러나 독일의 성공이 장기적인 지속가능성을 확보하기 위해서는 강대국 전략경쟁의 문턱을 넘어야 했다. R. 저비스가 강조했듯이, "주요 강대국 간의 쟁투가 심화되면 모호성에 대한 관용이 축소"될 것이다.

다시 말하면, 미국과 중국, 미국과 러시아 간의 전략경쟁이 고조되고, 중국과 러시아의 관계가 한층 강화되면, 독일은 중립적인 모호성을 유지하면서 세 나라와 좋은 관계를 동시에 지속하기 어려워 질 것이다. 이럴 경우 독일은 선택의 순간을 맞이할 것인데, 우크라이나 전쟁은 그 선택으로 가는 입구가 될 것이다.[15]

우크라이나 전쟁에 대한 숄츠의 의회성명은 전문가들에 따라서[16] 독일 통합 이후의 탈냉전 국가 비전의 극적인 전환transformation이자 새로운 독일의 시작을 의미하는 것으로 해석되기도 한다. 독일 외무장관 베어복Annalena Bearbock은 숄츠의 의회연설에 대해 독일이 외교안보 정책의 독특한 절제와 결별한 것이라 부언하였다. 전후 독일 국민에게는 비극적인 역사적 경험으로 인해 군사력과 동맹 등 "하드파워에 대한 비판주의와 전범국으로서 자신에 대한 두려움"이 집단심리로 정착되어 절제적 외교안보가 독일의 국가정체성을 구성하게 되었다.

숄츠의 의회연설을 통해 독일은 베를린 장벽 붕괴 이후 다시 한번 신경로neuer kurs로에 진입하여 새로운 국가정체성의 형성을 예견하고 있다. 독일 출신의 컬럼비아대 역사학자 스턴(슈테른)Fritz Stern의 다섯 개의 독일Five Germanys 개념을 확장하여 여섯 번째의 독일이 출현하고 있다는 흥미로운 주장도 나오고 있다.[17] 슈테른은 자신의 생애에 비추어 다섯 개의 독일에 대해 서술하였다. "제1차대전 종전으로 수립된 바이마르 공화국Weimarer Republik(1919-1933), 나치 독일the Nazi Third Reich, 냉전시기 분단독일(동서독), 베를린 장벽 붕괴로 탄생한 통일독일"이 그것인데, 독일마셜기금GMF의 데이비드 빌프Sudha David-Wilp와 클라이네 브로크호프Thomas Kleine-Brockhoff는 이에 더하여 "세계는 여섯 번째 독일이 출현을 목도하고 있는 중"이라 설명하였다. 부언하면, "자유민주주의 가치를 위해 군사력을 사용할 의지가 있는" 독일의 출현, 일본식 국가개념으로 말하면 정상국가, 현실주의 국제정치개념으로 강대국 great power의 요건을 갖춘 국가로의 변형을 의미한다.

이러한 국가발전경로에 진입한다면, 자유와 민주주의라는 소프트파워와 더불어 하드파워의 정수인 군사력을 겸비한 독일은 자신의 의도와는 별개로 전통적인 강대국의 지위를 보유하게 될 것이다. 우크라이나 전쟁을 계기로 독일은 전후부터 탈냉전기에 이르기까지 고수해 온 외교안보의 암묵적 원칙 중에서 중요한 세 가지 요소를 수정하였다. 유럽정치에서 러시아를 배제해서는 안 된다는 러시아에 대한 건설적 관여 constructive engagement의 원칙과 분쟁지역에 무기 수출을 금지하는 중화기 수출 규제 원칙, 공세적 군사정책을 회피하는 군비증강 자제의 원칙 등이 철회되거나 수정되었다.

메르켈 정부가 러시아를 정치적으로 중화시키고 유럽정치로부터 디커플링decoupling되는 것을 방지하기 위한 일환으로 미국의 반대에도 불구하고 강행한 독·러 가스파이프라인 사업인 노르트스트림Nord Stream 2를 숄츠정부가 중단하기로 결정한 것은 러시아 관여(포용)정책의 중대한 수정을 의미한다. 또한 우크라이나에 자주포를 비롯한 중화기를 수출하기로 함으로써 기존의 정책을 철회하였고, 첨단 군사장비와 전략자산 구매를 포함한 국방비 2% 이상 증액 등의 군비증강을 선언하였다. 재무장화를 통한 강대국 독일의 부활은 유럽의 정치 지형의 변경을 불가피하게 할 것이고, 이로 인해 유럽은 또 다른 세기로 들어서게 될 것이다. 이로써 독일은 다시 한번 유럽 역사의 전면에 부상하게 될 것인데, 유럽의 시대적 이행기를 상징하는 이러한 전환은 공교롭게도 러시아와 역사적 반복을 경험하고 있다.

퓰리처상을 수상한 정치 칼럼니스트 크라우트해머Charles Krauthammer가 세상에 공표한 일극의 순간unipolar moment은 독일문제German

Question로 시작하였다. 앞서 언급한 대로, 1990년 7월 20일자 《워싱턴 포스트Washington Post》에 게재한 칼럼에서 그는 며칠 전에 개최된 고르바초프와 콜 총리 간의 동서독 통합 관련 합의를 소련의 항복으로 기록하였다. 양극체제와 냉전의 종식은 독특한 역사적 현상unique historical phenomenon을 초래한 바, 유례없이 압도적인 하나의 초강대국 미국이 세계질서를 주재하는 일극체제의 순간moment of unipolarity이 도래했다는 것이다.

한반도 문제인 한국문제Korean Question와 마찬가지로, 독일의 분단과 통합에 관한 역사적인 문제를 의미하는 독일문제German Question는 냉전과 양극체제의 상징이었다. 그라우트해머의 논지에 따르면, 분단독일은 동서 양 진영 간에 유럽의 완충국으로서 승전국 소련의 최대 전리품이었으나, 소련의 항복으로 통일독일이 서방진영으로 넘어감으로써 미국이 리드하는 서구의 지배의 세계가 도래하였다. 독일문제의 타결은 일극의 순간이 시작되는 징표이자 새로운 유럽의 출발을 의미하였다. 냉전해체로 통합독일에게는 사회주의와 자본주의의 완충국가(동독과 서독)가 아니라 새로운 역할이 요구되었다.

한국문제가 동아시아의 문제이고 한반도분단이 동아시아의 단층선이듯이, 역사적으로 독일문제는, 유럽문명의 문제였고 독일의 분단선은 유럽의 단층선이었다. 따라서 독일문제를 어떻게 다루느냐에 따라 유럽의 운명이 결정될 것이므로, 유럽인들은 독일문제의 관리방식이나 독일의 경로에 대해 민감할 수밖에 없었다. 독일인조차 자신의 역사적 정체성에 대한 두려움이 있다는 심리적 역설을 감안할 필요도 있다.

예를 들어, 노벨문학상 수상한 귄터 그라스Günter Grass가 조국 독일의 통일에 대해 부정적이었던 이유는 게르만 민족의 통일(통일독일, 제국독일)이 유럽을 두 차례의 재앙(세계대전)으로 몰아갔다는 역사적 경험 때문이었다. 19세기 게르만의 통합(독일제국 수립, 1871)으로 추동된 독일의 발전경로는 유럽국제질서와 세력균형체제의 전변을 초래하였고, 게르만 통합의 종점은 전쟁과 분단이었다는 것이 유럽인과 독일인의 일반적인 인식이었다. 통일과 전범의식이 길항拮抗하고, 민족의 영예와 부채의식이 혼합된 독일인들의 복잡한 역사 심리적 방위기제가 작동하는 것이다. 베를린 장벽이 무너시던 날, 이러한 연유로 평소 통일을 반대하던 그라스가 거리에서 시민들로부터 모욕을 당한 일은 독일인들의 복잡한 역사적 정체성을 상징하는 것이라 할 수 있다.

베를린 장벽이 무너질 무렵 다시 부활하고 있던 독일문제는 유럽의 전후 정치지형에 지각변동을 일으키고 있었고, 이의 결과물인 독일의 미래는 독일민족의 운명뿐 아니라 동서 유럽의 운명과 결부된 것이었다. 전범국 독일을 처리하는 문제로부터 기원한 독일문제의 해결은 유럽의 평화적 통합(유럽연합)에 공헌할 것이지만, 동시에 독일통일 reunification은 역사적 기억에 따라 유럽인들에게 하나의 공포감으로 자리하고 있었다. 베를린 장벽이 무너진 후에 영국의 대처 총리는 "독일이 히틀러가 전쟁으로 얻을 수 없었던 것을 평화롭게 얻게 될 것이므로, 필연적인 독일에 대한 세력균형을 위해 영국과 소련(러시아)이 동맹을 맺을 가능성"을 배제하지 않았다.[18] 프랑스 미테랑 또한 부시 대통령에게 동서독 통합에 반대 의견을 개진하였고, 당시 독일주재 프랑스대사도 "독일이 통일되면 독일이 지배하는 유럽이 출현할 것"이라 우려 한 바 있었다.[19]

독일의 재통일에 대해서 프랑스가 갖는 두려움은 유럽의 어느 나라보다도 첨예한 역사적 구성물이다. 역사란 국가의 기억이라는 키신저의 비유는 독일에 대한 프랑스의 국가적 기억으로서의 두려움을 웅변해준다. 19세기 독일의 통일(제2제국)이 프랑스의 희생으로 이루어진 것이라는 프랑스인들의 인식은 20세기를 관통하고 있었다. 비스마르크의 프로이센이 프랑스와의 전쟁(1870-71)을 유발하여 파리를 점령하고 프랑스 권위의 상징인 베르사유 궁전에서 독일제국(독일통일)을 선포한 사건이 통일독일에 대한 프랑스인들의 트라우마의 촉발점이자 프랑스의 국가적 모멸감의 원천이라 할 수 있다.

연이은 두 차례 세계대전에서 프랑스는 독일의 유럽전쟁의 성패에 마지노선 역할을 했는데, 특히 두 번째 세계대전에서 독일이 프랑스를 점령하고 수립한 괴뢰정부(비시정권Régime de Vichy)에 대한 기억은 베르사유의 치욕과 더불어 독일에 대한 프랑스의 역사적 트라우마의 핵심적 구성요소이다. 전후 프랑스는 장 모네Jean Monnet, 로베르 슈망Robert Schuman 등이 구상한 유럽공동체를 주도하면서 트라우마를 치유할 수 있었다. 유럽연합EU(European Union, 1993)의 모태이자 유럽공동체 구상의 발아發芽 기구인 유럽석탄철강공동체ECSC(European Coal and Steel Community, 1951)는 프랑스 외무장관 로베르 슈망의 구상인 슈망플랜이 실현된 것으로 프랑스와 독일 간에 전쟁을 방지하기 위한 계획의 일환이었다.

독일에 대한 국가의 기억은 프랑스로 하여금 유럽공동체의 실현에서 주도적인 역할을 자임함으로써 유럽에서 국가의 위신을 보상받도록 추동하였고, 정치적 이니셔티브를 통해 유럽연합EU 수립 과정에 투사되었다. 그러나 독일의 재통일에 임박하여 프랑스의 정치지도자들은 다시 한번 국가의 기억을 떠올리게 되었다.

베를린 장벽의 붕괴 직후인 1989년 12월, 미테랑 대통령은 키예프에서 진행된 고르바초프 대통령과의 정상회담에서 독일의 재통일 문제에 대해 비관적으로 논의한 데 이어, 독일의 재통일을 저지하기 위한 절망적인 시도로 동독의 기사회생을 모색하였다. 독일의 재통일이 임박한 시점에 이루어진 미테랑 대통령과 동독 국가원수 게를라흐Manfred Gerlach 의장(인민회의Volkskammer의장) 간의 정상회담은 "붕괴하고 있는 독일민주주의공화국GDR(동독)에 합법성과 생명력을 보장할 수 있다는 착각"을 최종적으로 확인시켜 주었다.

연이어 이듬해 1월에 이루어진 미테랑과 이탈리아 총리 안드레오티Giulio Andreotti의 정상회담에서 언급되었다고 전해지는 노벨문학상 수상자 프랑수아 모리아크François Mauriac의 다음과 같은 은유는 독일 재통일을 대하는 프랑스와 이탈리아의 지정학적 심성을 압축적으로 드러내고 있다: "나는 독일을 너무 사랑한다, 그래서 두개인 것이 기쁘다J'aime tellement l'Allemagne que je suis ravi qu'il y en ait deux."[20]

대처, 미테랑, 안드레오티뿐 아니라 유럽 정치인들의 독일 재통일에 대한 우려에 대하여 당시 미국의 부시George W. H. Bush 대통령은 독일 통일에 대한 어떠한 두려움도 없다는 확신을 보임으로써 유럽인들을 안심시키려 했다. 부시에게 통일독일은 자신의 구상인 자유로운 통합유럽의 구심점이 되어야 했기 때문이다.

| 독일의 세기German Century는 오는가?

통일독일은 유럽인들이 예상했던 대로 유럽의 주도적 강국으로 부상하였다. 1950년대 유럽공동체가 등장한 이래로 독일은 프랑스와 경제 규모가 비슷한 수준에서 동등한 동맹국으로서 유럽을 공동 경영하였으나, 통일 이후 여러 양적 지표면에서 프랑스를 능가하게 되었다. GDP 규모는 영국과 프랑스를 40% 상회하였으며, 2천만 명의 인구와 영토 3분의 1이 추가로 증가하였다.

유럽연합EU 성립 초반 동안 독일과 프랑스 간에는 과거처럼 공식적으로는 균등한 지위가 유지되었으나, 이제 주도권은 독일에 있고 독일의 지지 없이는 유럽에서 어떤 의미 있는 변화도 어렵게 된 듯하다. "독일은 자국의 이익 범위 내에서 프랑스의 견해를 존중하였고, 프랑스는 독일의 이익 범위 밖의 정책을 EU에서 관철시킬 수 없었다"는 식의 평가는 일면 주관적이기도 하지만 독일의 지위 상승과 관련하여 참고할 만하다.[21]

유럽전문가 폴 레버Paul Lever의 책《독일은 어떻게 유럽을 지배하는가Berlin Rules: Europe and German Way(2017)》가 시사하듯이 독일은 자신의 방식으로 유럽을 만들어 갔는데, 이와 관련하여 몇 가지 에피소드가 이해에 도움이 될 것이다. 2011년 독일의 집권 기민당CDU의 원내대표였던 카우더Volker Kauder가 "지금 갑자기 유럽이 독일어를 말하고 있다"고 발언한 것은 유럽에서의 독일의 위상을 비유적으로 표현한 것이다. 글로벌 경제위기에 직면하여 유로존에서 위기를 해결하고 경제적 안정을 추구하는 데 유럽 국가들이 독일의 방식을 따르고 있다는 것을 시사하는 비유이다. 대표적인 것이 2012년 3월에 조인된 재정동맹조약Treaty of Fiscal Union이다. P. 레버에 따르면, 이 조약에는 "국가 균형예산을 법적으로 의무화하고 국가부채 및 국가 적자규모를 엄격하게 제한하는 규정이 명시"되었는데, 이런 재정 운용규칙은 독일이 오랫동안 옹호해 왔으나 유로존의 첨예한 이견이 존재하는 중대 사안이었다. 그러나 재정동맹조약이 의미하는 바는 "유로화를 구해야 한다면 독일의 방식을 따라야 한다"는 것이다.[22]

2014년 독일이 브라질 월드컵에서 우승했을 때 세계는 독일의 위상을 실감했는데, 당시《뉴스위크Newsweek》의 표지를 장식한 독일의 세기—"Welcome to the German Century"—[23]라는 표현은 그러한 실감을 상징적으로 대변하기에 충분하였다. 숨겨진 챔피언 독일은 이미 세계의 정상에 올랐고, 이제 독일의 성공의 세기가 시작되었다는 기사들이 미국 언론에 실렸다. "19세기 영국의 지배력은 식민지 영향력과 관련이 있었고, 미국 세기는 군사력과 문화적 헤게모니에서 성장한 반면에, 세계적 상상력에서 독일의 우세는 정치적이고 사업적인 모델의 평화로운 수출에서 비롯될 가능성이 더 높으며, 독일에서 이미 눈에 띄게 성공한 것으로 입증되었다"고 극찬하였다.[24]

P. 레버의 흥미로운 비유를 인용하면, 유럽인들이 보기에 "독일은 권력의 황금기"에 있었다. "이는 공교롭게도 유럽인의 최대의 관심사인 축구에서 독일이 거둔 성과와 일치하였고, 독일이 세상을 지배하는 것처럼 보였다."[25] 유럽연합의 수도는 실질적으로 브뤼셀이 아니라 베를린이었다. 그레이엄 앨리슨은 이를 운명의 역설로 표현하면서 키신저의 인터뷰를 인용하고 있다. "유럽을 지배하려던 독일을 무너뜨린 지 70여 년 만에 이제는 역으로 승전국들이 유럽을 이끌어달라고 독일에 간청"하고 있는 역설이다. 물론 이것이 주로 경제적 동기에서 비롯된 것이긴 하지만.[26] 독일문제와 독일의 부활은 이렇듯 유럽인에게는 일종의 안전보장이 필요한 역사적 보증의 문제였다.

통합 이후 독일의 상승에도 불구하고 유럽의 정치지도자들이 우려했던 사태는 일어나지 않았다. 역사적 경험으로부터 기인한 제국 독일의 헤게모니가 관철되는 유럽, 게르만화Germanization라는 공포는 실현되지 않았다. 19세기 이래 재앙적인 국가의 기억에 구속된 독일의 절제의 정치가 유럽연합에서 관철되었고, "통일독일의 힘은 군사력에 바탕을 두지 않는" 비군사적 헤게모니를 의미했다. 미국인들과는 다르게 독일인들은 독일의 세기라는 용어를 불편해하며 '주저하는 유럽의 리더국가 reluctant leadership of Europe'로 보이길 원했다. 유럽의 리더라는 표현은 물론이고 유럽의 헤게모니 국가hrgemon of Europe라는 단어에서 독일인들은 총통Führer의 그림자를 떠올린다. "유럽에서 독일의 리더십은 '합의 구축자consensus-builder'로서의 역할"인데, 위협적인 정책의 시행으로 반反독연합이 형성되는 것을 독일은 두려워한다.

HSBC은행의 의장과 영국의 투자무역부 장관을 역임한 그린Stephen Green은 독일이 유럽 최대 최강의 경제대국이자 명실상부하게 유럽의 주도국이었으나 마지못한, 드러나지 않는 그런 지도국이기를 스스로 원한다고 말한 바 있다. "역설적으로 독일이 통합으로 안정된 지리적 정체성에 도달하고 처음으로 이웃 국가들과 평화롭게 지내는 역사의 바로 그 시점에 독일인들은 '독일의 정체성' 자체를 발휘하는 것처럼 보인다. 천 년 이상 신성로마제국의 핵심이었던 독일 역사의 온전한 교훈은 독일의 정체성이 신성로마제국의 정치체와 느슨하게 묶여 있다는 것, 다시 말하면 언어·문화·지역 등 여러 결의 정체성에 연루되어 있다"는 의미이다.[27]

이러한 여러 겹의 다층적인 정체성layered identity 이외에도 신성로마적 정체성은 유럽의 종주국이라는 내장된 역사적 DNA와 관련되어 있다. S. 그린이 지적했듯이, "이미 독일은 점점 자신의 모습에 익숙해지고 있다. 독일은 지배적이거나 헤게모니적인 국가로 인식되는 것을 가장 원하지 않지만, 그 영향력은 점점 더 커지고 있다"는 것이 독일의 미래를 말해주고 있다.

독일의 정치학자 헬가 하프텐도른Helga Haftendorn의 비유를 반추해 보면, 통일 후 독일은 유럽국가들과의 통합전략에 매진하여 "독일화 된 유럽이 아니라 유럽화된 독일"을 창조함으로써 유럽연합의 기대에 부응하였고 유럽인들의 우려를 불식시켰다. 앨리슨이 주장한 바와 같이, "유럽의 경제 최강국인 독일은 정치적인 영향력이 점증하고 있지만 군사적으로 거세당한 상태"라고 평할 수 있는데, 패전 후 독일은 "탈나치화의 일환으로 부과된 비무장과 비군사화"를 수용해야만 했다.[28]

그러나 우크라이나 전쟁을 계기로 군사력 증강을 공식화한 독일은 스스로 의도하지 않더라도 군사력의 보유와 행사에 있어서 소위 정상국가normal state라 칭할 수 있는 전통적 강대국으로 이행할 가능성을 배제할 수 없다. 마지못해 주저하는 지도국가에서 행동하는 강대국으로 이행할 수 있다. 이러한 국가의 진화를 통해 독일의 헤게모니가 실현된다면, 유럽의 문명과 국제질서는 새로운 세기로 진입하게 될 것이다. 적어도 1871년 게르만의 통일로 독일제국에 직면하게 된 영국의 디즈레일리 Benjamin Disraeli 총리가 유럽질서를 우려하며 언급했다는 표현 정도는 염두에 둘 만하다. "독일혁명(통일)이 새로운 세계를 열었지만 세력균형은 파괴하였다."

| 일본의 재무장: 전쟁할 수 있는 일본

앞서 독일의 부활과 일본의 재무장을 함께 언급한 것은, 일본이 독일과 함께 세계질서에 가한 범죄적 재앙과 세계문명에 지운 역사적 부채를 공유하고 있기 때문이기도 하다. 2022년 3월 24일, 러시아의 우크라이나 침공에 대한 대책을 논의하기 위해 벨기에 브뤼셀에서 유럽연합·나토·G7 정상회의가 동시에 소집되었다. 서방세계가 총집결된 브뤼셀 모임에 참석한 후 일본총리 기시다 후미오岸田內閣는 우크라이나 전쟁이 "2차 세계대전 종전 후 일본이 직면한 최대의 외교적 도전"이라 규정하였다.

기시다 총리는 러시아의 우크라이나 침공 직후 이미 이 사건을 "일본의 안전과 주권의 위기"라고 표현한 바 있다. 일본은 우크라이나 전쟁이라는 유럽의 위기를 일본의 위기와 동일시하면서 역사적 부채로부터 탈출하여 새로운 국가발전 경로로 진입하고자 한다. 숄츠 정부가 우크라이나 전쟁을 유럽의 분수령이라 규정하고 독일의 신경로를 예고했듯이, 일본의 신경로new course는 숄츠식으로 말하면 "크기와 중요성에 걸맞는 일본"이라는 국가경로로서, 군사적 보통국가를 의미하는 아베의 정상국가normal state로 진입하는 것을 지향하며 재무장을 추구하는 것이다.

탈냉전기 아베 집권시기에 본격화된 일본의 재무장과 정상국가로의 변형 담론과 정책들은 지속적인 평화헌법 개정과정에서 부침을 겪었는데, 우크라이나 전쟁은 이를 추진하는 일본 정치세력에 결정의 시간을 제공할 수 있다. '일본의 크기와 중요성에 걸맞은' 방향으로 평화헌법이 개정되면 인구와 경제력에 걸맞은 군사력을 겸비한 일본이 탄생될 것이고, 일본의 재무장은 한반도의 운명에 직결된 아시아의 분수령이 될 것이다.

우크라이나 전쟁으로 기시다 정부는 대외전략의 변동이 불가피해졌다고 확신하였다. 거시적 측면에서 기시다 정부의 글로벌 전략은 아베 정부가 수립한 탈전후 일본post-post war Japan 구상, 다시 말하면 전범국가라는 전후 국가정체성에서 탈출하여 패전 이전의 강대국 지위를 회복하기 위해 정상국가를 수립하는 기본 구상의 연장선에 있으나, 중국과 러시아 등 주변국으로부터의 위협의 실현 가능성에 주목하였다. 특히, 아베 정부가 지속해 온 러시아 관여정책에 대한 변경이 불가피해짐에 따라 기시다 정부하에서 일본의 글로벌 전략은 구조적인 변경을 통해 새로운 경로로 진입하였다.

2012년 집권한 이래 아베 정부가 러시아에 대한 적극적인 관여정책을 실시한 배경에는 무엇보다도 쿠릴열도 일부(북방 4개 섬)의 반환문제가 최우선 순위에 있겠으나, 지역적으로 중국을 견제하고 글로벌 세력균형에 유리한 위치를 점하기 위한 전략 의도가 기저에 자리하고 있었다. 아베 전 총리는 9년여에 걸친 재임 기간에 푸틴 대통령과 27차례의 정상회담을 수행했는데, 그중에서도 2016년 12월 자신의 고향인 나가토의 한 료칸에 마련한 온천회담은 러시아 관여정책의 상징으로 알려졌다.

양국 정상 간의 사적인 친교 외에도 아베 정부하에서 일본과 러시아의 경제협력은 지속적으로 유지되어 약 200여 건에 이르는 일본의 민간부문 투자가 러시아에 이루어졌다. 그중에서 러시아 극동의 대표적인 유전인 사할린-1·2에 대한 일본의 투자는 양국 간 경제협력의 성공 사례로서, 사할린-2의 경우 일본의 투자지분이 약 22.5%에 달한다. 2014년 크림반도Crimean Pen. 병합에 따른 러시아 경제제재에 동참하면서도 외교적 조정을 통해 일본은 여타의 G7에 비해 러시아와 비교적 양호한 관계를 유지하였다.

그러나 일본은 2020년 러시아의 헌법 개정으로 러시아 관여정책이 고비를 맞게 된 데 이어 우크라이나 전쟁을 계기로 전환점에 서게 되었다. 푸틴 정부가 영토 분할과 양도금지를 골자로 하는 헌법 개정을 단행함으로써 일본이 전후 대러시아 외교의 최우선 순위에 두었던 쿠릴열도 분쟁의 정치적 타결은 원칙적으로 불가능해진 것으로 보인다. 이로 인해 양국 간의 최대현안인 평화조약 체결 또한 새로운 국면으로 접어들게 되었다.

전후 패전국 일본의 외교안보 플랫폼은 한국전쟁 중에 48개 연합국과 일본 간에 체결된 샌프란시스코 강화조약(1951)으로부터 형성되었다. 이를 통해 일본과 연합국 간에 "최종적인 전쟁상태의 종식"이 선언되어 일본은 국제법적으로 주권을 공식 회복하게 되었으며 미·일동맹이 수립되었다. 이 조약으로 수립된 아태지역의 국제질서를 규정하는 샌프란시스코체제는 일본 외교안보의 플랫폼으로서 대외정책의 기본운영체계를 이루고 있으나, 당시 아태지역의 주요 행위자인 소련과 중국,

인도 등이 참여하지 않았다는 구조적 한계를 지니고 있었다. 특히, 전후 미국과 양극체제를 분점하고 글로벌 전략을 주도하던 소련이 샌프란시스코 체제에 동참하지 않음으로써 일본은 무엇보다 아태지역에서 국제법적 지위를 규정하고 주요 행위자로서의 역할을 행사하는 데 구조적으로 제약될 수 있었다.

일본의 정상적인 국제법적 지위는 유엔의 정회원국 가입으로 완성될 수 있었으나 안전보장이사회UNSC 상임이사국인 소련의 반대로 가입이 무산되었다. 따라서 미국과의 동맹과 더불어 소련과의 관계가 정상화되어야 일본은 샌프란시스코 체제의 불완전성을 보완하여 주권국가로서의 국제법 및 국제정치적 지위를 토대로 전후 외교안보 아키텍처의 골조를 완성할 수 있었다. 소련과의 관계정상화를 위한 기회는 스탈린의 사망으로 마련되었다. 스탈린 사후 집권한 흐루쇼프Nikita S. Khrushchov 지도부의 평화공존노선은 일본과의 평화조약 체결을 위한 이념적 명분 제공뿐 아니라 정치적 수요를 창조하였다. 양국은 1956년 10월 소·일공동선언을 통해 관계 정상화를 이루었고, 12월 일본은 유엔에 정식 가입하였다.

소·일공동선언은 서독과 소련의 관계정상화와 전략적 연계선상에 있었다. 소련은 유럽의 세력균형과 현상유지를 제도화할 필요에서 동서냉전의 최전선이자 미·소대립의 상징이던 서독과의 수교(1955)를 결정하였다. 1954년 런던에서 개최된 나토 정상회의에서 서독의 나토 가입안이 상정되자 소련은 서독과의 관계정상화를 재촉하였다. 1955년 서독이 나토에 정식으로 가입함에 따라 소련은 이에 대항하여 사회주의진영의 집단안보기구인 바르샤바조약기구(1955)를 설립하였다. 소련과의 수교를 통해 이후 서독은 유엔에 정식 가입할 수 있었다. 양국은 서독의 브란트 정부의 동방정책을 계기로 상호 불가침협정인 모스크바협정(1970)을 통해 전후처리문제와 양국관계를 최종적으로 정리하였다.

소련과 서독의 평화협정에 준하는 모스크바협정에 표명된 취지는 유럽의 평화였는데, 전후 국경의 존중을 통해 유럽의 영토적 현상유지를 인정하는 것이었다. 이를 토대로 유럽은 헬싱키협약(1975)을 체결하고 유럽안보에 대한 포괄적 합의에 기반한 유럽안보체제(헬싱키체제)를 수립하였다. 유럽안보체제의 구현체인 유럽안보협력회의CSCE—이후 유럽안보협력기구Organization for Security and Cooperation in europe(OSCE, 1995)로 승격—는 나폴레옹 전쟁 이후 19세기 유럽 안보의 포괄적 합의를 의미하는 유럽협조체제Concert of Europe가 두 차례의 세계대전으로 붕괴한 이래 새롭게 수립된 유럽의 포괄적 안보합의이자 국제레짐이라 할 수 있다.

소련(러시아)은 유라시아 대륙의 동쪽에서도 전후문제 처리와 전후질서 수립의 완결을 병행하였다. 양대 전범국으로서 일본문제는 독일문제 처리와 연동되었다. 소·일공동선언을 통해 관계정상화를 이루고 향후 평화조약을 체결하여 양국 간에 전후문제를 최종적으로 종결한다는 것이다. 순조롭게 진행될 경우, 앞서 살펴본 유럽의 경로에 비교하여 유라시아 대륙의 동단에 안보적 합의 메커니즘(동아시아 버전 헬싱키체제)이 수립되는 것이 소련에게는 최선이었고, 소련과 일본의 협조체제 수립이 차선이었을 것이다. 이러한 경로로 진입하는 과정에서 양국 간에 영토문제가 재현되었다.

쿠릴열도(북방영토)분쟁으로 불리는 양국 간의 영토문제는 알려진 바와 같이 관계정상화 과정에서 일본의 요구로 시작되었다. 과거 전후처리를 위한 얄타회담(1945)과 샌프란시스코 강화회의에서 쿠릴열도가 소련의 관할 영토임이 확인된 바 있다. 얄타회담 합의Yalta Conference Agreement 중 일본관련 합의 내용에 '쿠릴열도를 소련에 양도할 것'이 명시되었고, 샌프란시스코 강화조약Treaty of San Francisco에는 쿠릴열도에 대한 '청구권과 소유권 모두 포기할 것(2장 2조)'이 적시되었다.

그럼에도 일본은 소련과의 수교 교섭과정에서 영토의 반환을 요구하였는데, 소련지도부는 소·일공동선언에서 향후 평화조약이 체결되면 쿠릴열도의 남단의 네 개의 섬 중 두 개의 섬을 반환할 의향이 있음을 명시하였다. 그러나 1960년 일본이 미국과 신안보조약을 체결하여 군사동맹을 공고화함에 따라 소련은 쿠릴열도 반환문제를 철회하였고, 일본은 이에 반발하여 쿠릴열도 남단 네 개의 섬을 모두 반환할 것을 주장하게 되었다. 이로써 유라시아 대륙의 동단지역은 유럽과는 다른 경로로 진입하게 되었다.

소련의 해체를 계기로 러시아와 일본은 평화협정 체결을 위한 논의를 재개하였으나, 영토문제 해결에 관한 방식과 해석에 있어서 긴장관계를 해소하는 데 실패하였다. 옐친 정부에서 푸틴 정부 초기에 이르기까지 러시아는 소·일공동선언의 취지를 수용하여 평화조약 체결 후 쿠릴열도(북방영토) 중 최남단 두 개의 섬을 반환할 가능성, 또는 두 개의 섬을 우선 반환한 후에 나머지 섬을 반환할 여지를 표명하였으나, 일본 정부가 네 개의 섬을 일괄 반환할 것을 주장하면서 합의에 진전을 이루지 못하였다.

양국 간의 합의에 관한 해석 논란과 반환 방식에 관한 공방의 결과는 최종적인 결렬이었다. 2020년 7월 개정된 러시아 헌법이 영토분할양도의 금지를 규정하고, 우크라이나 침공에 따른 기시다 정부의 대러시아 경제제재에 반발하여 푸틴 정부가 평화협정체결 협상의 전면중단을 선언함에 따라 전후 양국의 교섭사는 한 시대를 마감하는 듯하였다. 2019년에 이미 푸틴 정부는 쿠릴영토 문제의 종결을 의미하는 해석을 제시하였다. 2024년 1월 신년 기자회견에서 라브로프Sergey V. Lavrov 외무장관은 "평화조약 체결문제와 관련하여 '제2차세계대전의 종전 결과는 침해될 수 없다'는 것이 유엔헌장(107조)에 명시된 현대 국제체제의 기본요소이므로 종전의 결과물(쿠릴영토)은 협상의 전제가 될 수 없으며, 일본은 종전 결과물을 온전히 인정하지 않는 유일한 국가"라고 비난하였다. 이러한 해석을 국가의 최고 규범으로 공식화한 것이 개정헌법의 영토양도불가 규정이다.

이로써 소·일공동선언의 유제는 소멸되었고 양국 간의 역사적 과제, 즉 전후문제와 냉전유제 처리는 독일문제와는 다르게, 해결되기도 전에 청산되었다. 양국 간에는 더 이상 영토문제에 관한 협상은 없을 것이다. 탈냉전 초기, 옐친 정부가 미국이 러시아를 냉전의 패전국 취급하는 것에 반발하여 '차가운 전쟁Cold War이 끝나고 차가운 평화cold peace가 왔다'고 반발했다면, 푸틴 정부는 일본에 대해 승전국의 권리를 주장한 것이다. 라브로프가 신년 기자회견에서 주장했듯이, 얄타회담, 샌프란시스코조약 등의 전후 결과물을 인정하라는 것은 러시아의 승전국 지위를 환기시키는 것인 동시에 냉전과 탈냉전을 넘어 새로운 질서와 새로운 지위를 요구하는 것을 의미하였다.

2014년의 우크라이나 사태와 관련하여 푸틴 대통령이 "과거 러시아 지도부가 영토문제에 대해 역사적 과오를 범했다"고 강조해 온 것은 영토적 권리의 역사성에 주목했다는 것을 의미한다. 레닌과 스탈린, 그리고 옐친이 현재의 우크라이나 영토를 '만들어'줬고, 흐루쇼프는 크림 문제와 쿠릴영토 문제를 '허용'했다는 것이다. 특히, 흐루쇼프 연방정부가 우크라이나 공화국에 크림반도를 소비에트연방의 친선의 상징으로 '양도'하고 일본에 쿠릴열도 반환에 동의한 역사적 과오는 시정되어야 할 최우선 순위에 있었다. 이러한 논리에 따라 푸틴 정부는 크림반도의 병합을 결정하였고 우크라이나 전쟁은 이의 연장선상에 있다.

따라서 쿠릴영토 문제 또한 동일한 결과물로서 역사적으로 청산될 대상이었다. 최종적으로 푸틴 정부는 평화협정 체결 문제를 쿠릴영토 문제와 별개의 문제로 분리시켰다. 일본과의 평화협정 체결 문제는 현안이 아니라 미래적 과제로 넘겨졌다. 이제 일본의 결정이 남아있다. 러시아에 대한 경제제재에는 전면적으로 동참함으로써 시대적 전환에 대응하면서도 사할린-2 가스전사업은 유지하는 등 아직까지 협상의 가능성은 열어 두고 있으나, 독일의 신경로 선택처럼 우크라이나 전쟁을 계기로 일본 또한 신경로로 진입할 것으로 전망된다. 그것은 재무장을 통한 전쟁이 가능한 국가, 이른바 정상국가(군사적 보통국가)로의 변신을 의미한다. 이것은 2022년 말에 개정된 국가안전보장전략NSS에 '적기지 공격능력'이 명시되는 것을 시작으로, '공격전쟁의 영구포기(교전권 포기)'를 규정한 평화헌법 9조 전수방위專守防衛를 폐기하는 경로이다.

2024년 4월 10일 바이든과 기시다의 정상회담으로 일본은 군사대국의 새로운 경로new course로 진입하였다. 강대국들의 역사가 증명하듯이, 전통적인 강대국의 조건이 첫 번째가 군사력이라는 사실에 비추어 볼 때 경제력을 갖춘 일본은 이제 강대국의 경로로 진입하고 있다. 과거 아베 신조에 의해 채택된 군사대국 일본의 인도태평양 신경로new course 노선은 4월 바이든과 기시다의 정상회담으로 정식 발진하게 되었다. 이제 일본은 지난 30여 년 동안 줄기차게 주장해 왔던 정상국가 normal state의 경로, 그러나 역설적으로 전범국가의 비정상적인 경로인 전쟁을 할 수 있는 나라로 들어가는 것 같다.

2022년 12월 새로이 개정한 국가안보전략에서 일본은 전수방위專守防衛, 즉 교전권 불인정과 군대보유의 금지 원칙을 규정한 평화헌법을 위반하면서까지 적기지 공격능력을 적시摘示하고 국방비 지출을 GDP 1% 억제한 상한선을 넘어 2%로 확대하겠다는 의지를 드러냈다. 2024

년 4월 정상회담에서 미국과 일본은 미사일을 비롯한 첨단 군사장비의 공동개발뿐 아니라 극초음속미사일 방어체계를 마련하는 데 미국이 적극 지원하기로 합의하였으며, 이를 위해 방산협력위원회DICAS를 조직하기로 합의하였다.

양국은 미군과 일본 자위대의 지휘통제 체제를 업그레이드하여 통합작전사령부를 구축하기로 하였다. 미국은 일본을 오커스AUKUS에 초청—AI 등 첨단분야 체계의 협력인 필러pillar2에 참여—하기로 함으로써 일본은 쿼드Quad뿐 아니라 대서양동맹의 확장판이라 할 수 있는 오커스에도 참여하게 되었다. 이로써 인도·태평양을 넘어 범대서양동맹에 군사적으로 연계하겠다는 일본의 군사적 의지가 관철되고 있다. 이제 미국과 일본은 양국의 72년 군사동맹 사상 최고 수준으로 격상되었고, 바이든은 일본과의 동맹을 글로벌 동맹으로 호칭함으로써 이를 확인시켰다.

미·일동맹의 글로벌 동맹으로의 전환은 성공 가능성을 떠나, 과거의 전례에서 확인할 수 있듯이 세계가 중국과 러시아로 대표되는 유라시아 연합세력과 범대서양동맹으로 갈라진다면 아시아에서, 특히 타이완이나 한반도에서처럼 국가 간의 하나의 분쟁이 세계전쟁으로 상승 전환될 수 있는 위험한 순간이 도래할 수 있음을 의미한다. 이와 같은 세계적인 규모의 숙적경쟁rivalry의 전선에서 전범국가인 일본이 군사적으로 전면에 나서고 있기에 더욱 그러하다. 70년 만의 안보정책의 대전환으로 불릴 수 있는 일본의 이러한 전략 전환은 아시아 국가들에게 전략적 기회이기보다는 전쟁이라는 역사적 기억의 소환으로 작용할 것이다.[29]

독일문제와 일본문제의 근원은 동일하다. 전범국이자 패전국인 독일과 일본에 대한 처리방식은 제2차대전 종전과 전후질서를 규정하는 준거였다. 전후처리뿐 아니라 냉전시대에도 미국과 소련 양국에게 독일문제와 일본문제는 연동되었다. 전후처리와 종전문제를 다룬 포츠

담선언(1945)을 토대로 새롭게 제정된 서독헌법과 일본헌법에는 전쟁의 영구적인 포기가 적시되어 있다. 일본헌법을 통상적으로 평화헌법으로 칭하는 이유는 이러한 종전의 준칙이 신헌법에 각인되어 있기 때문이다. 독일과 일본의 교전권 포기는 세계평화를 위한 전후질서의 정언명령과도 같은 것이었으므로 냉전시대를 관통하여 준수되었다. 따라서 재무장과 적기지 공격능력(반격능력) 등을 통해 교전이 실질적으로 인정된다면, 종전과 전후 질서에 기원한 현 국제질서는 불가피하게 변형transformation되거나 종결될 것이다.

나토의 북진北進Nordic NATO: 나토의 완성

2023년 4월 핀란드가 나토에 정식 가입한 데 이어, 2024년 2월 스웨덴이 북대서양조약기구NATO의 회원국이 되었다. 이로써 나토NATO는 북대서양세계를 모두 포괄하는 군사기구가 되었다. 나토가 러시아와 맞댄 국경의 길이가 1340km 더 늘어났다는 것은 나토군의 방어영역이나 군사훈련 반경 뿐 아니라 나토가 감당해야 하는 군사적 부담이 그만큼 확대됐다는 것을 의미한다. 21세기 버전 유럽의 신성연맹Holy League을 떠올리게 하는 32개국으로 구성된 이 집단안보 군사기구에 필적한 만한 역사적 전례는 기억해내기 어렵다. 중세시대 유럽의 십자군을 능가하는 나토군은 19세기 초 나폴레옹 전쟁으로 정복지 유럽 전역에서 소집한 나폴레옹 제국의 다국적군 그랑아르메Grande Armée(대군大軍) 정도가 필적할 만한지 역사적으로 가늠하기도 어렵다. 그렇다면 이제 유럽의 평화는 다시 회복될 것인가?

2022년 5월 15일과 16일, 핀란드와 스웨덴 정부는 나토에 가입하기로 정식 결정하였음을 공식 발표하였다. 양국이 나토가입 신청을 공식화한 직후에 러시아 정부가 보인 반응은 예상외로 절제된 대응이었다.

푸틴 정부는 핀란드에 대한 에너지(전력과 가스) 공급을 중단하면서 "직접적인 군사안보적 위협이 존재하지 않는 상황에서 기존의 중립정책을 철회하는 것은 실수이며 군사적 보복도 불사할 것"이라 반발하면서도, 양국의 동시 행동이 아직은 "러시아에 직접적인 위협은 아니"지만 상응하는 "러시아의 대응을 촉발할 것"이라 경고하는 것으로 조정되었다.

핀란드 의회의 외교정책 보좌관 바하넨Henri Vahanen에 따르면, 핀란드의 나토 멤버십 신청에 대해 러시아가 오랫동안 강경하고 공공연한 반대를 고수해 온 점을 감안하면 의외의 온건한 반응이라는 평가였다. 핀란드와 스웨덴의 나토가입 공식화 결정 과정에서 러시아의 심각한 보복을 예상하여 일군의 나토 동맹국들은 수개월에서 일 년여 기간 동안 나토가입 승인까지의 공백 기간에 발생할 수 있는 러시아의 보복에 대항해 양국을 지원하기로 결정한 바 있다. 노르웨이·덴마크·아일랜드 등은 이에 관한 공동성명을 발표하였고, 영국은 두 나라와 해당 사안에 대한 안보협정을 체결하였다.[30]

스웨덴과 핀란드가 나토에 가입하게 되면 제2차세계대전의 종전으로 형성된 현대 북유럽 안보질서와 안보구조물security architecture이 근본적으로 변경된다는 것이 전문가들의 중론이었다. 뿐만 아니라, 이러한 노르딕 나토Nordic NATO 혹은 나토의 북진은 실질적으로 나토팽창의 완결, 유로대서양동맹의 완성을 의미한다. 이미 알려진 대로 나토의 역사적 기원이 소련에 대한 군사적 봉쇄에 있었고 소련이 제정 러시아의 세승자임을 고려하면, 조지아나 우크라이나, 벨라루스 등을 나토에 편입시키지 않더라도 역사적이고 지정학적인 의미에서 러시아에 대한 유럽의 전략적 봉쇄는 전례 없는 성공을 거두는 셈이다.

스웨덴 총리와 외무장관을 역임한 빌트Carl Bildt[31]의 평가대로, 제2차

세계대전에 처했던 전략적 조건의 상이함으로 인해 종전 이래로 북유럽 국가들은 서로 다른 안보적 지향을 추구해 왔다. 덴마크와 노르웨이는 전쟁 전에 중립정책을 추진하였으나 제2차대전이 발발하고 독일에 점령당하였다. 핀란드는 소련과 겨울전쟁Winter War(1939-1940)을 치른 데 이어 제2차대전에서 히틀러의 독일의 편에서 소련과 적대관계에 있었다.

노르딕 국가 중에서 스웨덴은 중립정책과 암묵적인 협조를 결합한 '생존을 위한 회피전략'으로 독일의 점령과 전쟁을 피할 수 있었다. 이러한 상이한 전쟁 경험은 종전 후 노르딕 국가들을 상이한 전략 경로로 이끌었다. 독일에 점령당했던 덴마크와 노르웨이는 군사동맹을 우선시하여 나토에 가입하였고, 전범국에 협력한 핀란드는 소련의 압박외교에 의한 강요된 중립정책을, 그리고 스웨덴은 연속선상에서 지속가능한 '무장한 중립' 정책을 유지하였다. 종전 이후 스웨덴은 덴마크, 노르웨이와 노르딕 방위연합을 결성하려 했으나 스웨덴에 비해 전쟁의 트라우마가 강했던 노르웨이가 승전국(연합국)과의 동맹, 특히 해양강국인 미국과 영국이 주도하는 앵글로색슨 동맹만이 자국의 안보를 보장해 줄 수 있다는 신념을 확고히 함으로써 노르딕 방위연합은 결렬되었다.

또 다른 이유는 핀란드에 대한 스웨덴의 특수한 전략적 이해관계였다. 1809년 스웨덴이 패전하여 핀란드 영역이 러시아에 병합되기 전까지 600여 년 동안 핀란드는 스웨덴의 속국이거나 세력권에 편입되어 있었다. 종전 직후 연합국으로 구성된 동맹국통제위원회Allied Control Commission(ACC)가 독일과 일본, 이탈리아를 비롯한 패전국들을 국가별로 관리 감독하고 있었다. 패전국으로 분류된 핀란드는 소련이 주도하는 핀란드동맹국위원회ACC(1944-1947)가 통제하고 있었으므로 노르웨이가 희망하는 앵글로색슨 동맹에 핀란드가 가입하는 것은 당시의 전략 환경에서 불가능하였다. 역사적으로나 지정학적으로 핀란드와 특수 관계의 인식이 있는 스웨덴은 범서구동맹에 가입하는 것이 핀란드의 안보적 지위를 오히려 위험하게 할 것이라 판단하였다. 이에 따라 스웨덴은 무장중립 정책을 지속하였고, 이후 나토 가입문제는 핀란드문제에 연동되었다.

역사적으로나 지정학적으로 상호 불가분하게 연계되어 있는 스웨덴과 핀란드가 동일한 역사적이고 지정학적 연장선을 공유하는 러시아와의 관계에서 백 년에 가까운 비동맹 중립정책을 포기하게 된 과정을 살펴볼 필요가 있다. 이와 관련하여 2021년에서 2022년까지의 국내 정치 과정은 매우 중요하다. 핀란드와 스웨덴에서 나토 회원국 지위 획득과 관련한 논란이 다시 떠오른 것은 우크라이나 위기가 정점으로 치닫던 2021년 12월경이다.[32]

12월 15일, 우크라이나 국경 인근에서 군사적 압박을 가하던 푸틴 정부가 우크라이나 문제를 해결하기 위한 안전보장 요구사항을 바이든 정부와 나토에 제기하였다. 미국과 나토에 대한 개별 협정의 성격을 띤 러시아의 안전보장에 관한 두 개의 초안에는 "우크라이나의 나토 가입 금지, 나토의 신규 확장 중단, 구소련 지역의 나토 군사기지 건설 불용, 1997년 (확장개시) 이전으로 현상복귀" 등이 포함되었다. 러시아 정부는 이를 문서 형태로 보장할 것을 요구하였다. 요약하면, 이 초안은 나토의 과거와 미래의 확장에 모두 반대하고 구소비에트 권역에 대해 러시아가 세력권을 설정하겠다는 것이라고 미국과 나토가 단정할 만한 내용이었다.

탈냉전 유럽질서를 변형시킬 수 있는 러시아의 제안은 접경한 핀란드와 스웨덴에서 안보정책의 재검토를 유발하였다. 러시아의 협정안 초안이 발표될 당시만 해도 스웨덴과 핀란드의 나토가입 신청이 임박한 것으로 보이지는 않았다. 단지, 냉전 해체 이후로 합동군사훈련 등 나토와의 전략적 협력을 지속하고 있던 양국은 신규회원에 대한 나토의 문호개방 원칙을 미래의 안보정책에 핵심적인 전략적 가능성으로 상정하고 있었으므로 러시아의 초안은 두 국가의 정책커뮤니티에 부정적인 파장을 일으켰다. 스웨덴과 핀란드는 유럽에서 나토 비회원국으로서 군사적 비동맹 유지라는 전통적인 정책을 고수하면서도, 미국과 삼국방위의향서 Trilateral Statement of Intent(2018)를 체결하여 중립정책을 보완하였다.

핀란드와 스웨덴의 나토가입 문제에 대한 러시아의 종래의 입장은 "주권적 자유이지만 후과가 따를 것"이라는 경고였다. 예를 들어, 2021년 12월 24일 러시아 외무부 대변인 자하로바Maria Zakharova는 언론 브리핑에서 "모든 국가는 국가안보 전략을 선택할 주권적 권리가 있으나, 스웨덴과 핀란드의 나토가입은 그에 상응하는 정치 군사적 결과가 따를 것"이라 경고한 바 있다. 라브로프 외무장관은 수사적 압박의 표현으로 스웨덴과 핀란드의 주권을 전적으로 존중한다는 점을 인정하면서도 양국의 비동맹 중립정책이 "유럽공동의 안보와 대륙의 안정에 중대한 공헌"을 했다는 점을 강조하였다.

핀란드와 스웨덴 정부의 반응은 러시아 정부의 주장을 수용하는 것이 불가하다는 것이었고, 이를 계기로 나토가입 문제가 공론화되었다. 2022년 1월 1일 신년인사에서 핀란드 대통령 니니스퇴Sauli Niinisto는 러시아의 요구사항을 최후통첩으로 비판하면서 핀란드는 "나토가입 등 군사동맹의 가능성을 포함하여 선택의 자유와 재량권을 보유하고 있고 나토의 문호개방정책에 대해 확신"하고 있다는 점을 분명히 하였다. 스웨덴 정부도 1월 6일 안데르손Magdalena Andersson 총리가 발표한 성명에 "유럽의 안보질서는 거래할 수 없고, 자국의 외교안보 정책은 스스로 결정할 사안"이라는 점을 명시함으로써 핀란드와 공동보조를 취하였다. "러시아의 제안(협정초안)은 스웨덴 안보정책의 토대를 무너뜨릴 것"이라는 스웨덴 최고사령관인 비덴Micael Byden의 발언은 스웨덴 정부의 인식의 강도를 대변하는 듯하였다.

일반적으로 스웨덴과 핀란드의 나토 멤버십에 대한 입장은 동일했다고 알려져 있다. 양국 모두 나토와 군사훈련과 군사자원의 심화된 협력을 보장하는 나토 확장프로그램의 일환인 향상된 기회 파트너enhanced opportunities partner로서 나토가입의 조건과 자격을 모두 충족하여 멤버십의 기술적 장벽이 없으나, 나토 가입 권리는 보유하지만 군사적 비동맹 지위를 유지하는 정책, 즉 핀란드 방식의 나토 옵션Finnish-style NATO option을 공유하였다. 다시 말하면, 양국에는 군사동맹에 가입할 경우 함께 행동한다는 정치적 합의가 형성되어 있었다. 이는 양국의 역사적이고 지정학적 조건을 감안할 때, 한 국가가 나토에 단독 가입할 경우 다른 국가의 안보를 침해할 수 있다는 가정에 근거한 것이다.

당시만 해도 우크라이나 문제와 관련한 러시아의 제안으로 핀란드와 스웨덴에서 나토 멤버십 문제가 다시 주목받기 시작하였으나 임박한 것은 아니었다. 스웨덴의 사회당 정부는 전통적인 중립정책을 여전히 고수하고 있었다. 2021년 12월의 한 인터뷰에서 스웨덴 국방장관 홀트크비스트Peter Hultqvist는 스웨덴은 나토에 지금 가입하지는 않을 것이라 언급하였다. 핀란드의 산나 마린Sanna Marin 총리 또한 자신의 임기(2019-2023) 동안에 나토 가입이 성사되진 않을 것으로 전망한 바 있다.

그러나 시간이 지나면서 양국에서 나토 멤버십에 대한 여론은 부드러워지기 시작하였다. 나토 가입에 대한 부정적인 여론이 긍정적인 방향으로 선회하게 동기는 이미 알려진 대로 우크라이나 전쟁이 마련해 주었다. 러시아의 푸틴 정부가 스웨덴과 핀란드를 추동하여 나토의 북유럽 확장Nordic expansion으로 몰아가고 있다는 논평들은 이에 연유한 것이다.

우크라이나 전쟁 개전 초기에 예상과는 달리 키이우Kiev 공세가 실패하여 전쟁이 교착상태에 빠진 듯한 국면에서 전략 전문가들이 우크라이나의 핀란드화의 가능성을 제시하고 있을 때, 정작 핀란드는 핀란드화 Filandization를 버리고 나토가입 방향으로 전환할 태세였다. 핀란드는 러시아와의 두 차례의 전쟁, 즉 겨울전쟁과 제2차세계대전의 패전 후 냉전기 동안 소련에 준準종속적인 국가 상태에 처한 바 있다. 나토와 서구로부터 거리를 유지하면서 바르샤바 조약 기구Warsaw Treaty Organization의 가입에 대한 소련의 압박을 피하는 대외정책을 추구한 핀란드의 비동맹 외교모델은 기회주의적 방식이라는 의미로 외교가에서 핀란드화로 불리게 되었다. 냉전 해체 이후 핀란드는 장기간의 중립정책에서 탈피하여 점진적으로 서구와 전략적 제휴를 증진시키는 과정으로 진입하였다. 스웨덴과 함께 나토와 평화를 위한 동반자 관계Partnership for Peace(1996)를 수립한 데 이어 유럽연합에 가입(2004년)하였고, 러시아의 크림반도Crimean Pen. 병합 직후 나토의 향상된 기회 동반자로 제휴관계가 격상·심화되었다.

러시아의 우크라이나 침공 직후, "러시아는 우리가 생각했던 이웃이 아니었다"고 발언하면서 러시아와의 특수관계를 청산할 의지를 암시한 바 있는 산나 총리는 4월 13일 "비동맹정책의 포기와 나토가입에 관한 여부 결정"이 수주일 내로 이루어질 것이라는 핀란드 정부의 입장을 발표하였다. 제2차대전과 겨울전쟁으로 형성된 핀란드와 러시아의 특수관계가 소련이 해체되고 나토와의 협력이 제도화Partnership for Peace되면서 이미 약화되는 경향이 있었으나, 핀란드가 특수관계를 해소하는 경로로 진입하게 된 직접적인 동기는 우크라이나 침공에 있었다.

스웨덴과 핀란드의 가입이 결정된다면 북유럽 안보 상황뿐 아니라 유럽 전체의 전략 환경이 변경될 것으로 예상된다는 것이 당시 전문가들의 공통된 견해였다. 전략국제연구원CSIS의 모나한Sean Monaghan은 스웨덴과 핀란드의 나토가입이 "북유럽의 안보 지형을 근본적으로 변경시키고 러시아에는 절망적 결과를 초래할 것"으로 전망하였다. 랜드연구원Rand Corporation의 도빈스James Dobbins도 양국의 나토가입은 나토가 러시아 국경에서 우월한 전략적 우위를 점하게 되는 러시아의 중대한 전략적 손실로써 "군사적 측면뿐 아니라 문화와 경제적 의미의 새로운 위협"이라 평가하였다.

핀란드의 나토 멤버십은 우크라이나를 상실하는 경우를 제외하면 러시아에게 최악의 악몽이자 역사적 역전이라는 견해도 있었다. 현실주의 국제관계학자인 프린스턴대 프리드버그Aaron Friedberg 교수는 이러한 상황을 푸틴 정부가 자초한 러시아의 자기포위self-encirclement로 표현하면서 스웨덴과 핀란드의 나토 가입은 독일의 숄츠 정부가 결정한 군비증강, 즉 독일의 재무장만큼이나 중요한 것으로 판단하였다. 그에 따르면 스웨덴과 핀란드의 지정학적 조건뿐 아니라 첨단 군사장비와 군사대비 태세를 감안할 때, 양국의 나토 가입으로 다년간 러시아가 저지하려 애쓴 나토와의 군사력 균형문제에 영구적인 변형이 불가피해질 것이다. 이러한 양국의 시도에 대한 반응으로 크레믈린 대변인 페스코프 Dmitry Peskov가 상황의 재균형을 위해 해당 국경을 따라 군사력을 증강시킬 것이라 경고한 것은 프리드버그의 견해를 방증하는 것으로 해석할 수 있다.

핀란드 외무장관 하비스토Pekka Haavisto가 한 기자회견에서 "이전보다 더 높은 안보리스크를 감수하려는 러시아의 의지에 우려"를 표명하면서 "푸틴의 우크라이나 침공 결정으로 러시아를 자극하지 않는 정교하게 조율된 기존의 안보정책이 극적으로 변경"되었음을 확인하였다. 스웨덴 또한 러시아 안보에 확신을 보장하던 전통적인 비동맹정책을 재고하였다. 전통적으로 나토가입에 부정적인 입장인 집권 사민당 출신의 안데르손 총리는 마린 총리의 입장에 동조하여 이를 계기로 "안보지형이 완전히 바뀌었고, 역사적으로 중요한 순간"이라 피력하였다. 구소련에 속해 있던 발트국가들로부터 튀르키예에 이르는 나토의 군사동맹 라인에 스웨덴과 핀란드가 결합하면 북유럽에서 남유럽에 이르는 역사상 유례없는 범유럽 대동맹European grand alliance이 형성될 것이라는 전망이었다.[33]

| 범유럽 대동맹과 아리스토텔레스의 교훈

스웨덴 사민당 정부는 지난 한 세기 동안 고수해 온 비동맹 중립정책, 즉 외교의 스웨덴 모델을 수정하는 입구로 들어섰다. 미국기업연구소AEI의 브로Elisabeth Braw 연구위원은 스웨덴 사민당이 오랫동안 "도덕적 강대국moral superpower을 표방하는 스웨덴식 예외주의Swedish Exceptionalism를 외교안보 정책의 초석으로 설정"해 왔다는 흥미로운 논평을 한 바 있다. 그에 따르면, 스웨덴의 범진보진영은 대체로 나토 멤버십에 부정적이었으나, 정치 지형 내에서는 도덕적 강대국으로서의 역할과 평화 지향적 신념을 고수하는 좌파와 나토가입에 원칙적으로는 반대하지 않는 중도파로 균열되는 경향이 있었다. 사민당은 이를 봉합하기 위해 "핀란드 없이는 나토에 가입하지 않는다"는 중재안을 마련하였다. 이에 대해 우파진영에서는 사민당이 나토가입 문제를 "지정학적 문제가 아니라 국가정체성identity의 문제로 규정"하고 있다고 비판하였다.

중도우파 온건당Moderate Party의 의회 국방위원장인 욘슨Pål Jonson의 경우, 스웨덴도 핀란드처럼 나토 멤버십을 정체성으로서가 아니라 지정학적 측면에서 사고하고 핀란드식 나토 옵션을 수용할 필요가 있다고 주장해 왔다. 그에 따르면, "한 국가의 정체성을 변경하는 일은 지정학적 스탠스를 바꾸는 것보다 더 지난한 일"이다. 그러나 구조적으로 견고했던 국가적 정체성의 변화를 초래한 것은 우크라이나 전쟁이었다. 우크라이나전 개전으로 정체성을 떠받치던 국민의 지지가 급전하기 시작하였던 것이다.

평소 20-28%의 낮은 수준에 머물던 나토 멤버십에 대한 스웨덴 국민의 지지도가 우크라이나 개전 후 4월을 경과하면서 50%대를 넘어섰다. 4월 11일의 한 여론조사에서는 나토 가입에 대한 지지가 68%로 급등하였고 25일자 여론조사에서는 반대여론이 약 21%로 급락하였다. 나토 멥버십에 에 대한 국민적 지지는 핀란드가 선도하였다. 핀란드의 유력일간지 《헬싱인 사노마트Helsingin Sanomat》가 1월에 실시한 여론조사에서 나토가입 찬성률은 28%에 불과하였으나, 3월 4일의 여론조사에서는 48%로 급상승하였다. 핀란드 국영방송 YLE의 여론조사는 더 극적인 변화를 보여준다. 2017년 19%대에 머물던 나토 멤버십에 대한 지지도는 2022년 우크라이나 개전 직후인 2월 말 조사에서 53%로 급반등한 데 이어 3월에는 62%로 급상승하였다. 이러한 결과에 대해 국방장관 카이코넨Antti Kaikkonen이 확신한 바와 같이, 얼마 전까지만 해도 "2020년대에도 평화로운 시기를 보낼 것이라 생각"하던 핀란드인들은 이제 "핀란드에서 멀지 않은 유럽의 한복판에서 전쟁이 벌어지고 있음을 목도"함으로써 충격적인 "지정학적 불확실성에 처해" 있음을 발견했기 때문이다.[34]

나토 멤버십에 관한 핀란드의 정체성이 이렇듯 극적으로 급변한 배경에 대해 외무장관 하비스토는 심리적 요인의 전변으로 해석하였다. 조지아 침공(2008)과 러시아의 크림반도 병합(2014) 이후로 나토 멤버십에 연관된 국민적 심리에 변화의 조짐이 있었으나 극적인 변화를 가져온 계기는 우크라이나 전쟁이다. 하비스토에 따르면 우크라이나에서 전면전이 현실화되면서 핀란드 국민들은 "위험을 기꺼이 감수할 러시아의 군사적 의지를 확인"하였다. "전군의 동원령 없이도 한 곳에 10만 이상의 병력을 집결시킬 수 있는 군사 동원력"을 목격한 것이다.

게다가 푸틴이 시사한 바와 같이 핵무기를 비롯한 대량살상 무기의 사용이 가능성의 범주에 들어오면서 유럽은 완전히 새로운 안보환경에 처하게 되었다는 인식이 국민의 심리에 각인되었다. 전임 외무장관 투오미오야Erkki S, Tuomioja처럼 나토가입 문제가 감정과 두려움이라는 심리적 요인에 의해 결정되는 것을 우려하는 견해도 있었다. 우크라이나 전쟁에 대한 국민의 정서적이고 심리적인 두려움이 핀란드 언론매체에 의해 가열된 전쟁 정신병war psychosis 현상이라 우려한 바 있다.[35]

앞서 언급한 대로 핀란드와 스웨덴의 멤버십 문제는 단순히 나토의 몇차 확대과정, 또는 나토에 두 국가가 추가로 합류하는 문제 이상의 의미가 있다. 전후 냉전체제를 가르고 동서 유럽이 유럽 안보의 기준과 원칙에 합의한 유일한 상징이자 유럽 안보의 기본합의European minimum security라 할 수 있는 유럽안보협력기구OSCE의 모태가 헬싱키 선언임을 상기할 필요가 있다. 핀란드는 역사적 경험과 지정학적 조건으로 인해 유럽 안보의 기본합의의 탄생지가 될 수 있었다. 스웨덴과 더불어 핀란드의 비동맹 중립정책은 이러한 기본합의의 지속성을 유지하는 접착제이자 완충제라 할 수 있다. 스웨덴과 핀란드가 비동맹 중립정책을 포기하는 것은 유럽 안보의 기본합의가 해체되는 과정에 진입하는 것이라는 해석이 가능한데, 러시아의 우크라이나 침공이 이러한 진입로를 열어준 셈이다.

러시아와 나토에 대한 스웨덴과 핀란드인들의 극적인 태도 변화를 어떻게 설명할 수 있을까? 스웨덴 전 외무장관 투오미오야가 우려하는 것처럼 나토가입이라는 유럽 안보질서에 직결된 문제가 감정과 두려움이라는 심리적인 요인에 의해 결정되는 것은 아닌가? 러시아와 스웨덴의 전쟁 가능성을 희박한 것으로 보고 나토가입에 대해 회의적이라 판단하는 투오미오야와 유사한 견해들이 있었다.

예를 들어, 스웨덴은 이미 나토와 긴밀한 전략파트너 관계에 있음으로써 회원국으로서의 재정적 부담이나 군사적 리스크를 감당할 필요 없이 나토와 전략적 이익을 공유하고 있다는 것이다. 더욱이 우크라이나 전쟁으로 러시아가 소련 시기보다 군사 전력 면에서 열세에 있음이 드러났다는 것이 서구의 공통된 평가인데, 냉전 시기 초강대국 소련을 상대로 성공적으로 지속된 비동맹 중립정책을 폐기하는 것이 타당한가 하는 반론들이었다. 이와 관련하여 유럽의 안보 합의의 구조적 변동을 가져올 수 있는 나토가입을 결정한 양국의 정책결정자들의 판단에 대해 월트Stephen Walt는 위협균형 개념으로 설명한 바 있다.[36]

월트의 해석에 따르면 국가들이 세력균형에 관심을 보이는 것은 세력 자체를 목적으로 하는 힘의 극대화를 위해서라기보다는 상대국의 위협treats에 대한 우려 때문이다. 이러한 작용은 한 국가가 투사하는 위협에 대한 대상국의 균형반응으로서, 전통적인 힘의 극대화에 주목하는 전통적인 세력균형에 대조하여 위협균형이라 한다. 그에 따르면, "한 국가가 다른 국가에게 가하는 위협 수준은 전체 국력의 함수"이지만, 다른 국가를 위해할 수 있는 특정 군사적 능력이나 지리적 인접성, 공격의도intentions 등이 포함된다.

군사적 공격이나 정복에 특화된 군사적 능력을 지니고 현상태status quo에 만족하지 못하는 국가와 영토적으로 인접하고 있는 국가의 국민이나 정책결정자들은 위협을 인식할 가능성이 높다. 그러나 일반적으로 강대국의 군대는 방어력뿐 아니라 공격력을 겸비한 군사력 구성을 유지하기 때문에 그 군사적 능력이 공격적인 것으로 특화된 것으로 특정하기 어려우므로 인접한 강대국이 위협적인 것이라 단정하기란 쉽지 않다.

다만, 인접한 국가가 현상유지보다는 현상타파에 관심이 있는 강대국일 경우, 그 국가의 의도를 측정하는 것이 중요하다. 특정 군사적 능력을 지닌 강대국이 인접해 있다는 인식만으로도 이를 위협으로 상정하고 균형행동(위협균형)을 시도할 수 있으나, 이러한 균형행동은 해당 강대국의 반발을 불러올 수도 있고 오인misperception으로 인한 안보 딜레마를 초래할 수도 있다. 군사적 공격이 발생하기 전에 그 의도를 측정하는 것은, 저비스Robert Jervis 식으로 표현하면 전쟁 가능성을 유발하는 오인으로 인한 위험성이 있지만, 현상타파를 지향하는 강대국의 군사적 의도가 확인될 수 있다면 이에 대한 반응은 위협균형으로 귀결될 수 있을 것이다. 스웨덴과 핀란드의 나토가입 결정이 그러한 사례다.

핀란드와 스웨덴이 러시아의 의도에 대한 기존의 판단을 변경한 것에는 우크라이나 전쟁이 결정적으로 작용하였다. 냉전 이래로 스웨덴과 핀란드는 러시아의 의도를 군사적으로 안정적인 것으로 판단하였고, 그 정책적 결과물이 비동맹 중립정책이었다. 현재 러시아의 군사력 구성이 소련 시기에 비해 공격성에 더욱 특화된 것도 아니고 지리적 인접성이 변동된 것도 아님에도 스웨덴과 핀란드가 비동맹 중립정책을 철회하고 나토 가입을 결정한 것은 안데르손 총리가 말했듯이, "러시아가 막대한 리스크를 감수하더라도 무력을 사용할 의지가 있다"는 것, 다시 말하면 러시아의 의도를 확인하였다는 점에 근거한 것이다.

한 언론매체와의 인터뷰에서 스웨덴 국방장관 홀트크비스트Peter Hultqvist는 "러시아가 우크라이나를 침공하면서 모든 것이 바뀌었다"고 밝힌 바 있다.[37] 러시아의 크림 점령 이후 비동맹 중립정책을 유지하면서도 스웨덴은 합동군사훈련을 비롯한 나토와의 안보협력을 긴밀히 하면서 20여 개의 방위협정 등을 통해 안보 네트워크 수립하고 군사능력을 강화하였으나, 우크라이나 전쟁으로 러시아의 의도가 위협으로 현실화되었고 이로 인해 기존의 스웨덴의 비동맹 중립은 유지되기 어려워졌다는 것이다.

스웨덴과 핀란드의 나토 가입은 이러한 점에서 위협균형으로 해석할 수 있다. 물론 러시아가 스웨덴과 핀란드를 군사적으로 위협할 의도가 없다는 점과 우크라이나와의 역사적 특수성에 대해 여러 차례 시사했지만, 스웨덴과 핀란드의 결정은 위협균형적 접근에서 보면 합당한 선택으로 해석할 수 있다. 2022년 6월 30일 나토 정상회의는 스웨덴과 핀란드를 나토 회원국으로 초청하기로 결정하였다. 이로써 나토의 북진이 시작되었고 유럽의 안보 아키텍처는 새로운 지평 위에 대변환을 맞게 되었다. 스웨덴과 핀란드의 선택을 보면서 "국가는 힘에 민감하지만, 그것이 사용되는 방식에 더 민감"하다는 월트의 충고를 되새길 필요가 있을 것이다.

참고로 이러한 핀란드와 스웨덴의 위협인식을 분석하는 데 있어서 R. 저비스의 인식perception과 오인misperception 개념이 유용할 수 있다. 인식perception은 기대expectation에 깊게 뿌리를 두고 있다고 가정된다. 저비스에 따르면 사람들의 인지적 정합성cognitive consistency은 그들이 보기를 기대하는 것을 보려는, 즉 입수한 정보를 이전의 이미지pre-existing image에 일치시키려는 강한 경향 뿐 아니라 일군一群의 유발된 직접적인 우려들에 의해서도 영향을 받는다.[38]

최근에 접한 우려와 정보는 무엇인가? 과거의 사건들이 어떻게 현재의 인식에 영향을 끼치는가? 이에 대해 테일러A. J. P. Taylor는 "사람들은 자신들의 선입견prejudice을 떠받치기 위해 과거를 활용한다"고 말한 바 있다.[39] 하버드의 정치학자 스탠리 호프먼Stanley Hoffmann이 동료 역사학자 존 페어뱅크John Fairbank에 동의하여 "미국인들은 자신들의 요점을 증명하기 위한 교훈을 끌어내는 복주머니로 역사를 활용한다"고

말했듯이, 사람들은 불일치하는 정보들에 직면하여 자신들의 신념과 이미지를 고수하는 경향이 있다.[40]

정책결정자들의 인식 태도의 변화와 관련하여, 막스 플랑크Max Planck는 "새로운 과학적 진리는 반대자들을 확신(설득)시키고 진리의 빛을 보게 함으로써 승리한다기보다는 오히려 반대자들이 결국 죽었기 때문에, 그리고 그 진리에 친숙한 세대가 성장했기 때문에 건승하는 것"이라 주장하였다.[41] 공통된 오인誤認은 다른 사람들의 행위를 실제보다 더 계획적으로, 그리고 집중적이고 조정된 것으로 인식하는 것이다. 이것은 복잡하고 연관성 없는 사건들을 일관된 패턴에 억지로 끼워 넣으려는 충동을 명시화하는 것을 의미한다.

프란시스 베이컨Francis Bacon은 "사람들은 사물에 대해 실제보다 더 큰 정도의 질서와 균형이 잡혀있다고 간주"한다고 말했다. 현대의 연구성과도 사람들은 자신들이 보는 상황이 랜덤한 상황이라는 관념을 수용하기 어려워하며, 대신에 랜덤한 데이터에 질서를 부여하여 해석하려는 경향이 있다는 것을 보여준다.[42] "강한 감정의 영향으로 우리는 감각에 대해 쉽게 속아 넘어간다. 이로 인해 두려움의 영향을 받는 겁쟁이와 사랑의 영향을 받는 사랑에 빠진 사람을 비유하면, 전자는 적敵을 보고 있다고 생각하고, 후자는 연인戀人을 보고 있다는 환상을 갖게 된다"는 아리스토텔레스의 훈계를 우리 인식의 한계와 오해에 대한 성찰로서 겸허히 받아들일 필요가 있다.[43]

이렇듯 우크라이나 전쟁에서 스웨덴과 핀란드 사람들이 경험한 감정과 두려움, 심리적 요인의 전변, 그리고 전쟁 정신병war psychosis이라고까지 표현된 현상 등은 러시아라는 위협에 대한 인식에 기인한 것이다. 위협의 실재와 의도의 확실성 여부와는 별개로 스웨덴과 핀란드인들의 이러한 인식은 절박한 현실의 반영물이었다. 다만, R. 저비스의 설명대로 인식에는 오인misperception이 따를 수 있다는 것이다. 정책결정자들이 오인한 결과는 중대한 결과를 초래한다는 사실은 역사가 말해주고 있다. 유럽의 정치가들이 제1차세계대전으로 몽유병자들처럼 걸어 들어갔다는 비유도 이러한 오인과 무관하지 않을 것이다.

컬럼비아대의 역사학자 프리츠 스턴Fritz R. Stern은 "제1차세계대전은 20세기의 첫 대참사이자 다른 모든 대참사를 야기한 대참사"라고 말하였다. 제1차대전은 불가피한 전쟁이었다기보다는 일어날 것 같지 않은 전쟁이었다. "1914년 유럽은 어떻게 전쟁에 이르게 되었는가"라는 질문에 몰입한 크리스토퍼 클라크Christopher Clark는 당시에 '덜 끔찍한 미래의 씨앗들'이 존재했었다고 《몽유병자들Sleepwalkers》에서 술회하였다. 그는 "전쟁이 어떻게 유럽대륙에 찾아왔는가?", 다시 말하면, "전쟁이 왜 일어났는가" 보다는 "전쟁이 어떻게 일어났는가"에 주목할 필요가 있다고 역설하고 있다. '왜'라는 물음을 제기하고 나면 유죄여부, 즉 '누가 전범인가'하는 전쟁 책임이 초점이 되기 때문이다.

따라서 러시아와 미국에 대해 '왜'라는 서로 합의에 이르지 못하고 있는 개전 사유와 명분에 집착하지 말고 우크라이나 전쟁이 어떻게 유럽에 찾아왔는지를 성찰해야 한다. 그래야만 대참사였던 첫 번째 세계전쟁과 같은 유럽의 전쟁이 유럽대륙에 찾아오지 않을 것이기 때문이다. 정치는 "다른 미래를 내포하고 있는 선택지 중에 하나를 고르는 일"이다. 역사란 비인격적인 전진운동이 아니다.[44] 이러한 의미에서 정치인들의 인식과 오인은 역사의 운동 과정에 중대한 영향을 미치는 요인이다. 유럽의 평화를 위해 역사상 가장 광대한 북대서양 신성연맹NA Holy League을 결성한 유로대서양세계에게 아리스토텔레스의 교훈을 권고할 때이다.

리처드 하아스는
'자유주의 세계질서여 고이 잠드소서'
라는 글을 발표한 적이 있다.

자유주의 세계질서가 설계자인 미국으로부터의
위협에 처해있다는 역설적인 상황을 지적하고 있다.

오늘날 쇠퇴하는 자유주의 세계질서가
'자유스럽지도, 세계적이지도, 질서 있지도 않다'는 것이다.

자유주의 세계질서는 역사상 초유의 도전에 직면하였다.

그 결과는, 미국을 포함한 모두에게
'덜 자유롭고, 덜 번영한, 그리고 덜 평화로운 세계'가 될 것이다.

7. 일극 이후의 세계post-unipolar world: 자유주의 질서의 종언?

| 상상된 세계imagined world, 장기평화long peace의 신화

베를린 장벽이 붕괴되기도 전인 1989년 여름, 그 유명한 '역사의 종언, 자유주의의 최종적 승리'[1]를 선언했던 스탠퍼드의 정치학자 프랜시스 후쿠야마Francis Fukuyama가 30년 만인 2018년에 '자유민주주의의 한계, 자유주의 국제질서의 퇴조'에 관한 책[2]을 내놓았다는 사실은 매우 역설적이다. 같은 대학의 정치학자 래리 다이아몬드Larry Diamond가 '민주주의의 글로벌한 퇴행democratic recession(backsliding)'[3]이라고 진단한 바대로, "자유민주주의는 퇴행기(침체기)에 접어들었다"는 것이다. "트럼프가 대통령에 당선되지 않았다면 이 책을 쓰지 않았을 것"이라고 후쿠야마가 책 첫머리에 적고 있듯이, 트럼프의 당선과 자유민주주의의 퇴행 논쟁은 불가분의 관계에 있다.

트럼프는 단순히 또 하나의 대통령이 아니라 "국제정치라는 더 넓은 트렌드를 대표"하고, 원칙에 입각한 현실주의principled realism를 표방하곤 있지만 "포퓰리즘적 비자유주의 국제질서illiberal international oder를 상징하는 인물"이 되었기 때문이다. 또 다른 충격은 유럽의 자유주의 국제질서를 뒤흔든 영국의 유럽연합 탈퇴, 브렉시트Brexit이다. 다이아몬드의 표현대로 미국과 영국은 현대 자유주의 국제질서의 설계자이자 현재의 자유주의 국제질서를 규정하는 신자유주의 혁명의 선구자였기에, 이러한 편협한 민족주의와 포퓰리스트 현상들은 현시대를 자유주의 국제질서LIO의 퇴조기라 명명하는 것이 전혀 놀랍지 않게 한다.

논의를 진전시키기에 앞서, 우선 세계질서world order 또는 국제질서 international order라는 개념에 대해 간략하게나마 정리해 둘 필요가 있다. 세계가 현재 어떠한 상태에 놓여 있는지 가늠해 보는 수단으로 질서라는 개념을 차용할 경우, 두 명의 학자, 즉 헤들리 불Hedley Bull과 헨리 키신저Henry Kissinger를 인용하는 것이 불가피하다.

국제정치 또는 세계정치에서 '질서order'를 말할 때, 영국학파들이 주장하는 대로 국가들로 구성된 국제사회라는 개념을 수용한다면, 인간사회에 질서가 존재하듯이 국제사회에도 질서가 존재한다고 할 수 있다. 새로운 질서의 도래에 대한 영감을 얻는 데는 국제정치사상가인 옥스퍼드대 교수 헤들리 불의 통찰이 유용하다. 국제정치학의 고전이 된 저서 《무정부 사회Anarchical Society: 세계정치의 질서 연구》에서 H. 불은 국제체제와 국제사회를 구별하고 있다.

국제사회는 국제체제의 존재를 전제로 하지만, 국제체제는 국제사회와 관계없이 정의 될 수 있다. 그에 따르면, 국제체제란 "두 개 이상의 국가들 수준에서 서로의 행위에 영향을 미칠 만큼 충분한 상호작용과 정규적인 접촉"이 형성된 상태를 의미한다. 프랑스 소르본대 정치학자 레이몽 아롱Raymond Aron이 정의했듯이, 국제체제는 국가들이 "상호 정규적인 관계를 유지하고 전면전全面戰에 연루되기에 충분한 상호작용이 이루어지는 상태"를 말한다. 또한 캐플런Morton A, Kaplan 식으로 건조하게 표현하면, 국제체제는 국가들의 군집체international constellation로서 국가 간에 상호 연결되고 다양한 변수들로 구성된 행동의 체계로 설명될 수도 있다. 이러한 개념 정의를 종합할 때, 국제체제(의 개념)에서는 이러한 체제를 왜 보전해야하는지와 무엇이 이 체제를 유지해 주는지라는 질문에 답하기 어렵다.

이에 비해 국제사회는 단순히 국가 간의 상호작용의 지속성이나 행동패턴의 규칙성만을 의미하진 않는다. 국제사회는 "공동의 이익과 가치를 자각하는 일단의 국가들이 상호관계에 있어서 공동의 규칙과 규범에 묶여 있고 공동의 제도에 참여"하는 상태를 의미한다. 부연하면 국제체제에 질서order가 부여된 상태를 의미한다. 헤들리 불은 질서를 서가에 정리된 책들에 비유했다. 그에 따르면, "바닥에 쌓여 있는 책더미가 아니라, 서가에 일렬로 정리된 책들에서 질서가 표현된다. 서가에 정리된 책들에는 일정한 패턴과 규칙성이 존재하기 때문"이다.

그러나 사회에서 "질서와 그 반대 개념으로서의 무질서disorder"를 말할 때, 사회구성원이나 집단, 사회 현상 간의 어떠한 패턴과 규칙성의 존재 유무만을 의미하지는 않는다. 특정한 목적과 가치라는 사회적 결과로 이끄는 패턴과 규칙성을 의미하는 것이다. 국제질서는 "국가들로 이루어진 사회(국제사회)의 목적과 가치를 유지시키는 행동패턴으로서, 국제체제의 핵심 행위자들 간의 관계를 규정하고 지배하는 규칙과 규범, 제도들의 결합체"로 해석할 수 있다. 자유주의 국제정치학자 존 아이켄베리G. John Ikenberry의 개념 정의를 보완하면 국제질서는 "규칙과 원리, 제도 등을 포함한 국가 간의 통치적 합의의 집합"이기도 하다. 따라서 국제질서에는 "특정의 목적과 가치, 공동의 이익 등을 추구하기 위한 규칙과 규범 그리고 제도"라는 공통의 합의가 있다.

국제질서에는 세력균형·국제법·외교·전쟁이 포함된다. 질서는 안정이나 평화를 필연적으로 증진하는 것은 아니다. 질서의 반대개념은 혼란chaos이 아니라 무질서disorder다. 예를 들어, 전쟁은 무질서가 아니라 국제사회의 규범과 규칙, 외교 등이 작동하는 국제질서의 구성 부분이라 할 수 있다. 국제사회의 제도들은 국가들의 행동을 통제할 수 있기 때문에 의미가 있는 것이 아니다. 그것이 권력정치power politics의 게임과 국가의 정체성을 형성하고 힘의 사용의 목적성과 국가 행동을 정당화하는 방식을 규정하기 때문이다.

근대 이래로 역사적으로 가장 전형적인 질서 중의 하나는 세력균형이다. 앤드류 허렐Andrew Hurrel에 따르면 "세력균형이 부재하다면, 국제질서의 연성softer 요소들은 사상누각"이 될 것이다. 강대국 간에 행동 관계에 대한 안정적이고 지속가능한 상호이해와 제도적 합의가 결여되어 있다면, 국제법이나 국제기구, 공유 가치 등은 공허한 것이 될 수도 있다.

이러한 맥락에서 제2차세계대전 이후 국제질서는 소련이 주도하는 소비에트 사회주의 질서와 미국이 주도하는 자유주의 국제질서LIO로 구성되어 있었다. 이른바 미국과 소련의 양극체제를 토대로 하여 냉전질서로 표현되는 전후 국제질서는 사회주의 체제의 붕괴로 인해 자유주의 질서로 전일화되었다. 냉전해체 이후 탈냉전 과도기와 일극체제를 거쳐 오늘날까지 해체냐 쇠퇴냐하는 논란에도 불구하고 자유주의 질서는 세계 정치·경제의 주류질서로서 작동하고 있다.

자유주의 국제질서는 미국이라는 초강대국과 미국의 후견제도, 차상위 강대국 간의 균형 등 경성요소들harder elements과, UN과 WTO, IMF을 비롯한 글로벌 제도들, EU, ASEAN과 같은 지역제도들 그리고 여러 국제조약을 포괄하는 연성요소들로 구성되어 있다. 자유주의 국제질서가 퇴조하고 있다는 것은 이러한 구성요소들이 약화되거나 쇠퇴하고 있다는 것을 의미한다.

2018년 발표된 트럼프 정부의 국방전략National Defense Strategy에는 미국이 직면한 글로벌 질서의 위기에 대해 적시하고 있다. 미국은 "규범에 입각한 국제질서(자유주의 국제질서)의 쇠퇴"라는 글로벌 무질서 global disorder에 직면하고 있고, 테러리즘이 아니라 국가 간 전략경쟁이 국가 안보에 있어 최상의 우려 사안이라는 것이다. 오바마 정부 시기 아시아로의 중심축 이동pivot to Asia이라는 전략개념을 수립한 커트 캠벨과 네오콘 이론가 로버트 케이건Robert Kagan 등 정책전문가들 또한 당시 "인류사에서 비할 데 없이" 훌륭하고 미국이 주도적으로 창조한 세계질서(자유주의 국제질서)를 보존하는 것이 민주와 공화 "양당 모두의 과업bipartisan task"이자 "우리 시대의 최대의 과업"이라고 강조하면서 자유주의 질서의 퇴조에 경각심을 일깨웠다.[4]

트럼프 정부의 대중국 무역전쟁이 최고조에 이른 2019년경, 현실주의 국제정치학자 미어샤이머는 "자유주의 국제질서가 깊은 곤경에 처했고 회복하기 어려운 상태임이 명백"하다는 비관적인 진단을 내렸다.[5] 자유주의 국제질서의 위기와 쇠퇴에 관한 주장들은 주지하듯이 2008년 글로벌 금융위기를 계기로 하여 글로벌라이제이션의 쇠퇴와 미·중 전략경쟁으로 인해 발현되었다. 이후 자유주의 국제질서의 본질과 운명에 대한 주요 논쟁은 트럼프 대통령의 당선과 더불어 촉발되었다.

이러한 논쟁은 트럼프 정부의 대중국무역 보복을 포함한 보호주의 정책과 포퓰리스트적 현실주의정치populist realpolitik 경향의 대외정책 실행으로 본격화되었고, 바이든 정부 들어와서 더욱 심화되었다. 대논쟁이라고 명명할 만한 이 논쟁은 한편에서는 자유주의 국제질서의 지속가능성을 주장하고, 다른 편에서는 새로운 질서의 출현을 예측하고 있다.

바이든 정부의 최고 전략가라고 대통령 스스로가 인정하는 국가안보보좌관 제이크 설리번Jake Sullivan은 신자유주의 외교정책 시대의 종언을 선언하였다. 그는 2023년 4월, "지금 이 순간 우리는 새로운 합의를 이끌어내야 한다"는 말로 시작한 한 기조연설에서 신新워싱턴컨센서스 NWC 구상을 제시하였다. 이 NWC는 자유 무역, 규제 완화, 허용가능한 과세 및 적당한 공공 지출을 강조한 신자유주의적 합의인 워싱턴 컨센서스Washington Consensus와는 전혀 다른 것이라는 점이 특별히 강조되었다.

바이든 팀이 볼 때, 1980년대 이래 "자유무역의 이점은 과대평가되었고, 서방세계는 이제 과거 자유무역 지지자들에게 알려지지 않은 도전에 직면하고 있으며, 새로운 도전에는 새로운 정책이 필요하다"는 것, 요약하면 "세계는 지정학적 블록을 향해 움직이고 있으며 신워싱턴컨센서스NWC는 미국이 뒤처지지 않도록 보장할 것"이라는 것이다. 신자유주의의 종언이자 글로벌라이제이션의 폐막을 알리는 선언문과도 같았다. 이러한 흐름 속에서 트럼프와 바이든 모두 경제적 민족주의자로 스스로 자리매김하고 있었다.[6]

규범에 입각한 질서rule-based order로 상징되는 자유주의 국제질서의 운명에 관한 낙관론은 방어적 입장에서 존 아이켄베리와 조지프 나이 등 주로 자유주의 국제정치학자들이 주도하고 있고, 자유주의 패권의 실패와 새로운 질서의 도래에 관한 주장은 그레이엄 앨리슨, 스티븐 코트킨, 리처드 하아스, 스티븐 월트, 존 미어샤이머 등 외교사학자와 현실주의 국제정치학자들 사이에서 공세적으로 제기되고 있다.

그레이엄 앨리슨은 자유주의 국제질서 옹호론의 핵심 요소를 세 가지로 정리하여 자유주의 국제질서의 신화에 대해 비판하고 있다.[7] 무엇보다 자유주의 질서가 세계대전 종전 후 강대국 간에 70여 년 동안 평화를 유지할 수 있었던 주요 원인이었다는, 소위 장기평화long peace 개념에 대해 비판적인 평가를 하고 있다. 예를 들어, "자유주의 질서가 70여 년 동안 세계를 안전하고 안정되게 하는 데 성공함으로써 이 질서를 방어하고 심화 확장하는 것이 미국 외교정책의 중심과업이 되어야 한다는 강한 합의가 형성되었다"고 주장하는 조지프 나이의 견해에 부정적인 입장이다. 앨리슨에 따르면 장기평화는 자유주의 질서의 결과라기보다 냉전시기 미국과 소련의 "위험한 세력균형의 부산물"이자, 짧았던 미국 우위의 "일극체제의 부수적 결과물"이었다.

다음으로, 자유주의 국제질서를 구축하는 것이 전후 세계에 대한 미국의 관여정책의 주요 추동력이었다는 주장에 대해 비판하고 있다. 앨리슨이 주장하는 바는 "세계에 대한 미국의 관여가 해외에 자유주의를 증진시키거나 국제질서를 수립하기 위해서가 아니라 국내의 자유민주주의를 보전하기 위해 필수적인 것을 할 필요성에 따른 것"이다. 다시 말하면, 미국의 자유민주주의 체제를 수호하고 강화하기 위한 국내적 정책수요에 따라 국제적 관여정책을 수행했다는 것이다. 세계에서 미국의 관여정책이 성공하는 것은 미국인에게 자국의 자유민주주의 체제의 우월성에 대한 확신을 주는 것이기 때문이다.

트럼프 대통령이 세계평화와 자유주의 질서의 주요 위협이라는 자유주의 국제정치학자들의 견해에 대해서도 부정적이다. 앨리슨은 "중국의 부상보다 트럼프의 등장을 더 우려한다"는 조지프 나이의 주장을 반박하면서, "트럼프가 자유주의 질서의 핵심요소들을 침해하고 있을지라도 글로벌 안정성에 대한 최대의 위협은 아니다"는 입장이다. 왜냐하면 현존 자유주의 질서의 위기는 오랫동안 진행된 역사적 사건들의 중첩성이 주조한 구조적 요인에 의한 것이기 때문이다. 그는 자유주의 국제질서를 "자신의 이미지대로 세계를 주조한 미국의 상상된 과거"라고 풍자하면서, 이러한 상상된 과거imagined past로 돌아가려고 애쓰기보다 국내의 자유민주주의의 재건에 집중해야 한다고 역설하였다.

이와 유사하게, 버밍햄대학의 정치학자 패트릭 포터Patrick Porter도 자유주의 국제질서를 상상된 세계imagined world라는 용어로 비유적으로 설명하였고, 아메리칸대의 석좌교수 아미타브 아차리아Amitav Acharya는 미국적 세계질서의 종언을 주장하였다. 이들은 세계대전 종전 후 미국적 질서가 "세계적이지도 않았고, 자유로운 것만도 아니었다"는 논지를 취하면서 앨리슨과 같은 스펙트럼상에 머물고 있다.[8]

이러한 현실주의적 입장에 회의적인 조지프 나이는 프랜시스 후쿠야마 등을 인용하면서 자유주의 국제질서가 "불완전하기는 하지만 세계를 더 나은 사회로 만들었고, 많은 사람들을 빈곤에서 벗어나게 했으며, 자유와 민주주의의 확산을 가능하게 한 세계경제에서 유례없는 성장의 시대의 기반"이었다는 데 중요한 의미를 두고 있다. 그는 "중국의 부상 그리고 국수주의적 민족주의와 포퓰리즘의 출현이 자유주의 국제질서의 종언을 의미한다"는 주장에 동의하지 않으며, "팍스 아메리카나, 그리고 윌슨 대통령이 변화시킨 자유주의 질서의 세계에서 미래에도 여전히 도덕적 선택, 즉 자유주의 질서의 수호를 지지해야"하는 당위성을 주장하고 있다.[9]

다른 한편으로, 조지프 나이는 방어적 입장에서 자유주의적 헤게모니 또는 자애로운 패권국benevolent hegemon 류의 공세적 자유주의에 대해 회의적이면서 절충주의적 태도를 취하고 있다. 전통적 현실주의자인 키신저가 자신의 책《세계질서World Order》에서 조망하였듯이, 현실주의의 핵심 요소인 세력균형balance of power에 정당성legitimacy의 개념을 도입하여 자유주의와의 화해(현실주의적 절충)를 시도한 것처럼, 조지프 나이도 "국제질서에서 세력균형뿐 아니라 정당성에 대한 인식 역시 중요하며, 정당성은 (자유주의적) 가치에 의해 결정"된다는 자유주의적 절충을 시도하였다.

그에 따르면 미국이 향후 수십 년 동안 "세계 최고의 군사 강국의 지위를 유지하고, 이로 인해 세계정치에서 권력을 유지하면서 미국이 가장 강력한 국가로 남아있을 확률이 높을 것이지만, 자유주의 국제질서나 팍스 아메리카나는 국제사회에서 더 이상 미국의 지위를 설명하는 데 부적합"하다. 냉전해체 이후 미국 중심의 헤게모니와 일극(단극)체제가 미국에게 환상을 심어줬다는 것이다. 일극체제 하에서 자유주의 국제질서를 수호하는 데 미국이 내세웠던 자유주의(민주주의) 확산전략, 다시 말하면 "다른 국가들에서 발생하는 민족주의적·종교적인 국내 정치 문제를 미국이 관리하고 통제하려는 노력은 비생산적인 방법"이라는 것이다.

자유주의 리더십은 "군사적 개입이나 헤게모니와는 다르며 미국의 권력이 가장 강했던 시기에도 항상 다른 국가들의 도움을 필요로 했고, 파트너 국가들은 강요가 아니라 진정으로 원할 때 협력할 것"이다. 그에게 국제질서의 안정은 "주요 국가들이 권력과 정당성을 결합할 수 있는 능력을 보유하고 있느냐"에 달려 있다. 따라서 자유주의 질서의 운명과 "미국 외교정책의 미래는 여타 강대국의 위협보다는 국내의 자유민주주의의 위기로 인해 더 위험"할 것이다.[10]

그레이엄 앨리슨의 주장처럼 자유주의 국제질서가 신화화된 면이 없지는 않다. 조지프 나이도 인정하였듯이 "미국 대통령들은 완벽한 자유주의자가 아니었고 미국 정부는 자유주의라는 이름으로 자유주의 질서에 위배되는 정책을 감행"하기도 하였다. 이러한 정책사례들은 긴 목록으로 열거할 수 있다. 냉전시기에 "트루먼의 일방적인 대륙붕 선언(1945)은 대륙붕의 영유권을 주장하는 국가 간에 갈등을 초래하였고, 아이젠하워는 1953년 이란의 쿠데타를 지원하여 합법적인 모사데크 정부를 축출하였다. 1961년 케네디 정부의 쿠바 침공, 즉 피그스Pigs만 침공 작전은 유엔헌장에 위배되는 것이었고, 닉슨 정부는 금태환을 중단하고 10%의 고율 관세를 강제하는 등 브레튼우즈Bretton Woods 협정을 위반하여 동맹국들을 곤경에 처하게 하였다(닉슨쇼크)". 냉전 말기에는 "니카라과 콘트라 반군에 대한 미국의 군사 지원(이란-콘트라사건, 1986)이 불법하였음을 판시한 국제사법재판소의 결정을 레이건 정부는 무시하였고, 그레나다를 불법 침공(1983)"하였다. 부시 대통령George Bush the Elder은 1989년 파나마 침공으로 노리에가 정부를 전복시켰고, 클린턴 정부는 "유엔안보리의 결의 없이 1999년 코소보 전쟁에서 세르비아를 폭격하였다. 주니어 부시 대통령Bush the Younger은 유엔헌장을 무시하고 2003년 이라크 전쟁을 감행하였다".

랜드연구원RAND의 한 보고서의 표현대로 미국은 탈냉전 일극체제에서 "가장 열렬한 수정주의 국가가 되었다". 이 보고서에는 "미국이 영토가 아닌 가치와 규범에서 수정주의를 주장한 것"으로, "자유주의의 가치를 옹호하고 이를 강압적인 방식으로 확산하려는 미국의 모습을 통해 많은 국가는 미국을 국제사회에서 가장 파괴적인 힘을 가진 세력으로 인식하고" 있다는 우려가 반영되어 있다. 외교정책은 "인권과 민주주의의 증진만이 유일한 목표가 될 수는 없고, 자유주의적 가치를 포함한 많은 목표 사이의 절충이 필요하다. 그렇지 않으면 우리는 외교정책이 아닌 인권정책만을 갖게 될 것"이라는 조지프 나이의 경계의 말은 국가생존을 위한 세력균형 등, 현실주의적 가치와 함께 고려할 필요가 있을 것이다.[11]

| 자유주의 세계질서: '자유'스럽지도, '세계'적이지도, '질서' 있지도 않은?

현실주의자들은 무엇보다 자유주의 질서 옹호론자들이 주장하는 규범에 입각한 질서rules-based order의 모호성을 지적하면서 자유주의 국제질서의 핵심개념에 근본적인 문제제기를 하고 있다. 예를 들어, 중국에 대한 경제보복 등 보호주의 정책을 예고한 트럼프 정부의 출범 직후에 개최된 2017년 세계경제포럼(다보스포럼)에서 시진핑이 스스로 자유주의 경제질서의 수호자임을 자처하고 참석한 여타 국가의 리더들도 이에 공감을 표명한 사례로 보면, 자유주의라는 용어의 담론적 의미뿐 아니라 이 질서의 지지자가 누구인지도 모호해진다는 것이다. 시진핑의 자유무역 담론이 의도한 바대로 일반적으로 질서는 어떤 것이든 규범rules과 규칙성regularity에 의해 창조된 조건이라 전제한다면, 자유주의 질서 외에도 규범에 기반한 질서가 존재할 수 있다는 것이다.

근대 이래로 보면 베스트팔렌 질서가 대표적인 하나의 사례일 것이다. 전후 70여 년 동안 전 세계 거의 모든 국가가 승인한 유엔헌장에 기반한 질서가 자유주의 및 비자유주의 국가 모두가 수용하고 있는 아마도 유일하게 합의된 세계질서일지도 모른다. 또한, 시사적 용례로 보아 규범에 입각한 질서가 공정하고 평등한 규범이 내장되고 여타 국가들이 기꺼이 수용하고 유지하고자 하는 질서를 의미한다면, 초강대국들은 이러한 규범으로부터 스스로 예외적이라 인식한다고 비판한 라자 모한C. Raja Mohan의 지적은 타당한 면이 있다. 아시아 소사이어티Asia Society 인디아센터의 선임연구위원인 모한은 "스스로 자유주의 질서의 리더라고 자부하는 국가가 이라크 침공을 비롯하여 유엔헌장을 위반하는 등 국제법적 정당성을 상실한, 규범에 예외적인 행동을 한 사실"을 비판하였다.

다만, 일반적으로 규범에 기반한 질서를 논할 때, 자유주의 국제질서는 자유주의적 규범과 가치를 기반으로 한다는 특성을 지닐 뿐이고, 후쿠야마식으로 비유하면 국제질서 진화의 종착점이거나 국제질서의 최종적 형태로서 자유주의의 보편화를 의미하는 것은 아니라는 것이다. 이미 알려진 바와 같이, 일찍이 후쿠야마는 냉전 해체를 보면서 자유주의의 최종적 승리를 선언한 바 있다. 탈냉전 직후 출판된 《역사의 종언The End of History: The Last Man(1992)》[12]에서 그는 당시 냉전 종식이 단순히 전후 한 시대의 마감이 아니라 "인류의 이념적 진화의 최종적 종결이자 인류 통치의 최종적 형태로서의 서구 자유민주주의 보편화 universalization"를 상징하는 것으로 평가하였다.

현실주의자들이 말하고자 하는 바는 "자유주의 질서가 바람직한가"라는 자유주의 국제질서의 본질이나 자유주의에 관한 철학적 질문이라 기보다는, 국제정치와 국제사회의 궁극적인 질문인 "전쟁을 막기 위해 무엇을 할 것인가"에 대한 현실정치적realpolitik 해법이다. 자유주의자들이 말하는 전후 70년의 평화가 자유주의 국제질서의 산출물이 아니라 양극체제의 세력균형과 일극체제의 압도적 힘에 의한 결과물이라는 것이 현실주의자들의 입장이다.

냉전시대는 사회주의와 자본주의(자유주의)가 공존한 양대 체제 병존의 시대로서 당시 세계질서를 자유주의 국제질서로 규정할 수는 없으므로, 냉전시대 40년의 평화는 자유주의 질서에 의한 것이 아니라 미국과 소련의 양대 초강대국의 냉전 질서에 의한 것이었다. 다시 말하면, 자유주의 질서에 의한 평화가 아니라 세력균형적 질서에 의한 평화라는 것이다. 냉전시대를 설명하기 위해 긴 평화(장기평화)라는 용어를 만들어 낸 예일대 역사학자 존 루이 개디스는 냉전시대의 평화를 "미국과 소련 간 투쟁의 의도치 않은 결과물"이라 평가하였다. 개디스의 해석대로 "누구도 그것(long peace)을 의도적으로 디자인하거나 정의로운 요건을 고려한 바 없이, 미국과 소련 양국은 기대했던 것보다—비록 정의롭지는 않더라도—더 나은 질서의 명분에 걸맞은 국제관계 체제를 운 좋게도 이루어 낸 것"일 뿐이다.

1962년 쿠바 미사일 위기 당시 케네디 대통령은 이러한 세력균형에 의한 질서를 '위태로운 현상유지precarious status quo'라고 부르기도 했으나, 그가 한 연설에서 말한 것처럼 자유주의든 비자유주의든 서로의 차이를 인정하면서 다양성에 기반한 안전한 세계질서를 유지하는 것이 중요하다. 냉전시대 세계평화연설로 알려진 아메리칸대학에서 한 연설 '미국의 역사와 민주주의(1963)'에서 케네디는 "우리가 추구하는 평화는 미국의 지배에 의한 평화가 아니다. 죽음의 평화도 아니고 노예적 안전도 아니다. 미국인만을 위한 평화가 아니라, 그리고 우리 시대만을 위한 평화가 아니라 모든 시대의 평화이다"라는 보편적인 영구 평화를 호소하였다. 이러한 평화는 특정 질서나 이념에 의한 평화가 아니라 서로의 차이를 인정하는 다양성의 존중을 기반으로 한 평화를 의미하였다. 자유주의와 비자유주의를 포괄한 다양성을 수용하는 최소(주의)적 질서minimal order가 세계의 안전에 현실적인 대안이라는 해석이다.

현실주의적 접근에서 보면 냉전 해체 이후 30년의 평화 또한 자유주의 질서의 결과물이라기보다 일극체제의 산물로 해석할 수 있다. 냉전시대의 평화가 양대 초강대국의 힘의 균형과 상호 세력권에 대한 인정을 기반으로 한 것처럼, 탈냉전기의 평화 또한 유일 초강대국인 미국의 압도적인 힘의 산출물이라는 입장이다. 냉전해체와 일극체제의 수립과정에서 미국이 "자신의 이미지대로 세계를 주조"한 자유주의 국제질서가 이제 쇠퇴하고 있다는 것이다.

《뉴욕타임즈》의 칼럼니스트 토머스 프리드먼Thomas L. Friedman이 《렉서스와 올리브나무The Lexus and The Olive Tree: Understanding Globalization(1996)》에서 자랑스럽게 제기한 것처럼, "맥도날드가 분쟁을 예방할 것"이라는 황금아치 이론이 한때 풍미했었던 것을 기억할 필요가 있다. 다소 희망스러우나 이론스럽지는 않은 이 이론은 맥도날드가 러시아에 진출한 1990년대 초 모스크바 도심의 맥도날드 햄버거가 게가 인파로 붐비는 대성황의 풍경에서 영감을 받은 듯하다.

소위 분쟁예방의 황금아치이론golden arches theory of conflict prevention 은 "한 국가가 경제발전의 특정 수준에 도달하여 맥도날드를 지탱할 만큼 충분한 중산층이 형성되면 그 나라, 즉 맥도날드의 나라의 국민은 전쟁을 싫어하고 (맥도날드)햄버거를 위해 줄서는 것을 선호하게 된다"는 주장이다. 여기서 맥도날드는 글로벌라이제이션의 상징이자 자유주의 (질서)의 선교사를 의미한다. "맥도날드를 받아들인 국가들은 서로 전쟁하지 않는다"는 이 주장은 2022년 3월, 맥도날드가 진출한 두 국가가 전쟁에 돌입한 우크라이나 전쟁의 여파로 맥도날드 햄버거가 러시아로부터 철수하면서 용도폐기 되었다.

2017년 트럼프 정부에서 발표된 국가안보전략National Security Strategy 과 국방전략에도 일극체제와 자유주의 국제질서의 쇠퇴 분위기가 반영되어 있다. 지난 시기에 미국은 "세계 모든 작전지역에서 경쟁자 없는 압도적인 우월적 지위를 향유하여 원하는 때와 장소에 군사력을 투사하고 원하는 방식대로 작전할 수 있었으나, 오늘날 중국과 러시아는 미국의 자유로운 작전능력에 경쟁하고 위기 시에 미국의 진입을 막을 수 있는 군사능력들을 배치하고 있다"고 분석함으로써 수정주의 세력에 의한 기존의 국제질서의 변경이 이루어지고 있다는 것을 시사하고 있다.

자유주의 국제질서는 글로벌한 지위를 차지하던 순간, 즉 일극의 순간에 이미 쇠퇴의 유전자를 타고 났는지도 모른다. 더 나아가 미어샤이머는 자유주의 국제질서가 "출발부터 실패할 운명"을 타고났으며, 자멸적 씨앗을 품고 있었다고 가혹한 비판을 하고 있다.[13] 미국이 예견하지 못하였기에 준비되지 않은 상태에서 맞이한 일극체제는 매뉴얼 없이 미국 특유의 명백한 운명manifest destiny에 의지하게 된 사정도 있다.

일극체제에 기반한 자유주의 국제질서는 헤게모니의 도전자가 출현하는 순간 흔들릴 수밖에 없었다. 특히, 강대국 유전자를 자부하는 일부 국가들은 자유주의 국제질서가 자유스럽지도 질서 있지도 않은 일방주의unilateralism와 이중 잣대double standard를 앞세운 미국식 표준American standard의 편의적인 강요라고 비판하기 시작하였다. 이에 대한 사실 여부나 시비의 판정을 떠나 이러한 현상은 미국 주도의 일극체제의 균열을 초래하였다. 더 나아가 자유주의 국제질서의 태내에서 비자유주의 국가들이 자라났다는 사실은 매우 역설적이다.

1995년 다니엘 벨Daniel Bell 등은 《아시아 태평양의 비자유(주의적) 민주주의에 대하여Towards Illiberal Democracy in Asia Pacific(1995)》라는 책에서 비자유주의적 민주주의 국가라는 개념을 제시하였다. 이들은 당시 프랜시스 후쿠야마가 주장한 역사의 종언과 자유주의의 최종 승리라는 자유주의 승리 테제를 반박하면서 비자유주의의 등장에 주목하였다. 다니엘 벨 등은 "자유민주주의적 신념은 서구사회에서 보편적인 충성universal allegiance을 요구한다"고 조소하면서 자유주의를 만고불변의 보편적 질서이자 신성시하는 것에 대해 비판하고 있다.[14] 후쿠야마를 비롯한 자유주의 이론가들이 "세계의 나머지 국가들(비서구세계)이 자유민주주의를 더 깊이 열망하고 있다고 상정"하는데, 다니엘 벨 등은 이러한 논리를 이론적 오류이자 맹목적인 신념이라고 지적하였다.

비자유(주의적) 민주주의illiberal democracy라는 용어는 학자들에 따라 다툼의 여지가 있는 논쟁적인 개념이다. 예를 들어, 《민주주의는 어떻게 무너지는가How Democracies Die(2018)》로 우리에게 잘 알려진 스티븐 레비츠키Steven Levitsky 등은 비자유(주의적) 민주주의는 진정한 민주주의로 분류하기 어렵다고 보고, 대신에 경쟁적 권위주의competitive authoritarianism라는 개념을 제시하고 있다.[15] 그러나 레비츠키도 경쟁적이라는 수식어를 사용하였듯이 비자유주의 국가들에서 복수정당제와 선거 등 절차적 민주주의가 유지되고 있다는 것을 인정하고 있고, 정치현실에서도 통용되는 설명력 있는 용어로서 기능하고 있다는 점은 고려될 필요가 있다. 예를 들어, 유럽연합EU 회원국이자 중부유럽의 주요국인 헝가리의 오르반 총리는 스스로 헝가리의 민주주의를 비자유주의적인 것, 즉 비자유주의 국가illiberal state로, 풀어 말하면 헝가리식 민주주의로 표현하고 있다.

다니엘 벨이나 자카리아 등의 분류에 따르면, 현실정치에서 비자유주의적 경로로 진입했거나 진입하고 있는 대표적인 국가들은 헝가리·튀르키예·우크라이나·러시아·인도·필리핀·싱가포르 등이 있다. 냉전이 해체되고 자유주의가 글로벌 질서로 형성되던 탈냉전 초기에 이미 비자유주의 국가들이 태동하기 시작하였다. 이러한 신생국가들과 기존의 권위주의 국가들은 새로운 질서(자유주의 국제질서)에서 성장하고 발전하였으나, 자유주의 질서를 체제내화하지는 않았다. 자유주의는 글로벌한 차원에서 보편질서로 정당화되었지만, 각 국가 수준에서 정착되고 내장된 것embedded liberalism은 아니었다는 점에서 한계를 지니고 있다. 더욱이 자유주의와 비자유주의가 혼재된 자유주의 국제질서라는 개념 정의는 다소 혼란스러울 수 있는 것이다.

탈냉전 초기 동유럽에서 체제이행을 직접 목도한 미국의 외교관 리처드 홀브룩의 경험은 비자유주의 국가들의 탄생과 관련하여 하나의 전형을 보여주고 있다. 사회주의 세계의 해체에 따른 체제이행기에 발생한 민족분쟁의 대표적인 사례였던 유고슬라비아 내전에서 홀브룩은 스웨덴 총리 빌트Carl Bildt와 함께 1995년 데이튼 평화협정Daton Peace Accords을 성사시켜 보스니아 내전을 해결하는 데 주도적인 역할을 한 바 있다. 데이튼 협정으로 이루어진 이듬해 보스니아 총선에서 그는 "선거가 자유롭고 공정하게 치러질지라도, 평화와 통합에 공공연히 반대하는 인종주의자·파시스트·분리주의자들이 당선될 것인데, 이것이 (민주주의의) 딜레마"라고 예리하게 예견하였다.

당시 파리드 자카리아는 〈비자유(주의적) 민주주의의 부상The Rise of Illiberal Democracy(1997)〉[16]이라는 글에서 홀브룩의 말을 인용하여 비자유주의의 부상이 단지 유고슬라비아만의 현상이 아니라 동유럽을 포함하여 전 세계에 걸쳐 점증하고 있다고 진단하였다. "민주적으로 선출된 정권들이 일상적으로 헌법을 무시하고 시민들의 기본권과 자유를 박탈하고 있다"는 것이다. 체제이행기에 있는 전 세계의 국가들에서, "남미의 페루에서 중동의 팔레스타인까지, 아프리카 시에라리온에서 동유럽 슬로바키아까지, 서아시아 파키스탄에서 동남아 필리핀에 이르기까지, 비자유주의적 민주주의의 부상을 목도하는 중"이라고 경고하였다. 자카리아는 사회주의의 해체를 포함하여 20세기 후반 세계적 차원의 민주화 현상을 제3의 물결로 표현한 헌팅턴의 개념[17]을 차용하여, 비자유주의의 부상을 민주화 이후에 오는 다음의 물결next wave이 될 것이라 비유하였다.

1980년대 후반 글로벌 트렌드가 된 권위주의와 사회주의 체제의 해체에서 헌팅턴을 비롯한 학자들은 민주화를 떠올렸다. 당시 유행했던 체제이행론들은 사회주의를 포함한 권위주의 체제가 민주주의로 이행할 것을 낙관하거나 희망하였다. 이러한 민주주의로의 이행, 즉 민주화는 자유주의와 시장경제의 이식을 의미하였다. 이에 비해, 체제이행 연구의 대표적인 정치학자들인 귀예르모 오도넬Guillermo A. O'Donnell, 필립 슈미터Philippe C. Schmitter, 로렌스 화이트헤드Laurence Whitehead 등이 당시 진행 중이던 글로벌한 체제이행을 민주주의로의 이행이나 민주화라는 직접적인 용어 대신에 권위주의 통치지배로부터의 이행transition from authoritarian rule이라 표현한 것은 권위주의로부터의 이행의 결과가

민주주의일수도 있지만 비민주적이거나 비자유주의적 체제일 수도 있다는 유보적인 통찰이기도 했다.[18]

필립 슈미터가 "자유주의가 민주주의의 부상과 동시에 발생할 수도 있으나 현실에서 양자가 반드시 일치하거나 조응하는 것은 아니"라고 한 평가는 매우 통찰적인 함의를 담고 있다. 서구의 민주주의 모델은 자유주의와 민주주의가 서로 조응하는 형태로 발전해 왔지만, 제2차세계대전 이후 그리고 탈냉전 체제이행기의 후발 민주주의 국가들은 대체로 자유주의와 민주주의가 서로 디커플링(비동조화)하는 경로를 밟았다.

다당제와 선거의 존재 유무로 민주주의를 최소한으로 정의minimalist definition할 경우 민주주의 체제(절차적 또는 형식적 민주주의)로 분류되지만, 정치적 자유political liberty 뿐 아니라 경제활동의 자유를 포함한 시민적 자유civil liberty가 온전히 보장되지 않는 비자유주의 유형으로 분류되는 국가들이 등장하였다. 브레진스키Zbigniew Brzezinski 또한 1989년 당시 냉전 해체의 분위기 속에서 체제이행기에 진입하고 있는 동유럽 국가들에서 자유주의보다는 탈공산주의적 민족주의post-communist nationalism가 분출할 수 있다고 경계한 바 있다.[19]

20세기 후반 권위주의 체제로부터의 이행은 한국을 비롯한 민주화의 성공적 사례뿐 아니라 비자유주의적 이행으로도 귀결되었다. 대체로 동유럽과 중앙아시아 등 탈소비에트 공간에서는 특유한 사회주의로부터 권위주의체제로의 이행의 결과로, 조지아의 장미혁명(2003)과 우크라이나의 오렌지혁명(2004), 키르기스스탄의 튤립혁명(2005) 등을 필두로 하여 여러 차례의 색깔혁명color revolutions이 재발하였고, 중동 및 북아프리카로 확산되어 아랍의 봄(2010)으로 이어졌다. 프리덤 하우스Freedom House의 1996-97년 조사결과를 토대로 자카리아는 당시 민주화 과정에 있는 국가 중에 대략 절반 정도가 비자유주의적 경로로 진입하고 있다고 분석하였다.

탈냉전 체체이행기에 발생한 체제 전환 국가들의 민주주의와 자유주의의 부조응 현상은 이행 초기의 일시적인 현상이 아니라 장기적 고착화로 귀결되었다. 자카리아식 비유로 말하면, 당시 비자유주의적 민주주의는 일종의 성장산업이었다. 예를 들어, 베를린 장벽 붕괴(1989) 직후인 동유럽 민주화 태동기에 민주화가 진행 중인 국가 중 약 22퍼센트가 비자유주의적 유형으로 분류되었으나, 불과 2년 만에 35퍼센트로 증가하였다.[20] 이러한 비서구적 민주화 경로로 이행한 국가들, 또는 미국식 자유주의와는 다른 경로를 선택한 국가들이 국제질서에 영향력 있는 세력으로 떠오름에 따라, 자유주의 국제질서는 태동과정에서 이미 자유주의와 비자유주의가 혼재된 복합질서의 특성을 내포하고 있었다고 할 수 있다.

중국과 러시아를 비롯한 상승하는 비자유주의 국가들은 자신들이 속해 있는 세계질서가 자유주의 국제질서로 규정되는 것에 흔쾌하지 않았으나 자유주의 국제질서의 주축인 글로벌라이제이션으로 경제성장의 혜택을 받았으므로 글로벌 무역과 투자 등 경제 분야의 자유주의적 대외정책은 여전히 지지하고 있었다. 체제전환기 신생 민주화 국가들에 있어서 자유주의 국제질서는 대외적으로 시장경제의 도입, 경제자유화를 의미하였으므로, 인권을 비롯한 정치적 자유political liberty 등 비경제적 영역에서의 자유주의에 대해서는 수세적으로 저항하면서 세계 정세의 변동에 편승하여 점차적으로 자유주의 국제질서의 변형transformation을 추동하였다.

글로벌한 차원에서 자유주의적 경제활동을 여전히 선호하는 것으로 볼 때, 비자유주의 국가들의 이러한 변환transformation 시도들은 자유주의 국제질서 자체에 대한 전면적 부정이라기보다는 미국주도의 자유주의 질서, 또는 일극적 질서에 대한 반발이자 변화 요구였다. 자유주의 국제질서의 해체의 순간이 임박한 것이라 단정하기 어렵다면 이러한 변환을 자유주의 국제질서의 재조정이라 할 수도 있을 것이다. 탈냉전기 체제이행 과정을 지나온 국가들에게 서구의 자유주의적 민주주의는 결과적으로 민주화 여정의 종착지라기보다 여러 가능한 출로 중의 하나였을 뿐이다. 재론하면, 자유주의 국제질서는 이렇듯 태동 과정에서 자유주의와 비자유주의를 동시에 배태함으로써 규범적 적실성 뿐 아니라 분열과 퇴조의 태생적 한계를 지닌 것이기도 하였다.

| 자유주의 국제질서에서 '모든, 국가는 자유로운가?'

자유주의 국제질서를 보편적 세계질서로서 명실상부하게 규정하려면 자유주의를 원리로 한 국제질서라고 정의해야 할 것이다. 자유주의는 비자유주의 국가들이 편의적으로 해석하듯이 시장경제로의 이행이나 시장원리의 도입에 한정된 경제 자유화만을 의미하는 것도 아니고, 정치적 자유만을 의미하는 것도 아니다. 일반적으로 자유주의는 강압에 대항한 개인의 자율성과 존엄성의 보호라는 관점에서 철학적 요소에 근거한 개인의 자유를 의미한다.

자유주의 사상가인 존 스튜어트 밀John S. Mill은 《자유론On Liberty (1859)》에서 자유라는 개념을 설명하면서 최고 권력자가 행사할 수 있는 힘의 한계를 규정하는 것이라는, 자유liberty와 권력power 간의 쟁투라는 관점에서 시작하였다. 자유에 대한 논의는 권력에 제한을 가하는 것에서 출발한다. 밀에 따르면, 권력을 제한하는 방식은 "국가가 결정을 내릴 때 사회구성원의 이익을 대표하는 기관(의회)의 동의를 얻도록 헌법으로 규정하는" 것이다. "피지배자(국민)가 주기적인 선택(선거)을 통해 지배권력을 창출하는 제도가 발전하면서 지배자(권력자)의 이익이 국민의 이익이 되어야 하는 시대가 도래하였지만, 권력에 일정한 제약을 가하는 것은 여전히 중요하다"는 것이 자유의 보장과 관련한 밀의 충고이다. 선출된 권력이 국민에 대한 책임정치를 실시하더라도 다수의 횡포tyranny of the majority의 가능성은 상존하기 때문이다.[21] 그렇다면 자유주의 국제질서의 최고권력자일 수 있는 헤게모니 국가의 권력은 누가 제한하는가?

국민의 이익에 반하는 통치자들의 이익을 통제하기 위하여 권력의 제한limitation of powers을 특별히 강조하였듯이, 자유주의의 기초는 자연권적 의미의 개인의 자유를 보장하기 위해 권력을 제한하는 것이고 이를 헌법에 보장하는 것이다. 자카리아는 이를 헌정적 자유주의constitutional liberalism로 정의하기도 한다. 미국의 헌정체제에서 특히 돋보이는 헌정적 자유주의는 국가권력의 제한의 대표적인 작동 원리로서 법 앞의 평등에 입각한 법에 의한 지배rule of law, 권력 분립에 기반한 견제와 균형check and balance을 추구한다. 공화제에 구현된 이러한 헌정적 자유주의는 헌법의 효력이 미치는 범위(영토) 내에서 온전히 보장되는 것이 일반적이다. 그렇다면 자유주의 국제질서에서 이러한 권력의 견제와 균형은 어떻게 작동하는가?

자유주의의 원리가 국제적 차원으로 확대될 경우 어떻게 될 것인가? 국가 간의 질서, 국가 간의 체계를 자유주의가 관철되는 보편질서 또는 보편체계로 정의하려면, 즉 자유주의 국제질서 또는 자유주의 국제체제로 규정하려면 이러한 질서와 체제에 자유주의의 원리가 보편적으로 관철되고 있는지가 규명되어야 한다. 자유주의 국제질서가 특정 국가들만의 특별한 질서가 아니라 글로벌한 차원에서 관철되는 보편질서라고 규정할 수 있으려면 앞서 언급한 자유주의의 원리가 관철되어야 한다.

이에는 두 가지 문제가 발생할 수 있다. 무엇보다 자유주의 국제질서나 국제체제에 속한 국가들의 국민(개인)이 자유를 향유하고 있는가에 관련된 것인데, 만약 기본적인 시민적 자유civil liberty가 침해받고 있다면 해당 국가에 자유의 보장을 강제할 수 있는가의 문제다. 유엔헌장의 전문前文preamble에 명시된 자유의 정신과 더불어 2005년 유엔 세계정상회의에서 채택되고 2006년의 유엔안보리 결의(1674호)로 재확인된 보호의 책임R2P(responsibility to protect)에 따라 자유와 인권탄압에 대한 인도주의적 개입의 정당성이 보장될 수 있다. 그러나 유엔헌장 제2조 7항에는 "헌장의 어떠한 규정도 특정 국가의 국내 관할권 내에 있는 사항에 간섭할 권한을 유엔에 부여하지 아니한다"고 동시에 규정하고 있다.

주권국가로 이루어진 베스트팔렌 질서가 여전히 유효하고 그로 인해 국가 주권을 초월하거나 대체할 수 있는 다른 초국가적 권위(세계정부)가 부재한 국제체제에서 인권 문제를 비롯한 시민적 자유를 관철하기 위해 특정 국가를 강제하는 것은 매우 제한적일 수밖에 없다. 자유주의와 주권의 원리 간의 충돌이다. 첨언하면, 주권과 개입에 관한 국제위원회ICISS가 고안하여 2006년 유엔안보리가 결의한 보호책임R2P 개념은 대량학살이나 인종청소 등 특정한 비상상황에 국한된 것으로서, 국가 주권에 대한 개입이나 정권붕괴regime change를 정당화 하는 것은 아니다. 아직까지 보호책임의 주권 침해의 정당성에 관한 국제사회의 합의는 존재하지 않는다.

이렇듯 국제체제에서 자유주의 원리를 관철하려 할 경우, 일반적으로 국가 간에 내정간섭의 쟁점이 발생할 수 있다. 홍콩 민주화 시위나 신장 위구르의 수용소 문제에 대해 바이든 정부가 경제제재나 정치적 항의로 대응하는 것에 중국이 주권 침해이자 내정간섭으로 반발하는 것이 대표적인 사례. 인권문제 등에 관여하는 것은 유엔을 비롯한 국제사회의 의무이지만, 일부 강대국과 비자유주의 국가들의 반발 또한 국제사회에 실재하는 정치적 규정력이다. 그들은 자유민주주의에 대항하여 주권민주주의라는 대안담론을 주장하고 있고, 국제관계에서 국가 간에도 민주주의 원칙이 적용(국제관계의 민주화)되어야 한다고 강조하고 있다.

다음으로, 국가를 자유의 주체나 담지자로 볼 수 있는가 하는 문제다. 존 스튜어트 밀이나 이사야 벌린Isaiah Berlin 등 자유주의 사상가들이 규정한 자유의 담지자이자 주체가 사회의 기본 구성단위인 개인이므로, 이를 국가로 확장하는 것, 그리고 국제관계나 국제질서에 자유의 원리를 적용하는 것은 이론적인 정합성 여부뿐 아니라 치열한 학문적 논쟁의 영역에 해당할 것이다. 그럼에도 국제정치학자 헤들리 불Hedley Bull이 제시한 국제사회international society라는 개념에 동의한다면, 다시 말해 국가들로 이루어진 사회라는 개념이 성립할 수 있다면, 이 국제사회의 주요 구성단위이자 행위자인 국가에 자유(자율)의 원리를 대입해 볼 수도 있을 것이다. 자유론에서 개인을 국가로 치환할 수는 없지만, 사회적 범주에서 개인에게 적용되는 자유의 개념이 국가들 간의 관계에 적용된 자유주의의 확장으로서의 자유주의 국제질서LIO라는 개념으로 정당화되고 있는 현실을 감안하여 정치학적 상상력을 발휘할 필요도 있을 것이다.

예를 들어, "국제사회에서 각 국가는 어느 정도까지 주권을 행사할 수 있는가, 그 정당한 한계는 어디인가?" 존 스튜어트 밀이 《자유론》 4장에서 '사회가 개인에게 행사할 수 있는 권한과 그 한계'에 대해 논의한 내용을 국제사회와 그 구성원인 국가의 관계에 비유하여 유추해 볼 필요가 있을 것이다. 그렇다면, 국제사회의 권한authority은 어디에서 시작되는가?" 다시 말하면, 국제사회가 국가에게 행사할 수 있는 권한과 한계에 관한 질문, 국제사회의 구성원으로서 국가의 자율성에 관한 질문을 말하는 것이다.

이사야 벌린은 자유를 두 가지 형태two concepts of liberty로 나누어 설명한 바 있다. 첫 번째 소극적 자유negative freedom는 밀Mill이 정의한 바와 같이 전통적인 의미의 자유의 개념으로, "그것만 아니라면 이렇게 행동하였을 영역에 다른 사람이 의도적으로 간섭하여 다르게 행동하게 만드는 외부적 강제가 없는" 것, 즉 타인에 의한 간섭의 부재, 외적인 제약이나 방해의 부재negative 상태를 의미한다. 요컨대 무엇으로부터의 자유를 말한다.

벌린이 제기한 두 번째의 자유, 적극적인 자유positive freedom에 관한 질문인 "무엇이 혹은 누가 어떤 사람으로 하여금 저것이 아니라 이것을 하라고(혹은 되라고) 결정할 수 있는 통제(혹은 간섭)의 원천인가?"하는 질문은 결국 "누가 나를 지배하는가self-mastery"의 문제이며, 이에 대한 해답이 적극적인 자유다. 즉, 자신의 주인이 되는 것에 있는 자유를 말한다.[22]

벌린은 적극적 자유를 전체주의의 위험성으로 경고하였다.[23] "그는 적극적 자유를 전체주의와 연결시키기 위해 역사적으로 인간이 종속되어 온 세 가지 방식, 타인의 노예·본성의 노예·정념의 노예라는 종속을 논하고 있다. 타인의 노예에서 벗어났을지라도 인간이 본성이나 정념의 노예로부터 해방되어야 한다고 자각하는 순간에 자아는 두 개로 분리된다. 하나는 비이성적 충동과 제어되지 않은 욕망으로 이루어진 경험적 자아이고, 다른 하나는 고차원적 본성과 이성적인 만족을 추구하는 이성적 자아다. 이에 따라 경험적 자아는 규율되어야 하는 열등한 자아이므로 공동체·국가 등에 의해 규율되어야 한다. 개인은 아직 실현되지 않은 진정한 자아를 회복하여야 자유로워질 수 있으므로 개인들이 적극적 자유—본성과 정념을 통제하여 스스로의 주인이 되는 것(자기지배)

—를 실현하기 위해서 공동체(사회)나 국가가 강제할 수 있다는 것이다.

마약중독을 허용하는 것(기회의 자유)이 소극적 자유라고 한다면, 절제를 통해 중독(본성이나 정념)에서 벗어나는 것(자기지배와 자율)하는 것이 진정한 자유를 보장하는 것이다. 루소Jean Jacques Rousseau가 말한 자유의 개념, '자유롭도록 강제'한다는 의미와 상통하는 것이다. 이 강제는 소극적 자유를 진정한 자유로 전환시켜주는 역할을 한다. 그러나 벌린은 이러한 논리적 귀결로서 적극적 자유주의가 전체주의로 가는 길을 열어 놓았다"고 판정하였다. 그런 의미에서 벌린의 자유주의에서는 소극적 자유가 더 본질적이며 열린사회에 연결되고 적극적 자유는 닫힌사회와 연결된다.

그러나 옥스퍼드대 석좌교수를 역임한 철학자 찰스 테일러Charles Taylor가 비판했듯이, "벌린은 적극적인 자유를 공산주의의 신조가 주장하는 인간해방의 논리로 단순화함으로써 자유의 개념을 일방적이고 희화화하여 묘사하고 있다는 지적으로부터 자유롭지 못하다". 테일러는 "외부적 간섭의 부재로서의 자유(소극적 자유)만으로는 자유의 본질을 파악하지 못한다"고 비판하였다. 자기절제 없이 진정한 자아실현을 할 수는 없으며, 소극적 자유로는 필립 파리스Philippe van Parijs가 말한 진정한 자유real freedom를 확보하기 위한 사회·경제적 동기, 자유의 물적 기반을 충족시키기도 어렵다. 적극적 자유는 자율autonomy의 의미로 해석될 수 있다. I. 벌린이 우려한 것과는 다르게 자율은 반드시 외부적 강제를 필요로 하는 것은 아니며, 스스로의 성찰과 학습을 통해서도 가능하다. 개인은 그러한 자유의 잠재력을 지닌 존재이다. 따라서 테일러가 말했듯이, 적극적 자유의 자기지배self-mastery가 반드시 전체주의로 직결되지는 않는다.

자유주의 학계에서는 벌린의 자유의 개념에 대한 이론적 공헌은 인정하지만, 그의 관점이 냉전적 자유주의의 전형이라는 비판 또한 공존하고 있다. 벌린은 "영국의 냉전적 자유주의의 전형적 인물로 간주된다. 그는 자유의 보편적 개념화보다는 전체주의의 위험성에 대한 강력한 방어기제로 자유에 대한 소극적 접근을 강조하였다. 냉전 자유주의자들의 정치관은 전체주의에 대한 공포와 이의 극복에 우선성을 두는 소극적 방향성을 가지고 있었다. 허쉬만Albert O. Horschman이 지적하였듯이, 벌린의 이분법적 자유론은 전체주의와 냉전의 시대적 편견으로 인해 자유의 개념을 지나치게 협소화했다는 비판을 피하기 어렵다."[24]

나는 벌린의 적극적 자유의 위험성에 전적으로 동의하지는 않는다. 앞서 설명했듯이, 적극적 자유의 개념은 자율의 의미로 확장될 수 있기 때문이다. 아이러니하게도 적극적 자유의 개념에 부정적인 의미를 부여한 벌린의 논리대로라면 역설적인 질문이 가능하다. 국제사회에서 특정국가를 겨냥해 "자유롭도록 강제하는 것"이 정당화될 수 있는가? 정권교체regime change라는 자유주의적 대외전략이 특정국가를 자유롭도록 강제하는 것에 해당하는 것은 아닌가? 이사야 벌린 식으로 말하면, 그런 국제사회를 열린 국제사회라고 말할 수 있는가? 헤들리 불은 국제사회와 국가 간의 체제(국제체제)를 구분하여 세계정부가 없는 무정부 속성이 지배적인 국제체제와 비교할 때, 국제사회에서는 일반사회와 유사하게 규범과 질서가 작동한다고 말하고 있다. 그렇다면 국제사회에서 국가의 자율성과 주권은 어떻게 보장되어야 하는가? 벌린은 냉전시대 전체주의에 대한 트라우마에서 자유를 규정하고 있다는 점에서 그의 자유는 냉전적 자유주의로 해석될 수 있다. 그런 의미에서 오늘날 자유주의 국제질서 이론에는 냉전의 그림자가 드리워져 있다.

적극적 자유의 개념은 신공화주의의 자유의 개념, 즉 비지배의 자유와 일맥상통한다. 프린스턴대의 철학자 필립 페팃Philip N. Pettit은 예속적인 상황에서 발생하는 자유의 부재에 주목하여 자의적인 지배가 없는 상태(자의적 지배의 부재)를 자유의 조건으로 내걸고 이를 소극적 자유나 적극적 자유와 구별하여 비지배 자유liberty as non-domination라고 정의하고 있다.[25] 민족자결주의는 스스로에 의해 지배되려는 열망, 적극적 자유나 비지배 자유의 민족주의적 버전이라 할 수 있다.

자유의 개념의 이러한 확장과 관련하여, 자유에 관한 권리의 국제적 규범 중의 하나인 국제인권규약International Covenants on Human Rights에 자결권이 명시되어 있는 것에 주목할 필요가 있다. 국제인권규약의 B규약, 자유권 규약이라고 통칭되는 시민·정치적 권리Civil and Political rights는 제1조 제1항에 "스스로 결정(자결自決)하기 위한 만민(모든 인민)의 권리rights of all people to self-determination"를 적시하고 있다. 이러한 점에서 자결권self-determination은 자유권을 의미한다. 만민(인민)의 개념은 국제관계나 정치현실에서 민족이라는 개념으로 재해석되어 민족자결주의라는 정치적 이상에 기반한 독립운동·비동맹운동 등 민족과 국가 단위의 정치운동을 산출하였다.

자유주의 국제질서 학파의 효시로 평가되는 윌슨 대통령이 '14개 조항'에서 주창한 자결권 개념이 민족자결주의로 해석되어 식민지 민족들에 독립운동의 이념적 정당성과 정치적 동력을 제공한 것이 대표적인 역사적 사례다. 물론 자유개념의 확장에서 민족자결주의의 사상적 배신자이기도한 나치즘Nazism적 편향은 경계해야 할 것이다. 문제는 민족이나 인민을 주요 단위로 하는 정치적 구성체인 근대적 의미의 국가들 —일반적으로 민족(국민)국가nation state나 사회주의 체제의 인민공화국 people's republic 등—의 자결권에 관한 것이다. 이러한 국가와 민족의 자결권은 어디까지 보장되어야 하는가? 유네스코 인권평화담당관이었던 카렐 바삭Karel Vasak이 제3세대 인권으로 분류한 바 있는 약소국가 인민들의 집단적 요구를 반영한 권리로서의 자결권[26]이 강압외교coercive diplomacy나 제재sanction 등으로 침해되는 것은 정당화될 수 있는가?

이러한 자유 개념의 확장으로부터 자유주의 국제질서에 대해 여러 질문이 파생될 수 있다. 자유주의 국제체제에서 권력자(강대국)에 대한 제한은 이루어지고 있는가? 누가 특정 국가에게 어떤 것을 하라고 결정하는가(누가 지배하는가)? J. J. 루소식으로 말하면, 어느 국가가 다른 국가에게 자유롭도록 강제할 수 있는가? 어느 민족의 자유(자결)를 어떤 민족이 제약할 수 있는가? 글로벌한 수준에서 자유주의가 관철되는 보편질서라고 한다면, 그리고 자유주의자들이 말하듯이 세력균형이 부적절한 것이라면, 자유주의 국제질서에서 국가 간에 견제와 균형은 어떻게 구현되어야 하는가? 일극체제 하에서 패권국가의 권력은 누가 어떻게 제한할 것인가? 일극(패권)체제는 자유주의적 원리에 부합하는가? 자유주의와 패권hegemony이라는 개념이 병립 또는 결합coupling될 수 있는가? 자애로운 패권국가benevolent hegemon가 주도하는 자유주의 패권질서liberal hegemonic order라는 주장은 이론적으로 정당화될 수 있는가? 등이다.

이러한 질문들에 적절한 답변이 제시되지 않으면, 비자유주의 국가들의 공세는 수그러들지 않을 것이고, 현존하는 국제질서를 자유주의적 보편질서라 정당화하기란 쉽지 않을 것이다. 초超주권적 권위의 부재를 의미하는 국가주권의 최고성(최고 권위로서의 국가주권)이 강조되는 주권적 평등성에 입각한 주권국가들간의 국제질서인 베스트팔렌 질서가 여전히 작동하고 있는 현실을 감안할 필요가 있음은 다시 반복해도 지나치지 않을 것이다. 자유와 주권 간의 충돌을 해소하기 위한 학문적 상상력의 일환으로, 국제질서와 국제관계의 맥락에서 존 롤즈John Rawls의 합당한 다원주의resonable pluralism의 재구성을 고려해 볼 수 있을 것이다. 서로 다른 세계관의 공존을 가능케 하는 정치적 자유주의를 의미하는 합당한 다원주의라는 개념은 국제적 차원에서 합당한 다원성의 인정, 적정한decent 수준에서 비자유주의와 자유주의의 공존, 그리고 양자 간의 평등한 자유를 지지하는 것이라 재해석 할 수 있을 것이다. 카터 행정부에서 시민적 정치적 자유civil and political rights(자유권)를 국제사회에서 실현하기 위해 인권외교에 힘쓴 사이러스 밴스Cyrus Vance 국무장관이 "미국의 가치를 타인에게 강요하려는 오만하고 경직된 태도는 인권외교를 실패로 이끄는 첩경이며, 교조주의적 행동은 무관심만큼이나 위험하다"고 한 경계의 말도 참고할 필요가 있을 것이다.[27]

자유주의 국제질서의 퇴조에 관한 논쟁에서 자애롭고 평화적이고 가치 있는 자유주의 국제질서의 이론적 취약성, 즉 선험적이고 선언적인 한계뿐 아니라 그것의 정책적 적용의 위험성을 경계한 주장들 또한 주목할 만하다. 이러한 접근들은 자유주의 국제질서의 관점에서 외교정책과 안보전략의 틀을 짜는 것에 대한 분석적 가치analytic value를 탐색하고 있다. 이러한 시도들은 정치적 수사나 경험적 서술에서 진일보하여 학문적 엄밀성을 더해주는 작업이라 할 수 있다.

조지워싱턴 대학의 정치학자 찰스 글레이저Charles L. Glaser는 자유주의 국제질서LIO와 LIO 개념concept을 구별하고 있다. "LIO 개념은 그것을 통해 LIO가 결과물을 산출해 내는 논리와 메커니즘logics and mechanism"을 의미한다.[28] LIO 옹호론자들이 일반적으로 주장하는 LIO의 효과성이나 성과들은 LIO 개념의 작용인데, 이들의 주장은 LIO의 성과적 결과물에 대한 경험적 서술에 편중함으로써 이러한 결과물을 도출한 LIO 개념의 핵심적인 요소들에 대한 세밀한 분석을 소홀히 하고 있다는 비판이다.

또한 LIO의 정의와 관련하여 글레이저는 "국제질서가 그 자체로 목적end인가 아니면 국가의 목표를 이루기 위한 수단means인가"라는 근본적인 질문을 제기하고 있다. 그가 이러한 질문을 던진 이유는 자유주의 국제질서가 그 자체로 보존되어야 하는 숭고한 목적으로 거론하는 목적론적 입장을 반박하기 위해서인데, 국제질서는 목적이 아니라 목적을 달성하기 위한 수단이라는 것이다. 그에 따르면, 국가(들)는 특정한 목적을 달성하기 위해 (국제)질서를 창조할 수 있고, 목적으로서의 국가이익 등을 추구하기 위하여 그 질서에 참여하는 것을 선택할 수 있다는 주장이다.

또한 다른 맥락에서 보더라도 (국제)질서는 목적이라기보다 결과물이라는 것이다. 앞선 장에서 언급한 바와 같이, 국제사회에 질서라는 개념을 부여한 헤들리 불은 국제질서를 "국제사회의 목표들을 지속적으로 유지하기 위한 행위들의 패턴들(규범과 제도들의 패턴)"이라 규정하여 국제질서를 국가 간의 상호작용의 결과로 파악하였다. 자유주의 국제질서를 복원과 보존해야 할 목적으로 보는 경향이 있는 아이켄베리도 국제질서를 "경쟁하는 국가 간의 힘의 균형의 결과물"로 인정하고 있는 것으로 볼 때,[29] 국제질서는 그 자체로 목적이 아니라 결과 또는 수단이라는 주장이다. 수단 또는 결과로서의 국제질서라는 관점에서 보면, 장기적으로 "충분히 강력한 국가가 그 질서를 수정할 수 있다"는 해석이 가능하다는 것이다.

글레이저가 제기한 자유주의 국제질서LIO의 이론적 취약성은 정책 기반의 취약성으로 연결될 수 있다.[30] 그는 LIO 개념을 이루고 있는 구성요소 중에서 먼저, 제도적 속박institutional binding이라는 개념 요소의 취약성에 대해 비판하고 있다. LIO 개념에 입각하면, 국가들은 스스로를 제도에 결속시킬 수 있다는 것, 자유주의 국제제도는 국가들에 구속력으로 작용할 수 있다는 것이다. 아이켄베리가 주장하였듯이, "제도들이 국가의 행위를 제약하거나 통제할 수 있고, 주도적인 국가들(강대국들)은 정부 간 제도들을 활용하여 스스로를 절제함으로써 이차적인 국가들(중소국들)의 위협인식을 경감할 수 있다"[31]는 요지이다. 다시 말하면, 자유주의 제도가 국가의 강압적 행동을 자제시킬 수 있다는 낙관적 믿음을 말한다.

그러나 글레이저는 랜달 슈웰러Randall Schweller를 인용하면서 제도적 속박의 논리적 공허함을 지적하고 있다. 세력균형론balance of power에 대한 비판적 수정인 이익균형론balance of interests으로 잘 알려진 오하이오대학의 슈웰러는 "강력한 국가는 배당이 높을 경우 자신의 힘을 행사하는 능력을 효과적으로 자제할 수 없다"고 주장하였다.[32] 그런 상황―배당이 큰 경우에는 강대국은 군사력을 활용한 강압행위를 하거나 무모한 무역전쟁, 더 나아가 전쟁도 불사할 수 있다는 것이다. 이러한 상황에서 자유주의 이론가들의 희망과는 달리, 제도는 국가를 속박할 수 없고 제도의 구속력은 작동하기 않는다. 그의 말대로 질서를 구성하고 있는 규범이나 제도를 위반하는 일은 그 강력한 국가에게 대가가 클 수 있다. 이러한 행위는 규범을 존중하려는 의지에 손상을 줌으로써 다른 국가로 하여금 제도를 위반한 강력한 국가의 이익에 반하는 행동의 재량을 추구하게 할 수 있다.

슈웰러의 논리를 차용하면, 이라크와 우크라이나 문제에 대한 지분과 배당이 매우 크다고 판단한 미국과 러시아가 국제 규범에 위배되는 전쟁이라는 선택을 취한 것, 국제법을 위반하고 이라크 전쟁(2003)과 우크라이나 전쟁(2022)을 각각 일으킨 것이라 해석할 수 있다. 이라크와 우크라이나 문제가 미국과 러시아에 얼마만큼의 지분과 배당에 해당하는지에 대한 규명은 이 글의 목적이 아니지만, 이 문제들이 미국과 러시아에 어떠한 중대이익을 의미하는지는 이미 잘 알려져 있다.

미국에게 이라크 문제는 중동문제의 핵심 중의 하나였다. 중동지역이 지니는 지정학적인 중요성, 글로벌 무역루트와 에너지자원의 안정적 확보 등은 논외로 하더라도, 이라크 전쟁은 중동지역에서 민주주의의 확산 전략에 기반한 일극질서를 공고히 하고 걸프전(1991)의 최종적인 승리와 테러와의 전쟁의 정당성을 동시에 확보할 수 있는 결정적 기회였을 것이다. 러시아는 우크라이나 문제를 사활적 이익으로 보고 있다. 러시아의 역사적 정통성뿐 아니라 민족적 정체성 그리고 지정·지경학적인 관건 등이 중첩되어 있는 우크라이나 문제의 중력은 국제법이 러시아에 부과한 제도적 구속력을 이겨낼 만큼 충분하다. 또한 미국이 국제법을 위반하고 이라크 전쟁(2003)을 일으킨 행위는, 5년 후 러시아가 조지아 전쟁(2008)에 군사적으로 개입하고 우크라이나 전쟁(2022)을 일으키는 데 '행동의 재량'이라는 유혹과 동기를 러시아에 부여한 측면이 있다.

그 밖에도, 트럼프 정부가 강행한 중국에 대한 보복관세와 무역전쟁, 그리고 바이든 정부가 단행한 바 있는 인플레이션감축법IRA, 반도체과학법HIPS and Science Act 등을 통한 미국의 인위적인 글로벌 공급망 재편 전략은 자유주의 경제 규범을 파괴하는 보호주의적 행동이라고 중국의 반발을 사는 등, 일종의 경제적 전쟁 상태가 조성되었다. 슈웰러가 지적하였듯이 이러한 미국의 조치들은 다른 국가들의 규범 준수 의지를 약화시키고 유사한 조치들을 취하게 할 수 있다. 유럽연합EU이 입안한 유럽식 공급망 재편 전략이자 유럽버전 인플레이션감축법인 핵심 원자재법CRMA이 그 대표적인 사례이다.

아이켄베리를 비롯하여 국제질서를 위계상태hierarchy로 특징짓는 자유주의 국제질서 이론가들에 대해서도 글레이저는 반박하고 있다. 일반적으로 국제관계 이론에서 국제체제는 무정부상태anarchy로 규정된다.

국가체제와는 다르게 국가 간 체제에는 초국가적 권위체(세계정부)가 존재하지 않음으로써 국제적 합의를 강제하거나 군사적 행동의 통제를 관철시키기 어렵다는 것이다. 국제체제는 어느 정도 위계적 특성이 있는 것도 사실이지만 근본적으로는 무정부적이다.

덴버대 정치학자 잭 도널리Jack Donnelly의 주장대로, 무정부 상태의 국제체제에 일정한 위계적 특성이 존재할 수 있다. 그러나 LIO 이론가들은 국제질서의 위계적 특성을 협소하게 정의하는 경향이 있다. 자유주의 국제질서에서 위계상태는 "상위국들superordinate과 하위국들 subordinate states 간의 정당한 정치적 권위"에서 명확히 표현된다. 아이켄베리의 설명에 따르면, 이러한 "위계적 체계에서 질서는 주도적인 국가에 의해 부여되거나 구축"되는데, 이른바 자유주의적 패권질서liberal hegemonic order에서 강압coercion의 역할은 제한적이고 정당한 권위가 주요한 역할을 하므로, 주도적인 국가(패권국가)의 정당성은 합의를 위한 타협 의지를 반영한다는 것이다.[33] 따라서 자유주의 국제질서는 가장 강력한 국가(주도적인 패권국)를 포함한 모든 국가들이 수용하는 협상된 규칙에 근거하여 수립된 것이기 때문에, 하위국가들은 패권국이 합의조건들을 수립하는 데에 압도적인 영향력을 행사하더라도 정당하다고 간주한다는 설명이다.

그러나 비판론자들은 합의와 자발적 동의에 근거한 정당한 권위 legitimate authority를 의미하는 위계질서가 과연 존재하는가에 회의적이다. 자유주의 국제질서 내에 존재하는 위계가 과거 냉전시대만 하더라도 미국과 소련의 관계성을 설명할 수 있는가, 그리고 "현재의 미국과 중국과의 관계에 위계관계가 관철되고 있는가"와 같은 LIO 이론의 도구적 설명력에 관한 질문이다. 또한 LIO 이론가들이 주장하는 정당한 권위라는 개념은 정당성 면에서 현실 정합성이 떨어진다는 것이다.

현실 국제관계에서 패권국이나 우월적 지위에 있는 국가는 하위국가들과의 협상에서 군사력을 사용하지 않고도 고도의 비대칭적 협상력을 행사하는 힘의 우위를 활용할 수 있다. 예를 들어, 미·중 패권경쟁에서 글로벌 공급망 재편의 일환으로 바이든 정부가 실행하고 있는 인플레이션감축법과 반도체과학법에 따라 한국의 관련 기업들이 미국에 투자를 결정하게 된 과정은 비대칭적 타협의 전형적인 사례라 할 수 있다. 또한, 바이든 정부가 중국을 고립시키기 위해 사활적으로 추진하는 반도체 동맹인 Chip 4는 참가국인 한국이나 일본, 대만의 자율적 의사와는 독립적인 정책으로, 협상에서 동등한 합의와 자율적 참여의지를 기반으로 하는 권위의 정당성이 취약하고 타협의 비대칭성이 두드러진다고 할 수 있다.

이러한 상태는 도넬리가 주장한 주권적 불평등성sovereign inequalities이 관철되는 것으로 설명할 수 있다. 예를 들어, 미국의 글로벌 공급망 재편 과정에서 차상위 국가들을 포함한 보다 약한 국가들이나 하위국가들은 이러한 비대칭적인 조건들을 어쩔 수 없이 선택할 수밖에 없다는 것이다. 특히, 미국에 안보를 의존하는 하위 동맹국들의 경우, 고도의 비대칭적 조건일지라도 수용할 수밖에 없다. 이러한 비대칭적 타협은 자율적 합의와 동의에 따른 정당한 권위에 기반한 위계질서에 의해 결정된 것이 아니라, 해당 국가 간의 힘의 차이를 반영한 것이자 패권국의 권력power이 투사된 결과물인 것으로 볼 수 있다.

브루킹스연구원Brookings Institute의 토머스 라이트Thomas J. Wright에 따르면, "1990년대와 2000년대의 가장 강력한 외교정책 수단은 무기나 동맹이 아니라 관념idea이었다". LIO의 핵심축인 "글로벌라이제이션을 수용한 국가들은 자유주의 국제질서의 책임 있는 구성원이자 자유주의 국가로 변화할 것"이라는 아주 단순한 생각simple idea에 대해 그는 수렴의 신화myth of convergence라고 풍자하였다. 외교정책 전문가들은 그러한 신념을 지니고 있었고, 기업 CEO들은 그것을 설교하고 다녔다.[34] 개방적인 국제경제에의 참여가 가져온 번영이 권위주의 국가들로 하여금 민주주의로 이행하게 할 것이라는 낙관론이었다.

그러나 자유주의 국제질서 하에서 권위주의 국가들이 자유화 또는 민주화될 것이라는 정치적 수렴political convergence은 현실정치에서 실현되지 않았다. 대표적으로, 글로벌라이제이션에 열정적으로 참여한 중국과 러시아는 자유민주주의 체제로 전환되지 않았다. 국가안보전략2017에 명시하였듯이, 2017년에 이르러 미국은 이십여 년에 걸친 이러한 관념(신념)을 정식으로 수정하기에 이르렀다. 바이든 정부의 국가안보전략(2022)은 자유주의 국제질서의 비전이 "직면한 가장 시급한 전략적 도전은 권위주의 통치와 수정주의적 대외정책을 결합한 강대국"이라고 경고하면서, 러시아는 즉각적인 위협으로, 중국은 가장 중대한 지정학적 도전으로 규정하고 있다.

글레이저는 자유주의 국제질서의 정치적 수렴 주장에 대해 과도한 단순화라고 지적하였다. 이러한 정치적 수렴론은 자유주의로 역사가 수렴할 것이라는 프랜시스 후쿠야마의 역사의 종언 주장에 맥이 닿아 있다. 이에 따르면 강대국들은 더 이상 서로를 적대시하지 않을 것이고 이념에 따라 투쟁하지도 않을 것이다. 그러나 탈냉전 체제전환이 한창이던 1999년에 이미 UCLA의 정치학자 바바라 게디스Barbara Geddes가 "우리는 20년 후의 민주화에 대해 무엇을 알고 있는가"[35]라고 민주화의 불확실성에 대해 질문한 것처럼, 권위주의로부터 민주주의로의 이행을 확신하는 (자유)민주주의 수렴론에 대해 사회과학자들은 합의에 도달한 바가 없다.

프린스턴대의 아아론 프리드버그Aaron Friedberg, 컬럼비아대의 토마스 크리스텐센Thomas Christensen을 비롯한 다수의 중국 전문가는 "중국을 세계 경제로 통합하는 것이 중국을 민주화로 이끌 것"이라는 견해에 애당초 동의하지 않았다.[36] 바람직하지 않아서가 아니라 그렇지 않을 것이기 때문이었다. 자유주의 경제질서로의 제도적 수렴이 정치적 수렴으로 자동 귀결되지 않을 뿐 아니라, 1인당 GDP의 증가 등 경제적 성공 또한 민주화로 자동적으로 직결되지 않는다. 일단 민주주의로의 이행이 일어나면 경제적으로 성공한 부유한 국가의 경우 권위주의로 회귀할 개연성이 매우 낮지만, 자유민주주의가 특정 사례에서 출현할 것인가 여부는 여전히 조건적이고 이것이 언제 발생할 것인가는 더욱 불확실하다는 것이다.

중국 전문가들 사이에서 중국의 체제적 내구성에 대해 해석의 차이가 존재하는 것이 대표적인 예다. 일부 전문가들은 중국의 체제 내구성이 비자유주의적 특성으로 인해 매우 취약하다고 보는 반면에, 다른 전문가들은 권위주의적 회복탄력성authoritarian resilience이 높다고 평가하고 있다. 궁극적으로 C. 글레이저는 "자유주의 국제질서를 보전하려는 시도는 미국의 세력권을 유지하려는 것을 의미한다"고 해석함으로써, 현재의 국제질서가 자유주의 개념이 아니라 본질적으로 세력권 개념이 관철되는 질서라고 규정한다. 따라서 다가올 세계는 수렴에서 분기分岐 from convergence to divergence로 가는, 자유주의 국제질서의 신화가 탈각된 비자유주의적이고 비패권적인non-liberal, non-hegemonic 세계일 것이라 예측하고 있다.

리바이어던Leviathan 3.0의 시대: 자유주의 질서의 부고訃告

오바마 정부 시절, 나토 주재 미국대사를 지낸 바 있는 시카고국제문제협의회Chicago Council on Global Affairs, 시카고 카운슬CCGA 회장 아이보 달더Ivo Daalder는 미국이 글로벌 리더십을 포기함으로써 초래될 세계의 혼란이 미국이 그 리더십을 위해 치러야 하는 비용에 비해 너무도 대가가 크다고 경고한 바 있다. "혼란한 세계를 얻는 것이 세계를 이끄는 것보다 치러야 할 비용과 대가 더 크다"는 것이다. 독일 훔볼트대 정치학자 헤어프리트 뮌클러Herfried Münkler가 말한 바 있는 제국의 자기 정당화이자 제국적 정체성의 논리이다. 다시 말하면, 제국은 스스로의 정체성이자 정당성의 논리로 주변국들에게 평화를 줄 것이라는 평천하平天下의 개념을 제시한다는 것이다.

미국이 리더십을 버리면 동맹국들은 어딘가 다른 곳에서 리더십을 찾으려 할 것이고, 라이벌들은 미국의 부재를 메우려 할 것이다. 트럼프가 규범에 입각한 질서, 즉 자유주의 국제질서를 이끄는 부담(글로벌리더십의 부담)을 지지 않고 이 질서가 창조한 세계로부터 미국의 이익을 확보할 수 있다는 도박을 하고 있다고 아이보 달더는 비판하면서, 미국이 글로벌 리더십을 여전히 발휘해야 하고 이에 대한 비용과 대가를 지불해야 한다고 주장하였다.[37]

이에 대해 공세적 현실주의 정치학자인 미어샤이머는 "자유주의 국제질서의 몰락이 그 질서로부터 이익을 얻고 있는 서구의 자유주의 엘리트들을 두렵게 하고 있다"고 냉소하였다. 트럼프의 정책이 자유주의의 몰락을 촉진했을 수 있으나 문제의 본질은 아니라는 주장이다. 그는 "왜 자유주의 세계질서가 곤경에 처해 있으며, 그것을 대체할 국제질서는 어떠한 것인지" 라는 (자유주의) 국제질서에 대한 근본적인 논쟁을 제기하고 있다. 미어샤이머의 견해로는, 그의 글의 제목에서 선명하게 드러나듯이 자유주의 국제질서는 실패가 자명한 국제질서였다.[38]

미어샤이머는 두 가지 매우 논쟁적인 주장을 하고 있다. 먼저, "자유주의 국제질서는 일극체제에서만 수립"될 수 있는데, 그 "일극을 이루는 주도 국가가 자유민주주의적일 때"라는 전제이다. 그런데 일극의 순간이 지나가고 일극체제가 흔들리면 자유민주주의 국제질서 또한 쇠락의 길로 들어선다는 것이다. 다음으로, "탈냉전 자유주의 국제질서는 붕괴할 운명"에 있었다는 주장이다. 그것에 기초한 핵심정책들이 매우 결함이 있는 것이기 때문이다.

전자의 경우를 부연 설명하면 다음과 같다. "만약 세계가 일극unipolar이라면, 국제질서는 이념적 질서일 가능성"이 크다. 일극체제에서는 일극국가의 압도적인 헤게모니로 인해 현실주의적 질서인 양극체제나 다극체제에서처럼 강대국 간의 치열한 안보경쟁이나 세력균형이 존재하지 않는다. 일극체제하 강대국 간의 경쟁competition과 균형balance의 부재상태에서 국제질서를 규정하는 핵심문제는 "일극unipole(초강대국)이 어떠한 보편적 이념universal ideology를 갖고 있는가"이다. 만약, 일극이 보유한 보편이념을 다른 국가에 전파하려 한다면 세계질서는 그 이념에 의해 규정될 것이고, 그 핵심가치와 정치제도는 질서에 규정되는 국가들에게 수용되거나 강제될 것이다. 요약하면, 일극적 패권국가는 그의 보편이념을 통해 자신의 형상대로 세계를 재창조하려 할 것이다. 이러한 메커니즘을 통해 수립된 자유주의 국제질서는 그 원인자인 일극체제가 쇠퇴하면 함께 사라질 운명에 처할 것이라는 주장이다.

다음으로, 왜 자유주의 국제질서는 붕괴될 운명인지에 대해 살펴보면, 자유주의 국제질서를 지탱하는 두 가지 기둥인 자유민주주의(이념과 정치체제)의 확산과 초세계화hyperglobalization가 초래한 정책적 결함이다. 미어샤이머는 그 결함을 세 가지로 설명하고 있다. 무엇보다도 탈냉전 이래로 추진되어 온 민주주의 확산democratic enlargement 전략의 비현실성을 지적하고 있다. "특정 국가의 정치에 개입하여 자유민주주의 체제로 전환시키는 것은 극도로 어려운 일인데, 그러한 무모한 사회공학social engineering적 기획을 글로벌한 차원에서, 지구적 차원에서 시도하는 것은 필연적으로 반격의 역효과와 정당성의 손상을 초래"한다는 것이다.

이러한 미국의 지구적 기획은 주권 문제와 체제붕괴regime change를 우려한 국가들로 하여금 민족주의적 반발과, 이러한 기획을 상쇄하기 위한 세력균형을 추구하도록 내모는 결과를 초래하였다. 중동에서 이란·이라크·시리아 등의 권위주의 국가들이 서로 연대하고, 미국의 우방인 사우디아라비아가 중국과 러시아에 접근하였고, 유라시아에서 중국과 러시아가 동맹에 가까운 전략공조를 20여 년 지속하고 있는 것이 대표적인 예이다.

더 나아가 자유주의 국제질서는 자유민주주의 국가들 내에서도 "주권과 국가 정체성과 관련된 심각한 정치적 문제들"을 야기할 조건들을 조성하였다. 예를 들어, 중동과 북아프리카에서 정권붕괴를 통한 체제전환이라는 민주주의 확산 전략이 실패함으로써, 내전 등으로 인한 대규모 난민이 발생하여 이들이 자유주의 국가들로 대량 유입하는 사태가 발생하였다. 이러한 대량 난민사태는 유럽에서 국가 정체성 문제를 촉발시켜 포퓰리즘과 극우세력이 준동하는 계기와 조건을 조성하였다. 비서구 국가들의 주요한 행동 동기이자 원칙으로 작동하고 있는 "민족주의가 서구 민주주의 사회에서도 문제의 주요한 동인"으로 여전히 잔존하여 작동하고 있다는 사실이다.

마지막으로, 초세계화의 결함이다. 초세계화는 지구적 차원에서 국가 간, 그리고 지역 간에 불평등을 심화시켰을 뿐 아니라 미국을 비롯한 자유민주주의 국가들에서도 국민에게 심각한 경제적 비용과 희생, 즉 불평등과 실업 등을 부과하였다. 불평등·실업·저임금 등의 경제적 비용은 사회적 비용을 높이고 정치적 불안정을 야기하였다. 초세계화는 자유민주주의 국가들에서 포퓰리즘을, 그리고 비자유주의 국가들에서는 민족주의를 분출시켰고, 궁극적으로는 자유주의 국제질서의 손상을 초래하였다.

또한 초세계화는 의도치 않은 또 다른 결과를 산출하였다. 초세계화는 일극인 미국을 더욱 강하게 한 만큼, 어떤 경우엔 그 이상으로 다른 국가들이 강대국으로 상승하는 것을 도왔다. 그것은 일극체제를 손상시키고 자유주의 국제질서를 종결시킬 수 있을 만한 것이었다. 개방된 세계시장과 자유무역 등 자유주의 국제질서의 혜택으로 중국은 글로벌 강국으로 상승할 수 있는 기회를 얻었고, 쇠락한 초강대국 소련의 계승자를 자처하는 러시아는 다시 강대국으로 복귀할 수 있었다. 2022년 식민모국이던 영국을 이미 추월한 개발도상국 인도는 2025년에는 GDP 세계 4위에 도달하고 2029년에는 세계 3위의 경제대국으로 부상할 것으로 예상되었다.

유라시아 삼국인 중국·러시아·인도가 이룬 경제적이고 전략적인 성과는 일극체제의 변경과 자유주의 국제질서의 종결로 귀결될 것이라는 예측이다. 이들 국가 간의 관계에는 전략적 길항작용strategic antagonism이 이루어지고 있다고 알려져 있지만, 장기적 관점에서 전략적 협조체제strategic concert의 가능성은 상존하고 있다고 할 수 있다. 1997년 러시아 프리마코프의 유라시아전략으로 시동된 러시아·인도·중국 삼국 간의 전략적 제휴 구상은 2000년대 초반에 삼국 간 전략적 협력의 정례화를 통해 기반을 마련하였다. 브릭스BRICS와 더불어 러·인·중 삼국RIC으로 거론되는 이 대삼각관계grand triangle는 상하이협력기구SCO를 전략적 플랫폼으로 하여 유라시아대륙에서 잠재력을 축적하고 있다.

앞선 장에서 인용하였듯이, 여전히 아이켄베리는 자유주의 국제질서가 여전히 유지될 것이라 희망하고 있다. 그의 낙관론에는 무엇보다도 자유주의 국제질서의 소구력과 미국식 예외주의가 자리하고 있다. 세인트존스대학의 역사학자 닌코비치Frank A. Ninkovich가 글로벌 공화국

global republic[39]이라 표현했듯이, 미국은 여타 라이벌 강대국들과는 다른 방식으로 건설된 예외적 국가라는 점이다. 미국은 정복을 통해 강대국이 된 것이 아니라, 이민자들이 세운 다인종·다민족·다문화 국가로서 두 차례의 "세계전쟁이 창출한 지정학적 공백에 평화를 구축하기 위해서 발을 들여놓음"으로써, 과거 대영제국이 그랬던 것처럼 "무심코 세계 강대국의 지위에 올랐다inadvertent rise to world power"는 것이다. '어느 날 무심코 제국이 되었다.' 19세기 영국의 제국사학자 존 실리John R. Seely가 한 이 표현은 영국이 제국적 야심에서 의식적으로 대영제국을 건설한 것이 아니라 역사의 조화, 또는 섭리였을 뿐이라는 의도로 말한 것이다. 은유적으로 말하면, "세계가 미국으로 왔고, 그 결과 미국은 온 세계와 연결"되었다.

자유민주주의로 대변되는 미국적 신념과 글로벌 공화국으로서의 표상은 어느 강대국보다 세계인들에게 소구력을 지니고 있으므로 미국이 이끄는 자유주의 국제질서는 여전히 유효하다는 것이다. 요약하면, "21세기의 주요 문제들에 대처하기 위한 글로벌 파트너십을 선도하기에 미국보다 더 나은 강대국은 없고, 세계가 미국의 시대의 종언을 감당할 수도 없기" 때문이다.[40] 다만 그도 인정하는 것은 "다른 강대국들이 떠오르고 있고, 기존의 질서(구질서)를 강화하는 것만으로는 자유주의 국제질서의 위기를 돌파할 수 없으므로 그것(LIO)을 재창조해야 한다"는 것이다.

아이켄베리는 논쟁 초기 만해도 자유주의 국제질서로의 복귀를 주장한 바 있으나, 기존의 국제질서를 구질서old order라고 표현함으로써 자유주의 국제질서의 위기를 인정하면서 단순한 복원이 아니라 근본적인 개혁이 필요하다고 주장하고 있다. 그는 과거가 하나의 지침이라면, 오늘날 미국과 중국, 러시아와의 대결이 1919년(제1차대전종전)과 1945년(제2차대전종전), 1989년(냉전종식)에 겪은 강대국 격변의 반향일 뿐이므로 "이 또한 지나갈 것"이고, 과거처럼 미국이 세계질서를 다시 세울 것으로 희망하고 있다. 이러한 희망이 다시 실현되려면 아이켄베리의 주장대로 미국은 단순히 낡은 질서(LIO)를 공고히 하는 것이 아니라 다시 상상해야 하고, 새로운 형태의 협력으로 개혁된 국제 질서에 대한 비전을 제시해야 할 것이다. 적어도 트럼프나 바이든 식의 미국 우선주의는 아이켄베리가 말하는 새로운 상상력과 비전에 합당하지는 않을 것이다.

미국외교협회장(CFR) 리처드 하아스는 2018년에 매우 인상적 제목의 글을 발표하였다.[41] 〈자유주의 세계질서여 고이 잠드소서Liberal World Order, R.I.P(requiescat in pace/rest in peace)〉라는 글이다. 특별히 학문적이거나 논쟁적인 글이라 하긴 어려우나 성찰적 의미가 있는 자유주의 세계질서의 부고문訃告文이었다. "자유주의 세계질서가 그 주설계자인 미국으로부터의 위협에 처해 있다"는 역설적인 상황을 지적하고 있다. 하아스는 18세기 대표적 계몽주의자인 볼테르의 말을 인용하여 자유주의 국제질서가 처한 상태를 풍유하였다. 개국 후 "천여 년이 흐른 뒤, 신성로마제국은 신성하지도 로마스럽지도 제국적이지도 않게 되었다고 볼테르가 재담才談하였다. 오늘날 문제는 (미국의 개국 후) 두 세기 반이 지난 뒤, 쇠퇴하는 자유주의 세계질서가 자유스럽지도, 세계적이지도, 질서 있지도 않다는 것"이다. 냉전이 해체된 지 30여 년 만에 자유주의 세계질서는 "자유주의, 보편성universality, 질서의 보전이라는 삼대 요소가 전후역사에서 초유의 도전에 직면"하였다는 것이다. 그 결과는 미국을 포함한 모두에게 "덜 자유롭고, 덜 번영한, 그리고 덜 평화로운 세계"가 될 것이다.

영국 버밍햄대학의 정치학자 패트릭 포터Patrick Porter는 미국이라는 제국을 자애로운 시혜 체제benign dispensation로 보는 견해들을 비판한 바 있다. 그에게 자유주의 질서는 거짓된 약속false promise을 의미하였다. 규칙에 기반한 자유주의 국제질서라는 개념은 미국의 우월성이라는 가정을 숨기는 신화이므로, 이를 피하여 힘의 정치(권력정치)power politics라는 현실주의적 관점을 추구할 필요가 있다는 포터의 주장은 이제 매우 익숙한 현실주의적 견해가 되었다.[42]

하버드대학의 역사학자 찰스 메이어Charles Maier는 근대 민족(국민)국가nation-states들(유럽열강)이 역사상 처음으로 세계를 집단적으로 정복한 1860-1870년대로 관심을 돌리면서, 1870년대부터 1970년대까지 한 세기를 민족국가 형태의 역사, '리바이어던Leviathan 2.0'의 역사라 정의하였다.[43] 토마스 홉스의 저작 《리바이어던Leviathan or The Matter, Forme, and Power of a Commonwealth Ecclesiastical and Civil(1651)》의 어깨에 올라탄 표현이다. 홉스는 《리바이어던》에서 "만인의 만인에 대한 투쟁상태(자연상태)를 피하려 자신을 보호하려는 인간의 자연스러운 이기적 본성에 따라 자신의 자연권 일부를 포기하는 (사회)계약covenants을 통해 강력한 힘의 형체, 통치적 권위체인 국가라는 리바이어던(거대한 괴물)이 형성"되었다고 말한다.

리바이어던으로서의 국가는 무한히 존재하는 혼돈과 무질서라는 자연상태에 역설적으로 존재하는 질서를 의미한다. 리바이어던에 의한 자연상태의 극복을 의미하는 홉스적 질서와 평화는 단테가 말한 보편적 평화와는 다르다. 홉스적 평화가 국가들이 생존을 위해 경쟁하는 질서에 기반하는 데 비해, 단테의 평화는 제국적 질서, 또는 제국에 의한 평화·보편성universality의 구현을 의미한다. 이제 세계정치의 역사는 일극체제라는 30여 년에 걸친 자유주의 제국의 시대를 지나, 다시 민족국가들이 경합하는 새로운 버전의 국제체제, '리바이어던 3.0'의 시대로 진입하고 있는가?

메르켈총리는, 처음에는 2008년 조지아에서
지금은 유럽의 한복판 우크라이나에서 세력권 충돌을
목격하고 있다고 경고하였다.

월터 미드가 '지정학의 귀환'이라고 표현했던
우크라이나의 위기는 러시아와 서구 간의 세력권 투쟁의 시작이었다.

미국의 헤게모니에 대항하는 '수정주의국가의 복수'의
서막이자 유럽의 세력권의 귀환이었다.

세력권은 지정학과 함께 다시 깨어났다.
프랜시스 후쿠야마가 선언한 '역사의 종언'은
'지리의 복수'에 항복하였다.

8. 지정학의 귀환: 세력권의 부활

| 지정학의 세계: 선수는 바뀌지만 경기는 이어진다

여러 해 전에 프린스턴대의 역사학자 스티븐 코트킨Stephen Kotkin는 "지정학은 귀환하지 않았다"고 말하였다. 그리고 다음과 같은 말을 덧붙였다. "사라진 적이 없으므로". 역사에서 지정학이 사라진 것으로 착각하는 현상을 빗대어, 그는 "역사의 호弧arc of history는 망상 쪽으로 휘어진다"고 풍유하였다. 상술하면, '모든 패권국hegemon은 자신이 마지막 패권국일 것이라 생각하고, 모든 시대는 당대의 패권국들이 영원할 것이라 믿는다'는 의미다. 그러나 현실세계에서 국가들은 떠오르고, 몰락하고 패권을 향해 경쟁하였고, 그에 따라 세계의 운명이 결정되었다. 전후 국제체제의 과정들은 자유주의 국제질서라는 불가능한 관념 chimera이 아니라 세력권이라는 개념, 다시 말하면 "미국의 방대한 새로운 세력권을 확장하고 조직하는 메커니즘"으로 가장 잘 이해될 수 있다는 것이다. 그러나 현재 미국의 상대적 힘이 축소됨에 따라 미국의 능력과 이미지에 의존한 국제질서의 취약성이 드러나고 있고, 중국은 자신의 전통적인 세력권을 주장하고 있다. 코트킨의 논리대로라면 역사는 지정학이 깨어나고 새로운 세력권이 형성되는 것을 지켜보는 중이다.

역사가 증거하는 현실주의 세계realist world에서는 "선수는 바뀌지만 경기는 이어진다"고 말한 코트킨은 과거 영국이 독일과 미국이 떠오르는 것을 용인하였듯이, 미국은 중국이 부상하는 것을 허용할 수밖에 없는 것이 현실주의적 세계의 경험적 귀결이라 주장한다. 현실에서 이미 미국은 중국의 상승을 허용했을 뿐 아니라 일본과 유럽 그리고 인도 등의 성장을 촉진시킨 바 있다. 다만, 주지하듯이 과거 세력권 재편 과정에서 영국은 부상rising하도록 허용한 독일 및 일본과 전쟁을 치룬 반면에, 미국과는 평화로운 패권교체를 이루었다고 평가되는 점을 고려할 필요가 있다.

영국과 미국 간에 패권 이동이 평화적으로 이루어진 것은 상호 유사한 역사 문화적 정체성과 정치, 경제적 친화성에 기인한 것으로 해석되지만, 두 차례의 세계전쟁으로 영국의 헤게모니가 복구불능하게 소진된 것 또한 결정적 요인이라 할 수 있다. 그러면 미국과 중국은 새로운 세력권 재편에서 어떠한 경로를 따를 것인가? 문제는 "중국의 세력권이 미국이 창조한 국제질서를 전복시키지 않고 재정립되고 확산될 수 있는가" 하는 것이다.[1]

그레이엄 앨리슨의 말대로, "냉전의 승리에 들뜬" 미국의 정책결정자들은 "지정학의 기본개념 중 하나가 폐기되었다"고 천명하였다.[2] 2008년 9월, 독일마셜기금German Marshall Fund이 주최한 행사에서 러시아의 조지아 전쟁(2008)을 비판하면서 콘돌이자 라이스Condoleezza Rice 국무장관은 새로운 세계에 대한 비전을 "강대국이 세력권에 의해 정의되지 않는 세계"라 말하였다.

강대국은 "자국의 의지를 약소국에 강제할 수 있는 것"에 의해 정해지는 것이 아니라, "개방적이고 공정한 경쟁과 인권 존중 등 자유주의적 규범에 의해 규정된다"는 것이다. 나아가 라이스는 19세기의 세력권에 집착하는 러시아와 21세기 자유주의 국제질서 하의 러시아는 병존할 수 없고, "주권국가들을 태곳적의 세력권archaic spheres of influence에 놓아두려는 러시아의 시도에 저항할 것"이라 주장하였다.[3] 이렇듯, 라이스에게 세력권 개념은 낡고 쓸모없어진, 폐기처분된 역사의 유물이었다.

오바마 정부의 국무장관이던 힐러리 클린턴Hillary Clinton은 더욱 단호하게 세력권에 대한 거부를 표명하였다.[4] 힐러리 클린턴은 취임 후 첫 나토 외무장관들과의 면담에서 러시아와의 새로운 출발(리셋reset)을 추구할 필요성을 표명하는 동시에, "포스트 소비에트 지역(구소련지역)에 대한 러시아의 특별한 지위(세력권) 주장은 거부"한 바 있다. 러시아 세력권에 대한 불인정 원칙은 조지아와 우크라이나에게 나토 가입 가능성을 열어두는 정책으로 확인되어야 했다. 후임인 존 케리John Kerry 국무장관도 세력권 개념의 폐기에 동조하였다. 2013년 11월 미주기구 Organization of American States(OAS)에서 한 연설에서, 케리 국무장관은 "먼로독트린Monroe Doctrine의 시대는 끝났다"고 선언하였다.

먼로독트린(1823)은 라틴아메리카로부터 유럽을 배타적으로 분리하려는 먼로 대통령의 정책 교의, 즉 유럽의 남미 불간섭과 미국의 유럽 불관여 원칙을 의미한다. 먼로독트린의 종결은 당시 월스트리트저널Wall Street Journal(WSJ)의 논평에 따르면,[5] 지난 이백 년 동안 미국 외교의 북극성 역할을 한 외교지침이 만료되었음을 의미한다고 평가되었다. 잘 알려진 바대로 먼로독트린은 지난 세기 동안 "서반구West Hemisphere(아메리카대륙)에 대한 미국의 고유한 세력권(특별한 지위)"이라는 주장을 지탱하는 정책적 교의였고, 역설적으로 서반구의 다른 국가에게는 그 나라의 "내정에 개입할 수 있는 허가증"과 같은 것이었다. 19세기에서 20세기 초, 멕시코의 최고실권자였던 디아스Porfirio Diaz가 '가련한 멕시코'라고 한탄하면서 "신은 그리 멀리 있는데, 미국은 아주 가까이에 있기 때문"이라 체념한 비유는 먼로독트린에 대한 남미의 인식을 풍자적으로 드러내고 있다.

케리 국무장관이 한 먼로독트린 시대의 종결 발언은 그 직전에 미 하원에서 한 그의 발언과 대비하여 진위를 의심케 하였다. 그는 같은 해 4월 하원에서 "남미에 더 많은 주의를 기울여야 한다"고 말했는데, "남미가 미국의 뒷마당"이기 때문이라는 미국의 서반구 세력권이라는 뉘앙스로 전달되었다. 케리가 먼로독트린의 종결을 표명한 것은 세계가 세력권 개념에 입각한 현실주의적 비전이 아니라 자유주의적 가치와 이익을 공유한 평등하고 책임 있는 국가들로 이루어져 있다는 자유주의적 비전을 제시한 것이라는 점에서 그의 정책적 이상으로 평가할 수 있으나, 세력권 개념이 여전히 잠재적으로 작동하고 있는 것으로 해석할 수 있다.

바이든 대통령은 부통령 시절에 세력권에 대한 입장을 밝힌 바 있다. 2015년 5월 브루킹스연구원에서 한 연설[6]에서 바이든 부통령은 2009년 뮌헨안보회의Munich Security Conference에서 한 자신의 발언을 상기하면서, "(미국은) 어떠한 국가도 세력권을 갖는 것을 인정하지 않을 것"이라 확언하였다. 그가 "주권국가는 자신의 운명과 동맹을 스스로 선택할 수 있다"고 세력권 개념을 거부한 것은 당시 러시아의 크림반도 병합을 비판하기 위해서였다.

이러한 입장에 동조하여 토니 블링컨Anthony Blinken도 국가안보회의 NSC 부보좌관 시절에 러시아의 세력권에 대한 강한 부정을 표명하였다. 러시아의 크림반도 병합에 직면하여 그는 "(미국은) 세력권이라는 개념을 지속적으로 거부할 것이고, 주권 민주주의 국가가 자신의 동맹을 선택할 권리를 지지할 것"이라 주장하였다.[7] 네오콘 이론가인 로버트 케이건Robert Kagan 또한 이러한 입장을 공유하고 있다. 케이건은 중국과 러시아의 세력권과 관련하여 미국이 직면하고 있는 도전들에 대해 인내할 것인지 묻고 있다. 그는 "안보를 추구하는 것이 아니라, 위협인식보다는 전략적 야망으로부터 세력과 지위를 추구하고 있는 지역 강국들이 세력권으로 복귀하려는 것을 인내할 것인지 여부가 미국과 동맹국들이 직면한 문제"라고 강조하였다. 미국이 자애로운 세계질서 benevolent world order(자유주의 국제질서)를 유지하길 원한다면 세력권을 허용해서는 안 된다는 경고였다.[8]

그레이엄 앨리슨은 미국의 정책결정자들이 세력권 개념을 인정하지 않으려는 이유가 "그 개념이 쓸모없어진 것이어서가 아니라, 온 세상이 사실상 미국의 세력권이 되었기 때문"이라고 혹평하였다. 미국은 역사학자 프랭크 닌코비치Frank A. Ninkovich의 말대로 글로벌 공화국global republic이기 때문이다. "세력권들이 하나의 세력권에 굴복"한 것이다. "세력권들은 사라진 적이 없고, 미국의 헤게모니라는 압도적인 실재에 의해 하나로 붕괴된 것"이다. "경제제재에서 정권붕괴regime change에 이르기까지, 세계에는 미국의 지배가 관철"되었다는 주장이다. 그러나 그의 판단으로는 "미국의 헤게모니는 희미해지고 있고, 다른 국가들은 미국이 주도하는 국제질서에서 단순히 부여받은 자리만을 점할 것이라는 환상을 내포한 일극체제는 끝났다". 이에 따라 세상은 미국에게 "오늘날 세계에는 세력권들이 존재한다는 현실, 그 모두가 미국의 세력권은 아니라는 현실을 받아들이도록 요구"할 것이다.[9]

| 세력권의 근대적 기원

세력권이라는 개념은 근대 국제관계를 정의하는 핵심 규율이자 외교 용어였지만, 그 기원은 국제관계의 역사만큼 오래되었다. 고대 그리스 세계에서 페르시아 전쟁에서 승리한 후 해상제국으로 굴기하던 아테네에게 그리스 세계의 패권국이던 스파르타가 "성벽을 세우지 말 것"을 요구한 것은 아테네의 세력권에 대한 불인정을 암시하는 사례이다. 아테네의 성벽은 스파르타에게 아테네의 세력권을 연상시켰는데, 실제로 아테네는 성벽을 완성한 후에 스파르타의 헤게모니를 공식적으로 부인하여 델로스 동맹의 맹주로서 자신의 세력권을 확인하였다. 이렇듯 투키디데스가 《펠로폰네소스 전쟁사》에서 묘사하였듯이, 당시 아테네와 스파르타는 그리스 세계의 양대 동맹 체제의 맹주로서 세력권 문제에 몰두하였다.

19세기 근대 외교에서 세력권 문제가 본격적으로 부각되었다. 대항해시대 초기인 1494년, 대항해시대를 주도하던 두 경쟁국 포르투갈과 스페인이 로마교황의 중재로 대서양(아메리카대륙)의 범위를 획정한 토르데시야스Tordesillas 조약이 근세近世이래 최초의 세력권 설정 사례일 수 있다. 그러나 '지구를 둘로 나눈 조약', '역사상 최초의 기하학적 영토조약'이라는 다소 희화화된 표현처럼 이 조약은 세력권으로서의 규정력을 지니지 못함으로써 지속적인 구속력을 발휘하지 못하였다.

세력권의 개념이 국제관계의 중요한 메커니즘으로 작동하게 된 것은 19세기 유럽협조체제이다. 유럽의 열강들은 식민지와 보호국들에 대한 배타적 통제권을 확인하는 방편으로 세력권 개념을 활용하였다. 당시 유럽 강대국들에게 세력권은 세력 균형이라는 국제관계의 메커니즘과 결합하여 당시 유럽협조체제라는 다극적 국제질서를 구성하는 주요 요소로 수용되었다.

세력권sphere of influence이라는 용어가 외교문서에서 공식적으로 등장한 것은 19세기 후반이다. 이 용어는 1885년 5월 영국과 독일이 서아프리카 대서양 연안의 "기니만Gulf of Guinea에서 각각의 이해관계 지역을 분할하고 규정"한 협정에서 처음으로 등장한 것으로 추정된다. 이 협정에서 양국은 각자의 영역에 대한 영향력influence에 도전하지 않기로 합의하였다. 이 협정은 세력권 설정과 관련하여 이후 많은 유사한 외교적 합의의 전형이 되었다. 예를 들어, 1890년 7월 1일, 탄자니아 잔지바르를 영국의 보호령으로 인정하는 영국과 독일 간 합의(잔지바르조약Helgoland-Zanzibar Treaty)의 제7항에는 "조약체결 양당사국은 상호 세력권에 개입하지 않을 것이며 주권적 권리도 행사할 수 없다"고 규정하고 있다.

당시 세력권이라는 용어는 언론에서 시사적으로 (배타적)이익권역sphere of interest이나 (배타적)행동권역sphere of action 등으로도 표현되었다.[10] 세력권은 글로벌 식민지체제를 구축하는 데 핵심적인 지정학적 표준이었다. 유럽열강들은 외교협상에서 세력권 개념을 공식적으로 활용하였다. 예를 들어, 1904년 모로코의 국제적 지위에 관한 영국과 프랑스의 협정에서 영국은 모로코가 프랑스의 세력권임을 인정하였고, 프랑스는 영국의 이집트 진출을 수용하였다. 1907년 영국과 러시아는 페르시아에 대한 세력권 분할에 합의하여 페르시아의 남부는 영국, 북부는 러시아의 세력권으로 설정하였다.[11]

이외에도, 영국·러시아·프랑스·독일 등이 중국(청제국)에 진출하면서 각각의 이해관할 지역을 주장한 것, 그리고 대한제국 말기에 일본이 러시아에 제안한 한반도 분할론이나 만주와 한반도 교환론(한만韓滿교환론), 태프트-가쓰라 밀약 등은 세력권 설정의 대표적인 사례이다. 1823년 미국의 먼로 대통령이 선언한 대유럽 독트린(먼로독트린)도 세력권에 대항한 세력권이라 할 수 있다. 먼로독트린의 공식적인 의미는 유럽이 신세계(아메리카대륙)에 개입하는 것을 거부하여 유럽의 세력권에 대항하는 역세력권counter-sphere of influence을 구축하는 것이었으나, 현실정치에서는 남미에 대한 미국의 세력권 설정을 함의하는 것으로 해석되었다. 미국의 루스벨트Theodore Roosevelt 정부가 태프트-가쓰라 밀약Taft-Katsura memorandum을 통해 필리핀과 대한제국 등에 각자 아시아 버전 먼로독트린을 적용할 것을 일본에 권유한 것 또한 상기할 필요가 있다.

세계대전 이후의 국제질서 구축 과정에서도 세력권은 핵심 쟁점이었다. 제1차세계대전 종전 과정에서 당시 미국의 윌슨 대통령이 유럽열강의 세력권에 대해 부정적인 견해를 제시한 이래로, 윌슨적 세계관에 기원을 둔 자유주의적 시각은 미국의 대외정책 수립에서 대체로 세력권에 대한 거부를 대변하였다. 이와 관련하여, 제2차세계대전이 막바지에 이른 1945년 초, 전후 새로운 국제질서라는 그랜드 디자인에 관한 미국 정책결정자들의 논쟁은 세력권에 대한 흥미로운 시사점을 주고 있다. 특히, 미국과 소련 간에 전후 세력권의 개념을 내포하는 얄타Yalta체제가 논의되는 과정에서 미국이 "소련의 세력권을 인정할 것인가"하는 문제를 다루고 있는 찰스 볼렌Charles E. Bohlen과 조지 케난 간의 논쟁[12]은 소개할 만한 가치가 충분하다.

1945년 2월 4일, 소련 흑해 연안의 휴양도시 얄타에서 열리고 있던 영국의 처칠 총리, 소련의 스탈린 서기장, 그리고 미국의 루스벨트 대통령 간의 회담(얄타회담)에 공식자문관으로 배석 중이던 찰스 볼렌은 당일 아침에 모스크바로부터 한 통의 편지를 받았다. 모스크바 주재 미 대사관에 재직 중인 케난으로부터 온 긴급 사신私信에는 "유럽에 대한 소련의 세력권 설정 가능성"을 예측하는 내용이 담겨있었다. 문제는 이에 대해 "미국이 무엇을 할 것인가"였다.

서신에서 케난은 "왜 우리는 유럽을 세력권으로 나누는 문제에 솔직하고 명확한 타협을 해서는 안 되는가" 하고 반문하고 있다. "러시아의 세력권에 미국이 접근하지 않고, 러시아 또한 미국의 세력권에 진출하지 못하도록 하는 타협"을 의미하는 케난의 주장에 볼렌은 세력권 인정은 "민주주의에서는 선택할 수 없는 외교정책"으로 "완전히 불가능"하다는 단호한 입장을 취하였다. "길고 힘겨운 전쟁을 치룬 미국인들은 더 나은 세상을 시도할 만한 자격이 있다"는 판단이었다. 볼렌은 "나치 독일에 대항하여 함께 싸운 연합국들이 새로운 세계질서를 창조하는 데 여전히 단결하여 협력하는 하나의 세계를 실현하고자" 하였다.

그러나 결국 볼렌은 자신의 견해를 수정하였다. 1947년 여름, 볼렌은 국무장관 조지 마셜에게 전달한 메모 보고에서 "세계의 재구성에 관한 강대국들 사이의 일치 대신에, 전후에 소련과 위성국가들을 한편으로 하고 나머지 세계를 다른 편으로 하는 완전한 불일치가 있다는 사실, 요약하면 하나의 세계가 아니라 두 개의 세계가 존재"한다는 현실을 인정하였다. 이 메모 보고는 "이러한 동의할 수 없는 사실에 직면하여 미국은 통합 강화된 소비에트 지역Soviet area을 효과적으로 다루는 위치를 점하기 위하여 정치·경제·재정·군사적으로 비 소비에트 세계non-Soviet world를 서로 더 가까이 다가가게 해야 한다"고 결론 내리고 있다. 이 메모 보고의 요지는 세력권 개념에는 동의할 수 없으나, 현실에서 변동하고 있는 유럽 정치지형의 재편을 반영하여 세계를 양대 세력권으로 분할하는 것이 타당함을 인정한 것, 세력권 분할의 도구적 합리성을 수용한 것으로 정리될 수 있다.

세력권 개념은 향후 40여 년에 걸친 냉전시기 미국 대외전략의 기둥을 이루게 되었다. 양 진영은 각자의 세력권이 "수용하기 어렵지만 거부할 수 없는 사실"이라는 점을 내면화하였다. 예를 들어, 냉전시기 동유럽의 민주화 운동에 대한 소련의 무력진압—1956년의 헝가리 봉기와 1968년 프라하의 봄—에 직면하여 미국 정부가 개입하지 않은 것, 그리고 냉전 해체 이후 러시아가 조지아 내전(그루지아 전쟁, 2008)에 군사적으로 개입하고 크림반도를 병합(2014)했을 때 미국 정부가 불개입 입장을 취한 것 등은 냉전과 탈냉전 시기를 막론하고 세력권을 공식적으로 존중할 수는 없으나 세력권의 수용을 암묵적으로 드러내는 대표적인 사례라 할 수 있다.

예외적인 사례이긴 하지만, 미국이 세력권을 인정하지 않았을 때 미국의 대외정책에는 일정한 후과後果가 초래되었다. 2008년 부시 정부가 조지아와 우크라이나에 나토 멤버십을 부여하기로 한 결정에 러시아는 격렬히 반발하였고, 그 결과 조지아 전쟁과 크림병합이라는 정책적 파국으로 이어졌다.

이와 유사하게 미국과 중국은 동중국해와 남중국해, 대만문제를 세력권의 문제로 보고 경합하고 있다. 중국은 대만문제를 영토적 통합성(국가통일)에 관한 문제로 인식하지만, 미국은 스프래틀리 군도Spratly Islands(난사군도)를 비롯한 중국해의 열도와 함께 세력권의 차원으로 해석하고 있다. 중국이 존중받기를 원하는 세력권을 인정하지 않는 미국의 정책이 지속가능할 것인가 하는 문제는 역내 국가들에게 국가정체성 유지에 직결되는 핵심적인 이해관계 사안이기도 하다. 러시아가 존중받기를 기대하는 세력권은 과거 제정러시아와 소련의 고유영토였던 역사적 사실에 비교할 때, 중국해에 속한 관할 영토문제가—대만을 제외하고—"역사적으로 중국의 영토에 배타적으로 귀속된 적이 있는가" 하는 점에서 역내 인접국가들과 다툼의 여지가 있는 문제이기에 두 사례는 상이하다고 할 수 있다.

다만, 미국과 러시아, 미국과 중국 사이의 이러한 경쟁과 갈등의 문제를 포괄적인 의미에서 세력권의 문제로 범주화할 수 있다면, 동아시아 국제관계에 드리울 그 정책적 그림자는 매우 길고 깊을 것으로 예상된다. 그레이엄 앨리슨은 "세력권이 역사의 쓰레기통에 던져졌다는 주장, 그리고 여타 국가들은 미국 주도의 질서에서 할당된 자리만 취할 것이라는 가정이 관철되는 세계는 이제 사라졌다"고 단언하였다. 그 결과들은 앞서 언급한 "1940년대 미국의 정책결정자들이 직면한 현실만큼 심대"할 것인데, 케난을 비롯한 당시 위대한 전략가들이 이룬 것에 비추어 현세대가 더 잘 대처하기 위해서는 "전략적 오만함을 넘어서야 할 것"이다.

| 세력권, 경멸적인 지정학의 도구

세력권이라는 개념은 사전적으로 "국외지역이나 외국영토에 대한 특정 국가의 배타적이거나 우월적인 통제(브리태니카 사전)"를 의미한다. 학술적으로, 카우프만Edy Kaufman은 "하나의 초강대국이 다른 강대국들, 특히 라이벌 초강대국을 배제하고 자국의 높은 침투력 행사penetration를 특징짓는 지리적 지역"으로 세력권을 정의한 바 있다. 또한, 키일Paul Keal은 "세력권은 유일한 외부 강대국external power이 그 안에 있는 정치체들political entities(국가들)의 행동의 자유나 독립을 제한하는 지배적인predominant 영향력을 행사하는 확정된 지역determinate region"을 의미한다고 정의하고 있다.[13]

세력권에 관한 학문적 체계화에 기여한 수산나 하스트Susanna Hast는 세력권이 단순히 정책 도구인 것만이 아니라 국제질서에 관한 관념복합체complexity of ideas로서, "옳고 그름에 대한 특정한 가정을 체화한 규범적 개념normative concept"으로 규정하고 있다. 다시 말하면, 세력권이란 개념은 가치판단이 개재된 정치적 용어로 활용된다는 것이다. 이 개념은 "주목하기에는 너무 평범하고, 관심을 갖기에는 너무 한물간 듯하고, 이론을 요하기에는 너무 직설적"이어서 국제관계 이론에서 제자리가 거절된 용어라는 뜻이다.

무엇보다도 이 용어가 가치판단이 게재된 규범적이라는 것은 외교정책의 수단으로서 세력권이 도덕적으로 수용되기 어려운 부당함을 나타내는 경멸적인 함축pejorative connotation을 내포하고 있다는 점에서 그러하다. 헤들리 불의 국제사회의 개념 취지에 따라 해석하면, 세력권은 "세계정치에서 국가들 사이에 권리와 특권의 동등한 분배equal distribution of rights and privileges를 의미하는 국제관계의 윤리"에 위배되는 문제다. 또한 존스홉킨스의 정치학자 코널리William E. Connolly가 주장한 바대로, "다른 국가들에게 권력을 행사하는 위치에 있다는 것은 책임 있는 위치에 있다는 것을 나타내고 정당화를 필요로"하므로, 세력권은 책임성responsibility과 정당성justification이 결부되어 있는 권력의 관계로서, 규범적으로 볼 때 부정적인 함의를 지닌다는 것이다.

이러한 함의에서 하스트는 세력권이라는 개념을 법률적이고 도덕적인 의미에서 규범적이라 해석하고 있다. 이에 따라 현실정치에서 세력권 개념은 제국주의적·압제적·영토분할 등을 연상시킨다. 이에 비해, 보스턴대 국제법학자 잭슨Robert Jackson은 규범적이라는 의미를 보편적인 국제 윤리라는 측면보다는 정치지도자들에 의해 재구성된 것으로 해석하고 있다. 다시 말하면, "세계정치가 정치지도자들에 의해 재구성된 그들 자신의 윤리로 이루어져 있다는 점에서 규범적"이라고 비판적으로 재해석하고 있다. 이에 따라 "강대국 간의 전쟁이 무엇보다 최대의 위협"이므로, "국제사회의 안정과 강대국 간의 단합이 인권보호보다 훨씬 중요"하다는 논리가 도출되고 있다는 점 또한 참고 할 필요가 있을 것이다.[14]

냉전 해체에 즈음하여 세력권을 지전략적geostrategic 공간 개념으로 재구성한 대표적인 학자는 브레진스키Zbigniew Brzezinski다. 브레진스키는 《거대한 체스판The Grand Chess Board: American Primacy and Its Geostrategic Imperatives(1997)》 등에서 "세력권을 향한 대전쟁터인 유라시아에 대한 지도력"과 러시아의 새로운 등장을 저지하고 유라시아 중심부에서 미국의 지도력을 공고히 할 것을 강조하는 맥킨더적 세계관을 보여주고 있다.

헌팅턴 또한 이와 유사한 공간 개념을 설정하였다. 《문명의 충돌 Clash of Civilization》에서 그는 다가올 세계질서에 대한 문명권적 해석을 세력권 개념을 차용하여 설명하였다. "미래의 충돌은 국가들 대신에 문명들 사이에서 전개될 것"이라는 헌팅턴이 제기한 이 유명한 명제에 따르면, "문명 블록들은 핵심국가들core states를 둘러싸고 발전하고, 핵심국가들은 문화적으로 친숙한 국가들을 끌어 들인다"는 것이다. "핵심국가들이 지배적인 역할을 하는 이 세계는 세력권 세계spheres-of-influence world이다". 헌팅턴의 세력권은 맥킨더적인 시각과는 다르게 권력power 보다는 문화적 친화성cultural affinity에 주목하고 있다는 점에서 경멸적인 지정학의 오명에서 벗어나 있지만, 국제질서에 대해 지정학적 영역 realms과 영향influence의 관점에서 규정하고 있다는 점에서 유사한 시각으로 분류될 수 있다.[15]

세력권 개념에 지정학적 상상력이 부여된 것은 제국주의가 정점에 오른 19세기 말에서 20세기 초입, 유럽열강의 식민주의를 정당화하는 공간과 권력에 관한 이론의 출현과 관련이 있다. 식민제국인 유럽의 강대국들을 국제정치의 궁극적인 자율적 행위자들로 정당화한 19세기 지정학적 상상력은 불가피하게 세력권 개념과 접목하여 공간과 권력의 관계를 영토적으로 사고함으로써 유럽의 식민제국에 "고정된 영토적 블

록 또는 단일체"라는 지위를 부여하였다.[16]

지정학적 상상력과 결합된 세력권 개념은 식민제국주의적 관행을 뒷받침하는 인종주의적인 유럽중심주의와도 맞닿아 있다. 인종주의적 유럽중심주의와 지정학적 상상력, 세력권 개념이 복합적으로 발현된 대표적인 사례가 그레이트 게임Great Game이다. 19세기 중반에서 20세기 초까지 진행된 중앙아시아 지역을 둘러싼 영국과 러시아 간의 전략경쟁strategic rivalry을 의미하는 그레이트 게임은, 1907년 영·러협정Anglo-Russian Convention의 체결로 중앙아시아에서 영국과 러시아의 세력권이 설정됨으로써 최종적으로 종결되었다. 이 조약에서 그레이트 게임의 핵심관건이던 아프가니스탄의 지위문제는 아프간이 "러시아의 세력권 밖"에 있고 "영국 정부의 중재를 통해 대외문제를 처리"하는 것으로 규정되었다.

아프가니스탄은 실질적으로 러시아에 대한 지정학적 방벽의 역할이 부여됨으로써 영국의 배타적인 세력권이 되었다. 애초에 영국이 아프간 왕국에게 한때나마 주권적 의미를 부여한 것은 아프간의 독립이 아니라 러시아에 대한 지정학적 방벽을 의도한 것이었다. 아프간토후국을 러시아의 중앙아시아 세력권 밖으로 완전히 분리하여 주권적 지위(독립적 지위)를 일시적으로 부여한 후에 영국의 세력권으로 새로 편입시키기 위한 사전 조치였다.

이러한 세력권 설정 과정은 프랑스의 모로코 보호령화 과정, 그리고 일본의 조선 식민지화 과정 등 열강의 식민지 병합과정과 유사하다. 두 차례의 모로코 위기(1905, 1911)에서 독일은 자국의 이권 확보를 위해 프랑스와 스페인 간에 이루어진 모로코 분할 합의에 개입하여 모로코의 독립과 주권국가임을 확인하였다. 당시 프랑스는 영국의 이집트 진출과 자국의 모로코 통제권(세력권화)을 교환하였으나, 독일의 반대에 직면—독일의 모로코 독립확인, 제1차 모로코 위기(1905)—하였다. 유럽 주요 열강을 비롯한 13개국이 참여한 알헤시라스 회의Algeciras Conference(1906)를 통해 국제적인 조정을 거쳐 모로코에 대한 프랑스의 특수한 권리가 인정되었고, 이후 발생한 두 번째 모로코 위기(아가디르Agadir 위기)의 결과로 모로코는 프랑스의 보호령이 되었다. 보호령을 승인하는 대가로 독일은 프랑스로부터 콩고 북부지방을 할양받았다.

일본의 조선 식민지 병합 과정도 열강의 세력권 설정 과정에 준하였다. 일본이 청일전쟁의 첫 번째 명분으로 조선의 독립적 지위(주권적 지위)를 주장한 것은, 우선 청일전쟁을 통해 조선을 중국으로부터 분리한 후 자국의 세력권으로 편입시키려는 계획의 일환이었다. 청일전쟁의 결과 조선은 청국의 속국 지위로부터 독립하여 대한제국이라는 주권적 지위를 일시적으로 획득하였다. 고종황제가 일본의 무력 협박을 피해 러시아영사관(아관俄館)으로 거처를 옮긴 아관이어移御(1896) 후에, 러시아와의 여러 차례에 걸친 협상에서 일본은 조선에 대한 자국의 세력권 설정 또는 공동 분할을 러시아에 제안하였다.

최종적으로 러시아가 한반도에 대한 일본의 세력권 설정에 동의하지 않음으로써 일본은 러시아와 전쟁(러일전쟁)에 돌입하였다. 러일전쟁(1904-1905)의 결과는 주지하는 바대로 을사늑약(1905)에 의한 외교권 박탈, 다시 말하면 "대한제국의 대외관계를 일본 정부를 통해 처리"하는 것이었다. 을사늑약은 대외적으로 유럽열강을 향해 일본이 한반도를 세력권으로 설정하고 영토병합의 입구로의 진입을 선언하는 모멘트였고, 이후 대한제국은 식민지로 전락하였다.

중앙아시아나 북아프리카, 한반도의 사례가 웅변하는 것처럼 세력권 설정 문제는 항상 유럽 중심주의적 인종주의라는 특징을 보인다. 세력권은 그 땅sphere에 존재하는 구성원들, 그 국가의 국민이나 백성이 그

설정 과정에서 배제된 채 타결된다. 세력권 안에 존재하는 국민(백성)이 열등한 비유럽 유색인이라고 판단하는 인종주의적 가정들은 그 땅의 사람들을 주권적으로 대표할 만한 서구문명적 표준을 갖춘 국가가 부재하다는 오리엔탈리즘으로 귀결되었다.

세력권에 대한 이러한 오리엔탈리즘적 편견은 그 공간을 어떠한 공식 정치체polity도 없는 비어있는 땅empty territory이자, 외부로부터 통제되어야 하는 수동적인 영역passive sphere으로 간주한다. 이렇듯 세력권 설정의 대상이 되는 해당 영역을 빈 영토, 수동적 공간으로 상정함으로써, 세력권 설정에서 당사자들을 국가 능력이 부재한 것으로 치부하여 배제하고 강대국 간의 거래가 이루어지는 것이 정당화되었다.[17]

1899년 초 사회진화론social Darwinism을 신봉하는 스웨덴 정치학자 루돌프 켈렌Rudolf Kjellen이 지정학geopolitik(geopolitics)이라는 용어를 처음 사용한 이래로, 세력권 개념은 지정학의 핵심개념이 되었고, 두 차례의 세계대전 이후 저주받은 학문이라는 오명을 쓴 지정학과 함께 정치적 운명을 함께하였다. 종주권suzerainty·보호국protectorate·식민주의colonialism 등과 결합된 세력권 개념은 이후 지정학—특히, 독일의 지정학—을 만나 경멸적인 용도로 정착되었다.

켈렌이 지정학의 시조이자 국가유기체론자이기도 한 프리드리히 라첼Friedrich Ratzel의 제자라는 사실은 지정학 개념의 이념적 잠재성을 말해준다. 유기체인 국가가 생존할 수 있는 생활권역을 의미하는 라첼의 생활권生活圈lebensraum 개념은 잘 알려진 바와 같이 나치 독일의 제국 건설 당위성에 이론적 기반을 제공하였고, 일본의 군국주의적 영토정복에도 일조하였다. 《생물체로서의 국가Staten som livsform(1916)》에서 완성된 켈렌의 지정학은 독일에 전수되어 그의 의도와는 다르게 생물학적 민족주의에 경도된 이념적 변형을 통해 독일 지정학파의 효시가 되었다.

애초에 켈렌의 정치사상은 피와 땅blut and boden이 하나로 결합된 배타적이고 낭만적인 민족주의가 아니라, 오히려 독일의 범세계주의적인 전통과 다문화적인 통합체, 자유롭고 독립적인 소국가들로 구성된 독일의 연방을 구상한 것이었다. 당시 그는 중앙유럽·또는 유럽대륙의 안전보장자로서 미국이 아니라 독일을 상정하였다. 라첼과 켈렌의 이론은 독일 지정학의 대표적 이론가인 칼 하우스호퍼Karl Haushofer에 지대한 영감을 불어넣었다.[18]

세력권 개념은 고전적 지정학에 쉽게 수용되었다. "유라시아대륙의 심장부를 장악하는 국가가 세계를 통솔한다"는 영국의 지정학자 핼포드 매킨더Halford Mackinder의 유라시아(World-Island) 심장지대Heartland 개념, "대륙의 심장지대가 아니라 대륙의 해안지대가 중요하다"는 미국의 지정학자 니콜라스 스파이크만Nicholas J. Spykman의 환대륙Rimland, "바다를 지배하면 세계를 지배한다"는 의미에서 "해양력이 역사적으로 결정적이었음"을 강조한 알프레드 머핸Alfred Mahan의 해양세력Sea power, 그리고 라첼과 하우스호퍼의 생활권(생존권역) 등, 지정학의 핵심개념들은 모두 세력권에 결부되었고 한 세기 동안 현실정치에서 강대국들의 국가전략으로 활용되었다.

매킨더의 심장지대론은 러시아의 유라시아주의Eurasianism와 스파이크만의 림랜드(환대륙) 개념에 영향을 미쳤고, 하우스호퍼의 생활권 개념은 나치 독일의 영토팽창과 세계대전으로 귀결되었으며, 림랜드와 해양력 개념은 러시아(소련)에 대한 봉쇄정책으로 실현되었다. 버지니아 공대의 정치학자 오투앗에일Gearoid O'Tuathail은 이러한 고전적 지정학 이론들을 제국주의적 지정학imperialist geopolitics으로 분류한 바 있다. 그는 고전적 지정학과 구분하여 탈냉전기 신세계질서New world order를 설명하는 지정학적 비전과 관련하여, 헌팅턴의 문명충돌론이나 나토 확장

론 등을 신지정학new geopolitics이라 칭하였다.[19]

세력권 개념은 에드워드 카아E. H. Carr를 통해 현실주의 이론에 접맥되었다. 고전적 현실주의자로 불리는 카아는 광역세력권을 의미하는 독일 지정학파의 대권역大圈域Großraum(Grossraum) 개념을 차용하여 국제관계의 안정성을 추구하였다. 《땅의 규범The Nomos of the Earth(1950)》에서 칼 슈미트Carl Schmitt에 의해 체계적으로 정리된 대권역은 영토적 의미가 탈각된 개념이었다. 대권역 내에서는 지배적인 국가dominant power가 영향력influence을 행사한다는 점에서 기존의 세력권 개념과 유사하나, 영토병합territoriale Annexation을 추구하지 않는다는 점에서 기존의 제국주의적 식민화와는 다르다는 것이다. 그보다는 오히려 해당 국가들을 공간적 지상권至上權spatial supremacy을 의미하는 지배적인 공간 Raumhoheit으로 흡수한다는 점에서 세력권을 영토개념보다는 하나의 공간영역spatiale Bereich으로 상정하고 있다.[20] 카아가 대권역 개념을 차용한 것은 민족주의와 국제주의 사이에서 적절한 중간지점을 논하기 위한 것이었다.

| 저주받은 학문, 지정학의 귀환

수산나 하스트는 구성주의자 웬트Alexander Wendt의 표현을 차용하여 세력권이 국제관계의 고유한 속성이 아니라 국가들에 의해 만들어 진 것(구성된 것)이라 설명하고 있다. 세력권의 귀환이라는 표현이 학술이나 언론매체에 등장하고 세력권 담론이 현실 세계정치의 전면에 등장하게 된 계기는 러시아의 크림병합(2014)이라 할 수 있다. 2013년 11월 우크라이나의 민주화 운동인 유로마이단(유로광장)이 발생하여 친러 성향의 빅토르 야누코비치Victor Yanukovich 대통령이 모스크바로 망명한 우크라이나의 정치변동 과정에서 러시아 푸틴정부는 크림지역을 병합하였다.

러시아의 크림병합(2014)은 크림의회가 실시한 주민투표와 러시아연방 의회의 승인을 거쳐 이루어진 것이라고는 하지만, 국제적으로 공인을 받지 못하였고 이후 돈바스 내전과 우크라이나 전쟁으로 이어졌다.

크림병합과 우크라이나 전쟁은 역사적이고 문화적인 배경에 지정학적인 요인이 중첩된 세력권 전쟁으로 해석되기도 한다. 당시 앙겔라 메르켈 독일 총리는 크림병합을 세력권으로 설명한 최초의 국가지도자이다. 2014년 3월 13일 연방의회에서 행한 연설에서 메르켈 총리는 "처음에는 2008년 그루지아(조지아)에서, 지금은 유럽의 중앙 우크라이나에서 우리는 세력권에 대한 충돌을 목격하고 있다"고 규정하면서, 이러한 세력권은 "19세기와 20세기식 영토적 요구이자 이미 한물간 것으로 알고 있던 그런 류의 것"이라 회한悔恨하였다.[21] 메르켈의 이러한 주장은 영국을 비롯한 나토의 지도부와 미국 오바마 정부의 지지와 공감을 이끌어냈다.

2014년 6월 오바마 대통령이 우크라이나와 접경하고 역사적으로 얽혀있는 폴란드를 방문하여 크림병합과 관련한 대 러시아 비난 성명을 발표한 것은 매우 상징적인 행위였다. 폴란드의 수도 바르샤바에서 오바마 대통령은 러시아의 크림병합을 "우크라이나의 주권을 침해하는 암흑의 술책dark tactics"이라 비난하면서, "제국과 세력권의 시대는 끝났고, 대국은 소국을 협박하거나 총부리에 자신의 의지를 강요해서는 안 되며, 20세기의 암흑의 술책(세력권)이 오늘날의 새로운 세기(21세기)를 규정하도록 허용할 수 없다"고 강조하였다.[22]

오바마 정부에 이어 트럼프 정부도 러시아의 세력권 시도에 대한 비판을 유지하였다. 트럼프 정부 첫해에 발표된 국가안보전략(2017)에서 "러시아는 강대국 지위를 회복하고 세력권을 수립하려 시도하고 있고, 세계 각국의 내정에 개입하여 자국의 영향력을 확대하려는 의도를 지니

고 있다"는 내용이 명시되었다.[23]

이러한 세력권 담론의 당위성을 수용하는 한편으로, 세력권에 대한 서구 정치지도자들의 연설에서 보았듯이 러시아의 정책과 전략목표에 대한 우려의 중심에 세력권에 대한 심려가 자리하고 있다는 유럽의 담론이 자칫하면 선과 악의 이분법적 묘사narrative로 지나치게 단순화될 가능성이 있다는 점을 경계한 이언 퍼거슨Iain Ferguson과 S. 하스트의 지적 또한 참고할 만하다. 그들에 따르면, 서구의 담론에서 세력권의 귀환이라는 기술은 세력권 개념이 역사적으로 순환주기적이라는 의미를 내포한 것으로, 이것이 사악한 러시아의 이미지와 결합하여 세력권이 "과거에 저질렀고, 현재 저지르고 있고, 미래에도 저지를 가능성이 있는 러시아의 위협이라는 주기적인 이야기 안에서 묘사되고 있다"는 것이다. 암흑의 술책 등의 표현에서 드러나듯이 "세력권 개념이 서구와 러시아의 긴장을 고조시키고, 신냉전의 단층선에 따라 세계를 분리하거나 위기를 극적으로 만드는 서술"로 활용되는 것을 경계하고, 오히려 "세력권이라는 지정학적 상상력에 대한 학문적인 도전이 필요하다"[24]는 점에서 참고할 만한 것이지만, 동시에 우크라이나 전쟁에 투영된 세력권 개념의 부정적인 이미지 또한 진지하게 고려되어야 할 것이다.

세력권의 귀환이라는 네러티브는 미국과 소련 양 초강대국의 진영대결이 종식(냉전해체)되면서 세력권이 폐기되었다는 것을 전제로 한다. 미국의 윌슨주의자들이 세계대전의 종전과 함께 세력권은 역사의 폐기물이 되었다고 선언한 것을 연상시킨다. 세력권이 강대국의 배타적인 공간을 의미한다면, 냉전기 초강대국 미국과 소련을 정점으로 하는 양대진영·양극체제가 와해된 것은 세력권의 해체로 해석되었다.

탈냉전 30여 년 동안 글로벌 네트워크의 발전과 확장은 영토와 국가권력 간의 전통적인 해석에 도전하였고 배타적 공간으로서의 세력권이라는 통념을 무력화시키는 듯하였다. 국가중심적 공간 질서state-centric spatial orders의 종언, 풀어쓰면 국가를 중심으로 하여 국제관계의 공간을 배치하고 정리하는 시대가 끝났다는 의미이다. 어떠한 도전으로 부터도 자유로운 미국의 글로벌 헤게모니라는 개념은 세력권의 최종적인 종식, 더 나아가 역사의 종언으로 정의되었다.

그러나 최근 10여 년 동안 강대국 정치의 귀환이라는 담론이 탈세력권 내러티브를 밀어내고 있다. 월터 미드Walter Russell Mead 바드칼리지 Bard College 교수가 지정학의 귀환return of geopolitics[25]이라고 표현했던 우크라이나 위기(크림병합)는 러시아와 서구 간의 세력권 투쟁의 시작이자 미국의 헤게모니에 대항하는 수정주의 국가의 복수의 서막이었다. 러시아와의 세력권 투쟁에서 유럽연합EU은 서구라는 기존의 추상적인 용어를 대체하여 국제질서에서 하나의 지정학적 행위자로서 변신하고 있다는 점에서 월터 미드에게는 유럽 세력권의 귀환을 의미하였다.

최근 몇 년 동안 논란이 되고 있는 지정학과 세력권 등의 귀환이라는 표현은 사라졌던 것의 복원이라는 측면보다는 여전히 존재하던 것이 두드러지거나 가려져 있던 것이 점차 선명해진 것, 또는 심층에 흐르던 해류가 표면으로 상승한 것으로 비유할 수 있을 것이다. 예를 들어, 조지아 전쟁(2008)이나 중앙아시아의 새로운 그레이트 게임new great game이 그러하다. 특히 20여 년 전부터 회자되던 중앙아시아를 둘러싼 미국과 러시아 간, 다음에는 중국과 러시아 간의 전략경쟁을 의미하는 21세기 버전 그레이트 게임new great game이라는 전략구도는 세력권 경쟁을 전형적으로 묘사하는 것이다. 현실정치에서 이 구도는 상하이협력기구 SCO, 유라시아경제연합EAEU 등으로 산출되었다.

지정학적 관점에서 보면, 중국의 신 실크로드 구상인 일대일로Belt and Road Initiative와 미국의 쿼드QUAD 등 인·태전략 등도 넓은 의미의 세력권 (재)설정으로 해석할 수 있을 것이다. 시진핑 정부의 일대일로를 중국의 세력권 구축 프로젝트로 해석한 오바마 정부가 대항 프로젝트로 수립한 것이 아시아로의 중심축 이동pivot to Asia, 재균형rebalancing 전략인데 역逆세력권 개념이라 할 수 있다. 이것의 확장버전인 인도·태평양 전략은 태평양을 넘어 인도양 지역으로 미국의 영향력을 확장하여 정의한다는 세력권 재설정으로 해석할 수 있다.

앞서 인용한 코트킨이나, 하스트, 오르트만Stefanie Ortmann 등에 따르면, 중국이나 러시아뿐 아니라 서구에서도 세력권을 비롯한 지정학적 상상력은 그동안 지속되었고 더 선명해지고 있는 경향을 보인다. 미국 또한 때때로 지구적 차원이든 지역적 차원이든 필요한 공간에서 지속적으로 강대국성Great Power-ness을 행사해 왔던 것 또한 사실이다. 러시아가 주장하듯이 나토 동진에 저항하여 영토를 보호하기 위한 지정학적 대항행동이든, 미국이 주장하는 민주주의 확장 정책이든, 탈냉전기의 군사적 개입들은 세력권과 무관하게 이루어진 행동이 아니라는 것이다. 퍼거슨과 하스트는 러시아와 서구의 정치가들이 "각자의 행동을 전통적인 지정학적 계산에 따라 해석하면서, 세력권을 구축하려고 한다고 서로 비난하고 있다"고 비판하고 있다. 러시아는 나토가 동유럽으로 확장(나토의 동진)하는 것을 미국과 나토의 세력권 팽창으로 해석하고 있고, 우크라이나를 비롯한 구소련지역의 색깔혁명에 대한 서구의 지원을 러시아의 전통적인 역사적 특수이익에 대한 침해이자 영토적 위협으로 인식하고 있다는 것이다.

오늘날 서구의 정치적 담론에서 러시아와 중국이 세력권을 추구하고 있다고 비난하는 것은 "비서구적 타자에 대항하여 서구라는 지정학적 정체성, 즉 서구라는 광의의 세력권을 안정화시키려는 네러티브에 연계되어 있다"는 홍콩대의 정치학자 스테판 아우어Stefan Auer의 지적은 매우 흥미롭다. 이러한 담론이 의도하는 바는 중국과 러시아의 세력권 주장이 영토통제를 지향하는 구식의 공간-권력 연계 담론인 데 반해, 서구의 세력권은 지정학적 담론이 아니라 일종의 포스트 모던적인 문화담론으로 해석되도록 유도하는 유럽 중심적 네러티브euro-centric narrative의 구축이다.[26]

지정학의 유령들: 지정학적 전쟁과 제국의 파편들

냉전시대에 분단된 한국인에게 지정학은 "실질적인 정치적 결과가 없는 이론적 유희"에 불과했다. 당시에 지정학적 범주의 사고는 잃어버린 (한반도) 북쪽에 대한 향수를 일깨우고, 역사 속에만 존재하는 대륙에 대한 상상으로 작동하였기 때문이다. 제2차세계대전의 운명과 함께 한 지정학이 독일에서는 박제된 유물이자 저주받은 학문이 되었다면, 역설적이게도 우리에게 지정학적 사고는 한반도의 통합과 직결된 민족적 상상력을 자극하였다. 독일인들과는 달리 한국인들은 지정학적 피해자였기에 지리적 상상력이나 지정학적 사고思考에서 도덕적 제약이 없었으므로, 독일이나 유럽과는 달리 지정학적 사색을 할 때 학문적 성찰을 요구받지 않았을 뿐이다.

냉전 해체와 더불어 지정학은 두 개의 통합, 즉 독일연방Bundesrepublik Deutschland과 유럽연합European Union을 통해 유럽 정치에 복귀하였고, 유로화 위기, 우크라이나 위기, 중동 질서의 붕괴 등의 지리적 범주의 이슈가 정치적 핵심 어젠다가 됨에 따라 유럽 정치의 중심으로 올라섰다. 한반도에서 지정학은 북방정책으로 등단하였고, 새로 들어선 정부마다 그 국정 기조에 따라 동북아 중심국가, 유라시아 이니셔티브, 신북방정책 등으로 산출되었다.

그렇다고 냉전시대에 유럽에서 지정학이 사라진 것은 아니었다. 헤어프리드 뮌클러가 지적하였듯이,[27] 지정학적 계보의 과거의 유령들은 사라진 것이 아니라 냉전시대에도 유럽세계를 배회하였다. 예를 들어 북대서양조약기구NATO의 경우, "나토는 분명 가치공동체이긴 했으나 그보다는 더 지전략적geostrategic으로 구성된 동맹", 다시 말하면 가치의 동맹이라기보다 지정학적 동맹에 가까웠다. 그렇지 않다면 "당시 그리스·포르투갈·터키(튀르키예)의 군사독재 체제는 나토에 속하기 어려웠을 것"이라고 뮌클러는 주장하였다.

뮌클러의 해석에 의하면, 냉전 해체에 따른 지정학의 귀환에 준비가 되지 않았던 유럽은 우크라이나문제를 다루는 데 있어서 오류를 범하였다. 유럽은 우크라이나와 접경하고 역사적으로 특수관계에 있는 러시아를 고려하지 않았다는 것, 다시 말하면 소련의 해체가 20세기 지정학적 대재앙이었다는 푸틴 대통령의 발언을 진지하게 받아들이지 않았다는 것이다. 뮌클러의 주장대로 "그 발언을 진지하게 받아들였더라면, 러시아의 반응에 유럽이 준비되어 있었을 것"이다. "유럽연합의 정치는 지정학적 순진함이라는 스스로의 덫에 걸린 것"이다.

제1차세계대전이 발발하기 직전 유럽이 마지막 숨을 고르던 1914년 여름, 유럽열강의 정치엘리트들은 제국의 하강과 포위에 대한 불안에 시달리고 있었다. 특히, 오스트리아-헝가리제국에서는 하강 불안이, 독일제국에서는 봉쇄(포위) 불안이 심각하게 지배하였다. 물론 이러한 현상이 사실을 반영한 것이든 아니든, 당시 전쟁을 개시한 삼국동맹의 정치·군사엘리트들이 그러한 정신적 경향에 지배되고 있었다는 것이 중요하다는 것이 뮌클러의 해석이다.

100년 전 지정학적으로 형성된 이러한 유럽의 불안 구도는 오늘날 우크라이나문제에 대한 러시아 정치엘리트들의 정신적 경향을 설명하는 데 일정한 시사점을 제공해 준다. 러시아의 정책결정자들은 소련 해체 이래로 하강과 봉쇄(포위)의 불안에 시달리고 있었다. 두 차례의 색깔혁명color revolution이전에, 특히 우크라이나 친러정부의 실각을 초래한 2014년 유로 마이단 시민혁명 이전에 이미 러시아 엘리트들은 이러한 불안에 시달렸다. 다만, 유로 마이단 혁명은 이러한 불안을 확대하고 촉진시켰을 뿐이다. 그렇다면 100년 전 독일과 오스트리아처럼 러시아 엘리트의 불안은 유럽의 전쟁으로 이어질 것인가? 크림병합(2014)에 이은 돈바스 전쟁(2014)과 우크라이나 전쟁(2022)으로 유럽이 그러한 상황으로 빨려 들어가고 있다고 판단하는 사람들이 있다.

냉전 해체로 시작되어 유럽의 통합과 번영으로 이어진 "유럽의 평화의 시대가 끝났다"고들 말한다. 우크라이나 동부에서 벌어진 돈바스 전쟁이 러시아-우크라이나 전쟁으로 확대된 것을 보면 그러한 개연성을 배제하기는 어렵다. 역사적으로 발칸반도에서 카스피해에 이르는 유라시아의 전쟁의 사슬에 우크라이나 전쟁이라는 또 하나의 분쟁 고리가 단지 추가된 것만은 아니지만, 유럽평화 시대의 종말을 운위할 만큼 지정학적 재앙이 현실로 다가오고 있는 것은 사실이다. 우크라이나 전쟁은 멀게는 제정러시아의 해체, 그리고 가깝게는 소련의 해체의 유산이자 일종의 제국의 파편이다.

다시 백 년 전으로 돌아가 보면, 제1차세계대전을 결정하기 직전에 오스트리아는 다가올 전쟁이 제한적인 전쟁일 것이라 타산하였다. 계획대로 제한적으로만 전쟁을 수행하여 하강하는 제국의 불안을 치유하고 제국의 지위를 다시 확인해 줄 승리를 기대하였다. 결과는 패전이었고 오스트리아제국은 해체되었다. 더 나아가 전쟁의 결과는 유럽 전체의 패배였다. 제국의 해체는 오스트리아에 국한된 것이 아니라 독일·러시아·오스만 튀르크 등, 유럽의 모든 제국이 해체되었고 유럽은 황폐화되었다.

주지하는 바와 같이 짧은 전간기戰間期였던 20년의 위기를 지나 다시 유럽은 세계전쟁으로 끌려들어 갔고, 이로써 유럽은 사실상 와해되었다. 백 년 후로 복귀하여 우크라이나 전쟁에 주목하면, 푸틴의 주장처럼 전쟁이 아니라 특수군사작전으로 상정했다면 러시아는 이 전쟁을 하강과 봉쇄의 불안에서 벗어나고 강대국 지위를 확인해줄 제한전으로 기획한 것인가? 과거처럼 이러한 전쟁 기획이 유럽의 전쟁으로 확대될 것인가? 그렇다면 그 결과는 미 국방장관 오스틴이 성급하게 주장했듯이 "러시아를 완전히 소진시키는 것"으로 끝나지만은 않을 것이다. 유럽의 역사는 유럽 평화의 종말, 유럽의 패배를 경고하고 있다.

이러한 비관적인 전망에도 불구하고 다른 가능성 또한 존재한다. 우크라이나 전쟁을 알렉산드르 두긴Aleksandr Dugin 류의 팽창주의적 제국 정책으로 해석하는 것을 경계하는 것이다. 러시아 극우 지정학자인 두긴이 말하는 유라시아 대제국 건설 주장은 현실정치realpolitik에 부합하지 않고 레토릭으로만 존재하는 선동적인 유라시아 담론일 뿐이다. 역사학자 월터 라쿼Walter Laqueur가 지적하였듯이,[28] "유라시아 대제국이라는 역사적 기획을 실현하기에는 러시아의 경제적 힘은 너무 작고 경제적으로 상처 입을 가능성은 지나치게 크다"는 사실을 간과해서는 안 된다. 장기적으로 보면, 우크라이나문제의 무력적 해결 시도는 생각한 것보다 "경제적 힘의 조형력이 더 커서, 러시아는 우크라이나 전쟁에 수반하는 경제적 비용뿐 아니라 푸틴의 러시아가 이전에 쌓은 대내외적 신망은 값비싼 대가를 치를 수밖에 없다"는 뮌클러의 주장도 주목할 만하다.

그러나 반대로 우크라이나 전쟁을 계기로 러시아가 국제질서에서 배제되거나 고립 봉쇄된다면, "발칸과 카프가스Caucasus, 중동지역 등 주요한 세계 분쟁지역에 평화를 가져올 세력들에서 러시아가 빠져버린다는 것만으로도 보충하기 어려운 결손이며, 전쟁을 제한하고 위기를 처리하는 문제에 관한 한 세계는 여전히 러시아의 생산적인 협조에 의존하고 있다"는 그의 주장 또한 짚고 넘어갈 만할 것이다.

월터 라쿼, 옥스퍼드대의 정치학자 지엘론카Jan Zielonka, 뮌클러 등이 설정하듯이, "하나의 헌정질서인 유럽을 제국적 거대공간으로 보고, 여기에 러시아 일부 엘리트들의 제국적 꿈을 대립시키면, 양측(유럽과 러시아)의 세력권을 가르는 선은 우크라이나의 한가운데를 지난다". 유럽 대륙 전체의 문명적 단층선이 유럽과 러시아 사이에 있다고 가정하면, 그것의 경계가 우크라이나의 가운데를 관통—키이우Kiev를 중심으로 동부와 서부를 분리—한다는 의미이다. 역사 문화적 요소로 규정된 지정학적 의미에서 그러하다.

이러한 가정에 따르면, 예상할 수 있는 해법은 두 가지라는 것인데, "단층선에 따라 유럽연합에 속하는 지역(서부)과 러시아에 속하는 지역(동부)로 우크라이나를 분할하든가, 아니면 완충지대로 중립화하는 방안이다. 그렇지 않을 경우, 두 거대 공간의 경계지역들에서는 동결된 갈등과 하이브리드 전쟁(돈바스 전쟁)이 번갈아 일어날 것이다. 이렇듯 유럽연합과 러시아 간에 대립과 갈등을 오래 지속할 경우, 양자 모두 21세기 세계질서를 구축하는 데 아무런 역할도 하지 못할 것"이라는 주장이다.[29] 미국이 백 년 전처럼 더 이상 유럽의 전쟁에 발을 들일 가능성이 희박하다는 점을 고려하면 유럽의 미래는 더욱 유럽인들의 손에 달려있는 것이다.

| 미국식 지정학: 현실주의의 르네상스

헤들리 불은《무정부사회: 세계정치의 질서연구The Anarchical Society: A Study of Order in World Politics(1977)》에서 근대 국가들의 체제(국제체제)

states system를 해석하는 데 있어서 경합하는 세 가지 사상적 전통들에 대해 말하고 있다. 국제정치를 전쟁상태state of war로 규정하는 홉스적 전통the Hobbesian, 잠재적 인류공동체community of mankind로 상정하는 칸트적 전통the Kantian, 그리고 국제정치를 국가들로 이루어진 사회, 즉 국제사회international society내에서 벌어지는 사무affairs라는 관점에 입각한 그로티우스적 전통the Grotian이다. 홉스적 전통은 현실주의를 말하고, 칸트적 전통은 보편세계주의universalist로서 자유주의로 수렴되었으며, 그로티우스적 전통은 국제법과 제도를 중시하는 국제주의를 지향한다.[30]

자유주의에 대한 비판을 통해 현실주의의 정체성을 확립한 20세기 고전적 현실주의의 시조는 E. H. 카아Carr라 할 수 있다. 공세적 현실주의학자인 미어샤이머가 꼽는 세 명의 현실주의의 대가―카아, 한스 모겐소Hans Morgenthau, 케네스 왈츠Kenneth Waltz―중에서 카아는 맨 앞에 거론된다. 앞서 살펴 본바와 같이, 세력권은 카아를 통해 현실주의에 접목하고 있다. 유럽대학연구원European University Institute(EUI)의 역사학교수 니콜라 기요Nicholas Guilhot가 지적했듯이, "현실주의적 기획에는 민주주의 대 현실정치realpolitik, 그리고 힘의 극대화 대 신중함prudence 간에 풀기 어려운 긴장관계"가 있다.

또한 현실주의 이론 내에서도 여러 분파가 경쟁하는 등 "이론적 응집력과 일관성 문제, 그리고 핵심이론의 가능성에 있어서 매우 논쟁적임"에도 불구하고, 현실주의의 핵심 개념들―무정부anarchy, 권력정치(힘의 정치)power politics, 국가이익national interests, 패권hegemony―은 한 세기가 지나도록 여전히 힘을 발휘하고 있다는 점은 주목할 만하다.[31] 그 중에서 최근에 다시 주목받고 있는 개념 중의 하나가 세력권이다.

버클리대의 역사학자 매튜 스펙터Matthew Specter는 "북대서양 국제사상North Atlantic international thought에서 현실주의 패러다임의 계보를 정리"하고 있다. 그에 따르면, 19세기 말에서 20세기의 현실주의적 전통은 독일과 미국이 서로 역사적으로 얽히게 된 경험(두 차례의 세계대전 등)을 통해 형성되었다는 점에서 대서양 현실주의Atlantic realist tradition라 할 수 있다. 현실주의의 방계 개념이라 할 수 있는 현실정치realpolitik가 19세기 독일의 루드비히 로샤우Ludwig Rochau가 《현실정치의 원칙 Grundsätze der Realpolitik(1853)》에서 처음으로 공식화한 용어라는 점에서도 그러하다. 특히, 스펙터는 독일과 미국의 제국과 세계강국world power에 대한 열망이 당대 현실주의적 세계관의 용광로였다고 강조하였다. 제국과 세계강국world power에 대한 열망은 세력권과 결부되어 현실정치의 추동력으로 작용하였다.

독일제국의 세계정책Weltpolitik(world policy), 미국의 먼로독트린 등이 세력권과 결부된 대표적인 정책적 산출물이었다. 히틀러가 정복전쟁의 명분으로 내세운 독일제국의 생활권Lebensraum이라는 개념은 스스로 인정했듯이 게르만의 먼로독트린이었다. 이렇듯, 세력권 개념은 지정학과 만나 미국과 독일의 역사적 연루 경험을 통하여 현실주의로 이어졌다. 매튜 스펙터는 1930년대 담론과 1890년대 담론을 연결시킴으로써 현실주의적 담론을 고전적 지정학의 역사기록학에 연결시켰다. 그는 미국의 현실주의가 경쟁과 균형에 초점을 두는 비스마르크적 관행인 현실정치realpolitik가 아니라 세력권 확장을 핵심으로 하는 빌헬름 2세의 세계정책weltpolitik에서 더 많은 영감을 받았다고 추론하고 있다.

그의 해석으로는, 현실정치라는 개념은 세계정치라는 개념에 비해 보수적이고 현상유지를 지향하는 경향이 있다. 역사학자들은 1890년과 1910년 사이에서 전통적으로 고전적 지정학이라 불리는 것의 기원을 찾으면서도, 제1차세계대전까지의 이러한 담론에 현실주의라는 명칭을 부여하지 않는다. 그 이유는 아마도 미국의 현실주의가 고전적 지정학이 아닌 독일의 현실정치의 계보에 이어진다는 가정으로부터 자연스레 도출되고자 의도했던 것이라 할 수 있다. 다시 말하면, 모겐소 등 미국 고전적 현실주의자의 지적知的 뿌리가 하우스호퍼나 맥킨더 류의 제국주의적 지정학의 계보에 속한다는 것을 인정하기 어려웠기 때문이라 할 것이다.

히틀러의 독일의 영향으로 당시 미국에서 지정학은 매우 곤혹스러운 용어였다. 따라서 초기 미국의 현실주의의 자기 이미지는 대중에게 생경한 지정학과 매우 구별되는 것이어서 1940년대 미국의 언론매체는 이에 대해 패닉을 일으킬 지경이었다. 어떤 대중매체에는 지정학이 히틀러의 초강력무기로 강박적으로 묘사되기도 하였다.

스펙터가 부연했듯이 미국이 지정학적으로 행동한 적이 없다는 함의는 터무니없을지도 모른다. 지정학이 독일만큼이나 영국과 미국의 것이라는 공통의 대서양 유산을 공유하고 있다는 평가는 일면 타당하지만, 미국의 고전적 현실주의가 독일의 제국주의 지정학으로부터 스스로를 격리시키려 노력했다는 점 또한 기억해야 한다. 1940년대 미국의 고전적 현실주의가 나치에 부역하여 더럽혀진 지정학으로부터 의미론적 피난처가 되었던 것 또한 중요한 사실이기 때문이다.[32]

냉전시대 양극체제와 이념에 가려진 듯 하던 세력권은 냉전 해체와 더불어 현실주의 지정학자 브레진스키에 의해 다시 전면에 부상하였다. 자유주의의 최종적 승리와 일극체제를 옹호하던 브레진스키가 《거대한 체스판The Grand Chess Board: American Primacy and Its Geostrategic Imperatives(1998)》에서 유라시아대륙에 대한 세력권 전략을 권고한 것은 역설적이기도 하다. 폴란드 이민 2세대로서 러시아에 대한 전략적 포위견제를 주장한 것은 이해할 만하지만, 브레진스키의 전략적 충고대로 유라시아에서 러시아의 전통적인 세력권을 해체하고 미국의 새로운 패권을 강화하는 것은 일극체제가 세력권 해체의 최종적 결과가 아니라 세계적 수준에서 미국의 세력권을 설정하는 것, 하나의 세력권이 수립된 것을 의미한다는 코트킨의 비판에 설득력을 부여한다는 점에서 그러하다. 그러한 의미에서 브레진스키는 우크라이나 전쟁의 귀책사유에서 면제되기 어렵다.

러시아의 푸틴은 "지정학자들의 유라시아주의Eurasianism에 매료"되었고, 미국의 트럼프와 바이든은 "수정주의의 중국을 봉쇄하는 데 전념"하고 있으며, 중국의 시진핑은 중화민족의 대부흥을 선언하고 있다. 바야흐로 "현실주의는 르네상스를 구가하는 중"인 듯하다.[33] 모두 지정학과 현실주의적 언어의 다른 버전들일 뿐, 동일한 세력권 담론이다. 세력권은 지정학과 함께 다시 깨어났다. 지정학 전문가 로버트 캐플런Robert Kaplan이 말했듯이 프랜시스 후쿠야마가 선언한 자유주의의 최종적 승리, "역사의 종언은 지리의 복수revenge of geography에 항복"하였다.[34]

| 아프간 철군의 지정학

2021년 8월 31일 오후 3시 28분, 스테이트 다이닝룸에서 열린 언론 브리핑에서 바이든 대통령은 "지난밤 카불에서 미국은 아프간의 20년 전쟁, 미국 역사상 가장 긴 전쟁을 끝냈다"고 선언하였다. 이 전쟁은 네 명의 미국 대통령이 수행했고, 그 중 세 명의 대통령이 끝내기를 간절히 원했던, "승리할 수도 끝낼 수도 없었던 영원한 전쟁"이었다. 아프간 전쟁은 테러와의 전쟁이라는 일종의 정의의 전쟁인 동시에, 150여 년 전 영국이 벌였던 그레이트 게임의 연장선에 있는 지정학적 게임이기도 했다.

오바마 전 대통령은 끝나지 않는 영원한 전쟁endless war이라는 대중적 우려를 의도적으로 피하려 했으나 바이든 대통령은 최장의 전쟁 longest war을 끝내기로 결정하였다. 미국이 수행한 가장 긴 전쟁은 한국

전쟁이라고 알고 있는 대한민국 국민으로서는 바이든의 표현('미국의 가장 긴 전쟁')에 이의를 제기할 수도 있을 것이다. 그러나 아프간 전쟁에 가려진 한국전쟁에서 "그들에게 우리의 전쟁은 잊혀진 전쟁인가"하는 성찰적 자문이 선행될 필요가 있음을 본다.

아프간전쟁이 실패한 전쟁인지 또는 소기의 성과를 거두었는지를 가름하는 것이 이 글의 목적은 아니지만, 아프간 철군 직후의 격렬한 논쟁을 감안하면 테러와의 전쟁이 미국 사회에 미친 충격은 그만큼 넓고 깊다. 2001년 9월 20일 상하원 합동연설에서 부시 대통령이 선언한 테러와의 전쟁은 "글로벌 테러 네트워크를 붕괴"시키는 것, 부연하면 "테러 집단의 자금줄을 죄고 서로 반목하게 하여 어떠한 도피처도 남겨놓지 않는 것"을 지향하였다. 전쟁의 종결을 비판하는 편에서는 패주 양상의 철군은 물론이고, 특히 탈레반의 귀환이 전쟁 실패를 상징한다고 주장하였다.

2022년 봄에 진행된 미국의 여론조사에서는 응답자의 56%가 철군 과정이 잘못되었다고 반응한 바 있다.[35] 2021년 8월 미군이 카불을 버릴 때, 베트남전의 사이공 함락(1975)을 연상한 미국인들은 전쟁 종결에 대한 대다수의 지지에서 바이든 정부에 대한 비판으로 돌아선 듯하였고, 여론은 공화당과 민주당 지지자들 간에 깊고 크게 갈라졌다.

당시 퓨Pew 리서치의 여론조사의 추이를 보면, 2021년 8월 23-29일 수행된 여론조사에서[36] 아프간 철수에 대해 미국인들은 54%가 찬성하여 압도적인 지지를 얻지는 못하였고, 아프간 철수가 잘못된 결정이었다는 비율이 42%에 달하였다. 브라운대의 전쟁비용 프로젝트Cost of the War Project의 추산에 따르면, 무기구매 등 군수물자조달과 관련외주사업을 모두 포함하여 총 약 14조 달러(약 2경원)에 달하는 천문학적인 전쟁비용을 펜타곤이 투여하였고,[37] 미국 역사상 미국이 개입한 가장 긴 전쟁('20년 전쟁')으로 미국인들에게 기억되는 전쟁이라는 점을 감안하면 보잘것없는 지지율이었다. 특히, 아프간 철군이 잘못된 결정wrong decision이었다는 공화당 지지자들의 응답은 62%에 달하였다. 이에 민주당 지지자들이 아프간 철군을 70%라는 압도적인 비율로 찬성한 것을 고려하면, 아프간 철군을 둘러싼 미국 내 여론의 분열이 심각했던 것으로 평가할 수 있다.

아프간 철군 5개월 후에 진행한 여론조사에서는 아프간 전쟁과 같은 테러와의 전쟁에 대한 선호도가 정책 우선순위에서 떨어졌다. 경제를 강화하는 문제가 수위를 차지하였고, 테러에 대한 방어는 사회안전망 구축에도 밀려 6위에 그쳤다.[38] 바이든 정부에 대한 세계인들 신뢰도 조사에서도 2021년과 2022년을 비교해 보면 대부분의 국가에서 하락하였다. 일 년 사이에 조사대상 14개국 중 13개국에서 바이든 정부의 신뢰도가 두 자릿수나 감소하였다. 예를 들어, 프랑스에서는 73%에서 53%로, 오스트레일리아에서는 69%에서 53%로 떨어졌다. 특히, 이탈리아·스페인·그리스·싱가포르 등에서는 (거의)신뢰하지 않는다는 비율이 50%를 넘어섰다.[39]

테러와의 전쟁이라는 새로운 전쟁의 또 다른 목적이 미국을 안전하게 하는 것이었다면 그다지 성공적인 것 같지는 않다. 9·11과 같은 대규모 테러 공격은 성공적으로 방어하고 있지만 이 전쟁으로 인하여 미국 사회가 심각하게 분열되었고, 대외적으로 미국의 리더십에 균열이 일어났기 때문이다. 일극의 순간이 지나고 미국이 그 정점에서 내려오게 된 정치적 계기는 아프간을 비롯한 두 개의 전쟁이 마련하였다. 이러한 의미에서 아프간 철군은 미국이 일극에서 하강하는 순간, 일극체제의 쇠퇴의 순간으로 해석되었다. 적어도 러시아와 중국이 보기에는 그러했을 것이다.

아프간 철군으로 유라시아의 지정학이 다시 움직이기 시작하였다. 중국과 러시아는 탈레반 지도부와 접촉하기 시작하였다. 2023년 9월 중국은 국가 승인도 하기 전에 아프가니스탄에 대사를 파견한 최초의 국가가 되었다. 2023년 10월 초, 왕이 외교부장이 환히말라야 국제협력 포럼에서 탈레반 임시정부 외교장관대행 탐 무타키에게 "중국은 아프간과의 관계 발전을 중시하고, 아프간의 국가주권과 독립을 존중한다"는 말을 전하면서 실질적으로 탈레반을 승인하는 외교적 발언을 하였다. 무엇보다도 경제분야에서 중국은 탈레반과 여러 형태의 경제협력을 진행하면서 아프가니스탄에 대해 점진적으로 경제적 영향력을 키워가고 있다. 예를 들어, 구리 등 금속 자원과 리튬을 비롯한 희토류 등의 아프간의 광물자원은 중국기업들에게 상당한 투자 잠재력이자 경제적 유인으로 작용하고 있다. 2023년 4월, 중국기업 고친Gochin과 탈레반 정부는 100억 달러 규모의 리튬 개발에 합의하였다.[40] 리튬은 전기자동차 배터리의 필수적인 재료로서 글로벌 공급망 재편에서 핵심적인 자원이다. 중국은 아프간과의 협력에 있어서 막대한 매장량의 광물자원 개발과 물류 수송을 위한 인프라 구축 등에 대한 관심뿐 아니라 중앙아시아 지역의 정치블록 구축에도 관심을 지니고 있다.

탈레반 지도부가 국제적 승인을 획득하기 위하여 선택한 외교 레짐은 모스크바 방식 회의였다. 모스크바 방식 회의는 2017년에 러시아·중국·인도·이란·아프가니스탄·파키스탄 등이 참여하는 6자협의 메커니즘이자 일종의 정부 간 외교포럼 성격의 국제회의다. 2021년 10월 러시아의 라브로프 외무장관이 주재한 제3차 모스크바 방식 회의에서는 탈레반 대표들이 참석하여 아프가니스탄의 정세와 인도적 지원, 정부 구성 방안 등을 다루었다. 2024년 4월 초, 러시아 푸틴 정부는 "탈레반은 사실상 아프가니스탄의 실권을 보유했으므로 테러조직 명단에서 제외하는 조치를 준비 중에 있다"고 밝히면서 탈레반 정부를 공식 승인하는 문제를 거론하였다. 나아가 테러에 대응하는 문제와 관련하여 러시아는 탈레반과 협력하고 있고 4월 중순에 러시아 카잔에서 개최되는 이슬람 세계 포럼에 탈레반을 초청하였다. 탈레반 또한 2024년 3월에 발생한 모스크바 외곽 크라스노고르스크 크로커스 시티홀 테러사건에 대해 규탄성명을 발표하여 러시아에 지지를 표명하였다.

중국과 러시아는 미국의 아프간 철군이 초래할 아프간 지역의 지정학적 공백과 이에 따른 중앙아시아의 불안정을 우려하면서도 아프간과의 새로운 관계 정립을 통해 지정학적 공백을 자신들이 메울 수 있는 방안을 모색하고 있다. 어떤 식으로 접근하든, 미국의 아프간 철수는 중국과 러시아에게 전략적 기회로 작용하고 있다. 제정시대 이래로 중앙아시아는 러시아(소련)의 전략적 급소strategic underbelly였고, 중국에게는 제국의 서쪽 관문이었다. 테러와의 전쟁으로 미국이 중앙아시아에 발을 들여놓은 이후, 아프간 철군은 중앙아시아로부터 미국의 최종적 철수를 의미하였다. 이제 중앙아시아와 아프간은 중국과 러시아에게 다시 한번 전략적 기회이자 딜레마가 될 것이다. 역사적으로 이루어진 중앙아시아의 지정학, 러시아와 중국의 세력권 경쟁이 다시 살아나고 있다.

| 아프간 철군과 미국 리더십의 신뢰성

미국의 아프간 전쟁 종결이 초래한 결과는 무엇보다도 당시 동맹국들이 받은 전략적 충격과 신뢰의 타격에서 잘 드러났다. 탈레반이 카불을 장악한 직후, 미국의 주요 언론매체들은 유럽 동맹국들의 반응을 비관적으로 보도하였다. 《파이낸셜 타임즈Financial Times》 수석 논설위원 기디언 라흐만Gideon Rachman은 아프간 철군으로 "바이든 정부의 신뢰가 저격당했다"고 표현하면서, 아프간 철군을 냉전시대 지역질서와 미국의 대전략에 충격을 가한 이란의 이슬람혁명(1979), 베트남 패전(1975), 쿠바혁명(1959)에 비견되는 역사적 사건에 비교하였다.

그러나 아프간 철군 사태는 그 이상의 의미를 지닌다는 논평도 있다. 아프가니스탄이 이제 "탈미국세계, 미국 이후의 세계post-American world"의 하나의 상징이 될지도 모른다는 것이다.[41] 아프간 철군이 가져온 전략적 결과는 두 가지로 요약된다. 하나는 미국에 대한 동맹국들의 신뢰에 미친 충격이고, 다른 하나는 미·중 전략경쟁에 작용할 효과이다. 탈레반과 철군에 합의함으로써 아프간 철군의 원인을 제공한 트럼프 정부의 폼페이오 전前국무장관마저 "철군 사태가 미국에 대한 동맹들의 신뢰를 훼손할 것"이라 비난하면서 책임을 바이든 정부에 전가하였다.

일반적으로 예상할 때, 만약 트럼프 정부가 아프간 철군을 강행했더라면 트럼프 대통령의 정책결정의 부적절성과 불신을 지적하는 데 별다른 이견이 없었을 것이다. 그러나 미국의 귀환을 선언하면서 국제사회와 동맹국들에 대한 미국의 신뢰를 표방한 바이든 정부가 일방적으로 철군 결정을 했기에 바이든 정부를 지지한 미국 내 여론과 동맹국들은 이러한 결정에 당혹스러워 했다. 당황스러운 침묵과 비판적 지지와 함께 비난 논평들이 등장하였다. "바이든 정부의 신뢰가 아프간에서 갈가리 찢어졌다"는 칼럼이 한 사례이다.[42] 《뉴욕타임즈》는 "미국의 신뢰성에 대한 동맹국의 의구심", 《블룸버그》는 "미국에 대한 유럽 정치인들의 좌절과 불만" 등을 표출하면서 "아프간의 실패가 대서양 관계에 지속적인 충격"을 초래할 것으로 논평하였다.

이러한 세계사적 결정을 전쟁에 참여한 동맹국들과 충분한 협의 없이 전격 단행함으로써 트럼프 이후 동맹을 중심으로 자유주의 세계질서를 회복하려는 바이든 정부의 대전략grand strategy에 대한 신뢰가 손상되고 있다는 징후들이 나타났다. 토니 블레어 영국 전 총리는 아프간 종전 결정은 "비극적이고, 위험하고, 불필요한" 것이라 혹평하였고, 독일 집권당(기독교민주연합CDU, 기민당)의 총리 후보였던 라셰트Armin Laschet는 아프간 철군을 "나토 창설 이래 최대의 패주"로 비난하였으며, 프랑스의 마크롱 대통령은 바이든 대통령에게 이러한 결정에 대한 도덕적 책임을 추궁하였다.

톰 투겐다트Tom Tugendhat 영국 하원 외교위원장은 미국에 대한 과도한 의존이 초래한 아프간 전쟁의 파국적 결말을 지적하면서 영국의 미래 안보 구상에서는 미국과의 관계 조건을 재고해야 한다고 주장하였다.[43] 독일 기민당 원내부대표deputy caucus leader인 바데풀Johann Wadephul은 "아무도 우리에게 아프간에서 그런 식으로 철군하는 것이 좋은 생각인지 어떠한 상의도 하지 않았으며, 그 결과 우리는 카불에서 극도의 혼란에 직면"하고 있다고 바이든 정부를 비난하였다. 그의 주장에 따르면, 아프간 사태의 교훈은 독일과 유럽으로 하여금 미국으로부터 더욱 독립적인 방위전략을 수립할 필요성을 제고시킬 것이다.[44]

《이코노미스트》의 아프간 관련 기사의 제목[45]은 유럽 동맹국들의 분위기를 적나라하게 드러내 주고 있다. 이에 따르면 아프간 철군에 대한 당시 나토 주요국 정치지도자들의 심경은 "미국의 지위에 대한 중대한 타격"을 초래한 "대재앙이자 대전환점"이었다. 그러나 나토 동맹국들이 비판적으로 반응했지만 현실적인 대안을 제시했던 것은 아니다. 예를 들어, 테레사 메이Theresa May 전 영국총리가 의회에서 보리스 존슨 총리에게 아프간 철수 문제에 적극 대응할 필요가 있다고 압박하면서 제시한 대안은 유럽의 전략현실과 매우 동떨어진 것이었다. 브렉시트 이후 영국의 대전략인 글로벌 영국을 실현하기 위해서라도 영국이 대안동맹을 결성하여 아프간 문제에 주도적으로 대처해야 한다는 주장이었다.[46] 메이의 대안은 국방장관 벤 월러스 또한 가능하다고 보지 않았던 비현실적인 제안이었다.

스티븐 월트에 따르면,[47] 유럽 동맹국들의 이러한 좌절과 분노는 아프간 철군과 관련하여 "당시 현지에서 벌어지고 있던 비극적인 사태들에 대해 스스로 아무런 역할도 할 수 없었다는 무력감"에 기인한 것이기도 하다. 보다 근본적으로는 아프간에 대한 나토의 사명과 관련된 것이기도 한데, 아프간에서의 자유민주주의 국가건설의 비현실성과 관련된 것이다. 이러한 비현실성은 아프간 국민의 역량의 결핍이나 민족성의 한계에 기인한 것이라기보다는 외국으로부터 부여된 국가 건설 프로젝트가 갖는 한계를 의미한다.

이렇듯 외부의 국가가 특정 국가의 체제를 전복하여 새로 수립한 국가나 정부는 지속가능성을 담보하기 어렵다는 것이 현대사의 경험이다. 일극체제에서 미국의 대외정책의 이상이던 세계적 차원의 민주주의 확산은 레짐 체인지regime change를 통해 권위주의 체제를 붕괴시키고 미국 주도로 자유민주주의 정부를 수립시킨다는 국가건설 프로젝트였다. 이라크에서와 마찬가지로 아프간에서 진행된 새로운 국가건설 프로젝트는 월트의 지적대로 "의도는 좋았다고 하더라도 비현실적인 목표"였기에 20여 년의 노력이 비극으로 종결됨에 따라 동맹국들의 좌절감은 가중되었을 것이다.

아프간 개입에 동참한 유럽동맹국들의 이러한 좌절감은 한편으로는 이해할 만하지만, 다른 면에서 과장된 것일 수도 있다. 예를 들면, 나토 전 사무총장 야압 데 후프 쉐퍼Jaap de Hoop Scheffer가 일방적인 아프간 철군에서 유럽이 교훈 삼아야 할 것으로 "(미국으로부터) 정치·군사적 독립과 유럽의 자주방위를 위한 진지한 모색"을 강조한 것은 대서양 동맹을 훼손할 가능성을 내포하고 있었다. 아프간 철군 문제를 동맹국의 신뢰문제로만 평가하려 한다면 아프간 전쟁 전全과정에서 미국이 수행한 노력도 함께 평가되어야 한다. 미국은 전쟁 수행 과정에서 어느 참전 동맹국보다 많은 대내외적 부담을 감내하였고 20년 동안 군사적 책임을 다하였다. 아프간 전쟁의 평가에서는 여러 논란이 있을 수 있으나, 동맹국으로서의 미국의 행위가 유럽 동맹국들의 신뢰를 손상할 만한 것은 아닐 것이다. 다만 문제는 유럽의 나토회원국들이 아프간 참전을 미국의 안전을 위한 동맹국들의 선의의 의무로 생각했을 수도 있다는 사실일 것이다. 만약 그러하다면 미국의 일방적인 철군 결정은 신뢰의 문제일 수 있고, 불신은 배가되었을 것이다.

아프간 철군에서 야기된 동맹국의 신뢰 문제는 대서양동맹의 이중적 성격과 이에 대한 유럽의 인식에 기인한 것이기도 하다. 나토로 상징되는 미국과 유럽의 대서양동맹은 민주주의를 공유하는 가치동맹이자, 유럽대륙에서 패권국가의 출현을 저지하려는 미국의 전략적 의지가 관철되는 세력균형을 위한 동맹이다. 전자의 측면에서 볼 때, 유럽의 동맹국들에게 미국의 일방적인 아프간 철군은 아프간 전쟁을 통해 동맹국들이 추구한 민주주의 국가건설이라는 공동의 목표가 좌절된 것을 의미한다. 다른 한편으로 후자의 측면에서 보면, 아프간 철군 사태를 계기로 드러난 유럽의 전략적 가치에 대한 상실감이다. 앞서 인용한 유럽의 정치지도자들의 정치적 심경은 냉전 해체 이후 경향적으로 하락하고 있는 유럽의 전략적 지위가 아프간 철군 사태로 다시 한번 확인됨으로써 이에 상실감과 분노를 표현한 것으로 해석할 수 있다.

20세기에 미국이 세 차례의 유럽의 전쟁에 깊숙이 개입(제1·2차세계대전과 냉전)한 것은 하나의 패권국가가 유럽을 지배하는 것을 저지하려는 목표에서였다는 것이 현실주의 정치학자들의 논거이다. 오늘날 유럽에는 이러한 패권국가, 압도적인 강대국이 존재하지 않는다. 다만, "유럽연합이나 나토 국가들에게 러시아가 위협적으로 보이는 유일한 이유는 자신들의 부와 풍요를 유럽의 집단안보를 위해 더 많이 지불할 의사가 없기 때문"이기도 하다. 아프간 사태를 통해 "자구의 노력을 하지 않는 동맹에 대해 미국이 지원할 의지가 없다는 사실을 유럽 동맹국들이 확인하자 이에 당황한 것"이라는 해석도 있다.[48]

미국 오바마 정부가 아시아로 전략적 중심을 이동하고Pivot to Asia, Rebalancing, 트럼프 정부가 인도 태평양 전략을 수립하는 것으로 이어지는 미국의 세계전략grand strategy의 중심축 이동은 유럽의 주요 동맹국들로 하여금 전략적 가치의 재발견을 위해 분투하게 하고 있다. 예를 들어, 브렉시트 이후 영국이 추진하고 있는 글로벌 영국, 프랑스 마크롱 정부가 미국의 인도·태평양 전략에 비상한 관심을 보이고 있는 것 등이 주요 사례다.

미국의 이러한 전략적 시도들이 성공할 가능성이 있는지 여부와는 별개로, 유럽연합이 자유주의와 민주주의, 인권이라는 보편적 가치를 토대로 창설되었다는 점은 주목할 필요가 있다. 지정학적 목표와는 별도로, 유럽연합의 정체성이 아프간 전쟁 과정에서 서구적 민주주의 체제로의 이행이라는 국가건설 프로젝트를 수행하게 한 주요 요인이었다는 것은 중요한 사실이다. 그럼에도 역사적으로나 지정학적으로 유럽의 주변부라 할 수 있는 아프간의 파국적 혼란이 유럽의 안전에 미치는 불안감 또한 미국에 대한 유럽의 불신을 자극하였다. 아프간 사태로 발생한 난민들이 유럽에 쇄도할 경우 2014년 시리아 난민사태가 초래한 유럽의 불안정성의 고조가 재현될 것이라는 불안감이었다. 당시 보편적 가치라는 유럽적 정체성에 입각하여 난민 수용에 적극적이던 유럽 정치인들의 경우에 극우 포퓰리즘의 정치적 반격을 받은 바 있었다.

살펴본 바와 같이, 아프간 철군을 계기로 유럽이 미국에 대해 체감한 동맹의 신뢰 문제는 간명하면서도 매우 복합적이고 혼란스러운 것이라 할 수 있다. 이러한 이유는 아프간 철군이라는 하나의 사건의 중요성이나 고유성에 기인한 것이라기보다는, 이 사건이 기반하고 있는 시대적 성격 및 세계질서의 격변과 관련된 것이기 때문이다. 1970년대 베트남 사이공 철수를 떠올리게 하는 아프간 철군은 특히 동아시아 동맹국들로 하여금 "미국을 신뢰할 수 있는가" 하는 의구심을 자아내게 하였다. 미국의 바이든 정부가 타이완문제, 그리고 동중국해와 남중국해의 영토분쟁에서 중국에 한층 더 강경해 질 수밖에 없는 이유이기도 하다. 실질적으로는 서구동맹 전체의 패배를 의미하는 "아프가니스탄에서의 패배가 미·중 전략대결에서 어떻게 작용할 것인가"[49]라는 질문은 오늘날 여전히 유효한 것이다.

미국이 역사상 어느 제국보다도 '위협론'에
몰입하는 이유 중의 하나는 미국이 신흥제국이라는 데 있다.

제국과 강대국들의 기나긴 경쟁의 역사에 비추어 보면,
역사가 비교적 일천한 신흥강대국인 미국은,
스스로 추월한 경험에 따라, 또 다른 신흥강대국에
추월당하는 것에 대한 공포, '피추월 공포증'이 있는 듯하다.

그 상대가 두 번의 밀레니엄 동안 흥망성쇠를 거듭하고도
여전히 글로벌 강대국으로 다시 떠오르는 중국일 경우에
더욱 그러할 것이다.

9. 미국과 중국의 헤게모니: 다시 세상을 뒤흔들다

｜ 중국위협론의 근원: 그때는 일본, 지금은 중국

1971년 7월 9일, 미국 닉슨 정부의 국가안보보좌관 헨리 키신저 일행이 비밀리에 베이징을 방문하였다. 그들은 "아시아 역사의 중심에 있는 한 나라, 미국이 20년 넘도록 고위급과 아무런 접촉도 하지 못했던 한 나라와 관계를 재확립하라는 임무를 띠고" 베이징에 도착하였다. 키신저가 회고한 것처럼 두 나라는 1954년의 한 해프닝이 상징하듯이 악수조차 하지 않는 사이였다. 1954년 4월, 제1차 인도차이나 전쟁(베트남전쟁)과 한국전쟁의 미해결 문제와 후속조치를 다루기 위해 제네바에서 개최된 회의(제네바회의)에서 미국의 국무장관 존 덜레스John Dulles는 중국 측 대표인 저우언라이周恩來총리(외교부장 겸임)의 악수를 거절한 적이 있다. 중국에게는 모욕이었을 그 행위를 기억하고 있던 키신저는 첫 베이징 방문에서 의전 서열을 넘어선 저우언라이 총리의 환대에 상징적인 악수로 화답하였다.

《중국이야기On China(2011)》에서 키신저는 당시 "중국과 미국의 최고 지도자들은 서로를 향해 다가갈 결심을 하고 있었던 것"으로 회고하고 있다. 대통령선거 1년 전인 1967년 10월, 정치인 닉슨은 《포린어페어즈》에 기고한 글 〈베트남 이후의 아시아Asia after Viet Nam〉에서 미국은 "중국이 전 세계로부터 유리되어 환상을 키우고 증오를 간직하며 이웃들을 협박하도록 방치할 수 없다"고 미국의 자유주의적 의무를 환기하면서도, "거대한 능력을 보유하고 있을 10억 인구가 분노에 찬 고립 속에서 살아갈 공간이 이 작은 지구상에는 없다"고 세계 공동체로의 복귀를 촉구한 바 있었다.

마오쩌둥毛澤東 또한 1965년 2월, 미국의 저널리스트 에드가 스노우 Edgar P. Snow와의 인터뷰에서 미국에 대한 대화 제스처로 해석될 발언을 하였다. 스노우의 기사에 대한 키신저의 해석에 따르면, 마오쩌둥은 당시 중화인민공화국의 "건국 이래 오랫동안 미국과 중국의 의사소통이 모두 단절되어 있다는 사실을 몹시 유감스럽게 생각한다"고 언급하면서 대화의 필요성을 암시하였고, "이러한 사태가 전쟁이라든지 역사상의 비극으로 끝나지는 않을 것으로 믿고 있고, 미국을 먼저 공격하지 않을 것이니 안심해도 좋다"는 메시지를 던졌다.

1972년 2월 21일 닉슨 대통령은 중화인민공화국 창건 이래 미국 대통령으로서는 처음으로 중국을 방문하였다. 이로써 미국과 중국은 적대관계에서 키신저의 표현대로 준동맹관계로 진입하였다. 후일 마오쩌둥은 키신저에게 "미국과 중국은 한 때 적국이었지만, 지금 우리는 양국 관계를 우호관계라고 부른다"고 말한 바 있다.

닉슨 대통령과 마오쩌둥 주석의 정상회담 결과로 발표된 상하이 코뮤니케(공동성명)Shanghai Communique는 미국 외교의 전환점이자 양국 관계의 제1원칙의 천명이라는 점에서 하나의 중국이라는 원칙으로 상징된다. 미국외교문서(FRUS)에 기록된 내용에 따르면, "미국은 대만 해협 양안의 모든 중국인이 단 하나의 중국이 존재한다고 주장하는 것과 대만이 중국의 일부라는 것을 인지하고 있고 이에 이의를 제기하지 않는다"고 확인하였다.

그러나 일반적으로 잘 알려지지 않은 상하이공동성명의 한 조항 또한 기억할 만하다. 헤게모니에 관한 의미심장한 조항인데, "양측은 어느 쪽도 아시아 태평양지역에서 헤게모니를 추구해서는 안 되며, 헤게모니를 확립하려는 다른 어떤 국가나 국가 연합의 노력에도 반대한다"는 구절이다. 키신저가 말했듯이 상하이 코뮤니케의 내용은 "일종의 동맹을 암시"하는 것이었다. 그리고 역사적으로 보면 "이보다 더 빈약한 내용으로도 동맹이 구축"되었다.

공동성명 내용에 합의하면서 저우언라이는 키신저에게 "이것이 세상을 뒤흔들어 놓을 것"이라 말했는데, 실제로 그렇게 되었다. 키신저는 상하이 코뮤니케에 서명한 이래로 그 정신에 따라 "40여 년 동안 양국은 관계를 위한 모멘텀을 방해받은 적이 한 번도 없었다"고 평가하고 있다.[1] 그렇다면 50년이 지난 지금 양국에는 도대체 무슨 일이 일어나고 있는가? 어떤 국가가 아시아 태평양에서 헤게모니를 추구한 것인가? 서로 주장하듯이, 미국과 중국의 헤게모니 경쟁이 세상을 뒤흔들어 놓고 있는가? 대만 해협 사이에 두 개의 중국이 국제적으로 공인되고 있는가?

2023년 3월 8일 개최된 상원 정보위원회에서 열린 CIA·FBI·NSA(National Security Agency)·DIA(Defense Intelligence Agency)·DNI(Director of National Intelligence) 등을 망라한 미 정보당국의 합동청문회에서 정보기관 수장들은 한목소리로 "중국은 미국의 글로벌 리더십과 국가안보에 대한 가장 중대하고 주도적인 위협consequential threat"이라 증언하였다.[2]

중국 위협론China Threat이 처음 등장한 것은 1990년대 초반이다. 이 시기는 냉전 해체 초기로서 소련(러시아)위협론이 해소되었던 시기와 일치하며, 1980년대 미국에서 유행한 일본위협론의 끝자락에 닿아 있다.

새삼스레 중국위협론을 꺼내든 것은 이 위협론이 야기한 중대한 결과를 환기하기 위함이다. 중국위협론은 현재 치열하게 논쟁 중인 신냉전 담론으로 발전하였고, 미·중 패권경쟁의 진원지이기 때문이다. 중국위협론이 처음으로 등장하던 때가 소련과 일본 위협론이 해소되는 시기와 공교롭게도 일치하는 정황으로 미루어, 위협론은 미국의 도전세력 제압하기, 또는 해외의 새로운 적敵 찾기라는 비판을 받기도 한다.

1980년대에서 1990년대 초반, 일본은 미국에서 최대의 경제적 위협으로 인식되었고, 미국의 일본 때리기Japan bashing는 일종의 국가적 현상phenomenon이자 동맹 갈등에 비견되었다. 당시 미국에서 일본의 경제정책은 "공격적이고 불공정하며 미국의 글로벌 입지를 위협하는 것"으로 격렬한 비난을 받고 있었다.[3] 대표적인 예로, 엔화 절상 등의 외환시장 개입으로 일본을 압박하기 위한 플라자 합의(1985) 직후, 레이건 대통령은 "(미국과 일본) 정부들이 미국 제품을 복제하거나 위조하는 것을 허용한다면, 그것은 우리의 미래를 훔치는 것이고 자유무역이 아니다"라고 경고한 바 있다. 이러한 미국의 경제적 압박조치는 엔고円高 불황으로 이어져 일본은 버블경제가 꺼지고 잃어버린 10년lost decade이라는 경기침체를 넘어 현재까지 잃어버린 30년의 장기불황의 늪에서 헤어나지 못하고 있다.

1989년 일본에서 베스트셀러가 된 《노No라고 할 수 있는 일본》이라는 책은 미국에 대한 일본의 좌절과 분노를 대표하는 시대적 상징물이었다. 이 책의 저자가 도쿄도지사와 내각장관을 역임하고 혐한嫌韓 발언을 일삼은 극우 정치인 이시하라 신타로石原慎太郎라는 사실 또한 주목할 만하다. 예일대 경제학자이자 모건스탠리Morgan Stanley 아시아지역 회장을 역임한 스티븐 로치Stephen S. Roach는 〈그때는 일본, 지금은 중국〉[4]이라는 2019년의 글에서 다음과 같은 매우 흥미로운 주장을 한 바 있다 "1980년대로 돌아가 보면, 일본은 미국의 최대 경제위협이었고, 지적재산 탈취는 미국의 비방의 단지 일부였다. 30여 년이 지난 오늘날, 이제 미국인들은 중국을 악당으로 만들었다"고 지적하였다.

당시 미국에서는 일본의 지적재산권 탈취뿐 아니라 환율조작, 산업정책에 대한 불공정한 국가보조, 미국제조업의 공동화空洞化, 그리고 일본의 대미 무역적자 부풀리기 등에 대한 비난이 비등하였다. 오늘날 중국의 사례와 유사하다. 스티븐 로치는 그들의 불쾌한 중상주의 objectionable mercantilism에도 불구하고, 일본과 중국은 "자신의 경제적 문제 때문에 다른 국가를 희생양으로 삼는 미국의 불행한 습관의 피해자"라는 공통점이 있다고 풍자하였다.

로치에 따르면, 1980년대의 일본 때리기처럼, 오늘날 중국 때리기 China Bashing는 점증하는 미국의 거시경제적 불균형의 결과물이다. 예를 들어, 2022년 기준으로 미국의 무역적자는 전년 대비 12%가 증가한 1,200조 원에 육박하여 또다시 최대 기록을 경신하고 있고, 가계저축률은 극적으로 하락하여 금융위기였던 2009년 이래 최저치를 기록하고 있다. 무역수지와 재정수지 적자(쌍둥이 적자)가 심각하던 1980년대 미국의 경제위기를 연상시킨다. 스티븐 로치의 관점에서 보면 중국위협론은 일본위협론(일본 때리기)과 동일한 스펙트럼 안에 있다고 할 수 있다.

무엇보다도 중국위협론이 처음으로 등장하던 당시, 경제 규모과 군사력을 포함한 중국의 총합 국력지표가 러시아와 일본에도 한참 못 미치는 수준으로 미국에 실질적인 위협이 아니었음을 감안하면, 이 위협론이 결과적으로 자기실현적 예언sef-fulfilling prophecy이었다는 비판도 있다. 예를 들어, 중국을 미래의 동등한 경쟁자peer competitor로 규정하던 1990년대 중반 중국의 군사력과 경제력은 미국의 약 십분의 일 정도에 불과했다.[5]

중국위협론의 주요 유형 중의 하나인 정치적이고 이념적인 차원에서 보더라도, 1992년 이전 시기보다 1992년 이후의 시기가 공산주의 이념이 더 희석된 시기였다는 사실, 다시 말해 덜 공산주의적이고 더 자유롭게 되었다는 사실을 고려하면, 이념이나 체제적 차이가 위협론의 본질은 아니라고 할 수 있다. 키신저가 준동맹으로 평가한 마오쩌둥 집권 후반기의 중국은 공산주의 이념이 확고한 시기에 있었고, 위협론이 등장하던 시기는 개혁개방 정책이 본궤도에 오르고 시장경제의 논리가 주요 담론으로 진화해 가던 덩샤오핑의 집권기였다.

중국에서 1989년 천안문사태가 발생했을 때에도 위협론은 등장하지 않았다. 중국이 비민주주의·권위주의 체제라는 인식은 당시엔 미국과 중국의 우호친선관계에 아무런 영향을 주지 않았고 위험한 것으로 인식되지도 않았다. 위협론의 근원을 중국의 이념이나 체제의 특성으로 환원시키는 것은 논리적으로 자연스러운 해석이 아니다. 일본은 민주주의 국가로 분류됨에도 1980년대 미국에서 경제적 최대 위협국가(일본위협론)로 지목된 것을 기억해보면 더욱 그러하다. 당시 일본위협론 중에는 일본이 진정한 민주주의가 아니라는 주장[6]도 있던 실정이었다.

다만 이후 중국위협론이 자리 잡은 후에 천안문사태는 중국 위협 China threat의 상징으로서 지속적으로 소환되었다. 중국위협론이 미국 정부의 공식문서에 반영된 것은 1997년경이었다. 1997년 클린턴 정부의 4개년 국방검토보고서Quadrennial Defense Review(QDR)에는 2015년경 중국과 러시아가 잠재적 위협을 의미하는 동등한 경쟁자peer competitor가 될 것으로 확인한 바 있다.

| 중국위협론의 상승: 백년변국百年變局의 리스크

1992년에서 2006년까지 미국 주요 언론매체에 등장한 중국위협론을 분석한 한 연구[7]에 따르면, 중국위협론은 1992년에 처음으로 주요 언론매체에 등장하기 시작하였다. 이 연구는 1992년부터 15년 동안《뉴욕타임즈NYT》,《워싱턴포스트WP》,《월스트리트저널WSJ》,《로스엔젤레스타임즈》,《시카고트리뷴Chicago Tribune》 등 미국의 5대 일간지들의 기사 중에서 중국위협론에 관한 기사를 추출하여 분석하였다. 연구자들은 위의 매체들을 선정한 이유로 미국의 엘리트들에게 가장 영향력 있는 언론매체라는 기준을 제시하였다.

해당 기간에 게재된 기사들을 분류한 결과 중국위협론은 세 가지 유형으로 나뉘어졌다. 정치와 이념적 위협, 경제와 통상적 위협, 군사와 전략적 위협이다. 이 연구가 제기하는 바는 중국위협론 관련 기사 중에 정치적이고 이념적인 위협(15.16%)이나 경제와 무역의 위협(15.69%)보다는 군사와 전략적 위협(69.15%)이 압도적인 비중을 차지하고 있다는 점이다.

정치와 이념적 위협론은 2002년 이후로 기사에서 거의 사라졌고, 오히려 상대적으로 경제적 위협론이 상승하는 추세를 보였다. 이러한 분석 결과는 미국의 대중매체에서 형성기의 중국위협론은 정치 이념적 차이에 따른 체제적 특성보다는 경제나 군사안보와 같은 하드파워와 현실정치적 고려가 주요하게 작용하였다는 것을 말해준다. 또한 시기별로 중국 위협론이 상승과 하락을 주기적으로 반복하는 양상을 보이는 것, 그리고 중국 위협론의 순환성은 중국의 대만위협(독립반대)뿐 아니라 미국의 대외정책의 이해관계와 전략적 우선순위의 변동에 연동되어 있음을 시사하고 있다.

중국위협론이 상승했던 시점은 대만 위기가 표면화되던 때와 일치한다. 대만의 국제적 승인과 독립문제가 표면화되어 중국이 무력시위(1996, 2000)나 정치적 시위(2005)—대만분리반대反分離법 제정—를 하거나, 미국과 외교마찰이 발생하여 중국에서 미국에 대한 항의시위 등의 부정적 여론이 비등했을 때였다. 후자의 경우, 1999년 세르비아의 코소보 내전에서 미 공군기의 공습으로 베오그라드의 중국대사관이 폭격을 당한 경우가 이에 해당하였다. 당시 미국의 오폭을 고의가 개재된 것으로 판단한 중국 정부는 이에 거칠게 항의하였고, 이에 따른 중국인민의 대대적인 시위를 미국 언론들은 중국의 민족주의적 위협 가능성으로 해석하였다.

중국위협론이 저점低點에 있던 시기는 미국의 대외적 관심이 다른 곳에 있거나 국내적으로 경제지표가 호조세를 보일 때였다. 예를 들어, 2001년에서 2005년 사이 미국의 경제성장률은 0.2%에서 4.4%로 반등하였고, 대외적으로는 테러와의 전쟁에 집중하여 중국과 전략적인 공조를 유지하였다. 또한, 이 기간은 글로벌 GDP 성장률과 세계무역 규모 면에서 미국 주도의 글로벌라이제이션이 정점을 향해 가고 있던 시기였다. 2004년의 경우, 세계무역은 평균 약 11.3% 성장하였고, 글로벌 GDP 성장률은 4.5%로 1991이래 최고치를 기록하였다. 선진국(OECD) 경제도 평균 3.3% 성장률을 기록하였고, 신흥시장 경제성장률은 약 8%에 근접하였다.

1990년대 초에 중국위협론이 등장한 것은 중국의 경제적 성장과 군비증강과 관련이 있다. 중국 경제성장률 추이를 보면 1988년 4.1%, 1989년 3.8%, 그리고 1991년 9%를 지나, 1992년에 들어서면 14.4%, 1993년 13.5%로 중국경제는 고도성장기에 진입하고 있었고, 또한 이 시기에 군사력 증강도 매년 비율이 배로 증가하는 추세였다. 언론매체에서 미래에 중국이 미국을 추월할 가능성이 있다고 우려하는 것은 수

궁할 만하지만, 중국의 성장이 위협론의 필연적 요인이라 하긴 어렵다.

위의 연구 결과가 말해주듯이, 1990년대 이래 중국은 경제와 군사력 면에서 지속적으로 성장해 왔으나, 미국의 언론매체에서 중국위협론이 이에 비례하여 지속적으로 증가한 것이 아니라 시기별로 고저高低를 반복하는 순환주기를 보여 왔다는 것에 주목할 필요가 있다. 중국위협론이 다른 요인에 의해서도 영향을 받은 것이라는 추론이 가능하다. 다시 말하면, 중국위협론은 중국이라는 외부로부터 오는 위협요인과 미국 내부로부터의 전략적 수요와 사회·경제적 위기라는 미국적 요인이 서로 결합하여 상승 작용하는 상호의존적 복합체라 할 수 있다.

다시 말하면, 중국위협론은 중국으로부터 발산된 위협뿐 아니라, 중산층의 몰락, 인종·젠더·종교 등을 둘러싼 정체성 정치identity politics와 포퓰리즘의 위기 등, 미국의 체제 내적 불확실성이 복합적으로 결합된 것이다. 이후 추이를 보면 미국의 상대적 국력이 하락할수록, 그리고 경제지표가 악화되고 체제내구성이 한계를 보일수록 중국위협론은 더욱 크게 부각되었다는 점을 유추해 볼 수 있다. 위의 연구가 중국위협론의 전반부(제1국면)에 해당한다면, 2008년 이후 중국위협론은 두 번째 국면으로 진입했다고 할 수 있다.

2008년 발생한 미국발 글로벌 금융위기와 대불황(대침체)great recession으로 세계화의 종언이 현실화되면서 중국위협론은 다른 국면에 접어들게 되었다. 한동안 사라졌던 정치·이념적 위협요인이 다른 요인들을 선도하면서 중국위협론은 신냉전 담론으로 발전하였다. 중국을 호칭하는 방식이 세계화시대의 책임 있는 이해상관자reponsible stakeholder에서 민주주의를 위협하는 중국공산당으로 바뀌면서 신냉전 담론은 그 프레임을 만들어 갔다.

2008년 위기 이후의 추세는 세 요인이 중첩적으로 결합하여 위협론이 상승하는 경향성을 보이고 있다. 트럼프 정부의 관세와 무역전쟁을 넘어서, 바이든 정부에서는 글로벌 공급망 재편, 글로벌 군사동맹 네트워크의 재구성, 그리고 글로벌 민주주의 연대 등 세계적 차원의 중국포위 전략으로 중국위협론이 확장되는 과정에 있다. 이러한 연구에서 주목할 만한 사실은, 저비스Robert Jervis 식[8]으로 말하면, 중국에 대한 위협인식이 일단 형성되자 미국인들의 의식구조에 이 위협인식이 지속적으로 잔존하고 작동한다는 것이다.

위에서 인용한 연구결과로부터 유추해 보면, 중국위협론은 주기적으로 고저의 변동은 있었으나 1992년 이래로 미국의 언론매체에서 완전히 사라진 적이 없었다는 것을 알 수 있다. 위협인식과 정책결정에 관한 정치심리학의 분석에 따르면, "다른 행위자에 대한 부정적인 인식이 발현되면 관찰자는 부정적인 인식을 확신할 만한 더 많은 추가 정보를 모으려" 한다. 이 경우, 위협적이라 지목된 상대방이 "선의의 메시지나 제스처를 보이더라도 그 이면의 악의를 의심하게 된다"는 것이다.[9] 이에 따라 모든 정보는 위협인식을 강화시키는 데 일조하여 오인誤認 misperception이나 일종의 확증편향confirmation bias으로 귀결되기도 한다. 중국위협론을 확증편향과 동일시할 필요는 없지만 이를 경계할 필요는 있었을 것이다. 주지하다시피 중국위협론은 오늘날 미국과 중국 간의 양국 현안을 넘어서 향후 100년을 결정할 글로벌 리스크로 발전하고 있기 때문이다.

| 패권이동과 미국의 예방전략: 유용한 적들

미국이 역사상 어느 제국이나 강대국보다도 위협론에 몰입하는 이유 중의 하나는 미국이 신흥제국이라는 데 있다. 제국과 강대국들의 기나긴 경쟁의 역사에 비추어 보면, 역사가 비교적 일천한 신흥강대국인 미국은 스스로 추월해 본 경험에 따라 신흥강대국에 추월당하는 것에 대한 공포, 즉 피추월 공포증이 있는 듯하다. 그 상대가 두 번의 밀레니엄 동안 흥망성쇠를 거듭하고도 여전히 글로벌 강대국으로 다시 떠오르는 중국일 경우에 더욱 그러할 것이다. 역사적으로 유럽이나 아시아에서 기성 제국이나 강대국들은 수 차례의 왕조교체와 왕위계승 전쟁들을 겪으면서 강대국의 흥망성쇠를 역사적으로 고유한 현상으로, 일종의 역사적 자연현상으로 보는 경향이 있다.

미국 국제정치학자들이 주장하는 세력전이론power transition이나 장주기론long cycle, 패권안정론hegemonic stability 등을 막론하고 헤게모니를 다루는 이론들은 예외 없이 역사적으로 제국이나 강대국의 흥망성쇠는 주기적으로 순환한다는 것에 동의하고 있다. 로버트 길핀Robert Gilpin이 주장했듯이 패권국가가 국제질서에 안정을 가져오는 것은 사실이지만, 오간스키A.F.K. Organski가 말한 바와 같이 결국에 국가 간 상대적 국력의 재분배 현상이 일어나 떠오른 신흥강대국(도전국)이 패권국에 도전하는 세력전이 과정에서 세계전쟁이 발생한다는 것으로, 모델스키George Modelski는 이러한 패권순환이 장주기인 100년마다 역사에서 반복되었다고 주장하였다.

현재 미국뿐 아니라 한국에서도 유행하는 그레이엄 앨리슨 류의 주장 또한 이러한 세력전이 개념을 핵심적 설명 도구로 하고 있다. 세력전이론이 중국위협론에 논리적이고 전략적인 동기를 제공해 준 것은 사실이지만, 패권순환이 역사적 현상이라는 데 동의하고 있다는 점에서 위협론의 논리적 취약성이 있다. 그렇다면 역사는 미국을 예외적인 것으로 인정할 것인가? 패권순환은 미국을 빗겨갈 것인가? 세력전이론에 동의한다면 도전세력들을 완전히 배제하려 몰입하기보다는 순환주기를 최대한 늘리고 완만하게 지연시키는 것, 그리고 나머지는 미국의 포르투나Fortuna인 '명백한 운명manifest destiny'에 맡기는 것이 지난날 미국 대전략의 현인들이 남긴 역사적 교훈일 것이다.

역사적 경험으로도 기성 강대국이나 패권국의 위협인식은 군사적으로 침략당하거나 포위당할 위험에 대한 인식, 즉 피침탈·피포위 위협론이지, 최고의 지위에 집착하는 위협론은 아니었다. 왜냐하면 역사적으로 제국은 스스로를 문명과 동일시하기 때문이다. 오히려 최고의 지위는 패권도전국에 부여된 동기다. 미국은 군사와 경제력을 비롯한 하드 파워는 물론이고, 스스로도 인정하듯이 역사상 존재한 어떠한 기성 강대국들보다도 방어에 필요한 유례없이 안전한 천혜의 지정학적 조건―대서양과 태평양으로 차단 보호된 안보조건―을 갖추고 있다. 미국의 정치학자들도 이러한 지정학적 조건을 미국식 예외주의의 주요한 기반으로 인정하고 있다.

미국의 중국위협론은 일극체제의 산물이자 유산이기도 하다. 미국은 건국한 지 200여 년 만에, 그리고 세계를 양분한 지 50여 년 만에 일극의 지위에 올랐다. 역사상 유례가 드문 미국식 일극체제를 유지하려는 팍스 로마나적 열정이 도전세력에 대한 거부와 위협론으로 외화外化된 듯하다. 중국위협론이 처음으로 등장한 때는 미국이 일극의 순간unipolar moment에 열광하던 때와 겹쳐 있다. 혹자는 이에 빗대어 일극적 강박증 unipolar obsession 또는 일극의 저주라고 비유하기도 한다. 미국은 일극의 '순간'을 일극의 '역사'로 바꾸고 싶었던 것은 아닐까? 일극의 순간이 보편제국으로 가는 진입로였을까?

중국위협론은 확장되고 전이될 가능성이 있기 때문에 위험할 수 있다. 중국위협론은 미국과 중국 사이의 양국 현안으로 국한되지 않고 글로벌 현안이자 위기로 확장되고 있다. 우리나라가 속해 있는 동아시아만 하더라도 미국의 중국위협론은 1990년대를 지나면서 일본으로 확장되었다. 1970년대 후반에서 1980년대 동안 미국을 추월할 것으로 위협했던 일본은 1990년대를 경과하며 중국에 글로벌 지위를 추월당할 가능성이 현실화되면서 미국 버금가는 중국위협론을 제기해 왔다. 2010년 중국은 글로벌 GDP 순위 2위를 기록하며 일본을 추월하였고, 2015년에는 구매력평가에 의한 GDP(PPP)에서 미국을 앞섰다. 일본은 1990년대 후반 미국과의 동맹을 재확인하고 강화—미·일 신新안보가이드라인(1997)과 주변사태법(1999) 제정—한 후에 중국위협론에 대한 대응을 본격화하고 있다.

일본에서 중국에 대한 위협인식이 처음 등장한 때는 1990년대 초반이지만, 중국위협론으로 진화한 것은 2000년대 초반이다. 1990년대 초중반 중국이 영해법(1992)을 제정하고 남중국해의 미스치프 환초 Mischief Reef를 점령(1995)한 것, 대만의 총통선거에 관여하기 위해 중국이 대만을 군사적으로 압박함으로써 대만해협위기(1996)가 발생한 것, 그리고 중국의 가파른 군비증강 속도—1995년 국방예산 증가율 약 30%—등에 직면하여 일본은 중국의 군사적 팽창의도에 대해 경계하였다. 그러나 일본은 중국이 글로벌 패권국으로 성장할 것에 대해 우려한 것은 아니었다.

일본의 중국위협론은 애초에 미국의 위협론에 연동된 것이었지만, 일본의 주요 관심은 지역안보와 중국의 장기적인 군사위협, 피포위 위협, 영토침범 리스크encroachment risk에 관한 것이었다. 무엇보다도 냉전 해체 이후 일본에게는 미국의 동맹 재보장과 강화가 전략적 우선순위에 있었고, 이를 통해 세계 2위의 자국의 경제력을 기반으로 중국위협은 상쇄될 수 있었을 것이다. 그러나 2000년대 들어서면서 중국의 일본 추월이 현실화되면서 일본에서 중국위협론은 전략의 최우선 순위에 자리하게 되었다. 중국과 수교 이후 냉전시기 동안에도 일본이 중국을 위협으로 보지 않았다는 사실을 감안하면, 일본에게도 중국위협론은 정치 이념이나 체제 정체성의 이질성에서 비롯된 것이라기보다, 냉전 해체 이후 힘의 배분distribution of power 상태의 변화, 세력의 변화가 가장 주요한 원인이라 할 수 있다.

일본의 중국위협론은 우리에게도 의외의 변수 또는 돌연변이로 작용할 수 있다. 중국위협론의 파생물이 한국위협론으로 변이 진화할 수도 있다는 것이다. 지난 아베 정부 시절에 일본이 한국에마저 추월당할 수 있다는 위기의식이 등장하여 일종의 한국 때리기Korea bashing가 시작된 것이 아닌가 하는 의구심이 전문가들 사이에서 논의된 적도 있었다. 중국과의 무역, 글로벌 공급망 재편 문제뿐 아니라, 중국위협론은 여러 면에서 우리 자신이 직접 당사자가 될 수 있는 문제이기도 한 것이다. 만약 일본이 한국위협론을 거시전략담론 중의 하나로 구체화하고 이에 북한위협론까지 결합한다면 한반도의 불확실성은 고조될 것이다. 위협론은 그 자체로 위협적인 것이다.

앞서 살펴보았듯이 중국에 앞서 일본은 미국의 위협론의 제물이기도 했다. 냉전 말기 미국의 외교안보 전문가들뿐 아니라 경제전문가들도 당시 일본의 상승하는 경제력과 군사력이 결합할 경우에 총합 국력 면에서 미국을 위협할 수 있다고 판단하였다. 냉전이 종식되면 소련을 대신하여 일본이 미국의 동등한 잠재적 경쟁자potential peer competitor가 될 것으로 상정하였다. 한 시대를 마감하고 세계전략의 재편이 불가피하다는 인식이 반영된 것이었다. 상승하던 경제력을 바탕으로 일본의 우익 정부가 군비증강을 선택한다면 일본은 명실상부하게 동아시아 최대 군사대국이 될 것으로 예측되었다. 당시는 중국이 경제력과 군사력 등에서 세 번째 열third tier에 자리한 국가로 인식되던 때였다. 일본에 대한 미국 외교안보 엘리트들의 이러한 인식은 1990년대 이후의 중국위협론과 대체로 유사하다. 탈냉전기의 전개는 주지하다시피 일본경제의 침체와 중국 경제의 눈부신 성장으로 인해 잠재적 도전자가 일본에서 중국으로 교체되는 방향으로 진행되었다.

중국위협론은 중국 위협의 정도와 실현가능성에 대한 실질적인 국가안보적 우려에 기인한 것이라기보다는, 일극적 지위를 유지하고 신세계질서를 주도하기 위한 대전략grand strategy이라는 정책 수요에 지속적으로 부응하는 전략담론이라 할 수 있다. 위협론이 등장할 당시 1996년의 경우만 하더라도 중국의 하드파워는 미국의 십분의 일 수준―중국의 GDP는 미국의 11.75%, 군사비지출은 13.05%―이었다는 사실을 다시 환기해 보면 그러하다. 요약하면, 중국위협론은 위협이 아니라 전략에 방점이 있었다. 이러한 위협에 대처하기 위한 전략의 문제점은 막대한 비용과 희생이 따른다는 것이다. 이 비용과 희생은 미국이 온전히 감당하는 게 아니라 세계시장과 국제사회에 전가된다는 것, 그리고 특히 동맹국들의 부담을 요구하는 것이라는 점에서 이러한 예방전략은 중대한 결함이 있다.

"국가 지도자들은 잠재적인 위협에 대처하기 위해 유용한 국내자원을 동원한다"는 콜럼비아대의 국제관계학자 크리스텐슨Thomas J. Christensen의 지적은 중국위협론의 전략적 동기와 관련하여 고려할 만하다. 크리스텐센은 《유용한 적들Useful Adversaries(1996)》이라는 책에서, 국가지도자들이 어떻게 대전략을 위해 유용한 적useful adversary을 만들고 대중을 정책적으로 동원하는지, 그리고 때로는 지나치게 공세적이고 이념적인 정책을 채택하는지에 대해 설명하고 있다. 중국위협론에서도 이러한 동원이 일어나고 있는 듯하다. 크리스텐센의 설명대로, "국제관계학자들은 이념적으로 전혀 다른 국가들이 공동의 적에 대항하여 협력하거나, 이념적으로 매우 친숙한 국가들이 국익의 차이로 서로 싸울 때 전혀 놀라지 않는 듯하다". 왜냐하면 국가 간의 긴 역사에서 볼 때, "세력균형은 매우 익숙한 현상"이기 때문이다.[10] 마찬가지로, 중국위협론 또한 본질적으로 권위주의 대 민주주의 문제와 같은 이념적 차이의 문제는 아니다. 이념적 요소는 위협론이 정점에 오를 때 이를 강화시키는 역할일 뿐이다.

첨언하면, 미국 정치엘리트들이 중국에 대해 체감하는 위협에 관한 인식이라는 접근도 위협론에 대한 이해를 넓히는 데 참고할 필요가 있다. 위협인식threat perception은 국제질서에서 힘의 배분의 변동 가능성에 따라 강하게 영향을 받는다. 위협인식에 관한 고전적 정의는 미시간대 원로 정치학자였던 데이비드 싱어J. David Singer가 국제관계의 행위패턴을 계량적 방법으로 측정하려한 시도에서 나왔다.[11] 그는 과거 냉전시대의 위협에 관한 계량적 측정을 위해 국가의 능력capability과 의도intention 간의 간단한 정식을 산정한 바 있다. 이후 스티븐 월트는 위협인식을 측정하는 데 있어서 지리적 거리를 변수로 추가하였다.

이러한 위협인식에 대한 정의에 따르면, 한 국가(차상위 강대국)의 국력이 성장하여 국제질서의 힘의 배분에 의미 있는 변화가 초래될 경우, 그리고 이 국가가 국제질서를 변경하려는 의도를 가지고 있을 경우, 기성 강대국은 위협을 느끼게 된다는 것이다. 결국 중국에 대한 위협인식은 중국의 국력이 현저히 증가하고 또 국제질서를 변경할 의도가 확인되었다는 것을 전제로 한다. 만약 국력은 증대하였으나 의도가 확인되지 않았거나 낮은 수준에 있다고 판단될 경우, 위협인식은 낮은 수준에 머물 수 있다. 이러한 분석은 능력과 의도를 각각 독립 항으로 설정한 결과이다.

그러나 이에 대한 다른 해석도 가능하다. 두 요소가 고립적으로 존재하는 것이 아니라 능력이 의도에 영향을 미치는 상호적 기능관계에 있을 경우를 가정할 수 있다. 파리드 자카리아가 주장하였듯이, "능력이 의도를 만들어낸다"는 식의 접근이다. 어떤 국가가 대단한 국력의 성취(부국강병)를 이루면 그에 걸맞은 지위를 추구하려는 경향이 있다는 것이다. 그에 따르면, "국가의 부가 증대할수록 그 국가는 목표를 실현할 수 있는 외교와 군사기구를 확대 구축할 수 있게 되는데, 그 목표는 국부와 이러한 자원들(외교·군사기구 등)이 증대함에 따라 확장되는 경향이 있다"는 것이다.[12]

자카리아의 해석은 일극체제의 형성기에 미국의 세계적인 역할의 기원을 설명하기 위한 것이었으나 중국의 사례를 설명하는 데에도 유의미할 수 있다. 부의 증대(富國)가 힘의 증강(强兵)으로 이어지고, 결국엔 국가의 목표(의도)도 이에 따라 확장된다는 것이다. 국력이 급부상함에 따라 중국이 중화부흥이라는 의도(중국몽中國夢)를 드러냈고, 이로 인해 중국의 부상이 평화굴기平和崛起가 아니라 대국굴기大國崛起(패권추구)를 의미한다는 미국 외교안보 엘리트들의 위협인식으로 귀결되었다는 것이다.

다만, 월트의 지리적 근접성이라는 요소를 위협인식에 추가하여 해석할 수도 있다. 월트적 해석을 응용하면, 지리적 근접성 면에서 유럽의 국가 간 관계—유럽 국제체제와 역사적 경험—와는 달리, 중국과 미국은 광대한 태평양을 사이에 둔 상호 지리적 원격성이라는 천혜의 자연국경으로 인해 서로 전략적 관계설정 방식 여하에 따라 위협인식은 낮아질 수 있지 않았을까? 만약 그렇지 않다면, 중국위협론은 결국 중국과의 국력의 격차가 줄어드는 것에 대한 우려, 또는 상대적 국력의 쇠퇴에 대한 예방전략의 문제였을 뿐이다.

| G2의 주술: 투키디데스 함정과 킨들버거 함정

오늘날 미·중 패권경쟁이나 세력전이를 논하는 데 있어서 언급되는 함정(덫)trap들이 있다. 미국과 중국 사이에 놓여 있는 함정들을 말하는데, 킨들버거 함정Kindleberger trap과 투키디데스 함정이 대표적이다. 이 외에도 타키투스의 함정Tacitus trap이 추가된다. 타키투스 함정은 중국 자체의 문제를 지적하는 용어이므로 이 글의 주제와는 밀접한 연관은 없으나, 초강대국을 지향하는 중국이 빠질 수 있는 함정이라는 점에서 주목할 필요는 있다.[13]

타키투스 함정은 중국에서 만든 신조어이지만 로마제국의 역사가 타키투스에서 차용한 것으로 보인다. 로마의 집정관 타키투스Publius Cornellius Tacitus는 "신뢰를 잃은 정부의 위험성"을 경고하였다. "정부가 어떠한 말이나 행동을 하든지 국민이 그것을 거짓이나 나쁜 것으로 여기는 상황"을 말한다. 당시 제국의 정점에 있던 로마가 가장 경계해야 할 상황이었다. 로마의 헤게모니가 관철되는 보편질서인 팍스 로마나를 관장하기 위해서는 제국 로마의 대내외적 신뢰가 중요한 덕목이었다. 로마시민들에 의해 제국의 신뢰가 내적으로 부정된다면 제국의 대외적 정당성은 확보되기 어렵고, 그 보편질서 또한 지속가능하지 않을 것이기 때문이다.

2014년 시진핑 주석이 처음으로 거론한 바 있는 이 용어는, 이후 국가의 공신력이라는 대내적 의미를 넘어 "중국식 민주주의가 위기에 빠진 서구 민주주의에 대한 신뢰할 만한 대안"이라는 담론으로 확장되었다. 중국이 중화부흥의 꿈을 이루고 세계질서의 설계자로 나서기 위해서는 중국식 대안에 대한 신뢰가 전제될 필요가 있다. 따라서 타키투스의 함정을 피하는 것이 은 중국이 보편질서를 지향하기 위한 출발점이자 입구일 것이다.

킨들버거 함정은 조지프 나이가 마셜플랜의 지적知的 설계자 중의 한 사람인 MIT 경제학자 찰스 킨들버거Charles Kindleberger의 견해를 차용한 것이다. 킨들버거는 "1930년대의 비참한 10년(대공황의 결과)은 미국이 영국을 대체하여 주도권을 잡은 후에 글로벌 공공재를 제공하는 것에 실패한 결과"라고 주장하였다. 제1차세계대전 이후 전쟁의 여파로 영국이 매우 약화되어 금융과 통화 안정, 해양의 자유 등 대영제국이 담당해 온 글로벌 공공재 제공이라는 종래의 역할을 수행할 수 없게 되었을 때, 대외정책에서 고립주의를 고수하던 미국은 무임승차를 지속하였고 이는 결국 파국으로 귀결되었다. 미국은 영국을 대체하여 세계 최대의 강대국이 되었으나 과거 대영제국이 맡았던 역할(글로벌 공공재 제공)을 방기하여 비참한 10년을 초래하였다. 그 결과 세계는 대침체와 대량학살, 그리고 세계전쟁으로 인한 글로벌 시스템의 붕괴를 겪었다. 조지프 나이는 킨들버거 함정을 언급하면서 미·중경쟁에 있어 "역사가 설정한 이 함정을 경계해야 한다"고 트럼프 정부에 당부하였다.

마찬가지로 "오늘날 중국의 힘이 증강함에 따라 중국은 글로벌 공공재 제공에 도움이 될 것인가"하는 것이 킨들버거 함정의 요점이다. 중국은 국력이 증대함에 따라 "자신이 만들지 않은 국제질서"에 기여하기보다는 무임승차 할 것이라는 우려들이 있다. 지금까지 중국은 자신이 혜택을 누리는 자유주의 국제질서를 전복시키는 것이 아니라 그 안에서 영향력을 증대시키려 노력해 왔다. 그러나 조지프 나이가 우려하듯이, "미국의 압박을 받고 고립된다면 중국은 세계를 킨들버거 함정에 빠트리는 파괴적인 무임승차자가 될 것인가" 아니면 "글로벌 공공재를 제공하기에는 약한 중국"을 우려해야 하는 것인가? 중국이 진정한 글로벌 리더의 역할을 수행하려면 무엇보다 이러한 글로벌 공공재를 제공할 수 있는 역량의 격차를 극복해야 할 것이다.

투키디데스 함정은 앞서 여러 차례 언급한 바와 같이 떠오르는 강국에 대한 두려움이 전쟁으로 이어진다는 것이다. 고대 그리스 세계를 붕괴시켰던 펠로폰네소스 전쟁에 참전했던 역사가 투키디데스는 "전쟁이 필연적이었던 것은 아테네의 떠오름과 그에 따라 스파르타에 스며든 두려움 때문"이었다고 말하였다. 그레이엄 앨리슨은 《예정된 전쟁》에서 신흥세력과 기존의 지배세력(패권국) 간의 헤게모니를 둘러싼 구조적 긴장관계를 투키디데스 함정이라는 용어로 설명하였다. 신흥세력이 필연적으로 기존의 패권세력에 도전할 것이고, 이러한 가능성 대한 패권국의 두려움이 전쟁으로 이어질 수 있다는 것이다. 앨리슨에 따르면, 1500년 이후 기성 지배세력(패권국가)이 떠오르는 국가(신흥세력)와 대립했을 때 결과는 16건의 사례 중 12건이 대규모 전쟁major war이었다는 것이다.

앨리슨의 투키디데스 함정은 시사적으로는 매우 강한 인상을 주는 용어이지만, 이론적으로는 개념의 적실성이나 도구적 설명력이 부족하다고 할 수 있다. 예를 들어, 기성세력과 신흥세력 간의 대립 사례로 설정한 16건의 사례가 패권경쟁으로서 모두 적실한 사례인지―일부 사례는 패권경쟁의 사례이긴 하지만―의문이다. 월트가 지적하였듯이, 사례를 구성하는 것이 어떤 기준인지가 명확하지 않기 때문에 16건이라는 숫자는 정확한 것이 아니다. 예를 들어, 제1차세계대전은 단순히 기성세력인 영국이 떠오르는 독일에 대응하기 위한 패권전쟁의 사례는 아니다. 제1차대전은 매우 복합적인 요인들이 상호작용한 결과물이라는 것이다.

펠로폰네소스 전쟁의 사례도 다른 해석이 가능하다. 투키디데스의 이론이 도출된 전쟁이자 그리스 세계를 초토화하여 붕괴에 이르게 한 제2차 펠로폰네소스전쟁 당시에는 "아테네와 스파르타 간에 세력균형이 오히려 안정화되고 있었다"는 예일대 역사학자 도널드 케이건Donald

Kagan의 해석은 주목할 만하다. 그에 따르면, 제1차 전쟁은 아테네의 성장이 야기한 것이었으나, 이후 30년 평화조약으로 전쟁의 불씨는 잦아들었다. 투키디데스가 주목한 제2차 전쟁을 초래한 것은 아테네의 정책적 오판에 기인한 것이었는데, 이러한 정책 실수가 스파르타로 하여금 전쟁이 위험을 감수할 만한 가치가 있다고 생각하게 하였다는 것이다. 이러한 한계에도 불구하고 투키디데스 함정은 미국과 중국이 패권전쟁에 빠져들어 가는 것에 대한 인문학적 교훈 이상의 현실정치realpolitik적 경계儆戒로 작용한다는 측면에서 의미가 있다.

이러한 여러 함정들은 중국위협론의 변용이자 진화된 버전이라 할 수 있다. 앞서 살펴본 대로, 중국위협론은 체제나 이념적 차이로부터 발생한 것이라 보기 어렵다. 다시 말하면, 미국과 중국의 관계가 악화된 핵심 원인이 자유민주주의 대 권위주의라는 이념적 차이에 근원하고 있는 것은 아니다. 미·중관계의 갈등과 악화의 근원을 민주주의와 권위주의의 충돌로 설명하는 논리는 결함이 있는 주장이므로 이에 대한 보정補正이 필요하다.

헨리 키신저는 트럼프를 역설적 의미에서 시대의 징표로 보았다. 2018년 여름, 《파이낸셜 타임즈Financial Times》와의 인터뷰[14]에서 그는 트럼프를 시대적 인물로 평했다. 역사에는 한 시대의 종결을 표하는 사람들이 있다. 트럼프는 키신저에게 그러한 사람 중의 하나였다. 트럼프의 정치적 역할이 시대적이고 역사적인 의미가 있다기보다는 그를 통해 역사의 한 시대가 마감되고 있음이 드러나고 있다는 은유이다. 트럼프를 통해 한 시대의 허세적 잔재들이 비로소 폐기되고 있다는 것이다. 그러한 의미에서 트럼프 또는 트럼프적 현상은 일종의 역설적인 역사의 기표記標signifier이다.

오랫동안 미국의 간섭을 불평하던 서방은 아이러니하게도 트럼프의 미국이 어느 날 갑자기 던져준 자유, 홀로서기에 당황하게 되었다. 2017년 5월 나토와 G7 정상회의에서 트럼프 정부가 미국 우선주의America First를 공식적으로 유럽에 확인해 주었을 때, 독일의 메르켈 총리는 "우리가 다른 이들(미국)에 의존하던 시대는 지나갔고 유럽의 운명은 이제 스스로 책임져야"하는 역사적 분기점에 서 있음을 자각하였다. 유럽의 아름다운 시절belle epoch이 지나가고 있었다. 그렇다면 인도주의적 개입, 자유주의 동맹, 자유주의 질서 등, 한 시대의 주류담론들은 이제 구시대의 허울만 남은 가식적인 잔재인 것인가?

처음에 트럼프 정부는 미국 정치사의 예외적 변종으로 보였고 미국 우선 정책은 전후 세계정치의 합의인 자유주의적 국제주의로부터 일시적 일탈로 간주되었다. 이에 따른 트럼프식 중국 때리기도 장기적인 지속가능성 여부에 대해 정책커뮤니티에서 논란이 벌어졌다. 그러나 시간이 지나면서 트럼프의 미국우선 정책은 바이든식 미국우선 정책에 스며들었고, 특히 중국압박 정책은 민주당과 공화당을 막론하고 워싱턴의 합의로 자리 잡게 되었다. 트럼프 정부의 출범은 미국과 중국이 40여 년에 걸친 전략적 동반자관계를 최종적으로 청산하고 시대적 대분기 epochal divergence에 들어감을 상징하였다.

트럼프 정부는 2017년 발표한 국가안보전략National Security Strategy에서 중국과 러시아를 "미국의 영향력에 도전하고 미국의 가치와 이익에 상반되는 세계를 수립하려는 숙적이자 수정주의 국가revisionist state"로 묘사하였다. 최종적으로 트럼프 정부는 냉전 해제 이후 20여 년 간 수행한 중국에 대한 전략적 관여정책이 실패했음을 선언하였다. 지난 시기 동안 미국의 중국정책은 "중국의 부상과 탈냉전 국제질서로의 통합에 대한 미국의 지원이 중국을 자유주의화 할 것이라는 신념"에 입각해 있었다.

클린턴과 부시 정부, 그리고 오바마 정부로 이어진 관여정책은 중국을 국제제도와 글로벌 무역에 인입시키면 선량한 행위자benign actor이자 신뢰할 수 있는 파트너로 변화할 것이라는 가정에 입각한 것이었으나 결과적으로 실패했다고 평가하고 있다. "미국이 이끌지 않으면 악의적 국가들이 그 자리를 채울 것"이라 경고하면서 "미국의 이익과 가치에 부합하도록 힘의 우위로 세계를 주도"해야 한다고 이 문서는 강조하고 있다. 트럼프 정부의 세계질서에 대한 인식은 "이념이 아닌 성과에 의거한 현실주의"에 입각한 것으로 중국 등과의 전략적 대항strategic rivalry이 "일시적인 트렌드가 아닌 장기적인 도전"이자 헤게모니의 충돌로 규정하고 있다.[15]

애초의 예상과는 다르게 트럼프의 중국정책은 예외적이거나 일시적인 것이 아니었다. 중국정책의 대전환은 민주와 공화 양당의 공통의 어젠다였고, 중국과의 전략적 숙적경쟁은 미국 대외정치의 워싱턴 컨센서스로 확인되었다. 탈냉전기 클린턴 정부 이래로 중국 관여정책을 주도해 온 민주당 엘리트들은 관여정책의 실패를 자인하면서 트럼프의 중국정책에 수렴해 갔다. 미어샤이머John Mearsheimer의 표현대로, 관여정책에 충분한 기회가 주어지지 않았다거나 미국이 충분히 수용하지 않아서 중국이 위협으로 등장했다고 말할 순 없다. 분명한 것은 세월이 흘러 결과적으로 관여정책이 실패했다는 것이 확인됐다는 사실이다.[16] 관여정책론자들의 전망은 절반의 실패로 끝났다. 예측한 대로 중국은 전례 없는 경제성장을 이루었으나, 희망한 대로 책임있는 이해상관자responsible stakeholder가 되지는 않았다.

2017년 12월 국가안보전략NSS에 이어 3개월 후 중국무역제재안이 발표되면서 트럼프 정부의 중국압박 정책, 강대국 패권경쟁이 본격화되었다. 당시 캠벨Kurt Campbell과 래트너Ely Ratner는 《포린어페어즈》의 기고문[17]에서, 중국에 대한 관여정책의 결과가 건국 이래 미국이 "가장 강력한 경쟁자에 직면"한 것이라 비판하였다. 오바마 정부에서 각각 동아태차관보와 바이든의 안보 부보좌관을 지낸 캠벨과 래트너는 트럼프 정부의 국가안보 전략이 옳은 방향으로 가고 있다고 평가하였다. 지난 시기 동안 미국은 포용정책을 통해 중국의 경로를 자유주의 질서에 조응하여 변경시킬 수 있을 것으로 자신의 능력을 과대평가했는데, 이제 더 이상 중국을 더 나은 국가로 변화시키는 것이 미국의 아시아전략의 길잡이가 되어서는 안 된다는 주장이었다. 이리하여 미국은 아시아전략을 구조적으로 수정하기로 결정하였다.

이러한 의미에서 오늘날 세계질서의 위기를 주도하는 미·중갈등과 미·러갈등은 구조적인 것이다. 시진핑이나 트럼프 이전에 이미 갈등은 시작되었고 이들은 이를 전면화시킨 것이다. 푸틴 정부 역시 마찬가지 경우로, 러시아의 정치엘리트들은 옐친 정부 후반에 들어서면서 이미 미국에 대한 항의와 대항 전략을 수립하기 시작하였다. 프리마코프의 유라시아노선과 러·중·인도 전략적 삼각구상 등이 그것이다. 따라서 미국의 일부 전문가들이나 정책커뮤니티에서 흘러나오는 포스트 푸틴, 포스트 시진핑 체제에 대한 기대나 레짐 체인지적인 희망은 무망하다고 할 수 있다. 포스트 트럼프에 대한 기대 역시 마찬가지이다. 문제의 본질이 구조적이기 때문이다.

| 차이메리카Chimerica의 균열:
일대일로 대對 아시아로의 회귀pivot to Asia

"미·중관계의 악화가 민주주의와 권위주의 사이의 충돌에 기인한 것이라면, 왜 양국은 탈냉전과 글로벌라이제이션의 정점기까지 우호적인 관계를 유지해 왔는가, 이러한 공생관계가 왜 2010년대 들어와 돌연 신냉전이 운위되는 갈등관계로 변한 이유는 무엇인가?" 존스홉킨스대학의 정치경제학자 홍호펑孔誥烽Ho-Fung Hung의 이러한 질문은 현재의 미·중 갈등의 연원과 함정론을 보정하기 위해 소개할 만한 가치가 있다.[18]

홍호펑은 이러한 질문에 대하여 지정학적 이해관계와 경제적 이해관계를 연계하여 설명하고 있다. 지정학적 이해관계는 국가중심적 관점으로 주로 미국의 국가안보와 외교엘리트들의 중국에 대한 인식과 전략을 반영하고 있고, 경제적 이해관계는 자본중심적 관점으로 미국의 기업들의 중국인식과 전략을 반영하고 있다. 중국에 관한 설명에서도 이러한 관계 메커니즘이 적용되지만, 중국 체제의 특성상 국가엘리트 또는 당-국가 중심의 전략적 대응에 주안점을 두고 있다.

미국과 중국이 전략적 갈등관계, 이른바 패권경쟁에 들어간 것은 2010년대 들어서인데, 그렇다면 이전과 무엇이 달라졌기 때문인가? 이에 대해 현실주의적 시각은 시진핑 정부 들어서 중국이 공세적인 전략을 전면에 부각시킴으로써 미국의 헤게모니에 도전하기 시작했기 때문이라 주장하고 있다. 자유주의적 해석은 중국에 대한 자유주의(민주주의) 기획의 실패, 다시 말하면 개혁개방을 통한 중국의 시장경제로의 이행과 글로벌라이제이션 합류가 민주주의로의 이행을 촉진할 것이라는 희망이 난망하게 되었고, 오히려 중국의 권위주의로의 회귀가 현저해지고 있다고 강조함으로써 이념적 차별성 요인을 부각시키고 있다.

홍호펑은 자유주의와 현실주의적 해석에 일정한 거리를 두고 정치경제적 해석을 시도하고 있다. 그에 따르면, 2010년대 이전 미국과 중국 사이의 갈등 가능성을 봉합한 것은 미국의 자본과 기업들의 이해관계였다. 냉전 해체 직후인 1990년대 초반, 태동기의 중국위협론은 주로 안보와 전략적인 것이었다. 미국의 일부 외교안보 엘리트들은 소련 해체 후의 지정학 진공을 중국이 메울 경우에 대비할 필요성, 그리고 미래의 잠재적 전략경쟁자로서 중국의 위협 가능성 등을 주장한 바 있다.

이러한 안보적 관점과 더불어 중국의 인권문제가 미국 정부와 사회에서 쟁점화되었다. 중국 인권문제를 촉발시킨 것은 톈안먼 사건(1989)과 미국 노동계의 우려였다. 톈안먼 광장의 평화시위를 무력으로 진압하여 인명살상을 초래한 톈안먼 사건을 계기로 미국 의회에서는 무역에서 중국의 연례적인 최혜국 지위(MFN)의 갱신에 반대하는 분위기가 고조되었다. 노동계가 인권과 MFN지위를 연계하는 정책을 지지한 이유는 중국의 무노조, 저임금 노동이 미국 노동자들의 경쟁 조건을 악화시키기 때문이었다.

당시 미국 정부와 사회의 분위기는 냉전 해체에 따른 민주주의로의 이행이라는 이상주의에 고취되어 있었다. 당시 국무장관이던 워렌 크리스토퍼Warren Christopher, 주 유엔 대사 매들린 올브라이트Madeleine Albright, 그리고 톈안먼 사건 당시 주중대사였고 국무부에서 중국을 담당하던 윈스턴 로드Winston Lord 동아시아태평양 차관보 등, 클린턴 정부 초기의 외교 담당 엘리트들도 이러한 이상주의적 희망에 경도되어 있었다.

1993년 5월 클린턴 정부는 중국의 MFN지위가 더 이상 자동으로 연장되지 않을 것이라 발표하였다. 클린턴 정부가 제시한 인권의 일곱 분야—재소자 강제노동, 종교의 자유, 티베트 자치, 정치범 석방 등—중에서 두 분야에서 상황 개선이 충족되지 않을 경우 MFN지위는 종료되는 것이었다. 홍호평의 해석은 클린턴 정부의 이러한 조치를 뒤집은 것이 미국의 재계와 기업들이었다는 것이다. 미국이 중국의 MFN지위를 갱신하지 않으면 관세인상을 비롯한 투자 조건 악화 등, 중국의 비즈니스 환경에 민감한 미국기업들의 불확실성이 증대되고, 중국 또한 투자유치와 수출주도형 성장전략에 심대한 타격이 예상되었기 때문이다.[19]

클린턴 정부의 대중국 인권연계 정책에 대응하는 방식은 중국 정부의 로비와 미국 기업들의 로비가 결합된 형태로 나타났다. 중국의 MFN 지위와 인권문제를 분리시키기 위해 중국 정부 그리고 월가Wall Street와 초국적 기업은 전략적으로 제휴하여 로비활동을 통해 미 의회에 청원하고 행정부를 설득하였다. 나이키나 유통기업 시어스Searce 등 이미 중국시장에 진출하여 중국무역에서 확실한 혜택을 받을 수 있는 기업뿐 아니라, 크라이슬러나 포드, GM, 인텔 등 향후에 중국무역자유화의 혜택을 합리적으로 기대할 수 있는 기업은 물론이고, 낮은 관세율 등 중국의 MFN지위로 직접적인 이득이 불확실한 AT&T, GE, 보잉, 록히드, 모토롤라, 엑손모빌 등 통신·항공 및 군수산업·석유채굴·장치산업process industry에 이르기까지 로비활동에 망라되었다. 특히, 항공기 제조기업인 보잉의 경우, 1993년-1994년 사이에 중국 MFN지위 연장을 위한 로비 관련으로 언급된 횟수가 의회의사록과 3대 주요 일간지(NYT, WP, WSJ) 기사에서 무려 432회에 달했다.

중국의 로비 또한 집요하였다. 주미 중국대사관은 미국 기업들에 "미국 정부, 의회와 언론매체에 영향력을 행사하여 중국의 MFN지위를 유지할 수 있도록 활동해 달라"고 요청하는 한편으로, 기업들에 구매 중단을 경고하는 압박수단을 동원하기도 하였다. 보잉의 경우, "중국의 목표가 로비활동으로 관철되지 않을 경우, 보잉 대신에 유럽의 에어버스를 구매할 것"이라는 경고를 받은 바 있었고, 당시 보잉 측은 이를 심각하게 받아들인 바 있다. 당시 보잉의 국제 전략 담당자에 따르면, 중국 측 요구를 충족시키지 못했다면 "회사가 끝장났을 것"이라는 판단이었다. 2006-2011년 사이에 보잉은 한 해 동안에만 중국 관련 로비 비용으로 1억 6,200만 달러(약 2천억 원)를 지출하였다.[20]

인권연계조치를 발표한 지 1년 만인 1994년 5월, 클린턴 행정부가 "갱신의 조건이던 인권 개선 상황을 고려하지 않고 중국의 MFN(최혜국 대우)지위를 갱신할 것"이라 발표함으로써 결국 노동계와 인권운동가, 세계화 반대론자들에 대해 월가와 기업들의 힘의 우세가 확인되었다. 당시 클린턴 행정부의 대표적 경제엘리트로서 국가경제위원회NEC의 수장이던 로버트 루빈Robert Rubin은 물론이고 하원도 중국의 인권개선문제와 최혜국 지위의 갱신을 연계하지 않는 방안을 대다수 지지하였다.

공화당의 제럴드 솔로몬 의원이 발의한 중국 MFN지위 취소결의안은 하원에서 75 대 356이라는 압도적인 차이로 부결되었다. 좌파 하원의원 버니 샌더스는 우파인 솔로몬의 결의안을 지지하면서 중국에 MFN지위를 부여하는 것을 두고 "자국(중국) 노동자를 착취할 수 있는 국가에게 그러한 지위를 부여하는 정신 나간 짓"이자, "미국 노동자들에 불가능하고 무리한 경쟁을 요구하는 것"이라 비난하였다. 클린턴 행정부의 경제자문위원장을 지낸 조지프 스티글리츠Joseph E. Stiglitz 또한 "금융이 최고의 권력을 차지"했다고 지적하면서 당시 백악관에 대한 월가의 지배적인 힘을 확인한 바 있다.[21]

홍호펑에 따르면, 미국과 중국의 공생관계가 2000년대를 지나면서 갈등 경쟁관계로 전환된 것은 양국 간의 불균등발전의 결과물이자 자본축적 위기의 반영이었다. 이에 따라 미국의 지정학적 이해관계와 경제적 이해관계 모두 중국에 불리하게 조성되었다는 것이다. 앞에서 살펴보았듯이, 1990년대 미국의 지정학적 이해관계는 재계의 경제적 이해관계에 의해 제어될 수 있었으나, 2010년대에는 두 이해관계가 결합되어 대중국 압박에 복합적으로 작용하게 되었다.

글로벌라이제이션이 정점에 있었던 2000년대에는 미국과 중국은 공생의 절정기에 달했던 시기였다. 2000년 미국은 중국에 항구적 정상무역관계Permanent Normal Trade Relations(PNTR)의 지위를 부여한 데 이어, 이듬해에는 세계무역기구WTO 가입을 승인하였다. 이로써 중국은 글로벌라이제이션의 바다로 자유롭게 항해할 수 있게 되었다. 글로벌라이제이션이 거의 끝나가던 2012년에야 러시아의 WTO 가입이 승인된 사실을 감안하면 중국에 대한 미국의 기대와 이해관계가 어떠했는지를 알 수 있다. 중국의 WTO 가입은 "중국의 호황과 미국의 금융번영이 절정을 이루는 데에 기여"했을 뿐 아니라, 이로 인해 중국은 세계 최대 수출국이자 세계의 공장이 되었다. 애플 등 IT기업을 비롯하여 월마트에 이르기까지 미국 기업들은 앞다투어 중국 공장에 아웃소싱하기 시작하였다.

중국은 2008년에 세계 최대의 미국 국채 보유국이 된 데 이어, 이후 최대 외환보유국으로 올라섰다. 미국 시장의 최대 수출국이 된 "중국의 저가품들은 미국의 소비 붐을 이끈 원동력이었고, 수출로 획득한 달러로 미국 국채를 구입해 환류시킴으로써 미국의 증가일로에 있던 재정적자에 자금을 조달함으로써 미국 금리는 낮게 유지되었으며, 이러한 과정을 통해 미국경제의 금융화와 금융주도의 번영이 촉진"되었다.

미국과 중국의 이러한 경제적 공생관계를 하버드대 역사학자 니얼 퍼거슨과 베를린 자유대의 모리츠 슐라릭Moritz Schularick 교수는 '차이메리카Chimerica(China+America)'[22]라는 개념으로 설명하였다. 2000년대 차이메리카의 전성기에 중국은 미국의 일극체제 유지에 불가결한 조력자처럼 보였다. 이 시기는 양국의 경제적 이해관계뿐 아니라 지정학적 이해관계 또한 일치했던 시기이기도 하였다. 특히, 2001년 9·11 테러 이후 미국이 선언한 테러와의 전쟁은 한 시대를 구획할 만한 전략적 최우선 순위에 있었는데, 사소한 불일치를 제외하면 중국은 결과적으로 테러와의 전쟁에 적극 호응하여 미국의 지정학적 이해에 부응하는 전략적 스탠스를 취하였다. 경제적 이해와 지정학적 이해가 긍정적으로 결합되어 동반 상승효과를 이루어 낸 것이 차이메리카였다.

이러한 전략적 공생과 차이메리카 체제에 균열이 발생한 것은 미국발 글로벌 금융위기와 그 여파로 2010년대에 초래된 경제적이고 지정학적인 충돌에 기인하였다. 이전까지 경제적 이해관계가 지정학적 이해관계를 억제해 왔었으나, 2010년대 들어서 두 개의 이해관계가 중국을 견제하고 압박하는 방향으로 동시에 작동한 것이다.[23]

미·중의 공생관계 균열이 시작된 것은 정치경제학적으로 해석하면 자본축적의 위기와 불균등발전의 산물, 그리고 지정학적 이해관계의 충돌에 기인한다. 2010년대 들어서면서 국가주도의 경제성장 전략의 결과 중국기업들의 급속한 성장이 두드러졌다. 2000년 미국의 비즈니스 저널 《포춘Fortune》이 선정한 글로벌 500대 기업 중 중국기업은 10개였으나, 2020년에는 124개로 급신장하였고 그 중 대부분(91개)이 국영기업이었다.

중국 시장에서 미국 기업들의 존재감이 커지면서 중국 정부의 미국 기업 견제와 중국기업 지원 등의 "시장접근 보장에 대한 중국 정부의 약속 불이행과 지적재산권 침해 사례에 대한 미국 기업들의 불만이 증가"하였다. 2008년 글로벌 금융위기와 이에 대한 대책으로 후진타오 정부가 시행한 "국영부문의 초대형 경기부양책의 여파로 중국 시장에서 미국 기업들의 비즈니스 환경은 악화"되었다.

2010년 이후 중국 시장이 비우호적이라 느끼는 미국 기업들이 점증하여, 중국 주재 미국상공회의소가 중국에 진출한 미국 기업들을 대상으로 진행한 2018년 연례 비즈니스 환경 조사의 경우 약 20퍼센트만이 중국 시장 분위기를 더 우호적이라고 응답하였다. 이들 기업은 시장접근에서의 불이익과 정부의 규제, 지적재산권 침해, 기술 탈취 등을 핵심적인 문제로 지적하였다. 2000년대 경제적 공생의 최전성기 동안 중국 시장은 미국 기업들의 이익의 최전선이었으나, 이제 중국 시장에서 미국 기업들의 확장은 지체되거나 역전되었다.

로비스트 회사들이 밀집한 워싱턴 D.C. K 스트리트Street의 한 로비스트의 말처럼, "미·중관계를 좋은 궤도로 올려놓는 데 항상 선봉에 섰던 미국의 재계"[24]가 이제 중국 압박에 선두에 나서게 되었다. 미국의 재계는 중국의 대리 로비스트에서 반反중국 대항 로비연합으로 전환되었다. 중국기업들을 대상으로 한 미국 기업들의 대규모 소송이 잇달았고, 정부와 의회를 상대로 반중국기업 로비와 입법 활동이 이어졌다. 경제 애널리스트 와그리치Samuel Wagreich는 이를 "중국에 대항하는 미국 기업들의 반란"으로 묘사하였다.[25]

미·중 공생관계의 균열은 이러한 양국 간의 불균등 발전 뿐 아니라 중국 성장의 딜레마, 즉 자본축적의 위기와도 관련이 있었다. 2008년 글로벌 금융위기에 대처한 중국의 경기부양책은 2009-2010년에 중국의 경기를 반등시키는 데 성공하였다. 그러나 2010년 이후 경제성장이 둔화되면서 후진타오 정부의 대규모 경기부양책은 "중국기업들의 부채 증가와 중복투자, 과잉생산능력과 수익 감소로 이어지는 과잉축적의 위기"로 귀결되었다. 이러한 위기를 돌파하고 새로운 성장 동력을 마련하기 위해 시진핑 정부가 선택한 전략은 일대일로 구상이었다.

일대일로의 당초 구상은 파이프라인·도로·항만·철도 등 인프라 건설을 비롯하여, 중국의 과잉축적된 자본을 수출하여 자본수출국으로 부상하는 데 주안점이 있었다. 그러나 미국 오바마 정부는 일대일로를 경제발전 노선이 아니라 지정학적 전략(지전략)geostrategy으로 파악하였다. 유라시아와 아프리카를 아우르는 대륙길과 서태평양에서 인도양에 이르는 바닷길을 망라하는 중국의 세력권을 건설하는 제국 프로젝트로 판단한 것이다.

중국의 일대일로 구상은 오바마 정부가 판단하기에 미국의 아시아로의 회귀pivot to Asia 전략과 충돌하는 것이었다. 오바마의 미국은 정기적으로 항행의 자유 작전을 남중국해에서 실시하였고, 시진핑의 중국은 남해9단선南海九段線과 반접근거부A2AD전략으로 대응하였다. 남중국해가 자신의 해양영토라는 메시지였다. 이제 미국과 중국은 지정학적 이해와 경제적 이해가 중첩적으로 상승작용하여 충돌하게 되었다. 비즈니스를 제압하고 지정학이 귀환한 것인가? 이후 사태의 전개는 주지하는 바와 같이 트럼프 정부와 바이든 정부로 이어지는 미·중 간의 패권경쟁이자 세계질서의 대격변이었다.

19세기말 중화질서를 해체하고 20세기 동아시아질서의 기원을 이룬
'두 개의 전쟁(청일전쟁과 러일전쟁)'을 통해 타이완문제와
한국문제Korean Question는 역사적으로 연계되었다.

청일전쟁에서 타이완이 일본의 식민지화되었고,
러일전쟁에서 한반도가 그러한 운명에 처했다.
지정학적으로도 타이완문제와 한국문제는 연동되었고
이해관련당사국들 또한 동일하다.

두 문제 모두 동아시아 세력균형과
동맹체제의 기원에 관한 서사敍事이다.

타이완전쟁이 발발하면 이러한 메커니즘이 다시 작동할 것이고
한반도는 이로부터 자유롭기 어려울 것이다.

유럽의 우크라이나와 동아시아의 한반도,
그리고 타이완은 지리적 거리를 넘어
'약한 고리'처럼 서로 연결되어 있는 것이다.

10. 인도·태평양 전략의 최전선: 쿼드Quad와 타이완문제

| 쿼드의 지경학geoeconomics: 항행의 자유와 문호개방Open Door

십여 년 전, '떠오르는 중화권Sinosphere에 어떻게 적응할 것인가'라는 논쟁에서 싱가포르 전 외무장관 키쇼어 마부바니Kishore Mahbubani는 쿼드의 장래가 연상되는 매우 흥미로운 논평을 하였다. "우리 아시아인들은 중국이 천년의 시간 동안 아시아에 여전히 있다는 것은 알지만, 미국이 앞으로 백년 동안 여기 아시아에 남아 있을 것인지는 모른다."[1]

21세기 중국의 부상과 함께 아시아인들은 '미국은 아시아를 떠날 것인가'라는 질문을 지속적으로 제기하고 있다. 미국은 오바마 정부의 아시아로의 중심축 이동pivot to Asia, 트럼프 정부의 인도·태평양 전략과 쿼드, 바이든 정부의 뉴 쿼드 등을 통해 아시아로의 귀환을 완성해 가고 있다. 쿼드로 이어지는 미국의 전략적 대전환은 아시아인들이 느끼는 미국에 대한 전략적 의구심을 일정 정도 해소하였으나, 역설적으로 아시아인들로 하여금 중국과 미국 사이에서 전략적 선택을 모색하게 하고 있다.

2021년 3월 12일에 개최된 제1차 쿼드 정상회의는 기존의 4국 안보대화Quadruple Security Dialogue가 비공식 전략동맹으로 한 단계 업그레이드된 것으로 평가되기도 한다. 정상회의에서 바이든은 "쿼드가 인도·태평양 지역의 협력을 위한 사활적 무대"임을 강조했고, 정상회의 후 열린 언론 브리핑에서 설리번Jake Sullivan 국가안보보좌관은 "미국 국가안보에서 인도·태평양 지역의 중심성"에 대해 확인해 준 바 있다. 공동성명에서 서두에 명시된 '쿼드의 정신the Spirit of the Quad'이라는 단호한 표현에 어울리게, "민주주의적 가치를 토대로 하고 강제로 구속되지 않는 자유롭고free 개방된open, 그리고 포용적이고inclusive, 유익한healthy 인도·태평양 지역을 위해 분투"할 것을 선언하였다. 북대서양조약North Atlantic Treaty 전문前文에 명시된 나토의 정신—"민주주의와 자유, 법의 지배에 기반한 북대서양 지역"—을 연상시키는 구절이다.

공동성명에 언급되지는 않았으나 내장된 쿼드의 비공식적 전략목표는 중국에 대한 대항이고, 공식적인 목표는 국제법의 지배를 받는, 즉 규칙에 기반한 질서 rule based order가 관철되는 자유롭고 개방된 인도·태평양지역Free Open Indo-Pacific(FOIP)이다. 따라서 쿼드에 관한 이야기는 미국의 중국전략, 그리고 항행의 자유, 문호개방Open Door 정책에서 시작된다.

100여 년 전 나폴레옹 전쟁의 불길이 유럽 대륙에 번져가던 시기, 지중해 한편에서 바르바리 전쟁Barbary War(1801-1805)[2]이 발발하였다. 트리폴리 전쟁Tripolitan War이라고도 불리는 이 전쟁은 건국 초기 미국 해군이 참전한 최초의 해외원정이자 항행의 자유 작전Freedom of Navigation Operation(FONOP)의 기원이다. 바르바리 전쟁은 북아프리카의 지중해 해안에 위치한 바르바리 국가들Barbary states과 미국의 전쟁을 지칭한다.

바르바리 국가는 북아프리카 연안에 분포한 베르베르인들Berbers이 세운 국가들을 통칭하며, 리비아·알제리·튀니지·모로코 등을 포함하고 있다. 이 지역은 고래古來로 해 뜨는 동쪽을 지칭하는 오리엔트에 대비하여 서쪽을 의미하는 마그레브Maghreb로 불리는 곳으로, 당시 바르바리 국가들이 지중해 남부의 통항을 관할 통제하였다. 바르바리 국가들은 미국이나 유럽의 상선들이 해적들로부터 안전하게 지중해 남부를 통항할 수 있게 하는 대가로 조공tribute을 받아 왔다. 통항의 대가로 바르바리 국가들로부터 조공의 지나친 인상을 요구받은 미국의 제퍼슨 행정부는 상선의 자유로운 항행을 위해 해당 지역으로 함대를 파견하였다. 전쟁의 승리로 미국은 통항에 유리한 조약을 체결하였고, 조공은 1816년에 완전 폐지되었다.

미국의 항행의 자유 원칙은 자유무역과 연계되어 미국의 아시아 정책의 토대가 되었다. 역사적으로 널리 알려진 문호개방정책Open Door Policy은 미국의 동아시아 정책의 기원이다. 1899년과 1900년 국무장관 존 헤이John Hay는 중국의 영토 주권과 중국무역에서 동등한 권리를 원칙으로 하는 문호개방을 위한 외교각서open door note를 유럽 열강들에게 회람하였다.

이러한 원칙은 태평양문제와 해군감축문제를 다룬 워싱턴해군회의Washington Navy Conference(1921-1922)에서 재확인되었다. 주로 서태평양지역의 통제권을 둘러싼 미국과 일본의 전략경쟁을 배경으로 한 워싱턴해군회의에서는 이 지역의 안전과 평화, 자유로운 항행 등이 다루어졌다. 문호개방정책은 당시 유럽 제국주의 정책의 미국 버전이라 해석될 수 있지만 미국의 동아시아 정책의 초석이기도 하였다. 이러한 일련의 과정은 식민지 쟁탈 경쟁에 뒤처진 미국이 국제법적 근거를 마련하여 아시아 진출에 합류하는 과정이자 미국식으로 정의된 '규칙에 기반한 질서rule based order'를 수립하는 과정이었다.

이렇듯 미국의 항행의 자유의 역사는 길고, 아시아에 착근한 지는 100여 년이 지났다. 그렇다면 이후의 100년 동안에도 아시아에 뿌리내릴 수 있을 것인가? 이에 대한 예측은 이해관계나 관점에 따라 다르지만 인도·태평양 지역이 차지하는 미국의 경제지표들을 통해 유추해 볼 수 있을 것이다. 트럼프 행정부에 의해 쿼드가 다시 소생하여 쿼드 2.0이 출범하는 시기인 2017-2018년 미국의 경제지표는 인도·태평양 전략의 지경학적 의미를 웅변해 준다.[3]

해당 지역은 무역분야에서 미국의 수출의 약 30%, 수입의 44.5%(2018년 기준)를 차지하고 있다. 동 지역에 대한 미국의 누적 직접투자액(FDI)은 약 9,412억 달러(2017년 기준)에 달하여 중국의 누적투자액(3,077억 달러)의 약 세 배에 이르고, 2017년 한 해에 만 495억 달러를 투자하여 중국 직접투자액(380억 달러)를 대폭 상회하고 있다. 2018년 미국은 인도·태평양 지역에서 2조 5,400억 달러어치를 구매하였는데, 중국의 구매액(495억 달러)의 50배에 달하는 규모였다. 이러한 막대한 경제지표를 감안 할 때, "미국이 인도·태평양 지역에서 미련 없이 걸어 나갈 것"이라 보는 것은 무망한 일이다.

중국은 쿼드를 중국 봉쇄를 실현하기 위한 미국의 전략수단이라 우려하여 쿼드의 확장 가능성에 대해 민감하게 예의 주시하고 있다. 중국의 전략적 우려는 쿼드 구성국들의 양적 지표들을 반영한 것이라 할 수 있다. 코로나19 팬데믹 직전 해인 2019년 GDP 규모를 살펴보면, 미국은 21.4조 달러, 일본은 5.15조 달러, 인도 2.93조 달러, 호주 1.37조 달러로 쿼드 구성국들의 GDP 합계는 30.85조 달러에 달한다. 이에 비해 중국의 GDP는 14.1조 달러로 쿼드의 절반에도 못 미치는 규모이다.

서구발 금융투자의 아시아 지표와 중국의 일대일로 프로젝트의 투자 규모를 비교해 보는 것도 흥미롭다. 일대일로 프로젝트가 정점에 달했던 2016년, 중국의 일대일로 해당 국가들에 대한 투자 총액(차관 포함)은 약 1,058억 달러였다. 이에 비해 OECD 국가들의 투자액은 1,247억 달러인데, 이에 아시아개발은행ADB, 세계은행World Bank 등의 197억 달러를 합산하면 미국 주도 금융기구와 우방국의 아시아 금융투자 및 공여는 1,444억 달러에 이른다.

트럼프 정부 시기 쿼드(2.0)가 정식 출범할 당시 관련국들의 군사비 지출을 대조해 보면 쿼드의 군사적 위상뿐 아니라 쿼드 출범에 대한 중국의 전략적 중압감을 유추할 수 있을 것이다. 쿼드 구성국은 총 8,766억 달러(미국은 7,320억 달러)로 세계 군사비의 45.6%를 차지하고 있고, 중국은 2,610억 달러로 세계 군사비의 약 14%인 열세에 있다. 이 외에 미국의 인도 태평양 전략에 간접적으로 참여하고 있는 영국(487억 달러, 2.5%), 프랑스(501억 달러, 2.6%), 독일(493억 달러, 2.6%) 등을 합하면 세계 군사비의 53.3%에 달하였다(스톡홀름국제평화연구원 SIPRI, 2019).

이 밖에도 경제력·군사력·체제복원력resilience·미래자원·경제연관성·방위네트워크·외교영향력·문화영향력 등의 여덟 가지 힘의 측정치의 가중 평균을 산출하여 로위연구소Lowy Institute가 발표하는 아시아 국가들의 '포괄적 국력comprehensive power(2020)'에 따르면, 미국은 81.6, 중국은 76.1, 일본 41.0, 인도 39.7, 호주, 32.4 순으로 리스트에 올라 있는데, 쿼드의 파워 지표는 194.7로 중국의 2.5배를 상회하고 있고, 중국의 준동맹국이라 할 수 있는 러시아(33.5)를 합산(109.6)해도 쿼드가 약 2배가량 우세하다.[4]

지금까지 제시된 양적 지표는 쿼드의 하드파워가 막강하다는 것을 보여주기 위한 것만은 아니다. 오히려 중국이 열세인 이러한 양적 지표에 견주어 "중국을 포위할 필요가 있는가"하는 질문이 등장하곤 한다.

이러한 질문의 요지는 쿼드가 아니더라도, 현재 미국이 보유한 동맹 네트워크만으로도 북한을 제외하고 공식적인 군사동맹이 부재한 중국에 비해 압도적인 힘의 분포를 제시하고 있다는 점을 감안할 필요가 있다는 것이다.

다시 인도 태평양 이야기로 돌아가서, 2017년 11월 APEC 정상회의에서 트럼프 대통령이 아시아에 대한 새로운 접근으로 제시한 '자유롭고 열린 인도·태평양' 전략에 주목해 보자. 이 전략은 쿼드의 지정학적 개념으로, 1972년 이래로 지속되어 온 중국관여정책China engagement의 최종적인 종결을 의미한다. 규칙에 기반한 질서rule based order, 즉 자유주의 국제질서로 중국을 적응시킨다는 중국관여정책은 닉슨-마오쩌둥 정상회담(1972)과 국교정상화(1979) 이래로 전략적 동반자관계strategic partnership를 거쳐 글로벌 금융위기 이후 전략적 경쟁으로 변질되었다가 트럼프 정부시기에 인도·태평양전략을 통해 폐기되었다.

APEC 정상회의에서 공식화된 '자유롭고 열린 인도·태평양' 개념은 같은 해 12월에 발표된 미국의 국가안보전략National Security Strategy에 포함되었다. 국가안보전략에 따르면, "중국은 자국의 정치 안보 어젠다를 경청하도록 다른 국가들을 설득하는 데 있어서 경제적 유인·불이익·영향력 행사와 더불어 암시된 군사적 위협을 사용"하고 있다. 또한, "인프라 투자와 무역을 통해 자국의 지정학적 야망을 강요"함으로써 역내 (인도·태평양) 국가들은 "주권과 독립을 존중하는 지역질서를 유지하기 위해 집단적 대응 차원에서 지속적인 미국의 리더십을 요구"하고 있다는 것이다.

이렇듯 인도·태평양 지역에 미국의 리더십을 재확정하는 것은 역내 국가들의 주권과 독립을 유지하는 베스트팔렌적 국제질서에 입각한 보편적 요구라는 해명이었다. 국가안보전략은 미국과 동맹국의 무역과 경제 안보에 지정학적, 그리고 지경학적으로 결정적인 인도·태평양 지역에서 해상감시역할 등, 미국이 담당하는 지구적 공유자산global common의 보호역할을 중국이 거부하고 있다고 지적하고, 중국과 러시아의 위협에 주목하면서 인도·태평양을 새로운 지역적 우선순위로 설정하였다.

트럼프의 인도·태평양 연설 직후 미국과 일본, 호주, 인도가 참여하는 관련실무회담이 열렸는데, 이 회의가 2007년 중국의 간섭으로 중단된 이후 재개된 4국 간 전략대화(4자전략대화)Quadrilateral Strategic Dialogue의 복원, 즉 쿼드 2.0의 시작이었다. 2018년 2월 미국 국가안보회의NSC에서 작성된 내부문건인 〈인도·태평양 전략프레임워크Strategic Framework for the Indo-Pacific〉는 인도·태평양 지역에서 중국이 "비자유주의적 세력권을 형성하는 것을 저지"하는 것, 그리고 미국이 이 지역에서 "자유주의 경제질서를 증진"하고 "전략적 우선순위를 유지"하는 것을 명시하고 있다. 이 전략프레임워크는 전략의 주요 허브로 미국을 비롯한 4자 안보프레임워크, 즉 쿼드를 창설하는 것을 목적으로 삼고 있다.

| **쿼드의 지정학, 아시아의 4국협상Quadruple Entente 체제**

이제 쿼드의 연원을 따라가 보자.[5] 쿼드 1.0이자 쿼드의 프롤로그는 2004년으로 거슬러 올라간다. 21세기 벽두, 2004년 크리스마스 다음날boxing day에 발생하여 더욱 비극적이었던 인도양 쓰나미를 계기로 미국을 필두로 한 4국이 재난지원을 모색하는 과정에서 쓰나미 핵심그룹Tsunami Core Group이라는 새로운 형태의 외교가 형성되기 시작하였다. 제2차세계대전 종전 후, 냉전시대 이래로 해양아시아의 지정학적 개념으로 독점되어 온 '아시아·태평양'을 대체하는 쿼드의 지정학적 범주인 '인도·태평양'이라는 용어는 인도의 해군 대위 후라나Gurpreet Khurana가

2007년에 학술지에 처음 사용하였고, 일본과 호주에 의해 지정학적 키워드로 부각되었다.

기존의 아·태지역 개념의 확장에 열중인 국가는 일본이었다. 2006년 11월 일본 외무상 아소 다로는 태평양의 동북아에서 중앙아시아, 코카서스와 튀르키예를 거쳐, 중동유럽과 발틱해에 이르는 평화와 번영의 호arc of peace and prosperity를 구축하자는 아이디어를 제시하였다. 민주주의와 시장경제, 자유와 인권 등을 기반으로 한 국가들을 포괄하는 지정학적 네트워크로서 중국과 러시아를 포위 또는 견제한다는 전략개념을 내포하였다. 세부적으로 평화와 번영의 호는 동중국해와 남중국해를 포괄하는 중국의 방어라인인 도련선을 무력화는 일본식 봉쇄전략이다.

이듬해 8월 아베 신조 총리는 인도 의회에서 인도양과 태평양을 아우르는 개념인 두 대양의 합류Confluence of the Two Seas에 대해 연설하였다. 아베의 연설에는 미국·인도·일본·호주를 포괄하여 자유로운 이동을 보장하는 "투명하고 개방된 네트워크로서 확장된 아시아"라는 지정학적 의미가 포함되어 있었다. 그 후 한동안 외교적 관심에서 멀어졌던 인도·태평양이라는 용어는 2012년 오스트레일리아의 전략백서 〈아시아 세기의 호주Australia in the Asian Century〉에 전략 키워드로 등재되고, 2013년 2월 아베 신조가 미국 싱크탱크 전략국제연구원CSIS에서 한 연설('일본이 돌아왔다Japan is Back')에 재등장하는 등, 명맥을 유지하였다. 이후 2017년 일본의 〈외교청서Diplomatic Bluebook〉에 일본의 "자유롭고 열린 인도·태평양 전략"이라는 표현을 명시하면서 이 전략용어는 일본의 외교 전면에 복귀하였다.

쿼드라는 명칭은 2007년에 처음 사용되기 시작하였다. 2007년 2월 딕 체니 부통령이 호주를 방문하여 하워드John Howard 총리와 쿼드에 대해 논의한 직후, 하워드 총리와 인도 외무장관 무헤르지Pranab

Mukherjee가 일본을 방문하고, 4월에는 아소 장관과 아베 총리가 각각 인도와 미국을 방문하여 4국 대화의 동력을 확인하였다.

2007년 5월 개최된 아시아지역안보포럼ARF을 계기로 중국의 군비 확장을 우려한 미국 등 4개국 간 고위 당국자 회의(informal grouping)가 최초로 소집되었는데, 신조어에 민감한 일본 언론들이 이를 쿼드구상 Quad Initiative이라 호칭하였다. 같은 해 9월 쿼드는 인도양 벵갈만에서 실시된 해상합동군사훈련인 말라바르 훈련Exercise Malabar에 최초로 함께하여 단합을 과시하였으나, 쿼드를 추동한 일본 보수 자민당의 아베와 호주의 보수 자유당의 하워드John W. Howard 총리가 퇴진하면서 동력을 상실하여 2008년 초에 쿼드 1.0은 사실상 해체되었다. 이러한 배경에는 하워드를 낙선시키고 총리직에 오른 케빈 러드Kevin M. Rudd 총리가 중국과의 관계 개선에 관심이 많은 집권 노동당의 정치인이라는 점도 작용하였고, 인도의 만모한 싱 총리도 쿼드에 군사안보적으로 그리 열광적이지는 않았다는 사실 또한 하나의 변수였다.

쿼드의 퇴조는 지역에서 직면하고 있는 "위협들이 쿼드 국가들마다 다른 저울에 달아졌다"는 것, 그리고 중국이 각국을 상대로 외교적 압박과 전환책을 적절히 구사한 것이 복합적으로 작용한 결과라 할 수 있다. 당시 쿼드가 아시아판 나토로 진화하거나 글로벌 나토로 확장될 것이라는 급진적인 시각들이 중국을 전략적으로 자극한 면이 있다.[6]

2007년 7월 인도 방문 중에 호주 국방장관 넬슨Brendan Nelson은 "쿼드를 무역과 문화 협력으로 한정"하려는 의사를 표명하였고, 싱 총리는 쿼드가 "어떠한 안보적 함의도 지니고 있지 않다"는 점을 강조하였다. 더 나아가 2008년 1월 중국을 국빈 방문한 싱 총리는 중국과의 관계를 최우선 순위에 설정할 것을 표명하였다. 게다가 쿼드의 말라바르 합동훈련과 관련하여 인도 국내의 부정적인 여론이 비등함에 따라 예정된 미국과 인도 간의 민간핵협정에 악영향이 초래될 것을 우려한 측면도 고려할 필요가 있다.

냉전시대 이래로 전통적으로 러시아와 우호적인 관계를 지속해 온 인도의 국민회의 정부는 2000년대 초반 러시아의 주도로 중국과 더불어 전략적 삼각관계strategic triangle 수립에 관심이 있었다. 이에 따라 중국과 인도, 러시아 삼국은 정례적인 장관급 회의와 정상회담을 제도화하면서 아시아·태평양지역으로부터 유라시아대륙으로 미국의 영향력이 확장되는 것에 대응하고 있었다. 러시아는 이 삼국 간의 관계를 BRICS의 중핵이자, 이란을 포함하여 중동과 중앙아시아를 연계하는 안보협력기구인 상하이협력기구SOC의 중추로 삼으려 하였다. 인도의 국민회의INC 정부가 전략적 동조화strategic coupling로 이에 호응하면서 러시아 푸틴정부가 발표한 〈국가안보개념〉 문서에는 삼국의 전략적 삼각관계(Russia-India-China)가 '중대한 RIC'로 표현되었다. 이렇듯 인도는 인도·태평양의 쿼드, 그리고 유라시아대륙의 SCO와 RIC 등에 모두 견고히 연계된 아시아안보의 강한 고리로서 최고의 전략적 이점을 누리고 있다.

2007년 12월 새로 취임한 노동당의 케빈 러드Kevin Rudd 총리가 중국과의 관계 개선에 외교 역점을 두고 있었으므로 쿼드에 반감을 지닌 중국의 의중을 반영하여 쿼드에 불참하는 것으로 결정하였다는 해석이 유력하게 제기되었다. 2008년 1월에 예정된 2차 쿼드 회동에 참석할 의사가 없다는 것과 쿼드가 호주의 전략적 전망에 적합하지 않다는 것 등이 케빈 러드의 견해였다. 이와 더불어 글로벌 금융위기가 발생하면서 새로 들어선 민주당 오바마 정부가 이에 대처하기 위해 러시아와 관계 재정립('리셋reset')을 시도하고 중국에 G2를 제안하는 등, 중국과 러시아와의 협력이 필요했던 미국의 판단도 작용했을 것이다.

쿼드 1.0이 해체되고 2.0이 출범하기까지 2008년에서 2017년 사이의 조정기에 4국은 양자와 삼자관계를 통해 명맥을 유지해 나갔다. 2011년부터 일본과 인도가 연결고리가 되어 미국-일본-인도, 그리고 일본-인도-호주 등 3자 대화trilateral dialogue가 재개되었고, 인도가 중심이 되어 미국-인도, 인도-일본, 인도-호주 간에 장관급 2+2 양자대화(외교+국방장관)가 구성되었다.

2015년 이후에 보여준 쿼드 구성국들에 대한 인도의 적극적인 접근이 매우 인상적이다. 2008년에 비공식적 핵지위를 공식적으로 인정받는 셈이라 할 수 있는 숙원사업이던 민간핵협정civil nuclear agreement을 미국과 체결한 이래로, 인도는 2015년 통신상호운용성보안협정 COMCASA, 2016년 군수관련물류협정LEMOA 등 미국과의 협력을 군사와 안보 분야로 확장하였다. 2017년 5월에는 일본과의 협력에 이정표가 될 만한 민간핵협정을 체결하였다.

이 기간에 진행된 양자 또는 삼자 간 군사협력 또한 주목할 만하다. 일본은 당초 미국과 인도의 정례 합동군사훈련인 말라바르 훈련에 2015년부터 정식멤버로 참가하기 시작한 데 이어 2019년에는 미국과 호주의 합동군사훈련 호부護符의 검Talisman saber에 공식 참여하였다. 인도와 호주는 양국합동군사훈련인 호인훈련AUSINDEX의 규모와 수준을 확대·제고한 데 이어 2019년에는 호주의 영공방어훈련인 피치 블랙 Pitch Black에 인도가 처음으로 합류하였다.

2008-2015년 기간은 중국의 대외적 공세가 가시화되고 쿼드와 미·중관계에 있어서 전환점이 되는 시기이다. 쿼드 1.0이 종료된 2008년은 중국이 대국굴기大國崛起로 나아가기 시작한 해이다. 어떤 작가는 2008년 베이징 올림픽을 "세계를 향한 중국의 커밍아웃 파티"라고 표현한 바 있다.[7] 명실상부한 강대국임을 알리는 글로벌 헤게모니를 추구하려는 커밍아웃을 말한다.

당시 글로벌 금융위기와 이에 따른 유로존 위기(2010-2011) 등으로 인해 세계경제가 대공황에 버금가는 위기상황에 돌입하고 있던 상황에서 중국경제는 연평균 9-10%대의 고성장을 달성하고 있었다. 2010년에는 중국의 GDP가 일본을 능가하여 중국이 세계 2위의 경제대국의 지위에 오르고, 2013년 시진핑 정부가 일대일로一帶一路를 발표하면서 덩샤오핑의 도광양회를 넘어 공세적인 국가발전 노선인 중화부흥의 중국몽이 전면에 부상하였다.

시진핑 주석이 선언하였듯이, 중국은 중화인민공화국이 수립된 지 100주년이 되는 2049년경에는 아편전쟁(1839-1841)으로 인한 치욕의 세기를 극복하고 세계의 중심에 서게 될 것으로 예측되었다. 일대일로 구상은 공식적으로 국영기업과 국가펀드를 동원하여 유라시아를 관통하고 아프리카를 아우르는 육상경제회랑과 해상교역로를 연계·구축하는 시진핑 정부의 구상인데, 오바마 행정부는 이 구상을 지정학적 방점이 찍혀 있는 전략구상으로 경계하여 대항을 모색하였다.

2013년 미·중정상회담에서 시진핑 주석은 오바마 대통령에게 미·중관계의 새로운 정립을 제안하였다. 이 제안은 중국의 지위에 걸맞게 강대국 간의 관계로 양국관계를 조정하되 종래의 패권경쟁 방식이 아닌 평화로운 공존을 지향하는 신형대국관계新型大國關係를 수립하자는 것인데, 미국으로서는 중국의 헤게모니 요구 또는 패권경쟁의 시작으로 해석할 수 있었다.

이후 진행된 일련의 사건들은 미국과 중국 간 전략적 불신에 상승 작용하였다. 예를 들어, 2009년부터 동중국해와 남중국해의 분쟁 해역에 대해 중국 측의 관할권 주장이 강경해지자 2010년 아세안지역포럼ARF에서 힐러리 클린턴 국무장관이 관련 당사국 간의 중재를 시도했으나 중국의 거부에 봉착하였다. 중국은 해당 해역과 분쟁영토들을 중국의 핵심

이익에 포함시켰고 2015년 국가안보법을 통과시켜 이를 공식화하였다.

2014년 5월 아시아의 안보와 평화문제를 다루는 아시아 교류 및 신뢰구축 회의Conference on Interaction and Confidence-Building Measures in Asia(CICA)에서 시진핑이 발표한 '아시아를 위한 새로운 안보개념(아시아 신안보관)'은 남중국해와 동중국해 관할권에 대한 중국의 인식을 집약한 것으로, 아시아 문제는 아시아인이 책임져야 한다는 닉슨 독트린(1969)에 비견되는 중국의 아시아 독트린이라 할 수 있다. 아시아 신안보관과 관련하여 시진핑은 "아시아의 일과 문제는 아시아인들이 직접 처리해야 하고, 아시아의 안보도 아시아인들이 수호"해야 하며, 이를 위해 CICA를 플랫폼으로 하여 아시아지역의 안보협력기구를 구축할 것을 제안하였다.[8] 시 주석은 제3자를 겨냥한 군사동맹Quad의 무용성 등, 미국의 냉전적 사고를 지적하면서 오바마 정부의 아시아 피봇, 즉 재균형Rebalancing 전략을 비판적으로 견제하였다.

그밖에 2015년 베이징에서 대규모 군사 퍼레이드가 거행되었고 남중국해에 군사기지용 인공섬 건설과 제2항공모함 건조 등의 군비증강이 두드러졌다. 2016년에는 필리핀과 분쟁 중인 남중국해 스프래틀리Spratly 군도(난사군도南沙群島)에 대해 국제상설중재재판소가 중국의 영유권 주장이 근거가 없다는 판결을 했으나 중국은 이에 불복하고 남중국해에서 대규모 해상군사훈련을 실시하였다. 중국의 군사비 지출은 2012년에 이미 인도·태평양 주요 국가들의 군사비 예산 총합을 넘어선 데 이어 현재는 미국을 제외한 인도·태평양 국가들의 총 군사비 지출을 초과한 상태이다.[9]

글로벌 금융위기에서 벗어나고 있던 미국의 오바마 정부는 2011년 이래로 미국의 대외전략의 중심축을 중동에서 아시아·태평양으로 이동하는 두 가지 구상인 아시아로의 중심축 이동Pivot to Asia과 환태평양경제동반자협정Trans Pacific Partnership(TPP)을 추진하여 아·태지역에서 떠오르는 중국에 대한 공세적인 전략적 견제를 본격화하였다. 오바마 정부는 아시아 회귀 전략이 중국에 대항하기 위한 전략수단임을 공공연하게 내세웠고, 중국은 쿼드를 중국을 겨냥한 봉쇄네트워크라고 비난하였다.

쿼드의 조정기에 중국과 쿼드 구성국 간의 전략경쟁은 본격화되기 시작하였고, 트럼프 정부시기에 전략경쟁이 악화되어 쿼드의 귀환, 즉 쿼드 2.0이 출현하였다. 이 기간 동안, 특히 2015년 이후 중국도 쿼드국가들에 대한 압박을 강화하였는데, 역내 주변국들에 대한 중국의 압박이나 영향력이 강화될수록 쿼드의 구심력은 강해지는 경향이 발생하였고, 쿼드의 구심력이 강해질수록 중국의 압박 강도 또한 상승하는 쿼드 딜레마도 발생하고 있다.

인도·태평양 국가들뿐 아니라 쿼드 구성국들도 중국과 심대한 경제적 상호의존관계를 공유하고 있다. 2021년 기준으로 중국은 일본의 최대시장이자 무역파트너이고, 호주 또한 대외무역의 약 30% 정도를 중국에 의존하고 있다. 중국은 호주 수출의 약 40%, 수입의 약 27%를 차지하는 호주 최대의 무역 상대국이다. 인도 역시 히말라야 국경지역의 유혈충돌에도 불구하고 최대 무역국은 중국이고 중국과의 교역량은 인도의 두 번째와 세 번째 교역국인 미국과 아랍에미리트UAE와의 교역량을 합한 규모를 상회하고 있다.[10]

아시아 회귀 전략을 실현하기 위해 미국이 한국·일본·호주 등을 포괄하는 아·태지역의 동맹네트워크를 구축하는 와중에, 중국은 반접근·영역진입거부A2AD전략을 통해 남중국해와 동중국해상에서, 그리고 서태평양에서 제1·제2 도련선島鏈線island chain을 방어하는 대비책을 마련하였다. 이 과정에서 중국과 쿼드 구성국 간의 전략적 충돌은 불가피하였다. 예를 들어, 2012년 중국의 스카보로 암초(모래톱)Scarborough

Shoal(황옌다오黃巖島) 점령, 일본의 센가쿠열도(댜오위다오釣魚島)의 국유화 등의 사건으로 동중국해와 남중국해의 영토분쟁이 표면화되었다.

중국은 필리핀이 영유권을 주장하는 스카보로 암초(Panatag파나타그)에 인공섬을 건설하여 군사기지로 삼았고, 일본은 센가쿠열도를 미·일안보조약에 적용시켰다. 이로 인해 해당 지역에서 미국과 중국 간에 항모전단과 전략폭격기 등의 전략자산을 동원한 무력정찰시위가 빈번해짐으로써 전략경쟁은 한층 심화되었고, 미국의 동 해역에 대한 군사적 시위는 항행의 자유 작전으로 진화되었다.

쿼드가 인도·태평양 지역에서 새로운 동맹의 토대가 될 수 있는지, 쿼드 2.0의 경로가 어떻게 될 것인지의 문제에는 한반도의 전략 환경 변화와 타이완 위기 등이 중요한 영향을 미칠 것이다. 쿼드의 향후 경로는 미·중의 헤게모니 경쟁을 전망하는 데 있어서 중요한 전략적 척도가 될 수 있는데, 쿼드와 인도·태평양 전략 구상이 안정적인 경로로 진입하기 위해서는 타이완 해협을 무사히 통과해야 한다. 이러한 의미에서 타이완문제는 쿼드와 인도·태평양 구상의 관건이라 할 수 있을 것이다. 2021년 4월 개최된 미·일정상회담에서 양국은 52년 만에 대만문제를 공동성명에 명시하여 중국의 반발을 야기하였다. 이에 대해 다케우치 유키오 전 외무차관은 일본의 중국에 대한 메시지는 "루비콘강을 건넜다는 것"이라고 논평하였다. 일본은 미국과 함께 타이완臺灣을 반중동맹의 고리로 삼고 있다.

바이든 대통령이 안보보좌관에 임명하면서 '한 세대에 한번 나올 만한 지적능력자once-in-a-generation intellect'라고 극찬한 설리번Jake Sullivan이 2024년 1월에 가진 미국외교협회CFR에서 한 기조연설에서 바이든 정부의 인도태평양에 연계한 중국전략을 요약 전망한 내용은 민주당 주류의 전략적 사고와 관련하여 인용할 만하다. 설리번은 "중국이 국제질서를 재편하려는 의도와 이를 수행할 경제적·외교적·군사적·기술적 힘을 모두 갖춘 유일한 국가"라고 판단하면서, 중국이 첨단 기술 분야에서 미국을 '따라잡고 능가하려'하고 있고, 최대 규모의 평화시 군사력 증강을 추구하고 있다는 것에 주목하였다.

그에 따르면, 중국이 "남중국해와 동중국해, 그리고 대만 해협을 포함한 인도·태평양 지역에서 더욱 독단적으로"됨에 따라 미국 바이든 정부는 한국과 미국, 일본 간의 삼국정상회담의 틀을 새롭게 마련했을 뿐 아니라, "베트남·필리핀·인도·인도네시아 등과의 관계를 업그레이드하면서 인도·태평양 동맹국 및 파트너와의 관계를 강화하려고 노력해 왔으며, 쿼드를 상승시켰고 오커스AUKUS를 출범"시켰다.

중국은 "세계에 대한 의존도를 줄이면서 세계를 중국에 더 의존하게 만들려고 노력"하고, "미국이 쇠퇴하고 있다고 믿고"있으나 그런 미래는 실현되지 않을 것이라고 설리번은 확언하였다. "수년 동안 경제학자들이 중국이 이번 십 년이나 다음 십 년 안에 GDP에서 미국을 추월할 것이라고 예측"해 왔으나, 이제 그러한 예측은 점점 더 멀어지고 있다는 것이다. 그리고 "중국이 여러 가지 난관에 직면해 있는 현재의 상황을 감안하면 그런 순간이 결코 오지 않을 수도 있다"고 추론하였다. 설리번이 발표한 바이든 정부의 이러한 전략적 스탠스와 전망은—현실정합성 여부와는 상관없이—민주당 주류의 생각을 압축적으로 대변하고 있다는 점에서 참고할 필요가 있을 것이다.[11]

| 타이완 해협, 미·중美中 전쟁의 해협

냉전시대에 중국의 마오쩌둥毛澤東 주석은 소련의 흐루쇼프Nikita Khrushchev 서기장에게 진먼金門 등 타이완의 섬들에 포격한 이유를 다음과 같이 말했다. "중화인민공화국의 잠재력을 보여주고 싶었을 뿐이었고, 장제스蔣介石가 대륙본토에서 너무 멀리 떨어져 있기를 원치 않기 때문"이며, "손만 뻗으면 닿을 곳에 타이완이 있다는 것을 확인시켜줌으로써 원할 때마다 타이완을 불안하게 만들 수 있다는 것을 각인시켜주려 한 것"이라는 주장이다. 다시 말하면, 타이완 해협의 위기를 군사적으로 조장한 것은 "그 섬들에 위협을 가함으로써 타이완이 본토와 끈을 단절하지 못하도록 막았던 것", 그리고 타이완문제를 국제적으로 상기시키려는 것이었다는 의미다. 당시 마오는 타이완의 섬들을 무력 점령할 의사도, 필요도 없다는 점을 흐루쇼프에게 역설하였다. 아마도 북한의 서해상의 NLL 도발 또한 이러한 마오의 전술을 차용한 것으로 설명할 수도 있을 것이다. 키신저는 이러한 마오의 전술을 "하나의 중국을 재확인하는 동시에 두 개의 중국 해법이 대두하는 것을 막기 위해 제한된 군사행동으로 자제한 것"이라 해석하였다.[12]

그로부터 60여 년이 지난 오늘날 타이완 해협의 위기는 마오의 전술을 넘어서 전쟁의 위기로 상승하고 있다. 타이완침공이나 군사점령 가능성이 진지하게 논쟁의 대상이 되고 있다. 2024년 새해 벽두에 중국의 왕이 외교부장은 "타이완의 독립은 죽음의 길"이라고 경고하였다. 최근 몇 년 동안 타이완문제는 세계정치의 중심으로 떠올랐다. 우크라이나 전쟁으로 유럽에서 전쟁이 가능하다는 현실을 목도한 사람들은 아시아의 타이완臺灣에 주목하였다.

유럽에서 전쟁이 가능하다면 아시아에서도 가능할 것이라는 단순한 발상이 아니라, 우크라이나와 대만 문제의 핵심 당사국들의 친화성, 다시 말하면 중국과 러시아의 전략적 동질성, 그리고 무엇보다도 중국과 러시아 두 국가 모두 미국과 글로벌 헤게모니 경쟁의 주요 축이라는 요인들이 타이완 해협이 전쟁의 해협으로 부각되는 데 복합적으로 작용하였다. 푸틴의 러시아가 스스로 민족문제라 판단하는 우크라이나문제를 해결하기 위해 군사적 경로를 선택했다면, 시진핑의 중국 또한 중국통일의 완성으로 해석하는 타이완문제를 군사적 모험으로 해결할 것이라는 추측이었다. 실제로 두 문제는 지정학적 의미나 역사성, 국제법적 지위 등에서 상이함에도, 우크라이나 전쟁 직후 두 문제는 서로 연동되어 상승작용하였다.

최근 몇 년 동안 타이완 논쟁의 중심에는 "전쟁이 임박하였다"는 전쟁위기론이 자리하고 있었다. 예를 들어, 2022년 10월 미 해군 제32 작전사령관이던 마이크 길데이Michael M. Gilday의 경고가 대표적인 전쟁담론이었다. 중국이 "2024년 이전에 타이완을 침공할 준비를 하고 있다"는 경고였는데, 민주당 하원의원 몰튼Seth Moulton과 공화당 의원 갤러거Mike Gallagher가 이에 호응하면서 중국의 타이완 침공, 즉 타이완 전쟁설은 미국 정치권의 중심이슈로 부각되었다. 그러나 주지하다시피 2023년이 지나고 2024년에 진입할 때까지 그러한 전쟁은 발발하지 않았다.

전쟁의 경로와 관련된 예측은 불확실한 미래를 반영한 확정하기 어려운 판단이지만, 중국이 타이완문제에 관해 설정하고 있는 비중은 전략이나 정책적 수준을 넘어서는 헌정憲政적 의미를 지닌 것이라는 사실을 확인할 수 있다. 중국이 설정한 타이완문제의 본질이 국제법적으로나 역사적으로 정당한 것인가의 문제 이전에 고려해야 할 것은, 중국이 타이완문제를 국가통합성의 핵심가치이자 외교관계의 선결조건으로 상정하고 있다는 것은 차치하고서라도, 타이완문제가 현 세계질서의 중추관계인 미·중관계의 출발점이라는 사실이다.

50여 년 전 미국과 중국이 화해했을 때 아시아 냉전의 데탕트détente (긴장완화)가 시작되었다. 아시아에서 데탕트는 닉슨 대통령의 괌 독트린(1969)으로 계기가 마련되었다. 1960년대 말, 미국은 베트남에서 고전하고 있었고 소련의 정치·군사적 영향력이 상승함에 따라 아시아에서 미국의 전략적 지위는 상대적으로 점차 약화일로에 있었다. 이러한 미국의 상대적 지위의 약화 추세는 닉슨 정부로 하여금 중국과 관계 개선으로 향하게 하였다.

전략적 세력 관계의 측면에서 볼 때, 미국과 중국은 관계정상화의 이해관계에 있어서 소련에 대한 견제라는 공통의 이해관계를 제외하면 서로 주안점이 상이하였다. 미국은 베트남전 해결이 가장 중요한 이해관계였고, 중국에게는 타이완문제와 일본문제가 그러하였다. 가장 관건이었던 타이완문제는 국가안보보좌관 키신저와 저우언라이周恩來 총리가 "동의하지 않음에 동의한다agree to disagree"는 원칙으로 봉합한 것으로 유명하다.

키신저가 《백악관 시절White House Years(1979)》에서 "타이완문제는 중화인민공화국의 주요 관심사가 아니었다"고 회고한 것과는 다르게, 비밀해제된 문서에 의해 밝혀졌듯이 "타이완문제는 1971-72년 미국과 중국의 협상과정에서 선두에 있던 중심문제"였다. 1969년 5월 13일 저우언라이와 루마니아 부총리의 대화에서 타이완문제가 '하나의 주요 문제one main issue'로 표현되었고, 1971년 5월 29일에 닉슨에게 전달된 저우언라이의 메시지에서도 '첫 번째로 다루어야 할 중대 문제crucial issue'로 '타이완에서 미군이 철수하는 문제'가 제기되었다. 저우언라이에게 '타이완문제는 미국과 직접대화하는 유일한 목적'이었다. 키신저도 "당신에게 타이완문제가 가장 중요한 문제라는 것을 이해한다"고 저우언라이에게 인정하였다.[13]

1972년 2월 닉슨과 마오쩌둥毛澤東의 정상회담 결과 발표된 상하이 공동성명Shanghai Communique에서 양국은 차이의 인정agree to disagree이라는 원칙에서 타이완문제에 대해 합의하였다. 공동성명에는 "아·태 지역에서 패권(헤게모니)을 추구하는 어떠한 국가도 반대하며, 어떤 국가에 대항하여 다른 어떤 국가와 결탁하지 않는다는 데에 공동의 이익이 있다"는 것, 그리고 "중국의 타이완에 대한 주장을 인정하고 이에 도전하지는 않는다"는 내용이 담겨져 있다. 소련의 헤게모니 추구에 대한 반대에 병행하여 미·중관계가 소련에 대한 대항으로 활용되어서는 안 된다는 함의도 있었다.

타이완문제는 각자의 입장이 병립적으로 기술되었는데, 타이완에 대한 중화인민공화국의 주권을 국제법적 효력으로 승인한 것은 아니고 주권sovereignty에 대해 상이한 견해를 각자 견지하고 있다. 상술하면 중국은 타이완에 대한 중국의 주권을 주장하고, 미국은 타이완(중화민국)과의 동맹을 당분간 유지하면서 타이완의 주권적 지위에 대해 공공연한 모호성을 견지한다는 것이다.

공동성명Communique 발표 이전에, 한 최고위급 대화에서 타이완에 대한 중화인민공화국의 주권적 지위를 확인해 주는 듯한 발언이 있었던 것은 사실이다. 1972년 2월 22일 저우언라이와의 대담에서 닉슨은 "타이완은 중국의 일부이고, '만약 관료들을 통제할 수 있다면' 타이완의 지위가 미결정되는 효과를 주는 어떠한 성명statements도 더 이상 없을 것"이라고 보증해 준 바 있다.[14] 그런데 국무부의 관록貫祿 있는 동아시아 전문가이자 연구자인 롬버그Alan Romberg에 따르면, "타이완의 지위가 미국의 법리해석에서 미결정되었다고 말하지 못하도록 하는 것과 타이완이 사실상 중국(중화인민공화국)의 일부라고 미국의 법률적 입장으로 말하는 것은 별개의 문제"라는 해석이 가능하다. 이에 따라 상하이 공동성명에서 적시된 미국의 입장에서는 이러한 동의의 진술—타이완에 대한 중국의 주권을 확인하는—이 신중하게 회피되었고 나중에도 어떠한 공식적인 성명에서도 그러한 동의가 기술되지 않았다.

1972년의 정상회담에서 닉슨은 최종적인 순간에 "타이완의 법적 지위에 관한 미국의 전략적 모호성을 포기하는 것을 취소"하였던 것이다. 다만, 양국이 동의한 것은 '하나의 중국'이라는 용어이다. 마오의 중국은 '하나의 중국'을 중화인민공화국이 타이완에 대해 주권적 지위에 있다는 원칙으로 해석하고 있고, 닉슨의 미국은 이러한 주권적 지위의 해석에 동의하지는 않는다. 미국은 하나의 중국 정책에 입각하여 타이완의 독립을 지지하지 않으나, 이를 반대하는 것으로 해석하지는 않는다는 것이다. 오늘날에도 이 문제는 미국과 중국 간에 치열한 논쟁 중에 있다.[15]

타이완문제는 태생적으로 전쟁에 관한 문제였고 타이완 해협은 상시적으로 전쟁의 기운이 감도는 전쟁의 해협이었다. 냉전시대 타이완문제는 미국과 중국 양국만의 문제가 아니라 대결하는 양 진영의 최전선에 있었다. 예를 들어, 소련은 타이완문제의 군사적 경로를 통한 해결을 지지한 것은 아니지만 타이완을 방어하기 위해 미국이 중국을 공격할 경우에 상응하는 소련의 군사적 조치를 공식적으로 배제할 수는 없었다. 이렇듯 애초에 타이완문제는 단순히 미국과 중국 양자 간 외교문제에 국한된 것만은 아니었다.

1954년부터 1996년까지 발생한 세 차례에 걸친 타이완 해협 위기 중에서 제2차 위기가 미국과 중국, 소련(러시아) 간의 전략적 이해의 중첩과 상충관계를 잘 드러내는 사례라 할 수 있다. 1958년 8월에서 10월 초에 발생한 제2차 타이완 해협 위기는 중국과 소련의 균열을 재촉한 대표적인 사례였다. 중국이 대만의 진먼다오金門島를 포격하자 미국 국무장관 덜레스가 "태평양사령부의 미군을 동원하여 대만을 방어할 것"이라 경고하면서 미·중 간 충돌 위기로 발전하였다.

소련은 공식적으로 중국에 대한 지지를 선언하였으나, 소련의 공세적인 행동을 기대했던 중국지도부가 판단하기에 소련지도부의 반응은 지나치게 신중한 것이어서 매우 불만족스러운 것이었다. 당시 소련지도부는 평화공존 노선을 견지하면서 사회주의진영의 전략적 이해관계를 관철시켜야 했기 때문에 타이완 해협 위기가 상승되지 않도록 조정할 필요가 있었으므로, 평화공존과 진영외교의 전략적 균형이 목표였다. 당시 흐루쇼프는 아이젠하워Dwight D. Eisenhower에게 "만약 중국이 핵공격을 받으면 공격자(미국)는 동일한 수단(소련의 핵)에 의해 즉각 보복당할 것이고, 미군은 타이완 해협과 타이완에서 즉각 떠날 것"을 경고하면서 "소련은 전적으로 중국 편에 있다"고 주장하였다.[16]

타이완 위기 1년 후 아이젠하워와 흐루쇼프의 캠프 데이비드 회담 직후인 1959년 10월, 중화인민공화국 수립 10주년 기념식에 참석차 베이징을 방문한 흐루쇼프가 타이완문제에 대해 발언한 사례는 타이완에 대한 소련(러시아)의 시각의 단초를 보여주고 있다. 냉전시대 평화공존을 상징했던 역사적인 캠프 데이비드 회담 직후였던 만큼 흐루쇼프는 중국지도부에게 미국과의 관계 개선을 위해 두 개의 중국을 수용할 의향을 타진하는 등, 타이완 정책을 조정할 것을 권고하였다. 이에 반발하여 마오쩌둥과 저우언라이는 소련이 캠프데이비드 회담으로 미국 편에 서서 중국의 국내문제에 간섭하는 것이라 비난하였고, 이에 대해 흐루쇼프는 "우리는 타이완을 놓고 전쟁하지 않을 것"이라 반박하는 등 중·소분쟁은 표면으로 분출하기 직전의 위태로운 상황에 놓였다.[17]

흐루쇼프는 "중국을 공격하는 것은 소련을 공격하는 것이고 소련은 중국을 방어할 것"이라 확인해 주는 한편으로, 아이젠하워 대통령이 타이완 방어를 선언한 사실을 상기시키면서 "중국이 위험한 상황을 초래했고, 소련은 타이완에 대해 전쟁하길 원하지 않는다"고 경고하였다. 베이징회담에서 쏟아낸 마오의 발언, 즉 "중국은 핵폭탄을 비롯한 모든 공격을 받아낼 준비가 되어있다"는 마오의 주장은 흐루쇼프를 비롯한 소련대표단을 경악시켰다. 마오가 동맹국 소련을 미국과의 핵전쟁으로 끌고 들어가려 한다는 공포심을 유발한 것이다.[18]

타이완문제에 대한 흐루쇼프와 마오의 갈등은 이 문제에 대한 중국과 러시아의 딜레마를 상징적으로 드러내고 있다. 타이완 전쟁이 발생할 경우, 중국이 미국에 의해 공격을 받는다면 소련(러시아)은 "중국을 군사적으로 방어하지만 전쟁에 연루되길 원치 않는다"는 양립하기 쉽지 않은 논리이다. 현재 중국의 글로벌 위상으로 볼 때, 냉전시대 소련(러시아)에 대한 경제적이고 군사적인 의존이라는 전략적 요인이 구조적으로 변형되었다. 또한 오늘날 중·러관계도 냉전시대처럼 조약에 의한 군사동맹 관계도 아니므로 러시아는 타이완문제에 대한 군사적 의무는 없을 뿐 아니라 "중국에 대한 공격이 러시아에 대한 공격을 의미하는 것"도 아니다. 그럼에도 타이완 전쟁이 발발한다면, 그리고 미국과 중국이 전쟁에 돌입한다면, 러시아는 원치 않더라도 어떤 식으로든 이에 연루될 것이다. 양국의 역사와 지정학이 러시아가 방관하도록 허용하지 않을 것인데, 그렇기 때문에 전략적 딜레마인 것이다.

| 타이완문제와 한국문제Korean Question: 연결된 전쟁

가깝게는 냉전시대, 멀게는 19세기 후반 유럽열강의 식민지 쟁탈시대 이래로 동아시아에서 여전히 작동하는 전략적 원리는 '균형'의 문제이다. 그것이 세력균형이든 위협균형이든 간에 동아시아에서 미국과 중국, 러시아 삼국 간의 삼각관계, 좀 더 확장하면 일본을 포함한 네 개의 강국 간의 전략적 경합관계가 전략적 균형의 메커니즘으로 작동하고 있다. 19세기 말에서 20세기 초 중화질서 교체기에는 중국과 러시아 대 영국과 일본이 서로 균형(세력균형)하고 대결(영-러 전략대결Russo-British Rivalry)하는 4국의 양대 동맹 체제였다. 냉전시대 후반부에는 소련에 대항하여 중국이 미국과 연합하여 균형(위협균형)을 이루고 미국은 소련과 전략적으로 경합(미·소 전략대결US-Soviet Rivalry)하는 삼국 균형 체제였다.

탈냉전기 중국과 러시아 모두 미국 주도의 자유주의 국제질서를 수용하면서 동아시아에서 이러한 전략적 균형체제가 해체되어 일극질서가 관철되는 듯하였으나, 미·중 헤게모니 경쟁과 미·러 전략대결이 심화되고 있는 오늘날에는 동아시아에서 다시 한번 균형의 재편이 이루어지고 있다. 중국과 러시아가 전략적으로 제휴하여 미국과 일본의 동맹체제를 견제하는 4국 양대동맹 체제가 복원되고 있는 듯한 현상을 감안하면 타이완문제는 이에 연동되지 않을 수 없다.

19세기 말 중화질서를 해체하고 20세기 동아시아 질서의 기원을 이룬 두 개의 전쟁(청일전쟁과 러일전쟁)을 통해 타이완문제와 한국문제Korean Question는 상호 연계되어 있다. 청일전쟁과 러일전쟁은 지정학적이고 역사적인 의미에서 서로 연결된 연속전쟁이라 할 수 있다. 이 전쟁들은 20세기 동아시아 신질서를 구축하는 과정에서 일본에 의해 기획된 것으로 제1차 전쟁(청일전쟁), 제2차 전쟁(러일전쟁)이라 규정할 수 있다. 제1차 전쟁에서 타이완이 일본의 식민지화되었고, 제2차 전쟁에서 한반도가 그러한 운명에 처하였다.

역사적으로 타이완문제와 한국문제는 연동되었고 이해관련 당사국들 또한 동일하다. 두 문제 모두 동아시아 세력균형과 동맹체제의 기원에 관한 서사敍事다. 따라서 타이완 전쟁이 발발하면 이러한 메커니즘이 다시 작동할 것이고, 한반도는 이로부터 자유롭기 어려울 것이다. 2022년 9월 폴 러캐머라Paul J. LaCamera 주한미군사령관이 "중국의 타이완 침공 시 타이완 방어를 위한 한국의 비상계획contingency plan(주한미군 투입)을 마련하고 있다"고 발언한 것은 역사적으로 연동된 두 문제가 현재 진행형이며, 타이완문제에 한반도가 연루될 가능성이 상당하다는 것을 시사하는 사례이다. 러캐머라는 "한국은 베트남, 이라크, 아프가니스탄에서 함께 싸웠다"는 사실을 상기시키면서 한국의 군사적 지원 가능성을 언급하였다.

중국이 경제적으로 2대 글로벌 강국이지만 타이완전쟁이 발발할 경우 군사적으로 미국을 홀로 상대하는 것은 어려울 것이다. 중국과 러시아의 세력 관계도 19세기 후반이나 냉전 시기에 비해 경제적으로 역전되었으나 군사적으로는 그렇지 않다. 타이완문제에 이해관련국이라 주장하는 일본의 군사개입도 배제하기 어렵다. 미국과 일본이 타이완 전쟁에 개입할 경우, 북한 이외에 군사동맹이 전무한 중국은 어떤 형태로든 러시아의 군사지원을 필요로 할 것이고, 중국과 러시아가 정례적으로 실시하는 해상합동군사훈련은 실전으로 전환될 수도 있을 것이다.

중국이 미국과 데탕트를 구가하던 냉전 시기(1970-1980년대)에는 타이완문제가 봉합된 바 있고, 미국과 소련의 데탕트 시기에도 소련은 타이완문제에 대해 미국의 입장을 존중한 바 있다. 탈냉전기 미국과 러시아 관계가 파국에 이르기 전까지 타이완문제는 러시아에게 하나의 중국을 지지한다는 원칙적인 입장 이외에 특별한 전략적 고려사항이 아니었다. 그러나 미국이 중국과 러시아를 봉쇄하고 디커플링하는 현 상황에서 중국과 러시아의 전략적 선택은 동맹에 준하는 것이 될 수도 있다.

타이완 전쟁은 글로벌 수준의 경제적 재앙을 불러올 수 있음을 논외로 하더라도, 미국과 중국, 러시아와 일본이 군사적으로 직간접적으로 연루될 수 있는 동아시아 전쟁의 발화점이 될 수 있다. 물론 타이완 유사시 러시아는 원칙적으로 군사적 개입을 하지 않을 것이라 예측되고 있다. 우크라이나 전쟁에 중국이 군사적 지원을 자제하는 것에 상응하여 러시아 또한 그러할 것이라 예측할 수 있다. 그러나 우크라이나와 타이완은 지정학적으로 다른 케이스다. 중국은 유럽의 우크라이나에 지정학적 이해관계가 희박한 데 반해, 동아시아에 영토를 보유한 유라시아 국가 러시아는 동아시아 지역의 전쟁을 회피하기 어렵다.

북태평양의 상당 부분을 해역으로 점하고 있는 러시아는 태평양함대 사령부 관할하에 해당 지역을 작전구역으로 설정하고 있고, 미국과 일본에 대한 군사적 대응을 비롯하여 동아시아에 관여하는 동부군관부에는 4개 군관구 중에서 재래식 전력뿐 아니라 전략핵전력을 포함하여 가장 많은 군사력을 배치하고 있다. 특히, 2021년 이래 러시아 동부군관구는 중국 북부전구와 매년 육상훈련뿐 아니라 동해와 동중국해에서 해·공군 합동군사훈련을 실시하고 있고 남중국해에 대한 합동순찰을 시도하고 있다. 이미 중국과 러시아의 합동훈련은 미국과 일본, 더 나아가 쿼드의 합동군사훈련과 해상순찰의 경로에 근접하거나 중첩되어 있다.

타이완 전쟁에서 러시아는 "지원하되 연루되지 않는다"는 입장을 견지할 것이다. 얼핏 모순되는 원칙인 듯 보이지만 이와 유사한 사례는 한국전쟁에서 발견할 수 있다. 소련이 북한을 군사적으로 지원했지만 공식적으로는 참전을 하지 않았던 사례다. 따라서 타이완 전쟁의 경우에 이러한 원칙을 적용할 수도 있을 것이다. 그럼에도 타이완 전쟁이 동아시아 전쟁으로 확전될 가능성은 배제할 수 없다.

한국전쟁의 경우에 남북한은 물론이고 미국과 일본 또한 동아시아에서 조약에 의한 군사동맹이 전무한 상태였으나, 현재 남북한뿐 아니라 일본도 미국이나 중국과 군사동맹 관계로 결속되어 있고, 중국과 러시아는 사실상의 동맹de facto alliance 관계(또는 준동맹)라 할 수 있다. 타이완 전쟁이 발발하면 이러한 동아시아의 동맹 네트워크가 불가피하게 전쟁 네트워크로 전환될 것이다. 동아시아의 동맹 네트워크에는 네 개의 핵보유국(미국·러시아·중국·북한)과 세계 최상위 군사력—2024

년 Global Fire Power 기준으로 7개 국가 중 5개국(미국·러시아·중국·일본·한국)이 망라되어 있다. 이에 인·태Indo-Pacific 전략 네트워크인 쿼드Quad(미국·인도·일본·호주)와 오커스AUKUS(미국·영국·호주)까지 확장하면, 7개 핵보유국과 세계 최상위 군사력 7개국 모두 연루되어 있다고 할 수 있다.

| 타이완 전쟁: 중국은 무력통일을 할 것인가

타이완문제에 대해 가장 초미의 관심사는 '과연 전쟁은 가능한가'와 '중국은 군사적 경로를 선택할 것인가' 하는 것이다. 앞서 살펴보았듯이, 미국의 고위 군지휘관과 정치인들이 중국의 군사적 공격을 예견하고, 중국 또한 타이완에 대한 군사적 압박을 지속하고 있는 상황에서 전쟁가능성을 배제하기란 쉽지 않다. 특히 2021년은 타이완에 대한 중국의 군사적 행동 가능성, 그리고 중국의 공격에 대한 최선의 대응 등에 관한 논쟁이 미국의 외교정책 논쟁의 중심에 자리 잡은 해로 기억된다.

당시 홍콩 '민주화 시위(2019-2020)에 대한 탄압과 남중국해에서의 공격적인 행보로 별다른 성과를 거두지 못했던 시진핑 주석이 "미국이 돌이킬 수 없는 쇠퇴에 빠졌다고 확신하면서 타이완에 대한 통일 행보를 대담하게 강행하고 있다는 관측"이 워싱턴에서 점증하고 있었다. 미국외교협회CFR 회장이던 리처드 하아스Richard Haass는 미국의 모호한 태도가 중국의 군사적 모험 가능성을 증대시킨다고 전제하면서 타이완 방어 공약을 확실히 해야 한다고 주장하여 워싱턴에서 전략적 모호성 정책의 폐기를 주도하였다.[19]

하아스에 따르면, "타이완과 미국이 중국에 대해 군사적 우위를 점하고 있을 때 효과가 있었던 플레이북은 지난 이삼십여 년 동안 타이완 분쟁에 대비해 온 인민해방군을 저지하지는 못할 것"이므로 기존 플레이

북인 전략적 모호성이 아니라 전략적 명확성 정책이 필요하다는 것이다. 전쟁의 위험을 줄일 수 있는 최선의 방법은 미국이 타이완 공격에 대해 강력한 경제 제재와 군사력을 포함한 모든 수단으로 대응할 것임을 중국에 명확히 보여주는 것을 의미하였다.

문제는 중국이 우크라이나 전쟁의 충격보다 심각한 최악의 상황을 감내하고 군사적 행보를 재촉할 만큼 타이완문제가 시급한 것인가라는 점이다. 2022년 제20차 중국공산당대회에서 중국통일(타이완 병합)에서 "무력 사용을 배제하지 않을 것"이라는 취지의 시진핑 주석의 발언은 그의 세 번의 연임이 끝나는 2027년까지 타이완에 대한 군사적 침공 준비를 마칠 것을 군軍에 지시하였다는 소문과 결합하여 타이완 전쟁설을 가열시켰고, 이후 타이완 해협과 타이완을 포위한 중국군의 연이은 군사적 압박으로 증폭되었다. 그럼에도 정치적 해결 가능성을 발견할 수 있다면 타이완 전쟁은 예방하거나 장기간 지연시킬 수 있을 것이다.

타이완 전쟁설이 본격화되기 전인 2021년 6월 스탠퍼드대학의 한 연구자의 논쟁적인 글이 관련 전문가들의 주목을 끌었다. "왜 베이징이 무력에 의존할 수도 있는가"라는 부제가 달려 있는 〈타이완 유혹The Taiwan Temptation〉[20]이란 글에서 오리아나 마스트로Oriana Skylar Mastro는 중국이 무력을 사용할 수 있는 이유에 대해 설명하고 있다. 중국이 타이완을 강제로 탈환(병합)하는 것을 목표로 수십 년간 군사 현대화를 진행하여 성과를 거둠으로써 현상유지에 대한 중국의 전략적 인식에 분명한 변화가 일어났다는 것이다.

현상 변경이라는 타이완 문제에 대한 무력 해결 가능성은 시진핑에 의해 가속화되었다는 주장이다. 대만에 대한 공격에 동맹 수준으로 방어할 것인지에 여지를 둔 미국이 군사적으로 개입하더라도 중국 인민해방군은 승리한다는 계획을 세우고 있다는 것이다. 과거 베이징의 지도자들이 타이완을 탈환하기 위한 군사 작전을 환상으로 보았지만, 이제 그들은 그것이 현실적으로 가능하다고 생각한다는 주장이다. 비록 중국의 타이완 침공이 임박하지는 않았지만 냉전 해체 이후 삼십여 년 만에 처음으로 중국이 거의 백 년에 걸친 내전을—타이완 분단 현실을 국공내전의 연장선으로 볼 때—종식시키기 위해 곧 무력을 사용할 수 있다는 가능성을 심각하게 받아들여야 할 때라는 것이다. 그렇다면 중국 인민해방군은 1996년 타이완 해협 위기 당시, 미국의 항공모함전단이 해협에 진입하자 물러났던 쓰라린 기억을 되풀이할 것인가?

마스트로는 이러한 주장을 뒷받침하기 위해 몇 가지 사례를 인용하였다. 2019년 1월 주요 연설에서 시 주석은 현재의 정치적 정리 상태를 '양안 불안정의 근본 원인'이라고 부르며 "대대로 이어갈 수 없다"고 말하였고, 통일은 이른바 "중국의 꿈을 이루기 위한 조건"이라고 명시적으로 밝힌 바 있다.

2021년 4월 군사적 행동이 일정에 있는지 여부를 묻는 AP통신 기자의 질문에 대해 중국 외교부 러위청樂玉成 부부장은 침공이 임박한 것은 아닌지 하는 우려를 완화시키지도, 대만 통일에 대한 베이징의 분위기가 변하고 있다는 것을 부인하지도 않았다. 러위청은 중국 통일이 "어떤 힘에 의해서도 중단되지 않을 것"이며 중국은 평화적인 통일을 위해 노력할 것이지만, "다른 선택(군사적 방법)을 포기한다고 약속하지 않을 것", "어떤 옵션도 배제하지 않을 것"이라고 거듭 강조하였다. 중국 인민해방군이 타이완 인근에서 2020년 한 해에만 380여 차례 방공식별구역을 침범하는 등 군사작전을 실행한 사실, 그리고 대륙 중국인의 70%가 타이완과 본토를 통일하기 위해 무력을 사용하는 것을 강력하게 지지하고, 37%는 3-5년 안에 전쟁이 일어난다면 최선이라고 생각하고 있다는 『환구시보』의 조사결과를 인용하기도 하였다.

중국의 군사적 공격 위험성이라는 마스트로의 경고에 대한 반론들[21] 또한 주목할 만하다. 반론의 입장에 선 전문가들은 마스트로류의 경고가 워싱턴에서 침공 패닉을 불러올 정도로 일반적 흐름이 되는 것을 우려하고 있다. 이러한 흐름은 미국과 타이완의 국익을 오히려 손상시키는 것은 물론이고 미국이 오랫동안 견지해 온 하나의 중국 정책의 기반을 흔들 수 있다. 이러한 침공 패닉이 전략적 모호성을 폐기하라는 최근의 주장들을 뒷받침하고 있다는 사실이 우려할 만하다는 것이다.

퀸시연구원Quincy Institute의 레이첼 오델Rachel Esplin Odell과 MIT 국제학센터의 에릭 헤긴보덤Eric Heginbotham은 "최근 중국군의 현대화 노력은 강력한 새로운 능력을 산출했고 전쟁 초기에 인민해방군은 대만과 이 지역에 배치된 미군을 파괴할 수 있으나, 타이완 해협에서 성공적인 공격과 타이완 상륙작전을 수행하는 데 필요한 해군과 항공 자산이 미국과 타이완에 비해 인민해방군에게 아직은 부족하다"고 진단함으로써 중국 군사력의 한계를 지적하고 있다.

예를 들어 중국의 해군력을 종합해 보면, 1945년 태평양전쟁 막바지에 미국이 오늘날 타이완의 현역 군대와 비슷한 크기의 일본 군대가 주둔한 오키나와를 함락시킬 때, 일본의 오키나와 주둔군은 수송선 22척, 전함 18척, 순양함 29척의 지원을 받으며 총 240만 톤의 함대를 보유하고 있었는 데 비해, 중국 해군은 2022년 말경에야 240만 톤에 이르렀다. 중국 해군의 수륙양용함대도 약 사십만 톤에 불과한 데다 제2차세계대전의 전함이나 순양함과는 달리 상륙작전을 지원할 수 있는 대형 함포를 장착하지 않은 훨씬 더 소규모의 전투함대의 지원을 받으면서 타이완 상륙작전을 감행해야 하는 상황에 인민해방군은 직면하게 될 것이다.

따라서 인민해방군은 전면적인 침공 대신 항공 또는 해상 봉쇄를 선택하여 타이완이 굴복할 때까지 타이완의 무역을 질식시키려 할 수 있으나, 중국의 잠재적인 이익은 매우 불확실할 것이며 오히려 잠재적인 손실은 거의 재난적일 것이라 예상하였다. 오델과 헤긴보덤은 미국과 타이완의 군사적 군사준비태세를 강화하는 동시에 경제학자 토마스 셸링Thomas Schelling의 게임이론에 근거하여 보장assurance 개념을 적용할 것을 주장하였다.

전략국제연구원CSIS의 보니 린Bonny Lin과 미국외교협회CFR의 데이비드 삭스David Sacks는 "타이완 침공은 한국전쟁에 개입한 이후 중국이 내린 가장 위험한 결정이 될 것"이라 주장하였다. 중국 지도자들은 이러한 선택을 함에 있어 양안의 역학관계와 인민해방군의 능력을 넘어서는 요소들을 분명히 고려할 것이며, 중국이 정치·경제적으로 분쟁을 장기화할 만한 역량이 있는지, 타이완을 공격하는 것이 중국의 광범위한 세계적 야망(중국몽)을 약화시키지는 않을지도 고려해야 할 것이다. 인민해방군이 타이완을 점령하고 타이완인들을 통제할 수 있으리라는 것도 분명하지 않다. 또한 타이완에 대한 미군의 지원을 저지할 수 있거나 중국이 막대한 피해가 예상되는 미국과의 전쟁을 촉발시킬 수 있는 군사적 캠페인을 감행할 용의가 있는지도 분명하지 않은 상황이다. 타이완 침공은 중국의 국익을 훼손할 수 있는 중대한 국제적 반발과 강력한 반중 연합을 초래하여 열강에 의한 포위라는 중국의 오랜 전략적 공포가 실현될 것이므로, 중국의 도발에 의한 타이완 전쟁은 임박한 것이 아니라는 주장이다. '무력의 사용이 제외되지 않았다'고 발언한 러위청 외교부부장이 "베이징은 통일을 역사적 과정과 역사의 조류로 보고 있다"는 장기적인 시각을 제시한 점 또한 참고할 만하다.

스탠퍼드대 후버연구원Hoover Institute의 카리스 템플먼Kharis Templeman은 2020년 차이잉원 총통의 재선이 타이완인들이 모국(대륙본토)으로 돌아오지 않을 것이라는 중국 정부의 우려를 강화시켰다고 주장한 마스트로에 이견을 제시하며 "타이완이 아니라 미국의 동향이 궁극적으로 타이완의 미래를 결정할 것"이라 반박하였다. 비록 서태평양의 군사력 균형이 중국에 유리하게 변화하고 있긴 하지만, 중국이 타이완을 공격할 경우 미국은 여전히 중국에 군사적 피해는 물론이고 현저한 정치적이고 경제적인 비용을 부과할 수 있는 능력과 의지를 가지고 있다는 것이다.

인도대사를 역임한 로버트 블랙윌Robert Blackwill과 버지니아대 역사학자 필립 젤리코Philip Zelikow가 언급했듯이, 타이완은 "미국이 힘을 투사할 수 있고 역내 미국 동맹국들의 안전을 가능하게 하는 한에서만 미국의 사활적 이익vital interest"이 될 수 있다는 점을 감안하면, 미래의 미국 대통령들은 파괴적인 전쟁을 피하거나 중국의 다른 양보를 대가로 타이완에 대한 암묵적인 안전보장을 포기하고 싶을 수도 있다. 따라서 중요한 문제는 중국이 침략할 의사가 있느냐 없느냐가 아니라 미국이 언제까지 중국과의 전쟁 위험을 계속 수용하느냐일 것이다. 적지 않은 미국의 학자와 전문가들은 이미 그 위험이 용납할 수 없을 정도로 높다고 믿고 있다. 이에 따라 카토연구원CATO Institute의 테드 카펜터Ted G. Carpenter, 조지워싱턴대의 정치학자 찰스 글레이저Charles L. Glaser, 시카고대의 존 미어샤이머John Mearsheimer 등은 중국과의 평화를 지키기 위해 미국은 대만을 방어하겠다는 약속을 거부해야 한다고 주장하고 있는 실정이다.

게다가 정치적 주장과 담론들을 제외하고는 중국 정부가 타이완을 긴급하게 해결해야 할 문제로 보고 있다는 구체적인 데이터나 증거도 많지 않았다. 당시 대부분의 중국 분석가들은 미국과 중국 관계의 장기적인 추세가 중국에 유리하다고 믿고 있었는데, 바이든 정부의 NSC 중국 담당 선임국장을 역임한 러쉬 도시Rush Dosh, 그리고 같은 정부에서 국무부 글로벌중국문제 부조정관과 NSC 중국 국장이던 줄리안 게워츠 Julien Gewirz 등의 주장에 동의하였다. 특히, 중국과의 전략경쟁을 장기적으로 조망하는 러쉬 도시의 '장기적인 게임long game' 개념은 학계의 그레이엄 앨리슨에서 전문가 그룹의 마이클 그린Michael Green에 이르기까지 호평을 받은 바 있다.

물론 M. 베클리와 H. 브랜즈 등은 중국이 장기적으로 불리할 것이므로 미·중 경쟁은 단기전으로 끝날 것이고, 이미 그 구간, 즉 위험 구간 danger zone에 진입하고 있다고 경고하면서 러쉬 도시의 장기적인 게임이라는 개념을 반박하고 있기도 하다. 그러나 만약 베클리와 브랜즈의 주장대로 중국이 장기적으로 불리할 것이라 확신한다면 오히려 타이완 문제가 군사적으로 악화될 가능성이 있으므로 중국을 압박하거나 봉쇄하여 단기적으로 위험구간으로 밀어 넣지 말고 경쟁을 장기적으로 가져가야 하는 것이 안전할 것이다. 따라서 현실적으로 중국은 지난 70여 년 동안 타이완에 대한 정치적 통제권을 행사하지 않고도 생존하고 번영해 왔으며, 오늘날 중국이 대만을 반드시 정복하려고 해야만 할 이유는 없다는 것이 템플먼의 주장이다.

| **평화적 경로: 상하이 공동성명과 92공식**

동아시아의 재앙이 될 타이완 전쟁을 예방하거나 장기간 지연시키기 위해서는 현상유지와 전략적 균형이라는 정치적 선택을 이해당사국들이 수용할 필요가 있다. 현상유지를 위한 현실적인 선택은 타이완문제에 관한 두 개의 합의를 준수하는 것으로 시작할 필요가 있다. 즉, 하나의 중국One China을 확인한 1972년 미국과 중국 간의 합의와 1992년 중국과 타이완의 합의를 말한다. 두 합의 모두 하나의 중국에 대해 각자 해석할 재량권을 인정하였다.

앞서 살펴본 대로 전자는 동아시아의 데탕트를 상징하는 1972년 2월 닉슨과 마오의 정상회담에서 확인한 양국의 관계정상화의 결과물이다. 정상회담의 합의문인 〈상하이코뮤니케〉에서 중화인민공화국은 하나의 중국에 대하여 "중화인민공화국 정부가 중국의 유일한 합법정부이고 타이완은 이에 귀속된 행정단위인 성省으로 규정하고 있다. 따라서 하나의 중국 하나의 타이완, 하나의 중국 두 개의 정부, 두 개의 중국, 독립적 타이완을 목표로 하거나 타이완의 지위가 미결정된 상태임을 옹호하는 어떠한 활동도 반대(11조)"함을 확인하였다. 이에 비해 미국은 "타이완 해협 양안의 모든 중국인이 오직 하나의 중국이 있고 타이완은 중국의 일부라고 주장하는 것을 인정"하며 "타이완문제의 평화로운 해결이 미국의 관심사(12조)"임을 확인하였다.

1992년의 합의는 같은 해 11월 중국공산당과 타이완(중화민국) 국민당의 준공식semi-official 기관인 해협양안관계협회(해협회)와 해협교류기금회(해기회) 간에 이루어진 하나의 중국에 관한 합의를 말한다. "하나의 중국 원칙을 견지하되(一個中國), 그 표현은 양안 각자의 편의대로 한다(各自表述)"는 내용으로 일중각표一中各表로 축약되는 1992년 합의는 92공식共識으로도 칭해진다.

92공식과 관련하여 중국과 타이완 양안 모두에서 공식적인 수용과 인정에 대해 찬반 논란이 있으나 중국보다는 타이완에서 92공식에 대한 불수용 여론이 강하다. 과거 국민당 소속으로 총통을 역임한 리덩후이도 92공식을 거부한 바 있고, 2024년 현재 집권당인 민진당民進黨은 당 강령에 타이완 독립을 명시하여 92공식을 공식적으로 수용하지는 않고 있다. 그러나 2015년 11월 시진핑 주석과 타이완의 마잉주馬英九 총통의 최초 양안 정상회담에서 두 정상은 92공식이 양안 관계의 근간이라는 점을 확인하였다. 92공식을 대체할 타이완 공식을 주장했던 민진당의 차이잉원蔡英文 총통도 2016년 5월 취임연설에서 92공식을 "역사적 사실로서 존중하며 이러한 기초 위에서 양안관계의 평화적이고 안정적인 발전을 지속적으로 추진해야 한다"고 표명한 바 있다.

따라서 중국은 타이완의 민진당 정부가 거부하는 일국양제―國兩制 주장을 자제하고 민진당 정부는 타이완 독립의 주장을 자제하여 양안사회의 이견들을 조정함으로써 "하나의 중국, 각자의 해석―中各表"이라는 구동존이求同存異의 정신으로 92공식을 견지할 필요가 있을 것이다. 중국이 주장하는 일국양제, '하나의 국가 두 개의 제도' 논리는 1982년 덩샤오핑이 거론하여 중국의 통일원칙으로 천명되었고 홍콩과 마카오의 반환에 적용되었다. 중국 정부는 일국양제를 타이완과의 통일원칙으로도 상정하고 있으나 타이완이 이에 공식적으로 합의한 바는 없다. 타이완 사회에서는 타이완 독립을 지향하는 민진당의 집권으로 일국양제에 대한 부정적인 분위기가 조성되기 시작하였고, 홍콩민주화 과정에서 중국이 기존의 일국양제를 철회한 것으로 기정사실화됨으로써 일국양제 담론에 대한 거부감이 고조되었다. 중국은 타이완인 대다수가 일국양제에 부정적이고 현상유지를 선호하는 현실을 고려할 필요가 있다.

첨언하면, 주권과 국가를 개념적으로 구분할 필요가 있다. 관행적으로 국가는 자신이 통제하는 것에 따라 정의되지만, 주권은 그 통제의 합법성legality을 인정하는 다른 국가(국제사회)에 달려있다. 상술하면, 어떤 영역(영토)에 대한 한 국가의 주권적 지위가 인정되려면 해당 영역에 대한 그 국가의 통제가 합법한 것(통제의 합법성)이라는 데 다른 국가(국제사회)가 동의해야 한다는 것이다. 만약 타이완에 대한 중국의 통제의 합법성에 대한 다른 국가(국제사회)의 인정이 없다면 타이완에 대한 중국의 주권은 온전히 정당화되기는 어려울 것이다.

상하이 코뮤니케(1972)에서 타이완에 대한 중화인민공화국의 주권적 지위를 시사하는 베이징 당국의 주장에 대하여 "타이완 해협 양안에 하나의 중국이 존재하고 타이완은 중국의 일부라는 중국인들의 주장을 인지하고 있다"고 표명한 미국의 입장은 전략적 모호성뿐만 아니라, 그 뒤에 이어지는 구절인 "타이완문제가 중국인들에 의해 평화적으로 해결되는 것"을 동시에 강조하기 위한 것으로 해석할 수 있다. 미국이 사용한 '중국인들'이라는 용어는 중화인민공화국만이 아니라 타이완(중화민국)인들을 포함하는 것으로, 베이징의 주장과는 다르게 워싱턴 당국은 "타이완의 지위가 결정되었다고 인정하지도 않는", 다시 말하면 "타이완에 대한 중국의 주권적 지위가 결정된 것(통제의 합법성의 인정)은 아니"라는 입장을 견지한 것이다. 전략적 모호성을 견지한 미국의 입장은 이러한 합법성에 대한 해석으로 유추할 수 있다. 타이완의 독립 또한 현실적으로 국제사회에서 인정되기 어려운 어젠다라는 사실은 굳이 상세한 서술이 필요하지는 않을 것이다.

관계정상화 이래로 타이완문제에 대해 미국과 중국 간에 이견과 갈등은 있었을지라도 양국은 여전히 이 문제를 비교적 성공적으로 조정하고 관리하여 왔다. 타이완문제에 대한 양국의 기본입장은 '하나의 중국'이고 상하이 코뮤니케에 근원을 두고 있다. 냉전이 정점에 이르던 시기, 체제와 이념을 달리하고 한국전쟁의 교전 당사국인 두 적대국가가 하나의 중국과 타이완문제의 평화적 해결이라는 공동의 지점에 도달할 수 있었던 것은 키신저의 표현대로 양국의 절제 덕분이었다. 미국과 중국은 "상대방의 의지나 힘을 시험하게 만드는 사태를 피해 왔고, 상하이 코뮤니케가 서명된 후 40여 년 동안 그 문제 때문에 양국관계의 모멘텀을 결정적으로 방해받은 적이 없었다".[22] 오늘날 그 어느 때보다도 미국과 중국의 절제가 절실하다. 상하이 코뮤니케 2.0을 통해 양국의 절제가 재확인될 필요가 있을 것이다.

타이완 전쟁의 억제deterrence를 강구함에 있어서 콜럼비아대의 국제관계학자 크리스텐센Thomas J. Christensen과 코넬대 첸 와이스Jessica Chen Weiss 교수, 독일마셜펀드의 글레이저Bonnie S. Glaser 등의 조언[23]은 흥미로운 점이 있다. 그들에 따르면 "군사적 위협은 성공적인 억제 전략의 단지 일부분일 뿐이고 보장assurance이 수반되어야" 한다. 이러한 억제논리는 경제학자 셸링Thomas Schelling의 게임이론을 차용하고 있다. 셸링은 갈등과 협력에 관한 연구로 노벨경제학상을 수상하였고 핵전쟁 방지 관련 연구로 미국학술원NAS상을 수상한 바 있다. 셸링의 이론은 간명한 논리에 근거하고 있다. "한 걸음 더 오면 쏜다one more step and I shoot"라는 위협은 "멈추면 쏘지 않는다"는 암묵적인 보장이 수반될 때만 억제로서 성공할 수 있다는 논리다. 크리스텐센 등은 현재 타이완 해협에 개입된 세 당사자(중국·타이완·미국)들은 서로 충분한 보장을 제공하지 않고 있다고 주장한다.

크리스텐센 등은 "타이완을 주권국가로 공식 인정해야 한다거나 타이완 방어를 위해 군사동맹을 복원해야 한다"는 정책 제안들이 채택된다면 "보장은 손상되고 억지는 약화"될 것이라 판단하고 있다. "미국이 타이완의 독립을 고취하기 위해 또는 통일을 방해하기 위해 중국의 자제를 기회로 활용할 것"이라고 중국 정부가 확신하면 "미국의 군사적 위협은 그 잠재력을 상실할 것"이라는 해석이다. "공격을 자제하는 것이 통일의 가능성을 영원히 상실하거나, 미국으로 하여금 타이완과의 동맹을 복원하도록 허용하는 것"으로 중국지도부가 확신하도록 해서는 안 될 것이다. 군사적 위협과 같은 "강제력을 통한 억제의 논리는 직감적으로 호소력이 있겠으나, 응징의 위협은 보장과 짝을 이루지 않으면 억지에 실패할 것"이라는 사실을 억제의 이론과 역사가 보여주고 있다는 점에 주목할 필요가 있다.

조건적 위협과 조건적 보장의 결합이라는 조합은 브라운대학의 정치학자 리드 폴리Reid B.C. Pauly가 지적한 대로 "상대방으로 하여금 해도 욕먹고 안 해도 욕먹는다damned if they do, damned if they don't고 믿지 않도록 하는 것"을 목적으로 한다. "이래도 망하고 저래도 망한다"는 판단으로 절체절명의 선택을 하도록 몰아세워서는 안 된다는 것이다. 위협과 보장의 논리는 채찍과 당근의 논리와는 다르다. 크리스텐센 등이 말하는 신뢰할 만한 보장은 당근이라는 보상을 의미하는 것이 아니라 위협이 상대방의 행위에 대해 완전히 조건적이라는 것을 보증한다는 의미한다. 점진적인 타협을 의미하는 신뢰구축trust-building 조치와도 다르고 엄격한 상호주의에 입각할 필요도 없다. 그것이 위협에 대한 대응능력을 약화시키지 않는 한, 억제를 강화하기 위해 보장 조치는 일방적으로 취해질 수 있다는 것이다.

미국 평화연구원UIP의 매튜 세불Matthew D. Cebul이나 옥스퍼드대의 정치학자 데포우Allan Dafoe, 예일대 정치학자 몬테이로Nuno Monteiro 등이 주목했듯이, "힘power은 위협의 신뢰성을 제고할 수 있으나 보장의 신뢰성은 약화시킨다". 크리스텐센 등은 "이러한 다이나믹스가 정치학자들이 오랫동안 안보 딜레마라고 서술한 것"이라 평가하면서 "신뢰할 만한 위협과 보장을 동시에 산출할 것"을 강조하였다. 이를 위해서는 당사국들이 "응징(처벌)의 평판보다는 절제(자제)의 평판"을 증진시켜야 할 것이다.

현재 미국과 중국, 타이완은 모두 군사력을 사용할 의지와 준비 태세를 알리는 확실한 전시戰時 능력을 구축하고 그 결심을 실증하는 데 초점을 두고 있다. 위협에 의한 억제가 우세한 이러한 상황에서 전쟁 억제에 성공하기 위해서는 당사국들은 서로에게 지속적으로 보장을 제공하여야 한다. 워싱턴은 타이완의 독립을 지원하지 않고, 베이징은 평화적 통일 원칙을 준수하며, 타이완은 하나의 중국을 지향한다는 것을 서로 재확인할 필요가 있다.

냉전 해체 이후 베이징과 워싱턴, 타이베이 사이에 상호 합의는 손상되었고 보장은 약화되었다.[24] 예를 들어, 베이징의 경우 중국 정부가 발행한 1993년판 백서에서 일국양제一國兩制를 설명하면서 "독립적인 입법·사법·행정권과 독자정당·정치·경제·군사에 대한 권한"을 타이완에 부여하고 "타이완에 군대를 주둔시키거나 행정력을 파견하지 않을 것"을 약속하였으나, 2000년판 백서에는 전자가, 2022년 백서에는 후자의 보장이 사라졌다. 통일 이후 미래의 타이완의 거버넌스에 대한 이러한 불확실성의 증대는 일국양제에 대한 선호도가 그리 높지 않은 타이완인들에게서 통일의 매력을 더욱 하락시키는 작용을 하였다.

타이베이의 경우 또한 집권 민진당이 타이완은 주권독립국가라고 주장하고 92공식을 부정하면서 중국에 대한 보장을 철회하여 베이징의 반발을 초래하였다. 2024년 총통에 취임한 라이칭더賴淸德는 전임자인 차이잉원보다 더 견결하게 타이완의 독립을 주장해 왔다. 타이완 독립을 위한 정치노동자라고 자부하는 라이칭더는 2023년 대선 과정에서 백악관에서 미 대통령과 대좌하는 포부, 즉 주권국가의 지도자로서 정상회담의 의지를 밝힌 바 있다.

타이완의 독립을 지지하지 않는다는 바이든 정부의 방침에도 불구하고, 2021년에 이어 2022년에도 바이든 대통령이 "중국이 타이완을 침공할 경우 미국은 직접 방어에 나설 것"이라 거듭 주장함으로써 미국은 중국에 보장을 제공하는 데 실패하고 있다. 타이완문제에 대한 미국의 전략적 모호성을 폐기한 듯한 바이든의 군사개입 주장은 재임 중 네 차례에 이른다. 예를 들어, 2021년 8월 바이든은 나토NATO와 한국, 일본에 대한 헌신적인 방위 공약에 비유하면서 "미국은 타이완을 방어하기 위한 동일한 조약 의무를 지고 있다"고 부적절하게 발언하였다.[25] 주지하다시피, 1979년 미국은 중화인민공화국과 수교하면서 중화민국(타이완)에 대한 군사동맹 조약을 철회한 바 있다.

백악관뿐 아니라 미군 지휘관들도 타이완 군사 방어를 기정사실화하면서 전략적 모호성을 폐기하는 듯한 발언을 이어갔다. 2022년 9월 주한 미군사령관 러캐머라와 공군장관 프랭크 켄들Frank Kendall Ⅲ, 미 해군 제7함대 부사령관vice admiral 칼 토머스Carl O. Thomas 등은 타이완 해협을 봉쇄할 군사적 능력을 보유한 중국인민해방군이 군사적 시도를 할 경우 타이완에 군사적 방어를 제공할 것을 주장하였다.[26] 바이든 대통령과 미군 지휘부의 이러한 발언마다 국가안보회의NSC 등 백악관은 하나의 중국 정책이나 타이완 방어와 관련한 전략적 모호성에 근본적 변화가 있는 것은 아니라고 해명해야 했다.

바이든 정부의 국방차관보이자 인도·태평양과 중국문제 책임자인 일라이 래트너Ely Ratner의 언술도 중국을 우려스럽게 하는 사례이다. 래트너는 타이완이 "서태평양의 제1도련선First Island Chain(열도선)에서 결정적인 연결매듭에 위치"하고 있다고 강조한 바 있다. 오키나와를 거쳐 타이완과 필리핀, 인도네시아 보루네오에 이르는 제1도련선에서 타이완의 위치가 결정적이라는 래트너의 주장은 "타이완이 미국의 동맹들을 방어하기 위해 전략적으로 불가결한 위치에 있으므로 어떠한 형태의 통일도 미국으로서는 받아들이기 어려울 것"이라는 요지였다.

이러한 미국 정부 당국자들의 언술은 중국으로 하여금 미국이 중국을 봉쇄하기 위해 타이완을 활용하고 있고 중국통일의 가능성은 점점 사라지고 있다는 우려와 전략적 고립감에 사로잡히게 하고 있다. 2022년 8월 낸시 펠로시Nancy Pelosi 하원의장이 타이완을 방문한 사례는 이러한 우려를 실증한 대표적인 정치적 사건으로 중국인들에게 각인되었다.

베이징도 오랫동안 군사적 위협을 비롯한 비평화적인 수단들을 채택해 왔다. 비록 타이베이 지도부가 공식적인 독립이나 영구적인 분리를 추구할 경우에 그러할 것이라는 조건이 따라붙지만, 군사력을 증강하고 타이완 인근의 군사훈련을 강화하는 중국의 행동은 베이징이 타이완 독립을 억제하는 정책에서 군사력을 통한 통일을 추구하는 것으로 전환하고 있다는 우려를 심화시킴으로써 타이완에 대한 보장에 실패하고 있다.

시진핑 주석은 2022년 10월에 개최된 제20차 중국공산당 전국대표대회(당대회) 개막연설에서 "통일을 위해 대만에 대한 무력 사용 포기를 약속하지 않을 것이며, 통일을 반드시 실현할 것"이라는 무력통일을 배제하지 않는 듯한 취지의 발언을 하였다. 이에 반발하여 대만총통부는 "타이완은 주권독립국가로서 일국양제를 반대하는 확고한 입장"임을 표명하였다. 타이완 무력통일에 관련한 논란은 2023년 12월 미·중 정상회담으로 이어졌다. 정상회담에서 시진핑은 바이든에게 "중국 본토와 타이완을 통일할 것"이라고 직설적으로 말하면서도, "2025년이나 2027년 중국이 타이완 점령을 계획하고 있다는 미군 지휘부의 예측은 틀렸다"고 지적하였다. 시진핑은 이어서 중국은 통일의 시기를 확정한 바 없으며 중국이 선호하는 것도 "무력이 아닌 평화적으로 타이완을 차지하는 것"이라 말하였다. 미·중정상회담 전에 중국 측이 미국 측에 "중국의 타이완과의 평화적 통일을 지지하고 타이완의 독립을 지지하지 않는다"는 공식 발언을 바이든 대통령이 해 줄 것을 요청하였으나 백악관이 거절하였다고 전해졌다.[27]

중국통일의 평화적 경로를 우회하는 듯한 베이징 당국의 발언이나 이를 실증하는 것으로 오인할 수 있는 타이완에 대한 군사적 압박 등은 타이완에 대한 중국 정부의 보장을 약화시키고 있다. 이러한 베이징의 행동은 하나의 중국 정책이나 전략적 모호성을 훼손하려는 워싱턴의 일부 정책커뮤니티의 영향력을 강화시켜 줄 뿐이다. 예를 들어, 평화적 통일이 가능하지 않을 경우 타이완에 대해 무력을 사용할 권리를 2005년의 한 법률에 명시한 것이라든지, 2022년 8월 낸시 펠로시 하원의장의 타이완 방문과 차이잉원 총통과의 회담에 항의하여 중국 인민해방군이 공군과 해군을 동원하여 타이완을 포위하는 대규모 포사격 합동군사훈련을 실시한 것 등은 타이완인들에게서 하나의 중국에 대한 부정적 인식을 높이고 반중 경향의 미국 정치인들의 입지를 넓혀 주는 결과를 초래하였다.[28]

2024년에 들어서면서 세 당사자들 간의 보장은 더 이상 약화되지는 않을 것으로 예상되었다. 타이완문제에 대한 바이든 정부의 논조도 완화되고 있기도 하고, 트럼프가 재집권할 경우에도 타이완문제에 대해 독립이나 주권국가라는 개념이 부각될 것으로 보이지 않는다. 시진핑의 중국 또한 2023년 12월 워싱턴 정상회담에서 언급하였듯이 평화적으로 타이완을 통일하겠다는 의지를 표명하였다. 2024년 새로 취임한 타이완의 라이칭더 총통도 대선 과정에서 밝혔듯이 "베이징을 자극하지도 그에 굴복하지도 않는", "하나의 중국은 수용하되 92공식은 인정하지 않는" 절충 방식, 또는 이에 더 나아가 하나의 중국과 92공식을 조합하는 타협 정책을 실시할 가능성이 있다. 전임자인 차이잉원蔡英文 총통이 2016년 취임사에서 밝힌 양안관계의 평화적 발전을 의미하는 중화민국의 헌법정신과 92공식을 연계하는 정책을 라이칭더 총통이 계승할 것으로 기대되었고, 2014년 민진당DPP 의원들이 발의한 1991년 당 강령 수정안의 취지를 수용하여 주권독립을 유예하고 타이완 해협의 현상유지를 준수할 것으로 예측되었다.

5월 20일 취임사에서 라이칭더 총통은 중화민국과 타이완(대만)의 호칭을 함께 사용하였다. 그는 전임 차이잉원 정부의 양안관계원칙

(2021)을의 견지하면서 '비굴하지도 거만하지도 않게' 현상status quo을 유지할 것이라 천명하였다. 취임사에서 그가 '양안은 상호 예속되지 않는다'고 전제하면서 타이완이라는 명칭과 타이완의 주권을 강조한 것은 '하나의 중국'에 대한 거부 의사의 표시였겠지만, 중화민국을 병기한 것, 그리고 '독립'을 거론하지 않은 것은 하나의 중국과 타이완 독립 사이에서 평화적인 현상유지 전략을 선택한 것으로 볼 수 있다.

2023년 1월 전략국제문제연구원CSIS은 〈다음 전쟁의 첫 번째 전투 The First Battle of the Next War〉라는 제목의 보고서에서 타이완 전쟁의 워war 게임 시나리오를 통해 정책 커뮤니티와 외교가에 충격을 던진 바 있다. 2026년 타이완 점령을 목표로 인민해방군이 공습과 상륙작전을 감행하는 24차례의 시뮬레이션 결과를 담은 이 보고서는 전쟁 당사국인 미국과 중국, 그리고 타이완은 물론이고 한국과 일본 등 주변국들에 엄청난 물리적 피해를 초래할 것이라 경고하였다.

그러나 일 년 후 2024년 1월 타이완문제 관련 전문가 87명을 대상으로 한 CSIS 설문 보고서에서는 2024년 타이완 해협 위기가 발생할 가능성은 높게 평가하였으나 중국 인민해방군의 타이완 침공의 가능성은 낮을 것으로 분석하였다. "정점을 지나 하락하는 중국이 오히려 위험하고, 이미 위험 구간danger zone에 들어섰다"는 M. 베클리와 H. 브랜즈의 주장과는 다르게, CSIS의 설문조사에 응한 전문가 대다수의 의견은 "중국의 장기침체가 타이완에 대한 무력침공에 별다른 영향을 주지 않을 것"이었고, 설문에 참여한 전문가의 약 6%만이 가능성이 높다고 응답하였다. 전문가들은 상황이 악화될 경우 침공보다는 무역 등 경제 분야에서의 격리나 군사적인 봉쇄를 유력한 시나리오로 선정하였다.[29]

덧붙이자면, R. 하아스가 지적하였듯이 미국 행정부의 예산 우선순위와 글로벌 군사력 준비 태세도 중국침공의 임박성이나 타이완 전쟁

가능성을 주장하는 긴박감을 반영하지 못하고 있다. 또한 미 행정부는 의회와 미국 국민에게 "왜 타이완이 미국인들의 목숨을 위태롭게 할 만큼 중요한지" 설명하지 못하고 있다.

이러한 비교적 낙관적인 예측에도 타이완 해협에서 전쟁 가능성은 여전히 상존하고 있다. 앞서 살펴본 바와 같이 타이완문제는 중국의 통일문제일 뿐 아니라, 동아시아의 지정학적 이해관계가 얽혀있는 역사적 동학이 작용하는 문제인 동시에, 미·중 헤게모니 경쟁과 세계질서의 전환과도 맞물려 있기 때문이다. 유럽의 우크라이나와 동아시아의 한반도, 그리고 타이완은 지리적 거리를 넘어 약한 고리처럼 서로 연결되어 있는 것이다.

팔레스타인, 가나안 땅은 성서에 기록된 약속의 땅이었다.

그러나 실상은 애초에 '너무 많은 약속의 땅'이었다.
영국은 팔레스타인을 두고 너무 많은 약속을 하였다.

대서양세계는 천년이 넘도록 이어진
유대인 문제의 최종적인 해결을 원하였고,
그 길을 팔레스타인에서 찾았다.

두 차례의 세계전쟁은 역설적으로
유대인들에게 팔레스타인으로 가는 길을 열어주었다.

시초부터 '전쟁'은 디아스포라 유대인의 귀환과 팔레스타인 정착,
그리고 오늘날 유대인의 번영에 불가분의 언어가 되었다.

유럽과 기독교세계는 천년의 문제를 넘겨버렸지만,
아랍과 이슬람세계는 천년의 문제를 떠안게 되었다.

11. 이스라엘-하마스 전쟁과 아랍세계의 미래

| 팔레스타인, 백년전쟁의 땅

 컬럼비아대의 중동학자 할리디Rashid Khalidi는 팔레스타인에서 벌어지고 있는 비극적인 일들을 '백년의 전쟁'이라 표현하였다.[1] 그에 따르면, 이 전쟁은 팔레스타인에 대한 영국(과 유럽열강)의 식민정책과 디아스포라 유대인의 대량이주, 즉 정착민 식민주의settler colonialism에 대한 저항의 역사였다. 할리디는 유대인 이주를 공식 선언한 밸푸어Balfour 선언(1917)으로 팔레스타인에서 기나긴 전쟁long war이 시작되어 2014년까지 백여 년간 여섯 차례의 팔레스타인 전쟁이 재발하고 지속되었다고 주장하고 있다. 2023년 10월 발발한 이스라엘-하마스 전쟁까지 포함하면 제7차 전쟁이자 백 년을 넘어서는 전쟁이 이어지고 있는 셈이다. 그것은 멀게는 19세기 중반, 가깝게는 19세기 초반 제1차세계대전과 더불어 시작되었다.

 팔레스타인문제는 매일 글로벌 뉴스에 오르내리는 일상의 문제로,

더 이상의 설명이 필요 없는 이미 잘 알려진 이야기일지도 모른다. 그러나 오늘날에도 이어지고 있는 팔레스타인의 비극을 온전히 이해하기 위해서는 맨 처음으로 돌아가야 한다. 이 비극은 어떻게 시작되었는가? 팔레스타인은 도대체 어떤 땅이었는가?

미국의 대문호 마크 트웨인은 1867년의 여행기《이국땅 천진한 사람들The Innocents Abroad》에서 기독교 성지순례를 마치면서 팔레스타인에 관한 인상을 다음과 같이 기록하였다.

"팔레스타인은 비탄에 젖어 있다. 그 위로 들판을 시들게 하고 기력을 빼앗는 저주의 주문이 품어져 있다. 소돔과 고모라가 집과 탑들을 우뚝 세웠던 곳, 그 엄숙한 바다(역주: 사해Dead Sea)는 이제 평원에 넘쳐 올라 그 쓰디쓴 물에 아무런 생물도 살지 못하고, 그 파도 없는 수면 위로는 타는 듯한 공기가 움직임 없이 죽은 채 걸려있다. 그 언저리에는 잡초와 흩어져 있는 떨기나무 덤불, 그리고 바싹 마른 입술을 적셔줄 것만 같지만 만지면 재로 변하는 배반의 과일 외에는 어떠한 것도 자라지 않는다.

나자렛Nazareth은 황량하다. 이스라엘 백성들이 환희의 송가를 부르며 약속의 땅Promised Land으로 들어간 요르단 강가에는 사막의 환상적인 베두인들Bedouins이 사는 지저분한 야영지만이 있다. 저주받은 예리코(여리고)Jericho는 황폐되었고 … 가난과 수치심 속에서 베들레헴과 베타니아(베다니)Bethania에는 구세주가 현존했다는, 즉 탄생하고 세례받은 곳이라는 고귀한 명예로움을 상기시켜 줄 만한 것이라고는 이제 어떤 것도 없다. 목자들이 밤마다 양떼를 돌보았던 거룩한 장소, 그리고 천사들이 '하늘에는 영광, 땅에는 평화'를 노래했던 거룩한 땅은 이제 어떤 살아있는 피조물도 살기에 마땅치 않은 곳이 되었다…

역사상 가장 위엄 있는 이름인 예루살렘마저도 고대의 장엄함을 모두 잃고 빈궁한 마을이 되었다. 솔로몬의 부富는 예루살렘을 방문하는 동양의 여왕들에게 이제 더 이상 경탄을 자아내게 만들지 못하게 되었고, 이스라엘의 자랑이자 영광이었던 훌륭한 성전은 사라졌다. 세계의 연대기에서 가장 기억할 만한 날에 성십자가를 세운 곳 위로 오스만 제국의 초승달이 올라가 있다. 한때 로마 함대가 닻을 내리고 구세주의 제자들이 배를 타고 항해했던 그 유명한 갈릴레아(갈릴리)Galilaia 바다는 오래전에 전쟁과 상업의 신봉자들로 인해 폐허가 되었고, 그 주변은 적막한 황야가파르나움(가버나움)Capernaum은 형체가 없는 폐허, 막달라Magdala 마을은 구걸하는 아랍인들의 고향이 되었다 … 그리고 수천 명의 사람들이 한때 구세주의 목소리에 귀를 기울였고 기적의 빵을 먹었던(역주: 빵 다섯 개와 물고기 두 마리, 오병이어五餠二魚의 기적) 갈릴리 주변의 외딴 곳들은 오직 맹금류와 살금거리는 여우들만이 사는 고적孤寂함 속에 잠들어 있다. 팔레스타인은 황량하다 …."[2]

어니스트 헤밍웨이가 미국 현대문학의 창시자로 칭송한 마크 트웨인 Mark Twain(Samuel L. Clemens)은 우리에게 《톰 소여의 모험》이나 《허클베리 핀의 모험》 등의 동화 작가로 알려져 있으나, 디아스포라 유대인의 이주 물결이 일어나기 전인 19세기 중반 그가 팔레스타인을 순례한 기록을 남겼다는 사실은 잘 알려져 있지 않다. 그가 쓴 여행기는 여러 해 동안 미국에서 베스트셀러가 되었다. 그는 동화 작가 이전에 인종차별에 반대하고 식민주의와 기독교 근본주의에 저항한 계몽주의자이자 지성인이었다. 그는 유럽문명에 대한 비평가이기도하였으나 미국문명에 경도된 비문명사회에 대한 편견이나 동양을 타자他者화하는 오리엔탈리즘적인 정서가 여행기에서 드러나기도 한다.

1840년 이후 수십 년 동안 성지聖地를 방문하는 미국 개신교인의 수는 극적으로 증가하여 남북전쟁 이후에는—미국 작가 힐튼 오벤징거 Hilton Obenzinger의 표현대로 성지 마니아Holy Land mania의 수준에 이르렀다. 미국 개신교인들은 일찍이 국가적이고 종교적인 정체성 형성의 일환으로 성경의 땅에 항상 첨예한 관심을 가져왔으나, 이제 물질적·사회학적·정치적·정신적인 여러 요인이 결합되어 여행지로서 팔레스타인의 인기가 높아지고 있었다. 당시 서방과의 외교 관계 구축에 대한 오스만 제국의 관심이 커지면서 팔레스타인에 외국 영사관이 개설되었는데, 최초의 미국 영사는 1844년에 임명되었다. 1840년에서 1941년 사이에 저술된 그러한 여행기는 약 500여 편에 달하였고 거의 대부분이 19세기 후반에 출판되었다. 마크 트웨인의 팔레스타인 여행은 이러한 분위기 속에서 이루어진 것이다.

19세기 여행자들은 팔레스타인 땅이 성서적 영감이 불러일으키는 것보다 광활하지 않음에 실망하였고 메마르고 척박한 것에 반복적으로 환멸을 느꼈으며 심지어 혐오감을 느끼기도 하였다. 성서적 낭만주의를 간직한 비교적 신실한 순례자였던 프라임William C. Prime조차도 자신이 성지에서 본 것들을 거룩히 찬미하기보다는 고통스러운 실망감을 표현한 바 있다. 마트 트웨인이 성지순례라는 단어를 즐거운 여행과 거대한 소풍으로 불경스럽게 연결하여 여행기를 시작한 것과는 다르게, 애초에 프라임은 종교적 헌신과 자기만족으로 시작하였다.

프라임 스스로 고백하였듯이 그는 "순례자로서 신성한 땅을 방문하였고, 스스로 기꺼이 기뻐하는 곳으로 갔다. 그는 기도하고 찬송하였다". 뉴욕의 변호사이자 저널리스트인 프라임은 1856년 팔레스타인을 방문하여 이듬해에 여행에 대한 기록인 《성지에서의 야영 생활Tent Life in the Holy Land》을 출판하였다. '죄인이자 수도승의 심정으로' 순례한 그조차도 이 책에서 "예루살렘의 전반적인 모습은 매우 우울하다"고 묘사하고 있다. "화창한 봄날에도 유쾌함이 하나도 없다. 그곳은 차갑고 침울하며 슬픔을 주는 오래된 집들의 덩어리이고 거리에는 빈 벽만 보일 뿐, 많은 곳이 폐허가 되어 있다."

마크 트웨인이 《천진한 사람들》에서 팔레스타인을 목가적이고 거룩한 심정으로 묘사한 프라임의 성서적 낭만주의를 신랄하게 풍자하였지만, 트웨인과 프라임의 글은 오리엔탈리즘으로 상호 연결되어 있다. 예를 들어, 프라임과 트웨인을 연결하는 요소 중의 하나는 지역 주민에 대한 학대적인 묘사다. 《야영생활》이 연상시키는 가장 불쾌한 측면은 튀르키예인과 아랍인을 경멸하는 것부터 그들을 폭력적으로 묘사하는 것까지 포괄하는 서술자의 태도이다. 트웨인과 프라임은 아랍인을 잔인하게 묘사하고 있다. 특히, 트웨인의 글에서 팔레스타인 사람들의 상상된 정체성은 '타락한·불쾌한·불결한·사악한·불쌍한'과 같은 형용사로 정의 되고 있다.

프라임은 "하나님의 저주가 온 나라에 임한 것처럼 보이며, 이스라엘 땅의 황폐는 이보다 더 총체적이고 완벽할 수는 없다"고 적고 있고, 이에 마크 트웨인은 "팔레스타인은 매력 없고 황폐하다"고 반향하고 있다. 먼 옛날부터 팔레스타인 땅에서 대대로 살고 있던 사람들, 다시 말하면 아랍인과 현지 유대인과 튀르키예인들에 대한 이러한 전통적인 표현, 즉 오리엔탈리즘적인 묘사는 이 시기에 미국 개신교도들이 저술한 적지 않은 텍스트들에 공통적으로 나타나 있다.

| 유대인 정착의 문명적 코드와 오리엔탈리즘

에드워드 사이드Edward W. Said가 말했듯이, "오리엔탈리즘은 전적으로 근대적인 현상인 것이 아니라 동방Orient을 잘못 표현하는, 거의 거스를 수 없는 고대 유럽인들의 왜곡된 심성의 자연스러운 산물"이다. 축약하면, 오리엔탈리즘Orientalism은 동방East을 대변하는 양식인 것이다. 사이드에 따르면 "모든 순례자들은 자신의 방식대로 사물을 본다". 19세기의 성지 여행자들은 자신들의 성지순례를 "기존의 오리엔탈리즘적 기록물들의 퀴퀴함을 떨쳐버리기 위한 것"으로 이해하였고, 자신들의 글은 "동양적 경험의 새로운 저장소"가 될 것이라고 생각하였다. 그러나 이러한 프로젝트는 대개 그러했듯이 오리엔탈리즘적 환원주의로 귀결되었다.³

《오리엔탈리즘Orientalism》으로 잘 알려진 에드워드 사이드Edward Said는 여행기에 투영된 팔레스타인인들에 대한 마크 트웨인의 인상이 오리엔탈리즘에 입각한 동양에 대한 문명적 비하라고 비판하였다. 마크 트웨인은 제국주의 등 유럽문명에 대한 비판적 사고를 지니고 있었음에도 자신의 정체성의 토대인 새로운 미국문명에 대한 내재된 자부심이 그의 문명비판론과 때때로 충돌하고 있는 듯하다.

마크 트웨인은 유럽 식민주의의 열렬한 지지자이자 문명 전달을 제국주의의 사명으로 확신하던 러디어드 키플링을 비난한 바 있다. 우리에게 《정글북》으로 유명한 키플링은 제국주의와 식민주의를 '백인들의 짐White men's Burden'이라 표현하였다. 백인들에게 신이 내린 문명 전달의 사명, 식민지 야만에 대한 교화의 사명은 백인들에게 가혹한 짐이지만 수행해야만 하는 하늘의 명령이라는 식민주의 찬가다. 이러한 제국주의의 열렬한 숭배자이자 영국의 계관시인인 키플링과 맞서던 마크 트웨인이지만, 정작 팔레스타인에 대한 인상은 키플링처럼 매우 '문명적'이었다. 이러한 문명적 인상은 마크 트웨인이 악의적으로 기술할 의도는 없었겠지만 결과적으로 이후 팔레스타인에 식민주의 또는 이주 정책을 강행한 정치가들에게는 정당성의 토대가 되었다.

프랭클린 D. 루즈벨트 대통령의 보좌관과 연방대법관을 역임한 펠릭스 프랭크퍼터Felix Frankfurter는 대공황 직후 당시 영국 수상이던 램지 맥도널드James Ramsay MacDonald의 의회 연설을 인용하여 유대인 팔레스타인 이주 정책의 문명적 성과를 웅변하였다. 그는 팔레스타인의 문명적 변모를 극적으로 대비하기 위해 마크 트웨인의 그 여행기를 활용하였다. 1930년 11월 17일 하원에서 램지 맥도널드는 유대인 정착 사업의 성과에 대해 매우 감동적인 어조로 연설하였다. 그리고 하원 회의에서는 10월에 제출된 유대인정책사업의 문제점을 조사한〈패스필드 백서 Passfield White Paper〉에 대해 대논쟁이 벌어졌다. 이 백서는 유대인을 팔레스타인에 정착시키는 사업의 부작용을 보완하기 위해 내각의 정책을 조정하고 제한할 필요가 있다는 내용을 권고하고 있었다.

맥도널드는 2년 전 방문한 팔레스타인의 풍경을 다음과 같이 웅변하였다. 그는 "팔레스타인에 가본 사람이라면 그 누구도 유대인 정착지에 대한 헌사가 지나치다고 말하지 않을 것"이라고 유대인 정착 사업에 찬사를 보냈다. "진흙탕 수렁이 경작가능한 땅으로 변해가는 것을, 황량하고 척박한 산기슭이 올리브 나무로 무성해지는 것을 보았다." 맥도널드는 팔레스타인에서 치과의사인 친구와 함께했는데, 그 친구는 "온 마음이 팔레스타인에 있었기에 기꺼이 유대인 노동 정착지에 합류하기 위해 나섰던 것"이다. "삶에서 그가 시온의 돌들을 복원하는 사람 중 한 명이 되고 싶다고 생각하는 것을 능가하는 그에 대한 다른 배려는 없었다"는 표현으로, 맥도널드는 당시 팔레스타인 정착지를 일구는 유대인들의 열정을 웅변적으로 대변하였다. 예루살렘을 복원하고 이스라엘을 다시 세우는 데 자신을 온전히 바치고 있는 이들의 신념을 넘어설 만한 어떠한 보상도 견줄만한 것이 없었다는 의미이다.

그는 "황폐하고 보잘 것 없는 오두막집에서 그 치과의사가 분주히 응급 치료와 수술에 전념하는 것을 보았고, 흰 의사 가운을 벗고 올리브 나무를 심기 위해 농업 정착단에서 땀 흘리는 것도 보았다"고 열변하였다. 맥도널드가 본 이러한 것들은 "팔레스타인에서 일어나고 있던 신성한 일들"이었다. 그리고 그는 "정말 멋진 광경이었다"라고 감탄하였다. 그것은 "노동일뿐만 아니라 정신과 관대함이었다. 대학 졸업생들이 일

용직 노동자들과 함께 일을 하고 있었고, 그들의 손은 올바른 명예의 길을 만드는 돌들에 굳세게 단련되고 있었다".

프랭크퍼터가 램지 맥도널드의 이러한 연설을 인용한 이유는 유대인 이주 정착 프로젝트의 성공을 강조하기 위한 것이었다. 그에 따르면 "마크 트웨인의 팔레스타인을 램지 맥도널드의 팔레스타인으로 바꾼 것은 지난 10년간의 성과", 영국의 팔레스타인 위임통치의 성과였다는 주장이었다. 프랭크퍼터가 보기에 수 세기 동안 이 성취의 씨앗은 "유대인들의 가장 끈질긴 희망과 전통"에 의해 길러졌다. 그는 유대인의 번영하는 정착지들이 유럽 로스차일드 대大금융가문의 일원이자 열렬한 시온주의자였던 에드몽 로췰드Edmond James de Rothschild—일명, 로췰드 남작Baron Rothschild으로 불리는—의 "애정 어린 관대함을 통해 설립된 것"이라는 점을 특별히 강조하였다.[4]

램지 맥도널드가 낙관적으로 표현한 것처럼 팔레스타인이 유대인에 의해 젖과 꿀이 흐르는 가나안으로 다시 변모했다면, 왜 1929년 헤브론 대학살Hebron massacre, 반유대인 폭동이 발생했는가? 이에 대해 이슬람 성직자들과 권력자들의 사주에 따른 것이라는 주장들이 있었으나, 당시 팔레스타인 아랍인들이 자신들이 천여 년 동안 살아왔던 땅에 유대인의 민족의 집National Home을 건설하는 것에 반감을 가졌던 것은 사실이다. 아랍인들은 유대인 정착민들이 자신들을 밀어내고 있다고 반발하였다.

프랑크푸르터가 주장하였듯이, "유대인들이 소유하고 있는 땅은 이미 상당한 대가를 치렀고, 유대인들이 정착하기 전보다 확실히 옥토로 변모했다는 것, 그리고 유대인들의 정착으로 인해 팔레스타인 너머의 땅보다 훨씬 비옥하게 되었다는 것"은 사실이었을 것이다. 이주한 유대인들은 심혈을 기울여 실제로 가나안 땅 팔레스타인을 젖과 꿀이 흐르는 땅으로 만들었을 것이다. 그러나 그것으로 배타적인 유대국가 건설의 정당성이 온전히 확보되는 것은 아니다. 경제발전이 타민족에 대한 배제와 배타성을 정당화시키지는 않는다.

프랭크퍼터를 비롯하여 유대인 식민정착정책을 지지하는 사람들은 유대인 정착지가 20세기를 대표한다고 주장하였다. "위생적이고 편리한 주택과 훌륭한 학교, 현대적인 도구들, 현대적인 농작물 경작으로 인한 높은 수확률" 등 문명적 진보를 나타내는 이러한 특징들을 둘러싸고 있는 아랍인들의 농장들은 "흙바닥이 깔린 진흙 오두막과 원시적인 재배와 수확 방법 등 이천 년 전의 삶에 상응하는 것"이었다. 니얼 퍼거슨이 비유한 대로 제국주의시대 백인들이 식민지에 들여온 비누가 문명의 상징이었듯이, 유대인이 팔레스타인에 가져온 위생과 편리함 또한 문명의 진보를 의미하였다. 그들이 보기에 팔레스타인 현지인들이 영국 위임통치령 이전에 수백 년 동안 살았던 삶은 명확하지 않은 세금징수와 끔찍한 빈곤이었다.

이러한 주장에 동의하는 사람들은 팔레스타인의 발전이 아랍인들의 주도와 의지에 달려있다면 더 나은 변화에 대한 희망을 주지 못했을 것이라 단정하였다. 유대인 정착지가 "백여 가지 방법으로 현대 문명을 팔레스타인의 모든 지역으로 끌어들였고, 가난에 찌든 지역을 초목이 우거진 풍요의 땅으로 변화시켰으며, 나라의 부와 기회를 다양하게 늘렸다는 것"이다. 이러한 주장은 식민주의자 키플링의 백인의 짐 류의 문명 전파론이나 일본의 식민지근대화론을 연상시킨다. 이러한 주장이 영국의 팔레스타인 정책에 영향을 미치고 미국의 우호적인 분위기 형성에 기여했으리라는 것은 어렵지 않은 추론이다.[5]

| 밸푸어선언(1917)과 유대민족의 집national home구상

유럽 출신 유대인들이 이루어 놓은 '문명의 진보'에도 불구하고 팔레스타인에서 반유대인 폭동이 일어난 것은 단지 아이러니한 일일까? 1929년 8월 팔레스타인을 휩쓸었던 통곡의 벽 폭동과 유대인 학살 이후, 영국의 식민지부 장관 패스필드경Sidney J. Webb, Lord Passfield은 사건의 원인을 조사하기 위해 두 개의 조사위원회, 쇼위원회Shaw Commission와 호프-심슨위원회Hope-Simpson Commission를 연이어 구성하였다. 두 위원회는 이번 폭동이 유대인 이민과 정착이 증가함으로 인해 팔레스타인이 위험에 처해 있다는 현지 아랍 정서 때문에 발생한 것으로 판단하였다. 조사위원회는 팔레스타인의 시온주의 프로젝트가 "팔레스타인인의 권리를 침해하지 않고는 진행될 수 없다"고 보고하였다. 그리고 이 유대인 정착 프로젝트가 "토지 없는 아랍인 계급을 만들어냈다"는 결론을 담았다. 이 보고서는 1922년 작성된 처칠 메모랜덤, 즉 유대인의 정착 조건을 제한할 필요가 있다는 〈처칠 백서Churchill White Paper〉와 일맥상통하였다.

당시 노동당 정부는 조사위원회 보고서를 토대로 작성된 1930년 10월 1일자의 〈패스필드 백서〉의 이러한 결론을 지지하였다. 그러나 대공황이라는 심각한 경제위기 시기에 미국의 시온주의 로비를 두려워하고 팔레스타인에 대한 통치를 유지하기 위해 시온주의 자금에 의존하던 영국 정부는 여소야대 정국이라는 독특한 헌정 상황으로 인해 자체 정책에서 후퇴하였다.[6] 이에 램지 맥도널드 수상은 패스필드 백서에 공감하지만 번복해야 하는 연설을 하원에서 한 것이다.

1931년 노동당 정부는 〈패스필드 백서〉를 번복하였다. 밸푸어선언Balfour Declaration(1917)과 팔레스타인 위임통치Mandatory Palestine(1920-1948)의 시온주의 공약을 고수하는 대신에 백서에 명시된 "유대인의 팔레스타인 이민과 토지 구입을 제한"하기로 결정한 정책을 불과 몇 달 만에 영국 정부는 뒤집은 것이다. 이러한 번복 결정에 대한 상세한 후속 설명이나 전모를 파악할 수 있는 자료는 찾아보기 어렵고, 정책번복의 사유는 전적으로 시온주의단체의 효율적인 로비의 성공에만 초점이 맞춰져 왔다. 영국 정부가 압력과 로비에 쉽게 노출되었던 이유와 이 과정이 어떻게 진행되었는지는 아직 대부분 밝혀지지 않았다. 당시 노동당 정부가 압력에 얼마나 취약했고 이 과정이 어떻게 진행됐는지, 왜 백서가 결정적으로 뒤집혔는지는 아직 대부분 명확히 밝혀지지 않아 여전히 연구할 여지가 많으나 이 글의 목적은 아니다. 다만 노동당 내부의 통합문제와 대외정책, 특히 식민지 인도 정책에 대한 범 정당차원의 지지획득 문제, 그리고 무엇보다도 유대인 시온주의단체의 로비의 힘이 복합적으로 작용했다는 것이 대체적인 평가이다.[7]

백서에 대한 시온주의자들의 반응과 로비에 관해서는 〈맥도널드의 서한書翰〉(1931년 2월 13일자)을 언급할 필요가 있다. 1930년 10월, 세계유대인기구를 대표하던 바이츠만Chaim Weizman(이스라엘 초대 대통령)은 백서에 적시된 조사위원회의 권고 사항을 받았다. 권고 사항에는 앞서 언급한 유대인 이민에 대한 엄격한 제한과 더불어 팔레스타인의 정착 유대인에게 토지를 양도하는 것을 엄격히 제한하는 내용이 포함되어 있었으므로, 이에 항의하여 바이츠만은 시온주의 운동의 대표직을 사임하였다. 바이츠만의 항의는 미국 유대인들의 외교적 로비와 결합되어 맥도날드 수상이 바이츠만에게 서한을 보내게 된 것이다.

맥도널드의 서한은 밸푸어 선언에 대한 영국의 약속을 재확인하여, 백서의 유대인에 대한 제한들이 사실상 폐지되었음을 의미하였다. 서한에서 맥도널드는 "유대인의 이민을 촉진하고 유대인의 배타적인 정착을 가능하게 하는 의무는 여전히 위임통치령의 적극적인 의무이며, 팔레스타인의 비유대인의 권리와 조건을 위태롭게 하지 않으면서 이행될 수 있다"고 강조하였다. 맥도널드가 권위 있는 문서dominating document

의 지위를 부여하려는 의도는 없었다고 변명하였으나, 그의 서한은 "호프-심슨위원회Hope-Simpson가 유대인 이민이 아랍 인구에 미치는 영향을 과대평가했다"고 지적함으로써 시온주의자들에게는 백서가 폐기된 것으로 기정사실화되었다. 팔레스타인의 아랍인들은 맥도널드의 서한에 좌절하였다. 그들에게 맥도날드의 서한은 아랍인과 유대인 사이의 협력에 대한 희망을 파탄으로 몰아 간 검은 편지黑書였다.[8]

1917년 12월 2일 영국 외무장관 아서 밸푸어Arthur Balfour는 "팔레스타인에 유대인의 민족의 집National Home의 수립을 지지"한다는 내용의 선언문(밸푸어 선언)을 발표하였다. 선언문에는 "팔레스타인에 거주하는 비유대인 공동체non-Jewish communities의 시민적·종교적 권리에 대해 어떠한 편견도 갖지 않을 것"이라는 현지 아랍인들의 권리에 대한 확인도 명시되었다. 논쟁의 여지는 있지만 이 선언은 팔레스타인을 포함한 '아랍인의 독립국가 건설을 약속한 것으로 아랍인들에게 각인된' 〈맥마흔-후세인 서한Hussein-McMahon Correspondence(1915-16)〉과 상충하는 것으로 알려져 왔다.

1920년 4월 영국과 프랑스 등 승전 연합국이 주재한 산레모 회의Conference of San Remo의 결정으로 영국의 팔레스타인 통치와 유대인 민족의 집 건설이 승인되었고, 같은 해 8월 세브르 조약Treaty of Sevres으로 오스만 제국이 해체됨으로써 사실상의 팔레스타인 위임통치가 시작되었다. 1922년 7월 국제연맹League of Nations은 팔레스타인에 영국의 위임통치 지위Mandatory Palestine를 정식으로 부여하였다.

1920년경부터 이미 아랍인과 유대인 간의 유혈충돌이 시작되었다. 왕립팔레스타인위원회(1936)가 밝혔듯이, 팔레스타인에서 유대인과 아랍인 공동체에 대한 이중적 의무는 병립하기 어려운 모순된 의무였다. 더욱이 밸푸어 선언과 관련 문서들에서 아랍인들을 모두 비유대인 공동체로 표현함으로써 팔레스타인 위임통치와 이후 국가 건설 프로젝트의 주체가 유대인이 될 수 있음을 암시하였다. 밸푸어에 이어 외무장관으로 임명된 조지 커즌George Curzon은 밸푸어 선언을 중동 아랍에 대한 영국의 공약들 중 최악의 모순된 선언으로 간주하고 오랫동안 아랍과 유대인들의 적대를 초래할 것이라 예견하였다. 유대인의 '민족의 집(국가적 본향)'이라는 추상적인 용어는 유대인 국가건설에 반대하는 국제적인 저항을 우회하기 위한 정치적 타협의 산물이었다.

밸푸어 선언에 입각하여 국제적으로 승인된 팔레스타인 위임통치령에는 "인종과 종교에 관계없이 팔레스타인의 모든 주민의 시민적·종교적 권리를 보호하기 위한 것"이 명시되어 있었다. 동시에 "유대인 이민을 촉진하고 정착을 격려하여야 한다"는 조항은 현지인들과 충돌할 가능성이 있었다. 궁극적으로는 유대인의 '민족의 집'이 무엇을 의미하는지가 국제적으로 의혹의 대상이었고, 아랍인들에게는 자신들의 '집'을 빼앗길지도 모른다는 두려움의 근원이 되었다. 팔레스타인은 유대인의 집이라는 추상적이고 다소 기만적인 용어에서 시작하여 유대인들의 국가로 변신하고 있었고, 그 과정에서 비극적인 학살들이 일어났다.

램지 맥도널드의 노동당 정부가 "영국의 팔레스타인 통치는 국제연맹이 부여한 국제법적 위임결정이자 결코 철회할 수 없는 국제적 의무"라고 전제하면서, "유대 민족을 위한 민족의 집의 설립을 촉진할 책임이 있다는 것", 그리고 "팔레스타인에 존재하는 비유대인 공동체의 시민적·종교적 권리를 침해할 수 있는 어떤 일도 해서는 안 된다는 점을 분명히 이해하고 있다"는 것을 거듭 확인하였음에도, 한편으로는 유대인들에 대한, 다른 한편으로는 팔레스타인의 비유대인 인구에 대한 이중의 의무는 지속가능하기 어려웠다. 밸푸어 선언의 두 핵심 구성 의무를 동등하게 시행하고 팔레스타인 땅에 거주하는 여러 민족들과 모든 공동체들에 동등한 정의를 적용하는 것이 영국 정부의 확고한 결의라는 램지 맥도널드의 확신은 팔레스타인에서 거부당하였다.

| 가나안 땅, 팔레스타인: 너무 많은 약속의 땅

1929년 학살(헤브론 학살)에 이어 1936년 봄, 유대인의 민족의 집의 건설에 저항하고 아랍 독립국가 수립을 주장하며 일으킨 팔레스타인 아랍인들의 대봉기Great Palestine Revolt(1936-1939)가 발발하자, 1937년 필 William Peel(Lord Peel)경이 이끄는 왕립팔레스타인위원회Palestine Royal Commission(Peel Commission)가 구성되었다. 필 위원회는 국제연맹이 위임한 영국의 팔레스타인 위임통치가 더 이상 작동하기 어렵다는 결론을 내리고 팔레스타인의 분할을 결정하였다. 이에 대해 팔레스타인 아랍인과 유대인들은 상호 이견은 있었으나 서로 다른 동기에서 "분할되지 않은 팔레스타인, 하나의 팔레스타인 국가"라는 입장을 고수하였다.

필 위원회의 분할 권고에 대해 영국 정부는 최종적으로 불가不可 입장으로 정리하였다. 1946년 영·미 조사위원회Anglo-American Committee of Inquiry의 영국 측 위원들은 분할이 "대규모의 인구 강제 이동이 수반되고, 두 개의 국가, 세 개의 블록—아랍인 국가, 두 부분으로 구성된 유대인 국가 등—으로 분할 된 영토가 탄생함으로써 영국의 군사주둔의 확대뿐 아니라 전쟁을 야기할 가능성이 예견"되므로 분할에 반대하고 이 문제를 유엔으로 이관하였다. 이러한 결정은 일종의 분할 떠넘기기, 즉 부작위에 의한 방기였다.

팔레스타인 문제는 제2차세계대전 종전과 함께 유엔으로 이관되어 1947년 11월 제2차 유엔총회에서 팔레스타인 분할 결의안(181호)—아랍인 국가와 유대인 국가의 두 국가 수립론—이 채택되었다. 필 위원회가 내린 분할론의 종착지였다. 냉전 해체 이후 1993년 오슬로협정에서 영토와 평화의 교환land or peace이라는 원칙 아래 두 국가 해법two-state solution이 사실상 확립되었다. 1948년 영국의 위임통치가 종료되었을 때 팔레스타인은 전쟁으로 빨려 들어갔다. 기나긴 중동전쟁의 시작이었다.

1948년의 제1차 중동전쟁(1948 팔레스타인 전쟁)을 유대인들은 '이스라엘 독립전쟁'으로, 아랍인들은 '나크바Nakba(대재앙)'라 부름으로써 팔레스타인은 땅과 민족뿐 아니라 역사 또한 두 개로 갈라지게 되었다. 이후 팔레스타인 역사에는 아랍인의 네러티브와 유대인의 네러티브가 갈등 속에 병존하고 있다.

1948년 이래 팔레스타인의 역사는 네 차례의 전쟁(중동전쟁)과 두 차례의 인티파다intifada(대봉기), 수 차례의 충돌을 목도하였다. 2023년 10월의 하마스-이스라엘 전쟁은 다섯 번째 전쟁이자 가장 비극적인 참사라 할 수 있다. 유대인 민족의 집의 수립과 비유대인 공동체의 권리 보호라는 두 가지 의무가 화해할 수 있을 뿐만 아니라 본질적으로 상호보완적인 것으로 드러날 것이라는 영국 정치인들의 낙관주의는 오류였음이 판명되었다.

팔레스타인문제는 오스만의 아랍에 대한 영국의 지정학적 야심과 유럽열강의 식민지 이해관계, 유대인들의 재정적 기여에 대한 영국의 희망, 그리고 영국과 특히 미국인들의 유대인에 대한 성서적 낭만주의가 낳은 시온주의적 열정이 결합된 산물이다. 1840년대 오스만제국에 대항하여 알리 파샤가 이집트의 독립을 주장하는 반란을 일으켰을 때, 영국은 팔레스타인에 관심을 두었던 적이 있다. 프랑스나 러시아가 예루살렘 등의 기독교 성지에서 영향력을 행사하고 있었던 것에 비해 영국은 어떠한 지분도 없었기 때문이다. 1930년대 영국은 팔레스타인에 유대인이 정착하면 수에즈 운하에서 입지가 강화되고 인도로 가는 길이 안정적으로 확보되어 대영제국의 인도 지배권이 확고해질 것이라는 지정학적 계산을 하였다.

대서양세계는 천년이 넘도록 이어진 유대인 문제의 최종적인 해결을 원하였고, 그 길을 팔레스타인에서 찾았다. 두 차례의 세계전쟁은 역설적으로 유대인들에게 팔레스타인으로 가는 길을 열어주었다. 시초부터 전쟁은 디아스포라 유대인의 귀환과 팔레스타인 정착, 그리고 오늘날 유대인의 번영에 불가분의 언어가 되었다. 이렇게 유럽과 기독교세계는 천년의 문제를 해결하였지만, 아랍과 이슬람세계는 천년의 문제를 떠안게 되었다.

애초에 그것은 유대인 국가를 수립하거나 다른 민족을 통치할 권리를 추구하는 것은 아니었다. 그렇기에 최초의 디자인은 유대인의 집 national home이었다. 팔레스타인에 대해 많은 약속이 만들어진 이유도 그 좁은 땅에는 이미 여러 민족과 종교가 공존·혼합되어 있었기 때문이다. 유대인·아랍인·투르크인·유대교·이슬람교·가톨릭·정교도 등 이러한 혼종성은 유대인의 정착과 투자가 팔레스타인을 풍요롭게 했다는 시장경제적이고 서구문명적인 평가만으로는 팔레스타인문제를 판단할 수 없게 한다.

팔레스타인 혹은 가나안 땅은 성서에 기록된 약속의 땅이었다. 그러나 실상은 애초에 너무 많은 약속의 땅이었다. 영국은 팔레스타인을 두고 너무 많은 약속을 하였다. 아랍인들의 독립국가 건설(맥마흔-후세인 선언), 유대인의 민족의 집 건설(밸푸어 선언), 영국과 프랑스의 아랍세계 분할(사이크스Sykes-피코Picco 비밀협정)이 있었고, 이러한 약속들에는 후에 논란이 될 만한 여러 약속과 파기들—파이잘Faisal과 바이츠만Weizmann(1919)의 합의, 7인의 아랍 지도자에 대한 성명Declaration to the Seven(1918) 등—이 얽혀있었다.

식민주의 최악의 유산: 분할(분단)하고 떠나기

제국주의시대 식민정책의 최악의 유산 중의 하나가 분할partition 정책이다. 근대 이래로 만들어진 분할은 극히 예외적인 경우를 제외하면 모두 비극적 결과를 초래하였다. 냉전 해체와 더불어 합의 하에 결별한 체코와 슬로바키아의 벨벳 이혼이 예외적인 사례 중의 하나일 뿐이다. 일반적으로 분할을 옹호하는 분할론자들은 민족 분쟁이 치열한 전쟁으로 치달을 경우, 분할이 아마도 가장 인도주의적인 개입일 것이라 주장한다. 일면 타당할 수도 있는 주장이다. 공정한 개입을 통한 분할이 민족 간의 분쟁을 전쟁이 아니라 협상을 통해 해결할 수 있게 하기 때문이다.

분할옹호론은 전쟁을 통하면 강한 민족 집단이 약한 민족을 추방하거나 권리를 박탈할 수 있는 반면, 외부의 공정한 개입자는 경쟁·갈등하는 민족들 각자의 권리를 보장하려 노력할 것이라는 낙관적인 입장이다. 분할 옹호론자들은 가장 이상적인 민족 분쟁 해결방법으로 공동의 전선에 따라 국가를 나누고 인종(민족)적으로 동질화하도록 영토를 조정하는 방식으로 개입하는 분할을 주장한다. 이들에게 분할은 분쟁의 일시적인 봉쇄 이상의 해결 방법을 의미하는 것이다.[9]

반면, 비판론자들은 역사적으로 분할(분단)이 민족자결을 실현하기 위한 수단으로 등장한 것이라기보다는 외부 세력들이 식민지를 해체하거나 식민열강이 식민지를 털어버리기 위한 수단, 또는 세력권을 나누기 위한 수단으로 활용되었다고 주장한다. 분할하고 그만두기, 일종의 분할과 종결divide and quit 전략으로 부과된 추악한 역사를 지적하는 것이다. 이는 식민지를 해체하는 과정에서 식민열강들이 민족 간에 분쟁하는 해당 영토들을 임의적으로 분할(분단)하고 떠나버리는 것을 의미한다. 키프로스Cyprus·인도·아일랜드·팔레스타인의 분할 등이 대표적인 역사적 해악일 것이다.

이민족 간의 분쟁은 아니었지만 한반도의 분할(분단) 또한 이러한 외부세력에 의한 식민지 해체 과정에서 벌어진 분할의 연속선상에 있었다. 냉전 해체와 함께 발생한 분할들, 예를 들어 보스니아와 코소보 전쟁으로 인한 분리 독립은 이러한 분할 정책의 현대적 버전이라 할 수 있다. 차악의 선택으로 합리화될 수 있는 인도와 사이프러스, 아일랜드, 팔레스타인 등의 분할은 화해할 수 없는 민족(인종)집단을 분리하기는 커녕 폭력을 조장하고 대량 이주를 강요하였으며, 결국엔 비극적인 전쟁으로 이어졌다. 한반도의 분단은 차치하고서라도, 인도와 파키스탄의 분할, 아일랜드와 북아일랜드의 분단, 키프로스의 분단, 베트남의 분단, 그리고 팔레스타인의 사실상의 분단은 영구적 전쟁상태를 조성하였다.

인종적 분할ethnic partition에 관한 주장은 새로운 것은 아니었지만, 제1차세계대전 이전의 분할 정책이 통치를 강화하거나 행정을 간편화하기 위한 제국적 필요에 따른 결과물이었던 데 비해, 1918년 이후에는 식민제국들이 점증하는 도전에 직면함에 따라 분할은 통치 권한의 이양 또는 냉전의 세력권 정책의 일환으로 실행되었다. 1974년 튀르키예의 침공으로 인해 키프로스의 분할(분단)을 비준하려는 영국을 비롯한 국제사회의 마지막 시도 이후에 분할이 민족 갈등에 대한 효과적인 해결책이라는 개념은 냉전이 해체될 때까지 한동안 통용되지 않았다.

이러한 대표적인 사례들은 공교롭게도 거의 대부분 영국이라는 식민제국(대영제국)의 유산들이었다. 이러한 방식의 식민지 분할 처리는 새로운 국가의 경계를 설정(독립)하거나 뒤따라 일어날지 모르는 전쟁에 대한 계획을 세우지 않고 분할을 밀어붙이는 정책을 의미한다. 1947년 인도의 분할(인도와 파키스탄)을 회고하면서 인도총독부에서 바하왈푸르Bahawalpur주州 재정장관을 지낸 전직 영국 관료 펜더렐 문Edward Penderel Moon은 이러한 영국의 분할정책을 "분할하고 그만두기(떠나기)divide and quit"¹⁰라고 정리한 바 있다. 인도의 분할 결정 이후 이어진 1947년-1948년의 폭동으로 6개월 만에 백만 명 이상이 사망하고 천오백만 명 이상의 이주 난민이 발생한 사실은 분할 정책의 파국적인 결과의 한 사례일 뿐이다.

인도-파키스탄 분쟁에 대해 양국의 정치인들은 아직도 "끝나지 않은 분할 문제unfinished business of partition"라 부르고 있다. 역사적 경험으로 볼 때 분할이 위기의 일시적인 해결책 이상으로 간주된 적이 있는가라는 질문에 주목할 필요가 있다. "인종 분할은 결코 되돌려진 적이 없고, 분할은 그 공동체를 가차 없이 더 멀리 갈라놓을 뿐"이라는 분단에 대한 경고는 팔레스타인문제에 비할 데 없는 적실성을 부여하고 있으며, 한반도 분단에 대해서도 그러하다.¹¹

| 팔레스타인, 이스라엘의 아파르트헤이트apartheid

앞서 언급했듯이, 인도·키프로스·아일랜드 분할 정책이 식민지 해체 과정의 차악의 해결책이었다면, 팔레스타인문제는 최악의 분할이었다고 할 수 있다. 다른 사례들과는 달리, 팔레스타인 분할은 두 개의 국가로 분리 독립되지도, 하나의 국가에서 민족들이 동등한 권리를 누리지도 못하는 미확정 과도상태 혹은 영구분쟁 상태로 남아 있기 때문이다. 구체적으로는 팔레스타인 땅에서 유대 민족이 아랍민족을 분리 통치(서안과 가자 지구)하는 아파르트헤이트apartheid 상태로, 사실상의 이스라엘 일국가체제(일국론)가 관철되고 있다고 할 수 있다.

네타냐후-Benjamin Netanyahu가 집권한 이래로 이스라엘 정부는 이스라엘 국가에 대해 새롭게 정의하였다. 네타냐후의 이스라엘은 팔레스타인 전체를 포괄하는 대大이스라엘Greater Israel이라는 주장을 부인하지 않았다. 그들의 이스라엘은 "유대인의 국가로 정의될 뿐만 아니라 헌정체제가 그 영역에 속해 있는 비非유대인 공동체와 모든 팔레스타인인에 대한 유대인의 우월성을 담고 있는 국가"로 정의되었다.

조지 워싱턴대의 정치학자 바넷Michael Barnett과 린치Marc Linch는 "요르단강 서쪽의 모든 영토이자 원래 팔레스타인 사람들의 거주지인 서안지구는 이스라엘의 지배하에 오랫동안 사실상 하나의 국가를 구성해 왔다"고 비판하고 있다. "토지와 주민은 근본적으로 차별적인 법적 체제의 적용을 받고 있고, 팔레스타인 사람들은 영구적으로 유대국가의 하위 카스트Caste로 취급되고 있다"는 취지였다. 대부분의 비유대인이 엄격한 분리와 지배하에 살고 있다는 것이다.[12]

이스라엘이 추구하는 '하나의 국가 현실'을 인정한다고 하더라도, 자유민주주의 국가라면 원칙적으로 민주적 통치와 평등한 시민권에 기초해야 한다. 그러나 그러한 사회계약은 현재 이스라엘에서 제공되지 않는다는 것이다. 이스라엘의 유대인 정체성과 자유민주주의 중 하나를 선택하도록 강요받은 네타냐후 정부는 분명하게 전자를 선택하였다. 네타냐후는 "이스라엘은 모든 시민의 국가가 아니라 유대인의 국가"라고 선언하였다. 바넷과 린치 등은 2018년의 이스라엘의 민족(국민)국가 nation-state 법이 이스라엘을 유대민족국가로 정의하고 "이스라엘 국가에서 민족 자결권의 행사는 유대인의 고유한 것"이라고 공표하면서 비유대인 시민을 위한 민주주의나 평등에 관해 언급하지 않고 있다는 점을 지적하고 있다.

네타냐후의 이스라엘을 비유하여 앞서 언급한 바 있는 아파르트헤이트는 1948년부터 1990년대 초까지 남아프리카 공화국의 백인 소수 민족 정부가 백인 우월주의를 관철하기 위해 실시한 인종 차별 정책과 제도를 말한다. 아파르트헤이트는 국제법과 국제형사재판소ICC에 의해 "법제화된 인종 분리이자 차별"로 규정되어 반인도적 범죄로 간주되었다. 휴먼라이츠워치Human Rights Watch와 국제앰네스티International Amnesty 등의 주요 국제 인권기구들은 이스라엘의 팔레스타인 정책을 아파르트헤이트로 규정하고 있다. 2022년 3월 중동 연구 학자들을 대상으로 한 여론 조사에 따르면, 응답자의 60%가 이스라엘과 팔레스타인 영토의 상황을 "아파르트헤이트와 유사한 불평등을 가진 하나의 국가 현실one-state reality"로 묘사하였다. 더 나아가, 바넷과 린치는 "이스라엘의 구조적 차별 체계는 가장 비자유주의적인 국가들보다 더 심각하다"고 지적하였다.

따라서 두 개의 국가론을 반복 암송하며 부작위不作爲의 안주安住를 향유하기보다는, 현실적으로 이스라엘이 지배하는 하나의 국가 내에 살고 있는 모든 비유대인과 팔레스타인인의 평등과 시민권, 인권을 옹호하는 것이 팔레스타인문제에 역사적 책임이 있는 유럽과 미국의 긴박한 당면 의무일 것이다. 바이든 행정부가 밝힌 가장 명확한 글로벌 비전이 러시아의 우크라이나 침공에 대응하여 국제법과 규범을 전면적으로 옹호하는 것이었다면, 하마스 전쟁에도 동일한 기준을 적용해야 했다.

아브라함 협정Abraham Accords(2020) 등에서 추구한 "아랍의 정상화와 팔레스타인문제의 분리"가 결과적으로 '하나의 국가 현실'을 고착화하는 데 지대한 기여를 한 셈이라는 비판들이 있다. 세기의 거래라 자찬自讚한 트럼프의 아브라함 협정은 팔레스타인문제의 배제를 촉진하여 하마스 전쟁이라는 세기의 분쟁을 남겼다. 세계적으로 민주주의가 퇴행하고 포퓰리즘이 글로벌한 현상으로 고착화되는 상황을 고려하면, 이스라엘의 자유민주주의적 척도가 향상되기를 기대하기란 더욱 쉽지 않을 것이지만, '두 개의 국가 해결책'이 본격적으로 궤도에 오르기 전에라도 이 문제는 먼저 제기되어야 한다.[13]

처음으로 돌아가 그 시원을 살펴본 바와 같이, 팔레스타인문제는 유대인이나 아랍인 중에 특정 민족에게만 책임을 돌리거나 당사자들의 해결에 떠맡겨 방관할 수 있는 문제가 아니다. 제국주의 시대 식민정책의 유산이자, 대서양세계의 역사적 부채다. 팔레스타인에서 발생하는 특정 사안마다 귀책사유는 특정 민족에게 있을 수 있으나 근본적인 해결은 국제사회의 몫이다. 그 해법이 두 국가론이라면, 국제사회는 이를 국제법적으로 승인하고 집행해야 할 것이다. 1999년 미국과 나토가 세르비아에서 코소보를 떼어내어 독립(2008)시켰던 역사적 사례를 상기할 필요가 있을 것이다. 미국을 비롯한 책임 있는 이해 당사국들이 두 국가론 뒤에 편안하게 숨어만 있는 것은 아닌지 반문해야 할 때이다.

| 중동의 평화, 고도Godot를 기다리며

일촉즉발 직전이라던 2023년의 전쟁은 대부분의 전문가들의 예측과는 다르게 동아시아의 타이완이 아니라 중동의 팔레스타인에서 터졌다. 하마스-이스라엘 전쟁이 발발하기 전까지 미국이 예의주시하던 전쟁 가능성은 타이완에 맞춰져 있었다. 전문가 예측의 부정확성이 아니라 어느 곳에서나 전쟁이 가능한 시대에 진입하고 있는 시대적 징표에 주목할 필요가 있다.

"미국이 가자지구를 효과적으로 관리하고 지속적인 중동 평화를 지키는 데 앞장서기를 기다리는 것은 고도Godot를 기다리는 것과 마찬가지"라는 중동 전문가들의 충고는 아랍세계와 중동의 현실을 가감 없이 반영하고 있다.[14] 노벨문학상을 수상한(1969) 극작가 사무엘 베게트 Samuel Beckett의 연극 《고도를 기다리며En Attendant Godot》는 두 남자가 실존하는지도 모르는 '고도'라는 사람을 하염없이 기다리는 부조리한 이야기(부조리극)이다.

베게트에게 노벨문학상(1969)을 안겨준 이 작품은 고도에 대해 정의

하지 않는다. 작가는 이 작품에서 신神을 비롯한 절대적 존재를 찾으려는 사람들을 경계하였으나, 관객이나 비평가에 따라 고도에 관한 다양한 해석들—자유·해방·신 등—이 존재한다. 중동세계에 고도는 오지 않을 것이다. "미국이 중동 평화를 선도하길 기다리는 것은 오지 않을 미래를 기다리는 것"이라는 평론이다. 중국과의 헤게모니 경쟁에 대처하려 아시아로 떠난pivot to Asia(2011) 미국이 중동으로 다시 돌아오기는 어려울 것이다.

전쟁이 발발한 2023년 10월 7일 이전까지만 해도 미국의 중동에 대한 비전이 마침내 결실을 맺는 것처럼 보였다. "미국은 핵 프로그램에 대해 이란과 암묵적인 합의에 도달하고 있었고, 사우디와 방위 협정을 체결하고 있었으며, 이는 사우디가 이스라엘과의 관계를 정상화하도록 이끌 것이었다. 또한 미국은 중동 지역에서 점증하는 중국의 영향력을 상쇄하기 위하여 중동을 통해 인도와 유럽을 연결하는 야심찬 무역 회랑 계획India-Middle East-Europe Economic Corridor을 발표하기도 하였다." 특히, 바이든 정부는 《워싱턴포스트》의 칼럼리스트인 자말 카슈끄지 살해 사건에 책임이 있는 빈 살만의 사우디아라비아에 부정적이었음에도 사우디와 이스라엘 간의 관계를 정상화하기 위해 협상을 추진하였다.

그러나 하마스-이스라엘 전쟁은 상황의 근본적인 변경을 요구하였다. 하마스 전쟁이 이전의 여러 차례의 중동전쟁과 근본적으로 다른 점은 미국의 전략적 위상과 역할일 것이다. 이전과 같이 미국이 중동 지역에 군사적으로 적극 개입하기 어려울 것이라는 점이다. 따라서 중동 세계는 미국 이후의 지역 질서에 이르는 길을 준비해야 할 때이다. 미국이 장기적으로 중동에 주요 외교안보 자원을 투입하는 것에 베팅하는 것은 현명하지 못한 일이라고 미국의 중동 정책 전문가들이 충고하고 있는 현실을 직시해야만 한다.

하마스 전쟁 이전까지, 트럼프가 추진한 아브라함 협정의 확장 버전이라고 할 수도 있는 바이든 정부의 협상 과정에서 미국은 팔레스타인 문제를 우회하였다. 냉전 해체 이래 일극체제에서 팔레스타인문제가 주변화된 것은 사실이지만, 중동 지역 정치에서 팔레스타인문제를 우회할 수 있다고 생각한 것은 미국의 중대한 계산착오였다. 그러나 하마스 전쟁은 중동 지역과 아랍세계에서 팔레스타인문제가 지니는 상징성을 다시 한번 부각시키면서 아브라함 협정 류(아브라함협정 플러스)의 미국의 접근법을 뒤집었다.

그럼에도 하마스 전쟁은 미국의 근본적인 정책 방향에 큰 변화를 가져오지는 못할 것이다. 바이든 정부는 팔레스타인 국가 창설에 대한 이스라엘의 반대에도 이를 합의 조건으로 걸고 있는 사우디와 이스라엘의 관계 정상화를 여전히 추진하고 있다. 더불어 미국을 중동 분쟁으로부터 분리시키려는 기존의 전략을 바이든 정부와 후임 정부가 수정할 것으로 보이지 않는다.

UCLA 〈버클Burkle국제관계센터〉의 케이Dalia Dassa Kaye와 영국 채텀하우스Chatham House의 바킬Sanam Vakil이 분석하듯이, 중동 지역에서 여타 세계 강대국들이 미국을 대체할 것 같지는 않다. 유럽은 이 지역에 대한 역사적이고 지정학적 이해관계가 뚜렷하지만 개입할 수 있는 역량이 부족하고, 중국 지도자들은 미국의 영향력이 약화되는 가운데 이 지역에 대한 관심이 점증하고 있으나 아직은 경제적인 분야에 집중되어 있으며, 18세기 이래 이 지역에 대한 직접적인 이해관계를 보유한 러시아도 외교 군사적으로 선별적인 개입에 머무르고 있다.

이러한 국제관계의 구조적 현실에서 케이와 바킬은 "하마스 전쟁이 시작될 때부터 상황을 조정해 온 카타르·사우디아라비아·튀르키예·아랍에미리트UAE와 함께, 특히 이스라엘의 인접 아랍 국가인 이집트와 요르단이 나서서 집단적으로 향후 나아갈 길을 모색할 필요"가 있음을 강조하고 있다. 전쟁이 발발하기 전 몇 년 동안 "아랍 국가들과 비아랍 국가들이 이 지역 전체의 국제관계를 재설정하려는 새로운 형태의 협력의 가능성을 보여주었다"는 것이다. "미국이 이스라엘과 팔레스타인의 분쟁을 확실히 종식시킬 수 있는 대타협을 달성할 수 있을 것이라는 기대는 오늘날 중동의 현실과는 동떨어져 있으므로 주요 외교적 돌파구는 이 지역 자체에서 비롯될 가능성이 높다"는 케이와 바킬의 주장은 중동 정치에 대한 희망 이상의 의미가 있다.[15]

하마스 전쟁 이전까지 한편으로는 미국의 노력으로, 다른 한편으로는 이 지역에 대한 미국의 전략적 관여가 감소됨에 따라 중동 지역 주요 국가들은 안보 체제를 자체적으로 형성하려는 시도를 지속해 왔다.[16] 2019년 UAE는 이란과의 양국 관계를 회복하기 시작하였고, 2022년 아부다비는 공식적으로 테헤란과 외교 관계를 재개하여 사우디가 이를 따를 수 있는 길을 열었다. 2023년에는 지역 헤게모니와 무슬림 종파의 오랜 숙적관계인 사우디와 이란이 오만과 이라크의 중재, 그리고 이후 중국이 중재한 합의에 따라 관계를 재개한다고 발표하였다. 2021년에는 바레인·이집트·사우디아라비아·아랍에미레이트UAE가 무슬림 형제단에 대한 지원이나 이란과 튀르키예와의 긴밀한 관계 등을 이유로 카타르에 부과한 3년 반의 봉쇄를 종료하였고, UAE와 사우디아라비아는 반목하던 튀르키예와 화해하였다. 2023년 아랍 지도자들은 알 아사드 시리아 대통령을 아랍 연맹으로 다시 초대함으로써 시리아 내전 10년의 고립이 끝났음을 알렸다.

이라크의 안정성을 논의하기 위하여 2021년 바그다드와 2022년 암만에서 연이어 개최된 바그다드 협력과 파트너십 회의에는 이란과 튀르키예, 걸프협력이사회GCC 회원국, 요르단과 이집트 등 그동안 경쟁하거나 충돌하던 국가들이 거의 전부 망라되었다. 2020년에 설립된 동지중해 가스포럼에는 가스 안보와 탈탄소화를 중심으로 구축된 정기적인 대화를 위해 팔레스타인 자치정부 대표들과 함께 키프로스·이집트·프랑스·그리스·이스라엘·이탈리아·요르단 등의 동지중해세계의 국가들이 참여하였다. 이 외에도 건강·인프라·에너지 분야를 중심으로 한 지역 간 파트너십을 구축하기 위해 2021년 인도·이스라엘·UAE·미국 등이 참여하는 다자간 그룹 I2U2가 설립되었다. 또한, 평가와 관련하여 논란의 여지는 많으나 2020년 UAE·바레인·이스라엘 간에 체결한 아브라함 협정도 기억할 만하다. 그 밖에 2022년 바레인·이집트·이스라엘·모로코·UAE·미국이 모여 경제 및 안보 협력을 촉진하기 위한 네게브 정상회담을 개최하였다.

 그러나 중동지역의 안정화와 관계 정상화 협상에서 팔레스타인문제가 주변화된 것은 결과적으로 우려할 만한 상황을 초래하였다. 예를 들어, 19세기 이래 이 문제의 직접적인 당사자이기도 한 요르단은 네게브 정상회의 참가를 거부한 바 있고, 2023년 초 이스라엘의 요르단강 서안 정착촌에 대한 긴장이 고조되면서 후속 회의도 연기되었다.

 그럼에도 이스라엘-하마스 전쟁은 중동 지역 국가들의 이러한 노력들을 좌절시키기보다는 지역의 미래를 위한 정치적 역량을 더욱 단련시킬 것으로 기대된다. 예를 들어, 케이와 바킬이 예측하고 있는 것처럼 "하마스 전쟁이 지역의 맹주인 이란과 사우디아라비아의 관계를 탈선시키기보다는 그들을 강화시키고 있다는 평가"가 지나친 낙관주의가 아니길 기대한다는 의미이다. 2023년 11월 이란의 라이시 대통령은 빈 살만 사우디 왕세자가 주최한 아랍과 이슬람세계 국가들이 망라된 아랍연맹Arab League과 이슬람협력기구OIC 합동회의에 참석하였고, 다음 달에는 베이징에서 이란과 사우디 지도자들이 다시 만나 하마스 전쟁을 논의하였다.

이러한 새로운 전략적 현실은 미국으로 하여금 이 지역에 대한 새로운 계획을 이스라엘뿐 아니라 이란, 그리고 아랍 전체와 협력 관계를 맺고 있는 사우디와의 협력관계에 두게 할 것이다. 하마스 전쟁을 기점으로 이스라엘에 대항하여 하마스를 지원하는 중동 지역의 저항의 축axis of resistance의 중심에 서게 된 이란의 부상은 주목할 만하다. 앞서 언급한 아랍-이슬람 합동 특별정상회의에 참석한 이란은 미국과 아랍, 이스라엘의 일련의 협력 모델들을 이란을 봉쇄하기 위한 아랍과 이스라엘의 축Arab-Israeli axis이라고 경고하였다.

사우디는 중동지역의 주요 세력인 이란과 튀르키예, 이스라엘과 협력하여 팔레스타인 국가 건설을 목표로 이스라엘-팔레스타인 평화 프로세스의 넓은 틀에 도달할 수 있는 역량을 지니고 있다고 할 수 있다. 아랍과 이슬람세계에서 가장 광범위한 협력 관계를 맺고 있는 사우디는 이란의 저항의 축을 견제하는 동시에 미국과의 협력을 통해 이스라엘을 균형과 조정의 관계로 끌어들일 수 있을 것이다.

미국이 사우디와 미·일동맹에 준하는 상호방위조약 체결을 추진하며 지역에서 이란을 견제하기 위한 군사적 장치를 모색하는 한편으로 사우디는 예멘 내전을 종식시키기 위해 이란과 합의한 중동의 데탕트를 지속시키려 할 것이므로, 이란과 사우디의 협력 관계는 향후 지역 안정에 결정적인 역할을 할 수 있다. 2023년 6월 이란과 사우디는 대사관을 상호 재개설하는 등 완전한 관계 정상화를 논하고 있다. 사우디와 마찬가지로 튀르키예는 "이란이 양국 관계뿐 아니라 지역에 이해관계를 가지고 있어야 지역 안보를 더 잘 준수할 수 있으므로 이란을 지역에 적극 통합시켜 안전을 지켜야 한다"고 판단하는 듯하다.

존스 홉킨스대의 중동학자 나스르Vali Nasr와 로마국제문제연구원의 판타피에Maria Fantappie의 주장대로 "아랍과 이슬람세계의 이러한 접근법이 성공한다면 지역 긴장을 완화함으로써 미국의 이익에도 도움이 될 것이고, 미국은 아시아와 유럽에 집중할 수 있게 될 것"이다. 따라서 미국은 "반(反)이란 동맹을 만들기 위해 헛되이 노력할 것이 아니라 중동의 새로운 질서를 이용하여 이란의 야망을 저지해야 할 것"이다.

미국은 "사우디와 걸프 국가들이 팔레스타인문제의 영구적 해결과 지역의 긴장완화에 이란의 묵인이나 지지를 확보하기 위하여 이란과의 외교와 경제적 관계를 심화시키도록 권장할 필요"가 있다. "팔레스타인을 위한 해결책은 적어도 이란의 암묵적인 합의 없이는 도달하기 어렵기" 때문이다. "이란과의 긴장이 상승할수록 미국은 중국과 러시아에 대항하기 위해 군사와 외교적 지원을 집중하기 더욱 어려워 질 것"이다. 이에 비해 미국과 이란이 협상에 성공한다면, 이 성과는 사우디가 이란과 협상하는 데 승수효과를 낼 것이다. 사우디와 이란 관계의 정상화는 극단적인 무장집단을 예측가능하게 통제하고 지역 안정을 제도화하는 데 핵심적인 요인이다.

사우디가 미국과 중국 중 하나를 선택하고 싶어하지 않듯이, 협상이 성공한다면 이란도 미국을 우회하고 중국을 선택할 이유가 없다. 튀르키예 역시 지금까지 고수해 온 미국과 러시아에 대한 실용적 균형 전략을 선호할 것이다. 중동 지역은 세계 어느 지역보다 외부 강대국들에 대한 견제와 균형의 에너지로 끓어 넘치는 곳이다. 미국의 중동 비전에 대한 저항, 그리고 러시아와 중국의 관여에 대한 지역국가들의 경계는 여전할 것이다. 하마스 전쟁을 계기로 이러한 에너지는 더욱 강화될 것이고 사우디·이란·튀르키예 등 중동 삼국은 미래 중동 지역 질서 재편의 중심에 서게 될 것으로 예측된다.[17]

하마스 전쟁이 폭로한 가장 극명한 현실 중의 하나는, 케이와 바킬이 주장하듯이 미국의 힘의 한계일 것이다. 하마스 전쟁에서 보여준 이스라엘에 대한 미국의 지지가 이 지역에서 미국의 신뢰를 쉽게 회복하기 어려운 정도로 손상시킨 점 또한 명백하다. 전쟁 초기부터 국제사회로 하여금 희망하는 만큼 미국이 이스라엘과 팔레스타인의 합의를 추진하는 데 필요한 결정적인 리더십이나 지렛대를 제공하지 못할 것 같다는 비관적인 현실을 목격하게 하였다. 하마스 전쟁은 중동 지역의 주요 국가들이 새로운 리더십을 구축하고 검증하는 시험장이 되었다. 사우디와 이란, 튀르키예 등 전통적인 지역 강국들뿐 아니라, 카타르와 UAE 등도 하마스 전쟁에서 영향력 확보 경쟁에 뛰어들었다.

한 가지 희망적인 것은 1947년 유엔총회에서 팔레스타인 지역에 두 민족을 위한 두 개의 국가 건설을 명시한 결의한 181호가 통과된 이래로 두 국가 방안에 대한 합의와 열의가 어느 때보다 높다는 점이다. 1947년 당시만 해도 팔레스타인인들과 아랍 국가들은 유대인과 팔레스타인을 위한 두 국가론에 동의하지 않았고 유대인들은 소극적으로 이를 수용한 바 있었다. 앞서 살펴본 대로, 두 개의 국가론에 대한 두 민족과 후견국들의 분열과 이견異見은 이후 몇 차례의 전쟁과 봉기intifada로 이어졌다.

| 하마스 전쟁, 비극적인 희망: 다시, 두 국가론

과거에 두 국가 해법이 최고조에 올랐던 시점은 냉전 해체 직후 세계인들의 평화에 대한 관심이 고조되고 지난 역사의 유제를 청산하자는 세계적인 공감대가 형성되던 세계질서의 대전환기였다. 클린턴 대통령의 중재 아래 팔레스타인 대표 기구인 팔레스타인해방기구PLO의 야세르 아라파트Yasser Arafat와 이스라엘의 라빈Yitzhak Rabin 총리 간에 이루어진 오슬로 협정Oslo Accords 시기, 즉 오슬로 평화프로세스(1993-

1994)의 시기였다. 오슬로 협정에는 두 개의 국가의 영토 비율과 정착지의 관리 문제 등의 쟁점 현안들이 포함되었다. 오슬로 평화프로세스의 결과는 잘 알려진 대로 라빈 총리가 팔레스타인인들과의 협상에 반대하는 이스라엘 극우주의 세력에 암살당하고(1995), 팔레스타인 극우세력인 하마스의 등장, 이스라엘 극우세력의 지지를 받는 네타냐후의 집권(1995)으로 이어졌고, 그 결과 오슬로 협정은 파행되어 1999년경에 사실상 종결되었다.

성과라고 한다면 팔레스타인 자치정부의 수립과 유엔 비회원 옵서버 국가non-member observer state 자격의 획득(2012)이라 할 수 있다. 하마스 전쟁이 한창이던 2024년 4월, 팔레스타인은 유엔에 정식회원국 가입신청서를 제출하였으나 유엔안보리에서 미국의 거부권 행사로 부결되었다. 재론하면, 냉전 해체 이후 팔레스타인 자치와 유엔가입 문제의 계기는 오슬로평화회의로 거슬러 올라간다. 오슬로 평화프로세스가 최종적으로 종결된 이듬해인 2000년에 제2차 팔레스타인의 대봉기intifada가 발생하여 5년 간 지속되었다. 이후 2023년 이스라엘-하마스 전쟁이 발발할 때까지 팔레스타인문제는 한때는 세계화에, 또 한때는 이슬람국가ISIS와 중동-북아프리카 내전문제에, 또 어떤 때에는 기후위기 등 글로벌 위기문제에, 그리고 이후에는 미·중 헤게모니 경쟁 등에 밀려 부차적이고 드러나지 않는 그림자 분쟁으로 전락하였다.

비극적이긴 하지만 하마스 전쟁으로 팔레스타인문제는 다시 세계의 중대현안으로 등장하였고 두 국가론 해법이 재논의되기 시작하였다. 미국외교협회CFR의 석좌연구위원인 마틴 인다이크Martin Indyk가 정리하였듯이, 두 국가론의 대안들은 대략 네 가지로 요약될 수 있다.[18] 먼저 이스라엘을 파괴시키는 하마스의 방안과 이에 대척점에 있는 이스라엘 극우세력의 팔레스타인 흡수통합안이 대비된다. 이스라엘 극우세력—

유대교와 유대민족의 순수 지고至高성을 주장하는 유대 근본주의 세력—이 선호하는 팔레스타인 흡수방안은 이스라엘이 현재 유대인 정착지를 넓혀가고 있는 팔레스타인 서안 지구West Bank를 병합하고 팔레스타인 자치정부Palestinian Authority를 와해시키는 동시에 가자지구의 팔레스타인인들을 외국으로 추방하는 극단적인 방안이다.

세 번째로는 네타냐후 정권이 지난 십여 년 동안 추진해 온 갈등관리 방안이다. 이 안은 무한정 현상유지를 지속하는 것인데, 세계는 그것이 어떻게 부작용을 일으키는지 그리고 오작동하는지 이미 잘 보아 왔다. 유대 근본주의 세력의 지지에 의존하는 네타냐후 정권이 서안 지구 흡수통합안에 친화적이고 팔레스타인 독립안(두 국가 해법)에도 반대한다는 점 또한 감안해야 한다.

마지막으로 2민족 1국가binational state 방안으로, 유대인과 팔레스타인인으로 구성된 하나의 국가 모델이다. 이 방안은 두 가지 의미로 해석할 수 있다. 하나는 유대인이 팔레스타인인을 포함한 범아랍 민족에 비해 소수민족으로 되어 유대민족 국가로서의 이스라엘은 종결된다는 의미이다. 다른 하나는 앞선 절에서 소개한 대로 국제NGO나 활동가들, 인권관련 분야 지식인들이 제시하는 2민족 1국가안이다. 이미 팔레스타인 지역이 실질적으로 이스라엘 국가화되어 있는 현실을 반영하여 해당 지역을 대표하는 이스라엘의 국가성을 인정하고, 오히려 자유주의와 민주주의에 입각한 이스라엘의 체제적 정당성을 높이는 현실적인 방안이다. 이스라엘 내 비유대인들의 법적 권리를 제고하여 자유와 평등의 권리를 제도화함으로써 민주화된 이스라엘 국가 내에서 팔레스타인인과 유대인이 정의롭게 공존할 수 있는 방안을 의미한다.

이 방안을 지지하는 학자나 전문가들은 이것이 두 국가 해법 뒤에 숨어 안주하고 있는 미국과 유럽, 아랍 국가 등의 정책적 방기와 무책임을 비판한 현실적 대안이라고 주장하고 있다. 이 방안은 팔레스타인과 이스라엘의 현상태status quo를 가장 잘 감안한 것으로 보이나, 기존의 정통해법이라 할 수 있는 유엔결의안과의 관계와 두 민족이 모두 동등한 처지에서 이를 수용할지 여부를 복합적으로 고려하여 해법으로 정립할 필요가 있을 것이다. 여러 대안을 단순화하면, 하마스와 네타냐후의 방안도 상대방의 파멸을 상정하는 상호 배제된 극단적 형태의 1국가론이라 할 수 있다.

하마스 전쟁 이후 국제사회는 두 국가 해법에 대해 다시 주목하기 시작하였다. 2024년 3월 31일 프랑스 외무장관 스테판 세주르네Stéphane Séjourné는 이집트 카이로에서 개최된 팔레스타인 접경국 이집트와 요르단 외무장관 회의 후에 열린 공동 기자회견에서 팔레스타인과 이스라엘의 영구휴전과 두 국가 해법two-state solution을 촉구하는 유엔안보리 결의안을 추진하기로 한 합의를 발표하였다.

팔레스타인문제의 국제적 규준은 두 결의안, 즉 유엔총회 결의안 181호와 유엔안보리 결의안 242호(1967)일 것이다. 전자는 이미 설명한 바와 같이 두 국가 모델의 원형을 제시한 것이고, 후자는 6일 전쟁의 결과로서 이전 상태status quo ante의 회복(기존 현상유지의 복원), 다시 말하면 전쟁에 의한 영토 획득의 불인정과 이에 따른 점령지로부터의 철군을 이스라엘에 요구한 결의안이다. 당시 전쟁 당사자인 이스라엘과 아랍 국가들은 242호 결의안을 수용하였다. 비록 오늘날까지 242호의 요구안이 완료되지 않았으나 이번 기회에 새로운 버전의 결의안을 통해 181호를 확인하고 팔레스타인문제의 최종적 상태를 확정하여 이 문제를 최종적이고 영구적으로 해결하는 입구로 들어가야 한다.

비극적이긴 하지만 지금이 역사적 기회라고 판단되는 이유는 아브라함 협정의 체결이 시사하듯이 이스라엘과 아랍 국가들은 과거로부터 벗어나 타협을 통해 새로운 구상을 모색해야 하는 역사적 기로이자 전략적 전환점에 서 있기 때문이다. 이 경로가 팔레스타인문제를 우회하는 편의적인 방식을 통한 것이라는 데 비극성이 있지만, 역으로 지역의 주요 국가들이 새로운 지역질서와 패러다임 구상의 필요성에 공감했다는 것이 중요하다.

사우디아라비아의 경우, 네옴NEOM 시티 등 탈화석연료에 기반한 사우디의 미래를 좌우할 빈 살만MBS의 국가전략구상을 실현하기 위해서는 중동 세계의 주도권이 이란의 저항의 축Axis of resistance으로 넘어가서는 안 되고 미국의 협력이 절실하였다. 따라서 사우디는 중국과의 경제협력을 강화하는 한편으로 미국과의 양자동맹을 추진하여 상호방위조약을 체결할 예정이었는데, 이를 위한 기반 조성으로 이스라엘과 범아랍세계 사이의 협력이 필요하였다.

이슬람세계의 종주국으로서 사우디가 팔레스타인문제를 우회한 후과는 중대하였으나 아랍과 중동세계를 미래지향적으로 재구성하는 문제는 사우디를 비롯한 아랍 국가들에게 여전히 유효한 것이므로, 팔레스타인문제가 이러한 미래로 가는 데 있어서 통과해야 할 관문이라는 사실이 확인된 이상 이를 정면 돌파할 필요가 있을 것이다. 실제로 하마스 전쟁 발발 이후 아랍세계는 팔레스타인문제 발생 이후 어느 때 보다도 활발하고 전향적으로 움직이고 있다. 사우디와 팔레스타인 접경국인 이집트와 요르단뿐 아니라 아랍에미레이트UAE 등 아랍세계의 대부분의 주요 국가들은 과거 중동지역에 전략적 이해관계를 지녔던 유럽국가들과 함께 전방위적으로 이 문제에 몰입하고 있고, 미국의 바이든 정부 또한 다시 한번 두 국가 해법에 정책적 힘을 부여한 바 있다.

과거의 양상과는 다르게 이제 이스라엘만이 고립된 형국인데, 이스라엘 국민 대다수의 여론에 대항하고 있는 네타냐후 정권과 초정통 극우세력들은 전쟁 이후의 복구건설에 있어서 막대한 소요가 예상되는 국내외적 자원의 동원 대책이 전무하다시피한 상황에 처해 있다. 전후 복구과정에서 이스라엘 국민은 무기력하고 전쟁책임으로부터 자유롭지 못한 네타냐후 정권보다는 현실적인 해결안을 선호할 수도 있을 것이다.

외국에 원조를 할 정책적인 여력이 없는 미국을 제외하면, 전후 복구건설에 예상되는 막대한 소요 재원을 요청할 수 있는 곳은 현실적으로 아랍 국가들이 유력하다. 우크라이나 전쟁 등으로 최근 몇 년 동안 100달러 시대를 향해 상승하는 국제 원유가로 인해 오일 달러를 비축하고 있는 사우디와 아랍에미레이트 등의 아랍국가들로부터의 전후 복구 투자와 원조가 가자 지구의 천문학적 복구비용에 중요한 조달처가 될 수 있으므로 하마스 전쟁을 계기로 아랍 국가들이 추진하는 두 국가 해법 협상안이 과거보다는 더욱 힘을 발휘할 수 있을 것으로 기대되었다.

진행 중인 전쟁의 수행뿐 아니라 종전 후에도 국가 방위에 필요한 군사무기를 조달해야 하는 이스라엘군軍IDF도 미국의 군수지원이 절실할 것이다. 미국이 이스라엘에 대한 국방 지원을 아랍세계와의 화해 협력에 연계하여 제기한다면 이스라엘군은 네타냐후 정권을 견결히 지지하기보다는 미국의 이러한 제안에 협력하는 것을 선호할 것이다. 이전의 예측과는 다르게 하마스 전쟁으로 드러난 사실은 이스라엘군이 팔레스타인의 무장세력에 대해서는 압도적으로 일방적인 군사력을 보유하고 있지만 지역 내에서는 그렇지 않다는 것이다. 다시 말하면, 아랍세계가 연합하여 공세를 취할 경우, 과거 6일 전쟁이나 욤키푸르Yo Kippur 전쟁(1973)처럼 이스라엘군 단독으로 아랍 국가들을 압도하거나 선방善防하기 어려울 수 있다는 사실이다.

하마스 전쟁에서 바이든 정부는 제럴드 포드호와 드와이트 아이젠하워호 등 두 개의 항공모함전단을 동지중해 가자 지구 앞바다에 배치하고 핵추진잠수함을 중동 지역에 파견하였다. 이러한 미국의 대규모 군사적 조치는 중동 지역에서 이스라엘 단독으로 할 수 있는 군사적 억제력에 한계가 있다는 의미이기도 하였다. 예를 들어, 2024년 1월 미 중부사령부가 해당 지역의 항모전단 중의 하나를 복귀시키기로 했을 때 이스라엘군은 전쟁 중에 지속적인 배치를 요청한 바 있다. 따라서 종전 이후에도 중동 지역 내에서 이스라엘의 방위문제를 안정적으로 해결하기 위해서는 미국의 군사적 지원이 필수적이므로 이를 활용하여 두 국가 해법과 이스라엘 안보 공약을 연동시키면 팔레스타인문제의 최종적인 해결을 위한 관문으로 들어갈 수 있을 것이다.

이렇듯 하마스 전쟁으로 오늘날 유대인과 팔레스타인인, 그리고 이스라엘과 아랍 국가들뿐 아니라 미국과 유럽의 이해당사국들은 팔레스타인문제 해결의 최종적 상태에 도달하기 위해 반드시 거쳐야만 하는 통과의례Les rites de passage에 직면해 있다. 그렇기에 희망적이다. 그 통과의례를 개시하려는 듯하기에 그렇다는 것이다. 그러나 이 비극적인 사건이 더 희망적인 계기일 수 있는 것은 세계질서가 바뀌고 있다는 점에서 그러하다. 30여 년 전의 오슬로 평화프로세스도 이러한 대전환기에 일어났다. 이렇듯 시대적 대전환과 세계질서의 대변동에서만 해결될 수 있는 일들이 있다. 팔레스타인문제가 그러하고, 또 한반도 분단과 통일 역시 그러한 역사의 일이다.

팔레스타인문제와 하마스-이스라엘의 전쟁은 역사에 연원하고 지정학적으로 주조된 문제를 우회하거나 건너뛰는 방식으로는 지속가능한 평화를 구축하기 어렵다고 경고하고 있다. 한반도문제와 한국전쟁 또한 그러하다. 고통스럽고 멀리 가야 할지라도 근본적인 해결이 안전한 길이다. 이 길은 비용을 따질 수 있는 그런 길이 아니다. 명백한 운명의 길이자 전쟁의 신의 아레스Ares의 창과 방패에 강철 자물쇠를 거는 길이다.

북한이 유럽의 전쟁에 참전하였다.
우크라이나 전쟁에서 '두 번째 한국전쟁'을 보는
정치적 상상력은 매우 비극적이다.

북·러 동맹조약은 이백여 년 전에 형성된
유라시아 국제관계의 동학이
유럽과 동아시아를 밀접히 연동시키고 있는 상징이다.

'완벽한 승리는 선善한 결과의 적敵'이다.
북·러 신조약은 탈자유주의 국제질서post-LIO의
정치적 기표이다.

12. 북방삼각관계: 북한과 러시아, 군사동맹의 변주곡

| 북한의 우크라이나 전쟁 참전: 유라시아 국제관계의 동학

북한이 유럽의 전쟁에 참전하였다. 2024년 11월 12일 미 국무부는 북한군이 우크라이나 전쟁에서 전투를 개시했음을 확인하였다. 우크라이나 전쟁을 신냉전시대의 대리전proxy war으로 규정하는 할 브랜즈Hal Brands의 견해에는 동의하지 않지만, 우크라이나 전쟁에서 '두 번째 한국전쟁'을 보고 있는 브랜즈의 정치적 상상력은 매우 흥미로우면서 비극적이다. 미국기업연구원AEI에서 발표한 글에서[1] 그는 "우크라이나 전쟁은 이제 세계 전쟁이고, 푸틴은 친구들을 얻고 있다"고 말하였다. 바이든 대통령이 우크라이나 전쟁을 민주주의 대 독재의 싸움으로 규정한 것을 인용하여 브랜즈는 서구 민주주의 국가 그룹 대 유라시아 독재국가 그룹 간의 대리전이라는 신냉전 프레임을 만들었다.

푸틴정부에 비판적인 러시아 전공학자 마이클 키미지Michael Kimmage 또한 이와 유사한 의미에서 '우크라이나 전쟁이 세계 전쟁이 되었다'고 주장하고 있다.[2] 우크라이나 전쟁은 이른바 두 개의 그룹이 냉전시대처럼 이념이나 체제를 기준으로 확연히 나뉘어진 것(두 개의 진영)이 아니라 경제적이거나 정치적인 이유로 러시아와 거래하고 협력하며 이합집산하고 있다는 점에서 신냉전이라 정의하기 어렵다. 러시아에 대한 거래나 협력, 또는 지원의 수준이나 유형과 동기 등이 국가별로 다양하다는 점에서도 그러하다.

신냉전 프레임에 대한 진위 논쟁은 이미 앞선 장에서 논의한 것으로 갈음하고, 우크라이나 전쟁이 한반도에 주는 충격적 효과에 대해 우리가 주목할 필요가 있을 것이다. 우크라이나 전쟁을 세계 전쟁으로 규정하는 배경에는 전쟁에 직간접적으로 참여하는 국가들의 분포가 이미 세계적이라는 주장이 자리하고 있다. 미국과 유럽연합EU을 비롯한 범대서양 동맹이 우크라이나에 대한 정치적 지지뿐 아니라 재정과 군사물자를 지원하고 있고, 중국과 인도 등 브릭스BRICS를 비롯한 글로벌 사우스Global South(범 남반구)가 러시아를 지원하거나 우호적인 입장을 취하고 있는 세계적 현상을 반영한 해석이다.

근대 이래 19세기 전쟁이나 20세기의 두 차례 세계 전쟁 등 과거 역사의 패턴과 전례와는 달리, 키미지의 표현대로, 유럽의 전쟁에 이제 비유럽국가들이 개입하고 있고 전쟁의 향방에 주요 변수로 작용하고 있다. 이러한 '우크라이나의 세계전쟁화'라는 주장에 구체성을 부여한 주요 요인 중의 하나가 남북한의 전쟁 연루이다. 남한은 미국을 경유하여 포탄 등 군수물자를 제공하였고, 북한은 러시아에 포탄과 미사일 등 군수물자를 직접 지원했다는 주장이 기정사실화 되었다.

앞서 우크라이나 전쟁과 한반도의 연관성에 대한 브랜즈의 주장에 대해 흥미롭다고 한 이유는 우크라이나 전쟁을 아직 끝나지 않은 한국전쟁의 연장선에서 보고 있기에 그러하다. 외교 정책 전문가들뿐 아니라 한국인들은 수십 년 동안 두 번째 한국전쟁에 대해 우려하고 두려워해 왔기 때문이다. 그의 말대로, 아무도 우크라이나에서 그런 일이 일어날 것이라고는 상상하지 못하였다. 프롤로그에서 언급하였듯이, '미국이 전쟁을 말하면, 한국인들은 몸서리친다'는 말로 작가 한강이 그토록 참담해 한 이유는 '두 번째 한국전쟁'에 대한 두려움 때문이었다. 남북한이 수십 년 동안 지속하고 있는 투쟁을 오늘날 우크라이나 전장에서 다시 재현하는 듯한데, 두 개의 한국은 유럽에서 벌어지는 격렬한 전쟁의 중심이 되었고, 우크라이나 전쟁에 남북한이 참여한 것은 진행 중인 세계 대리전의 축소판을 상징한다고 브랜즈는 주장하였다.

나는 오래전부터 이러한 상황이 발생할 가능성을 말해 왔다. 이백여 년 전에 형성된 유라시아 국제관계의 동학이 유럽과 동아시아를 밀접히 연동시키고 한반도정치에 중대한 영향을 미치고 있다는 사실, 그리고 이러한 유라시아 국제관계 동학의 중심에 러시아가 있다는 사실을 강조해 왔다. 러시아는 유라시아 국제관계를 관리하고 매개하는 행위 주체이다. 유라시아 국제관계에서 그 동쪽 끝에 위치한 한반도는 이 관계 동학으로부터 지정학적으로나 역사적으로 자유롭기 어렵다. 이러한 유라시아 국제관계는 삼백여 년이 넘을 만큼 기나긴 역사 과정을 통과해 왔다.

17세기 말에서 18세기 초 중국(청)의 강희제와 제정러시아의 표트르 대제가 체결한 네르친스크 조약(1689)으로 형성된 '네르친스크-캬흐타 체제'—네르친스크조약의 보완인 캬흐타조약(1727)을 합하여 칭함—에 그 기원을 두고 19세기 중반 유럽 열강의 동아시아 식민지 쟁탈 과정에서 유라시아 국제관계가 주조되었다.[3] 대한제국의 탄생, 그리고 한반도의 식민지화 과정과 분단 과정에서 형성되어 오늘날까지 지속되고 있는 한국문제(한반도문제)Korean Question는 유라시아 국제관계의 동학에서 조형되었다. 조선과 대한제국의 운명을 결정한 두 개의 전쟁(청일

전쟁1894과 러일전쟁1904), 그리고 대한민국의 운명을 가른 한국전쟁(1950) 등, 근대 이래 한반도의 운명을 결정한 세 개의 전쟁이 모두 유라시아 국제관계 동학의 산출물이다.

냉전의 해체와 북방정책으로 유라시아 국제관계가 한국에 정치·경제적인 승수효과를 가져왔으나 탈냉전기가 최종적으로 종결되고 글로벌 '질서 해체기'에 있는 현재, 유라시아 국제관계의 동학은 또다시 한반도에 위급한 방향으로 작동하고 있다. 따라서 구한말이나 냉전시대처럼 유라시아 국제관계가 한반도에 치명적인 결과를 초래하지 않도록 전략적으로 재조정하여 신新유라시아 구상을 수립할 필요가 있다. 유라시아 국제관계에서 이탈하거나 특정한 국가를 배제하는 '소극적 축소 전략negative-minimalist strategy'이 아니라, 전향적인 유라시안 정책 루트를 다시 개척해야 하고 포괄적인 유라시아 전략을 수립해야 한다. 우리는 북한과 러시아의 조약, "조선민주주의인민공화국과 로씨아련방사이의 포괄적인 전략적동반자관계에 관한 조약(2024)"에서 '조약의 진화'를 본다. 옥스퍼드의 정치학자 헤들리 불이 말한 '국가 간의 체제'가 지속되는 한 이러한 유형의 진화는 앞으로도 되풀이될 것이다.

| 북·러동맹, 탈자유주의 국제질서의 정치적 기호semiosis

남북한이 우크라이나 전쟁에 개입하게 된 배경에는 동맹정치가 주요 동인이었다. 남한은 미국과의 동맹관계로 인해 우크라이나를 지원하게 되었고, 북한은 러시아와의 동맹관계에서 그러하였다. 논자에 따라 견해가 다르지만, 한미동맹이 북한과 러시아의 동맹정치를 견인하였다고 볼 수 있다. 전자와 후자 간에 어느 동맹이 더 옳은 것인가 하는 동맹정치의 정당성 논란을 내려놓으면, 전자가 후자에 명분을 제공했다는 주장이 뚜렷해지고 있는 것이 사실이다. 러시아와 북한은 동맹을 복원한 이유로 탈냉전 시기와는 다르게 한국과 미국, 그리고 일본 등 삼국의 군사 안보적 압박이 고도화되고 있으므로 이를 상쇄하기 위해 양국 간 전략적 제휴를 선택한 것이라 해명하고 있다. 북한과 러시아는 윤석열 정부에서 심화된 삼국관계를 한미일 삼각동맹체제가 형성되고 있는 것으로 해석하여 이에 대한 전략적 대응으로 양국의 군사동맹을 수립하였다는 것이다.

북한과 러시아가 군사동맹의 대외적 명분과 정당성을 강화된 한미일 전략적 삼각관계에 대항하기 위한 대안적 동맹정치에 두고 있다는 사실과 더불어, 2024년에 양국이 동맹을 전격적으로 결정한 국내적 요인이자 실질적 이유에 대해서도 지적할 만하다. 러시아는 우크라이나 전쟁의 공세적 종결을, 그리고 북한은 경제 회생과 군사기술의 보강이나 무기 체계의 개선 등 경제개발과 군비 현대화를 추진할 필요가 있었다. 북한은 지난 30여 년 동안 핵 프로그램 추진으로 초래한 국제 제재로 인하여 소진된 전반적 국력을 재생하기 위해 중국뿐 아니라 러시아의 지원이 절실하였는데 우크라이나 전쟁으로 기회의 창이 열렸다. 러시아는 우크라이나 전쟁으로 인한 유례없는 국제제재에도 불구하고 2023년 4%의 경제성장률에 이어 2024년 상반기에만 약 5%대의 성장률을 기록 중이었다.

대북제재의 주요 대상인 석유과 가스 등 에너지의 원활한 조달뿐 아니라 러시아로부터 식량 무상원조나 저렴한 곡물 구매를 기대할 수 있을 것이다. 참고로 러시아는 밀 수출 세계 1위, 천연가스 매장량 1위, 질소비료 수출 1위, 칼륨 비료 2위 국가이자, 석탄, 철광석, 석유, 천연가스, 희토류 금속 등 세계 천연자원 매장량 1위 국가이다. 달러 가치로 환산하면 약 75조 달러에 달하여 미국(약 45조 달러)을 초격차로 능가하고 있다. 원료자원과 원자재 구매뿐 아니라 냉전 시기 소련의 원조로 건설된 제철소와 화학공장 등 중공업 설비에 대한 개량으로 제조업을 재생시키고 비료 증산을 통해 농업생산량도 증대시킬 수 있을 것으로 북한지도부는 타산했을 것이다.

군사 현대화에 대한 정책 수요 또한 매우 높다고 할 수 있다. 대륙간탄도미사일ICBM, 잠수함발사탄도미사일SLBM, 전략폭격기 등 3대 핵전략 자산을 최종 완성하기 위해서는 러시아의 군사기술 지원이 필요하다. 공군의 경우에도, 미그MIG-21(1960-70년대 도입)을 주력기종으로 하여 MIG-29(1980년대 말 도입)를 일부 운용하고 있는 실정인데, 북한지도부로서는 제5세대 전투기인 스텔스기 수호이Su-57에 대한 전략 수요가 높을 것이다. 특히 주목해야 할 점은 미사일방공체계MD 구비에 관한 것이다. 북한이 핵무력을 완성했을지라도 미사일방공체계를 갖추지 못한다면 핵무기와 핵시설—핵무기 사일로nuclear silo(격납고)와 핵물질 농축 및 재처리시설—을 비롯한 핵무기체계Nuclear Weapons System가 외부의 군사적 위협에 무방비로 노출될 것이다. 러시아의 MD체계인 S-400은 이러한 핵무력 방어의 리스크를 현저히 줄여 줄 것이다. 김정은 정권은 러시아에 S-400 도입을 요청한 바 있으나 러시아 정부는 북핵문제의 해결과 이를 연동시켰다.

이란의 사례가 이와 유사한데, 러시아는 지난 2007년 이란과 방공미사일 시스템 S-300 5개 포대 분량을 공급하는 계약을 체결했으나 2010년 이란의 핵프로그램에 대한 유엔 안보리 제재결의안(1929호)에 따라 계약을 파기하였다. 이란의 아마디네자드Mahmoud Ahmadinejad 정부는 국제상설중재재판소PCA에 계약 파기에 따른 손해배상 청구소송을 진행하면서도 러시아에 S-300의 도입 가능성을 타진하였으나 당시 러시아 메드베데프 정부는 부정적인 반응이었다. 그러나 포괄적공동행동계획JCPOA(2015)에 합의하는 이란핵협정 타결에 연동하여 푸틴 러시아 대통령은 S-300 미사일의 이란 수출 금지령을 해제하는 대통령령에 서명하였다.[4] 2024년 러시아가 북한을 사실상의 핵보유국으로 인정하고 북한제재 레짐에서 이탈한 상황에서 푸틴정부가 기존의 한반도 비핵화 레짐이 해체되었다고 판단한다면 북한에 대한 S-400의 엠바고를 해제할 가능성이 있다.

북한은 2017년 핵 무력을 완성하고 2023년에 헌법에 명시하여 핵보유국 지위를 공식 선언함으로써 정권과 체제의 안전은 확보하였으나 국가 발전과 경제성장의 기회는 상실하였다. 공식 핵보유국인 P5(안보리 상임이사국)의 핵 보유와 비교할 경우에 후발 핵 프로그램 국가의 기회비용—진입 장벽뿐 아니라 핵 보유 기회비용—은 치명적이리만큼 크다. 예를 들어, 1980년대 북한과 베트남의 경제적 격차를 비교해 보면, 경제제재를 비롯한 국가적 리스크를 고려할 때 핵 보유의 기회비용은 막대함을 알 수 있다.

북한이 핵무기 프로그램에 본격적으로 착수하기 이전이자—MIT의 핵 군축 학자이자 바이든 정부의 국방부 우주정책차관보였던 비핀 나랑 Vipin Narang의 용어로 '헤징hedging' 초기 상태일 때—사회주의진영이 해체되기 직전이던 1989년에서 1990년 사이 1인당 GDP를 비교하면 양국의 격차는 약 7배에 달하였다. 당해연도 베트남의 1인당 GDP는 약 120달러—1989년에 123달러, 1990년 122달러—였던 데 비해, 북한의 1인당 GDP는 1989년 770달러, 1990년 707달러로 700달러를 상회하였다.[5] 1인당 GNP로 환산할 경우에 북한의 수치는 1988년에 980달러, 1989년 987달러, 그리고 1990년에는 1146달러 등 1000달러 내외로 추산되어 베트남과의 경제적 격차는 북한의 우위로 더 벌어졌다.[6]

이러한 경제역량이 역전된 것은 15년 후 베트남의 1인당 GDP가 757달러에 이른 2004년 무렵이다. 세계은행 통계에 따르면, 1986년 개혁

개방정책인 '도이 머이Doi Moi'를 실시한 지 35년 만에 베트남은 국내총생산GDP이 약 12배 증가하였고, 외국인직접투자FDI 또한 약 22배, 대외무역 29.5배, 1인당 GDP는 8.3배 성장하였다.[7] 개혁 개방 이후 9년 만인 1995년에 베트남과 미국은 국교를 정상화하였다. 십여 년에 걸쳐 약 130만 명에서 420만 명에 달하는 전사자를 양산했던 참혹한 전쟁을 치른 미국과 베트남이 선택한 '평화와 번영'이었다.

국제통화기금IMF의 통계에 따르면,[8] 2024년 10월 현재 베트남의 1인당 GDP는 4,650달러, 북한은 1,297달러로 추산되어 양국의 경제 격차는 베트남 우위로 약 3~4배에 이른다. 요약하면, 핵무기 프로그램 추진 이전에 북한은 1인당 GDP—또는 1인당 GNP—에서 베트남을 약 7~9배 상회했던 데 비해 핵을 보유한 오늘날에는 역으로 베트남이 북한을 3~4배 이상 앞서고 있다는 사실은 핵 보유의 경제적 기회비용이 충격적으로 막대함을 알 수 있다.

정권의 안정과 체제 안전은 경제적 비용으로 환산할 수 없을 만큼 결정적인 것이지만—정권 변동regime change이 초래할 정치적 기회비용 또한 막대할 수 있겠지만—핵 프로그램을 포기하는 것이 정권이나 체제의 붕괴로 직결되는 것은 아니다. 역으로 핵무력이 정권이나 체제의 안전을 보장할 것이라는 가설이 논리적으로나 실증적으로 필연성이 없을 뿐 아니라, 검증 가능한 것도 아니라는 사실도 감안할 필요가 있다. 핵보유와 체제보장 간의 상관관계에서, 둘 사이에는 논리적 개연성은 있을 수 있으나 논리적 필연 관계는 없는 것이다.[9]

위에서 인용한 기초적인 경제지표만으로는 핵 보유의 정치 경제적 기회비용이나 국가적 리스크를 전반적으로 파악하기는 물론 어렵다. 또한 GDP의 단순 비교만으로 30여 년 전 북한이 핵 보유프로그램을 포기했을 경우 성취할 수 있는 국가 발전의 가능성을 추정할 수는 없을 것이다. 노벨 경제학상 수상자(2024)인 MIT 경제학자 대런 애쓰모글루K. Daron Acemoglu는 《국가는 왜 실패하는가Why Nations Fail》에서 국가 간의 불평등을 결정하는 가장 중요한 요인은 《총, 균, 쇠》의 저자 재러드 다이아몬드Jared Diamond 등이 말하는 문화적 요인이나 지리적 요인 등이 아니라 정치와 경제 '제도'라고 주장한 바 있다.

애쓰모글루는 정치·경제적으로 포용적인 제도와 착취적인 제도를 구분하고 포용적 제도가 국가의 성공을 결정한다고 역설하였다. 일면 타당한 경제 담론이다. 정치와 경제 '제도'는 사회가 선택하는 것인데, 그것이 포용적(포용적 경제 제도)이면 경제성장을 촉진하는 촉매제가 될 수 있지만, 착취적 제도라면 경제를 저해하는 결정적인 장해물이 될 수 있다. 그에 따르면, 국가가 실패하는 이유는 '착취적 정치 및 경제 제도' 때문이다. 요약하면, 제도의 선택이 경제성장을 비롯한 국가의 성패를 좌우하는 가장 핵심적인 열쇠인 것이다.[10]

애쓰모글루는 앞의 책 제3장에서—흥미로운 소제목(38선의 경제학 Economics of the 38th Parallel)이 암시하듯이—남한과 북한을 비교하면서 북한의 실패(착취적 경제 제도)와 남한의 성공(포용적 경제 제도)을 제도의 선택에 따른 것으로 해석하고 있다. 제도에는 국가와 사회의 지문이 묻어있기 때문에 그러할 것이다. 애쓰모글루에 따르면 북한과 같은 국가들의 엘리트 집단은 포용적 제도가 경제 번영에 유익할 수 있지만 포용적 제도보다 착취적 제도를 통해 더 큰 이익을 획득할 수 있다는 것을 알고 있기에 착취적 제도를 유지한다. 그런데 착취적 경제 제도를 근간으로 운용하는 국가의 엘리트들도 어느 정도 포용적 경제 제도를 허용하는 상황이 발생하기도 한다. 그는 이러한 상황을 제한적이긴 하지만 다른 형태의 성장 유형으로 분류하고 있다.[11]

다른 형태의 성장('두 번째 유형의 성장')이란 기술 혁신을 통한 지속가능한 성장이 아니라 한계적인 성장, 즉 하버드대 경제학 교수이자 경제사상가였던 슘페터Joseph Schumpeter가 말한 '창조적 파괴'를 수반한 혁신적인 성장은 아니지만, 어느 정도 제한적인 성장은 가능하다는 것이다. 아마도 사회주의국가인 베트남이 그러한 유형의 성장에 해당할 것이다. 『국가는 왜 실패하는가』의 문제의식과 이론적 접근은 북한이라는 국가의 핵 보유와 제도적 선택에 관해 적지 않은 학문적 통찰을 보여준다.

그러나 한 가지 지적해야 하는 점은 애쓰모글루의 핵심 용어인 포용적 제도와 착취적 제도의 개념적 정의의 한계이다. '포용적' 그리고 '착취적'이라는 개념과 그것이 적용되는 제도가 이론적으로 도구적 설명력이 있는가 하는 문제이다. 일상적 언어생활에서도, '포용적', 그리고 '착취적'이라는 용어는 어떤 이에게는 너무 자명한 것으로 이론적 특유성을 발휘하기 어려운 어휘이고, 다른 이에게는 너무 자의적인 것이어서 이념적 거부감이나 사상적 이의를 불러일으키는 어휘일 것이다. 부언하자면, 자유주의 경제학자들은 제도로서의 시장에 굳이 '포용적'이라는 수식어를 붙이는 데에 기꺼울 것 같지는 않고, 정치경제학자들에게는 자본주의 체제가 더 착취적일 수 있는 것이다.

이러한 한계에도 불구하고 에쓰모글루의 견해를 소개하고, 베트남의 기초적인 경제지표를 차용한 사유는 북한의 핵 보유프로그램의 대안, 다시 말하면 북한이 '핵의 경로'로 진입하지 않았을 경우 그 대안적 경로에 대한 정책적 기회비용을 환기시키고, 냉전 해체라는 대전환great transformation에서 북한이 가지 않은 다른 길에 대해 '탈냉전의 추억'일지언정 희미하게라도 반추해야 할 필요가 있다는 역사적 회고에 연유한 것이다. 당시에 그것이 통일국가든, 국가연합이든, 아니면 두 개의 국가가 병존하든지 간에 평화와 번영을 일으킬 기회가 한반도에 찾아왔으나 유럽과는 다르게 남과 북은 이를 상실하였다. 이렇듯 한반도정치와 역사에 대해 뒤늦은 애도를 표하는 것은 사십여 년 만에 다시 다가오고 있는 세계사적 대전환과 기회를 경각하고 쟁취하자는 의미이기도 하다.

2024년 북한은 핵개발과 이에 따른 경제제재로 초래된 '잃어버린 30년'으로 한국전쟁이래 최악의 사회 경제적 상황에 처해 있었다. 북한의 1인당 GDP는 1990년 수준에 머물러 있고, 대외무역의 약 90%가 중국에 편중되는 등 경제 펀더멘털은 매우 취약하다. 북한은 러시아와 군사동맹을 통해 이를 돌파하려 하고 있고, 우크라이나 전쟁에서 기회를 마련하였다. 러시아는 북한과 군사동맹을 체결한 동기가 단순히 우크라이나 전쟁에서 부족한 포탄을 공급받기 위해서가 아니라, 보다 더 포괄적인 전략적 동기에서 추진하였다. 러시아가 상정한 최소 계획의 범위에는 우크라이나 전쟁에서 러시아에 대한 북한의 군사적 지원, 그리고 최대계획에는 동아시아에서 한미일 삼각체제에 대한 대항동맹을 형성하여 유라시아 차원에서 대항균형을 수립함으로써 다극체제로 이행하는 목표가 설정되었다고 해석할 수 있다.

2024년 11월 9일에 푸틴대통령이, 그리고 11일에는 김정은이 비준서에 최종적으로 서명함으로써 6월 19일 평양에서 양국 정상이 체결한 '포괄적 전략동반자관계'는 조약으로서 완성되었다. 이 포괄적 전략동반자관계 조약은 언론 미디어에서 '북러군사동맹조약'으로 표기되고 있다. 냉전시대에 양국 간에 체결한 군사동맹조약인 '북소군사동맹조약'(우호협조 및 상호원조 조약, 1961)에 빗댄 시사적 용어이자, 제4조에 명시된 '전쟁 시 군사원조' 조항에 주목한 것이기도 하다. 조약 제4조에는 조약체결 당사국인 "쌍방 중 어느 일방이 개별적인 국가 또는 여러 국가들로부터 무력 침공을 받아 전쟁상태에 처하게 되는 경우 타방은 유엔헌장 제51조와 조선민주주의인민공화국과 러시아연방의 법에 준하여 지체 없이 자기가 보유하고 있는 모든 수단으로 군사적 및 기타

원조를 제공한다"는 흔히 '자동군사개입조항'으로 해석되는 공약이 적시되어 있다.

중국과 러시아 간에 체결된 거의 동일한 명칭인 '포괄적 전략협력동반자관계'를 중·러군사동맹조약이라 약칭하지 않는 데 비해 북러조약을 그렇게 칭하는 이유는 제4조의 군사원조 조항뿐만 아니라 북러조약을 통해 냉전시대의 기억을 소환하고 동북아의 북방에서 군사안보적 삼각체제가 복원되고 있다는 것을 강조하기 위한 의도이기도 하다. 이에 따라 동북아 남방에서 이미 심화되고 있는 한미일 군사삼각체제를 위한 전략적 필요성과 정책적 수요가 자연스럽게 부각될 것이다.

러시아의 국제문제 전문가들은 북한과 러시아의 군사조약을 신냉전의 프리즘으로 분석하지는 않는다. 이 조약은 이념과 가치에 기반한 냉전시대 구舊군사동맹(1961)의 기술적인 복원이 아니라 자유주의질서 해체기에 발원한 현실정치적realpolitik 이해관계의 산출물이라는 것이다. 축약하면, 북한과 러시아의 군사동맹은 신냉전의 세계가 아니라 현실주의 세계의 피조물이다. 대표적으로, 러시아판《포린어페어즈》인《글로벌 어페어즈Russia in Global Affairs》의 편집장 표도르 루키아노프Fyodor Lukyanov의 견해가 그러하다.

푸틴대통령이 직접 주관하고 러시아의 다보스포럼이라 불리는 발다이 포럼Valdai Discussion Club의 연구 총책임자이자 3인의 집행부의 일원으로 대외정책에서 푸틴대통령의 지적 플랫폼을 담당하고 있는 루키아노프는 (신)냉전과는 다른 정치·사회적 맥락에서 북러조약을 설명하고 있다. 그에 따르면, 현재 세계적인 질서해체기에 들어가면서 "냉전의 국제체제가 다시 등장하고 있는 듯하지만, 그 사회·정치적 맥락은 근본적으로 냉전과 다른 것이어서 외관상의 냉전적 유사성(신냉전)은 기만적"이라는 것이다. 그는 북한과 러시아 간에 체결된 포괄적 전략동반자관계 조약에 대한 외부 세계의 반응이 소비에트 시대로의 복귀라는 해석이지만, 북러조약은 그것과는 다른 의미를 지닌다고 반론하고 있다.[12]

그는 북·러조약을 세계질서의 대전환이라는 관점에서 평가하고 있다. 북러조약은 이념이 아니라 각자의 이해관계에 따라 전적으로 실용주의적인 조치들로 이루어진 것이라는 점이다. "우크라이나 전쟁에서의 군사적 수요, 그리고 경제 분야에서 노동력 부족으로 인한 북한 노동자에 대한 수요 등은 러시아 이익의 측면이고, 장기간 고립과 제재로 인해 재난적 피해를 당한 북한은 재정적이고 정치적인 혜택을 누릴 수 있다"는 것이다. 그의 주장에 의하면, "군사적이고 이념적인 대결을 지향하던 냉전시대보다 탈냉전시대에 세계정치가 더욱 이념적이고 윤리적인 명령에 의해 움직였다"는 것이다. 이렇듯 자유주의적 질서의 세계정치는, "국가가 일차적으로 실용적이고 물질적 이해관계(국가이익)에 의해 움직이고 이차적으로는, 이념적이고 도덕적 명령(이념과 가치)에 의해 움직이는 전통적인 역사적 규범"에서 벗어난 것이었다.

따라서, 북·러 신조약은 자유주의 국제질서 이전의 관행과 규범으로 돌아가는—국가이익을 중시하는 전통적인 현실주의 세계의 규범과 관행으로 복귀하는—탈자유주의 국제질서post-liberal International order의 정치적 기표signifiant로 해석될 수 있다. 루키아노프의 말대로라면, 냉전으로의 복귀나 그 재해석(신냉전)이 아니라, 지금까지 우리가 알던 세계와는 전혀 다른 세상, '세계가 완전히 바뀌고 있다'는 것이다. 2024년의 북러조약은 1961년의 조약과 군사 조항은 동일하나 조약이 작동하는 세계는 서로 전혀 다르다. 냉전질서가 아니라 '탈자유주의 국제질서post-LIO'라는 완전히 다른 세계질서에서 북러조약도 이전과는 다르게 작동할 것이다. 그러한 의미에서 2024년의 조약은 북한과 러시아 관계의 또 다른 진화를 상징하는 것이다.

북·중·러 대 한미일 삼각체제의 대결Rivalry: 북한의 전략적 공간

북러 신조약의 동기나 배경에 관하여 러시아 과학아카데미 산하 중국 및 현대아시아연구원의 콘스탄틴 아스몰로프Konstantin Asmolov와 키릴 바바예프Kirill Babayev가 해석한 내용 또한 흥미롭다. 이들의 견해는 주로 블록정치나 동맹체제의 변동이라는 측면에서 북러 신조약을 설명하고 있는데, 루키아노프의 주장보다는 학문적 통찰은 덜하지만 현실정치realpolitik의 작동 메카니즘을 분석하고 그 정책적 함의를 도출하는 데 있어서 유용한 해석이라 할 수 있다. 아스몰로프와 바바예프는 오늘날 동아시아에서 삼각체제regime가 출현하고 있는 것에 주목하고 있다. 한국에서 남방삼각체제라 불리기도 하는 한미일 삼각안보체제가 러시아에 주요한 전략적 위협으로 등장하고 있다는 것이다. 이들은 한미일 남방삼각체제를 대서양세계의 서방동맹체제에 연관시켜 '동아시아의 서방삼각체제Western Triangle'라 칭하고 있다.

아스몰로프 등은 한미일 삼각체제가 2023년 8월 캠프 데이비드에서 열린 삼국 정상회의를 계기로 중요한 단계로 진입하였다고 주장하고 있다. 이미 한국과 미국, 그리고 일본 간에 합동군사훈련 등 안보와 관련한 교류와 협의, 정보 교환 시스템이 가동되고 있으며, 전략적으로 삼국이 협의할 것이라는 공약이 문서(Commitment to Consult)로 명시되었다는 점을 강조하였다. 캠프 데이비드 원칙Camp David Principles은 2023년 4월 한미정상회담의 공동성명에서 합의한 자유롭고 평화로운 통일 한반도를 만들겠다는 양국의 약속을 재확인한 것이다. 아스몰로프 등 러시아의 정책전문가들은 양국의 공약이 궁극적으로 "중국을 봉쇄하기 위한 구체적인 조치와 북한 주권의 실질적인 제거를 의미"하는 것이라 해석하였으며, "한국이 핵무기 사용을 연습하는 훈련을 2024년에 예정" 하였다는 사실에 주목하였다. 2024년 11월 바이든 정부와 윤석열 정부,

그리고 이시바 정부는 캠프 데이비드 원칙을 이행하기 위한 협력 장치로 사무국을 설치하기로 합의하였다. 이로써 한미일 삼각안보체제는 제도화 초기 단계에 진입하였다.

워싱턴-서울-도쿄 간에 형성되고 있는 동아시아의 '서방' 삼각체제가 북대서양조약기구NATO와 직접적인 유사성은 없으나, "새로운 세기에는 현재 별도의 문서로 만들어진 서울과 도쿄에 대한 미국의 군사 정치적 보장guarantee을 개정―삼각 군사동맹체제와 글로벌 나토로의 진화―하는 전략적 행동이 촉발될 수 있다"고 러시아 전문가들은 우려하고 있다. 아시아 버전의 나토를 지향하는 일본은 물론이고, 윤석열 대통령이 세 번 연속으로 나토 정상회의에 초청되는 등, 한국과 나토 간의 접촉도 진화하고 있고, 마이크 롤러Mike Lawler 공화당 하원의원이 인도태평양조약기구IPTO에 관한 태스크포스를 설립하는 법안을 발의한 사실 등을 근거로 아시아 나토와 글로벌 나토의 가능성이 러시아의 정책 커뮤니티에서 심각하게 거론되고 있었다.

러시아 극동연방대의 정치학 교수 아르춈 루킨Artyom Lukin의 지적대로, 북한은 보유하고 있는 핵무력이 "직접적인 침략에 대항한 억지력을 제공할 수는 있지만 여타 위기 시나리오에서는 쓸모가 없다"고 판단하고 있을 것이다. 루킨에 따르면, 동아시아에서 '서방' 삼각 동맹의 출현이 상황을 더욱 불안하게 만들고 있다는 것인데, "한국은 재래식 전력에서 북한을 크게 능가하고, 지역에 배치된 미국의 핵무기는 북한을 무력화시킬 수" 있으므로 군사동맹만이 전략적 격차를 해소할 수 있었을 것이다.[13] 러시아 국제관계대학MGIMO의 정치학자 알렉산드르 루킨 Alexander V. Lukin은 "중국은 북한의 주요 경제적 후원자이자 외교적 보호자로서 그리고 러시아는 북한의 주요 군사적 파트너로서 역할을 계속할 것이고, 모스크바는 워싱턴, 서울, 도쿄에 비해 잃을 것이 거의 없기 때문에 이러한 역할에 만족할 것"이라고 해석하고 있다. 이러한 분석은 북·러 신조약의 배경과 두 삼각체제의 길항관계에 관련하여 참고할 만하다.[14]

동아시아에서 일어나고 있는 전략적 변동 과정에서 러시아의 고민은 한미일 서방삼각관계에 비해 북한과 러시아, 그리고 중국 사이의 '동방' 삼각관계Eastern Triangle(북방삼각체제)가 강도나 심도 면에서 매우 얕고 취약하다는 것에 있다. 한미와 미일 간 양자 군사동맹으로 결합된 남방 삼각관계와는 다르게 중국과 러시아, 그리고 러시아와 북한 간에는 군사동맹 조약이 부재하였다. 중국과 북한의 군사조약(1961)도 냉전시대에 체결된 것으로 탈냉전기를 지나 질서해체기에 들어선 오늘날 제대로 작동할지는 누구도 장담할 수 없는 것이다. 한미동맹이나 미일동맹처럼 무기 판매와 미군 주둔이나 정기적인 합동군사훈련 등으로 조약의 군사 안보적 보장을 상시적으로 확인하는 과정이 북한과 중국 간에는 존재하지 않으므로 한국전쟁 이후로 북중동맹의 군사적 작동 가능성을 확인하기는 어렵다고 할 수 있다.

따라서 북방삼각관계의 힘의 열세를 상쇄하고 보완하기 위한 전략적 동기가 북한과 러시아의 군사조약 체결에 동력을 제공하였다는 것이 거시정치적인 평가이다. 북한과 러시아의 동맹조약은 S. 월트의 균형이론에서 핵심 개념인 위협균형Balance of Threat(위협에 대한 균형) 행위로 설명할 수 있다. 특히, 동맹조약으로 표출된 북한의 균형 행동balancing behaviour은 구조적 현실주의의 창시자인 K. 왈츠Kenneth Waltz의 외부적 균형external balancing에 가깝다고 할 수 있다. 강대국 러시아와는 달리 북한은 내부 자원을 결집하여 전략적 위험에 대응하는 균형―왈츠의 개념으로 말하면 '내부적 균형internal balancing'[15]―을 달성할 수 있는 자체 역량이 충분치 않았으므로 다른 국가와의 군사동맹만이 세력균형을 이

룰 수 있는 유일한 정책수단이었을 것이다.

이제 한반도의 동맹체제는 세 번째 시기에 들어가고 있다. 첫 번째 시기는 한미동맹(1954)과 북중+북러 동맹(1961)이 한반도에서 대립하던 냉전시기로, 두 동맹체제 간에 비교적 관리 가능한 전략적 대치 상태가 지속되었다. 탈냉전으로 형성된 두 번째 시기는 북러 간에 군사동맹이 종결되어 한반도에서 대치 중이던 양대 동맹체제가 불균형하게 해체된 시기이자, 남한에 유리한 동맹정치 조건이 형성된 시기이다. 북한과 러시아의 신동맹조약(2024)은 한반도 동맹체제의 세 번째 시기를 열었다. 이 세 번째 시기가 한반도 양대 동맹체제의 복원이나 북러 군사동맹의 '복원'과 동일한 결과를 목격할 것인지는 속단하기 어렵다. 그러나 과거 냉전시대 한반도 양대 동맹체제가 미국과 소련 양국에 의해 비교적 안정적으로 관리되었던 것에 비해 새로운 동맹체제는 세계질서의 해체기에 더욱 불확실하고 위험한 단계로 진입할 수도 있다. 북한뿐 아니라 러시아의 정책결정자들도 이러한 사실을 잘 알고 있을 것이다.

지난 2023년 7월에서 2024년 6월 사이 1년은 한미일 삼국의 예상을 넘어 북한과 러시아가 군사동맹을 포함하여 경제와 과학기술 분야 등 포괄적인 협력을 조율하는 '조약의 시간'이었다. 2023년 7월 세르게이 쇼이구Sergei Shoigu 당시 국방장관이 이끄는 러시아 대표단이 북한을 방문한 데 이어, 2023년 9월 12일에는 김정은 위원장이 6일간 러시아를 방문하여 푸틴대통령과 정상회담을 진행하였다. 10월 18일 세르게이 라브로프 외무장관은 정상회담 후속 조치를 위해 북한을 방문하였고, 뒤이어 12월 올렉 코제먀코Oleg Kozhemyako 연해주 주지사가 방북하는 등, 양국 정부 간에 현안들을 확인하고 조정하는 과정을 거쳐 2024년 6월 푸틴대통령이 평양을 방문하여 '포괄적 전략동반자관계' 조약을 체결하였다. 이어서 북한은 우크라이나 전쟁에 파병을 결정하였고, 러시아는 북한의 핵보유를 사실상 승인하였다.

조약체결 이후 북한과 러시아의 관계는 매우 빠른 진전을 보이고 있다. 최선희 북한 외무상은 2024년에만 세 차례 모스크바를 방문하여 라브로프 외무장관과 회담을 가졌는데, 조약체결 직후에는 9월과 10월 연속으로 모스크바를 방문하였다. 북한군이 쿠르스크에 투입된 시점인 11월 초에 최선희 외무상의 푸틴대통령 면담이 성사된 것은 조약체결 이후 달라진 북한의 외교 위상을 보여준다. 유엔안보리의 대북 제재 레짐도 2022년 이래 러시아와 중국이 안보리에서 거부권을 행사함에 따라 사실상 해체되기 시작하여 북·러 신조약으로 파기되었다.

| "승리계획은 선善한 결과의 적敵"

세르게이 라브로프 러시아 외무장관은 새로운 세계질서로의 이행을 브릭스BRICS의 확장과 글로벌 사우스Global South의 출현으로 상징되는 '세계의 다수World Majority'가 형성된 것으로 설명하였다. 그에 따르면, "전 세계 인구의 85%를 차지하는 세계의 다수는 글로벌 자원의 공평한 분배와 문화적 다양성 존중, 국제문제의 일관된 민주화를 지지한다"고 강조하였다.[16] 바이든 대통령도 새로운 세계질서의 필요성을 인정한 바 있다.

그는 2023년 10월 차기 대통령 선거캠프 리셉션에서 지금까지의 세계질서가 동력이 다했다고 언급하였다. 미국은 전후 50년 동안 꽤 잘 작동했던 시기를 보냈지만, 이제는 그 동력이 다 소진되었고, 새로운 세계질서가 필요하다는 것이다.[17] 그가 희망하는 것은 아이러니하게도 지나간 '자유주의질서류의 새로운 질서'이지만, 불행하게도 질서해체기의 세계정치·경제의 조류는 이미 탈자유주의질서의 방향으로 흐르고 있는 듯하다. 더욱이 2025년 새로이 들어선 미국의 트럼프정부는 이러한 탈자유주의의 시대적 상징이다.

2024년 8월 젤렌스키 대통령은 러시아 본토를 공격하면서(쿠르스크 점령) 우크라이나 전쟁을 종결할 계획을 밝혔다. 러시아 본토인 쿠르스크를 점령하여 이를 종전의 담보물로 활용한다는 것이다. '승리계획'이라 주장하는 젤렌스키의 종전계획은 바이든 정부의 지지를 얻지 못하였고, 11월 대선에서 승리한 트럼프 측 안보전문가들에게도 냉담한 반응을 받았다. 쿠르스크는 러시아에 매우 상징적인 지역이다.

러시아 역사에서 '대조국 수호전쟁Great Patriotic War'으로 기록되고 있는 제2차세계대전 당시 독일의 소련침공에서 '쿠르스크 전투(1943)'는 유럽 동부전선에서 가장 결정적인 전투로 기록된다. 쿠르스크 전투는 당시까지 역사상 최대 규모의 기갑전이자 소련이 본격적인 대독일 공세를 시작한 전환점이기도 하다. 동부전선에서 독일이 무너지기 시작한 결정적인 전투로 러시아 역사는 이 전투를 기록하고 있다. 따라서 쿠르스크는 러시아인들에게 대조국전쟁의 상징이라 할 수 있다.

젤렌스키가 러시아 본토를 공격한 목적과 그 경로로 쿠르스크를 선정한 것은 우크라이나의 전쟁 지휘부 입장에서 보면 여러모로 납득할 만한 것이라 할 수 있다. 삼 년여에 걸친 전쟁의 피로감과 국제적 지원의 소강상태가 이어지면서 유럽과 미국에서 종전에 관한 컨센서스가 형성되고 있는 상황에서 우크라이나 지도부는 종전 협상 과정을 최대한 유리하게 이끌 수 있는 '상징적인' 담보물이 필요했을 것이다. 쿠르스크는 역사적으로나 전략적으로 러시아에 그러한 상징성이 있는 지역이다. 그러나 상징적인 담보물은 쟁취하는 데는 그만큼 더 큰 희생이 따른다. 쟁취의 비용은 차치하고서라도, 전문가들 사이에서는 쿠르스크 점령이 '승리계획'이 될 수 있는가에 대해 회의적인 반응이 우세하였다.

무엇보다도 미국 외교협회CFR 명예회장인 리처드 하아스Richard

Haass의 충고는 주목할만하다. '완벽한 승리는 선善한 결과의 적敵'이라는 것이다.[18] 하아스에 따르면, "대통령을 포함하여 바이든 정부의 외교정책팀은 우크라이나가 러시아를 패배시키기 원한다고 말한다. 그러나 그들은 러시아를 패배시킨다는 것이 무엇인지, 그것을 위해 우크라이나가 무엇을 결심해야 하는지 명확하게 정의하기를 거부하였다." 만약 젤렌스키 정부의 승리계획이 '우크라이나로부터 러시아를 완전히 축출하고 1991년 독립 당시의 영토를 회복하는 것'이라면 이미 실현 가능하지 않다는 것이 하아스의 판단이었다.

국가들의 영토주권이 확립된 베스트팔렌체제가 수립된 이래 지난 사백 여년 동안 국제질서의 가장 기본적인 규범은 영토와 국경선이 존중되는 것이지만, 이러한 기본 규범이 항상 수호되었던 것은 아니라는 점을 기억하면 우크라이나 전쟁에서 이러한 규범이 작동하기는 어렵다는 것이다. 영토주권에 관한 규범적 정의는, 하아스의 말대로, 오늘날 "바람직하지만, 궁극적으로는 실행불가능한" 것이 되고 있다.

완벽한 승리를 얻을 수 있는, 승리계획을 실현하기 위한 유일한 방법은 미국과 그 동맹국들이 우크라이나 전쟁에 직접 군사적으로 개입하는 것인데, 이것은 나토와 러시아의 전면전—제3차세계대전을 의미하는—을 초래할 것이므로 애초에 미국이나 유럽의 정책 옵션에서 제외되었다. 이러한 전략적 제약의 상황에서 전쟁이 장기적으로 지속된다면, 러시아를 소진시켜 완전한 패배에 이르게 하겠다는—개전 직후 미 국방장관 로이드 오스틴이 행한 발언—바이든 정부의 의도와는 달리 우크라이나의 전반적인 소진과 황폐화가 초래될 수 있었다.

2024년 11월 무기지원과 파병 등 북한의 군사적 개입은 우크라이나의 승리계획의 비현실성을 최종적으로 확인해 주었다. 약 1만여 명으로 추정되는 북한군은 향후 증원될 것으로 예상되었다. 북한의 참전이 우크라이나 전쟁의 승패를 좌우할 만한 정도의 전과를 올릴 것으로 예상되는 것은 아니지만, 러시아가 쿠르스크 문제를 종전의 협상 담보물로 전혀 고려하고 있지 않으며 쿠르스크뿐만 아니라 도네츠크지역 등 점령지 또한 포기할 의사도 없다는 것을 북한군의 참전을 통해 경고하는 의미로 해석할 수 있기 때문이다.

이에 대한 대응으로 바이든 정부가 11월 17일 미국이 지원한 에이태큼스ATACMS 미사일로 러시아 본토를 공격하는 것을 우크라이나에 허용했으나, 이 또한 전세를 변경시킬 수 있는 조치이긴 어렵다는 평가가 중론을 이루었다. 더욱이 두어 달 후에 즉각적인 종전을 강행하려는 트럼프정부가 들어서기 전에 젤렌스키정부의 승리계획이 실현되기는 더욱 어려웠다.

승리계획 자체가 현실적으로 작동하기 어렵고, 이러한 '완벽한 승리' 류의 계획이 오히려 좋은 결과를 해칠 수 있는 것이므로 하아스가 제시한 해결책은 현실적인 대안, 즉 최소 계획으로 우크라이나의 주권과 독립을 보전하는 것이었다. 그것은 이전 영토의 완전한 복원이 아니라 현상태Status Quo를 유지하면서 러시아와 종전 협상에 들어가는 것이었다. 이에 준하여 바이든 정부도 우크라이나 전쟁의 목표에 대해 확실히 할 필요가 있었다. 다시 말하면 승리에 대한 재정의가 필요하다는 것인데, "승리에 대한 실현 불가능한 정의定意 대신에 전쟁의 암울한 현실에 대해 고심하고 더 실현가능한 결과를 얻을 수 있는 조건에 도달해야만 한다"는 것이 하아스의 충고였다.

한반도문제와 관련하여, 탈냉전기 삼십 여년 동안 우리는 이미 북핵문제에서 이런 류의 '승리계획'이 한반도에 선한 결과를 초래하지 못했다는 것을 확인하였다. 부시정부 이래로 북핵문제 해결의 CVID 원칙은 결국 한반도에 비핵화라는 선한 결과를 가져오지 않았다. '완전하고Complete 검증가능Verifiable하며 돌이킬 수 없는Irreversible 폐기Dismantlement'라는 승리계획(완벽한 승리)은 미국의 영향력이 정점에 있었던 일극체제에서 조차 달성하기 쉽지 않은 정책이었다.

일극체제의 황혼과 질서해체기에 있는 오늘날 완벽한 승리는 거의 불가능한 전략적 선택이다. 신냉전이라는 시대 정의에 동의하지 않지만, 만약 신냉전이라면 더욱이 완벽한 승리는 가능하지 않다. 완벽한 승리에 대한 집착은 '일극의 순간'의 주술이자 일극체제의 산물이다. 냉전 시대에 미국과 소련은 오히려 완벽한 승리를 추구하지는 않았다. 한국전쟁의 정전이나 쿠바미사일위기 해결, 데탕트 등은 모두 전략적 조율과 정치적 타협의 산물이었다. 미국 외교정책커뮤니티에서 몇 안 되는 '어른' 중의 하나인 하아스의 충고를 다시 한번 상기하면, '완벽한 승리는 선善한 결과의 적敵'인 것이다.

| 북방삼각체제의 기원: '우호협조 및 호상원조에 관한 조약(1961)'

모든 정치적 현상에는 역사적 시원으로 거슬러 올라가는 그 무언가가 있다. 현상이 발현한 당시의 정황이나 요인들이 현상의 현재적 동기나 특성을 직접적으로 설명해 주지만, 그러한 현상의 반복 가능성과 근본 구조를 파악하는 데 결정적인 것은 그 시원始元이다. 북한과 러시아 간에 체결된 포괄적 전략동반자관계(2024)는 언론 미디어 등 시사적인 측면에서 양국 간 군사동맹의 복원으로 해석되고 있다.

정치적 현상으로서의 북·러동맹조약은, 앞서 살펴보았듯이, 우크라이나 전쟁이라는 미시적 요인이 작용한 것이자 한미일 삼각체제의 진전이라는 거시 구조적 요인이 작용한 결과, 다시 말하면, 현재의 특수한 전략적 수요와 동기에 의한 것이라는 해석이 일반적이다. 이러한 해석에 보완할 점은 북러동맹의 지속가능성과 제도적 안정성에 관한 것이다. 다시 말하면, 우크라이나 전쟁이 종결되거나 한국과 미국의 정권교체로 한미일 삼각체제가 이완되면 북한에 대한 러시아의 군사적 수요가 하락하게 되어 북러동맹은 자연스럽게 약화되거나 사문화될 수 있을 것이라는 일반적인 예측의 타당성 문제이다.

이러한 가능성을 완전히 배제하긴 어려울 수 있겠으나, 동아시아에서 북한과 러시아 간에 지정학적이고 (세력)균형의 구조적인 요인이 작동해 온 역사적 과정과 그 시원을 살펴보면 북러동맹의 지속가능성과 제도적 안정성은 분단체제가 지속되는 한 예상외로 높을 수 있다. 예를 들어, 1961년에 체결된 양국의 동맹조약은 북러동맹의 지속가능성과 제도적 안정성을 유추하는 데 중요한 정치적 현상이라 할 수 있다.

1961년 7월 6일 모스크바에서 소련정부와 북한(조선)정부는 흐루쇼프Nikita S. Khrushchev 김일성을 전권대표로 하여 '우호협조 및 호상원조에 관한 조약'을 체결하였다. 5일 후인 7월 11일 베이징에서 중국과 북한은 저우언라이와 김일성을 전권대표로 하여 동일한 명칭의 조약을 체결함으로써 세 나라 간에 조약을 근거로 한 '북방삼각체제'가 형성되었다. 이 체제는 삼자동맹triple alliance체제라기 보다는 양자동맹의 삼자 간 결합, 또는 쌍무조약의 삼자 간 조합이라는 점에서 '삼각체제'로 명명할 수 있을 것이다.

동맹의 역사에서 삼자동맹체제의 전형은 19세기에 러시아와 독일(프로이센), 그리고 오스트리아 삼국 간 동맹체제인 신성동맹Holy Alliance(1815)과 삼제동맹Dreikaiserbund(1873), 독일과 오스트리아, 이탈리아 삼국 간에 체결된 삼국동맹(1882), 그리고 독일과 이탈리아, 일본의 삼국동맹(추축국동맹Axis Powers, ROBERTO, 1940) 등이라 할 수 있다. 이러한 삼국동맹의 사례들에 비해 북한과 러시아 그리고 중국은 삼국 간 공동 조약을 체결한 바는 없고, 삼국 간에 쌍무조약에 대한 상호

교차 승인이나 합동군사훈련을 실시한 바도 없다. 다만 세 나라 간에 각각 양자동맹이 체결됨으로써 삼국의 동시 협력과 연합 공조가 가능한 전략적 삼각체제를 이루었다고 할 수 있다. 북방삼각체제는 1961년 조·중, 조·소 조약으로 형성되어 1980년 중국이 동맹조약(중소우호동맹상호원조조약)을 연장하지 않겠다고 소련에 통보함으로써 소멸되었다.

1961년 7월 북한이 소련과 중국을 추동하여 두 개의 동맹조약을 동시에 체결하게 된 배경에는 당시 국제질서의 변동이 자리하고 있었다. 스탈린 사후 1950년대 중반에서 1960년대 초, 중국과 소련 간에 이념적 견해차가 드러남으로써 양국의 사회주의 주도권 경쟁이 발아하여 사회주의 진영의 분열 조짐이 표출되기 시작하였고, 미국과 소련 간에는 '평화공존'이라는 흐루쇼프식 데탕트가 시험대에 오르는 등 국제질서의 지각변동이 일어나고 있었다. 이러한 국제정세 변화에 적응하기 위한 북한의 전략적 선택은 중국과 소련을 군사동맹조약으로 자국에 묶어 두는 것(strategic tethering)이었다.

1964년 7월 마오쩌둥은 "수정주의자 흐루쇼프 도당은 사회주의를 배신하고 자본주의를 복구하려는 프롤레타리아의 배신자"라고 낙인찍었다. 1950년 2월 중소동맹조약을 성사시키고 귀국길에 오르면서 마오가 소련의 지도자 스탈린을 혁명의 스승으로 칭하고, 소련을 혁명의 조국으로 존중했던 것을 회상할 때, 중국과 소련 간에 그동안 무엇이 건널 수 없는 정치적 단층斷層을 초래했는가? 러시아와 소련정치를 연구한 노지Joseph L. Nogee와 도널드슨Robert Donaldson은 "중소분쟁만큼 국제공산주의운동을 그토록 심대하게 구조적으로 변경시킨 사건은 없다"고 주장하였다. "제2차세계대전 이래로, 핵무기를 제외한 어떤 것도 소련의 외교 정책 전반에 중소분쟁 만큼 영향을 끼친 것은 없다"는 평가였다.[19]

흐루쇼프의 스탈린 비판(1956)을 처음 접했을 때 마오쩌둥의 반응은 "흐루쇼프가 엉망진창으로 만들었고 호환虎患을 조장했다"는 것이었다. 당시 베이징 주재 소련대사 파벨 유딘Pavel Fyodorovich Yudin에게 털어놓은 스탈린에 대한 마오의 불만은 개인숭배와 같은 스탈린의 통치방식이 아니라 "중국에 대한 스탈린의 제국주의적 태도"에 관한 것이었다. 동중국철도(만주철도)나 뤼순의 해군기지 관할권을 포함하여 만주와 신장지역에서 스탈린이 세력권을 설정하려 한다고 마오는 비판하였다.[20] 오히려 마오는 제20차 소련공산당대회(1956) 당시까지 스탈린에 관해 혁명의 스승이자 위대한 마르크스-레닌주의자로 공개적으로 칭송하고 있었다. 마오가 제20차 당대회 기간에 행한 흐루쇼프의 비밀연설에 반발한 이유는 스탈린 개인숭배 비판이 중국공산당내에서 자신을 향할 수 있다는 두려움에 근거하였다.

소련공산당 제20차 대회 이전까지 마오쩌둥은 소련 신지도부의 외교 조치와 정책에 대해 찬사를 보낸 바 있었다. 예를 들어, "흐루쇼프의 남아시아 순방을 칭송하여 사회주의의 공동의 대의명분을 증진한 것으로 평가하면서, 특별히 인도에 대한 소련의 원조 결정이 버마와 인도네시아 등 아시아 국가들에 엄청난 인상을 심어 주었다"고 강조하였다. 특히, 인도의 네루 총리가 인도에 대한 소련 원조의 규모에 경탄했다고 언급하면서, 마오는 중국이 아시아에서 소련 원조의 최대 수혜국이라는 점을 거론하며 이에 대한 사의謝儀를 표명하였고, "흐루쇼프의 새로운 접근이 스탈린이 남긴 유산을 대단히 개선시켰다"고 호평하였다.[21] 1953년에서 1956년의 기간 동안에만 소련은 중국에 당시 20억 달러에 상당하는 205개의 공장을 건설해 준 바 있다.

1956년에서 1957년까지 소련과 중국은 국제문제에 관하여 공식적으로는 여전히 공조 관계를 유지하였다. 1956년 북한에서 발생한 '8월 종파사건'(8월 전원회의 사건)에도 중국과 소련지도부가 협력적으로 개입하였다. 같은 해 9월 중국 국방부장 펑더화이彭德怀와 소련 부수상 미코얀Anastas I. Mikoyan(1895-1978) 등은 평양을 방문하여 '종파사건'으로 권력투쟁에 승리한 김일성 그룹을 압박하면서 숙청된 반대파를 복권시킬 것을 요구하여 관철시켰다. 또한 헝가리와 유고슬라비아 등 동유럽 자유화 운동과 사회주의 독자노선 문제에 대한 대응 방식에서도 중국은 중재에 나서거나 소련을 원칙적으로 지지하였다. 1957년 초 중국 총리 겸 외교부장인 저우언라이가 동유럽을 방문하여 자유화 운동이 초래한 소련과 동유럽 간의 긴장을 해소하기 위해 중재하였다.

1957년 모스크바에서 개최된 세계공산당·노동자당대회는 사회주의 진영의 리더쉽과 관련하여 이중적인 의미를 지니고 있다. 먼저, 스탈린 사후, 권력 재편을 마무리한 소련지도부가 새로운 노선과 사회주의진영의 수위首位로서 지도력을 재확인했다는 점이다. 무엇보다도 스탈린 비판과 그 여파로 발생한 헝가리와 폴란드의 봉기, 그리고 유고슬라비아의 독자노선 등, 사회주의 진영의 균열 양상을 봉합하였다는 점이다. 그러나 대회에서 각국 대표단들이 표면적으로는 소련 중심으로 한 공산주의 운동의 단결을 주장하였지만, 사회주의국가들 간의 동등한 연대와 자주성 또한 강조되어 과거 스탈린 시대에 비해 소련의 사회주의진영의 종주권은 약화되고 있었다.

1957년 모스크바회의까지 소련에 대한 중국의 국제적 지지는 유지되었으나 이 회의를 기점으로 사회주의진영에서 양국의 경쟁은 이미 시작되고 있었다. 예를 들어, 모스크바를 방문한 김일성의 전언에 따르면, "흐루쇼프와 마오가 1956년 북한의 '종파사건'에 중국과 소련이 정치적으로 개입한 사건에 대해 유감을 표명하면서 북한의 환심을 사려했다"는 것이다. '내정개입'의 당사자였던 펑더화이는 마오의 지시로 북한 노동당에 대한 자신의 해당 행위와 관련하여 김일성에게 직접 사과를 했다고 전해졌다.

1958년 8월에서 10월 초에 발생한 제2차 타이완해협 위기는 중국과 소련의 정치적 균열을 재촉하였다. 중국이 대만의 진먼다오金門島를 포격하자 미국 국무장관 덜레스가 "태평양사령부의 미군을 동원하여 대만을 방어할 것"이라 경고하면서 타이완해협 위기는 미·중 간 충돌 위기로 발전하였다. 소련은 공식적으로 중국에 대한 지지를 선언하였으나, 소련의 공세적인 행동을 기대했던 중국지도부가 판단하기에 소련지도부의 반응은 지나치게 신중한 것이어서 매우 불만족스러웠다.

당시 소련지도부는 평화공존 노선을 견지하면서 사회주의진영의 전략적 이해관계를 관철시켜야 했기 때문에, 타이완해협 위기가 상승되지 않도록 조정할 필요가 있었다. 평화공존과 진영외교의 전략적 균형이 그 목표였다. 당시 흐루쇼프는 아이젠하워에게 "만약 중국이 핵공격을 받으면 공격자(미국)는 동일한 수단(소련의 핵)에 의해 즉각 보복당할 것이고 미군은 타이완해협과 타이완에서 즉각 떠날 것"을 경고하면서, "소련은 전적으로 중국 편에 있다"고 주장한 바 있다.[22]

1958년에 들어가면서 중국의 국내 상황 또한 급진적인 방향으로 발전하여 소련과의 관계에 악재로 작용하였다. 대약진大躍進운동은, 1957년 최초의 인공위성 스푸트닉Sputnik 발사에 성공하여 우주개발기술에서 앞서기 시작한 소련이 미국을 추월하겠다는 전략을 발표하자 이에 경쟁하여 중국은 영국을 따라잡겠다는 취지로 수립한 농공업 분야의 대중산 운동이었다. 그러나 대약진의 핵심사업인 인민공사人民公社(대규모 집단농장) 기획 등이 실패함에 따라 1960년대 중반까지 약 2500여만 명의 아사자餓死者가 발생함으로써 대재앙으로 종결된 대약진운동으로 인해 실권의 위기에 처한 마오쩌둥으로 하여금 이를 반전시키기 위해 문화대

혁명(1966-1976)을 추진하게 한 것은 이미 잘 알려진 사실이다.

마오쩌둥이 추진한 대약진운동에 대해 흐루쇼프는 1959년 7월 폴란드 방문에서 "비현실적이고 마르크스주의 핵심 원리로부터 일탈한 것"이라고 비판하였다. 마오는 대약진운동을 비판한 펑더화이를 소련과의 연루 혐의로 숙청하였다. 화동사범대 소련사학자 센지화沈志华 교수에 따르면, 1959년 말경에 마오는 "중국이 국제공산주의 운동의 상징이자 모델이 되기를 원"하였고, "혁명과 전쟁 문제에 대해 소련과 이념논쟁(분쟁)을 선택"하였는데, 진정한 목표는 소련과 경쟁하여 "국제공산주의 운동을 주도하는 것"이었다. 1958년에 마오는 당 간부들에게 부단한 혁명에 대한 마르크스와 레닌, 그리고 스탈린의 어록을 배포하고 학습하도록 지시하여, 평화적 이행을 주장하는 흐루쇼프의 소련이 아니라 중국이 진정한 혁명의 계승자임을 드러내고자 하였다.[23]

흐루쇼프와 아이젠하워의 정상회담(1959)과 포괄적 핵실험 금지를 위해 미국, 소련과 유럽 등 10개국 전문가들이 참여한 제네바군축위원회(1959)도 중국지도부를 불안하게 하였다. 1959년의 미·소 정상회담은 '캠프데이비드 정신'의 기원을 이루면서 평화공존에 대한 양 진영의 합의를 상징하였으나, 중국지도부에게는 소련이 혁명적 이행을 실질적으로 포기하는 것으로 인식되었다. 또한 핵무기개발 프로그램 추진을 목전에 두고 있던 중국지도부로서는 제네바 군축위원회에 초청받지 못한 것은 물론이고, 이 조약(부분적핵실험금지조약PTBT, 1963)이 체결될 경우에 향후 핵실험 금지의 대상에 중국이 포함될 것이라는 우려가 합리적 판단이었을 것이다.

캠프 데이비드 회담 직후인 10월에 중화인민공화국 수립 10주년 기념식 참석차 베이징을 방문한 흐루쇼프는 미국과의 관계 개선을 위해 '두 개의 중국'을 수용할 의향을 중국지도부에게 타진하는 등, 타이완

정책을 조정할 것을 권고했을 때, 마오쩌둥과 저우언라이는 소련이 캠프데이비드 회담으로 미국 편에 서서 중국의 국내문제에 간섭하는 것이라 질책하였고, 이에 대해 흐루쇼프는 "우리는 타이완을 놓고 전쟁하지 않을 것"이라 반박하는 등 중소분쟁은 표면으로 분출하기 직전의 위태로운 상황에 놓이게 되었다.[24] 소련지도부가 우려한 것은 중국지도부의 일련의 자극적인 행동이 사회주의진영에 불필요한 분열을 야기하고 있다는 것이었다.

중소분쟁은 1960년대에 본격화되었다. 앞서 언급한 일련의 사건들이 축적되어, 1960년 7월에 소련정부가 약 2000-3000여 명에 달하는 전문가와 기술자들을 일방적으로 철수시켜 중국과 진행하던 합작사업들을 철회하고 경제 원조를 축소시킴으로써 중국 정부의 경제 계획은 막대한 차질을 빚기 시작하였다. 중국에 대한 군사용 핵기술 지원도 중단되었다. 중국에서는 그해 4월, 공산당 중앙위 기관지 《홍치紅旗》에 러시아인들을 비난하는 장문의 편집국 논설 〈레닌주의 만세〉[25]가 게재되었다. 레닌주의의 적통嫡統으로서 중국은 "레닌주의를 왜곡시키는 현대 수정주의적 시도—소련의 평화공존노선—를 철저히 분쇄할 것"을 공표하였다.

1960년 6월 24-26일에 루마니아 부쿠레슈티Bucharest에서 개최된 세계 공산당·노동당 회의에서 흐루쇼프와 중국 측 대표인 당정치국원 펑전彭眞이 심한 이념적 언쟁을 하며 정면으로 충돌한 이래로 중소분쟁은 상승 국면에 접어들었다. 부쿠레슈티 회의에서 흐루쇼프가 마오를 이념적 편향주의에 빠진 모험주의자로 비판하자, 펑전은 흐루쇼프를 가부장적인 세습 전제 통치자로 비난하였다.

소련과 중국은 사회주의진영의 지지를 획득하기 위해 분주히 경쟁하였다. 1960년 11월 81개국 대표단이 참가하여 모스크바에서 개최된 세계공산당·노동자당대회는 이를 확인하는 자리였다. 흐루쇼프는 이 대회에서, "레닌이 제국주의에 관해 수십 년 전에 말한 것을 기계적으로 반복하며 세계적 차원의 혁명으로 사회주의진영이 승리할 때까지 제국주의(서방West)와의 전쟁이 불가피하다고 주장할 수는 없다"고 선언하였다. '사회주의진영camp of socialism과 제국주의진영camp of imperialism' 간 전쟁이 불가피하다는 스탈린의 '양진영론Two camps(1919)'을 흐루쇼프가 폐기하고, "두 개의 '세계'가 존재하는 현실에서 상호관계를 구축하는 것이 필수 명령"이라는, '양세계체제론two world system'을 제기하였다. 마오는 양세계체제론에 부정적이었고 흐루쇼프가 스탈린의 유산을 배신하고 사회주의의 길을 포기한 것으로 여겼다.[26]

비록 1960년 모스크바 대회에서 중국이 비록 십여 개 국가의 지지를 획득하는 데 그쳤지만, 이 결과로 사회주의진영 내부의 정치과정에서 새로운 패턴이 형성되었다. 표면적으로는 사회주의진영의 단합이 과시된 것으로 보였으나, 모스크바 세계공산당·노동당대회(1960)는 그러한 "외관적 단합이 유지된 마지막 '콘클라베conclave'"였고, 사회주의 종주국 소련의 유일적 리더쉽은 균열이 가기 시작하였다. Z. 브레진스키에 따르면, 모스크바 대회(1960)는 사회주의진영의 진화에서 중요한 분수령이었다.[27]

이렇듯 북한은 중소분쟁을 비롯하여 사회주의진영의 질서 변동기에 매우 유동적인 국제정세하에서 소련과 중국에 동맹조약을 제안하여 사회주의 진영 내의 세력균형, 그리고 한반도와 동북아에서 자국의 안전보장을 확보하였다.

| 최초의 조약, 두 개의 동맹: '이중보호조약'

냉전기 북한이 중국과 러시아와 동시적인 동맹조약을 체결하는 전략적인 선택을 하게 된 동기는 중층적이고 복합적이다. 사회주의진영의 분열과 미소 평화공존, 그리고 남북한 통일문제가 중층적으로 결합하여 국내적으로 정치와 경제, 사회적 요인들이 복합적으로 작용한 것이다. 무엇보다도 주목해야 할 점은 소련의 탈스탈린화와 평화공존 노선에 따른 국제정세의 변동이다.

당시 사회주의진영이 분열하고 표면적으로 경쟁적인 진영 정치가 형성되고 있었으므로 북한은 유동적인 사회주의진영 내에서 중국과 소련의 경쟁과 갈등을 활용하여 자국의 역량을 보존하고 균형을 유지하려는 변형된 '재보장 조약reassurance treaty'의 일환으로 동맹조약을 활용하였다. 북한은 중국과 러시아로부터 이중으로 보장받을 수 있는 일종의 '이중보장조약'의 효과를 얻었다.

1961년에 들어서면서 북한과 소련의 동맹조약은 초기 계획 단계에서 두 가지 주요한 동기가 작용하였다. 하나는, 앞서 언급한 바와 같이 흐루쇼프의 스탈린 비판과 평화공존 노선에 따른 사회주의진영의 분열과 중소분쟁 조짐에 대응하는 것이다. 북한은 사회주의진영의 분열에 직면하여 대내외적으로 정치(정권 안정)와 군사적인 측면에서 안전을 보장하는 장치가 필요하였으므로 동맹조약을 통해 소련과 중국으로부터 이중의 안전장치를 마련하길 원하였다. 소련과 중국은 동맹조약을 통해 북한을 자국의 우군으로 묶어둘 필요가 있었을 것이다.

다른 하나는 북한의 경제 정책적 수요로서 1961년에 시작되는 경제개발 '7개년 계획(1961-1967)'을 성공적으로 수행하기 위해서는 재정과 산업기술, 그리고 원자재 지원 등, 소련의 물질적이고 정책적인 지원이 절실하였다. 북한지도부는 지난 5개년 계획을 성공적으로 수행하여 사회주의로의 개조를 달성했다는 자체 평가와 함께 차기 7개년 계획을 통해 사회주의의 발전 단계로 나아간다는 계획이었다. 한 연구에 따르면

1955-60년 북한의 경제성장률은 평균 13.4%에 달하였다.[28] 따라서 당시 경제발전 7개년 계획은 1961년 북한지도부의 최대 관심사였고, 소련과 동맹조약의 주요 목표였다. 이러한 '조·소 동맹조약'의 경제적 동기는 2024년 북·러 신조약에서도 주요하게 반영되어 있다.

소련 또한 취약한 극동지역의 군사 안보적 수요를 충족시키기 위해서는 북한과의 동맹이 유용하였다. 1960-1961년 사이에 중국과 이념분쟁이 가시화됨에 따라 소련은 극동지역의 안보적 취약성이 현실화하는 것에 대비할 필요가 있었다. 더 나아가 소련 극동지역의 안보에 직결되는 동아시아지역에서 미국과 필리핀, 미국과 중화민국(타이완), 한국과 미국, 미국과 일본, 동남아조약기구SEATO 등 미국의 동맹 사슬이 확장 강화되고 있는 상황에서 전략적 우려를 제어할 수 있는 최소한의 안전판으로 북한과의 동맹을 상정하였고 이를 위해서 북한이 경제발전계획을 성공적으로 수행하도록 지원할 필요가 있었을 것이다.

북한지도부는 7개년 계획의 목표치가 매우 높고 범위가 방대하여 소련의 지원이 필수적이라는 점을 여러 차례 흐루쇼프 정부에 전달하였다. 예를 들어, 1961년 3월 20일 김일성 수상은 북한 주재 소련대사 알렉산드르 푸자노프를 면담한 자리에서, "남한 인민들이 미국이나 일본의 경제력에 기대는 게 아니라 북한을 더 신뢰하도록" 7개년 계획의 목표치를 설정하였고, "남한의 인민들이 북한의 경제적 성취에 지대한 관심을 보이고 있다"는 점을 강조하면서 7개년 계획에 대한 소련정부의 지원이 매우 중요함을 피력하였다.

김일성은 북한의 경제발전이 소련의 지원이 없었다면 불가능했고 앞으로도 그러할 것이라는 점을 여러 차례 강조하였다. 특히, 우호조약 체결을 위한 사전 점검의 일환으로 5월 30일 평양을 방문한 소련 부수상 코시긴의 대표단에 7개년 계획에 대한 소련의 기술 및 재정적 지원의 중요성을 강조하였다. 코시긴 대표단은 체류하는 동안 중앙과 지방을 포괄하여 제철소와 금속제련소, 화학공업단지, 그리고 협동농장을 비롯한 농업 집단화 시설 등, 주요 산업시설을 시찰하면서 주로 북한의 경제 현황을 집중적으로 파악하였다.

3월 28일 내각 부수상 겸 민족보위상(국방장관) 김광협을 단장으로 한 북한대표단은 이틀간의 일정으로 모스크바를 방문하여 동맹조약체결과 흐루쇼프 서기장의 북한방문 건에 대해 소련지도부와 상의하였다. 김광협과의 면담에서 흐루쇼프는 동맹조약의 필요성을 재차 인정하였다.[29] 그러나 북한방문 문제는 미결상태로 유보되었는데, 당시 국제정세를 반영한 것으로 북한지도부는 양해하였다. 김일성은 동맹조약 체결을 위해 흐루쇼프의 북한방문을 기대하지만 국제정세를 감안하여 여의치 않을 경우 부수상 알렉세이 코시긴Aleksey N. Kosygin을 단장으로 하는 소련 대표단을 파견해 줄 것을 요청하였다.

김일성이 언급한 '국제정세'는 흐루쇼프가 추진하던 평화공존 노선에 따른 미국과의 데탕트 분위기를 말한다. 같은 해 6월 3에 예정된 흐루쇼프와 케네디의 정상회담도 염두에 두었을 것이다. 그에 따르면, 흐루쇼프가 방북하면 한반도정세와 관련하여 "미군이 점령하고 있는 남한의 상황에 대해 침묵하기는 어려울 것"이므로 이러한 언급은 자연스럽게 소련과 미국 관계에 지장을 줄 수 있을 것이라는 정세 판단이 작용하였다.[30]

따라서 9월에 예정된 노동당 제4차 대회(제4차당대회)에서 7개년 계획을 보고하기 전에 동맹조약을 체결하기 위해서 현실적인 방안으로 북한지도부는 5월 30일 예정된 부수상 코시긴을 단장으로 한 소련대표단이 방북할 때 조약을 체결하는 것을 소련에 타진하였다.[31] 이에 소련지도부는 조약의 중대성을 감안할 때 양국의 "최고지도자 수준에서 체결"

하는 것이 합당하다고 제안하여³² 6월 29일 북한대표단은 모스크바를 방문하였다. 7월 6일 모스크바에서 흐루쇼프와 김일성은 '우호 협조 및 호상 원조에 관한 조약'을 체결하였다.

북한과 소련의 우호조약 체결에 관련하여 남한의 군사쿠데타(1961)가 미친 영향 또한 간과할 수 없다. 5월 30일 코시긴과 면담하는 자리에서 김일성은 동맹조약 체결의 중요성을 남한의 군사 정변에 연계하였다. 여러 차례에 걸쳐 김일성은 5.16쿠데타를 언급하며 "남한에서 극단적인 반동 파시스트 분자들이 정권을 장악"함에 따라 북한과 소련의 우호조약 체결이 더욱 불가피하다는 점을 거듭 강조하면서, 조약체결이 "북한의 정세를 강화하고 북한 인민들을 안심시킬" 뿐 아니라 "남한의 사태 발전에도 중대한 영향을 미칠" 것이라 주장하였다. 이에 코시긴은 "소련의 당중앙은 조약 체결에 관한 조선노동당 중앙의 제안에 전적으로 동의한다"는 의사를 표명하였다.³³

양국의 조약 체결 과정에서 군사적인 성격이 특히 강조되기 시작한 것은 이러한 남한의 정세 변화가 중요하게 작용하였다고 해석하는 것이 타당할 것이다. 조약 체결 직후 북한 외무상 박성철은 소련대사 푸자노프Aleksandre M. Puzanov와의 면담에서 양국의 우호조약이 "본질적으로 군사조약"이자 양국은 "긴밀한 동맹"이라 의미 부여하였다.

북한은 중국과 소련의 이념분쟁에서 균형적인 입장을 취하였다. 1960년 11월 모스크바에서 개최된 세계 공산당과 노동당 대회에서, 그리고 6월에 루마니아의 수도 부쿠레슈티Bucharest에서 개최된 공산당과 노동당 대표들의 회의에서 노정된 사회주의 진영의 분열과 중·소 간의 이념분쟁을 평가하면서 북한지도부는 중국과 소련의 단결과 화합이 중요하다는 주장을 견지하였다. 당시 김일성을 비롯한 북한지도부는 중소분쟁을 자국에 유리하게 활용하려는 측면보다는 중국과 소련 공산당 사이의 이념적 견해 차이가 가져올 사회주의진영의 분열이 북한 노동당에 미칠 영향에 대해 우려하여 소련과 중국의 이념적 화해가 합당하다고 판단하였다.

김일성은 1961년 1월 4일 푸자노프 대사와의 면담에서 이와 관련한 입장을 피력한 바 있다. 그는 "부쿠레슈티 회의에서 북한은 동요함이 없이 소련을 지속적으로 지지하는 동시에 중국과의 단합을 제안"한 사실을 강조하면서 "중국과 소련이 서로 다른 이념적 시각을 표출하는 것과 이것이 북한에 끼칠 영향에 대해 우려하고 있다"고 밝혔다. 그에 따르면, 북한지도부는 "소련과 중국의 대립을 증폭시키지 않고 단합을 강화하는 것을 지지해 왔다"는 것이다. 예를 들어, 1960년 6월 모스크바에서 김일성과 면담한 자리에서 "흐루쇼프가 중국지도부의 부적절한 입장에 대해 말한 것을 (북한지도부가) 중국지도부들을 만났을 때 전달하지 않았다"는 것이고 그 반대의 경우도 마찬가지라는 것이다.

김일성은 중국과 소련이 견해 차이로 대립할 경우에 북한이 불안한 이유로, 소련과 중국 관계에서 북한이 처한 역사적 특수성을 거론하였다. "소련은 일본의 강점에서 북한을 해방시키고 지속적인 원조를 제공한 나라이고, 중국은 3년의 전쟁(한국전쟁)과 항일전쟁에서 함께 피를 흘린 전우이자 이웃"이므로 중국과 소련의 단합이 북한에 매우 중요함을 역설하였다. 모스크바대회에 대한 김일성의 총결에 따르면, 대회에서 레닌주의 원칙과 관련하여 소련공산당을 신랄하게 비판한 류샤오치 劉少奇 등 중국공산당 대표단이 대회 말미에 비판적 주장을 철회함으로써 소련공산당을 중심으로 한 사회주의진영의 단합이 확인되었다고 긍정적으로 평가하였다.[34]

이러한 전략적 균형의 차원에서 북한이 소련, 그리고 중국과 동시적인 조약을 체결하였으나, 북한지도부가 소련과 중국 사이에서 정치적인 균형을 추구하는 것과는 별도로 동맹조약의 비중은 소련에 있었다. 당시에 마오쩌둥이 원대하게 추진한 농업집단화(인민공사人民公社) 정책인 '대약진운동(1958)'이 파탄에 이르러 중국이 경제적으로 곤경에 처하게 되어 중국으로부터 예정된 경제지원이 무망하게 되고 오히려 북한이 중국에 식량을 원조해야 하는 상황이 발생하였다. 일례로, 1961년 상반기에 식량난에 시달리던 조선족 등 중국인 약 2만 5천 명이 국경을 넘어 북한으로 불법 입국하는 사태가 벌어지기도 하였다.[35] 이에 비해 소련 정부는 7개년계획의 달성을 위해 북한에 2기의 화력발전소를 비롯한 발전설비들, 그리고 제철소와 제련소 등을 확장하는 것을 포함하여 경공업 및 중공업 플랜트를 건설하는 데 지원하기로 약정하였고, 1961년 상반기에 30만 톤의 곡물을 원조하기로 결정하였다.

두 개의 동맹조약이 체결된 1961년 한 해 동안 북한지도부는 소련에 대한 일관된 지지를 표명하였다. 1961년 6월 5일 평양에서 이루어진 소련 부수상 코시긴과의 대화에서 김일성은 부쿠레슈티 회의(1960)에서 중국대표단의 지원으로 소련공산당을 비난했던 친중국 성향의 알바니아 당 지도부를 비판하며 "사회주의진영의 전위대인 소련의 권위"를 인정해야 하고 "소련의 권위는 모든 사회주의진영의 권위"라는 점을 재차 강조하면서, "조선노동당은 소련공산당과 관련한 문제들에 있어서 어떠한 관점의 불일치도 절대적으로 없다는 것을 흐루쇼프 동지에게 표명해 줄 것"을 당부하였다.[36]

코시긴과의 담화에서 김일성은 "소련공산당 지도부가 '서구 형제당'—서유럽의 공산당과 사회주의 계열 정당들—에 비해 상대적으로 뒤떨어져 있는 아시아 형제당들에 더 많은 관심을 기울여 줄 것"을 언급하면서 흐루쇼프의 북한방문을 거듭 요청하였다. 북한이 "미제국주의의 면전에서 그들에 맞서기 위해 모든 힘을 기울이고 있는 이유는, 미국이 남한에 경제원조를 실행하고 소련이 북한에 원조하고 있다는 사실이 세상에 자명하게 알려져 있으므로 북한의 발전 문제가 단지 남북한의 경쟁에 국한된 것이 아니라 소련의 권위에 영향을 미칠 수 있는 문제이기 때문"이라고 김일성이 코시긴에 강조하였다. 다시 말하면, 경제성장을 비롯한 북한의 체제 발전이 성과를 거두지 못한다면, 이 후과가 단지 남북한의 체제경쟁 문제에 그치지 않고 미국과의 경쟁에서 소련이 실패하는 것을 의미하고 사회주의진영의 리더인 소련의 권위를 손상시키는 결과를 초래할 것이므로 소련이 북한의 경제발전을 정치, 경제적으로 적극 지원해 줘야 한다는 논리를 피력한 것이다.

이러한 견지에서 김일성은 "소련이 국제공산주의운동의 전위대이며, 흐루쇼프와 그 지도부에 대항하는 것은 소련공산당에 대항하는 것"이라 주장하였다. 지난해 있었던 부쿠레슈티 대회에서 중국의 지지하에 소련에 대립했던 알바니아 지도부의 행동이 오류였음을 다시금 지적하면서 김일성은 소련공산당 중앙에 전적으로 동의한다는 견해를 표명하였다. 이에 코시긴은 북한의 경제발전 방향이 전적으로 옳은 것이라 화답하였다. 김일성은 소련, 그리고 사회주의진영과의 우호와 사명을 다하는 데 최선을 기울이려는 의지를 흐루쇼프에게 전달해 줄 것을 코시긴에 거듭 요청하였다.[37]

조약을 체결하기 위해 김일성을 단장으로 하는 북한대표단은 6월 29에서 7월 12일까지 소련에 13일간 체류하였고, 중국에는 7월 15일까지 3일간 체류하였다. 두 개의 동맹조약에 대해 북한지도부는 역사적으로 중대한 의미를 부여하였다. 덧붙이자면, 당시 북한은 중국보다는 소련과의 조약에 방점을 찍은 듯하다. 체류 기간상의 차이뿐 아니라 김일성이 "중국은 매우 덥고 습하였고, 산업시설 시찰도 하지 않았다"고 피로감을 표명한 데서 이러한 의중이 간접적으로 드러나 있다.[38]

김일성은 조약 체결과정에서 확인한 중국의 경제 실상에 대해 매우 비관적이었다. 푸자노프대사와의 면담에서 그는 대약진운동의 실패로 지난 4년 동안 중국 인민들이 기아 상태에 있었다고 비판하면서 7월 중국방문 기간에 저우언라이 총리가 곤경에 처한 "중국의 농업 상황을 바로잡는 데 4년이 걸릴 것"이라 언급한 사실을 근거로 들었다. 또한 그 자리에 함께한 마오쩌둥 주석이 "당신들의 사업이 옳았고, 우리는 실패를 범했다"고 김일성에 말한 것으로 전해진다.

김일성은 중국공산당의 잘못된 노선이 농업 분야에 끼친 해악을 신랄하게 비판하였다. 따라서 그는, 조중우호조약을 체결함에 있어서 북한대표단은 양국 간에 경제협력문제에 관한 협의를 진행하지 않았고, 앞서 말했듯이, 산업시설도 방문하지 않았다는 것이다.[39] 9월 11일에 개최된 제4차 노동당 대회 보고에서 김일성이 소련과 소련인민, 그리고 북소동맹조약에 대해 대단히 치하한 반면에 북중조약의 성과에 대해서는 별로 언급하지 않았다는 점을 소련대사 푸자노프가 각별히 지적한 것은 당시 북한지도부가 소련과의 동맹조약을 우선시하였다는 사실을 확인해 주는 것이다.[40]

오늘날 북한이 단기적인 방편으로 러시아와 군사동맹을 맺은 것은 아니다. 중국과 소련 사이에서 전략적 균형을 추구하여 체제 안정을 이루었던 냉전의 호시절에 대한 기억, 북한의 '냉전의 추억'은 추억일 뿐이고 김정은의 북한이 푸틴의 러시아와 군사동맹을 재현한 것은— 그 성공 가능성과는 별도로—세계질서 해체기에 새로운 질서를 지향하는 전략적 대응으로 보아야 한다.

2024년에 체결된 '포괄적인 전략적동반자관계에 관한 조약'은 북한과 러시아(소련)의 제1차 조약(1961)에 비교하면, 군사적인 목적(제1~8조) 외에 경제, 식량과 에너지, 우주 및 과학기술, 정보통신, AI 분야의 협력뿐 아니라 사회·문화적 협력을 제9항-제20항에 걸쳐 명시하고 있다. 양국 간 두 차례의 동맹조약은, 북한이 의도한 바로는, 군사분야의 협력(원조)뿐 아니라 경제협력(원조)을 거의 동일한 비중으로 두고 있다는 점에서 상호 유사하다. 다만, 제1차 동맹조약에서는 경제를 중심으로 한 비군사적 분야의 원조를 별도의 조약(과학기술 및 경제협력협정)으로 처리하고 있다는 점이 제2차 동맹조약과의 차이점이라고 할 수 있으나, 조약의 목표나 실효성 면에서 두 동맹조약 간에 큰 차이는 없다고 할 수 있다.

두 동맹조약 간에 지적할 만한 결정적인 차이는, '한반도 통일'—제1차 조약에 '영토 완정(제4조)과 조선의 통일(제5조)'이라 명기됨—이라는 정치적 목표가 제2차 동맹조약(2024)에서 제외되었다는 사실이다. 이는 북한의 '두 국가론'에 따른 것으로 해석된다. 다른 차이는, 제1차 동맹조약이 사회주의적 국제주의라는 냉전시대 사회주의진영의 '가치'를 반영한 것이라면, 제2차 동맹조약은 신냉전적인 '가치'가 아니라 다극화된 세계질서를 수립한다는 현실정치realpolitik적 이해관계를 지향하고 있다는 것이다. 이러한 점에서 제2차 북·러 동맹조약은 신냉전이 아니라 현실주의 세계realist world에서 작동하는 것이다.

양국 간 군사동맹의 복원으로 거론되는 제2차 북·러동맹조약(2024) 또한 제1차 동맹조약(1961)과 마찬가지로, 자유주의 세계질서의 해체와 한미일 삼각체제의 부상, 그리고 우크라이나 전쟁에 의한 러시아의 군사적 수요와 북핵 제재에 따른 북한의 정치 경제적 수요가 중층적이고 복합적으로 결합한 역사와 지정학적인 산물이다. 이렇듯 조약의 본질이 구조적이고 연원이 역사적이므로 북·러 동맹은 단기적으로 해소되지는 않을 것이고, 한반도에서 통합적인 정치체가 수립되기 전까지는 이러한 동맹은 되풀이되고 또 재현될 것이다.

❙ 민족들의 귀환, '두 국가론'의 회상

2023년 12월 30일, 노동당 제8기 제9차 전원회의에서 김정은 총비서는 속칭 '두 국가론'을 주장하였다. 2024년 1월 15일 최고인민회의 제14기 제10차 회의 시정연설에서 그는 통일과 동족 표현을 삭제하고 영토조항을 신설하여 '적대적인 두 국가' 관계를 헌법에 반영하도록 지시하였다. 이를 전후로 하여 북한은 '남조선에서 대한민국으로' 남한의 호칭을 공식 변경하였다. 그는 "남북관계는 더 이상 동족관계, 동질관계가 아닌 적대적인 두 국가관계, 전쟁 중인 두 교전국 관계로 완전히 교착되었다"고 선언하였다. 다만 '미국에 종속된 위치'에 있는 한국과 통일문제를 논한다는 것이 '북한의 국격에 맞지 않는다'거나 '흡수통일을 주장하는 한국과는 언제 가도 통일이 성사될 수 없다'고 부연함으로써 통일논의에 여지를 남겨둔 듯하다. 한국이 '미국과 동등한 지위로 인정되거나 흡수통일을 배제'할 경우 통일논의가 가능하다고 해석될 여지가 있다.

두 국가론의 진위나 개념적 정의—국제법적 또는 정치 이론적인 정의—그리고 역사적 파장과 한반도 구성원의 미래 등을 고려할 때, 이에 대한 평가나 의미를 당장 논하기에는 너무 이르다는, 시간상의 제약이 따른다. 다만 두 국가론에 있어서 경계해야 할 것에 대한 몇 가지 단상斷想은 얘기할 수 있을 것이다. 두 국가론이 돌아올 수 없는 역사의 경계선을 넘어가 버리기 전에, 비록 이론화 이전의 단상일지라도 미리 논단에 얹어 놓아야 하지 않을까 하는 심정일 것이다.

두 국가론은 이론적으로는—정치이론이나 국제법적으로—문제 될 것이 없는 용어이다. 근대국가의 탄생 과정에서 '민족'과 '국가'라는 개념은 서로 융합되어 다양한 유형의 민족국가들 nation states을 만들어 냈다. 오늘날의 모든 국가는 이러한 민족국가(또는 국민국가)의 여러 변종이자 계승자이다. 베네딕트 앤더슨Benedict Anderson이 《상상된 공동체: 민족주의의 기원과 보급에 대한 고찰》에서 혁명과 전쟁, 그리고 자본주의가 만들어낸 '상상된 공동체imagined communities'라고 표현했던 근대적 산물로서의 민족은 여러 유형의 국가를 만들어 냈다. 하나의 민족이 하나의 국가를 만들거나 하나의 민족이 여러 국가를, 또는 여러 민족이 하나의 국가를 만들기도 하였다.

따라서 서구의 민족(주의) 이론에서 보면 '한 민족의 두 국가 건설'은 별 다른 이슈가 되지는 못한다. 그러나 한 나라의 역사적 정체성과 특수성을 감안할 때, 그리고 '질서 해체기'인 오늘날 그 나라가 장기적으로 견뎌야 할 현실주의 세계를 고려할 때 두 국가론은 특정 정권이나 집권당이 결정할 문제는 아닐 것이다. 나는 관제 민족주의official nationalism, 또는 '반만년 유구한 민족'류의 낭만주의적 민족주의나 '한 민족 한 핏줄의 단일민족'류의 국수적 민족주의를 말하려는 게 아니다. 두 국가론이 의도치 않게 초래할지도 모르는 한반도 영구 분할의 위험성을 지적하려는 것이다.

유럽에서 근대적 의미의 국가는 전쟁과 자본을 통해 형성되었다는 것이, 사소한 이견을 제외하면, 학계의 주류 학설이다. 정치사회학자 찰스 틸리Charles Tilly가 말한 바와 같이 무력을 주동력으로 한 강압적 경로coercion를 거쳤든, 자본 집약적 경로를 거쳤든지 간에 전쟁은 유럽의 근대국가 건설에 지배적인 동인이었다. 서구적 의미의 민족과 근대 민족주의의 형성 또한 그러한 경로를 거쳤다.

베네딕트 앤더슨식으로 말하면 근대 서구적 관점에서 우리 민족의 경우는, 멀게는, 동아시아의 라틴어인 한자를 대체할 문화자본의 원시적 축적이라 할 만한 세종대왕의 한글 창제에서 시원하여(언어적 동질성) 대한제국과 식민지시기를 거치면서 민족의식이 자각되었고(민족주의와 민족자결주의), 대한민국 임시정부와 해방 후 정부 수립을 통해 주권과 영토가 확인되고 보통선거권으로 국민적 기본권이 확립됨으로써 (시민 민족nation-of-citizens의 형성) 민족국가가 건설(nation-state building)되었다고 주장할 것이다.

또 다른 견해로는, 냉전사학자인 예일대 아르네 베스타Odd Arne Weatad식으로 말하면,[41] "한·중관계 600년사"라는 제목의 하버드의 라이샤워 강연에 기초한 연구 성과인 《제국과 의로운 민족》에서 밝혔듯이, 베스타는 근대 이전에 이미 한반도인들은 한반도라는 영토적 정체성과 중국과는 구별되는 문화적 정체성을 오래전에 지니고 있었다고 주장하고 있다.

서구적 의미의 민족nation 개념에서 볼 때 한민족이라는 개념은 대한제국 전후 시기의 산물일 수 있다. 신채호나 최남선류의 한민족 담론은 모두 서구의 민족주의에 연원을 두고 있다고 볼 수 있으므로 근대적 산물이라 할 수 있을 것이지만, 베스타의 견해에 따르자면, 오늘날 관련 전공학자들 사이에서 논란이 되는 것처럼 19세기 유럽의 시공간에 적용되는 '민족'의 개념을 한반도를 비롯한 비유럽적 공간에 굳이 기계적으로 대입할 필요는 없을 것이다. 왜냐하면, 그러할 경우 우리에게 한민족은 유럽의 경우와 같이 19세기 민족주의의 창조물이나 '상상된 공동체'일 뿐이기 때문이다.

어니스트 겔너Ernest Gellner의 주장처럼 근대 민족주의자들이 민족이라는 개념을 만들어 낸 것이든, 계몽주의자들에 대한 낭만주의적 반발의 소산이었든지 간에, 19세기에 이탈리아의 마치니Giuseppe Mazzini는 민족주의를 동원하여 이탈리아의 통일을 이루었고, 비스마르크는 게르만 민족을 통합(독일제국)하였다. 베스타는, 학술적 논란의 영역인 고대사를 소환하지 않는다면, '한반도적 정체성'이 고려에서 시작하여 조선의 건국으로 형성되기 시작하였다고 함으로써 한민족의 시원을 근대 이전으로 소급하고 있다.

비록 20세기 초에 한반도인들은 제국주의와 식민주의에 맞서기 위해 유럽식 민족개념을 차용하여 자신을 정의(한민족)하였지만, 겔너 Gllner식으로 한민족이라는 '민족'을 새로이 건설하기nation-bulding 위해 유럽의 특수한 '민족' 개념을 수용한 것은 아니라는 사실을 강조할 필요가 있다. 당시 한반도의 지식인들은 조선의 '백성'을 대한의 '민족'으로 정의하기 위해 유럽의 민족주의가 필요했을 뿐이다. 다만, 베스타는, 한반도적 정체성이 역사적 연원이 길고 깊다는 사실을 인정하지만 "한반도에서의 20세기 민족주의와 그 이전의 민족주의의 차이" 또한 매우 크다는 사실을 지적하고 있다. 이러한 학문적 우려는 앞서 말한 관제 민족주의나 제국주의적 충동을 경계한 것이기도 하다.

한반도에서 민족주의의 형성이나 '민족' 개념의 시원을 궁구하기 보다 더 중요한 것은 한반도적 정체성과 한민족이라는 개념이 이웃 강대국인 "중국과 일본의 엄청난 압력 속에서 이루어졌다"는 사실이다. 컬럼비아대 역사학자 김자현Jahyun Kim Haboush은 한반도 민족주의의 기원을 임진전쟁(1592)에서 찾고 있다. 이러한 견해는 한편으로는 국가와 민족을 만드는 데(민족국가 건설 nation-state building)에 전쟁이 한 역할, 즉 '전쟁에 의한 국가 형성론'에 연결되어 있지만, 다른 한편으로는 19세기 유럽의 민족형성 개념과는 다르게 민족주의의 기원을 16세기에서 찾고 있다.

이러한 주장은 한민족의 배타적 특수성을 강조하려는 의도라기 보다는 베스타의 견해처럼 '외부의 압력'에 대항한 민족주의의 발현과 민족의 형성nation-building이라는 측면에 주목한 것이라 할 수 있다. 다시 말하면, 19세기 유럽에서 민족의 형성과 민족주의의 분출이 한 국가 내의 상이한 문화적 종족 집단들의 분리 요구의 결과물이거나, 어떤 제국을 구성하는 여러 민족들의 독립 요구에 대한 반응물로써 '내부적 압력'의 소산이라는 점에서, 이와는 다른 한반도 사례의 독특성을 말할 수도 있다.

유럽에서 민족(또는 민족국가)의 형성을 설명하면서 베네딕트 앤더슨은 다음과 같이 비유한 바 있다. "민족들은 제국에서 떨어져 나왔고, 다시 또 다른 민족이 그로부터 갈라져 나왔다, 1813년 제국 프랑스로부터 신성동맹의 군대가 승리를 거두면서—역주, 나폴레옹전쟁에서 제정 러시아를 비롯한 프로이센과 오스트리아가 승리하면서—네덜란드의 민족들은 해방을 얻었고 그 중에서 해방된 민족의 절반은 다시 벨기에라는 국가를 세우기 위해 분리해 나갔다"고 서술하였다.[42] 1945년 한반도에서도 미국과 소련 연합국의 군대가 제국 일본으로부터 승리를 거두면서 한민족은 해방을 얻었다. 그러나, '두 국가론'으로 말하자면, 네덜란드처럼 한반도에서 다시 다른 국가를 세우기 위해 재차 분리해 나갈만한 다른 민족—벨기에와 같은—이 한반도에 있기라도 하다는 것인가?

재론하지만, 이 글에서 굳이 민족nation과 민족국가nation state 개념을 소환한 것은 에르네스트 르낭Ernest Renan이 말한 낭만주의적 민족주의, 다시 말하면 "하나의 민족은 하나의 영혼이며 하나의 정신적인 원리"라는 민족적 열정을 강요하려는 의도가 아니다. 또한 18세기 말, '질풍노도Sturm und Drang' 시대 독일의 대표적 사상가인 헤르더Johann Gottfried Herder가 선언한 바와 같이 "모든 민족은 민족인 고로, 그 자신의 언어와 더불어 그 자신의 민족적 형상을 갖는다"는 식의 감성적인 꿈에 호소하려는 것도 아니다.[43] 오늘날 한반도의 분단이라는 정치 현상은 그 시원에 있어서 내부적 요구나 압력이 아니라 '외부적 압력'에 의한 결과이다. 더욱이 미국과 중국, 그리고 러시아 삼자 간의 대결과 경합이 치열해지고 강대국들의 이해관계가 첨예하게 경쟁하는 질서해체기에 한반도에 대한 '외부적 압력'은 이에 비례하여 상승하고 있다. 이러한 상황에서 두 국가론은 한반도적 정체성뿐 아니라 한반도의 정치·경제적 지속가능성을 저해할 것이다.

서구식 민족개념에 따르면, 베네딕트 앤더슨의 말처럼 한민족이 설사 상상된 공동체라 할지라도, 앞선 장에서 말했듯이 오늘날 질서해체기에 민족과 민족주의의 영향력은 탈냉전기 자유주의 질서에서보다도 더 깊고 뚜렷해지고 있다. 앤더슨의 말을 길게 인용해 보면,

"제1차 세계대전은 고귀한 왕조주의 시대에 종지부를 찍었다. 1922년 즈음에는 합스부르크가家(역주, 오스트리아제국), 호헨쫄레른가(독일제국), 로마노프가(제정러시아), 오스만가(오스만투르크제국)가 모두 사라졌다. 베를린회의(제국과 왕조들의 회의) 자리에 민족들의 연맹, 즉 국제연맹League of Nations이 들어섰으며, 여기에서는 비유럽인들도 배제되지 않았다. 이때부터 정당성있는 국제 규범은 민족국가였고, 그렇기에 국제연맹에는 살아남아 있는 제국주의 세력들조차 제국의 제복이 아닌 민족의 의상을 입고 왔다. 제2차 세계대전이라는 대변동 이후 민족국가의 조류는 만조晚潮에 이르렀다."[44]

국제연맹이 사라진 자리에 더 많은 민족들이 합류한 국제연합United Nations은 냉전이라는 시대적 정의에도 불구하고 민족주의적 이념과 민족들의 열망이 사회주의와 자유주의라는 체제적 주류 이념들과 열위劣位적으로나마 지속적으로 경합하였다. 냉전이 해체되고 체제 이념이 자유주의라는 시장적 이념으로 독점화된 후에도 '민족주의와 민족' 개념은 여전히 살아남았다. 탈냉전 직후 Z. 브레진스키 등이 경계한 바대로 사회주의 이데올로기가 사라진 곳에서 민족주의가 약화되기보다는 오히려 이를 대체하기 시작하였다.

탈냉전기가 종결되고 자유주의질서 해체기의 입구에 있는 오늘날 '정당성 있는 국제 규범'으로서 민족과 민족주의는 상승하고 있는 듯하다. 예를 들어, 우크라이나 전쟁은 러시아의 민족국가적 열망이 민족주의적 일탈로 표출된 것이라 해석할 수 있다. 미국과 중국은 스스로 주장하듯이 규범에 입각한 질서rule-based order의 수호자로서 그리고 자유무역의 수호자로서만 경쟁하는 것이 아니라 그 저류에 민족주의가 흐르는—미국식 예외주의나 중화주의로 물들인—전형적인 민족국가로서 헤게모니와 국가이익을 두고 대결하고 있는 것이다. 다시 강조하자면, 민족들이 귀환하고 있다.

| 한반도 '두 국가론': 적대적인 혹은 평화적인

세계화, 탈냉전, 포스트모던의 시대를 숨 가쁘게 지나온 지난 40여 년은 탈민족, 개인의 시대였다, 1980-90년대를 풍미한 탈냉전 포스트모더니즘에서 글로벌라이제이션에 이르기까지, 개인의 자유와 개성, 그리고 탈국가와 자유시장이 가장 돋보이는 주제였다. 이제는 국가가 돌아오고 국가의 쌍생아인 민족 또한 다시 떠오르고 있다. 따라서 '두 국가론'은 접어두고 한반도 공동체 수립의 문제를 다시 고민해야 할 때이다.

한반도의 두 정치적 실체는 애초에 하나의 민족이 세운 두 개의 독립국가, 별개의 두 국가가 아니다. 앞선 장에서 밝혔듯이, 한반도 분단은 글로벌 식민체제의 해체 과정에서 남북한으로 분할된 예외적 정치현상이다. 한반도 분할은 식민 열강의 '분할하고 그만두기(떠나기)divide and quit'의 전형적 형태이자 동시에 예외적인 현상이다. 일반적으로 '분할하고 방치'한 사례들은 특정 식민지의 동일한 영토 안에, 또는 동일한 행정 경계 내에 혼재하는 여러 민족들을 대상으로 주로 동일한 민족을 단위로 하여 영토의 신규 획정을 통해 인위적으로 경계 지우는 형식의 분할이었다.

무굴제국의 상속자인 식민지 인도가 과거 무굴제국이라는 단일한 영토적 경계 안에서 종교와 종족·민족을 단위로 하여 인도, 파키스탄, 방글라데시로 분할 독립한 것이 대표적인 사례이다. 이 국가들은 분리 독립된 이후에도 인위적인 분할로 인해 상존하는 역사·문화와 지리적 정체성 문제로 여전히 폭력적 대결 상태에 있다는 사실에 주목할 필요가 있다.

'분할하고 그만두기'나 인위적 분단의 결과로 창조된 인접 독립국가들은 그것을 '적대적'이라 칭하든, 또는 '평화적'이라 수식하든지 이와는 별개로 그 국가들의 관계는 폭력성에 항상적으로 노출되어 있다. 한반도에서 '두 국가' 또한 그러할 것이다. '평화적인' 두 국가와 '적대적인' 두 국가는 수식어로만 존재할 뿐 한반도정치의 폭력적 갈등 구조는 변하지 않을 것이다. 그 구조는 대증對症적인 정치적 우회로symptomatic-political therapy가 아니라 한반도 차원의 정치공동체의 실현을 통해서 실현될 수 있다.

한반도의 사례는 동일한 영토 내의 동일한 민족을 인위적인 영토 구획을 통해 두 개의 정치체로 분할한 예외적인 케이스로써 식민지 독립국가의 일반적 유형이라기 보다는 전범 패전국 분할의 유형이라 할 수 있다. 다시 말하면 식민지를 경험한 독립국가의 예외적인 사례라 할 수 있을 것이다. 따라서, 이에 대한 해결 방식 또한 민족과 국가 건설의 일반적인 유형이 아니라 일면 예외적이고, 일면 특유한 경로를 통해야 할 필요가 있다. '하나의 민족이 하나의 국가 또는 여러 국가를, 또는 여러 민족이 하나의 국가를 만들기도 하였다'는 일반적인 사례 유형이 아니라, 분할된 민족이 '특수한 관계'를 잠정적으로 유지하고 장기적일 수도 있겠지만 과도적 과정을 거쳐 어떤 형태로든 한반도에서 '정치공동체'

를 형성하는 것이 그 특유한 경로에 해당할 것이다.

이 경로는 종전선언이나 평화협정이라는, 수천 년 동안 국가와 민족들이 반복해 온 일상적인 해결책을 통해 진입할 수 있을 것이다. 기원전 약 1500년 전 이집트와 히타이트의 '카데시Kadesh조약'을 시원으로 하여 지난 3500여년 동안 수많은 민족과 국가들은 그에 상응하는 평화조약을 수립해 왔다. 한반도의 종전과 평화협정 또한 별다르게 예외적이지 않은 그러한 조약일 뿐이다. 따라서 한국전쟁을 종결하는 평화협정은 불가능하거나 유별나게 특별한 조약이 아니다.

역사적으로 종전협정은 이념이나 종교적 산물이 아니다. 합당한 정치적 조건과 그에 따른 전략적 선택의 문제, 정치적 산물이자 거래이다. 단지 독립적인 '두 국가' 관계를 주장하는 것만으로는, 어떤 수식어로 칭하든 북한이 선언한 '통합을 배제한 별개의 두 국가론'만으로는 한반도의 전쟁상태가 종결되지는 않을 것이다. 남북한 관계는 한국과 중국 간의 관계와 다르기 때문이다.

배제적인 두 국가론으로 돌이킬 수 없는 역사의 경계선을 넘어가지 않으려면, 유엔헌장에 따라 '주권적 평등(제2조 1항)'의 원칙에 기초하여 국제법적으로 정상적인 국가로서의 지위를 상호 간에 유지하면서, 남북한 기본조약을 체결하여 국가 간 특수관계를 수립하고 관계정상화를 추진함으로써 한반도 데탕트를 새롭게 조성해야 한다. 데탕트는 냉전의 산물만이 아니라, 제1차 세계대전 직전 유럽의 긴장을 완화하기 위해 독일과 프랑스 간에 시도된 정치적 노력에 기원(1912)하고 있는 탈이념적인 현실정치realpolitik의 산출물이다.

1950-60년대 흐루쇼프의 데탕트(평화공존론)는 사회주의진영과 자유주의진영이 평화롭게 공존할 수 있다는 새로운 노선을 통해 궁극적으로 고르바초프의 페레스트로이카와 냉전 해체로 이어졌고, 1970년대

닉슨의 데탕트는 20여 년에 걸친 미국과 중국의 평화로운 발전 시대―키신저의 표현에 의하면 사실상의 동맹관계―인 '20년의 평화'를 열었다. 《펠레폰네소스전쟁사》에서 투키디데스가 예견했듯이 "인간의 본성에 따라 언젠가는 비슷하게 반복될 미래의 역사"라는 통찰을 상기해 보면, 세계사에서 반복되는 '역사의 운율'이 남북한의 데탕트가 '20년의 평화' 또는 '분단 해체'로 이어지도록 우리를 인도할 것이다.

아르네 베스타가 주목하였듯이, "오늘날 국제문제에 걸려있는 한반도의 지분은 크다. 만약 한반도의 위기가 해결되고 한반도의 평화통일이 이루어진다면 동아시아는 세계의 성장과 혁신의 중심이 될 것"이고 그렇지 않다면, 마치 다모클레스의 칼처럼 "동아시아지역의 경제·정치적인 성취 위에 줄곧 해결되지 못한 긴장감이 남아 있을 것"[45]이라는 사실은 '두 국가론'이 역사적 구성물인 한국문제Korean Question(한반도 문제)의 근본적 해결책이 될 수 없다는 점을 시사하고 있다.

남북한이 유엔에 동시 가입되어 있는, 국제법적으로 국가적 지위를 획득하고 있는 국제법적 '두 국가' 상태를 굳이 환기하지 않더라도, "대한민국의 공식 통일방안에 명시되고 남과 북이 합의한 '국가연합'을 의미하는 '1민족 2국가론'과 '두 국가론'이 다른 것이어야 하는가" 하는 질문은 단지 난데없는 의문만은 아닐 것이다. 통합 이전에 서독에서도 1국가론, 2국가론, 3국가론 등의 논쟁이 존재하였다. 두 국가론과 관련하여 동서독 모델과 이에 대한 대표적인 학설들은 참고할 만하다.

1972년 동서독 기본조약이 체결되기 전에 서독에서도 동서독 관계의 정체성, 그리고 동독과 서독의 국가적 지위 등에 대해 여러 학설과 논쟁이 경쟁하였다. 동일설說 Identitätstheorie(동일성 이론)은 서독과 독일제국Deutsches Reich, 즉 서독과 '전체로서의 독일 Deutschland als Ganzes'―오스트리아 병합과 체코슬로바키아 점령 이전인 1937년 12월 31일 기준의 영토—이 동일하다고 보는 견해이다. 이에 따라 "동독은 독일제국(이와 동일한 서독)의 지역Lokal에 해당하여 국가Staat가 아니고 국제법상 국가로서의 외교 주체가 될 수 없다"는 결론에 이르고 이는 대외정책에서 할슈타인 원칙Hallstein-Doctrin으로 표현되었다.

지붕설Dachtheorie 또는 부분국가설Teilstaatslehre은 독일 지역이 전체로서의 독일제국과 두 개의 부분 국가로 이루어져 있다는 견해이다. 이에 따르면 "동독은 독일제국 내에 존재하는 하나의 국가에 해당하고 국제법상 국가로서의 외교 주체가 될 수 있다"는 결론에 이르며 이 학설은 할슈타인 원칙의 폐기로 정책화되었다. 동일설과 부분국가설은 대표적인 학설로서 경쟁하였으나, 동서독 기본조약(1972)이 체결되기 전까지 서독의 관련 학계에서 대체로 동독은 국가성Staatslichkeit이 확립되지 않은 '사실상의 권력De-facto-Hoheitsgewalt(sovereign power)'에 불과하고 '전체로서의 독일'의 지역Lokal에 해당한다는 동일설 경향이 우세한 것으로 볼 수 있다.[46]

1972년 기본조약 체결 이후에도, 서독은 동독의 주권과 국가성을 인정하면서도 동독을 포함한 전체로서의 독일제국에 대한 책임을 포기하지 않았다. 1973년 7월 31일 기본조약에 관한 판결을 통해 연방헌법재판소는 '두 개의 국가 모형'을 상정하고 있다. 즉 "'전체로서 독일제국' 내에 두 개의 국가로서 동서독이 존재한다는 것이다. 동서독 기본조약은 국제법적 주체 간의 국제조약임과 동시에 전체로서의 독일의 부분들인 두 국가들 사이의 내부 관계를 규율하는 조약의 성격을 가진다"는 것이다.

동서독 관계와 독일통일에서 서독 연방헌법재판소의 판결이 갖는 역사적 의미는 "동독의 국가성Staatlichkeit을 발견하고 이를 인정하고 있는 기본조약을 합헌"이라고 결정한 것이다. 이에 비해 남북기본합의서

(1991)는 동서독 기본조약에서 '국가성' 인정 부분은 제외하고 "나라와 나라 사이의 관계가 아닌 잠정적인 특수관계"라 명시함으로써 '내부적 특수관계'만 차용한 것이다.

서독 연방헌법재판소의 판결은 "동독의 국가성을 인정하면서도, 동독을 포함한 전체 독일에 대한 서독의 책임을 포기하지 않았다는 점"을 확인한 것이다. 이러한 점에서, 동서독 기본조약과 연방헌법재판소의 판결이 제시한 동서독 '두 국가 모형'은 통일의 비전이 부재하고 통일의 목적지향성을 배제한 듯한 북한의 '두 국가론'과는 국가의 모형이나 경로 면에서 근본적으로 상이한 것이라 할 수 있다.[47]

동서독 기본조약의 두 국가 모형은 28년 동안 유지되어 1990년 9월 12일 '전체로서의 독일', 즉 독일통합으로 완성되었다. 소련의 페레스트로이카와 그에 따른 냉전 해체 과정에서, 제2차 세계대전 종전에서 독일을 점령했던 4개 국(미국, 영국, 프랑스, 소련)과 동서독이 체결한 〈독일문제의 최종 해결에 관한 조약〉(2+4조약, Zwei-plus-vier-Vertrag)은 "독일의 완전한 주권 회복과 통일에 따른 전승 4대국의 권리 의무가 상실되었다고 선언"함으로써 독일의 통합이 완성되었고 독일문제German Questuion는 최종적으로 해결되었다.[48] 19세기 구한말 이래 고착된 한국문제Korean Question도 그 백년의 족쇄를 풀기 위해 동서독 기본조약을 참고한 모형을 수립하고 그에 따른 경로를 관철하여 '전체로서의 한국 Korea als Ganzes'을 완성해야 할 것이다.

우리가 준비해야 할 대전략은,
세계질서에 대응하고 적응하기 위하여
'자신이 원하는 세계'가 아니라
'있는 그대로의 세계'에서 작동하는,
가망 없는 일이나 불필요한 분쟁에 휘말리지 않는,
그리고 이상과 이익이 균형을 이루는 전략이다.

19세기 유럽의 신질서를 창조한
오스트리아 합스부르크제국의 재상 메테르니히의 교훈처럼,
명분으로 정책을 수행하는 시대에 살면서도
냉철하게 정책을 준비하는 정치학자로서의 전략가가 필요하다.

정책은 그 내용을 스스로 실현하지 않는다.
정치가는 정복자나 선지자가 아니라 전략가여야 한다.
전략 성공의 관건은 정치가의 역량인 것이다.

13. 보론: 미국의 세기 이후의 세계, 중강국middle power의 대전략

| 대전략이라는 지도, 경세치국經世治國의 비전

미국과 중국의 이른바 헤게모니 경쟁은 대전략의 충돌로 나타나고 있다. 시진핑 정부의 중화민족의 대부흥(중국몽)과 신형대국관계, 그리고 바이든 정부의 자유주의 국제질서의 수호와 권위주의 대 민주주의 등은 모두 대전략 담론의 일환이다. 추상적이고 모호하긴 하지만 독일의 숄츠 총리가 제기한 시대전환Zeitenwende 또한 세계대전 종전 이후 독일이 처음 표명한 국가의 역할과 위상에 대한, 즉 세계사적 전환기에 독일의 역할과 책임은 무엇인가라는 넓은 의미의 대전략 담론과 연관되어 있다. 현대사에서 대전략은 냉전시대 미국의 대소련 봉쇄론Containment이 대표적이고, 탈냉전기에는 일극체제와 자유주의 국제질서LIO를 전제로 한 민주주의 확산 전략, 확장enlargement과 관여engagement 전략이 이에 해당한다고 할 수 있다. 그렇다면 탈냉전기가 종결되고 일극체제가 끝나가는, 혹은 종식된 지금, 대전략은 여전히 유용한 것인가?

　오늘날 미국에서 대전략 연관 분야는 일종의 성장산업이다. 특히, 미국과 중국의 30여 년에 걸친 전략적 동반자관계가 숙적경쟁rivalry과 전략적 대결관계로 전변하면서 미국의 정책커뮤니티와 학계에서 대전략 논쟁이 치열하다. 앞선 장에서 언급했듯이, 2022년 10월 바이든 정부가 발표한 국가안보전략NSS은 중국을 '국제질서를 재편하려는 의도와 힘을 지닌 유일한 경쟁자'이자, 직설적으로 표현하진 않았지만 국제질서를 변경하려는 '수정주의 세력'으로 규정하고 있다.

　국제정치나 외교사에서 수정주의 국가revisionist state는 일반적으로 국제질서의 현 상태를 타파하려는 국가를 의미한다. 이 용어가 부정적이고 금기시되는 이유는 대체로 해당 국가들이 국제질서를 수정revision하고 변형transform시키기 위해 전쟁(패권전쟁)을 불사하기 때문이다. 국가들의 역사가 기록하고 있는 마지막 수정주의 국가가 세계대전을 도발한 나치 독일과 군국주의 일본이라는 사실은 이 개념의 엄중함을 나타낸다. 우크라이나 전쟁의 충격이 반영된 바이든 정부의 국가안보전략은 탈냉전시대의 확실한 종언이라는 때늦은 진단과 함께, 향후 어떠한 시대가 도래할지에 관한 강대국 간의 치열한 경쟁에 주목하고 있다. 한 시대가 끝났으나 새로운 시대는 아직 도래하지 않은, 말하자면 옛것은 지나갔으나 새로운 것은 아직 오지 않은 '궐위의 시대'를 헤쳐가기 위한 전략을 두고 대논쟁이 벌어지고 있다.

　대전략 논쟁은 이미 앞선 장에서 검토한 자유주의 국제질서LIO에 관한 논쟁, 곧 바이든 정부가 주장하는 권위주의 대 민주주의 담론 등을 내용에 포괄하고 있다. 이 섹션에서 검토하고자 하는 것은 앞서 언급한 내용 외에 지나치게 시사적으로 사용되어 모호하고 산만하게 사용되는 대전략이라는 용어를 범주화하고 개념을 규정하여 도구적 설명력을 높이고, 국가책략statecraft에 대한 현실적인 적용가능성을 탐색하는 것이다. 이를 위해서는 과거 대전략이 실제정책에 어떻게 적용되었고 어떠한 결과를 초래했는지 살펴볼 필요가 있다. 관련하여 대논쟁에서 주요 쟁점은 무엇이고 어떠한 견해들이 서로 상충하고 경쟁하는지도 대전략의 수립가능성 측면에서 유용한 질문이라 할 수 있다.

정책결정자뿐 아니라 학자 사이에도 대전략에 관해 단일하고 합의된 정의가 부재한 것이 사실이다. 대전략에 대한 논쟁뿐 아니라 대전략의 개념 자체에 대한 정의 또한 매우 논쟁적이다. 케임브리지대의 정치학자 앤드류 프레스턴Andrew Preston은 대전략에 관한 다양한 견해와 개념 정의를 포괄하여 "특정 목표를 달성하기 위해 다양한 수단들을 활용하는 평상의 전략적 실행을 확장한 전략amplification of the "normal" strategic practice"으로 대전략을 정의하였다.[1] 그가 의도하는 것은 대전략이 평상적인 보통의 전략적 실행들과는 구별되고 이들을 포괄하는 최상위의 확장된 전략이라는 의미이다.

존 루이스 개디스는 대전략에 대해 "필연적으로 제한적인 역량에 조율된 잠재적으로 제한 없는 열망의 결합물alignment of aspiration with capabilities"로 설명하였다.[2] 다시 말하면, 한없기 마련인 국가의 열망을 달성하기 위해 한정된 역량을 어떻게 조정하여 배치할 것인가 하는 열망과 역량의 비례성에 관한 것을 말한다. 개디스가 인용한 에드먼드 버크Edmund Burke의 비유처럼, 모든 공정한 거래에서 "구매한 물건은 지불한 가격에 대해 어떤 비례성을 담보해야" 한다는 사실이다.

대전략에서 열망과 역량의 비례성을 강조한 개디스는 냉전시대 미국의 대전략 수립에서 조지 케난과 경쟁했던 월터 리프먼Walter Lippman의 견해로부터 영감을 얻었다. 리프먼은 "국가가 그 목적과 힘(수단과 자원)의 균형을 유지해야 하는 통제 원칙이 없다면 외교정책에 관한 어떠한 모색도 불가능"하다고 단언하였다. 국가의 전략적 목적은 수단의 가용 범위 내에서, 공약은 정책자원의 동원 가능한 범위 내에서 설정되어야 한다는 것이다.[3] 그에 있어서 외교정책은 미국을 수호하기 위한 국가의 방패shield of the Republic이자 대전략이었다.

최근 추락하는 중국falling China이 위험하다는 논리를 전파하면서 유명세를 타고 있는 할 브랜즈는 향후 십여 년이 패권전쟁이 발발할 수도 있는 가장 위험한 구간danger zone이므로, 이 구간을 무사히 통과하기 위해 대전략을 수립해야 한다고 주장하고 있다. 앞선 장에서 살펴 본 바와 같이 브랜즈는 마이클 베클리와 함께 "떠오르는 강대국이 위험하다"는 투키디데스의 함정 류의 전통적인 현실주의 논리를 전도顚倒시키고 변형하여 "쇠퇴하는 강대국이 위험하다"는, 다시 말하면 헤게모니에 도전할 만한 떠오르는 강대국이 국력 상승의 정점을 지나면서 패권 도전의 기회의 창이 닫힐 것이라는 초조감에 전쟁을 감행한다는 가설이다. 중국위협론자들에게는 어쨌든 중국은 떠올라도 위험하고 쇠퇴해도 위험하다는 논리인 셈이다. 브랜즈에 따르면 제1차세계대전의 독일과 태평양전쟁의 일본이 위험한 구간에 있던 대표적인 쇠퇴하는 수정주의 국가였다.

브랜즈는 쇠퇴하고 있는 것은 미국이 아니라 중국이라고 단언하고 있는데, 이러한 견해는 코로나19 팬데믹을 지나면서 중국의 경제 리오프닝 효과가 기대에 못 미치고 경제침체가 노정됨에 따라 이러한 현상이 일시적인 것이 아니라 구조적이고 이미 장기적인 국면에 들어가고 있다는 판단에 따른 것이다. 할 브랜즈를 비롯한 미국의 일부 국제정치학자들은 팬데믹이 종식됨에 따라 코로나19 이후post COVID-19를 예측하면서 중국이 상승의 정점을 지나 하락의 순환주기(falling China)에 접어들고 있다고 분석하고 있다. 현재 세계는 중국이 군사적 모험을 감수할 수도 있는 위험한 구간에 들어서고 있으므로 미국은 위험 구간을 무사히 통과하기 위한 지도地圖, 즉 대전략을 마련해야 한다는 것이다. 브랜즈는 대전략을 "경국책經國策(治國策)statecraft의 최고 형태로서 대외정책에 구조를 제공하는 지적 건축물intellectual architecture"로 정의하고 있다. 대전략은 국가가 복잡하고 위험한 세계를 헤쳐 나가는 데 도움을 주는 논리적 항해지도와도 같은 것이다.[4]

듀크대의 정치학자 피터 피버Peter Feaver는 좀 더 구체적으로 대전략을 개념 정의하고 있다. 그에 따르면 대전략은 "국가이익을 증진하기 위한 목적으로 정치·군사·외교·경제적 수단들을 함께 연결하여 활용하기 위한 국가의 숙고한 노력으로 구성된 계획과 정책들의 집합체collection"이다. 여기서 피버가 강조하는 것은 정치와 경제, 군사와 외교를 망라하는 정책자원과 수단들을 포괄한 통합적인 경국책(치국책)이라는 점이다. 과거 냉전 말기에 스티븐 월트는 대전략이 국가의 안전·안보와 밀접히 연관된 것으로 규정한 바 있다. 그는 냉전시대 미국의 봉쇄전략을 대전략의 개념으로 분석하면서 한 국가의 대전략을 스스로를 안전하게하기 위한 계획으로 규정하였다.

현실주의자로서 S. 월트에게 대전략이 "안보를 산출하기 위해 달성되어야 하는 목적들을 확인해 준다"는 판단은 매우 자연스러웠을 것이다. 그런 의미에서 대전략은 이러한 목표들로 이끌어 준다고 믿어지는 정치·군사적인 행동들을 설명해 주는 것이다. 이렇듯 월트에게 대전략이란 "만약 우리가 A나 B 또는 C를 할 경우, X나 Y, 또는 Z라는 바랐던 결과물이 따라 올 것이라는, 희망하는 결과를 수반하는 조건부 예측들contingent predictions의 집합체"를 의미하는 것이다. 월트는 국가의 안전을 예측가능하게 하기 위한 것으로서 대전략을 사고하고 있다. MIT 정치학자 배리 포센Barry R. Posen이 강조했듯이 대전략은 "국가가 스스로

를 어떻게 가장 잘 안전하도록 할 수 있는가에 관한 국가이론"을 말하는 것이다.[5]

대전략은 단지 어떠한 전쟁에서 승리하거나 특정 외교 정책의 목표들을 달성하기 위한 것만은 아니다. 오히려 궁극적으로 경쟁과 전쟁에서 살아남아 전쟁 이후의 지속가능한 평화를 일구고, 전쟁의 기억이 먼 역사적 기억으로 희미해질 때까지 장기적인 번영을 유지하기 위한 것이다. 오늘날 세계질서와 국제정세가 전쟁의 시대를 방불케 하는 현실을 감안하면, 대전략에 대한 논쟁이 단지 학문적인 요구나 지적 호기심의 산물만은 아닐 것이다.

대전략이 전쟁의 기술art of war(兵法)에서 출발하여 경제와 정치, 문화와 이념적 차원까지 포괄하는 것으로 확장된 것은 근대 이후, 특히 20세기적 현상이다. 대표적으로 20세기 초반 알프레드 머핸Alfred Tylor Mahan과 줄리안 코벳Julian Corbett은 대전략을 "정치·경제·군사·문화적 요소들을 종합한 통합전략"으로 설정하였고, 냉전의 대전략인 봉쇄 개념을 창안한 조지 케난은 현대 미국의 대전략을 정초定礎하였다.[6]

오늘날 대전략은 역사적으로 개념과 용도의 변천 과정을 거쳐 왔듯이, 다시 한번 진화와 확장을 필요로 한다. 강대국의 헤게모니 경쟁과 지정학적 충돌 등 전통적인 위험뿐 아니라 팬데믹과 기후위기, 사이버 전쟁과 인공지능AI 문제, 글로벌 공급망 재편, 글로벌 포퓰리즘 등 비전통적인 위험의 원천들을 어떻게 관리하고 통제할 것인가 하는 것이 대전략 범주에 포괄되어야 한다.

| '강건한 나라'의 대전략, 정치가의 경세經世術statecraft

19세기 초반 나폴레옹이 유럽을 지배—제국 프랑스의 유럽 일극체제—하는 동안에는 국가들이 각자의 전략이라는 개념에 기초한 정책을 펼

치기란 불가능했다. "각국의 운명은 정복자의 의지에 달려 있었고 프랑스의 체제에 순응하는 것이 안전을 확보할 유일한 방도"였다. 오직 나폴레옹의 유럽세계, 프랑스제국의 대전략만이 존재하였다. 그러나 나폴레옹이 영국과 러시아에 패배함으로써 "유럽을 더는 힘으로 통치할 수 없다는 것이 분명해졌고, 의지의 사나이 나폴레옹도 한계를 인정함으로써 안전을 모색하지 않을 수 없게 되었다"는 점도 분명해졌다.[7]

이제 유럽은 회복되었고, '회복된 세계a world restored'에서 강대국들은 다시 (대)전략을 강구하였다. 합스부르크제국의 재상 메테르니히의 말대로, 당시 유럽 국가들은 "모두들 무언가를 원하면서도 어떻게 그것을 손에 넣을지는 아무런 생각도 없"었다. 그는 "자신이 무엇을 원하는지, 상대방은 무엇을 할 수 있는지"를 알아야 한다고 훈계하였다.[8] 어떻게 손에 넣을지(수단), 그리고 자신이 무엇을 원하고(목표), 또 상대방은 무엇을 할 수 있는지(경쟁자의 역량)는 (대)전략이라는 경국책이 말해 줄 것이다.

나폴레옹 전쟁을 결산하는 비엔나 회의(1814)의 결과는 유럽협조체제Concert of Europe였다. 유럽의 강대국 간에 작동하는 새로운 세력균형체제, 키신저의 용어로 말하면 균형과 정통성으로 이루어진 세계였다.[9] 탈냉전기 유럽 또한 일극체제 하에서 각자의 전략이라는 개념에 기초한 정책은 불가능하였다. 그렇다면 일극체제 이후의 세계에서도 여전히 그러할 것인가? 이제 유럽EU 또는 유럽국가들도 비엔나 회의에서처럼 일극 이후의 세계라는 창세기 질서를 손수 창조하거나 아니면 이에 적응하는 (대)전략을 수립해야 하는 숙고에 들어갈 것이다.

대전략의 현실성과 작동가능성에 대해 지적하는 학자들의 견해는 참고할 만하다. 예를 들어, 세계대전 종전 이래로 탈냉전기에 이르기까지 미국의 대전략이 제대로 작동한 적이 있는지, 의도한 결과를 가져왔는지 반문하고 있다. "냉전의 해체가 과연 케난과 트루먼의 봉쇄 전략의 결과물인가, 냉전시대 동안 봉쇄 전략이 계획한 바대로 작동하였는가, 냉전시대의 수많은 미국의 대외정책의 실패 사례는 과연 대전략을 따르지 않았기 때문인가, 탈냉전 시기에도 일극체제의 대전략인 자유주의 국제질서 수립과 자유주의(민주주의) 확산전략이 과연 성공적이었는가", 하는 반론들은 여전히 논쟁적이며 대전략을 궁리하고 수립하는 과정에서 반영되어야 할 내용이다.

대전략의 유용성과 적실성에 관하여 말하자면, 부시 정부와 오바마 정부의 대전략에 대한 인식과 실적은 매우 대조적임을 알 수 있다.[10] 테러와의 전쟁으로 상징되는 부시 정부의 대전략은 지나치게 '그랜드'한 전략이었던 데 비해, 오바마 정부의 대전략은 '그랜드'의 결핍으로 비판받기도 한다. 터프츠대 플레처Fletcher 스쿨의 정치학자 드레즈너Daniel W. Drezner가 지적했듯이, "너무 웅대하게grandly 전략을 짜고 국가를 이라크 전쟁과 베트남 전쟁처럼 개입주의적 재앙으로 몰아가는 것"에 대해 경계해야 한다.

이러한 점에서 부시 정부의 대전략은 이념적으로나 현실적으로 지나치게 웅대한 전략이었다는 비판을 면하기 어렵다. 일극체제의 초강대국일지라도 "미국은 전능한 것이 아니며, 미국의 대전략은 매우 복잡해져서 그것을 시도하는 것은 미션 임파서블에 가깝다"는 니콜스Christopher M. Nichols와 프레스톤Andrew Preston의 우려 또한 참고할 만하다. 더욱이 부시 정부의 과대한 대전략이 9·11 테러를 계기로 예기치 않게 만들어진 것이라는 점을 감안하면, 대전략으로서 더욱 결함을 지닌 것이라 할 수 있다.

오바마 대통령은 부시 정부의 실패를 대전략의 실패로 해석하였다. 오바마는 대전략의 유용성이나 적실성에 동의하지 않았으므로 집권 초기에는 관련 싱크탱크와 정책집단에 거리를 두었다. 대전략에 대한 부정적인 인식을 토대로 오바마와 외교안보팀는 미국이 원하는 대로 세계를 재구성하는 것이 아니라 있는 그대로의 세계를 다루고자 했다. 부시 정부처럼 앞장서서 주도하는 전략이 아니라 뒤에서 이끄는leading from behind 전략이었다. 이에 따라 이라크와 아프간에서의 철군을 시도하였고, 아랍의 봄과 시리아 내전에도 파병하지 않고 비개입주의 정책을 원칙적으로 고수하였다.

니얼 퍼거슨은 당시 중동에서 오바마 정부의 분투를 '일관된 대전략의 부재', '미국의 노련한 외교정책 베테랑들이 오랫동안 걱정해 온 것(전략)의 결핍'이라고 비판하였다. 오바마 정부에서 대전략 수립의 필요성을 공유한 베테랑들이 없었던 것은 아니다. 예를 들어, 당시 NSC선임국장과 주駐유엔대사를 역임한 서맨사 파워Samantha Power는 오바마 대통령으로 하여금 적극적인 대외개입을 지향하도록 추동한 바 있다. 무엇보다도 국무장관 힐러리 클린턴은 자신이 속한 행정부의 전략적 무기력을 체감하고 있었다. 힐러리 클린턴은 퇴임 후 후술하였듯이 "위대한 민족(국가)들은 원칙들을 조직해야 한다"는 표현으로 대전략의 필요성을 주장하였다. 그리고 일부의 지적대로 당시 오바마 정부가 대전략이 부재한 것으로 유명한 듯 했지만, 결과적으로 볼 때 오바마 정부 또한 대전략을 수립한 셈이다. 아시아로의 중심축 이동pivot to Asia은 그 성과 여부와는 별개로 오늘날까지 미국의 대외정책에 뚜렷한 발자국을 남기고 있다.

대전략과 관련한 또 다른 반론으로는 대전략이 온전히 강대국의 계획이라는 것이다. 중소국은 대전략을 만들어 낼 가능성을 보유하지 못한다는 주장이다. 오하오주립대 역사학자 머레이Williamson Murray는 투키디데스의 《펠로폰네소스 전쟁사》에서 아테네인들과 멜로스인들의 유명한 대화를 인용하여 그러한 주장을 하였다. 정의를 요구하는 멜로스인들에게 아테네인들이 한 주장인 "정의의 기준은 강제할 수 있는 힘의 동등성에 달려 있다. 강자는 자신이 할 수 있는 일을 하고, 약자는 받아들여야 하는 것을 받아들인다"는 현실주의적 정언定言에 근거한 것이다.[11] 전쟁과 평화를 다루고 세계질서와 관련된 원칙과 행위들을 설정하는 것이기 때문에 그러할 수도 있다. 현실주의의 세계에서는 일면 타당한 주장이다.

그럼에도 차상위 강대국, 중강국middle power에도 대전략이 필요하다는 것이 오히려 현실정치realpolitik적 요구일 수 있다. 하버드대의 역사학자 이리에Akira Iriye는 세계는 "강대국에 의해서 뿐 아니라 비非강대국lesser powers에 의해서도 창조되고 재창조된다"고 주장하여 현실주의적 서술과는 다른 견해를 제시한 바 있다.[12] 특히, 세계적으로 힘의 배분이 분산적으로 되어 가고 있다면, 즉 다극화 경향이 형성되고 있다면 차상위 강대국의 지위에 있거나 차상위의 지위를 추구하는 중견국은 대전략으로 이에 대비할 필요가 있을 것이다.

이러한 의미에서 차상위 강대국 또는 중견국의 대전략은 초강대국이나 극체제polarity를 구성하는 전통적인 강대국의 대전략과는 층위나 수준을 달리할 필요가 있다. 대전략을 준비하는 차상위 강대국이나 중견국들에게 스위스연방공대 안보연구센터CSS의 니나 실로브Nina Silove의 용어와 설명은 하나의 유용한 참고가 될 수 있을 것이다. 초강대국의 대전략이 주로 세계질서를 구축하고 작동하는 데 주안점이 있는 대大'계획grand plans'과 '원리principles', '행동behaviors'을 의미한다면, 차상위 강국 또는 중견국의 대전략은 "세계질서에 '대응'하고 '적응'하기 위한 '강령적 비전programmatic vision'"이라 할 수 있다.

이것은 동시에 "지속가능한 국가의 '안전(평화)'을 기반으로 '발전

(번영)' 추진하기 위한 정치·군사·경제·사회 분야 등을 포괄하는 장기적인 통합전략"을 의미한다. 첨언하면, 대전략의 실현이 "국가의 장기적인 최선의 이익을 보전하고 고양하기 위하여 군사와 비군사적 요소들을 통합할 수 있는 정책, 즉 국가지도자의 역량에 달려 있다"고 강조한 폴 케네디의 지적은 주목할 만하다.

　미국의 대전략이 실패했다면 "자신의 형상대로 세계를 창조하려" 했기 때문일 것이다. 그것은 지나치게 웅대grand할 뿐 아니라, 그러한 기회도 인류 최대의 전쟁인 두 차례의 세계대전으로 마련된 세계질서의 창세기에나 가능한 것이다. 우리가 준비해야 할 대전략은 그러한 것이 아니다. 세계질서에 대응하고 적응하기 위하여 자신이 원하는 세계가 아니라 있는 그대로의 세계world as it is에서 작동하는, 가망 없는 일이나 불필요한 분쟁에 휘말리지 않는, 이상과 이익이 균형을 이루는 대전략을 의미한다. 드레즈너의 충고대로 대전략의 수립에서 견지해야 할 점은 이상ideals과 이익interests의 섬세한 균형이며, 이를 위해 힘과 역량을 효율적이고 효과적으로, 그리고 도덕적으로 조율하여 투사할 필요가 있다. 이러한 대전략을 수립하고 실천하기 위해서는 정치가의 역량이 관건이다.

　키신저가 설파했듯이 외교는 정치가의 도구이다. "외교는 무력의 행사보다 합의를 통해 특정한 열망을 일반적인 합의와 조화시키는 행동의 기초를 제시함으로써 국가들이 서로 관계를 맺도록 하는 기술"이다. 전략을 의미하는 경세치국책經世治國策statecraft이란 관념의 문제일 뿐 아니라 이행의 문제에 관한 것이다. "바람직한 이상 못지않게 달성가능한 것의 진가를 알아보는 능력에 관한 것, 정의로운 것과 가능한 것을 조화시키는 기예이자 능력"을 의미한다. 정치가를 경세가라 칭하는 것도 그러한 의미이다. 새로운 국제질서는 "힘과 도덕성 사이의 연계성에 관한 합의된 인식"을 바탕으로 수립될 것이다. 전적으로 특정 이념과 원칙에 기반한 "정통성 원칙에만 의존해서 국제질서를 수립하려는 시도는 예언자가 추구하는 것으로서 신성한 절제self-restraint를 전제로 하기 때문에 위험"하다.[13]

18세기 위대한 전통을 따랐던 마지막 외교관으로서 19세기 유럽협조체제라는 세기의 신질서를 창조한 오스트리아 합스부르크제국의 재상 메테르니히Klemens von Metternich가 몸소 실천한 것처럼, 점점 "명분causes으로 정책을 수행하는 시대에 살면서도 냉철하게 정책 조합을 준비하는 정치의 과학자scientist of politics(정치학자)"로서의 전략가가 필요하다. "정책은 그 내용을 스스로 실현하지 않는다"는 정치가의 역할을 강조한 말이다. 정치가는 정복자나 선지자가 아니라 전략가여야 한다. 정치가에 대한 평가 기준은 "진정한 역학관계를 인식하는 능력이고, 그 지식을 자신의 목적에 도움이 되도록 만드는 능력"이어야 한다. 신성동맹의 대사제로서 정치가 메테르니히는 "지식이 정책의 기초가 될 수 있을지언정 정책의 실행은 기예art"라는 사실을 간파한 외교가이자 전략가였다.[14] 역사학자 밀른Davis Milne의 말처럼 외교는 '과학이자 예술'이다. 19세기 국가 간의 역사는 오늘날의 세계질서의 변동에 여전히 영향력을 발휘하고 있다. 이러한 의미에서 외교는 역사의 포로이며 역사는 국가들의 기억이다.

헤게모니적 열정이 서로 충돌하고
세계 리더쉽이 조각나는 시대에 E. H. 카아의 충고대로
'사라지는 것들에 대한 아쉬움과 집착'은 버려야 한다.

우리는 자유주의의 '보편'세계에서
현실주의의 '균형'의 세계로 가는 길에 있다.

세력균형은 그 자체로 평화를 보장하지는 않지만
도전적 위기가 실현될 가능성은 줄여준다.

그 세계는 니체가 말한
'초인Übermensch의 리더쉽'을 바라는 것이 아니다.
소소한 이익에 몰두하며 안락과 안위만을 추구하는
'최후의 인간Letzter Mensch(Last Man)'만이
남아있는 세계가 아니길 바랄 뿐이다.

자아실현의 기풍ethos을 세우고 행동할 수 없는,
꿈꾸고 분발하는 능력을 상실한, 마치 죽어가는 사람들인
'마지막 인간Last Man'의 세계는 적어도 아닐 것이다.

에필로그: 평화이야기

| 정의로운 전쟁 bellum justum이라는 것

영국의 경제학자 케인즈John M. Keynes는 제1차세계대전이 끝나고 그 청산절차를 다루는 파리평화회의에 참석하였다. 알려진 것과는 다르게 그 회의에서 별 인상적인 퍼포먼스를 보여주지 못한 미국의 윌슨 대통령도 만났다. 케인즈는 파리평화회의가 유럽에 남긴 깊은 상흔에 관한 역사적인 인상기印象記를 남겼다. 《평화의 경제적 결과The Economic Consequences of Peace(1919)》는 잘못된 평화가 경제에 초래한 재난적 결과, 곧 또 다른 전쟁의 파종으로 요약된다. 파리평화회의의 경제적 충격에 대한 소회이자 전쟁배상금의 가혹성을 다룬 이 책의 비극의 주인공은 패전국 독일이겠으나 이 비극에 직접 연루된 것은 유럽이었다. 케인즈가 유럽의 비극을 상징화한 도입부 첫 문장을 전쟁 이후의 분단된 한반도에 적용하여 재구성하면 다음과 같을 것이다.

"환경에 익숙해지는 능력은 인간의 아주 두드러진 특징이다. 그렇기 때문에 한반도가 지난 반세기 이상 기준으로 삼으며 살아온 정치·경제적 구조가 대단히 독특하고, 불안정하고, 복잡하고, 믿을 수 없고, 또 잠정적이라는 사실을 확실히 깨달은 사람은 거의 없다."

일반적으로 "정의를 충족시키는 것이 평화회의의 임무겠지만, 삶을 재구축하는 것도 그에 못지않게 중요하다"는 케인즈의 충고도 염두에 둬야 할 것이다. "정치적 고려가 경제적 고려를 방해하고 … 민족주의와 각국의 이해관계가 정치적 국경에 따라 새로운 경제적 국경을 형성"한다면 한반도와 동아시아의 평화는 요원할 것이다. 우리는 잘못된 평화가 '유럽을 떠받쳤던 경제조직을 강타하고, 유럽전체 공동체의 부를 훼손할 것'이라는 케인즈의 경고가 불행하게도 실현된 사실을 이미 알고 있다.[1] 한반도에도 그러할 수 있다. 전쟁은 아직 끝나지 않았고, 전쟁 당사자들이 합의에 이르지 못하거나 당사자들 중 어느 하나라도 불만족한 평화는 지속가능하기 어렵다.

첫 번째 세계전쟁과 독일의 사례뿐 아니라 오늘날 러시아의 경우도 유사하다고 할 수 있다. 차가운 전쟁이 끝나고 그 청산 과정에서 도출된 평화는 러시아가 보기에 합당한 것이 아니었다. 냉전 해체의 결과는 외교안보와 경제적·지정학적 의미에서 러시아에게는 가혹한 것으로 여겨졌다. 그들에게 탈냉전 평화는 냉전 해체 과정의 합의와는 다르게 부당한 것으로 보여졌고, 상처 입은 강대국 정체성이 이에 결합되어 우크라이나 전쟁 등 불행한 결과들이 이어졌다. 용어에 동의하지는 않으나 '최후의 냉전'이라고들 말하는 한반도에서 만약 분단이 이해 관련국들과 남북한 간에 합의로 관리가 가능하게 해소되지 않는다면, 그 결과인 탈분단 평화는 바람직하지 않은 경제적 결과뿐 아니라 불행한 정치적 결과를 초래할 수 있을 것이다.

고대 인도의 산스크리트어로 전쟁의 어원은 '더 많은 암소를 원한다'는 것이다. 고대 인도와 지중해 근동 세계에서 '전쟁은 양과 소를 달라는 것이고 평화는 소와 양을 주는 것'이었다. 이에 정의justice가 더해지면 전쟁은 복잡한 양상을 띠게 된다. 정의로운 전쟁bellum iustum, just war에 관한 이론과 사상은 키케로Cicero 등의 로마제국의 전쟁론을 이론화한 인물부터 성 아우구스티누스St. Augustine에서 현대의 레닌Vladimir I. Lenin에 이르기까지 다양한 이론적 스펙트럼을 보인다.

중세의 문을 닫고 근대성을 주조한 계몽주의는 이념을 잉태하였고 이념은 중세 신神의 자리를 대체하였다. 신의 말씀은 정의가 대체하였고 인간은 각자의 정의를 위해 전쟁을 일으켰다. 계몽주의적 지식인이 사제의 지위를 대체하자 이제 천체의 중심에 위치한 지식인은 사제 행세를 하고픈 유혹에 빠졌다. 이러한 계몽적 지식인은 자신의 지적 능력을 귀족성과 동일시하면서 계몽적 봉건성이라는 자기 모순적 존재성을 잉태하였다. 이념의 대표적 상징물들인 사회주의와 자유주의는 이러한 계몽주의의 집약체였다. 현실세계에서 이 유구한 전쟁은 중세의 십자군 전쟁에서 냉전시대 소련의 반제국주의 전쟁, 그리고 오늘날 테러와의 전쟁에 이르기까지 정의의 전쟁의 이름으로 인류의 역사에 점철되었다.

성 아우구스티누스는 선량한 국가의 선의나 안전을 위한 전쟁을 정당화하였다. 그에 따르면, "선한 국가는 선한 신념이나 자신의 안전이란 이유를 제외하고 어떠한 전쟁도 하지 않는다"[2]는 것이다. 성 토마스 아퀴나스는 이러한 이론적 전통을 계승하여 올바른 주권자rightful sovereign가 정당한 명분just cause으로 일으키고 참여자들(군인들)이 올바른 의도 right intent로 수행하는 전쟁을 정당화하였다.[3]

고대와 중세의 정의로운 전쟁론은 현대 정치학에서 마이클 왈저 Michael Walzer로 이어졌다. 프린스턴대의 정치철학자 왈저는 베트남 전쟁에 반대한 반전 활동가였음에도 정의로운 전쟁에 관한 명저 《정의로운 전쟁과 부정의한 전쟁Just and Unjust War(1977)》를 남겼다.[4] 그는 전쟁에 관한 비도덕적인 현실주의뿐 아니라 평화주의pacifism도 비판하였다. 왈저는 정의의 전쟁론의 두 가지 규준criteria인 전쟁을 선포할 권리(전쟁선포권)jus ad bellum와 전쟁에서의 올바른 행위(전시국제법)jus in bello를 구별하였다. 전쟁의 시작이 정당했을지라도 전쟁 중에 동원된 수단이 올바르지 않다면 정의로운 전쟁이라는 데 동의하기 어렵다는 것이다.

왈저는 국가들이 전쟁을 조기에 종식시킬 수 있다면 민간인들의 피해를 감수해야 한다는 공리주의자들utilitarians과 현실주의자들의 주장에 맞서 전쟁에서 사용되어야 할 수단과 방식의 정당성jus in bello, 특히 정의의 전쟁의 오랜 전통인 비전투원의 피해 방지noncombatant immunity를 옹호하였다. 그러한 의미에서 나치즘과 파시즘의 침략에 맞선 연합국의 전쟁 결정은 정당하고 제2차세계대전은 정의로운 전쟁이지만 히로시마 원폭은 그렇지 않다는 판단이다. 그가 전쟁협약이라 부르는 이러한 전쟁의 룰을 준수한다면 자국이나 타국의 방어를 위한 전쟁은 정당하다고 할 수 있다. 따라서 고대 이래로 정의로운 전쟁의 유일한 공동규준은 방어전쟁이며, 이는 오늘날 유엔헌장에 명시된 유일하게 정당화될 수 있는 전쟁이다.

이러한 의미에서 균형balance of power을 위한 예방전쟁은 부당한 것이고, 다만 기존의 균형(현상유지)을 회복하기 위한 전쟁은 정당할 수 있다. 그런 의미에서 왈저는 이스라엘의 6일 전쟁Six-Day War(1967)의 선제공격이 정당하다고 평가했다. 그러나 문제는 정의의 전쟁은 시작은 정의로울지라도 정의롭게 끝날 보장은 없다는 점이다. 나는 평화주의pacifism를 주장하는 것이 아니다. 피할 수 있는 전쟁에 대해, 그리고 제한 없는 전쟁의 가혹한 결과에 대해 지적하고자 하는 것이다. 부시 독트린처럼 정의의 이름으로 전쟁을 합리화하거나 정의를 남용하는 것을 경계하는 것이다.

왈저는 전쟁을 판단하는 데 있어서 선과 악, 옳고 그름right and wrong의 이분법적 구조를 채택하지 않는다. 그의 정의로운 전쟁은 종교나 계명 또는 인류애가 아니라 역사를 통하여 산출된 사회적 창조물일 뿐이다. 도덕적 수단과 목적을 지닌 제한전쟁limited war이 정당한 전쟁이다. 그것은 주권을 강탈하는 것이 아니라 이전의 현상現狀status quo ante을 회복하려는 것이라는 점에서 보수적이다. 정의로운 전쟁에 대한 왈저의 철학적 사유가 미친 영향은 "미국의 정치지도자들과 여론 주도층들이 전쟁을 시작하거나 끝낼 때마다 왈저의 축복을 받으려 애쓰는 듯한 현상"에서 찾을 수 있다.

오바마 대통령은 노벨평화상 수락 연설(2009)에서 왈저의 정의로운 전쟁이 가능한 세 가지 요건들을 인용하면서 정의로운 전쟁의 필요성을 인정하였다. 오바마는 "정의로운 전쟁과 정의로운 평화의 명령에 대해 새로운 방식으로 사고할 것"을 역설하였다. 왈저의 세 가지 요건은 앞서 말한 전쟁을 개전함에 있어서의 정당성jus ad bellum, 전쟁 수행과 정상의 정의jus in bello, 그리고 전쟁 종식 이후(전쟁결과)의 정의jus post bellum다.

이 요건들에 따르면 대량학살 등에 대한 인도주의적 개입humanitarian intervention은 정당하지만, 당시 미국이 개입하고 있던 부시의 이라크 전쟁은 개전 양태에 있어서 정의롭지 않은 전쟁이었다. 전쟁이 아닌 다른 수단(제재 등)을 통해 달성할 수 있는 목표를 최후의 수단인 전쟁을 선택했다는 점에서, 그리고 회피가능한 전쟁이었다는 점에서 정의의 전쟁 범주에서 벗어난 것이다.[5]

오바마가 정의의 전쟁을 불가피하다고 인정하면서도 이라크전을 종식시키려 했던 명분, 그리고 핵 없는 세계라는 정책 비전도 왈저의 정의의 전쟁으로 설명할 수 있을 것이다. 우크라이나 전쟁은 개전의 정당성 jus ad bellum을 충족하지 못하며, 하마스 전쟁에서는 전쟁 수행의 정의 jus in bello, 즉 오바마도 강조한 바대로 사용된 무력의 비례성원칙을 이스라엘이 위반하였다. 두 전쟁 모두 정의로운 전쟁의 영역을 벗어났다.

이렇듯 전쟁의 철학에서 자신의 자리를 굳건히 하고 있는 정의의 전쟁이 역사에서 스스로 확인한 역설적인 교훈은 "지나친 종교(이념)적 열정은 전쟁을 낳는다"는 것이다. 우리가 이념적이거나 종교적인 동기에서 상대방을 이교도pagan로 규정하는 순간에 발현된 십자군적 열정은 정의의 전쟁을 호출할 것이다. 200여 년에 걸친 중세의 십자군 전쟁, 14세기부터 시작된 신新십자군운동인 수많은 신성연맹Holy League 전쟁들, 17세기 초 종교전쟁(30년 전쟁), 그리고 현대의 테러와의 전쟁 등이 종교적이고 이념적인 열정으로 인류의 역사에 동반되었다.

정의의 전쟁은 침략에 대항하는 방어전쟁의 경우를 제외하고는 대체로 정의롭기 어렵다. 또한 정의롭게 시작한 전쟁도 과정상의 부정의는 물론이고 종종 정의롭지 못한 결과를 초래하기도 한다. 왈저가 정의의 전쟁 범주에 넣은 6일 전쟁도 그 결과가 정의롭지 못했다. 6일 전쟁으로 이스라엘이 무단 점령한 가자Gaza와 서안 지구West bank 문제는 그 이후 팔레스타인 분쟁을 격화시켰고 2023년 하마스 전쟁의 직접적인 원인으로 지목되고 있다. 정치지도자들은 무엇보다도 정의로운 전쟁의 유혹과 시험에서 벗어나야 한다. 현실주의의 세계에서는 국가를 선과 악의 개념으로 구분하지도 않지만, 전쟁으로 악을 근절하기도 어렵다. 인간의 좋은 삶은 정의로운 전쟁보다는 구차한 평화에 더 가까이 있다.

레아 라빈Lea Rabin의 혜안은 전쟁에 관한 성찰의 화두로 삼을 만하다. 레아 라빈은 이스라엘 전 총리 이츠하크 라빈Yitzhak Rabin의 부인이자 이스라엘 건국 운동의 동지였다. 라빈 총리는 이스라엘과 팔레스타인이 화해의 문턱을 넘은 오슬로 협정Oslo Accords(1993-1995)에서 팔레스타인 해방기구PLO의 야세르 아라파트Yasser Arafat 의장과 함께 오슬로 평화프로세스를 주도하였고, 이 공적으로 아라파트와 함께 노벨평화상을 공동수상하였다. 전쟁과 평화에 대한 레아 라빈의 혜안은 다음과 같은 회고적 진실을 통해 드러나 있다.

"테러를 최대한 뿌리 뽑을 수 있다는 생각에는 문제가 있다. 우리 역시 한때는 (이스라엘 독립운동의) 테러리스트였다. 그러나 우리는 제거되지 않았고 … 테러가 완전히 뿌리 뽑히는 순간을 기대한다면 평화는 우리 눈앞에서 멀리 달아나 버릴 것"이다.

테러와 같은 정의의 결핍은 정의의 전쟁으로 그 결핍을 제거할 수 없고, 전쟁으로 평화를 만들기는 더욱 어렵다는 의미다. 세비야 그룹Seville group이 선언하였듯이, 인간의 폭력성은 영장류의 본성이나 진화 과정의 필연적 선택 등에 연유한 것은 아니다. "전쟁을 만들어 낸 종種은 평화를 만들어 낼 수도 있다." 달라이 라마의 가르침대로 "전쟁을 일으키듯 평화도 일으켜야" 한다.

이츠하크 라빈 자신도 테러의 희생자였다. 오슬로 평화협정 체결에 반대한 이스라엘 극우 극단주의 세력의 손에 암살당하였다. 당시 미국 대통령 클린턴은 장례식에서 라빈을 '평화의 순교자'이자 '이스라엘의 역사'로 추도하였다. 일리노이대 정치심리학자이자 평화론자였던 오스굿Charles E. Osgood의 평화론이 말하듯 '전쟁이냐 혹은 항복이냐'의 선택적인 강요가 아니라, '전쟁이나 항복이 아닌 대안alternative to war or surrender'을 찾아야 한다. 그렇지 않으면 영국의 계관시인 테니슨Alfred Tennyson이 은유하였듯이 현실은 '이빨과 발톱이 피로 물든' 자연상태가 될 것이다. 다윈Charles R. Darwin이 말한 유인원의 본성이 재현되는 것이다. 오늘날 우크라이나에서, 팔레스타인에서, 그리고 중동과 북아프리카 지역에서 일상화된 전쟁들에서 죽음의 일상화가 재현되어서는 안 된다. 첫 번째 세계전쟁의 죽음들에서 누군가 비탄했듯이, "하루에 수만 명이 죽으면 죽음은 진부해진다".

| 여러 평화들, 그리고 전쟁을 속삭이는 자들

고대 이래로 역사상 전형이라고 할 만한 평화들이 있다. 최초의 평화는 지금으로부터 3천 3백여 년 전 고대 지중해 세계의 양대 패권국인 이집트와 히타이트Hittite의 전쟁에서 이뤄낸 인류 최초의 평화조약인 카데시Kadesh의 평화이다. 이 조약으로 두 나라는 60여 년간의 근동 지중해 세계의 평화를 이루었다. 평균수명을 고려한 지금의 시간 개념으로 치면 백 오십여 년의 평화이다. 이 조약은 영원한 형제애와 평화를 약속한 영원한 조약Eternal Treaty으로도 알려졌다. 조약은 매우 단순하였다. 전쟁을 중단하고 서로 영토를 침범하지 않는다는 것이다. 간결한 약속은 오랜 평화를 낳았다. 잘 알려진 바대로, 세계 평화와 번영을 존재 목적으로 하는 유엔UN 본부에 카데시 조약을 새긴 점토판이 벽에 걸려 있는 것은 매우 상징적인 의미를 지니고 있다.

기원전 2세기 고대 지중해 세계의 패권을 가름한 포에니 전쟁의 결과인 카르타고의 평화Carthaginian Peace는 승전국인 로마가 패전국 카르타고에 가한 절멸적인 조치를 말한다. 정복자 로마가 도시 전역에 소금을 뿌려 카르타고를 절멸시켰다고 전해지는 '폐허에 의한 평화'를 말한다. 패자에 가혹하고 치명적인 처벌을 가하는 절멸적 평화이다. 박물관에나 있을 법한 고대 유물 같은 절멸적 평화이지만, 인류는 이천 년 후 두 차례의 세계전쟁으로 확인한 바 있는 여전히 가능한 재앙이다. 핵전쟁은 그러한 평화를 경고한다.

중세의 전형적인 평화론은 단테 알리기에리Dante Alighieri의 평화이다. 《신곡La Divina Commedia(1321)》의 저자인 단테가 열망한 평화는 '제국에 의한 평화'이다. 분열되고 외세에 속박된 분란의 이탈리아가 평화를 회복하려면 신의 섭리가 작동하는 보편세계를 구축해야 했다. 이는 교회에 의한 지배가 아니라 신의 섭리가 지상에서 구현된 보편제국에 의한 평화를 의미하였다. 과거 그의 조상들이 이룬 로마에 의한 평화Pax Romana에 대한 동경이었다. 이에 따라 단테는 신곡에서 팍스 로마나를 찬양한 로마 제국의 시인 베르길리우스Publius Vergilius Maro와 여정을 함께 떠나는 것이었다. 이렇듯 단테의 평화는 제국적 평화였다.

근대에 들어 칸트적 평화Kantian Peace는 E. 칸트가 《영구평화론 Perpetual Peace: A Philosophical Sketch(1795)》에서 밝혔듯이 입헌 공화정 constitutional republic이 영구평화의 하나의 조건이라는 것이다. 입헌 공화국의 국민은 방어전쟁을 제외하고 전쟁으로 가는 결정을 하지 않을 것이므로 유럽이 하나의 공화국이 된다면 전쟁은 종식될 것이라는 논리이다. 미국 독립혁명의 사상적 시조인 토마스 페인Thomas Paine 또한 그러한 평화를 주장하였다. 유럽의 통합과 평화의 사상가들인 칸트나 장 모네Jean Monnet가 구상한 유럽은 전쟁 없는 세계였고, 이는 유럽연합EU으로 구현되었다. 칸트적 평화는 오늘날 민주평화론Democratic Peace으로 이어졌다. 민주주의 국가들은 전쟁을 결정하지 않는다는 이념적 전통에 근거하였다.

냉전 해체 이후의 미국의 민주평화론은 자유주의 국제질서의 정치적 이념으로서 자유주의와 민주주의 확산 전략으로 구체화되어 이라크 전쟁 등 불량국가rogue states들에 대한 정권붕괴 기획들regime change projects로 실현되었다. 민주평화론은 주장하는 가치의 높이만큼 평화에 가해진 위기의 파도도 높았다. 자유주의 국제질서를 관철하기 위해 미국이 강행한 민주주의 확산전략은 일방주의라는 오명을 얻었다.

이 외에도 자유주의적 평화Liberalist Peace, 상술하면 자유롭게 무역을 하는 국가 간에는 전쟁이 발생하지 않는다는 경제적 상호의존론이 있다. 프롤로그에서 언급하였듯이, 20세기 초 '벨 에포크'의 끝자락에서 무역과 경제적 의존관계로 밀접히 연계되어 있는 유럽에서 전쟁이 발생한다면 모두 파멸할 것이므로, 즉 스스로 자멸을 결정하지 않을 것이므로 전쟁은 가능하지 않다는 낙관론이 그것이다. 그러나 결과는 두 번의 세계전쟁이었다.

위에서 열거한 평화들은 일부 성과도 있었으나 대체로 부작용이 효과를 압도하거나 정책적 비용이 편익을 능가하였다. 국가 주권이 여전히 국제체제의 핵심 원리고 민족주의적 열정이 아직도 중요하게 작동하는 세계에서 실현되기 어려운 것도 있다. 앞서 언급한 케인즈의 평화론도 거론될 필요가 있다. 그는 역으로 평화가 경제적 결과를 가져올 수 있다는 논거를 제시하였다. 잘못된 평화나 불합리한 평화조약이 파멸적인 경제적 결과를 가져오는데 비해, 합의에 의한 정당한legitimate 평화는 선의의 경제적 결과인 번영을 가져올 수 있을 것이다. 이러한 평화의 경제적 승수효과를 한반도에서 실현해야 한다.

다만 염두에 두어야 할 것은 칸트가 기원했듯이 영구평화를 희망할 때는 아니라는 점이다. 그가 말한 영구평화는 사유思惟적으로는 가능하나 현실정치에서는 그렇지가 않다. 그런 의미에서 영구평화는 영구혁명과 사상적 쌍생아이다. 트로츠키를 비롯한 볼셰비키들이 주장한 영구혁명은 세계를 사회주의화 할 때 구현할 수 있는 구세救世론적인 영역의 담론이다. 칸트와 페인이 유럽과 세계가 하나의 공화국이 될 때, 즉 하나의 보편세계가 창조될 때 평화가 올 것이라 말한 철학적 사유는 세계가 하나의 사회주의 연방이 될 때, 곧 사회주의 보편세계가 열릴 때 평화가 이뤄질 것이라는 주장과 동일한 논리구조이다. 이러한 구상은 역사에서 가능하지 않은 프로젝트다. 우리는 영구평화를 추구하기보다는 경쟁하는 국가들에 의해 보장되는 '균형에 의한 평화'를 제도화해야 한다.

이 과정에서 필요한 것은 전쟁을 속삭이는 자들을 경계해야 한다는 것이다. 예를 들어, 과거 트럼프 정부에서 "볼튼John Bolton은 트럼프에게 전쟁을 속삭이는 존재"였다.[6] 당시 국방차관이었던 콜린 칼Colin H. Kahl이 냉소하였듯이 "이곳은 볼튼John Bolton의 세상, 트럼프는 그 안에 살고 있을 뿐"이었다. 미국의 대외정책은 "북한과 이란, 쿠바에 대한 볼튼의 오랜 반감을 반영하였고, 외교의 무익함과 군사행동의 지혜에 대한 그의 깊은 신념을 반영"하였다. 비참했던 이라크 전쟁을 한 번도 성찰한 적 없는 투사였던 볼튼은 "자신이 고립시키고, 무너뜨리고, 공격하고 싶지 않은 불량국가를 본 적이 없으며, 북한은 그의 타겟 목록의 맨 위에 있었다"고 칼 차관은 회상하였다.[7]

김정은과의 하노이 회담에서 트럼프에게 협상 결렬을 종용한 볼튼은 북한에 대한 예방전쟁을 주장해 왔다. 워싱턴에서 그는 한반도 전쟁을 속삭이는 존재 중의 하나였다. 한·미동맹의 유용성은 자명한 것에서만 발견되는 것은 아니다. 북한의 선제공격이나 예방전쟁을 방지하거나 중국을 견제하기 위한 것뿐만은 아니다. 일본의 군국주의적 야망을 저지하고 일본과의 전쟁을 예방하기 위해서도 한·미동맹이 필요하다. 다만 한국과 미국 사이의 동맹의 비대칭성은 해소되어야 한다는 전제이다. '동맹문제는 결국 신뢰의 문제'라는 조지프 나이의 평가에 비추어서도 그러하다.

전쟁 세대에 비해 일본의 전후 세대들은 전쟁에 대한 부채의식에 의해 통제되지 않았다. 그 첫 세대는 일본경제의 정점에서 청년기를 보내고 전범의식에서 자유로운 아베 신조의 세대이다. 그들은 전후 군국주의를 역사에서 호출하면서 전범의식에서 스스로를 사면하였다. 타국의 영토를 분쟁화하고 영토적 정당화를 꾀하는 역사교육으로 국민적 정체성을 체화한 새로운 세대들은 극우주의 정치세력들이 타국의 섬들을 겨냥하여 군사적 도발을 감행할 때 애국주의적 유혹을 거부하기 어려울 것이다.

분쟁의 역사는 지정학적 충돌과 함께 간다. 상황이 그러할 경우, 멀지 않은 미래에 동아시아의 평범한 시민들은 역사에서 그래왔듯이 센가쿠(댜오위다오)에서, 쿠릴에서, 그리고 독도에서 다시 전쟁을 보게 될 것이고, 나라마다 '애국적 국민'의 열정으로 자랑스러운 '민족전쟁'에 다시금 뛰어들게 될 것이다. 군사적 행위가 외교행위에 앞서서는 안 된다. 군사작전이 외교에 승리하면 그 결과는 전쟁이었다. 첫 번째 세계전쟁이 그 대표적인 사례로 역사에 기록되어 있다.

한반도의 역사와 지정학의 눈으로 보면 동아시아에서 배제하거나 절연할 수 있는 강대국은 없다. 앞서 말한 역사와 지정학 차원에서 한반도에 가장 깊고 큰 상흔인 식민지와 분단을 야기한 일본조차도 배제하거나 절연할 수 없다. 우리가 해야 할 것은 이들 강대국과의 관계에서 국력의 투사와 배분을 감당할 만하게 균형적으로 하는 것이다. 강대국들과 정치적 행위를 해야 한다는 것이다. 자원과 가치의 권위있는 배분 행위로서의 정치가 강대국 관계에서도 관철되어야 한다. 이러한 의미에서 중국과 러시아와도 그 관계가 정치적으로 복원되어야 한다. 일본 등에 편중되어 있는 외교적 자원과 가치를 균형적으로 재배분하고 관계 스펙트럼도 재정렬realignment 해야 한다.

| 외교外交는 선교宣敎가 아니다

예외적인 외교 형태에 관해 말하자면 우크라이나 전쟁에서 러시아에 대한 경제제재를 예로 들 수 있다. 우리가 외교의 주요 수단으로 행사하는 제재sanctions의 효능성은 제한적이라는 점을 언급할 필요가 있다. 이란과 북한 등에 대한 경제제재와 관련하여 유엔안보리에서 미국과의 협력이 비교적 순조롭던 2009년 당시, 바실리 네벤쟈Vasily Nebenzya(현재 유엔 주재 러시아대사)가 안보리 회의에서 제재 일변도 정책을 경계하여 '제재는 외교를 대체하지 않는다'고 한 발언은 단순히 러시아의 항변으로만 볼 수 없다. 제재에 동참하더라도 외교자원의 배분을 항상 염두에 두어야 한다. 우크라이나 전쟁으로 인해 우리는 러시아 제재에 참여하고 이에 대해 러시아는 우리를 비우호국으로 지정했을지라도 외교는 지속되어야 한다. 유럽개발은행EBRD 총재를 역임한 경제학자 아탈리Jacques Attali가 미국의 경제제재 전략의 신화를 비판하면서 '미국의 경제제재는 성공한 적이 없다'[8]고 단언한 것도 제재가 외교를 대체할 수 없다는 주장에 힘을 실어주는 것이다.

제재가 연계된 강압외교coercive diplomacy 또한 마찬가지이다. 안전보장과 강압외교 연구의 선구적 학자였던 스탠퍼드의 정치학자 알렉산더 조지Alexander L. George에 따르면, "강압외교란 상대방이 따르지 않을 수 없을 만큼 불이행 시에 감수해야하는 처벌이 충분히 힘이 있고 믿을 만한 것이라는 위협을 통해 요구사항을 실현하게 하는 것"이다. 이것은 쿠바 미사일 위기(1962) 등에 대한 연구의 결과이기도 하다. 그러나 강압외교는 서방세계가 기대하는 대로 반응하리라 예상할 수 있는 상대에 한해서만 효과가 있는 전략이라는 한계가 있다. 이런 측면에서, 예를 들어 북한은 적용하기 어려운 상대일 수 있다. 허드슨연구원Hudson Institute의 아시아·태평양 석좌 크로닌Patrick Cronin과 브랜다이스Brandeis

대의 정치학자 로버트 아트Robert Art는 1990년대 동안 강압외교가 성공보다는 더 많은 실패를 경험했다는 연구결과를 발표한 바 있다.[9] 특히 북한에 대한 강압외교는 이러한 실패의 대표적인 사례 중 하나였다. 1990년대와 2000년대 초 약 12년 동안 강압외교에서 정책 목표를 달성한 경우는 약 20%에 불과했다. 무엇보다도 강압외교가 장기간 지속되기 극히 어렵다는 점이 강압외교가 가진 도전요인이라는 것이 아트와 크로닌이 도출한 연구의 교훈이었다.

역사가 말하는 국제관계 101(입문)은 국가 간의 관계는 선교宣敎가 아니라 외교外交라는 것, 윤리가 아니라 실리가 우선이라는 것이다. 외교적 프로토콜protocol(의례)은 국가이익을 수월하게 쟁취하기 위한 우아한 수단일 뿐이다. 17세기 전형적인 영국 외교관 워튼Henry Wooten은 당시 황금의 자유도시라 불리던 신성로마제국의 아우크스부르크 Augsburg로 파견된 자신의 외교임무를 설명하며, '외교관(대사)은 자국의 이익을 위해 거짓말하도록 파견된 정직한 신사'라고 말한 바 있다. 외교관은 자신의 명예보다 국가의 이익을 앞세워야 한다는 원칙이다. 학자에 따라 외교관은 자신이 어떤 것에 관해 말하는지를 반드시 이해할 필요는 없다는 견해를 갖기도 한다. 국가 전략과 정부 정책에 의해 부과된 임무가 외교관의 이해관계나 판단보다 상위에 있다는 것을 강조하는 것이다. 보수학계에서 한국의 키신저로 평가되기도 하는 자유주의자 김경원은 '외교정책은 본질적으로 역사관의 문제이지, 외교기술이나 방법의 문제가 아니다'라고도 하였다.

미국의 인도·태평양 전략으로 전략적 위상과 경제적 지위가 최고조로 상승하고 있는 인도는 자신의 독립을 한 국가의 승리가 아니라 보편적 도덕원칙의 승리라고 생각한 적이 있다. 그러한 인도의 정치지도자 네루도 "어떤 정책을 세우든 한 국가의 외교문제를 처리하는 기술은 국가에 가장 이로운 것을 찾아내는 것"이라고 정의한 바 있다. 그 인도의 이익은 네루와 저우언라이周恩來가 합의한 중국과 인도의 외교원칙인 평화공존 5원칙에 반영되었다. 이러한 의미에서 인도의 평화외교는 국가이익과 주권적 다극질서인 베스트팔렌 모델을 보다 고결하게 요약한 것에 불과하다고 평가하기도 한다.

30년 전쟁(종교전쟁)의 결과로 수립된 근대적 국제체제를 베스트팔렌 체제라 부른다. 근대적 의미의 외교가 시작되는 지점이다. 현대 국제체제의 근원을 이루는 이 체제는 주권국가들의 동등한 관계를 전제로 하고 이 관계에 관한 법적 표현태를 국제법이라 부른다. 주권국가와 그 관계를 규정하는 국제법은 국제체제의 두 기둥이라 할 수 있다. 신성로마제국과 가톨릭의 보편세계가 균형의 세계, 즉 주권국가들의 관계체계로 이행한 것이다. 따라서 근대적 의미의 외교는 국가의 동등성(주권국가)을 전제로 한다. 유럽의 군주들이 전하殿下Your Highness에서 폐하Your Majesty로 바뀌면서 비로소 외교가 시작되었다. 이런 의미에서 우리의 외교는 조선이 주권을 가진 대한제국으로 변모하면서, 군주가 전하에서 폐하로 칭제건원稱帝乾元 하면서 시작되었다. 동아시아에서 중화질서가 작동하는 중국의 보편세계가 해체된 것은 한반도에는 '외교의 순간'이었다. 동아시아에도 보편성에서 균형으로의 이행 가능성이 열렸던 것이다.

성공적 외교정책을 위해서는 장기 전략 개념을 수립하는 것이 필요한데, 이를 위해서 "사회의 현실과 열망, 가능성과 도덕성 간의 간극을 메우면서 가능성의 경계선 안에서 행동함과 동시에, 반복적 일상에 의한 인식 행동상의 정체停滯를 돌파하기 위한 대담성을 발휘할 필요"가 있다는 키신저의 연륜 깊은 충고 또한 귀담아 둘 필요가 있다. 키신저의 외교적 지혜는 냉전의 한복판에서 데탕트를 일궈낸 현실정치적 경험의 축적물이다. 그에 따르면 외교는 베스트팔렌 체제의 산물이자 세력균형의 산물이다. 만약 국가이익을 위한 균형 행위가 빠진다면 외교는 조공의례일 뿐이다.

외교와 통상이 동일시되던 시대이자 외교정책이 곧 통상정책이던 시대는 가고, 외교 본래의 정치적 의미가 깊어진 시대로 진입하고 있다. 그런 의미에서 대사 등 고위외교관은 외교직 공무원이라기보다는 정치가여야 한다. 궐위의 시대에는 더욱 그러하다. 세기적 전환기에는 기능적인 외교 프로토콜이 아니라 역사 인식과 지정학적 통찰력, 그리고 이를 기반으로 국가이익을 실현할 수 있는 정치적 역량이 더욱 요구된다. 과거 세계사적 대전환을 초래한 냉전을 해체한 것은 외교가 아니라 정치였다. 그러한 의미에서 외교는 역사와 지정학의 포로이고 정치적 기술이다.

반 즈네프Arnold van Gennep가 창안하여 문학비평에서 자주 사용되는 개념인 통과의례Les Rites de Passage는 비단 개인에게만 적용되는 것은 아니다. 이 개념에 따르면 새로운 단계로 진입하려는 입문자는 세 단계를 거쳐야 한다. 1단계는 분리(혁신)인데, 과거로 상징되는 익숙한 세계와의 의도적 단절을 말하며 세례의 의미를 지닌다. 두 번째는 전이 단계로, 낡은 자아의 소멸을 의미하며 이를 거쳐 마지막 3단계인 통합으로 나아간다. 국가 또한 그러한 통과의례를 거쳐야 한다. 한반도에서 남과 북의 관계와 한국의 외교관계도 그러해야 할 것인데, 이러한 통과의례는 즈네프가 말한 대로 홀로 감내해야 하는 고독한 과정이다.

현재 유럽인들은 특히 유럽에서 역사적으로 동맹의 지리학이 지속적으로 변하고 동맹의 지도는 끊임없이 다시 그려져 왔다는 것을 어느 때보다 반추할 필요가 있는 시점에 서 있다. 오늘날 유럽은 2050년 미국과 중국 중 누가 일인자가 될 것인가에 진실한 관심이 있고 둘 사이에 끼이고 싶어 하지 않는다. 유럽의 이러한 메시지는 단순히 실용적이거나 이해관계에 의한 것만은 아니다. 이러한 움직임은 멀리는 두 번째 세계전쟁이 끝나고 하나의 유럽을 구상한 장 모네의 메시지인 '미국으로부터 독자적인 유럽'에서 회고할 수 있지만, 가깝게는 일극체제가 정점에 오른 시점인 2003년경에 이미 감지되기 시작하였다. 당시 미국의 이라크 전쟁 개전과 이에 대한 유럽 주요 국가들의 지지에 반발하여 유럽 사회가 보인 반응에 압축적으로 드러나 있다.

2003년 1월 유럽 8개국 정상들이 이라크 전쟁을 지지하며 미국과 유럽의 단결을 호소했을 때, 이에 저항하여 수백만의 유럽인들이 거리로 쏟아져 나왔고 위르겐 하버마스Jürgen Habermas, 자크 데리다Jacques Derrida, 움베르코 에코Umberto Eco 등의 유럽의 지성인들은 미국의 철학자 리처드 로티Richard Rorty와 함께 이라크 전쟁에 반대하며 미국으로부터 유럽 정치의 독립을 주장하는 글을 신문과 저널에 일제히 게재하였다. 오늘날 유럽 사회는 제재에 동참하며 러시아의 우크라이나 침공을 한 목소리로 규탄하지만 미국을 위해 유럽을 깰 의사는 없는 것으로 보인다.

2023년 3월 오스트리아 외교장관 알렉산더 샬렌베르크Alexander Schallenberg가 미국 재무부 해외자산통제국으로부터 오스트리아의 2위 은행 라이프아이젠Raiffeisen의 러시아 관련 세부사항에 대해 밝힐 것을 요구하는 공문을 받고 "러시아가 더 이상 존재하지 않고 모든 분야에서 관계를 끊을 수 있다고 생각하는 것은 망상"이며 "러시아는 우리의 가장 큰 이웃으로 계속 남아 있을 것"이라고 항변한 것은 대표적인 사례다. 2020년 8월 트럼프 정부의 에스퍼Mark Esper 국방장관도 "유럽에서 미군의 규모와 구성, 배치 등은 역사적으로 여러 번 변경하였고, 우리는 동맹사의 새로운 변곡점에 있다"고 미국의 동맹변환 가능성을 시사한 바 있다. 이러한 모든 언술과 행위가 외교이다.

| 아시아, 지정학적 불의 고리

아시아는 지정학적으로 지각 활동이 아직 끝나지 않은 대륙이다. 사할린과 쿠릴열도에서 한반도를 지나 동중국해의 타이완과 센가쿠(댜오위다오), 남중국해의 난사군도, 시사군도, 히말라야의 카쉬미르와 펀자브에 이르기까지 지정학적 불의 고리를 형성하고 있다. 유럽은 우크라이나 전쟁이 발발하기 전까지 지정학적으로 안정기의 대륙이었다. 지정학적 불의 고리인 아시아 역시 동맹 지리의 변환 가능성을 배제할 수 없다. 이러한 가능성을 예측하기 위해서 지난 세기의 역사를 반추해 볼 필요가 있다.

백여 년 전 유럽이 스탈린의 소련이 두려워 독일의 재무장을 허용해 준 결과가 히틀러의 독일을 만들었다는 평가가 있다. 시진핑의 중국이나 푸틴의 러시아의 패권적 행동에 대해서는 견제해야겠지만, 오늘날 중국의 패권 부상이 두려워 미국이 일본의 재무장을 허용한다면 아베의 일본(군국주의 일본)을 만들 수도 있다는 주장이 기각되어야 할 가정만은 아니다. 19세기 말 영국과 미국이 극동에서 러시아를 저지하기 위해 일본의 팽창을 허용한 결과가 한반도와 만주에 대한 일제의 식민지 정복이었고 중·일전쟁과 태평양전쟁으로 이어졌다는 것이 역사의 기록이다.

당시 영국과 미국의 정책결정자들에게는 자국의 전략적 이익에 따라 러시아나 중국을 견제하기 위해 독일과 일본의 재무장과 팽창을 허용한 것은 매우 합리적인 것으로 보였을 것이지만 그 결과는 파멸적이었다. 미·일동맹은 중국의 패권을 견제하는 기능뿐 아니라 일본의 모험주의를 억누르는 역할도 있다. 그러나 두 차례의 영·일동맹이 말해주듯이 영국도 동맹인 군국주의 일본의 군사적 야심을 예방하지는 못하였다.

우리와 일본과의 관계에서 핵심 쟁점인 위안부 문제는 특별히 상기할 필요가 있다. 이 문제는 우리 민족만의 문제가 아니라 인류를 위한 한 걸음이기 때문이다. 이를 기억하지 않는다면 또다시 이러한 비극이 재현될 것인데, 과거 히틀러가 유대인과 폴란드인의 학살을 결정하면서 "오늘날 아르메니아 학살(1915)을 기억하는 사람이 누가 있겠는가"[10]라고 한 것을 일본은 반면교사로 성찰해야 한다.

일본의 아베 총리는 "전쟁과 아무 상관 없는 아이들과 후손, 그리고 그 다음 세대에게 계속 사죄의 숙명을 짊어지게 해서는 안 된다"는 담화(2015)를 발표한 적이 있다. 이러한 몰역사성은 독일의 사례와 극명하게 대조된다. 2019년 12월, 폴란드 아우슈비츠의 죽음의 벽 앞에서 독일의 메르켈 총리가 "범죄에 대한 기억은 끝나지 않은 우리의 책임이고, 책임을 인식하는 것은 국가(독일) 정체성의 일부"라고 성찰한 것은 국가와 정치지도자의 품격을 말해준다.

인류와 역사에 대한 책임 앞에서 일본은 스스로를 사면하였다. 오늘날 일본이 표출하고 있는 대외적 불만의 근원은 일본의 패전의 대가가 너무 쌌기 때문이다. 분할점령과 영토축소 등의 가혹한 대가를 치룬 독일에 비해 미군정과 샌프란시스코 강화회의(1951)로 모든 것이 사면된 일본은 역설적으로 면죄의식이 내재된 피해의식이 영토분쟁 등으로 과대하게 표출되고 있다.

19세기 유럽이 무력을 앞세워 들어오기 전까지, 그리고 20세기 초 일본이 동일한 방식으로 대동아大東亞에 들어오기 전까지 아시아의 바다는 비교적 평화로웠다. 토마스 홉스가 절망한 대로, 오랫동안 '만인의 투쟁상태', 곧 전쟁상태를 소여된 자연상태로서 경험한 유럽과는 달리 (동)아시아는 비록 중화질서라는 제국적 평화의 한계에도 불구하고 홉스적 자연상태를 경험하지 않았다. 이러한 아시아에도 19세기 유럽적 국제질서가 이식되면서 오늘날과 같은 이념적이고 지정학적인 갈등과 분쟁 양상이 발현하게 되었다.

독일 훔볼트대의 정치철학자 뮌클러Herfried Münkler나 지전략가 geostrategist G. 프리드먼을 참고하면, 유럽반도와 러시아를 포함한 유럽본토(유럽대륙)에는 발틱삼국에서 우크라이나에 이르는 경계선과 폴란드에서 불가리아에 이르는 문화적 지정학적 경계선이 중첩되어 있다. 전자의 경계선은 제정러시아와 소련을 유럽반도와 구분하는 지정학적 경계선이고, 후자는 슬라브세계와 기독교정교회Orthodox, 비잔틴문명(동로마세계)을 서유럽에서 갈라내는 문화적인 경계선이자 민주주의와 권위주의로 유럽을 가르는 이념적 경계선이기도 하다.

유럽을 가르는 이 두 겹의 경계선은 과거 냉전시대에 유럽의 대분단선이었다. 반도유럽(서유럽West)이 러시아를 두려워하는 이유는 문화적 이질성과 영토의 광대성뿐 아니라 유럽반도가 분열되어 있는 반면에 러시아는 통일체라는 지정학적 실체와 유럽반도에 비해 내부적 동질성이 높다는 문화적 배경 때문이기도 하다. 이러한 유럽의 상황은 중국과 동아시아 국가 간의 양상에도 적용된다. 반도유럽의 국가들처럼 동아시아의 국가들이 중국을 두려워하는 이유는 중국의 호전성 때문이 아니라, 러시아의 경우처럼 거대한 대륙의 통일체가 보유한 문화적 동질성과 지정학적 실체에 대한 경계다. 중국은 동아시아 국가들의 이러한 지정학적이고 지문화적인 우려를 헤아려야 한다.

중국은 시진핑이 주장한 백년의 대변국을 승리로 이끌기를 희망한다면 위험보다는 기회를 선택해야 한다. 무엇보다도 인도와 한국을 포용할 필요가 있다. 한국과 중국은 수교 이래로 사드THAAD문제 이전까지 약 삼십여 년 동안 높은 수준의 전략동반자관계를 유지해 왔다. 인도와 중국의 전략적 협력의 성공 사례로는 2000년대 초중반에 러시아의 주도 아래 활성화된 적 있는 러시아-인도-중국 전략적 삼각협력관계RIC grand triangle가 있다.

그러나 중국은 현재 인도와 한국에 있어서 '관계의 상실'을 경험하고 있다. 특히, 한국과 중국은 사드의 저주에서 완전히 풀려나지 못하고 있다. 이로 인해 한국과 중국은 지난 삼십여 년 동안 힘들여 쌓아온 상호 소프트파워의 자산을 몇 년 만에 거의 소진하고 있는 것 같다. 중국이 우려하고 경고한 사드배치를 한국이 강행한 것은 사실이지만, 중국이 이에 대응하여 강행한 제재가 정당하려면 한국의 사드배치 결정이 국제법을 위반하거나 유엔안보리 제재 대상인 경우에 해당해야 하는데, 사드배치는 안보딜레마를 부른 정치적 사건이지만 국제법 위반은 아니기 때문이다. 더욱 우려스러운 것은 이제 사드의 저주에서 신냉전의 마법으로 양국관계가 다시 묶여가는 것은 아닌가 하는 것이다. 무엇보다도 중국은 주변국에게 자신의 글로벌 거버넌스가 미국의 거버넌스보다 유익하다는 점을 보여줘야 한다.

덧붙이면, 분단 한반도는 동아시아의 두 겹의 경계선이 중첩된 지역이다. 과거 중화의 세력권이자 냉전시대 두 진영의 분단선, 그리고 현재는 유라시아 대륙세력과 인도태평양 해양세력 간의 지정학적 경쟁과 권위주의 대 민주주의의 갈등선이 겹쳐진 지역으로, 일반적으로 이러한 경계선 지역은 불안정성이 매우 높다. 역사에서 경계선 지역이 전쟁의 발화점이었기 때문이다. 경계선 지역은 국가 간의 갈등과 문화적 충돌뿐 아니라 일상의 삶의 방식 또한 불안정하다. 유럽에서 이 경계선 지역은 밀수와 불법이주, 인신매매 등을 특징으로 한다. 탈북민의 경우도 자유와 인권 등 이념적인 동기 뿐 아니라 경계선 지역의 일상적인 생활방식이 작동한 결과이기도 하다.

경계선 지역은 전쟁의 땅이기도 하다. 유럽의 발칸과 중동 지역이 대표적이고, 한반도도 그러한 땅이 될 수도 있다. 갈등의 치열성과 지속성, 그리고 반복성은 경계 지역에서 벗어나야 종식될 수 있다. 프리드먼의 지적처럼 '경계선 지역은 두려운 곳인데, 경계선이 중첩된 지역은 훨씬 더 무서운 곳'이다.[11] 다만, 경계선에 선 민족의 이점利點은 서로 다른 두 가지의 네트워크를 만들 수 있다는 것이다. 기존의 것에 끊임없는 새로운 해석을 통해 사물에 새로운 의미를 부여하면서 새로운 길을 지향할 수 있다. 혹자는 유대인의 창의성을 이러한 경계선에 선 민족의 장점으로 해석하기도 한다.

경계선의 위험성을 고려하면 교량국가론은 비현실적이고 불행하기까지 하다. 교량국가의 성공모델은 세계가 평화로운 시대, 번영의 시대일 때 국한될 수 있다. 전통적으로 교량국가의 역할을 자임하는 나라들은 모두 전략적으로 불안정한 상황에 처하곤 했다. 이와 유사하게 역사에서 문명의 교차로(문명적 교량)는 대부분 식민지 쟁탈이나 패권전쟁의 소용돌이에 휩쓸렸다. 그 국가들은 강대국들이 밟고 지나가는 침략의 경로가 되거나 식민지가 되었다. 교량국가 또는 문명의 교차로는 역사적으로 강대국의 각축장이나 전쟁의 교차로로 전락한 것이 역사의 전철前轍이다. 굳이 택한다면 교량국가가 아니라 교량을 세우는 국가bridge builder가 되어야 한다. 한반도의 통합과 동아시아 5국체제의 형성으로 그 역할을 담당할 수 있을 것이다. 유럽과 동아시아의 경계선 양상에서 도출할 수 있는 사실은 지정학적 현실은 변하지 않는다는 것이다. 이러한 경계선 지역에서 생존하고 번영해야 하는 이중의 과제는 지정학적 현실의 평화적인 관리와 궁극적으로는 한반도의 통합을 통해 달성할 수 있을 것이다. 경계선에서 벗어나야하는 것이다.

과거 대항해시대와 식민지 쟁탈시기에 "유럽과 마주친 모든 사람들은 자신의 미래를 스스로 개척할 힘을 잃었다"고 프리드먼은 말한 바 있다. 중국과 한반도도 이러한 길을 걸었고 세계 대다수의 민족들이 식민지로 전락하였다. 식민의 시대, 현실정치realpolitk가 작동 원리인 현실주의 세계에서는 인간은 가해자 아니면 피해자 일뿐이며 선택하라면 가해자가 되는 편이 낫다는 프리드먼의 주장과는 달리, 고뇌하는 카뮈 Albert Camus가 말한 가해자도 피해자도 되고 싶지 않다는 자유주의적 이상과 가치로 향하려면 한반도의 평화적인 관리와 통합이 더욱 적합한 길이다.[12] 지정학적 현실은 변하지 않지만 그 메커니즘은 바꿀 수 있다.

유럽의 근본문제가 독일과 러시아, 그리고 독일과 프랑스의 관계라는 점은 오늘날까지 유효한 질문이다. 역사에서 유럽의 전면전 가능성은 이들 국가 간의 관계에서 결정되었고 미래에도 그러할 것이다. 앞선 장에서 언급했듯이 탈냉전기의 지정학적 특징이 차가운 평화cold peace로 인식되고 소련의 해체가 20세기 지정학적 재앙으로 각인된다면 유럽의 지정학적 현실은 암울할 것이다. 이러한 지정학적 불행이 심화될 경우, 독일의 다음 세대가 현세대처럼 역사를 성찰적으로 사고하리란 보장은 없을 것이다. 일본의 아베 세대처럼 독일인들의 전쟁 가해의식과 역사적 책임성이 사라진다면 독일문제가 유럽의 역사에 다시 등장할 것이다.

동아시아의 근본문제는 중국과 일본, 그리고 한국과 일본의 관계이다. 동아시아 역사에서 전면전의 가능성은 한·중·일 세 나라의 관계에서 결정되었고 앞으로도 그러할 것이다. 이에 러시아와 역외 이해상관국인 미국이 더해지면 그 경우의 수는 더욱 늘어날 것이다. 일본의 다음 세대에서 전쟁 가해의식이 사라지면 전쟁의 가능성이 드러날 수 있다. 그러할 경우 지난 130여 년 동안 동아시아에서 국제전쟁을 네 번 일으킨 국가이자 전범국이라는 정체성을 지닌 일본이 다시 한번 군국주의적 야망과 강대국 열망을 추구하는 일본문제Japanese Question가 동아시아 국가들 앞에 재등장할 것이다. 역사교과서의 극우화 경향은 이러한 가능성을 한층 앞당길 것이다. 동아시아 삼국 및 이해상관국들이 서로 충돌한다면 불과 몇십 년 전 유럽에서 아름다운 지중해가 전쟁의 바다로 변했듯이, 동아시아 평화의 바다Pacific도 전쟁의 바다가 될 것이다.

| '조선책략'이라는 흑서黑書: 전략적 묵상의 시간

위에서 서술한 지정학적 현실에서 그 구조와 메커니즘을 바꾸기 위해서는 한국의 대전략이 필요하다. 이 대전략은 21세기 '조선책략'이 되어서는 안 된다. 잘 알려진 바대로, 1880년 청나라 직예총독直隸總督 겸 북양대신北洋通商大臣 리훙장李鴻章이 일본주재 중국공사관 참사 황준셴黃遵憲(황준헌)에 명하여 조선의 외교전략을 집필하여 전수한 것이 《조선책략私擬朝鮮策略》이다.

당시 신장新疆 지역 문제로 러시아와 분쟁(일리伊犁사건,1871-81) 중이었던 청국은 조선의 종주국으로서 조선책략을 내렸다. 《조선책략》은 1880년대 청국이 러시아를 고립시키려는 전략으로 '친親중국', '결結일본', '연聯미국'하여 러시아에 대항하는 전략이었다. 그러나 10여 년 후 청국의 전략적 이익을 수호한 것은 러시아였다. 이 책략은 당시 중국의 대對러시아 전략이자 중국 외교정책의 일환이었다.

따라서 책의 본질은 조선의 책략이라기보다는 중국의 책략이었다. 그 결과는 청 외교의 파탄이었고 한반도의 식민지화였다. 두 차례의 전쟁—청·일전쟁(1894)과 중·일전쟁(1937)—으로 중국을 침략하고 식민지화한 것은 러시아가 아니라 일본이었고, 역설적으로 이에 대항하여 중국이 군사동맹을 요청한 상대는 러시아였다(러·청동맹, 1896). 이 과정에서 일본의 제국주의 정책을 지원한 것은 영국(두 차례의 영일동맹)과 더불어 미국(태프트-카쓰라 밀약)이었다. 오늘날 중국과 러시아에 반목하는 전략을 우리에게 권하는 국가가 있다면 19세기 말의 전략적 딜레마를 반복할 수 있는 21세기 '한국책략'을 강요하는 셈이다.

우리는 미국과 중국 사이에서 살아남기 위해 줄타기하는 것이 아니다. 평화와 번영뿐 아니라 한 단계 높은 곳으로 오르기 위해 교린交隣해야 하는 것이다. 19세기 메이지 일본은 당시 세계 선두에 있던 영국과 독일을 전형으로 강대국 반열에 올랐다. 미국은 영국을 전형으로, 그리고 영국은 스스로 고백했듯이 네덜란드를 좇아 제국이 되었다. 오늘날 중국도 미국과 일본을 좇아 G2의 반열에 올랐다. 우리는 여전히 미국과 중국 그리고 일본까지도 좇아야 한다. 어느 국가를 선택하거나 경시할 때가 아니다. 또한 어떠한 선택을 강요받는 상황에서는 올라서기 어렵고, 과거 어느 강대국도 그러한 상황에서 최고의 단계로 진입한 적이 없다. 특히 일본 관계는 무시나 회피, 배제냐 동맹이냐의 문제가 아니라 정책적 우선순위의 문제일 뿐이다.

궁극적으로 한국은 한반도 통합을 통해 동아시아의 5강 체제에 들어가야 한다. 키신저가 정리했듯이, 19세기 메테르니히와 비스마르크에 이르는 유럽협조체제의 백 년의 평화는 유럽의 다섯 강대국의 균형관계로 이루어졌고, 다섯 국가 간의 균형은 세력균형에서 가장 이상적인 체제일 수 있다. 이 체제에서 우리는 키신저의 권고대로 전략적으로 유리한 다수의 균형, 다수의 연합에 속할 수 있을 것이다. 이를 통해 우리의 전략적 딜레마가 안정적으로 해소될 것으로 기대할 수 있다.

미국 또한 동아시아 국가들에 미·중 사이에서 선택을 요구하는 것은 아시아 동맹국들로 하여금 곤경에 처하게 할 수 있다는 사실을 헤아려야 한다. 미국에 호의적인 아시아 국가들 대부분은 중소국가들이다. 강대국이란 국가이익을 침해받았을 때 행동할 수 있는 국가를 의미하는데, 약소국과 다르게 강대국의 국가이익에는 국가의 위신과 영예도 포함된다. 대외적으로 천명하는 것에 비해 정책 일관성을 유지하는 강대국은 드물다. 강대국은 그럴 이유가 없기 때문이다. 이러한 견지에서 강대국의 비일관성이 문제가 아니라 이를 일관되게 믿는 약소국이 문제라는 주장도 있으나, 결국엔 강대국의 일관된 신뢰성은 약소국의 불확실성을 제거해 주는 정책적 보장과 같다.

동아시아 국가들은 경제는 차치하고서라도, 역사와 지정학적으로 중국과 단절하거나 대립하는 것으로는 생존과 안정을 보장하기 어렵다. 평화와 번영을 위해서는 더욱 그러하다. 싱가포르 외무장관 마부바니 Kishore Mahbubani의 고백처럼 '중국과 천 년 이상을 함께해 왔고, 앞으로도 천년을 그렇게 살아갈 운명'이라는 것을 동아시아 국가들은 잘 알고 있다. 천안문사건(1989) 당시 주중대사이자 클린턴 정부에서 동아태차관보를 역임한 윈스턴 로드Winston Lord가 "미국이 동맹국들에게 미국의 안보장막security blanket과 중국의 경제적 이익 중에서 선택하길 강요해서는 안 된다"고 말한 것을 반추할 필요가 있다. 그러한 행위가 "동맹국들이 모호함 속에서 미국에 더 친화적으로 행동할 수 있는 여지를 없앨 수 있고, 동맹국들이 이를 선택하기도 어렵다"는 충고였다.[13]

《어떻게 민주주의는 무너지는가How Democracies Die》로 우리에게 친숙한 하버드의 정치학자 대니엘 지블렛Daniel Ziblatt이 강조한 대로, "네가 이기면 내가 지고, 내가 이기면 네가 지는 것"이라는 제로섬게임을 지양하는 것이 민주주의를 지키는 것이듯이, 국가 간의 관계에서도 국제사회에서 민주주의가 작동하려면 위의 명제가 적용되어야 할 것이다. 마이클 왈저의 주장을 응용하면, "서로 다른 가치들이 다양한 기준에 따라 분배되는 사회", "나라마다 다양한 공동체가 있고 그에 기초한 여러 가지 정의가 있음"을 주장하는 복합평등론은 국제사회에도 적용되어야 하지 않을까? 여러 공동체의 여러 가지 가치와 관습들에 대한 존중을 말하는 것이다.

마녀사냥이 정점에 오른 것은 중세 암흑기가 아니라 인문학과 과학기술이 발달한 르네상스의 16세기였다. 당시 5만 명이 화형대에 올랐다. 21세기와 16세기의 공통점은 혐오와 마녀사냥, 포퓰리즘이 횡행하는 것일 수도 있다. 민주주의의 위기와 중국위협론이 이에 수반되었고 푸틴의 악마화 경향도 이의 부산물이다. 우크라이나 전쟁을 도발한 독재자의 형상으로 익숙하지만, 푸틴을 악마화하면 푸틴은 악마가 되어갈 것이다.

조지프 나이는 새로 발간한 《미국의 세기에서의 생애A Life in the American Century(2024)》를 주제로 한 기념 대담에서 동맹문제에 대해 언급한 바 있다.[14] 2024년 2월, "나토가 동맹의 의무(방위비 분담)를 다하지 않는다면 러시아의 자유로운 안보 행동을 존중할 것"이라는 취지의 트럼프의 발언을 비판하면서 J. 나이는 동맹의 신뢰문제를 강조하였다. 그는 아시아의 동맹 지형을 논하면서 중국과 러시아, 북한 간의 동맹관계보다 한국과 미국, 일본과 호주를 잇는 동맹관계가 훨씬 강력하다고 평가하였다.

나이의 단언대로, 미국이 주도하는 인도·태평양 지역의 동맹 네트워크는 대륙의 동맹관계보다 강력하고 미국은 중국을 관리할 수 있으며, 아시아의 지정학적 안정성 유지에 중요한 수단이다. 그의 말대로 오히려 문제는 미국의 국내정치다. 전통적 보수주의가 아니라 고립적 포퓰리즘에 기반한 국수주의적 보수주의는 미국 사회에 치명적이라는 것이 나이의 경고이다.

따라서 오늘날 인·태지역과 아시아에 필요한 것은 동맹의 확장은 아니다. 오바마 정부에 이어 트럼프 정부에서 제도화된 미국의 인도·태평양 동맹 네트워크는 아시아 국가들로 결성된 쿼드QUAD와 대서양국가들이 결합한 오커스AUKUS로 확장되었고, 프랑스도 한 때 이에 결합을 모색한 바 있다. 이미 아시아와 인도·태평양의 동맹은 안정적이고 여전히 강력하다.

백여 년 전, 미국의 언론인 클라렌스 스트레이트Clarence Kirschman Streit는 히틀러와의 뮌헨회담(1938) 직후에 쓴 《즉각적인 연합Union Now(1939)》에서 대서양세계 15개 민주주의 국가들이 독일과 이탈리아 등의 추축국Axis Powers에 대항하여 하나로 단결해야 한다고 주장하였다. 미국과 영국, 호주로 이어지는 민주주의 연합, 대서양 자유연방의 구상이었는데, 이를 계기로 대서양세계 혹은 유럽의 연방적 통합이 나치 팽창의 방벽이 될 수 있다는 주장이었다.

이 구상의 목표는 독일의 고립이었다. 전후 나토NATO는 이러한 구상의 연장선에 있는 것이라 할 수 있다. 그러나 오늘날 나토의 확장이 유럽의 안보를 확장시켜줄 것이라 확신했겠지만, 그리고 대서양 자유연합이라는 이 거대한 유럽동맹이 파시즘에 대항한 구상이었다는 점에서는 긍정적 일 수 있었지만 이러한 유형의 대동맹체가 제1차대전에서 처럼 동맹국들의 연쇄반응을 야기하여 오히려 두 국가의 전쟁이나 국지전을 유럽의 전쟁, 나아가 세계전쟁으로 끌고 들어갈 수 있다는 사실은 유럽 정치인들은 알아채지 못한 것일까?

중국으로 하여금 중국의 고립 또는 포위라는 우려를 야기하는 쿼드나 오커스 등의 확장, 그리고 인도·태평양 자유연합일 수도 있는 동맹 네트워크의 확장은 인도·태평양 세계와 아시아의 안보를 확장시켜 줄 것인가? 제임스 맥콘빌James C. McConville 미국 육군참모총장은 일본·한국·호주·뉴질랜드·필리핀 등과의 강력한 파트너십으로 중국의 제1도련선island chain에 대응할 것이라 말한 바 있다. 중국에 대한 전략적 대응인 인·태전략은 해양에서의 충돌을 가정하고 있다. 남중국해와 동중국해 등의 바다에서의 군사적 경쟁은 섬들을 중심으로 전개될 것이나, 그 충돌과 경쟁의 최전선은 한반도일 것이다. 한국은 동맹의 확장에 기여하기보다는 전략적 유보strategic reservation 또는 전략적 묵상strategic recueillement의 시간이 필요하다.

| 피해야 할 상상들: 핀란드화, 발칸화, 그리고 아프간화

자유주의 국제질서LIO가 중요하고 미국의 역할에 동참해야 할 경우에 우리는 더 많은 번영을 미국에 요구해야 한다. 왜냐하면 미국의 자유주의 국제질서 유지전략은 동맹국이나 세계를 위하기보다는 이전보다 더욱 국내지향적인 것이 되고 있기 때문이다. 중국은 130여 개국의 1위 무역파트너이고, 미국은 60여개 국가의 1위 무역파트너이자 60여 국가와 군사적 동맹관계라는 사실들을 말하는 것은 이미 진부한 일이다. 오늘날 세계 정세는 단지 자유주의 질서의 쇠퇴와 신냉전 등이 아니라 19세기적 현상(세력균형과 세력권)과 20세기적 현상이 중첩적으로 발현되고 있다는 것이다. 따라서 아이켄베리의 희망대로 자유주의 국제질서LIO의 복원만으로 해결될 문제가 아니다.

자유주의 국제질서를 옹호하는 윌슨주의자들의 착각일 수도 있는 사실은 세계전쟁 이후 유럽의 장기 평화long peace가 미국이 주도하는 자유주의 질서LIO의 덕이자 효능이라는 주장이다. 부분적으로 타당한 주장이다. 그러나 이러한 평화적 결과는 두 차례의 세계전쟁으로 폐허를 경험하여 무기력하고 거세된 강대국들의 타협의 산물이기도 하다. 유럽의 강대국들은 공포스러운 대공습과 대학살, 세계전쟁의 가공할 만한 재앙에 항복한 것이다. 전쟁으로 파산한 유럽은 재정적으로도 세력균형을 유지하기 어려웠다. 자유주의 질서LIO가 아니라 전쟁이 가져온 의도치 않은 결과였다. 이제 그들이 다시 힘을 회복하면 자신들의 지분을 다시 요구할 것이다. 유럽과 아시아에서 강대국들이 귀환하고 있다. 긴 평화의 끝이 세력권의 부활이 되지 않기를 바랄 뿐이다. 한국전쟁 정전 이후 70년의 평화 역시 그러하다.

한반도는 최후의 냉전지라는 담론에서도 벗어날 필요가 있다. 그 담론이 내포한 의미와 정서에는 충분히 공감하지만, 현재 한반도의 정치적 현실을 적절히 설명하기 어려운 말이다. 한반도 냉전은 글로벌 차원의 냉전 종식과 함께 종식되었다. 냉전을 구성하는 여러 요소들—세계적 차원의 진영 대립과 봉쇄, 양극체제 등—이 소멸되고 그 구조가 해체되었다. 다만 냉전의 상흔이 분단의 형체로 존재할 뿐이다. 현재의 갈등 양상은 전형적인 적대적인 두 국가 간의 분쟁형태를 띠고 있다.

2024년 현재, 남한과 북한은 이념보다는 현실정치realpolitik의 세계에 있다. 더불어 흡수통일이라는 허구적 담론도 지양해야 한다. 그 대표적 사례로 흔히 제시하는 독일 재통합이 동독과 서독 양 정부 간에 연방통합조약을 체결하는 것으로 성사되었다는 사실을 새삼스레 다시 확인하는 것은 정치적 피로감fatigue이 적지 않은 일이다. 역사적으로 실지회복주의irredentism는 민족적 열정을 불러일으켰지만, 그에 따르는 희생도 컸다. 역사적으로 잃어버린 땅, 실지失地irredenta로 정의된 모든 영토는 군사적 병합으로 회복되었다. 흡수통일론은 이러한 군사적 실지회복주의로 이해될 소지가 있다.

흡수통일은 중국식 통일방식이라 할 수 있다. 하나의 중국의 원칙에서 대만은 흡수의 대상이고, 시진핑 정부도 부인하지 않았듯이 군사적 방식도 실지회복의 주요 수단이다. 독일의 통합은 냉전 해체라는 세계사적 전환의 산물이자 이해상관국(관련 강대국) 간의 합의를 전제로 한 역사적 결과물이었다. 흡수통일론이 실지회복주의를 지칭하는 것이라면 한국전쟁이 재발하거나 헌법에 명시된 평화통일을 포기하자는 의미로 해석될 수 있다. 흡수통일을 지향한다면 중국처럼 '하나의 한국'을 견지했어야 할지도 모른다. 노태우 정부의 남북한 유엔 동시가입(1991)

결정으로 흡수통일이라는 대안은 실질적으로de facto나 국제법적으로도 폐기된 것으로 보아야 한다.

역사학자 A. J. P. 테일러는 "사람들은 위험을 상상하면 곧 그 위험을 현실로 바꾼다"고 하였다. 20세기 초 발칸 민족주의의 실현과 이에 따른 오스트리아의 딜레마를 보면서 내린 판단이다[15]. 유럽이 제1차세계대전으로 가는 길에서 오스트리아-헝가리제국이 실체가 없는 세르비아의 야망이라는 위험을 상상하여 세르비아의 독립을 파괴하기 시작하였고, 이에 세르비아로 하여금 선택의 여지 없이 오스트리아-헝가리에 도전할 수밖에 없게 한 사실을 은유한 것이다. 이로써 첫 번째 세계전쟁의 문턱에 이르는 발칸의 위기가 시작되었다.

우리 역시 한반도와 동아시아에서 중국이나 북한의 위험 요인들을 충분히 회피hedging해야 할 것이지만 지나치게 상상해서는 안 된다. 무엇보다도 한반도가 그러한 상상의 대상이 되어서는 안 된다. 우리가 피해야 할 상상은 인접 강대국에 종속되는 핀란드화Finlandization나 나라가 강대국에 분할되어 없어지는 폴란드화Polandization 만은 아니다. 한반도가 상시적인 분쟁상태가 되고 동아시아의 화약고로 전락하는 발칸화Balkanization 뿐 아니라, 북한에 급변사태가 벌어져 상시적인 위기 지역으로 전락하는 아프간화도 막아야 한다.

유럽을 제1차세계대전으로 몰아간 발칸의 분쟁들, 그리고 냉전해체기에 동유럽을 내전—유고슬라비아 전쟁Yugoslav Wars(1991-2001, 보스니아와 코소보 전쟁 등)—으로 몰아간 발칸문제가 한반도에 재현되길 바라는가? 만약 한반도의 분단이 영속화되어 남과 북이 사실상 다른 민족으로 분열 대립하고 주변 강대국들이 자국의 이해관계로 이에 개입한다면 한반도의 발칸화 가능성을 배제할 수 없을 것이다. 또한 북한이 '실패한 국가failed state'로 전락하는 것도 막아야 한다. DMZ를 경계로 아프간과 유사한 정치적 실체와 접경하는 것이 대한민국에 이로운 것인가? 아프간이 아니라 베트남과 같은 국가와 접경하는 것이 더 이로울 것이다. 다시 말하면, 내전이 끊이지 않는 실패한 국가 아프간이 아니라 사회주의이긴 하나 개방적이고 발전하는 국가인 베트남 유형의 국가와 접경하는 것, 그리고 그러한 의미에서 북한이 그러한 체제가 되도록 지원하는 전략이 한반도의 미래에 가장 합리적인 선택rational choice일 것이다.

첨언하면, 다른 의미에서 "불가능한 것도 상상을 하면 지정학과 역사에서는 현실이 된다"는 역사의 상상력을 자극할 필요가 있다. 19세기 독일과 이탈리아의 통일, 그리고 발칸민족들의 독립은 모두 그러한 결과들이고, 20세기 독일의 재통합도 독일인들이 그러한 상상력의 끈을 놓지 않은 역사적 결과이다. 서독의 브란트 수상의 신념대로 "함께 속한 것은 함께 성장할 수 있다what belongs together could grow together". 이탈리아의 철학자 마키아벨리는 《군주론Il Principe》에서 '네체시타 necessita(불가피성)'에 대해서 말한 바 있다. 16세기 초입, 루이 12세의 프랑스가 에스파냐와 함께 나폴리왕국을 분할하기로 결정한 것을 비판하면서 불가피성이라는 개념을 사용하였다. 그에 따르면, 나폴리의 분할이 비난받아 마땅한 일이라는 것은 분할해야 할 어떤 불가피성도 없었기 때문이라는 것이다. 한반도의 분단도 마찬가지다. 미국이 소련과 함께 한반도를 분할한 것 또한 어떠한 불가피성도 없었다. 독일과는 다르게, 그러한 의미에서 재통합의 철학적 당위성이 있다.

| 핵nuclear weapon의 귀환, 핵삼극체제: 붉은 여왕의 핵 경쟁

오늘날 지정학의 귀환만큼 글로벌 위기global crises의 목록에 핵문제가 다시 올라가야 할 것이다. 프롤로그에서 이미 언급한 바와 같이 핵무기가 돌아오고 있다. 냉전 해체 과정에서 양대 핵 강대국 간에 일련의 전략핵 감축문제와 관련한 협상START들이 비교적 성공적으로 수행된 결과, 탈냉전기에는 파키스탄과 북한의 핵실험을 제외하면 비교적 글로벌 수준의 핵통제체제는 안정적으로 유지되어 왔다. 일극질서와 세계화 globalization도 핵군축문제가 세계정치의 중심에서 내려오게 하였다.

일극체제하 세계화 시대에 핵무기는 빛나는 이슈가 아니었다. 세계경제는 나날이 성장하고 대서양 세계는 번성 중이었다. 냉전시대 양극체제처럼 미국이 여타의 국가와 대등하게 협상할 이슈는 더 이상 없었다. 핵무기 또한 그러했다. 2009년 프라하에서 오바마 대통령이 핵무기 없는 세계라는 담대한 희망을 제시했을 때, 이제 핵무기는 박물관으로 가야 할 유물로 여겨졌다. 더욱이 글로벌 기후위기와 불평등 문제가 세계정치의 전면에 등장하자 핵군축·핵통제문제는 한층 더 글로벌 이슈에서 멀어지는 듯하였다.

핵무기를 역사의 무대로 다시 불러낸 것은 북한이나 이란이 아니었다. 미국과 중국의 헤게모니 경쟁과 그에 따른 중국의 핵 증강 프로그램이었다. 2021년 6월, 미국 정찰위성이 중국 간쑤성甘肅省 고비사막 인접 지역에서 119기의 대륙간 탄도미사일ICBM의 사일로silo(지하발사시설)로 추정되는 시설들이 건설되고 있는 것을 촬영하였고, 7월에는 신장 위구르 하미哈密Hami시의 남서쪽 100km 지점에 ICBM용 110기의 사일로가 건설 중인 것으로 추정되는 위성사진이 공개되었다. 2023년 12월에는 신장 위구르의 눕 누르Nop Nur에서 핵 실험장 재건을 위한 새로운 갱도 건설 정황이 위성사진에 포착되었다. 이곳은 1964년 중국이 최초의 핵 실험을 실행한 장소라는 상징성이 있다. 위성사진에 대해 카네기국제평화재단Carnegie Endowment for International Peace의 핵 전문가 통자오Tong Zhao는 중국의 핵 실험 재개 준비의 증거라고 분석하였다.[16]

2022년 제20차 중국공산당 전국대표대회(당대회)에서 시진핑 주석이 강조하였듯이, 핵 증강과 핵 억지력nuclear deterrence 문제는 강대국 헤게모니 경쟁이 치열해지고 있는 상황에서 미국과 러시아에 비해 핵전력이 열세에 있는 중국이 선택한 전략적 억제력 확보의 일환이다. 어찌되었든 이제 핵 문제가 환경이나 인간안보human security 등의 원자력 사용에 의한 재난 가능성이라는 비전통적 안보문제가 아니라 군사무기와 전쟁가능성이라는 전통적 안보개념으로서 다시 복귀하고 있다.

오바마 정부 초기에 시도됐던 미국과 러시아의 관계재설정reset이 실패하고 2014년 우크라이나 위기로 표면화된 전략 갈등strategic rivalry이 우크라이나 전쟁을 계기로 고조되어 양국 간의 신전략무기감축협정New START은 좌초되었다. 냉전 해체 과정이 시작된 이래 40여 년 동안 지속되어 온 양대 핵 강국의 핵통제체제가 처음으로 위기에 처하게 되었다.

그러나 글로벌 핵 문제에서 New START의 좌초보다 더 결정적인 충격은 중국의 핵 증강 결정이다. 예상한 대로 2035년까지 중국이 현 보유고의 4배에 달하는 1,500여 기의 핵무기—미국과 러시아를 제외한 나머지 핵보유국들의 총량을 능가하는 규모—를 확보하고, 이후 미국과 러시아 수준의 핵보유고와 3대 핵전력nuclear triad을 갖춘다면 핵 개발 이래 80여 년 동안 유지되어 온 핵 양극체제nuclear bipolarity가 무너지고 핵 삼극체제tripolar nuclear system가 도래할 것이다. 참고로, 핵 양극체제에서도 영국이나 프랑스, 인도 등 여타 복수의 핵보유국가들이 존재하지만, 군소 핵국가들의 핵보유능력은 글로벌 차원의 핵 억지력nuclear deterrence에는 별다른 영향을 주지 못하는 수준이므로 핵 억지력은 미국과 러시아(소련)가 행사하였다.

핵 양극체제가 삼극체제로 변환되었다는 것은 단순히 특정 국가의 핵 독점이 무너졌다는 의미가 아니다. 핵의 삼극체제에서는 기존의 핵 억제론이 작동하지 않을 것이라는 점에서 핵 통제의 불확실성이 최고조에 달할 것이라는 예측들이 있다. 이와 관련하여 허드슨연구원Hudson Institute의 선임연구위원 크레피네비치Andrew F. Krepinevich, Jr.의 주장은 매우 흥미롭다.[17]

그는 핵 삼극체제를 천체물리학에서 주장하는 삼체三體 문제three-body problem에 비유하여 설명하였다. 세 개의 천체celestial bodies 간의 운동 관계, 즉 세 개의 천체 간에 중력이 어떻게 작용하고 그 결과 궤도의 움직임은 어떠한지에 관한 고전역학classical mechanics의 문제인데, 이 문제의 일반해general closed-form solution를 구하는 것은 불가능하다는 것이다. 이것이 4체·5체 등 다수의 천체 문제인 n-체體 문제n-body problem로 넘어가면 특수해particular solution조차도 구하기 불가능하다는 것이다. 따라서 이 문제는 이후 카오스chaos 이론의 등장에 영향을 주었다.

냉전시대 이래 지난 70여 년 동안 미국과 러시아의 핵 양극체제는 크레피네비치의 주장대로 몇 차례의 공포의 순간에도 불구하고 핵 전쟁을 성공적으로 방지해 왔으나, 이제 핵 삼극체제에서는 더 불안정하고 치열한 핵 군비경쟁이 예상된다. 경쟁하는 세 핵 강국은 두 핵 강국의 경쟁보다 서로 신뢰하기 어려운 상황에 처하게 될 것이다. 크레피네비치가 비교한 바와 같이, 경쟁하는 두 핵 강국에 관한 비유는 오펜하이머의 비유와 셸링의 비유가 대표적이다.

인류 최초로 핵무기를 개발하여 스스로를 세계의 파괴자라 비탄한 R. 오펜하이머는 핵 양극체제를 병 속에 든 두 마리의 전갈에 비교한 바 있다. 병 속에 갇힌 두 마리의 전갈처럼 치명적인 상황에 놓인 미국과 소련은 그로 인해 초긴장의 핵 군비 태세로 상대방을 겨냥하고 있으며, 공격할 경우 공멸을 각오해야 하는 딜레마를 공유하고 있었다.

이러한 상황은 종말론적 대치apocalyptic standoff를 의미하였다. 이러한 종말론적 대치 상황이 합리적으로 관리될 수 있었던 것은 핵 능력의 동등성parity과 상호확증파괴mutually assured destruction(MAD)에 대한 상호인지였다. 상대방에 대해 동일한 규모의 핵 능력을 지니되 두 핵 강국 이외의 여타 군소 핵보유국에 비해 압도적인 핵 역량을 갖추는 것이 동등성 개념이다. 압도적인 핵 독점을 정당화하는 대가로 두 핵 강국은 동맹국들에게 핵우산nuclear umbrella을 통한 확장억제력extended deterrence를 제공하기로 공약하였다.

상호확증파괴는 상대방의 불시의 1차 핵 공격first strike에 맞대응하여 치명적인 보복공격second retaliatory strike을 가능하게 하는 핵 전력을 보유하는 것을 의미한다. 따라서 핵무기 400여 기에 해당하는 2차 공격 second strike 능력 보유는 상대방이 핵 선제공격(1차 공격)에 성공했을지라도 보복공격에 의해 상대방도 치명적인 피해를 입게 될 것이라는 확실한 물적 징표이자 보장이다. 미국과 소련(러시아)는 MAD에 대한 상호 인정으로 전략무기제한협정SALT과 전략무기감축협정START 등 여러 차례의 핵 군축과 핵 통제 체제를 성공적으로 유지·관리해 왔다.

핵 억제 전략에서 또 다른 이론적 원천은 노벨경제학 수상자인 토마스 셸링Thomas C. Schelling의 서부의 총잡이의 결투gunfighters on dusty street론이다. 셸링은 오펜하이머와는 다르게 핵 양극체제를 병 속에 든 두 마리의 전갈이 아니라 서부 개척 시대에 서부 무법의 마을에서 결투를 위해 먼지바람 휘날리는 거리에 나선 두 총잡이에 비유하였다. 이 결투에서 관건은 누가 빠른가 혹은 누가 먼저 총을 뽑는가에 달려 있다. 이러한 게임에서 가장 큰 두려움은 먼저 쏘지 못해 당한 자poor second가 되는 것이다.

탄도미사일과 다탄두진입체multiple independently targetable reentry vehicles: MIRVs 등 핵탄두와 핵무기 운반 기술의 발전으로 상대방의 2차 보복능력을 불능화하거나 극도로 제한할 수 있는 상황에서는 미사일방어시스템의 비용-교환비율cost-exchange ratio에서 핵 선제공격자가 지극히 유리한 위치에 있게 된다. 따라서 가련한 희생자poor second가 되지 않기 위해 고안한 것이 핵 공격에 대해 상시적인 고도의 경계 태세를 유지하는 경보즉시발사launch on warning(LOW) 태세다. 핵 양극체제는 핵전쟁의 위험을 제거할 수는 없었으나, 쿠바미사일위기(1962)나 조기경보시스템의 오작동 등의 위험한 순간에도 불구하고 아마겟돈Armageddon과 같은 인류 종말의 전쟁을 피하는 데는 적절하게 작동하였다.

핵 삼극체제에서는 이러한 핵 억지 전략이 근본적으로 새로 계산될 가능성이 크다. 삼극체제는 두 마리가 아니라 병 속에 든 세 마리의 전갈이고, 두 총잡이의 결투가 아니라 먼지바람 부는 서부의 거리에 나선 세 총잡이의 혈전이 될 것이다. 핵 양극체제에서는 두 국가 간에 동등성과 상호확증파괴MAD에 대한 상호 확인과 인정으로 예측가능한 신뢰가 형성되고 핵의 안정성이 제도화될 수 있었다. 그러나 삼자 간의 운동(삼체문제) 문제로 전환되면 동등성에 대한 신뢰와 확신이 논리적으로 불가능해진다. 현재 최종적인 핵 합의인 New START에 따라 미국과 러시아는 각 1,550기의 전략핵탄두와 700기의 운반체로 실전 배치를 제한하였고, 이에 400기의 2차 공격 무기가 포함되어 동등성과 상호확증파괴의 요소가 실현되어 있다.

중국이 미국과 러시아 수준의 핵 보유를 달성하여 삼극체제가 되면 동등성과 상호확증파괴 논리가 성립되기 어려울 것이다. 미국과 러시아, 중국이 각각 1,550기의 전략핵탄두와 400기의 2차 보복 공격용 핵무기를 보유한다고 하더라도 이 숫자는 자국의 확실한 안전을 보장해 주지는 못한다. 가령, 중국이 미국을 선제공격할 의사가 있고 이를 실행했을 경우, 미국의 보복공격 가능성은 물론이고 러시아로부터의 공격가능성에도 노출될 것이다.

반면 미국과 중국이 1차와 2차 상호 공격으로 서로 궤멸적인 상태에 놓일 경우, 러시아가 이 두 국가를 공격하면 러시아는 압도적인 승리의 결과를 얻을 수 있을 것이다. 이러한 가능성이 예측된다면 중국은 1,550기보다는 월등한, 미국과 러시아의 보유 능력을 압도할 수 있는 핵보유고를 추구할 것이고, 그 경우에 미국과 러시아도 이에 연동하여 핵보유고를 늘릴 것이다. 또한, 미국이 중국과 핵 공격을 주고받을 경우에 러시아가 미국을 공격할 가능성을 염두에 둔다면 미국도 기존의 핵보유고를 중국과 러시아를 동시에 제압—동시에 대항할 충분한 보복능력second strike 확보—할 만한 수준으로 확장할 필요가 있을 것이다.

미국과 러시아, 중국 모두 이러한 동일한 게임의 상황에 처하게 되어 핵 능력의 상호 동등성은 유지되기 어렵다. 핵 양극체제에서는 두 국가 간에 핵 능력의 동등성에 합의하는 것이 비교적 간명하였다면, 삼극체제에서는 상호 신뢰는 물론이고 동등성 수준에 대한 계산이 불가능하므로 영원한 핵 군비경쟁이라는 끔찍한 핵 동등성 딜레마nuclear-parity dilemma에 빠질 위험성을 배제하기 어려울 것이다.

핵 삼극체제는 한반도와 동아시아의 안보 딜레마를 가중시킬 것이다. 이와 관련하여 크리피네비치의 예측은 평소 우리의 우려를 확인시켜 주고 있다. 그에 따르면, 삼극체제가 현실화되면 미국은 중국과 러시아 두 핵 강국에 대응하기 위해 동맹국들에 공약한 확장억제(핵우산)를 축소시키거나 철회할 수 있다. 삼극체제에서는 2차 공격을 위한 핵무기의 여유분도 항상 부족할 것이기 때문에 동맹국에 핵우산을 제공하는 것이 쉽지 않을 것이다. 왜냐하면 앞서 설명하였듯이 삼극체제에서는 미국이 숙적인 중국과 러시아, 두 핵 강국의 핵보유고에 동시에 대응할 수 있는 핵 동등성을 끊임없이 추구할 것이지만 궁극적으로 이를 달성하는 것이 이론적으로 불가능하기 때문이다. 확실한 해결 없이 끊임없이 증식하고 진화하는 핵무기 경쟁, 즉 제자리를 유지하기 위해 끊임없이 달려야 하는 '붉은 여왕의 핵 경쟁Red Queen's nuclear arms race'이 도래할 것이다. 그 경우에 한국이나 일본에서 핵 무장론이 다시 등장할 것이고, 이로 인해 북핵문제는 다른 협상 라운드의 개시가 불가피할 것이다.

이렇듯 삼극체제는 어떠한 경우이든지 삼국의 핵 보유고의 증강을 불가피하게 할 것이다. 가장 이상적인 방법은 중국을 새로운 버전의 New START 등의 핵 협정 체제로 인입시켜 기존의 핵 체제를 유지하는 것이겠지만, New START 체제를 수용하라는 미국의 제안에 반응하지 않는 중국이 핵 증강 프로그램을 중단할 가능성은 매우 낮아 보인다. 핵 삼극체제가 출현하기 전에 그나마 현실적인 대안은 시간을 길게 가져가는 것이다. 미국은 이를 위해 핵 전력의 현대화modernization of nuclear triad라는 핵 기술 고도화에 승부를 걸고 있다. 이러한 전략계획은 삼극체제의 출현을 지연시키는 데 일정 정도 기여할 수는 있다. 그러나 이에 대응하여 중국과 러시아 또한 동일한 3대 핵 전력nuclear triad 구축에 나설 것이다.

따라서 붉은 여왕의 경주가 아니라 삼극체제의 출현을 지연시키기 위해서는 핵 군축과 핵 동결이 안보 딜레마를 줄이는 방법이자 궁극적으로는 한반도와 동아시아의 평화에 기여하는 길일 것이다. 북핵문제 또한 이에 연동될 것이다. 다만 한 가지 이 과정에서 북한이 염두에 두어야 할 것은 ICBM 등 전략핵 개발이 미국을 반드시 대화로 이끌 것이라는 판단은 합리적인 추론이 아니라는 점이다. ICBM은 물론이고 3대 핵 전력에서 최강인 러시아와도 미국은 반목하고 제재 중이라는 사실을 상기할 필요가 있다. 핵무기가 평화와 번영을 가져다주기는 어렵다는 사실을 냉전과 탈냉전의 역사가 말해주고 있다. 평화는 국가 간의 정치를 통해 보장되어야 하며 번영은 평화의 지평선 너머에 있다.

다가올 현실, 그리고 절반의 희망

E. H. 카아가 《민족주의와 이후Nationalism and After(1945)》에서 밝혔듯이, 그의 《20년의 위기》의 실질적인 결론은 유럽과 세계가 새로운 균형을 회복하려면 과거의 전통들을 버려야 한다는 것이다.

> "과거가 더 이상 돌아올 수 없다는 것을 믿기를 거부하는 타고난 보수주의자들뿐 아니라 과거의 전통들에 대한 자부심과 편견들이 미래의 경로에 장애물로 남아 있다. 그러나 유럽과 세계가 민족주의 시대의 여파에서 균형을 회복할 수 있으려면, 많은 과거의 전통들은 폐기되고 새로운 것들이 창조되어야 할 것이다."[18]

카아의 《20년의 위기》는 다가오는 평화의 수립자들에게 헌정하는 책이다. 결론에서 신국제질서의 전망에 대한 서술을 '구질서의 종말'이라는 소제목으로 시작하고 있다. 신질서는 구질서의 종말로부터 온다는 의미다. 오늘날 위기를 통과해 마주할 새로운 세계와 질서가 어떠할지는 아직 명확하지는 않지만, 새로운 경로에 장애물이 될 수 있는 지금까지의 전통들에 대한 편견과 자부심은 폐기되어야 할 것이다. 그러한 전통의 목록에는 일극체제와 헤게모니, 그리고 신자유주의와 포퓰리즘 등이 들어있을 것이다. 앞으로 마주할 세계가 보편universality의 세계라기보다는 균형equilibrium이 작동원리의 중심에 있는 세계에 가깝다면, 다음 시대에 평화를 일으키기를 갈망하는 우리는 다음과 같은 카아의 경계를 기억할 필요가 있다.

> "우월한 강대국의 등장에 기반한 새로운 세계질서의 구상은 필연적 결함이 있다. 가장 강한 나라가 세계 리더십을 갖는다는 것을 궁극적으로 인정해야 한다는 것이다. 팍스 로마나는 로마 제국주의의 산물이고, 팍스 브리타니카는 영국 제국주의 산물이었다. 라틴아메리카에서의 미

국의 선린정책은 양키 제국주의의 반명제antithesis가 아니라 그 연장이고 결과였다. 강한 자만이 그 우월성을 유지하고 동시에 선린으로 남을 수 있기 때문이다. 다른 나라라고 세계 리더십(헤게모니)의 권리를 열망하지 말라는 이론적 근거는 없다."[19]

가장 강한 나라, 초강대국이 세계의 리더십을 행사하는 것에 대한 합의가 깨지고 있다. 단일국가가 장악한 세계의 리더십을 현실주의 정치학자들은 글로벌 헤게모니라고 부르는데, 로버트 코헤인Robert Koehane과 같은 제도주의institutionalism 정치학자들은 국제 레짐regime이 이를 대신할 수 있기를 희망하였다. 그러나 오늘날 국제 레짐은 원래대로 작동하지 않거나 균열이 커지고 있다. 유엔안보리가 전쟁을 제어하지 못하고 있고, 무엇보다도 의사결정 핵심기관이자 국제법적 구속력을 보유한 유엔안보리UNSC는 그 권위를 상실하고 있다. 유엔안보리 상임이사국인 러시아는 스스로 침략 전쟁 와중에 있고, 또 다른 상임이사국인 미국은 안보리에서 채택된 팔레스타인 가자Gaza전쟁 휴전 결의안(2024년 3월 25일)을 '구속력이 없는non-binding' 것으로 폄훼하였다. 세계무역기구 WTO는 미·중 무역 분쟁과 디커플링, 글로벌 공급망 블록화 등 자유시장경제의 파행에 속수무책이다. 세계은행WB과 국제통화기구IMF 또한 2008년 미국 발 글로벌 금융위기에서 최근의 세계경제 침체위기에 이르기까지 별다른 역할을 보이지 않는다.

자유주의와 시장경제의 표상인 국가가 자유시장경제 원리에 저항하고 있는 부조리 현상도 만연하다. 미국의 반도체 규제법Chip & Science과 인플레이션 감축법IRA은 자유시장경제와 자유무역을 촉진하고 글로벌 공급망을 원활히 하기 위한 조치라기보다는 경제적 헤게모니 쟁투의 양상을 반영한 것이다. 이러한 의미에서 오늘날은 가치와 규범, 규칙의 제도화된 형태인 국제 레짐의 시대라기보다는 헤게모니의 시대이다. 다만, 일극적 헤게모니에서 복수의 헤게모니plural hegemonies라는 다소 혼란스러운 다원적 상황으로 넘어갈 것인가의 문제일 뿐이다.

몇 년 전만 해도 자유주의 국제질서론자인 J. 아이켄베리조차 동아시아에서의 이원(이중)적 위계질서dual hierarchy를 전망하였다. 10여 년 전에 아이켄베리는 중국이 리드하는 경제 위계질서economic hierarchy와 미국이 리드하는 안보 위계질서security hierarchy가 (동)아시아에 출현할 것으로 전망한 바 있다. 중국의 비자유적 세력권illiberal Chinese sphere of influence으로 동아시아가 전변하지 않고 미국이 주도하는 자유주의 국제질서가 중국의 평화로운 부상(화평굴기和平崛起)을 촉진할 것이라는 확신을 주기 위한 타협책이라는 설명이었다.[20] 경제의 아시아Economic Asia와 안보의 아시아Security Asia 간에 타협으로 형성된, 동아시아 중소·중견 국가들에게는 소망스러운 이원적 세계였다. 그러나 결과는 오히려 두 질서 간의 충돌이었고 헤게모니 쟁탈전hegemonic rivalry이었다.

단극의 세계가 희미해지고 일극의 질서가 퇴조하는 것이 그 징후이다. 글로벌 위기에서 세계경제의 최후의 대부자loaner의 역할을 해야 하는 일극인 미국이 오히려 세계의 자본을 빨아들이고 미국 시장으로 투자를 압박하는 상황이다. 한국의 경우 윤석열 정부 초기 2년 동안에만 미국에 133조 원의 투자가 진행 중이었다. 2008년의 금융위기와 코로나19 팬데믹으로 단행한 양적 완화로 야기된 약 9조 5천억 달러(약 1경 원)에 이르는 달러 팽창은 미국의 경제 호황과 동시에 고高인플레이션을 유발하여 전 세계로 전가되었다. 이에 따른 연방준비은행의 기준금리 인상은 전 세계적인 금리인상을 유발하였고 경기침체를 가중시켰다.

MIT 경제학자 킨들버거Charles P. Kindleberger의 견해대로, 세계 리더십의 핵심 요소는 세계경제의 위기 시에 최후의 대부자lender of last resort(LOLR) 역할을 하는 것이다. 1931년경 첫 번째 세계전쟁으로 국력의 상당 부분을 소진한 영국은 이러한 역할을 더 이상 수행하기 어려운 상황에서 세계의 리더십을 상실하였고, 세계적인 프로그램을 구상하는 역할은 대부분 미국으로 넘어갔다. 그러나 당시 미국은 리더십을 결여하고 있었다. 앞선 장에서 살펴보았듯이 당시 미국은 글로벌 공공재를 제공할 의사가 없었다. 킨들버거는 종전과 함께 파리평화회의에 영국대표단으로 참석한 바 있는 E. H. 카아를 인용하여, "1918년에 거의 모든 나라의 동의로 미국에게 세계를 이끌어갈 리더십이 주어졌으나 … 미국은 이를 사양했다"고 말한다. 당시 미국은 유럽문제에 관심은 많았으나 고립주의가 팽배하였고 자신의 국제적인 역할에 확신을 갖지 못하였다.[21] '해야 했으나 하지 않은 죄sin of omission'의 결과는 대공황과 두 번째 세계전쟁이었다.

오늘날 미국은 세계경제의 근원 시스템인 브레튼우즈 체제에 기반하고 있다는 점에서 1931년의 영국과는 상황이 다르다. 그러나 브레튼우즈 체제의 희미한 그림자이긴 하지만 그 국제기구들을 여전히 지배하고 있는 미국이 국제적으로 최후의 대부자의 역할이나 글로벌 공공재의 공급자로서의 기능보다는 '국경선 안의 배역에 지나치게 몰입해 있다'는 점에서 과거의 운율이 반복되는 듯하다. 이에 비해 오늘날 중국은 당시 미국과는 다르게 세계의 리더를 사양하지 않고 오히려 이에 대한 열망을 일대일로 정책 등으로 표출하고 있으나, 글로벌 공공재의 공급자로서의 열정과 최후의 대부자로서의 역량이 결핍되어 있다는 한계가 있다.

대공황을 회고하면서 킨들버거는 트로이카나 과두체제가 아니라 세계적 리더십을 기대하였다. 대공황처럼 트로이카나 쌍두체제는 책임이 전가되거나 미뤄지는, 결과적인 무책임 상태가 초래될 수 있다는 것이다. 세계적 리더십이라는 말에는 "무언가 부정적인 의미, 총통der Führer이나 수령il Duce 같은 단어의 뉘앙스"가 배어 있다. 그러나 "만일 리더십이 추종자를 착취한다거나 자신의 명성과 같은 사적인 목적을 챙기려는 게 아니라 책임을 짊으로써 공동의 이익을 추구하는 것이라면 거기에는 긍정적인 의미가 담겨 있을 것"이라고 킨들버거는 희망하였다. "개별국가들이 전체의 이익에 반하는 행동을 할 수 있는 역량을 제한할 수 있도록 각국의 주권을 한데 모아 관리하는 일"이 언젠가 가능할 것이라는 기대에서 그는 실질적인 권한과 주권을 가진 국제기구를 꿈꾸었다.

그의 바람대로라면 미국의 리더십이 약해지는 상황에서 정치적 안정을 가져올 수 있는 세 가지 방안이 있었다. 우선, 미국의 리더십이 부활하거나 또는 제3의 국가가 리더십을 책임지고 나서는 것이다. 현재로선 둘 다 불확실하다. 그에게 가장 매력적인 것은 세 번째 방안인데, 주권을 가진 세계기구가 절실하다는 것이다. 그러나 오늘날에는 정치적 불안정을 초래한다는 점에서 그가 피해야 한다고 경계한 상황들이 재현되고 있다. 세계경제의 주도권과 지배력을 놓고 다투는 형국이자, 한 나라는 이끌어갈 역량이 상대적으로 쇠퇴하고 다른 나라들은 그럴 의사가 없는 상황이다. 킨들버거가 가장 소망한 주권을 양도받은 세계기구의 실현은 오늘날 국제레짐의 균열이 심화됨으로써 오히려 요원해졌다.

과거 히틀러의 제3제국은 팍스 게르마니카Germanica를, 군국주의 일본은 팍스 자포니카Japonica를 꿈꾸었다. 그들의 주장은 무모하고 비현실적이었으나 누군가의 헤게모니 정당화는 다른 민족의 헤게모니적 충동을 자극한다. 그 민족이 과거 화려한 역사를 지녔다면 더욱 그러할 것이다. 그러한 헤게모니적 충동을 정당화할 기회를 제공하지 말아야 한다. 19세기 영국의 헤게모니 팍스 브리타니카가 독일의 세계정책 Weltpolitik에 대한 열망을 자극하였듯이, 미국의 헤게모니 팍스 아메리카나는 중국의 팍스 시니카Pax Sinica를 자극하였다. 중국은 역사적으로 그러한 팍스 체제를 오랫동안 구현하고 작동의 중심에 있었으므로 오늘날에도 그러한 세계를 복원하려는 열망은 어느 국가보다 강하고 어느 민족 보다 자격이 충분하다고 자부할 것이다.

이러한 일국적 헤게모니와 팍스 체제적 열망은 외견상 평화를 가져올 수 있지만, 그러한 제국적 평화는 흡사 고요한 공원묘지의 평화와도 같을 것이다. 그 세계를 구성하는 국가들의 자율autonomy은 제한될 수 있고 민족들의 개성은 다시 한번 속박될 것이다. 역사상 특정 국가의 헤게모니는 사적인 목적을 챙기려는 게 아니라 책임을 짊으로써 공동의 이익을 추구하기보다는 제국적 질서나 제국적 평화를 유지하기 위한 도구였던 것이 대부분이다. 일극적 헤게모니unipolar hegemony 또한 그러하다.

헤게모니적 열정이 서로 충돌하고 세계 리더십이 조각나는 시대에 카아Carr의 충고대로 사라지는 것들에 대한 아쉬움과 집착은 버려야 한다. 과거가 더 이상 돌아올 수 없다는 것을 믿기를 거부한다면 우리를 기다리는 것은 미래가 준비한 역사의 보복일 것이다. 우리는 희원과는 별개로 자유주의의 보편세계에서 현실주의의 균형의 세계로 가는 길에 있다.

현실주의 세계는 최악의 경우 이론적으로 홉스적 자연상태가 연출되는 매우 위험한 세계일 수도 있으나, 두 차례의 세계전쟁과 한 번의 냉전을 통해 발현된 역사의 간지奸智로부터 얻은 교훈에 따라 안전security과 번영prosperity, 사회적 복지wellbeing로 구성된 국가이익을 추구하는 21세기적 국가이성Raison d'Etat은 오히려 자연상태를 거부하고 균형의 세계를 추구할 것이다. 자유주의자들의 부정적 평가를 받는 세력균형은 그 자체로 평화를 보장하지는 않지만, 도전적인 위기가 실현될 가능성을 줄여준다는 점에서 긍정적 의미를 부여하는 데 조금도 인색해서는 안 될 것이다. 그 세계는 니체가 말한 초인Übermensch의 리더십을 바라는 것이 아니다. 소소한 이익에 몰두하며 안락과 안위만을 추구하는 최후의 인간Letzter Mensch(Last Man)만이 남아있는 세계가 아니길 바랄 뿐이다. 자아실현의 기풍ethos을 세우고 행동할 수 없는, 꿈꾸고 분발하는 능력을 상실한, 죽어가는 사람들과 마찬가지인 마지막 인간Last Man의 세계는 적어도 아닐 것이다.

이러한 세계에서 우리가 무장해야 할 것은 가치만이 아니라 무엇보다도 균형이다. 주변 강대국과의 외교와 지정학적 견지에서 한·미동맹을 존중하되 미국과 중국, 러시아와 일본에 관련한 이해관계를 스스로 보정하고 조절하는 균형외교가 필요하다. 또한 한반도에서 조정과 합의를 통해 남북관계의 재균형re-equilibrium을 이루어 남북국 시대를 준비하고, 사회적으로는 진보와 보수의 균형, 갈등의 조정, 자원과 가치의 권위 있는 배분authoritative allocation이라는 전통적 의미의 정치를 복원하여 포퓰리즘을 해소하고 민주주의의 퇴행을 저지해야 한다.

이러한 정치의 복원을 통해 국가의 역량은 물론이고 한국 사회의 자기실현의 기풍을 제고하고 무엇보다도 시민으로서의 꿈을 보장함으로써 한국전쟁이 정전 중인 한반도에서 홉스적 자연상태, 즉 전쟁상태가 재현되는 것을 막아야 할 것이다. 《꿀벌의 우화The Fable of the Bees or Private Vices, Public Benefits(1714)》에서 "개인의 악덕private vices도 솜씨 좋은 정치인이 잘 다룬다면 공적인 이득public benefits이 될 수 있다"고 했던 18세기 철학자 버나드 맨더빌Bernard de Mandeville의 교훈도 정치의 미덕이자 효용으로 덧붙일 만하다.[22]

첫 번째 세계전쟁과 맞닥뜨렸고 전간기 궐위의 시대를 온몸으로 통과한 슈테판 츠바이크는 이어 닥친 두 번째 세계전쟁 초입의 인류의 재앙적 절망에서 절반의 희망을 유서처럼 남겼다. 오늘날 우리는 전쟁의 시대를 운위하는 지구적 차원의 위기에서도 여전히 희망을 품어야 할 이유가 있다. 프롤로그에서 이미 언급하였듯이, 츠바이크의 자살은 유럽지성의 자살이자 유럽의 종말을 상징하였으나, 그의 유작《어제의 세계》 마지막 구절처럼 세계전쟁의 문턱에서도 미래를 위한 절반의 희망을 남겼던 것이다.

"태양은 풍부하고 힘차게 빛나고 있었다. 집으로 향하는 길에 갑자기 내 앞에 나의 그림자가 있는 것을 알아차리게 되었다. 그것은 마치 이번 전쟁의 뒤에 지난 전쟁의 그림자가 드리워 있음을 보았던 것이다. 그 그림자는 내내 나에게서 떠나지 않았다. 움직이지 않는 그림자가 밤낮으로 나의 모든 생각 위를 떠다녔다. 아마도 그 그림자의 어두운 윤곽은 이 회상의 서書의 많은 페이지 위에도 드리워 있을 것이다. 그러나 모든 그림자는 궁극적으로 빛에서 태어나는 것이다. 그러므로 새벽과 황혼, 전쟁과 평화, 상승과 몰락을 경험한 자만이, 그러한 인간만이 살았다고 말할 수 있을 것이다."[23]

| 주 |

프롤로그

1. 두 차례의 세계전쟁과 전간기를 관통하여 살아낸 경제사상가 칼 폴라니는 1944년 두 번째 세계전쟁 중에 "19세기 문명은 무너졌다"고 선언하였다. 첫 번째 세계전쟁에 이은 전간기의 혼돈과 혁명적인 상황, 그리고 직결된 두 번째 세계대전을 관통하면서 폴라니는 19세기의 유럽인들의 문명이 붕괴되는 것을 목격하였다. 그가 회고적으로 표현(명명)한 19세기 유럽의 '백년의 평화hundred years peace'는 그렇게 무너져 내렸다. 오늘날 세계는 20세기 문명의 붕괴나 종말은 아닐지라도 20세기로부터 연유한 것들—미국의 세기, 자유주의 국제질서, 일극체제 등—이 허물어지고 있는 것을 보고 있다. 폴라니가 19세기 문명 붕괴라는 사건의 정치적·경제적 기원들과 그 사건이 인도한 '거대한 전환'을 마주한 심정으로, 그리고 그에 대한 오마주를 담아 인용하였다. Karl Polanyi, Forward by Joseph E. Stiglitz, Introduction by Fred Block, The Great Transformation: The Political and Economic Origins of Our Time (Boston MA: Beacon Press, 2001), p.3.
2. By Thucydides 431 BC, Translated by Richard Crawley, The History of the Peloponnesian War, The Project Gutenberg eBook of The History of the Peloponnesian War (Release Date: March 15, 2003 [eBook #7142], Most recently updated: September 7, 2021). https://www.gutenberg.org/files/7142/7142-h/7142-h.htm#link2HCH0001
3. Hangang, "While the U.S. Talks of War, South Korea Shudders", New York Times, October 7. NYT, 2017/10/07, "미국이 전쟁을 말할 때 한국은 몸서리친다: 승리로 끝나는 전쟁 시나리오는 없다".
4. Emma Farge, "UN expert says Israel has committed genocide in Gaza, calls for arms embargo", Reuters, March 27, 2024.
5. Agnès Callamard, "Gaza and the End of the Rules-Based Order", Foreign Affairs, February 15, 2024.
6. 슈테판 츠바이크, 《어제의 세계》 (지식공작소, 2014), 318쪽.
7. 노먼 데이비스, 《노먼데이비스의 유럽사 Ⅳ》 (심산, 2021), 36쪽.
8. 조지 프리드먼, 《다가오는 유럽의 위기와 지정학: 브렉시트, 유럽연합의 와해, 그리고 독일문제의 부상》 (김앤김북스, 2020), 132쪽.
9. 코리아컨센서스연구원(KCI), 《코리아컨센서스: 민주주의와 평화》 (코리아컨센서스, 2017), 17쪽.
10. 슈테판 츠바이크, 《어제의 세계》, 361쪽.
11. George H. W. Bush, "September 11, 1990: Address Before a Joint Session of Congress", https://millercenter.org/the-presidency/presidential-speeches/september-11-1990-address-joint-session-congress
12. Thomas Christensen, Useful Adversaries: Grand Strategy, Domestic Mobilization, and Sino-American Conflict, 1947-1958 (Princeton NJ.: Princeton University Press,

1996), p.3.
13   프리드리히 A. 하이에크, 《노예의 길: 사회주의 계획경제의 진실》 (자유기업원, 2018), 61쪽.
14   라인홀드 니부어, 《도덕적 인간과 비도덕 사회》 (문예출판사, 2004), 50쪽.
15   에이미 추아, 《제국의 미래》 (비아북, 2008), 279쪽.
16   Bloomberg New Economy forum in Beijing(2019/11/21), "Kissinger Says U.S. and China in 'Foothills of a Cold War'," Bloomberg, November 21, 2019. https://www.bloomberg.com/news/articles/2019-11-21/kissinger-says-u-s-and-china-in-foothills-of-a-cold-war
17   "Are dictators worse than anarchy?", Der Spiegel, October 08, 2014; "Dictatorships and chaos go hand in hand," Der Spiegel, October 09, 2014.
18   조지 프리드먼, 《다가오는 유럽의 위기와 지정학》 (김앤김북스, 2020).
19   Edward Hallett Carr, Nationalism and After (London: Macmillan, 1945), p.81.
20   J. David Singer, "Threat-perception and the armament-tension dilemma", Journal of Conflict Resolution Vol.2, No.2, March 1958, p.90.
21   Andrew Buncombe, "US sanctions on Venezuela responsible for 'tens of thousands' of deaths, claims new report," Independent, 26 April, 2019. https://www.independent.co.uk/news/world/americas/venezuela-sanctions-us-excess-death-toll-economy-oil-trump-maduro-juan-guaido-jeffrey-sachs-a8888516.html
22   Edward Hallett Carr, The Twenty Year's Crisis 1919-1939: An Introduction to the Study of International Relations (London: Macmillan, 1939), p.224.
23   Edward Hallett Carr, The Twenty Year's Crisis 1919-1939: An Introduction to the Study of International Relations (London: Macmillan, 1939), p.224.

1장

1   신냉전과 관련한 내용은 백준기, "신냉전(new cold war) 담론에 관한 비판적 소론: '차가운 평화(cold peace)'의 정치적 결과", 《분석과 대안Analyses & Alternatives》, 7(3), 2023, pp.33-65을 증보 편집하여 삽입 게재하였음.
2   Robert Kaplan, "A New Cold War Has Begun", Foreign Policy, January 7, 2019; Jacob Helberg, "In the New Cold War, Deindustrialization Means Disarmament", Foreign Policy, August 12, 2020; Emma Ashford & Matthew Kroenig, "Is This the Beginning of a New Cold War with China?", Foreign Policy, July 31, 2020.
3   이와 관련한 기사 및 칼럼들을 예로 들면, Clay Chandller & Eamon Barrett, "The US-China Cold War Has Begun", Fortune, October 6, 2018; Ishaan Tharoor, "Under Trump, US Enters a New Cold War with China", Washington Post, October 10, 2018; Hal Brands, "America's Cold Warriors Hold the Key to Handling China", Bloomberg, January 14, 2019; Niall Ferguson, "The New Cold War? It's with China, and It Has

already Begun", New York Times, December 2, 2019; Steven Lee Mayers & Paul Mozur, "Caught in 'Ideological Spiral', US and China Drift toward Cold War", New York Times, July 14, 2020; Francis P. Sempa, "Forget about a 'New' Cold War, The Old One Never Ended", Diplomat, May 27, 2020; Chen Xiangmiao, "The US 'New Cold War' Battle Cry in the South China Sea", Diplomat, August 17, 2020 등이 있다.

4 Zachary Karabell, "There's No Cold War with China", Foreign Policy, August 14, 2020; Emma Ashford & Matthew Kroenig, "Is This the Beginning of a New Cold War with China?", Foreign Policy, July 31, 2020.

5 Dan Coats, "There's No Cold War with China-and if There Were, We Couldn't Win", Washington Post, July 28, 2020; Chas W. Freeman Jr., "The Struggle with China Is Not a Replay of the Cold War: Remarks to the Asia American Forum", 25 September, 2020. https://chasfreeman.net/the-struggle-with-china-is-not-a-replay-of-the-cold-war/; John Mueller, "'Pax Americana' Is a Myth: Aversion to War Drives Peace an Order", Washington Quarterly, Vol. 43, No.3, 2020.

6 Richard Fontain and Ely Ratner, "The US-China Confrontation Is Not Another Cold War: It's Something New," Washington Post, July 2, 2020.

7 Elliott Abrams, "The New Cold War", CFR, March 4, 2022. https://www.cfr.org/blog/new-cold-war-0

8 Stephen Kotkin, "The Cold War Never Ended: Ukraine, the China Challenge, and the Revival of the West", Foreign Affairs, May/June 2022.

9 Hal Brands and John Lewis Gaddis, "The New Cold War: America, China, and the Echoes of History", Foreign Affairs, November/December 2021.

10 Robert Legvold, "Managing the New Cold War", Foreign Affairs, July/August, 2014.

11 Edward Lucas, The New Cold War: Putin's Russia and the Threat to the West, (London: Palgrave Macmillan, 2008)

12 Mark Mackinnon, The New Cold War: Revolutions, Rigged Elections and Pipeline Politics in the Former Soviet Union, (New York: Random House, 2007)

13 Robert Regvold, "Managing the New Cold War", Foreign Affairs, July/August 2014; "Robert Legvold on the New Cold War, Interview with Columbia University Professor and Leading Russia Scholar", Huffpost, November 09, 2016.

14 Niall Ferguson, Doom: the Politics of Catastrophe (New York: Penguin Boos, 2021), pp.345-377; Karen Gilchrist, "Why shouldn't it be as bad as the 1970s?: Historian Niall Ferguson has a warning for investors", CNBC, September 2, 2022.

15 Odd Arne Wested, "Has a New Cold War Really Begun?", Foreign Affairs, March 27, 2018.

16 John Mueller, "'Pax Americana' Is a Myth: Aversion to War Drives Peace an Order", Washington Quarterly, Vol. 43, No.3, 2020; Chas Freeman, Jr., "The United States

and China: Game of Superpowers," Remarks to the National War College Student Body, Washington, DC, February 8, 2018.

17 Michael McFaul, "Cold War Lessons and Fallacies for US-China Relations Today," Washington Quarterly, Vol.43, No.4, Winter 2021; Omid Memarian, "This 'New Cold War': Michael McFaul on Russia, the Middle East and American Interests," DAWN(dawnmena.org), August 12, 2022.

18 미 국무부의 냉전Cold War에 관한 개념 정의로 볼 수 있다.
National Museum of American Diplomacy, "Cold War Diplomacy(1945-1991)," https://diplomacy.state.gov/discover-diplomacy/period/cold-war-diplomacy/

19 S. 월트에 따르면, 이론은 여전히 정책에 대한 좋은 분석을 하는 데 있어서 불가결하지만, 현재 미국의 IR 학파(교육기관)들은 이론과 현실정책 간 적실한 연계성이 떨어진다는 것이다. 그는 "기존의 IR이론은—현실주의와 자유주의의 대범위 이론grand theories에서 동맹·제재 등을 다루는 중범위 이론에 이르기까지— 그 어떤 것도 불완전하며, 이로 인해 각 이론의 추종자들은 끝없는 논쟁으로 이끌려 들어간다"고 주장하였다. Stephen M. Walt, "America's IR Schools are Broken", Foreign Policy, February, 20, 2018.

20 월트는 국제정치이론가로서 역사적 냉전을 잘 알고 있지만 미국과 러시아가 신냉전 상태에 있다고 하는 것은 타당하지 않다고 주장한 바 있다. 그에 따르면 미국과 러시아의 대립은 "어떠한 냉전도 아니다". Stephen M. Walt, "I Know the Cold War. This Is No Cold War", Foreign Policy, March 12, 2018.

21 "Cold War, International Politics," Britannica, https://www.britannica.com/event/Cold-War

22 Robert Regvold, "Managing the New Cold War", Foreign Affairs, July/August 2014; "February 09, 1946 Speech Delivered by Stalin at a Meeting of Voters of the Stalin Electoral District, Moscow", Digital Archive, International History Declassified, Wilson Center.

23 Michael McFaul, "Cold War Lessons and Fallacies for US-China Relations Today," Washington Quarterly, Vol.43, No.4, Winter 2021.

24 Wang Yi, "Resist the Cold War Mentality and Defend True Democracy", 2021-12-03.

25 Michael McFaul, "Cold War Lessons and Fallacies for US-China Relations Today."

26 Debasish Roy Chowdhury, "Joe Biden's Democracy Summit Is the Height of Hypocrisy", Time, December 10, 2020.

27 Dan Balz, "'We Will Save Democracy': Biden Offers Hope to Resilient Ukrainians in War with Russia," Washington Post, March 1, 2022.

28 Chris Matthews, "Fortune 5: The Most Powerful Economic Empires of All Time", Fortune, October 5, 2014.

29 Samuel P. Huntington, "The Lonely Super Power," Foreign Affairs, Vol. 78 Issue 2,

Mar/Apr. 1999, p.37.
30 Jeane J. Kirkpatrick, "Beyond the Cold War", Foreign Affairs, 1989/90, vol.69 no.1.
31 John Lewis Gaddis, "Toward the Post-Cold War World", Foreign Affairs, Spring 1991.
32 "Telegram, George Kennan to George Marshall 〔"Long Telegram"〕, February 22, 1946," Harry S. Truman Administration File, Elsey Papers.
33 Jeane J. Kirkpatrick, "Beyond the Cold War".
34 Graham Allison and Robert Blackwill, "America's Stake in the Soviet Future", Foreign Affairs, Summer, 1991.
35 John Lewis Gaddis, "Toward the Post-Cold War World".
36 Carey Goldberg, "Soviets to Seek a Marshall Plan to Aid Economy", Los Angeles Times, May 13, 1991.
37 Diana Villers Negroponte, "The Hesitant U.S. Rescue of the Soviet Economy", Wilson Quarterly, Fall 2016.
38 Craig R. Whitney, "Gorvachev's Plea for Aid Not Expected to Bear Fruit", New York Times, May 24, 1991; Diana Villers Negroponte, "The Hesitant U.S. Rescue of the Soviet Economy".
39 Jeane J. Kirkpatrick, "Beyond the Cold War".
40 Boris Bondarev, "The Sources of Russian Misconduct: A Diplomat Defects from the Kremlin", Foreign Affair, November/December 2022.
41 Jeane J. Kirkpatrick, "Beyond the Cold War".
42 Zbigniew Brzezinski, "The Cold War and Its Aftermath", Foreign Affairs, Fall 1992.
43 코리아컨센서스연구원, 《민주주의와 평화, 코리아컨센서스》(2017), 24-25쪽.
44 "Горбачев считает, что окончание холодной войны было общей победой"("고르바초프가 생각하기에, 냉전종식은 모두의 승리"), ТАСС, 22 октября 2019.
45 Graham Allison and Robert Blackwill, "America's Stake in the Soviet Future".
46 Nicos Poulatzas, State, Power, Socialism (London: Verso, 2000), p.205.

2장

1 George F. Kennan, "A Fateful Error", New York Times, Feb. 5, 1997.
2 James M. Goldgeier, "The U.S. Decision to Enlarge NATO", Europe's Agenda, Summer 1999.
3 John Lewis Gaddis, "Toward the Post-Cold War World".
4 James M. Goldgeier, "The U.S. Design to Enlarge NATO".
5 James M. Goldgeier, ibid..

6   Patrick Salmon, Keith Hamilton, and Stephen Twigge(eds.) "Mr. Hurd to Sir C. Mallaby (Bonn), Telegraphic N. 85: Secretary of State's Call on Herr Genscher: German Unification(Feb. 6, 1990)", Documents on British Policy Overseas, series III, volume VII: German Unification, 1989-1990. (Foreign and Commonwealth Office, Documents on British Policy Overseas)(Oxford and New York, Routledge 2010), pp.261-264.
7   Patrick Salmon, Keith Hamilton, and Stephen Twigge(eds.), ibid..
8   "Record of conversation between Mikhail Gorbachev and James Baker in Moscow", Feb. 9, 1990, Архив Фонд Горбачёва(Gorbachev Foundation Archive), Фонд(Fond) 1, Опись(Opis) 1.
9   Александр Галкин и Анатолий Черняев(eds.), "Memorandum of conversation between Mikhail Gorbachev and Helmut Kohl(Feb 10, 1990)", Михаил Горвачёв и Германский Вопрос(Mikhail Gorbachev and German Question) (Moscow: Весь Мир, 2006)
10 "Letter from Francois Mitterrand to George Bush(May 25, 1990)," NSC Scowcroft Files, FOIA 2009-0275-S, George H. W. Bush Presidential Library.
11 Foreign and Commonwealth Office(Documents on British Policy Overseas), edited by Patrick Salmon, Keith Hamilton, and Stephen Twigge, "Letter from Mr. Powell (N. 10) to Mr. Wall: Thatcher-Gorbachev memorandum of conversation(Jun 8, 1990)," Documents on British Policy Overseas, series III, volume VII: German Unification, 1989-1990 (Oxford and New York: Routledge 2010), pp.411-417.
12 George H. W. Bush Presidential Library, "Memorandum of Telephone Conversation between Mikhail Gorbachev and George Bush(Jul 17, 1990)," Memcons and Telcons (https://bush41library.tamu.edu/).
13 James F. Dobbins, State Department European Bureau, "Memorandum to National Security Council: NATO Strategy Review Paper for October 29 Discussion(Oct 25, 1990)," George H. W. Bush Presidential Library: NSC Philip Zelikow Files, Box CF01468, Folder "File 148 NATO Strategy Review No. 1 [3]"; U.S. Department of State, European Bureau, "Revised NATO Strategy Paper for Discussion at Sub-Ungroup Meeting(Oct 22, 1990)," George H. W. Bush Presidential Library, NSC Heather Wilson Files, Box CF00293, Folder "NATO - Strategy (5)".
14 "Ambassador Rodric Braithwaite diary(05 March 1991)", Rodric Braithwaite personal diary.
15 "Memorandum to Boris Yeltsin about Russian Supreme Soviet delegation to NATO HQs", Jul 3, 1991, State Archive of the Russian Federation (ГАРФ/GARF), Фонд(Fond) 10026, Опис(Opis) 1.
16 Mary Elise Sarotte, "Perpetuating U.S. Preeminence: The 1990 Deals to 'Bribe the Soviets Out' and Move NATO In," International Security, Vol. 35, No. 1,

Summer 2010, pp.110-137; "Not One Inch Eastward? Bush, Baker, Kohl, Genscher, Gorbachev, and the Origin of Russian Resentment toward NATO Enlargement in February 1990," Diplomatic History, Vol. 34 No. 1, January 2010, pp.119-140.

17 Warren Christopher, Chances of a Lifetime: A Memoir(New York: A Lisa Drew Book, 2001), p.280.

18 "Secretary Christopher's meeting with Foreign Minister Kozyrev: NATO, Elections, Regional Issues", Oct 25, 1993, U.S. Department of State, Date/Case ID: 11 MAR 2003, 200001030.

19 Strobe Talbott, The Russia Hand: A Memoir of Presidential Diplomacy (New York: Random House, 2003), p.101.

20 Chances of a Lifetime: A Memoir, pp.280-281.

21 "Memorandum to Boris Yeltsin about Russian Supreme Soviet delegation to NATO HQs" Jul 3, 1991, State Archive of the Russian Federation (ГАРФ/GARF) Фонд(Fond) 10026, Опис(Opis) 1; "Izvetiya Summary of Primakov/SVR Report on NATO," Nov 26, 1993, FBIS-SOV-93-226 Russia International Affairs; "Record of the Main Content of the Conversation between I.P. Rybkin and Vice President of the United States A. Gore," Dec 14, 1994, ГАРФ(GARF) Фонд(Fond) 10100, Опис(Opis) 2; "Record of Conversation between V.P. Lukin, First Deputy Secretary of State Strobe Talbott and Special Adviser to the Secretary of State Jim Collins," Dec 16, 1994, ГАРФ(GARF) Фонд(Fond) 10100, Опис(Opis) 2; "Information Memorandum on the results of the parliamentary hearing on the subject: "Russian-American relations"," Apr 25, 1995, ГАРФ(GARF) Фонд(Fond) 10100, Опис(Opis) 2, Дело(Delo) 122; "Excerpt from Memorandum of Conversation between U.S. Congressional Delegation and Speaker of Russian Duma Gennady Seleznev," Oct 21, 1996, ГАРФ(GARF) Фонд(Fond) 10100, Опис(Opis) 15, Дело(Delo) 2; "Excerpts from Evgeny Primakov Memo to Gennady Seleznev, "Materials on the Subject of NATO for Use in Conversations and Public Statements"," Jan 31, 1997, ГАРФ(GARF) Фонд(Fond) 10100, Опис(Opis) 14, Дело(Delo) 89; Евгений Максимович Примаков(Evgeny M. Primakov), Встречи на перекрестках(Наш XX век)(Meetings at the Crossroads)(Moscow: Центполиграф, 2015).

22 "Your October 21-23 visit to Moscow - Key foreign policy issues," Oct 20, 1993, U.S. Department of State. Date/Case ID: 04 MAY 2000 200000982.

23 "Strategy for NATO's Expansion and Transformation," Sep 7, 1993, U.S. Department of State. Date/Case ID: 07 JUL 2004 199904515.

24 "NATO Expansion: Eastern and Allied Views," in the document "Your October 6 Lunch Meeting with Secretary Aspin and Mr. Lake," Oct 5, 1993, U.S. Department of State. Date/Case ID: 07 JUL 2004 199904515.

25 Strobe Talbott, The Russia Hand, p. 136.

26 "Official informal No. 248 "Boris-Bill Letter"," Dec 6, 1994, U.S. Department of State. Date/Case ID: 07 JUL 2004 200000983.
27 Elaine Sciolino, "Yeltsin Says NATO Is Trying to Split Continent Again," The New York Times, December 6, 1994.
28 "Information Memorandum on the results of the parliamentary hearing on the subject: "Russian-American relations"," Apr 25, 1995, ГАРФ(GARF) Фонд(Fond) 10100, Опис(Opis) 2, Дело(Delo) 122.
29 "Summary report on One-on-One meeting between Presidents Clinton and Yeltsin," May 10, 1995, (Kremlin, May 10, 1995), William J. Clinton Presidential Library.
30 "Clinton-Yeltsin Meeting", June 17, 1995, Citadel Inn, Halifax, Nova Scotia, Jun 17, 1995, William J. Clinton Presidential Library.
31 "Excerpts from Evgeny Primakov Memo to Gennady Seleznev, "Materials on the Subject of NATO for Use in Conversations and Public Statements"," Jan 31, 1997, ГАРФ(GARF) Фонд(Fond) 10100, Опис(Opis) 14, Дело(Delo) 89, p.55.
32 자크 아탈리, 「알레포 신드롬」, 『중앙일보』, 2016년 10월 14일자.

3장

1 조지프 S. 나이, 《미국의 세기는 끝났는가》 (도서출판 프리뷰, 2015), 35쪽.
2 Samuel P. Huntington, "The U.S.—Decline or Renewal?," Foreign Affairs, Winter 1988/89.
3 John F. Kennedy, "Remarks of Senator John F. Kenndy at Municipal Auditorium, Canton, Ohio, September 27", 1960, John F. Kennedy Presidential Library and Museum.
4 당시 해군참모총장이던 줌왈트Elmo Zumwalt의 회고에 따르면 키신저는 "역사의 힘이 소련에게 유리하게 돌아가고 있으므로 소련과 거래할 필요가 있다"고 말했다. 러쉬 도시, 《롱 게임: 미국을 대체하려는 중국의 대전략》 (생각의 힘, 2022), 518-519쪽.
5 Paul M. Kennedy, The Rise and Fall of the Great Powers; Economic Change and Military Conflict from 1500 to 2000 (Random House: New York, 1987), p.xv.
6 Paul M. Kennedy, ibid., pp.526-529.
7 Paul M. Kennedy, ibid., pp.533-535.
8 Emily Eakin, "Ideas & Trends: All Roads Lead To D.C.," New York Times, Week In Review, March 31, 2002.
9 Charles Krauthammer, "The Bush Doctrine," Time, March 5, 2001.
10 Chalmers Johnson, The Sorrows of Empire: Militarism, Secrecy, and the End of the Republic (New York: Metropolitan Books, 2004), p.68.
11 "Imperial Overstretch?: More a question of psychology than economics", The

Economist, Special Report, June 29, 2002.
12 Emily Eakin, "Ideas & Trends: All Roads Lead To D.C.".
13 Max Boot, "The Case for American Empire: The most realistic response to terrorism is for America to embrace its imperial role", The Weekly Standard, Oct. 15, 2001.
14 Michael Lind, "The American Century is Over: How Our Country Went Down in a Blaze of Shame," Salon, July 12, 2014.
15 Jonathan Freedland, "Rome, AD... Rome, DC?," The Guardian, 18 Sep., 2002.
16 Kurt M. Campbell & Rush Doshi, "The China Challenge Can Help America Avert Decline", Foreign Affairs, December 3, 2020.
17 조지프 S. 나이, 《미국의 세기는 끝났는가》, 78-97, 117-118, 187-198쪽.
18 조지프 S. 나이, 위의 책, 127쪽.
19 이안 브레머, 《우리 대 그들》(더퀘스트, 2019), 40쪽.
20 이안 브레머, 위의 책, 30쪽.
21 조지프 S. 나이, 《미국의 세기는 끝났는가》, 124쪽.
22 Office of the Director of National Intelligence(ODNI), Global Trends 2030: Alternative Worlds (Washingon DC, 2012).
23 조지프 S. 나이, 《미국의 세기는 끝났는가》, 71-72, 108쪽.
24 G. John Ikenberry, "Why American Power Endures?: The U.S.-led Order Isn't in Decline," Foreign Affairs, November/December 2022.
25 Fareed Zakaria, "The Rise of the Rest", Newsweek, May 12, 2008.
26 Robert Kagan, "The Benevolent Empire," Foreign Policy, Summer 1998, pp.24-35.

4장

1 Yuval Noah Harari, "Yuval Harari: the World after Coronavirus", Financial Times, March 20 2020.
2 John Allen, Nicholas Burns, Laurie Garrett, Richard N. Haass, G. John Ikenberry, Kishore Mahbubani, Shivshankar Menon, Robin Niblett, Joseph S. Nye Jr, Shannon K. O'Neil, Kori Schake, & Stephen M. Walt, "How the World Will Look After the Coronavirus Pandemic", Foreign Policy, March 20, 2020.
3 코리아컨센서스연구원(KCI), 『코리아 컨센서스』 (서울: 코리아컨센서스, 2017), 17-29쪽.
4 Milan Babic, "Let's Talk about the Interregnum: Gramsci and the Crisis of the Liberal World Order", International Affairs(Chatham House), May 7, 2020, Vol.96, No.4.
5 Stephen Gill, "Theorizing the Interregnum: the Double Movement and Global Politics in the 1990s", Robert Cox, Stephen Gill, Bjorn Hettne, Kees Van der Pijl, James Rosenau, & Yoshikazu Sakamoto, International Political Economy: Understanding Global Disorder (Halifax: Fernwood Books, 1995), pp.65-99; Louise Amoore(ed.),

The Global Resistance Reader (London: Routledge, 2005), pp.53-64.
6   Rune Møller Stahl, "Ruling the Interregnum: Politics and Ideology in Non Hegemonic Times", Politics & Society, May 2019.
7   Zygmunt Bauman, "Time of Interregnum", Ethics & Global Poltics, Vol. 5, No. 1, 2012, pp. 49-56.
8   Chantal Mouffe, For a Left Populism (London: Verso, 2018).
9   Adrian Pabst, Liberal World Order and Its Critics: Civilisational States and Cultural Commonwealths (London: Routledge, 2018), pp.1-4.
10 G. John Ikenberry, 'The End of Liberal International Order?', International Affairs, vol.94, no.1, Jan. 2018, pp.7-23.; G. John Ikenberry, Liberal Leviathan: the Origins, Crisis and Transformation of the American World Orders (Oxford: Oxford University Press, 2011).; Adrian Pabst, Liberal World Order and Its Critics(2018).
11 Richard N. Haass, "Living in a Non-Polar World", Project Syndicate (April 18, 2008).
12 Nerses Kopalyan, After Polarity: World Political Systems, Polar Structural Transition, and Nonpolarity, Dissertation of Ph D., University of Nevada, 2014.
13 Stephen Walt, "The Age of Nonpolarity: What Will Follow U.S. Dominance, Foreign Affairs, (May/June, 2008).
14 Ian Bremmer and Nouriel Roubini, "A G-Zero World: The New Economic Club Will Produce Conflict, Not Cooperation", Foreign Affairs, March/April, 2011.
15 이언 브레머,《리더가 사라진세계: G제로 세계의 승자와 패자》(다산북스, 2014).
16 Briefing, "The World's Economic Order Is Braking Down", The Economist, May 9 2024.
17 이언 브레머, 위의 책, 213-216쪽.
18 "Most Powerful Countries", U.S. News & World Report, https://www.usnews.com/news/best-countries/rankings/power; "Top 10 Most Powerful Countries in the World in 2024", Forbes India, May 2, 2024. https://www.forbesindia.com/article/explainers/top-10-powerful-countries-in-the-world/87201/1
19 Lila Jones, special report, "Revealed: The World's Most Powerful Countries For 2024", CEO World Magazine, April 4, 2024. https://ceoworld.biz/2024/04/04/revealed-the-worlds-most-powerful-countries-for-2024/
20 Center for Global Studies, Bonn Universität, "Power Scores of 2016 and 2020", 2022. https://www.cgs-bonn.de/en/bonn-power-shift-monitor/ranking/
21 International Strategy Analysis(ISA), The ISA 2022 Country Power Rankings, 17 October 2022. https://www.isa-world.com/news/?tx_ttnews%5BbackPid%5D=1&tx_ttnews%5Btt_news%5D=595&cHash=d37d2e848d6b79811749a619c74abebc
22 Center for Global Studies, Bonn Universität, "Power Shifts and Power Scores up to

2020", "Power Scores of 2016 and 2020".
23 Ian Bremmer, "After the G-Zero: Overcoming Fragmentation", Eurasia Group, Fall 2016.

5장

1   '일극의 순간'과 관련된 내용은 다음의 글을 인용하고 참고하였다: Charles Krauthammer, "The Unipolar Moment", Foreign Affairs, Vol. 70, No. 1, 1990/1991.
2   Jean J. Kirkpatrick, "A Normal Country in a Normal Time," National Interest, Fall 1990.
3   9·11 테러와 일극체제, 일방주의에 관한 내용은 다음 글을 참조: Charles Krauthammer, "The Unipolar Moment", The National Interest, Winter 2002/2003.
4   Samuel Huntington, "The Lonely Superpower", Foreign Affairs, Vol. 78, No. 2, March/April 1999.
5   William Wohlforth, "Stability of a Unipolar Word", International security, Vol. 24, No. 1, Summer 1999; Stephen G. Brooks and William C. Wohlforth, "American Primacy in Perspective", Foreign Affairs, Vol. 81, No. 4 (July/August 2002), pp.5-41.
6   Stephen M. Walt, "Keeping the World Off Balance: Self Restraint and U.S. Foreign Policy" (October 2000), Available at SSRN: https://ssrn.com/abstract=253799 or http://dx.doi.org/10.2139/ssrn.253799; "Taming American Power", Foreign Affairs, Vol. 84, Issue 5 (September/October 2005).
7   T. V. Paul, "Soft Balancing in the Age of U.S. Primacy", International Security, Vol. 30, No. 1 (Summer 2005).
8   G. John Ikenberry, "Strategic Reactions to American Preeminence: Great Power Politics in the Age of Unipolarity", July 28, 2003 (National Intelligence Council); "Institutions, Strategic Restraint, and the Persistence of Post War Order", International Security, Vol. 23, No. 3, (Winter 1998/1999), pp.7-41.
9   John J. Mearsheimer, The Tragedy of Greatpower Politics (New York: W.W. Norton, 2001), pp.33-40.
10 Stephen M. Walt, "Taming American Power". Foreign Affairs, Vol. 84, Issue 5 (Sept./Oct. 2005), pp.105-120.
11 Layne, "Unipolar Illusion Revisited", pp.24-25.
12 Layne ibid., p.25.
13 Robert Jervis, "Cooperation under the Security Dilemma", World Politics, Vol. 30, Issue 2 (Jan. 1978), pp.167-214.
14 Christopher Layne, "The Unipolar Illusion Revisited", International Security, Vol. 31, No. 2 (Fall 2006).
15 Paul Sharp, "Virtue Unrestrained: Herbert Butterfiel and the Problem of American

Power", International Studies Perspectives, Vol. 5, Issue 3 (August, 2004), pp.300-315.
16 Christopher Layne, "The Unipolar Illusion Revisited", International Security, Vol. 31, No. 2 (Fall 2006).
17 National Intelligence Council, Mapping the Global Future: Report of the National Intelligence Council's 2020 Project (Washington D.C.: U.S. Government Printing Office, December 2004).
18 Gregory F. Treverton and Seth G. Johnes, Measuring National Power (Santamonica: RAND Corporation, 2005).
19 Christopher Layne, "The Unipolar Illusion: Why New Great Powers Will Rise", International Security, Vol. 17, No. 4 (Spring 1993), pp.5-51.
20 Wiliam Wohlforth, "The Stability of a Unipolar World", International Security, Vol. 24, No. 1(Summer, 1999), pp.5-41.
21 Stephen M. Walt, "Taming American Power", Foreign Affairs, Vol. 84, Issue 5 (September/October 2005), pp.105-120.

6장

1 게르하르트 P. 그로스 지음, 《독일군의 신화와 진실: 총참모부 작전적 사고의 역사》(길찾기, 2016), 86-87쪽.
2 크리스토퍼 클라크, 《몽유병자들》(책과함께, 2019), 66쪽.
3 그로스, 위의 책, 93-94쪽.
4 The White House, National Security Strategy of the United States of America, September 2002.
5 Igor Primoratz, "Michael Walzer's Just War Theory: Some Issues of Responsibility," Ethical Theory and Moral Practice, 5(2)(2002), pp.221-243; Terry Nardin, "Michael Walzer, Just and Unjust Wars", The Oxford Handbook of Classics in Contemporary Political Theory (Oxford: Oxford University Press, 2015), pp.532-543; Margaret Moore, "Michael Walzer, Spheres of Justice," Jacob T. Levy(ed.), The Oxford Handbook of Classics in Contemporary Political Theory (Oxford: Oxford University Press, 2015), pp.544-556.
6 Jack S. Levy, "Preventive War and Democratic Politics", International Studies Quarterly (2008), 52, pp.1-24.
7 렌션은 예방전쟁을 선택한 정치지도자들의 심리를 분석하면서 예방적 조치에 대한 이러한 해석을 하였다. Jonathan B. Renshon, Why Leaders Choose War: The Psycology of Prevention (Westport, CT: Praeger, 2006) Ch.1.
8 Jules Lobel, "Preventive War and the Lessons of History", University of Pittsburgh Law Review, Vol. 68:307, 2006, p.313.

9   Lobel, ibid., p.318.
10 David Hendricson, "Imperialism versus internationalism: The United States and World Order", Gaiko Forum, Fall 2002, pp.35-42.
11 이하 고대부터 2차세계대전까지 본문에서 서술된 예방전쟁의 사례들은 Jules Lobel의 글을 인용. pp.314-324.
12 해당 내용 관련 테일러의 연구는, A.J.P. Taylor, The Struggle for Mastery in Europe, 1848-1918 (Oxford: Clarendon Press, 1954), p.166을 참고 바람; Lobel, ibid., p.319.
13 Robert Jervis, "War and Misperception", The Interdisciplinary History, Vol. 18, No. 4, Spring 1988, p.688.
14 Olaf Scholz, "Policy statement by Olaf Scholz, Chancellor of the Federal Republic of Germany and Member of the German Bundestag", February 27, 2022.
15 Stephen Walt, "The Gold Medal for Foreign Policy Goes to Germany", Foreign Policy, February 7, 2022; Robert Jervis, System Effects: Complexity in Political and Social Life (Princeton University Press, 1998).
16 Sudha David-Wilp and Thomas Kleine-Brockhoff, "A New Germany: How Putin's Aggression Is Changing Berlin", Foreign Affairs, March 1, 2022.
17 Sudha David-Wilp and Thomas Kleine-Brockhoff(2022), ibid..
18 Philip Zelikow and Condoleezza Rice, Germany Unified and Europe Transformed: A Study in Statecraft (Cambridge, MA: Havard University Press, 1995), p.207.; Henry Mance, "Thatcher Saw Soviets as Allies Against Germany", Financial Times, October 29, 2016.; 그레이엄 앨리슨, 《예정된 전쟁》(세종서적, 2018), 293쪽 재인용.
19 Andrew Moravcsik, The Choice for Europe: Social Purpose and State Power from Messina to Maastricht (Ithaca, NY: Cornell University Press, 1998), p.407.; 그레이엄 앨리슨, 《예정된 전쟁》, 294쪽 재인용.
20 페데리코 람피니, 《지도위의 붉은 선》(갈라파고스, 2022), 91-92쪽.
21 폴 레버, 《독일은 어떻게 유럽을 지배하는가》(메디치, 2019), 30-31쪽.
22 폴 레퍼, 위의 책, 27-28쪽.
23 2014년 7월 25일판 Newsweek 표지기사 제목
24 Rose Jacobs, "On Top of the World: This Could Be the Start of a Century of German Success," Newsweek, July 07, 2014.
25 폴 레버, 위의 책, 29-30쪽.
26 Jacob Heilbrunn, "The Interview: Henry Kissinger", National Interest, August 19, 2015.; 폴 레버, 《예정된 전쟁》, 292-293 재인용.
27 Stephen Green, "Germany: Angst, Torture, and the Reluctant Leadership of Europe," Newsweek, June 10, 2014.
28 그레이엄 앨리슨의 책(2018), 295-296쪽.
29 Aamer Madhani and Zeke Miller, "Biden-Kishida Summit: The Japan-US Alliance Has Gone Global", Diplomat, April 11, 2024.; 이본영, "'전쟁할 수 있는 일본'

현실화…미국이 날개를 달아 줬다", 강소연, "미일동맹 72년, 역대 최고수준 격상," 《한겨레》, 2024년 4월 12일.
30 Robbie Gramer, Amy Mackinnon, and Christian Lu, "NATO Countries Begin Ushering Finland and Sweden into the Fold", Foreign Policy, May 16, 2022.
31 이와 관련한 내용은 빌트의 다음의 글을 참고. Carl Bildt, "NATO's Nordic Expansion: Adding Finland and Sweden Will Transform European Security", Foreign Affairs, April 26, 2022.
32 2021년 말에서 우크라이나 전쟁 직전까지 스웨덴과 핀란드에서 나토가입 문제의 재부상 관련 내용은 다음의 글 참조 바람. Heli Hautala, "Russia Is Driving Sweden and Finland Closer to NATO", Foreign Affairs, February 02, 2022.
33 Michael Hirsh, "How Finland Could Tilt the Balance Against Putin", Foreign Policy, April 13, 2022.
34 "Is NATO finally in Finland's future?" (source: TLE/Taloustutkimus), https://www.dw.com/en/is-nato-finally-in-finlands-future/a-61283265 (2022/06/09).
35 미국 언론매체 《NPR》의 인터뷰 내용, Frank Langfitt, "The Russia-Ukraine war drives countries to consider NATO membership", NPR, April 22, 2022.
36 Stephen M. Walt, "What Are Sweden and Finland Thinking?", Foreign Policy, May 18, 2022.
37 Amy Mackinnon, "Swedish Defense Minister: 'In Our Part of Europe, NATO Will Be Much Stronger'", Foreign Policy, May 19, 2022.
38 Robert Jervis, Perception and Misperception in International Politics (Princeton NJ: Princeton University Press, 1976), ch.4, pp.117-202.
39 Robert Jervis, ibid., ch5, pp.203-216.
40 Robert Jervis, ibid., ch6, pp.217-287.
41 Robert Jervis, ibid., ch7, pp.288-316.
42 Robert Jervis, ibid., ch8, pp.319-342.
43 Robert Jervis, ibid., ch10, pp.356-381.
44 크리스토퍼 클라크, 《몽유병자들: 1914년 유럽은 어떻게 전쟁에 이르게 되었는가》 (책과함께, 2019), 22-35쪽.

7장

1 Francis Fukuyama, "The End of History?", The National Interest, No.16(summer 1989), pp.3-18.
2 Francis Fukuyama, Identity: The Demand for Dignity and The Politics of Resentment (New York: Farrar, Straus and Giroux, 2018), pp.7-13.
3 Larry Diamond, "Facing up to the Democratic Recession", Journal of Democracy, Vol.26 Issue1(Jan. 2015), pp.141-155.

4   Kurt Campbell, Robert Kagan, Robert Zoellick et al., "Extending American Power: Strategies to Expand U.S. Engagement in a Competitive World Order" (Washington D.C.: Center for a New American Security), May 2016, p.17.
5   John J. Mearsheimer, "Bound to Fail: The Rise and Fail of Liberal International Order," International Security, Vol. 43, No. 4, Spring 2019, p.7.
6   Jake Sullivan, "Remarks by National Security Advisor Jake Sullivan on Renewing American Economic Leadership," at the Brookings Institution, April 27, 2023.; Franklin Foer, "The New Washington Consensus," The Atlantic, May 9, 2023.; Mathew Duss, "The Era of neoliberal foreign policy is over," Foreign Policy, May 18, 2023.
7   Graham Allison, "The Myth of the Liberal Order", Foreign Affairs, July/August 2018.
8   Patrick Porter, "A World Imagined: Nostalgia and Liberal Order", Policy Analysis, No.843(June 5, 2018).; Amitav Acharya, The End of American World Order (Cambridge: Polity Press, 2018).
9   Joseph S. Nye Jr., 《미국외교는 도덕적인가Do Morals Matter?: 루스벨트부터 트럼프까지》(명인문화사, 2021), 17쪽.
10 Joseph S. Nye Jr., 위의 책, 315, 344-347쪽.
11 Michael Mazarr et al., Understanding the Emerging Era of International Competition (RAND Corporation, 2018).; Joseph S. Nye Jr., 위의 책, 248, 306-307쪽.
12 Francis Fukuyama, The End of History: The Last Man (New York: Free Press, 1992), pp.xi.
13 John J. Mearsheimer, "Bound to Fail: The Rise and Fail of the Liberal International Order", International Security (2019) 43 (4), p.7.
14 Daniel A. Bell, David Brown, Kinishka Jayasuriya, and David M. Johns, Towards Illiberal Democracy in Asia Pacific (New York: Palgrave Macmillan, 1995), pp.1-16.
15 Steven Levitsky and Lucan Ahmad Way, "Elections without Democracy: The Rise of Competitive Authoritarianism", Journal of Democracy, Vol.13 Issue 2, April 2002, pp.51-65.
16 Fareed Zakaria, "The Rise of Illiberal Democracy", Foreign Affairs, November/December 1997.
17 Samuel P. Huntington, The Third Wave: Democratization in the Late Twenties Century (Norman and London: University of Oklahoma Press, 1991).
18 Guillermo A. O'Donnell, Philippe C. Schmitter, Laurence Whitehead(eds.), Transition from Authoritarian Rule: Comparative Perspectives (Baltimore: Johns Hopkins University Press, 1986).
19 Zbigniew Brzezinski, "Post-Communist Nationalism", Foreign Affairs, Winter 1989/90.
20 Fareed Zakaria, "The Rise of Illiberal Democracy", Foreign Affairs, Nov/Dec 1997.

21 존 스튜어트 밀, 《자유론》 (책세상, 2017), 17-25쪽.
22 Isaiah Berlin, Four Essays on Liberty (Oxford: Oxford University Press, 1969), pp.121-131.
23 벌린의 적극적 자유에 대한 개념과 그 비판 내용은 다음의 글을 참고하였다. 김병곤, "민주주의와 자유의 이해: 어떤 자유인가", 한신대 한반도평화학술원·고려대 정치연구소 SSK양극화연구센터 공동학술회의 <자유, 인권, 그리고 민주주의>, 2023년 11월 17일, 1-14쪽.
24 김병곤, <민주주의와 자유의 이해: 어떤 자유인가>, 한신대 한반도평화학술원·고려대 정치연구소 SSK양극화연구센터 공동학술회의, 13쪽.
25 Philip Pettit, Republicanism: A Theory of Freedom and Government (Oxford: Clarendon Press, 1997), 51-79.; 필립 페팃, 《왜 다시 자유인가》 (한길사, 2019).
26 정태욱의 발표문 "북한인권의 정치학: 평화공존과 인도주의", 한신대 한반도평화학술원·고려대 정치연구소 SSK양극화연구센터 공동학술회의 <자유, 인권, 그리고 민주주의>, 2023년 11월 17일, 69쪽.
27 정태욱, 〈롤즈에 있어서의 '정치적인 것'의 개념〉, 《법철학연구》, 제4권 제2호, 2001, 133-158쪽.; 정태욱의 발표문 "북한인권의 정치학: 평화공존과 인도주의", 한신대 한반도평화학술원·고려대 정치연구소 SSK양극화연구센터 공동학술회의 〈자유, 인권, 그리고 민주주의〉, 2023년 11월 17일, 88쪽 재인용.
28 Charles L. Glaser, "A Flawed Framework: Why the Liberal International Order Concept Is Misguided", International Security, Vol. 43, No. 4, p.52.
29 Hedley Bull, Anarchical Society: A Study of Order in World Politics (New York: Columbia University Press, 1977), p.8.; G. John Ikenberry, Liberal Leviathan: The Origins, Crisis, and Transformation of the American World Order (Princeton N.J.: Princeton University Press, 2011), p.48.
30 Charles Glaser, "A Flawed Framework: Why the Liberal International Order Concept Is Misguided", International Security, (2019) 43 (4), pp.65-71.
31 G. John Ikenberry, After Victory: Institutions, Strategic Restraint, and the Rebuilding of Order after Major Wars (Princeton N.J.: Princeton University Press, 2001), p.15.
32 Randall Schweller, "The Problem of International Order Revisited: A Review Essay," International Security, Vol. 26, No. 1, Summer 2001, pp.176-184.
33 Janice Bially Mattern and Ayse Zarakol, "Hierarchies in World Politics", International Organization, Vol. 70, No. 3, Summer 2016, pp.623-654.; G. John Ikenberry, Liberal Leviathan: The Origins, Crisis, and Transformation of American World Order (Pinceton N.J.: Princeton University Press, 2011), p.56, 70-74.
34 Thomas J. Wright, All Measures Short of War: The Contest for the 21 Century and the Futuer of American Power (New Haven, Conn.: Yale University Press, 2017), p.1.
35 Barbara Geddes, "What Do We Know about Democratization after Twenty Years,"

Annual Review of Political Science, Vol. 2, No. 2, June 1999, 115-144.

36 《포린어페어즈》에 실린 아론 프리드버그 등의 글이 대표적이다. J. Stapleton Roy, Aaron Friedberg, Thomas Christensen, Patriccia Kim, Kurt Campbell, and Ely Ratner, in Wang Jisi et al., "Did America Get China Wrong? The Engagement Debate", Foreign Affairs, Vol. 97, No. 4, July/August, 2018.

37 Ivo Daalder & James M. Lindsay, The Empty Throne: America's Abdication of Global Leadership (New York: PublicAffairs, 2018), pp.1-11, 157-178.

38 John J. Mearsheimer, "Bound to Fail: The Rise and Fall of the Liberal International Order", International Security, Vol. 43, No. 4, Spring 2019. pp.7-50.

39 Frank A. Ninkovich, The Global Republic: America's Inadvertent Rise to World Power (Chicago: University of Chicago Press, 2014).

40 G.J. Ikenberry, "Why American Power Endures: The Us-Led Order Isn't in Decline", Foreign Affairs, 101 (2022).

41 Richard Haass, "Liberal World Order, R.I.P", Project Syndicate, March 21, 2018.

42 Patrick Porter, The False Promise of Liberal order: Nostalgia, Delusion, and the Risk of Trump (Cambridge: Polity, 2016), p.16.

43 Charles Maier, Leviathan 2.0: Inventing Modern Statehood (Cambridge: Cambridge University Press, 2019), p.16.

8장

1 Stephen Kotkin, "Realist World: The Players Change, but the Game Remains", Foreign Affairs, July/August 2018.

2 Graham Allison, "The New Spheres of Influence: Sharing the Globe with Other Great Powers," Foreign Affairs, March/April 2020.

3 Condoleezza Rice, "Secretary Rice Addresses U.S.-Russia Relations at German Marshall Fund", September 18, 2008.

4 Tony Barber, "Clinton rejects Russian Claims to Sphere of Influence", Financial Times, March 05, 2009.

5 Keith Johnson, "Kerry Makes It Official: 'Era of Monroe Doctrine Is Over'," Wall Street Journal, November 18, 2013.

6 Joe Biden, "Brookings Host Vice President Joe Biden for Remarks on the Russia-Ukraine Conflict", The Brookings Institution, May 27, 2015.

7 Gideon Rachman, "China, Russia and the Sinatra Doctrine", Financial Times, November 24, 2014.

8 Robert Kagan, "The United States Must Resist a Return to Spheres of Interest in the International System," Brookings Institution, February 19, 2015.

9 Graham Allison, "The New Spheres of Influence: Sharing the Globe with Other Great

Powers", Foreign Affairs, March/April 2020.
10 Daniel H. Deudney, "Sphere of Influence", Encyclopedia Britannica.; "England, Germany, and New Guinea", The Brisbane Courier, June 13, 1885. (trove.nla.gov.au/newspaper/article/3442941).
11 American Foreign Relations, "Protectorates and Spheres of Influence: Spheres of Influence prior to World War Ⅱ", (americanforeignrelations.com/W-O/Protectorates-and-Spheres-of-Influence-Spheres-of- Influence-prior-to-World-War- ⅱ .html)
12 Graham Allison(2020), ibid..
13 Edy Kaufman, The Superpowers and Their Spheres of Influence: The United States and the Soviet Union in Eastern Europe and Latin America (London :Croom Helm, 1976), p.11.; Paul Keal, Unspoken Rules and Superpower Dominance (London: Palgrave Macmillan, 1983), p.15.
14 Susanna Hast, Spheres of Influence in International Relations: History, Theory and Politics (New York: Routledge, 2016), pp. 1-4.
15 Susanna Hast, ibid., pp.78-82.
16 John Agnew, Geopolitics: Re-Visioning World Politics (London and New York: Routledge, 2003).
17 Hans Vollaard, "The Logic of Political Territoriality," Geopolitics, Vol. 14, No. 4, 2009, p.694.; Stefanie Ortmann, "Spheres of Influence and Changing Geographies of The State", Sami Moisio & Natalie Koch(eds.), Handbook on The Changing Geographies of The State: New Spaces of Geopolitics (Northamton MA: Edward Elgar Publishing, 2020), pp.313-315.; John M. Hobson, The Eurocentric Conception in World Politics: Western International Theory 1760-2010 (Cambridge: Cambridge University Press, 2014).
18 Ola Tunander, "Swedish-German Geopolitics for a New Century: Rudolf Kjellen's 'The State as A Living Organism'", Review of International Studies, No. 27, 2001, pp.451-452.
19 Gearoid O'Tuathail, Simon Dalby and Paul Routledge, The Geopolitics Reader (London and New York: Routledge, 1998), pp.4-5.
20 Stuart Elden, "Reading Schmitt Geopolitically: Nomos, Territory and Großraum", Radical Philosophy, May/June 2010, p.23.
21 The Federal Chancellor, "Policy Statement by Federal Chancellor Angela Merkel on The Situation in Ukraine," in German Bundestag, 13 May, 2014.
22 Ian Traynor, "Obama and Merkel Warn of Tougher Sanctions against Russia over Ukraine," The Guardian, 5 June, 2014.
23 The United States and Donald Trump, The National Security Strategy of United States of America (Washington DC: White House), 2017, pp.25-26.
24 Iain Ferguson and Susanna Hast, "Introduction: Return of Spheres of Influence",

Geopolitics, Vol. 23, No. 2, 2018, pp.277-284.
25 Walter Russell Mead, "The Return of Geopolitics: The Revenge of The Revisionist Powers", Foreign Affairs, May/June, 2014.
26 Stefan Auer, "Carl Schmitt in Kremlin: The Ukraine Crisis and The Return of Geopolitics", International Politics, Vol. 91, No. 5, 2015, pp.953-968.
27 헤어프리드 뮌클러, 《파편화한 전쟁》(곰출판, 2017) 322-377쪽.
28 Walter Laqueur, Putinism: Russia and its Future with the West (New York: Thomas Dunne Books, 2015), pp.118-120.
29 Walter Laqueur, Putinism, pp.130-134.; Jan Zielonka, Europe as Empire: The Nature of the Enlarged European Union (Oxford: Oxford University Press,2007), pp.164-190.; Herfried Münkler, Empires: The Logic of World Domination from Ancient Rome to United States (Cambridge: Polity Press, 2007), pp.161-167.
30 Hedley Bull, The Anarchical Society: A Study of Order in World Politics (London: Red Globe Press, 2012), p.23.
31 Nicolas Guilhot(ed.), The Intervention of International Relations Theory: Realism, The Rockefeller Foundation, and the 1954 Conference on Theory (New York: Columbia University Press, 2011), p.23.
32 Matthew Specter, The Atlantic Realist: Empire and International Political Thought between Germany and the United States (Stanford, California: Stanford University Press, 2022), pp.1-17.; Michael Heffernan, "The Origins of European Geopolitics," Klaus Dodds and David Atkinson(eds.), Geopolitical Traditions: A Century of Geopolitical Thought (New York: Routledge, 2000), pp.51-70.
33 David Lane and Vsevolod Samokhalov(eds.), The Eurasian Project and Europe: Regional Discontinuity and Geopolitics (London: Palgrave Macmillan, 2015).; Aaron L. Friedberg, "An Answer to Aggression: How to Push Back against Beijing", Foreign Affairs, September/October, 2020.; Yan Xuetong, Leadership and the Rise of Great Powers (Princeton N.J.; Princeton University Press, 2019).
34 Robert Kaplan, Revenge of Geography: What the Map Tells Us About Coming Conflicts and the Battle against Fate (New York: Random House, 2012).
35 "Biden's decision on Afghanistan receives modest support, but execution of U.S. troop withdrawal does not" (Source: Spring 2022 Global Attitude Survey, Q21), Pew research Center, July 25, 2022.
36 Ted Van Green and Carroll Doherty, "Majority of U.S. public favors Afghanistan troop withdrawal; Biden criticized for his handling of situation," Pew Research Center, August 31, 2021.
37 William D. Hartung, "Profits of War: Corporate Beneficiaries of the Post-9/11 Pentagon Spending Surge", 20 Years of War: A Costs of War Research Series, Center for International Policy, Watson Institute at Brown University, September 13,

2021.
38 Katherine Schaeffer, "A year later, a look back at public opinion about the U.S. military exit from Afghanistan," Pew Research Center, August 17, 2022.
39 Laura Clancy, "International opinion of Joe Biden in 6 charts," Pew Research Center, July 25, 2022.
40 "China Eyes Afghanistan's Lithium Reserves, offers to invest USD 10 Billion", The Economic Times, April 15, 2023.
41 Gideon Rachman, "Afghanistan is now part of the post-American world", Financial Times, August 16, 2021.
42 Gideon Rachman, "Joe Biden's credibility has been shredded in Afghanistan", Financial Times, August 13, 2021.
43 "Biden rattles UK with his Afghanistan Policy", New York Times, 18 Aug., 2012. https://www.nytimes.com/2021/08/18/world/europe/britain-afghanistan-johnson-biden.html
44 "Merkel Ally Slams U.S. for Afghan Debacle as Tensions Rise", Bloomberg, 18 Aug., 2021.
45 "The fiasco in Afghanistan is a grave blow to America's standing", The Economist, August 21, 2021. https://www.economist.com/leaders/2021/08/21/the-fiasco-in-afghanistan-is-a-grave-blow-to-americas-standing
46 "UK Parliament grills Boris Johnson over Afghanistan and has harsh words for Biden, too.", New York Times, 18 Aug., 2021. https://www.nytimes.com/2021/08/18/world/uk-parliament-grills-boris-johnson-over-afghanistan-and-has-harsh-words-for-biden-too.html
47 Stephen M. Walt, "The Real Reason U.S. Allies Are Upset About Afghanistan", Foreign Policy, August 27, 2021.
48 "The Real Reason U.S. Allies Are Upset About Afghanistan", Foreign Policy, August 27, 2021.
49 Gideon Rachman, "Joe Biden's credibility has been shredded in Afghanistan", Financial Times, August 13, 2021.

9장

1 "Joint Statement Following Discussions with Leaders of the People's Republic of China: Shanghai, February 27, 1972", FRUS 17, pp.812-816.; 헨리 키신저, 《헨리 키신저의 중국이야기》 (민음사, 2012), 19, 254-255, 293-339쪽.
2 Olivia Gazis and Caitlin Yilek, "China 'most consequential threat' to U.S. national security, top intelligence official says", CBS News, March 8, 2023. (https://www.cbsnews.com/news/china-worldwide-threats-hearing/)

3   Konrad Blazejowski, "The Phenomenon of "Japan Bashing" in US-Japanese Relations", Ad Americam. Journal of American Studies, Vol. 10, 2009, pp.7-13.
4   Stephen Roach, "Japan Then, China Now", Project Syndicate, May 27, 2019.
5   예를 들어, 1996년 중국의 GDP는 미국의 11,6%, 국방예산은 13% 정도에 불과하였다. United Nations, United Nations Statistical Yearbook, 1997.
6   오늘날에도 일본이 진정한 의미의 민주주의인가에 대한 문제제기는 꾸준히 제기되어 오고 있다. 이와 유사한 문제를 다룬 글들은, 예를 들어 Brendan Howe and Jennifer S. Oh, "Japan: A Superficially Democratic State?", Brendan Howe(ed.), Democratic Governance in Northeast Asia: A Human-Centered Approach to Evaluating Democracy (London: Palgrave Pivot London, 2015), pp.70-86.; John Nilsson-Wright and Joe Wallace, "Democracy in Japan", Chatham House, 8 September 2022. 등이 있다.
7   Yi Edward Yang and Xinsheng Liu, "The 'China Threat' through the Lens of US Print Media: 1992-2006", Journal of Contemporary China, 21(76), July 2012, pp.1-17.
8   로버트 저비스의 위협인식에 대한 자세한 내용은 다음을 참 조바람: Robert Jervis, Perception and Misperception in International Politics (Princeton, NJ: Princeton University Press, 1976).
9   Richards J. Heuer Jr., Psychology of Intelligence Analysis (Government Printing Office, 1999).; Yi Edward Yang and Xinsheng Liu, "The 'China Threat' through the Lens of US Print Media: 1992-2006", Journal of Contemporary China, Vol.12, Issue 76, 2012, p.17.
10 Thomas J. Christensen, Useful Adversaries: Grand Strategy, Domestic Mobilization, and Sino-American Conflict 1947-1958 (Princeton NJ: Princeton University Press, 1996), p.3.
11 J. David Singer, "Threat Perception and Armament-Tension Dilemma", Journal of Conflict Resolution Vol. 2, No. 2, March 1958, pp.90-105.
12 Fareed Zakaria, From Wealth to Power: The Unusual Origins of America's World Role (Princeton NJ: Princeton University Press, 1998), pp.5-9.
13 여러 함정에 관한 보완 설명은 다음을 참고하라. Joseph S. Nye Jr., "The Kindleberger Trap," Project Syndicate, January 09, 2017.; "The Four Traps China May Fall Into", from Asia Unbounded and Project on China as a Global Leader, Council on Foreign Relations, October 30, 2017.
14 "Henry Kissinger 'We are in a very, very, very grave period'", by Edward Luce, Financial Times, July 20, 2018.
15 National Security Strategy of the United States of America (Washington, DC: White House, December 2017).
16 John J. Mearsheimer, "The Inevitable Rivarly: America, China, and the Tragedy of Great-Power Politics, Foreign Affairs, November/December 2021.

17 Kurt M. Campbell and Ely Ratner, "The China Reckoning: How Beijing Defied American Expectations", Foreign Affairs, March/April 2018.
18 홍호펑,《제국의 충돌: '차이메리카'에서 '신냉전'으로》(글항아리, 2022).
19 홍호펑, 위의 책, 27-33쪽.
20 Samuel Wagreich, "Lobbying by Proxy: A Study of China's Lobbying Practices in the United States, 1979-2010 and the Implication for FARA," Journal of Politics & Society, Vol. 24, No. 1, 2013, p.150.
21 홍호펑, 위의 책, 34-42, 44-45 쪽.
22 Niall Ferguson and Moritz Schularick, "'Chimerica and Global Asset Market Boom", International Finance, Vol. 10, No. 3, 2007, pp.215-239.; Niall Ferguson, The Ascent of Money: A Financial History of the World (London: Allen Lane, 2008).
23 홍호펑, 위의 책, 51-55쪽.
24 Samuel Wagreich, "Lobbying by Proxy: A Study of China's Lobbying Practices in the United States, 1979-2010 and the Implication for FARA", Journal of Politics & Society, Vol. 24, No. 1, 2013, p.151.
25 Samuel Wagreich, ibid., p.131.; 홍호펑, 위의 책, 60-73쪽.

10장

1 Gideon Rachman, "Gideon Rachman: When China Becomes No. 1", iPolitics, June 7, 2011. https://ipolitics.ca/2011/06/07/gideon-rachman-when-china-becomes-number-one/
2 Encyclopedia Britannica, "The First Barbary War", Encyclopedia Britannica.
3 David Arase, "Free and Open Indo-Pacific Strategy Outlook", Trends in Southeast Asia, No, 12, 2019(ISEAS, Yusof Ishak Institute).
4 "Free and Open Indo-Pacific Strategy Outlook", Trends in Southeast Asia, No, 12, 2019.; Lowy Institute, "Asia Power Index, 2020 Edition: Comprehensive Power", ower.lowyinstitute.org.
5 쿼드의 전개와 발전 과정(쿼드 1.0, 쿼드 2.0 등)에 관한 사항은 다음의 자료를 참고하였음. Patrick Gerard Buchan and Benjamin Rimland, "Defining the Diamond: The Past, Present, and Future of the Quadrilateral Security Dialogue", March 2020, CSIS.; Enrico D'Ambrogo, "The Quad: An emerging multilateral Security Framework of Democracies in the Indo-Pacific Region", Europen Parliamentary Research Service(ERPS), March 2021.
6 Tanvi Madan, "The Rise, Fall, and Rebirth of the Quad", War on the Rocks, November 06, 2017.
7 Tanner Greer, "Oh God, Not Another Long Telegram About China", Foreign Affairs, March 2021.

8 한승호, 유철종, <시진핑 '亞 안보협력기구' 창설제안, 美 정면겨냥>, 《연합뉴스》, 2014, 05, 21.
9 "Free and Open Indo-Pacific Strategy Outlook", Trends in Southeast Asia, 2019. No.12.
10 Debasish Roy Chowdhury, "Quad is Key to Biden's Strategy in Asia, But the Four-Way Alliance Is Ambiguous and Contradictory", Time, 18 March, 2021.
11 Jake Sullivan, "Remarks and Q&A by National Security Advisor Jake Sullivan on the Future of U.S.-China Relations", Council in Foreign Relations(CFR), January 30, 2024.
12 헨리 키신저, 《헨리 키신저의 중국이야기》 (민음사, 2012), 200-201쪽.
13 "Memorandum of Conversation between Romanian Deputy Premier Gheorghe Radulescu and Zhou Enlai", December 12, 1970, Cold War International History Project Bulletin(CWIHPB), No. 16, Fall 2007/Winter 2008, p.439.; "Message from Zhou to Nixon(Document 29)", May 29, 1971, "The Beijing-Washington Back Channel and Henry Kissinger's Secret Trip to China", National Security Archive Electronic Briefing Book No. 66, Edited by William Burr, National Security Archive, February 27, 2002, pp.1-2.; "Memcom, Kissinger and Zhou: Opening Statements, Agenda, and President's Visit(Document 10)", October 20, 1971(4:40-7:10p.m.), "Negotiating U.S.-Chinese Rapprochement: New American and Chinese Documentation Leading Up to Nixon's 1972 Trip", National Security Archive Electronic Briefing Book No. 70, Edited by William Burr with Sharon Chamberlain, Gao Bei, and Zhao Han, National Security Archive, May 22, 2002, p.7.: Thomas J. Christensen, Worse than Monolith, (Princeton University Press: 2011), pp.208-209.
14 "Memorandum of Conversation between Richard Nixon and Zhou Enlai", Tuseday, February 22, 1972, 2:10 p.m.-6:00 p.m., Great Hall of the Peking, Wilson Center Digital Archive. (https://digitalarchive.wilsoncenter.org/document/memorandum-conversation-between-richard-nixon-and-zhou-enlai)
15 Christensen, Worse than Monolith, p.210.
16 "Discussion between N.S. Khrushchev and Mao Zedong", October 2, 1959(Present at the conversation: Cdes. M.A. Suslov and A.A. Gromyko/ Cdes: Deputy Chairman of the CC CCP Liu Shaoqi, Zhao Enlai and Lin Biao; Members of the Politburo Peng Zhen and Chen Yi; Members of the Secretariat Wang Xia Sang).
17 "Discussion between N.S. Khrushchev and Mao Zedong", October 2, 1959.; Worse Than Monolith, pp.158-159.
18 "Discussion between N.S. Khrushchev and Mao Zedong", October 2, 1959.
19 Richard Haass and David Sacks, "The Growing Danger of U.S. Ambiguity on Taiwan", Foreign Affairs, December 13, 2021.
20 Oriana Skylar Mastro, "The Taiwan Temptation: Why Beijing Might Resort to

Force", Foreign Affairs, July/August, 2021.
21. Rachel Esplin Odell, Eric Heginbotham, Bonny Lin, David Sacks, Kharis Templeman, and Oriana Skylar Mastro, "Strait of Emergency?: Debating Beijing's Threat to Taiwan", Foreign Affairs, September/October, 2021.
22. 헨리 키신저, 《헨리 키신저의 중국이야기》(민음사, 2012), 336쪽.
23. 억제에 있어서 위협과 보장을 결합하는 문제는 다음의 글을 참조. Bonnie S. Glaser, Jessica Chen Weiss and Thomas J. Christensen, "Taiwan and True Source of Deterrence", Foreign Affairs, January/February, 2024.
24. Bonnie S. Glaser, Jessica Chen Weiss and Thomas J. Christensen, "Taiwan and True Source of Deterrence", Foreign Affairs, January/February, 2024.
25. "Full transcript of ABC News 'George Stephanopoulos' interview with President Joe Biden", ABC, August 19, 2021.
26. Maj Jessica Renee Tayler, "Obstercle to US-South Korea Alliance Regional Contingency Planning and Considerations for US Policy", Journal of Indo-Pacific Affairs, pp.152-154.; Niharika Mandhana, "China Is Capable of Blocking Taiwan, U.S. Navy Commander Says", Wall Street Journal(WSJ), September 20, 2022.; Marcus Weisgerber, "Air Force Secretary: 'China Would be Making an Enormous Mistake to Invade Taiwan'", Defence One, September, 2022.
27. By Kristen Welker, Courtney Kube, Carol E. Lee and Andrea Mitchell, "Xi warned Biden during summit that Beijing will reunify Taiwan with China", NBC, December 20, 2023. https://www.nbcnews.com/news/china/xi-warned-biden-summit-beijing-will-reunify-taiwan-china-rcna130087
28. Bonnie S. Glaser, Jessica Chen Weiss and Thomas J. Christensen, "Taiwan and True Source of Deterrence", Foreign Affairs, January/February, 2024.
29. Mark F. Cancian, Matthew Cancian, and Eric Heginbotham, "The First Battle of the Next War: Wargaming a Chinese Invasion of Taiwan", A Report of the CSIS International Security Program, January 9, 2023. https://www.csis.org/analysis/first-battle-next-war-wargaming-chinese-invasion-taiwan; Bonny Lin, Brian Hart, Chen Ming-Chi, Shen Ming-Shih, Samantha Lu, Truly Tinsley, and Yu-Jie (Grace) Liao, "Surveying the Experts: U.S. and Taiwan Views on China's Approach to Taiwan", Report of the CSIS China Power Project, January 2024. https://csis-website-prod.s3.amazonaws.com/s3fs-public/2024-01/240122_Lin_Surveying_Experts.pdf?VersionId=KpijDB0VBA6tKMBZd_TRr4DLn3YXcXsF

11장

1. Rashid Khalidi, The Hundred Years' War on Palestine: A History of Settler Colonialism and Resistance, 1917-2017 (New York: Metropolitan Books, 2020).

2   Mark Twain, Innocents Abroad or The New Pilgrim's Progress [From an 1869—1st Edition] (Hartford, Conn.: America Publishing Company, 1869), Ch. LVI, pp. 607-608.
3   Mark Twain과 Wiliam Prime의 여행기의 컨텍스트 비교, 성지순례자와 여행자들에 관한 이야기, 이러한 저술과 담론에 대한 오리엔탈리즘적 분석과 관련된 내용은 다음의 글을 참고함. Milette Shamir, "Encounters of a Third Kind: Mark Twain, William C. Prime and Protestant American Holy Land Narratives", Quest. Issues In Contemporary Jewish History, Journal of the Fondazione CDEC, Issue 06, December, 2013.
4   프랭크퍼터에 관련된 내용은 다음을 참조하였다. Felix Frankfurter, "The Palestine Situation Restated", Foreign Affairs, April, 1931.
5   Felix Frankfurter, "The Palestine Situation Restated."
6   Cohen, M. J., "The British Mandate in Palestine: The Strange Case of the 1930 White Paper", European Journal of Jewish Studies, 10(1), 2016, pp.79-107.
7   Carly Beckerman-Boys, "The Reversal of the Passfield White Paper, 1930-1: A Reassessment", Journal of Contemporary History, 51(2), 2015, pp.213-233.
8   The Jewish Agency for Israel, "British White Papers: the MacDonald Letter (February 12, 1931)", Jewish Virtual Library. https://www.jewishvirtuallibrary.org/the-macdonald-letter-february-1931
9   Radha Kumar, "The Troubled History of Partition", Foreign Affairs, January/February 1997.
10 Penderel Moon, Divide and Quit (London: Chatto & Windus, 1961).; "Book Review: Divide and Quit", International Relations, 2(5), April 1, 1962, pp. 345-347.
11 분할 정책에 대한 내용은 Radha Kumar의 앞의 글을 참고하고 인용하였음.
12 Michael Barnett, Nathan Brown, Marc Lynch, and Shibley Telhami, "Israel's One-State Reality: It's Time to Give Up on the Two-State Solution", Foreign Affairs, May/June, 2023.
13 이스라엘의 아파르트헤이트, '하나의 국가 현실' 등과 관련된 서술은 다음의 글을 참고하고 인용함. Michael Barnett, Nathan Brown, Marc Lynch, and Shibley Telhami, "Israel's One-State Reality: It's Time to Give Up on the Two-State Solution".
14 Dalia Dassa Kaye and Sanam Vakil, "Only the Middle East Can Fix the Middle East: The Path to a Post-American Regional Order", Foreign Affairs, March/April 2024.
15 Dalia Dassa Kaye and Sanam Vakil, ibid..
16 중동지역 안정성 구축을 위한 지역국가들의 협력시도와 레짐 형성 사례들은 케이와 바킬의 다음 글을 인용하고 참조함. "Only the Middle East Can Fix the Middle East: The Path to a Post-American Regional Order".
17 Maria Fantappie and Vali Nasr, "The War That Remade the Middle East: How Washington Can Stabilize a Transformed Region", Foreign Affairs, January/February,

2024.

18 Martin Indyk, "The Strange Resurrection of the Two-State Solution", Foreign Affairs, Vol. 103 Issue 2, Mar/Apr, 2024, pp.8-22.

12장

1 우크라이나와 세계전쟁, 그리고 한국전쟁과의 논리적 연관성, 북한의 참전 등에 관한 해석은, Hal Brands, "Ukraine Is Now a World War. And Putin Is Gaining Friends," Bloomberg Opinion, AEI, May 12, 2024 참고바람.

2 Michael Kimmage and Hanna Notte, "How Ukraine Became a World War: New Players Are Transforming the Conflict—and Complicating the Path to Ending It," Foreign Affairs, November 7, 2024

3 제정러시아와 중국의 청왕조 사이에 체결한 네르친스크조약(1689)과 캬흐타조약(1727)에 의한 중국과 러시아의 국간 관계를 의미하며, 이 체제는 중국과 러시아 양국 관계에 국한되는 것이 아니라 이 두 국가를 중심축으로 하여 유라시아 내륙의 국제관계, 그리고 궁극적으로는 유럽과 아시아가 포괄적으로 연계된 것을 의미한다. 초기에는 두 국가 간의 관계에서 유라시아 내륙의 국제관계 그리고 유럽과 아시아를 포괄하는 국제관계로 진화하였다. 이에 대한 자세한 내용은, 백준기, 『유라시아제국의 탄생: 유라시아외교의 기원』(홍문관, 2015) 참고 바람.

4 유철종, 「러시아, 이란에 방공미사일 S-300 공급한다」, 『연합뉴스』, 2015년 11월 9일.

5 https://countryeconomy.com/gdp/north-korea ; https://countryeconomy.com/gdp/vietnam

6 Soo-Bin Park, "The North Korean Economy: Current Issues and Prospects", Table 1: Gross National Product and Per Capita GNP of North Korea, 1965 – 2002, https://carleton.ca/economics/wp-content/uploads/cep04-05.pdf?origin=publication_detail

7 Phuong Anh, Ta Lu, "How Vietnam's economy has changed over 35 years of reforms", VnExpress International, January 26 2021. https://e.vnexpress.net/infographics/economy/how-vietnam-s-economy-has-changed-over-35-years-of-reforms-4226646.html

8 "GDP per capita, current prices: U.S. dollars per capita", Map 2024. https://www.imf.org/external/datamapper/NGDPDPC@WEO/THA/IDN/VNM/MYS/PHL

9 GDP수치만으로는 국가 경제를 총체적으로 분석하고 정의하기 어렵다는 점은 굳이 부언할 필요는 없겠으나, 1인당 GDP라는 기초적인 경제지표가 일반인들에게 시사하는 상징성을 감안한 것이다. 또한 북한이 선택하지 않은 경로의 다른 사례로 베트남을 선택한 이유로는, 과거 분단국가였다는 점, 분단 해소 이후 경제 발전 경로상의 가능성과 잠재력을 추정할 수 있고, 사회주의 체제로서의 사회문화적

유사성, 노동력 수준과 노동문화의 유사성, 그리고 정치 경제적으로 북한과 베트남에 중국 요인이 갖는 영향력이 유사한 점 등이 고려되었다.

10   Daron Acemoglu and James A. Robinson, Why Nations Fail: The Origins of Power, Prosoerity and Poverty (London: Profile Books, 2013), Ch.3 "The Making of Prosperity and Poverty", pp.70-95. 대런 애쓰모글루, 제임스 A. 로빈슨, 『국가는 왜 실패하는가』 (시공사, 2012), 119-129 쪽.
11   『국가는 왜 실패하는가』, 141쪽.
12   Fyodor A. Lukyanov, "Coming Full Circle", Russia in Global Affairs, No.3 2024, September/November.
13   Artyom L. Lukin, 2024. North Korea: The End of Strategic Seclusion? Russia in Global Affairs, No.1, January/February, 2024.
14   Alexander V. Lukin, "Sino-U.S. Rivalry in the Asia-Pacific: Declarations and Actual Policies", No. 1, January/March, 2023.
15   나는 K. 왈츠의 '내부적 균형'이라는 개념에 동의하지 않는다. 왈츠의 내부적 균형은 강대국 간의 균형 행위에 적용할 수는 있으나, 그마저도 내부적 균형이라는 용어 자체가 너무나 평이하여 도구적 설명력이 떨어지는 개념이다. 강대국 간의 외부적 균형 행위도 오히려 안보딜레마라는 개념으로 설명이 대체될 수 있다. 특히, 북한을 포함하여 중소국가가 초강대국에 대항하는 내부적 균형을 성공시킬 가능성은 실질적으로 가능하지 않고, 논란이 있을 수는 있으나 핵무기 보유도 그러할 수 있다. 더욱이, 핵억지력의 작동 이전에 방공망(MD) 등 핵무력에 대한 군사적 안전망이 부재하고 재래식 군사력의 비대칭성이 현격한 상태에서 내부적 균형은 성립하기 어렵다고 할 수 있다.
16   Sergei Lavrov, "Foreign Minister Sergei Lavrov's Statement and Answers to Media Questions at a News Conference Following his Visit to North Korea, Pyongyang, October 19, 2023", The Ministry of Foreign Affairs of Russian Federation, 19 October, 2023. https://mid.ru/en/foreign_policy/news/1910193/ (Accessed 19 November 2024)
17   Joe Biden, "Remarks by President Biden at a Campaign Reception", Private Residence Washington, D.C., October 20, 2023. https://www.whitehouse.gov/briefing-room/speeches-remarks/2023/10/20/remarks-by-president-biden-at-a-campaign-reception-3/ (Accessed 19 November 2024)
18   이에 관한 내용은, Richard Haass, "The Perfect Has Become the Enemy of the Good in Ukraine: Why Washington Must Redefine Its Objectives", Foreign Affairs, November 4, 2024.
19   Robert L. Donaldson(1990), Ibid., p.208.
20   From the Journal of Ambassador P. F. Yudin, 5 April No.289, "Record of Conversation with Mao Zedong, 31 March 1956," Wilson Center Digital Archive.(trans. Mark Doctoroff)

21 "From the Journal of Ambassador Pavel Yudin: Memorandum of Conversation with Mao Zedong on 30 May 1955," Wilson Center Digital Archive.
22 "Discussion between N.S. Khrushchev and Mao Zedong", October 2, 1959(Present at the conversation: Cdes. M.A. Suslov and A.A. Gromyko/ Cdes: Deputy Chairman of the CC CCP Liu Shaoqi, Zhao Enlai and Lin Biao; Members of the Politburo Peng Zhen and Chen Yi; Members of the Secretariat Wang Xia Sang).
23 Thomas J. Christensen, Worse Than Monolith: Alliance Politics and Problems of Coercive Diplomacy in Asia (Princeton and Oxford: Princeton University Press, 2011), p.157.
24 "Discussion between N.S. Khrushchev and Mao Zedong", October 2, 1959; Worse Than Monolith, Ibid., pp.158-159.
25 By editorial department of "Hongqi", "Long Live Leninism," Marxist Internet Archive, Sino-Soviet Split Archive, Long Live Leninism (Peking: Foreign Languages Press, 1960;), pp.1-55, The article originally appeared in Hongqi, issue no. 8 (April 16, 1960).
26 We Shall Be Masters, p.231.
27 Soviet Foreign Policy Since World War Ⅱ, p.214.
28 Soo-Bin Park, "The North Korean Economy: Current Issues and Prospects".
Table 1: Gross National Product and Per Capita GNP of North Korea, 1965 – 2002
29 "김일성과의 면담, 1961년 4월 4일", Дневник Посла СССР в КНДР А. М. Пузанова (북한주재 소련대사 А. М. 푸자노프의 일기), Архив Внешней Политики РФ(러시아연방 대외정치 아카이브), Фонд(Fond) 0102 Посольство СССР в КНДР(북한 주재 소련대사관 보고 문서), Опис(Opis) 17, Папка(Papka) 89, Пор.(Por.) 5.
30 "김일성과의 면담, 1961년 3월 20일", Дневник Посла СССР в КНДР А. М. Пузанова (북한주재 소련대사 А. М. 푸자노프의 일기), Фонд(Fond) 0102, Опис(Opis) 17, Папка(Papka) 89, Пор.(Por.) 5.
31 "김일성과의 면담, 1961년 4월 4일", Дневник Посла СССР в КНДР А. М. Пузанова (북한주재 소련대사 А. М. 푸자노프의 일기), Фонд(Fond) 0102, Опис(Opis) 17, Папка(Papka) 89, Пор.(Por.) 5.
32 "김일성과 코시긴의 대담, 1961년 6월 1일", Дневник Посла СССР в КНДР А. М. Пузанова (북한주재 소련대사 А. М. 푸자노프의 일기), Фонд(Fond) 0102, Опис(Opis) 17, Папка(Papka) 89, Пор.(Por.) 5.
33 "김일성과 코시긴의 대담, 1961년 5월 30일", Дневник Посла СССР в КНДР А. М. Пузанова (북한주재 소련대사 А. М. 푸자노프의 일기), Фонд(Fond) 0102, Опис(Opis) 17, Папка(Papka) 89, Пор.(Por.) 5.
34 "내각 부수상 김일과의 면담, 1961년 5월 24일", Дневник Посла СССР в КНДР А. М. Пузанова (북한주재 소련대사 А. М. 푸자노프의 일기), Фонд(Fond) 0102,

Опис(Opis) 17, Папка(Papka) 89, Пор.(Por.) 5.

35   "김일성과의 면담, 1961년 4월 14일", Дневник Посла СССР в КНДР А. М. Пузанова (북한주재 소련대사 А. М. 푸자노프의 일기), Фонд(Fond) 0102, Опис(Opis) 17, Папка(Papka) 89, Пор.(Por.) 5; "김일성과 푸자노프의 담화, 1961년 8월 1일~10일", Дневник Посла СССР в КНДР А. М. Пузанова (북한주재 소련대사 А. М. 푸자노프의 일기), Фонд(Fond) 0102, Опис(Opis) 17, Папка(Papka) 89, Пор.(Por.) 6.

36   "김일성과 코시긴의 대화, 1961년 6월 1일", "김일성과 코시긴의 대화, 1961년 6월 5일", Дневник Посла СССР в КНДР А. М. Пузанова (북한주재 소련대사 А. М. 푸자노프의 일기), Фонд(Fond) 0102, Опис(Opis) 17, Папка(Papka) 89, Пор.(Por.) 5.

37   "김일성과 코시긴의 대화, 1961년 6월 5일", Дневник Посла СССР в КНДР А. М. Пузанова (북한주재 소련대사 А. М. 푸자노프의 일기), Фонд(Fond) 0102, Опис(Opis) 17, Папка(Papka) 89, Пор.(Por.) 5.

38   "김일성과 푸자노프의 담화, 1961년 7월 15일", Дневник Посла СССР в КНДР А. М. Пузанова (북한주재 소련대사 А. М. 푸자노프의 일기), Архив Внешней Политики РФ(러시아연방 대외정치 아카이브), Фонд(Fond) 0102, Опис(Opis) 17, Папка(Papka) 89, Пор.(Por.) 6.

39   "김일성과 푸자노프의 담화, 1961년 8월 1일~10일", Дневник Посла СССР в КНДР А. М. Пузанова (북한주재 소련대사 А. М. 푸자노프의 일기), Фонд(Fond) 0102, Опис(Opis) 17, Папка(Papka) 89, Пор.(Por.) 6.

40   "1961년 9월 11일자 일기", Дневник Посла СССР в КНДР А. М. Пузанова (북한주재 소련대사 А. М. 푸자노프의 일기), Фонд(Fond) 0102, Опис(Opis) 17, Папка(Papka) 89, Пор.(Por.) 6.

41   오드 아르네 베스타, 김자현, 에르네스트 르낭 등에 관한 내용은, 오드 아르네 베스타, 『제국과 의로운 민족: 한중관계 600년사_하버드대 라이샤워 강연』(너머북스, 2022), 35-42쪽 참고하였음.

42   베네딕트 앤더슨, 『상상된 공동체: 민족주의의 기원과 보급에 대한 고찰』(도서출판 길, 2023), 181쪽.

43   베네딕트 앤더슨, 『상상된 공동체』, 114쪽.

44   베네딕트 앤더슨, 『상상된 공동체: 민족주의의 기원과 보급에 대한 고찰』, 175쪽.

45   오드 아르네 베스타, 『제국과 의로운 민족: 한중관계 600년사_하버드대 라이샤워 강연』, 16쪽.

46   법무부, 『동서독 교류협력 법제 연구』(법무부, 2008), 78-88쪽.

47   『동서독 교류협력 법제 연구』, 96-100쪽.

48   『동서독 교류협력 법제 연구』, 82-83쪽.

13장

1. 대전략에 관한 해당 절의 대체적인 내용은 다음의 책에 근거한 것임을 밝혀둔다. Elizabeth Borgwardt, Christopher McKnight Nicholas, and Andrew Preston(eds.)., Rethinking American Grand Strategy (New York NY: Oxford University Press, 2021), p.1.
2. John Lewis Gaddis, On Grand Strategy (New York: Penguin Press, 2018), p.18.
3. James MacDougall, "Review On Grand Strategy by John Lewis Gaddis", PRISM, vol.7, no.4, 2018, pp.155-158.
4. Hal Brands, What Good Is Grand Strategy?: Power and Purpose in American Statecraft from Harry S. Truman to George W. Bush (Ithaca and London: Cornell University Press, 2014), p.1.
5. Stephen M. Walt, "The Case for Finite Containment: Analysing US Grand Strategy", International Security, Vol.14, Issue.1 (Summer 1989), p.6.; Elizabeth Borgwardt, Christopher McKnight Nicholas, and Andrew Preston(eds.), Rethinking American Grand Strategy, p.1.
6. Elizabeth Borgwardt, Christopher McKnight Nichols, and Andrew Preston(eds.), Rethinking American Grand Strategy (Oxford: Oxford University Press, 2021, pp.6-7.
7. Henri Alfred Kissinger, A World Restored: Metternich, Castlereagh and the Problems of Peace, 1812-1822 (Cambridge, MA: The Riverside Press, 1957), pp.315-316.
8. Henri Alfred Kissinger, ibid., p.320.
9. Henri Alfred Kissinger, ibid., pp.315-316.
10. 부시 정부와 오바마 정부의 대전략에 관한 비교 내용은 Rethinking American Grand Strategy, p.14-16 참고하고 인용함.
11. Williamson Murray, "Thoughts on Grand Strategy and the United States in the Twenty-first Century", Journal of Military and Strategy Studies, 13(1), Fall 2011, p.75.
12. Elizabeth Borgwardt et al.(eds.), Rethinking American Grand Strategy, p.12.
13. Henri Alfred Kissinger, A World Restored, pp.317-318.
14. Henri Alfred Kissinger, ibid. p.319, pp.324-325.

에필로그

1. 존 메이나드 케인즈, 《평화의 경제적 결과》 (부글북스, 2016), 36, 105-106쪽.
2. "No war is undertaken by a good state except on behalf of good faith or for safety", Thornton Lockwood, "Cicero's Philosophy of Just War," p.10. https://philarchive.org/archive/LOCCPO
3. Rory Cox, "The Ethics of War up to Thomas Aquinas", Seth Lazar and Helen Frowe(eds.), The Oxford Handbook of Ethics of War (Oxford: Oxford University Press, 2015), pp. 99-121, p.114.

4　Igor Primoratz, "Michael Walzer's Just War Theory: Some Issues of Responsibility", Ethical Theory and Moral Practice, Vol.5, No.2, June 2002, pp.221-243.; Terry Nardin, "Michael Walzer, Just and Unjust Wars", The Oxford Handbook of Classics in Contemporary Political Theory (Oxford: Oxford University Press, 2015), pp.532-543.; Margaret Moore, "Michael Walzer, Spheres of Justice", The Oxford Handbook of Classics in Contemporary Political Theory, pp.544-556.; Jacob T. Levy ed., The Oxford Handbook of Classics in Contemporary Political Theory (Oxford: Oxford University Press, 2015),

5　Jeff McMahan, "Rethinking the 'Just War', Part 1" and "Rethinking the 'Just War', Part 2," New York Times, November 11, 12, 2012.

6　Peter Bergen, "John Bolton Is Donald Trump's War Whisperer", CNN, May 16, 2019.

7　Colin H. Kahl, "It's Bolton's World. Trump is Just Living in It", Los Angeles Times, May 14, 2019.

8　자크 아탈리, <아탈리 칼럼> "독일통일의 교훈", 《중앙일보》, 2019년 11월 29일.

9　Robert J. Art and Patrick M. Cronin(eds.), United States and Coercive Diplomacy (Washington D.C: United States Institute of Peace Press, 2003), pp.3-20.

10　노먼 데이비스, 《노먼 데이비스의 유럽사 Ⅳ》 (심산출판사, 2021), 29쪽.

11　조지 프리드먼, 《다가오는 유럽의 위기와 지정학》 (김앤김북스, 2020), 236쪽.

12　조지 프리드먼, 위의 책, 74-86쪽.

13　Winston Lord, Kissinger on Kissinger: Reflections on Diplomacy, Grand Strategy, and Leadership (New York: All Points Books, 2019), pp.130-138.

14　Joseph Nye Jr., "The American Century: A Conversation With Joseph Nye", Council of Foreign Relations (CFR), Tuesday, February 20, 2024. https://www.cfr.org/event/american-century-conversation-joseph-nye

15　Alan J. P. Tayler, The Struggle for Mastery in Europe: 1848-1918 (Oxford: Oxford University Press, 1957), p.450.

16　William J. Broad, Chris Buckley and Jonathan Corum, "China Quietly Rebuilds Secretive Base for Nuclear Tests", New York Times, Dec. 20, 2023.

17　Andrew F. Krepinevich, Jr., "The New Nuclear Age: How Change's Growing Nuclear Arsenal Threatens Deterrence", Foreign Affairs, Vol. 101 Issue 1, May/June, 2022, pp.92-104.

18　Edward Hallett Carr, Nationalism and After (London: Macmillan, 1945), p.82.

19　Edward Hallett Carr, The Twenty Year's Crisis 1919-1939: An Introduction to the Study of International Relations (London: Macmillan, 1939), pp.234-235.

20　G. John Ikenberry, "From Hegemony to the Balance of Power: The Rise of China and American Grand Strategy in East Asia", International Journal of Korean Unification Studies, Vol. 23, No.2, 2014, pp.41-63.; "Between the Eagle and the Dragon: America, China, and Middle State Strategies in East

Asia", Political Science Quarterly, Vol.131, No. 1, Spring 2016, pp.9-43.
21　찰스 P. 킨들버거, 《대공황의 세계》(굿모닝북스, 2018), 406-422쪽.
22　버나드 맨더빌, 《꿀벌의 우화: 개인의 악덕 사회의 이익》(문예출판사, 2010), 264쪽.
23　슈테판 츠바이크, 《어제의 세계》(지식공작소, 2014), 556쪽.

| 찾아보기 |

한국어

ㄱ

겐셔, 한스 디트리히 108 109
고르바초프, 미하일 33 52 73 74 75 76
    77 79 80 82 83 84 94 95
    108 109 110 111 112 113 122
    155 219 237 239 590
고립주의 132 136 167 168 169 183
    199 375 581
고어, 앨 118
골드가이어, 제임스 117
국가안보전략 63 205 223 224 251
    284 305 333 378 379 396
    526
국제인권규약 297
그라스, 귄터 237 238
그람시, 안토니오 29 152 155 156 157
    158
그레이트 게임 328 335 345
금태환정지 128
기시다 후미오 244
김일성 495 498 499 504 505 506
    507 508 509 510 613 614
김정은 5 478 483 489 510 512 549
깅그리치, 뉴트 103
꿀벌의 우화 584 617

ㄴ

나토-러시아 정초법 106
네체시타 96 98 570
네타냐후, 벤야민 455 456 466 467
    468 469 470
니부어, 라인홀드 36 587
닉슨, 리처드 127 128 165 280 357
    358 396 403 408 409 410
    424

ㄷ

다섯 개의 독일 235
대권역 332
대처, 마가렛 54 110 238 240
대항균형 171 194 206 207 208 209
덜레스, 존 210 357 411
데땅트 127
도이 머이 480
동방정책 247
동서독 기본조약 521 522 523
두 국가 해법 451 465 467 468 469
    470 471
디즈레일리, 벤자민 244
디킨스, 찰스 29 125

ㄹ

라브로프, 세르게이 249 250 257 348
    489 490
라빈, 레아 544 545
라빈, 이츠하크 465 466 544 545
라이스, 콘돌리자 316 317
라이시, 에브라힘 462
라이칭더 429 432
라첼, 프리드리히 330 331
러드, 케빈 399 400
레이건, 로널드 32 54 92 127 280 360
레이크, 앤서니 102 116
로횔드, 에드몽 444
로퍼, 트레버 43
롤즈, 존 298 601
루소, 장 자크 133 295 298
루스, 헨리 135
루즈벨트, 프랭클린 25 127 165 442
루킨, 블라디미르 119
르 펜, 마린 161 163

ㅁ

마린, 산나 258 261
마셜플랜 79 80 81 82 84 85 87

마오쩌둥 358 362 396 406 409 412
마잉주 424
마지막 인간 538 584
마크롱, 에마누엘 161 233 351 354
마키아벨리, 니콜로 96 98 570
말라바르 훈련 399 401
매킨더, 핼포드 331
맥도널드의 서한 447 448
맥도널드, J. 램지 442 443 444 446 447 448 449 450
맥마흔-후세인 서한 448
맨더빌, 버나드 584 617
머핸, 알프레드 331 530
먼로독트린 317 318 321 322 343
메르켈, 앙겔라 193 233 236 314 333 378 557
메이저, 존 82 83 111
메이, 테레사 351
메테르니히, 클레멘스 폰 41 524 531 536 563
멜로니, 조르자 160 161
모겐소, 헨리 128 342 344
모델스키, 조지 367
모로코 위기 328 329
모스크바협정 247 248
몰타선언 74 78 91 94
몰트케, 헬무트 220 221 229 230 231
무극의 순간 170
문, 에드워드 펜더렐 454
미국의 세기 1 21 132 134 135 136 139 146 525 565 586 593 594 624
미테랑, 프랑수아 82 83 110 238 239 240
민족의 집 444 445 448 449 450 451 452
민주주의 정상회의 65 178
민주평화론 36 106 201 211 547

밀른, 데이비스 536
밀, 존 스튜어트 290 293 601

ㅂ

바디우, 알랭 37
바르바리 전쟁 392
바르샤바조약기구 67 75 77 109 114 115 247
바웬사, 레흐 102 117
바이든, 조 49 52 53 63 64 65 66 70 72 135 144 148 164 165 166 169 171 178 185 197 210 251 252 256 275 276 292 302 304 305 312 318 345 346 347 349 350 351 355 366 378 380 388 391 392 405 406 422 429 430 431 432 457 459 460 469 470 525 526
바이츠만, 하임 447 452
반도체과학법 169 302 304
발더제, 알프레드 220 229 231
백인의 짐 26 445
밴스, 사이러스 299
밸푸어 선언 447 448 449 452
버크, 에드먼드 229 527
벌린, 이사야 293 294 295 296 601
베게티우스, 푸블리우스 41
베스트팔렌체제 44 203 204 208
베어복, 안나레나 235
베이징 컨센서스 70 158 181
베이커, 제임스 81 82 83 100 109 110
베이컨, 프란시스 267
베트만, 테오발트 231 232
보드리야르, 장 31
볼테르 36 312
봉쇄정책 62 69 98 331
뵈르너, 만프레드 111
부시 32 33 42 56 58 73 81 82 83

　　　　84　85　95　97　100　107　109
　　　　110　111　113　155　165　175　177
　　　　196　203　205　210　214　223
　　　　224　238　240　280　324　346
　　　　379　396　404　532　533　543
　　　　615
부시, 조지 H. W.　196　205
부시, 조지 W.　165　196　203　205
부쿠레슈티　501　506　507　508　509
북핵문제　201　577
분수령의 순간　28
불승인 정책　223
불, 헤들리　178　272　273　293　296　300
　　　　326　341
브라운, 고든　181
브레즈네프 독트린　53　75　77　104
브레진스키, 즈비그뉴　91　92　93　94
　　　　288　327　344
브레튼우즈체제　128　181　188　193
브릭스　193　310
블링컨, 토니　52　318
비스마르크, 오토　27　28　220　227　229
　　　　230　231　232　239　343　563
비자유주의적 민주주의　285　287　289
비지배 자유　297
빌헬름 2세　28　208　211　213　230　343

ㅅ

사이드, 에드워드　441　442
사조노프, 세르게이　232
삼국협상　68　105　203　208　213　231
상상된 공동체　513　514　517　614
상하이코뮤니케　424
상하이협력기구　310　335　400
상호확증파괴　62　72　574　575
색깔혁명　88　288　336　339
생활공간　149
샤탈린, 스타니슬라프　81
서머스, 래리　83

설리번, 제이크　276　392　405　406
세계경제포럼　64　157　281
세계정책　28　343　582
세력전이론　367
셸링, 토마스　421
셰바르드나제, 에두아르드　82
솅켄도르프, 막스　27　28
소극적 자유　294　295　297
숄츠, 올라프　219　233　235　236　244
　　　　245　260　525
수정의 밤　211
슈망, 로베르　239
슈망플랜　239
스탈린, 요시프　63　68　99　103　104　247
　　　　250　322　556
스팀슨 선언　223
스팀슨, 헨리　223
스파이크만, 니콜라스　331
스푸트니크 충격　126
승리주의　91　94
시대전환　233　525
신성연맹　253　268　544
신워싱턴컨센서스　276
신전략무기감축협정　572
신형대국관계　402　525
심장지대　331
싱, 만모한　399
싱어, 데이비드　42　372

ㅇ

아라파트, 야세르　465　545
아랍의 봄　37　288　533
아렌트, 한나　31
아롱, 레이몽　272
아르키다무스 Ⅱ　228
아리스토텔레스　194　261　267　268
아베 신조　251　398　550
아브라함협정　460
아시아 신안보관　403

아우구스티누스 541
아이스킬로스 45
아이젠하워, 드와이트 279 412 470
안보 딜레마 225 232 233 265 428 576 577
알리기에리, 단테 547
야조프, 드미트리 111
얄타회담 248 250 322
에인절, 노먼 26
역외균형 104 206 214
영구평화론 547
예방전쟁 210 216 219 220 221 222 223 224 225 226 227 228 229 230 231 542 549 597 598
예외주의 28 63 125 143 144 261 310 368
옐친, 보리스 58 76 84 99 105 112 113 114 115 116 117 118 119 120 249 250 380
오간스키, A.F.K. 367
오바마, 버락 52 56 59 162 171 179 275 306 317 333 336 345 354 379 380 387 388 391 400 402 403 404 532 533 543 544 565 571 572 615
오벤징거, 힐튼 439
오브라이언, 로버트 63
오스굿, 찰스 545
오슬로 협정 465 466 545
오커스 252 565 566
오펜하이머, 로버트 41 573 574
올브라이트, 매들린 99 382
왈츠, 케네스 204 342
왕립팔레스타인위원회 448 450
왕이 52 64 348 407
워싱턴해군회의 393
위험구간 423

윌슨, 우드로 25 82 156 169 278 297 322 334 539 567
유럽안보협력회의 110 112 117 118 119 248
유럽협조체제 34 41 87 93 104 179 188 248 320 531 536 563
이익균형론 301
인티파다 451
인플레이션감축법 144 169 302 304
일대일로 49 59 149 335 336 380 387 394 395 402 581
일반위기 43 44 45 68

ㅈ
자애로운 제국 150
자애로운 패권국 196 197 201 207 208 209 210 212 278 298
장기평화 271 276 277 282
장제스 407
재정동맹조약 241
저비스, 로버트 211 232 234 265 266 267 366 606
저우언라이 357 359 409 410 412 553
저항의 축 463 469
적극적인 자유 294 295
전략 64
정의로운 전쟁 225 539 541 542 543 544
정체성 정치 133 137 146 159 365
제국적 평화 125 547 557 583
조선책략 562
존슨, 린든 127
중국몽 58 59 70 184 373 402 421 525
질라스, 밀로반 103

ㅊ
차이메리카 380 385 386 607
차이잉원 421 425 429 432

처칠 백서 446
체임벌린, 네빌 211
초청에 의한 제국 143
최후의 대부자 580 581
츠바이크, 슈테판 25 30 31 584 586 617
침메르만, 아르투르 230

ㅋ

카르타고의 평화 546
카를 5세 34
카뮈, 알베르 561
카아, E. H. 42 342 538 578 581 583
칸트, 엠마뉴엘 211 342 547 548
캠벨, 커트 135 275 379 380
케난, 조지 68 69 73 74 93 96 97 98 322 323 325 527 530 532
케네디, 존 F. 37 127 165 280 282 283
케네디, 폴 92 128 130 131 132 134 150 175 201 535
케리, 존 317 318
케인즈, 존 M. 94 95 158 539 540 548 615
켈렌, 루돌프 330 331
코시긴, 알렉세이 504 505 506 508 509 613 614
코지레프, 안드레이 114 115 116 118 120
콜, 헬무트 82 83 108 219
쿤데라, 밀란 47
쿼드 171 213 252 335 391 392 394 395 396 397 398 399 400 401 404 405 406 416 417 565 566 607
크리스토퍼, 워런 113 114 115 117 382
크세르크세스 45
클린턴, 빌 52 56 83 100 101 102 103 105 106 111 112 113 114 115 116 117 118 119 120 175 205

280 362 379 382 383 384 387 465 545 564
클린턴, 힐러리 317 402 533
키신저, 헨리 34 37 87 92 94 127 153 188 192 203 238 242 272 278 357 358 359 362 377 407 409 426 531 535 552 553 563 593 605 608 609
키플링, 러디어드 20 25 442 445
킨들버거, 찰스 184 185 374 375 580 581 582 617
킨들버거 함정 184 374 375

ㅌ

타키투스, 푸블리우스 C. 374
탤봇, 스트로브 114 115
테니슨, 알프레드 545
테오도시우스 41
테일러, A.J.P 216 229 266 569 598
투칭공식 108 109
투키디데스 함정 228 374 376 377
트럼프, 도널드 28 31 49 50 51 52 53 63 72 144 162 163 164 165 166 167 168 169 171 182 185 271 275 276 277 281 284 302 307 312 333 345 350 354 366 375 377 378 379 380 388 391 394 395 396 397 404 432 457 460 549 555 565 600
트로츠키, 레온 103 548
트웨인, 마크 438 439 440 441 442 444

ㅍ

파라 벨룸 42
파리평화회의 94 539 581
팍스 시니카 582
패권안정론 185 208 367

패스필드 백서 443 446
페레스트로이카 74 76 79 81 82 86 91
페인, 토마스 32 547 548
펠로시, 낸시 64 430 432
평화를 위한 동반자관계 101 114 119
포괄적공동행동계획 177 478
포르투나 150 367
폴라니, 칼 158 586
폼페이오, 마이크 51 52 63 350
푸자노프, 알렉산드르 504 506 507 510 613 614
프라임, 윌리엄 440 441
프랭크퍼터, 펠릭스 442 444 445
프리마코프, 예브게니 120 121 122 310 380
플라자 합의 84 360
플랑크, 막스 267
피셔, 스탠리 83
핀란드화 233 259 567 569
필 위원회 450

ㅎ

하나의 중국 358 359 407 411 415 420 423 424 425 426 429 430 431 432 433 568
하우스호퍼, 칼 331 344
하워드, 존 398 399
하이에크, 프리드리히 A. 587
한국문제 237 390 413 414
해밀턴, 알렉산더 149
핵 동등성 딜레마 576
핵 억지력 572
허쉬만, 앨버트 296
헌팅턴, 사무엘 67 126 128 130 132 133 134 135 150 202 287 327 331
헤브론 대학살 444

헤이, 존 393
헬싱키협약 248
호프먼, 스탠리 266
호프-심슨위원회 446 448
홀브룩, 리처드 102 118 286 287
홉스봄, 에릭 43
홉스, 토마스 26 27 29 42 45 178 313 342 557 583 584
환대륙 331
황금아치 이론 283
황준셴 562
후진타오 386 387
훅, 시드니 75
흐루쇼프, 니키타 247 250 406 407 412 413

기호

20년의 위기 43 44 45 340 578
92공식 423 424 425 429 432

미국의 세기 이후 Post-American Century

1판 1쇄 발행	2024년 6월 26일
2판 1쇄 발행	2025년 2월 10일
지은이	백준기
발행인	백준기
편 집	윤선희
디자인	STUDIO REDBRICKS
발행처	비블리오테카+KCI코리아컨센서스연구원
	주소: 서울특별시 종로구 자하문로17길 12-10, 3층
	전화: 02-3147-0633
	홈페이지: www.the-kci.org
등 록	2024년 4월 3일 제2024-000046호
ISBN	979-11-988155-1-4(93300)
값	35,000원